Canada

United States

A Research
on Informatization of
Cadre Education

面向干部教育的
信息化
建设与应用

王东闽 著

社会科学文献出版社
SOCIAL SCIENCES ACADEMIC PRESS (CHINA)

序

黄长著*

王东闽研究员长期从事文献信息的管理和研究工作，多年担任福建省委党校图书馆馆长，在图书情报实践与理论研究的结合上做了大量可贵的探索。2003年，他在馆长任上申请的国家社科基金项目"面向干部教育的党校信息化建设研究"获得通过，被批准立项（03BTQ019），2007年通过鉴定结项。本书是东闽同志在课题结项后用长达四五年的时间继续丰富完善已有研究成果的基础上撰写的。成书的过程，体现了一位学者和曾经的基层业务机构领导者的精益求精和严肃认真的态度。

20世纪末至21世纪初，正是我国图书馆界面临从传统图书馆到现代图书馆转型的重要时期，现代信息通信技术、计算机技术和网络技术给图书馆事业带来了一场真正的变革，其主要特点是：文献信息服务方式和知识载体的多元化趋势日益明显，知识的传播手段和传播渠道有了重大变化。网络环境和信息环境发生的这些变化，极大地改变了文献服务机构收集、加工和管理信息的方式和手段，也改变了组织和提供服务的方式及手段。这一特点在20世纪90年代中后期以来尤为明显，文献信息服务机构及其从业人员因此也面临着空前的挑战。加强信息化建设的问题被提到了国家各有关部门的议事日程上，更是成为我国文献信息服务机构从业人员思考的重要问题。

从某种意义上说，王东闽馆长的研究课题及其随后的研究成果，正是

---

* 黄长著系中国社会科学院学部委员、中国社会科学情报学会理事长、国家社科基金图书馆·情报与文献学学科规划评审组组长。

为了对文献信息工作者面临的上述挑战做出回应。他在对各类党校信息化建设现状进行较为广泛调研的基础上，对所获得的第一手数据进行了梳理分类和分析。不仅分析了存在的问题，也总结了成功的经验，并在研究的基础上有针对性地提出了解决方案。

多年来，党校信息化基础设施建设虽有一定程度的改善，但由于相关设备的配套需要较大的资金投入，且发展模式不尽相同，信息化建设的重点若抓得不够准，就制约了不少党校信息化基础设施建设的发展。

信息系统的安全管理包括内外网的管控以及制度化建设都取得了一定成绩，尤其在软硬件的配套方面得到加强。但如何深化安全管理与应用层面的协调发展，以及如何实现服务方式的创新等诸多问题还需要深入的探讨和科学的实践。应用系统的建设和管理也有不同程度的发展，特别是部分党校建设了"情景模拟教室"，为提高领导干部应急管理能力，提供了新的信息化服务手段，但投资大、应用不足的情况也比较明显。

许多党校建立了办公管理、教学科研等应用系统，推动了工作，但整合配套较弱，还存在"信息孤岛"现象，内外网信息的综合管理、网站信息发布、各类信息手段的合理有效应用仍处在一个较低的层次。

总之，党校信息化建设的目标与需求、评价与定位、地位和作用等，这些问题都需要党校人取得共识。党校信息化建设的领导和管理体制以及发展规划等都需要在科学论证的基础上加快制定，颁布实施。对党校远程教育发展、网站功能应用提升以及数字图书馆建设的重点与方向等，都需要进行针对性研究，把握时机，付诸实践，实现良性发展。

基于对这些问题的正确认识，王东闽馆长进行了近四个寒暑的调查、分析和研究，对党校信息化建设提出了有针对性的意见和建议。他的课题的立意和研究无疑具有双重意义：一是对信息化建设作为党校干部教育的工具和手段的研究，可以促进党校干部教育的手段现代化，还可以节省教育投入和扩大资源共享的范围，并最终提高教育的实效；二是党校图书馆信息化建设的实施过程，实际上也是提升受教育对象信息素养的过程，他们可以通过信息化建设实践来不断提高自己的计算机技能和使用先进的信息通信技术的技能，以及掌握先进的检索技术和利用数字资源的技能。

王东闽馆长长期从事文献信息服务的自动化、网络化建设，以及计算机系统的开发与应用，致力于党校信息化建设与应用实践。与此同时，他着力探索图书馆现代化建设、应用及管理研究、社会科学信息资源开发利用、干部教育信息化建设与应用。他十分注意把理论探索与应用研究结合起来，因此他的研究始终具有鲜明的应用性和实践性。本项研究成果包含了不少有创见的思想，具有前瞻性，不仅对我国党校系统的信息化建设具有指导性作用，对其他行业的信息化建设也具有借鉴和参考作用。

东闽同志所取得的一系列成绩不是偶然的。我认识他多年，由于同为中国社会科学情报学会的成员，对他有所了解。他一直在文献信息部门任职，据我所知，他曾担任中共福建省委党校图书馆馆长，2001年该校成立信息网络中心，与图书馆合署办公，他身兼图书馆馆长和信息网络中心主任两个职务，承担两种服务职能。多年来除了完成图书馆各项工作任务，学校的信息化建设作为一项开拓性工作，论证规划、内外协调、工程招投标建设管理乃至系统运行服务，新技术新手段应用，他都能全身心投入，乐在其中。他一向以对工作和事业的执著和认真著称。他曾经主持的省级科技项目"福建省委党校校园网图书馆网络系统"工程，被多家单位学习借鉴，使该校图书馆网络化建设走在全国党校的前列；负责编辑的《福建省情报刊资料要目索引》获中国图书馆学会二次文献成果奖；负责主持开发的省级电子信息应用项目"福建省情报刊资料索引数据库检索系统"应用软件，通过省级专家技术鉴定并获中国社会科学情报学会软件类成果三等奖；20世纪90年代中期在全国党校系统率先完成馆藏书目数据库建设任务，实现对传统图书馆现代化管理的转型。在党校网站建设方面，他所在的福建省委党校图书馆走在全国省级以上党校的前列，1998年11月，由图书馆负责牵头建设的该校信息网站较早实现了党校信息上网，与此同时，在全国党校系统率先实现图书馆馆藏书刊信息以及本馆自建数据库上网；负责组织实施的还有"中共福建省委党校校园网建设工程"和该网的"二期建设工程"；他还负责主持规划福建省委党校图书馆楼的功能改造设计，使经过改造的福建省委党校图书馆楼服务功能更加完备，具有时代特征，符合发展要求；在2005年开展的全国省级党校数字图书馆建设评估活动中取得优异成绩，福建省委党校图书馆获得"全国党校先进图书馆"称号。东闽同志合作主编的著作有《外向型经济在国外》《福建省情与发展战略》，发表《党校图书馆构建干部教育信息网站若干思考》《现代图书馆存储技术的选择和应用》等20多篇论文。

承担本课题后，东闽同志又把这种执著和认真带到了课题研究中。研究取得成功，正是他对事业和科研工作这种一贯的执著精神和认真态度的体现。在本书付梓之时，一方面向作者致贺，另一方面也谈点自己的感想，愿与读者分享。

是为序。

2012年盛夏于北京

前　言

　　干部教育的信息化是实现干部教育目标的必要条件和基础设施。作为一项应用性研究课题，面向干部教育的党校信息化建设研究，具有很强的针对性和实效性。

　　从国内研究现状看，中国实行社会主义市场经济体制伊始，学者们大多注重从经济学角度研究信息产业化、信息商品化，强调通过出售信息商品谋求自身的建设与发展。步入数字化、网络化时代以来，侧重于从数字信息资源建设、网络信息安全、网络信息版权等角度研究信息化建设。尽管也有人从服务对象这一视野探讨信息化建设，却仅限于对公共图书馆读者群、高校图书馆读者群的考察，且研究方法比较单一，而从需求角度看，面向干部这一特殊群体来研究信息化建设尚未引起人们的重视，几近空白，更谈不上深入和系统的研究。

　　从干部教育信息化建设发展情况看，近年来各级行政干校、各类干校、培训中心作了一定程度的探索和应用。党校作为干部教育主渠道，在推进干部教育培训信息化和教学手段现代化建设方面做了大量工作，经历了十多年的发展进程，已经形成了许多亮点。但从总体上把握，党校信息化建设仍处在初级发展阶段。面对干部教育所提出的长远和重大的战略任务而言，如何驾驭网络时代信息化博大精深的内涵，亟须从需求的角度，进行认真的考量、理性的思考、实践的探索。

　　开展面向干部教育的党校信息化建设研究，是贯彻党的十六大精神，落实《中共中央关于面向二十一世纪加强和改进党校工作的决定》和中共中央关于《2001年~2005年全国干部教育培训规划》、中共中央《2006~

2010 年全国干部教育培训规划》的需要。① 其意义远不止于党校信息化建设的发展或干部信息素质的提高，站在时代高度看，其意义就更为深远：信息社会的竞争，从根本上说是人才特别是领导人才的竞争。因为干部教育成功与否直接关系到我国改革开放和现代化建设能否顺利进行，关系到我们党能否永葆活力、国家能否长治久安。

当今社会已经进入信息时代，信息技术革命正以无比强劲的冲击力、扩散力和渗透力改变着世界。随着信息采集、存储、处理、加工、传输等技术手段的更新换代，一系列的信息传递手段和认识工具的出现，对干部教育、培训、学习，特别是领导干部思维方式、知识结构、文化结构、领导方式等，产生了深刻影响，提出了新的需求。因此，开展面向干部教育的党校信息化建设研究，便于从应用层面、管理层面、技术层面多角度、全方位地对干部教育信息化的内涵进行定位，对党校信息化建设的可持续发展有着深远的意义。

本课题以信息服务对象即信息使用者这一独特视角为切入点研究信息化建设，将信息开发和信息应用有机地融为一体，使信息化建设有的放矢。

（一）论述了干部教育信息化建设面临的政策机遇。一是党的工作大局需要培养和造就高素质的领导干部队伍，干部教育信息化迎来了前所未有的发展机遇。二是党校工作大局要求尽快适应干部教育事业发展的需要，党校教育信息化面临着加快发展的历史机遇。三是中央有关加强干部教育培训技术装备，推进干部教育信息化应用的政策措施，为干部教育信息化提供了快速发展、可持续发展的现实机遇。

（二）阐明了党校信息化建设在干部教育信息化体系中的地位和作用。全国党校业已形成的远程教育中心、开放式教学网络和终身学习基地建设及干部教育信息和资源中心的拓展，优化了党校信息化建设在干部教育信息化体系中的主体地位；各级党校通过信息化建设不断强化干部培训轮训主渠道作用，持续发展的党校信息网络是实现党校干部教育

---

① 本课题是 2003 年国家社会科学基金项目，2007 年通过项目验收、鉴定结项。作为党校事业发展建设的纲领性、指导性文件，党的十七大以来，中央又相继颁发了《中国共产党党校工作条例》《2010～2020 年干部教育培训改革纲要》等一系列重要文件，为党校信息化建设与应用在新阶段的新发展注入了强劲活力。

新格局的信息保障、技术支持和现代化手段,成为全面落实和实现干部教育培训目标的基础设施,增强了党校信息化建设在干部教育信息化体系中的作用。①

(三)分析了党校信息化建设各类调查数据,在汇总比较的基础上研究党校信息化建设的现状,总结了党校信息化建设的模式和发展趋势。根据信息化工作机构、信息化投资情况、远程教学网络、校园信息网络及其设备配置、数字图书馆建设诸方面的统计和分析数据,表明省级党校对信息化建设的重视程度、发展力度都已达到较高水平。围绕远程教育资源建设、校园网及门户网站服务功能建设、数字图书馆网站服务功能及其数字资源建设的汇总情况,表明党校信息化建设无论从发展角度还是从服务干部教育信息化保障设施的配套建设方面都有待进一步加强。党校信息化建设的发展模式各具特色:一是快速超前发展的党校高起点,窗口示范,整体推进。二是远程教育迅速拓展的党校抓龙头,紧扣主题,全面发展。三是东中部发达地区党校抓应用,统筹安排,稳步推进。四是西部地区部分党校抓机遇,迅速壮大,推进应用。其发展趋势,在基本完成分三步走实现五年规划的基础上,目前已经进入了加强应用,并在应用过程中进一步调整和完善的新的发展阶段。

(四)概述了党校信息化建设和应用需求。一是应用层面需求概述,是对调查汇总的各类数据进行分析比较,是从需求的层面、从服务对象的角度,包括来校学习的各级领导干部、各类班次的学员,也包括党校的教研人员,对党校信息化建设的成效进行评价,对面向干部教育的党校信息化建设和服务提出需求;二是管理层面和技术层面需求概述,侧重在应用系统的建设与完善,信息化基础设施继续发展的思路与规划;三是服务层面需求概述,包含了应用系统的框架与布局,资源建设的规划与实施,保障措施的规范与配套。

(五)论证了党校信息化建设进一步发展的对策与思考。

1. 分析了党校信息化建设存在的问题和不足,指出党校信息化建设发

---

① 据统计,全国副省级城市、省会城市、地级城市基本实现所属党校与所属行政学院的资源整合,联合办学;国内31个省市自治区除6所省级党校外,均已实现省级党校与省级行政学院的校院联合办学,党校作为干部教育的主渠道、主体地位与主阵地作用更加突出。

展存在的制约因素，理性认识现阶段面向干部教育的党校信息化建设的成效和作用。

2. 从用好远程教学网络应抓住的几个环节，思考深化校园网功能应用的若干对策措施，发挥数字图书馆作为干部教育信息网站作用的具体办法，全方位思考进一步加快党校信息化建设应用工作。

3. 重视党校信息化建设发展规划的制订。领导重视，各方支持，是搞好党校信息化建设的关键，在党校信息化建设新的发展阶段，决策的前瞻性具有里程碑式的意义；党校信息化发展规划是对党校干部教育信息化现实需求和长远需求的理性应对，是党校信息化建设布局、规范、秩序、标准、应用的发展蓝图，也是对党校信息化建设发展规律的探索与实践，要着眼于长远发展和可持续发展；党校信息化建设发展规划，必须按实际需要分步实施，逐步到位，每推进一步都应周密部署，要有不断取得成效的阶段性成果；信息化建设发展规划的实施，多渠道筹集经费才能确保可持续发展，要找准切入点，阶段性目标实现的方式可以多样化；信息化建设的关键在人才，要靠组织落实抓紧培养和引进信息化技术人才的方式逐步解决；发展规划的制订，要理顺管理体制，制定与完善激励信息化应用、规范信息化管理的规章制度和信息化的标准规范，建立相应的法律法规安全保障体系。

4. 探索了党校信息化建设的发展规律，以及一些重点思考的问题。①对比高校教育信息化和政务信息化的发展历程和现状，全国党校信息化建设目前的发展水平，定位在信息化发展初期的完善基础设施拓展应用阶段是符合实际的。②当前党校信息化建设正面临一个新的发展时期，适应变化的需求，完善信息化基础设施的建设，归纳起来应把握的重点有五个方面，包括综合布线系统规划、网络系统的设计、服务器系统的扩展、存储系统的构建、信息与信息系统的安全。③数字图书馆信息资源建设，应该以服务学科建设为切入点，围绕学科需求展开，形成特色。④重视门户网站建设需要整合的要素，它们分别是规划要素、目标要素、结构要素、风格要素、内容要素、保障要素。⑤分析"信息孤岛"现象产生的原因，重视党校信息化建设应用设施的配套工作，处在特定发展阶段的党校信息化事业需要主要领导的参与、主导、决策、协调和推进，采取有效措施改变信息化建设应用中存在的"信息孤岛"现象。⑥剖析党校信息化服务应用系统的基本构成，强调应用系统的切入点是办公自动化和教学教务管理系统，并提出应用系统软件选型配置的基本流程。⑦远程教育的发展要在更高的层面上试点、拓展、提高，远程教育的准确定位关系到面向干部教育的党校信息化建设的可持续发展，归纳干部教育在职在岗网络培训必须具备的基本条件，提出必须重视面向干部教育配套所需的远程教育课程设计和资源建设，必须重视构建面向干部教育配套所需的网络学习环境和网络教育的服务支持体系，必须重视适应远程教育信息化师资队伍的建设和信息化素质的提升。

5. 关于干部教育信息化服务环境的整合问题。梳理了干部教育信息化服务环境的构成要素，包括机构要素、服务要素、人才要素、网络要素和目标要素；依托政务信息网和社会公网，连接教育科研网，建成以中央党校为核心门户的全国党校干部教育网络体系；通过提升远程教育卫星传输模式和地网传输模式的装备性能，推进数字化互动式远程教育的实现；通过整合各类干部教育信息资源，尽快形成党校网站服务干部教育培训的独特优势，实现干部教育信息化建设的跨越式发展。

本课题把信息使用者即干部这一特殊群体的需求作为党校信息化建设研究的出发点，把信息化建设与应用引入党校教育研究系列，把党校信息化建设同提高领导执政水平有机融合起来，多角度、全方位、系统地研究面向干部教育的党校信息化建设，在理论上具有前瞻性。

面向干部教育的党校信息化建设，是党校教育迈上新台阶的重要基础设施，新技术的采用、新装备的支持、新手段的应用，使党校教育由传统模式向信息时代的跨越得以实现。新的服务模式，在实践上具有很强的可操作性，增强了信息化建设的针对性，减少了信息服务对象的不确定性和盲目性，有效地提高了干部的信息能力，增强了干部教育的效果，对其他类型的信息化建设也有一定的借鉴作用。

作为课题研究的最终成果，本书是在2007年5月课题结项以来的几年中，围绕校园网二期工程的深入推进，着力加快校园信息化应用的实践活动中，在展开数字校园应用系统的校内外需求调研、方案论证、可行性探索的基础上，有效地拓展了党校信息化建设与应用在新阶段的新探索，同时也对课题研究的内容进行了新的调整与充实，重点是对现阶段数字校园应用系统的构成及服务功能、现阶段数字校园应用系统的技术安排以及现阶段校园网及信息与信息系统安全应用和管理进行了深入探讨，对促进和加快数字校园应用系统的建设和应用步伐提出了自己的方案和建议。考虑到全书的完整性，考虑到近些年党校系统信息化建设的新进展，最终形成了本书课题研究报告、信息化建设与应用实践案例、课题前期和阶段性成果选辑相结合的框架结构。

目 录
Contents

第一部分　研究报告

第一章　干部教育信息化建设面临的发展机遇 …………………… 003
 一　干部教育信息化发展的国际背景 ………………………… 003
 二　干部教育信息化发展的社会环境 ………………………… 006
 三　干部教育信息化发展的政策机遇 ………………………… 009

第二章　党校信息化建设在干部教育信息化体系中的地位和作用 …… 014
 一　中央领导重视党校系统信息化建设 ……………………… 014
 二　推动党校信息化建设的几次会议 ………………………… 015
 三　党校信息化建设的特点 …………………………………… 024
 四　党校信息化建设在干部教育信息化体系中的地位 ……… 026
 五　党校信息化建设在干部教育信息化体系中的作用 ……… 039

第三章　党校信息化建设现状分析 …………………………………… 042
 一　党校信息化建设基本情况 ………………………………… 042
 二　党校信息化服务功能现状分析 …………………………… 055
 三　党校信息化建设模式和发展趋势 ………………………… 071

第四章　党校信息化建设和应用需求概述 …… 078

一　应用层面需求概述 …… 078

二　管理层面和技术层面需求概述 …… 101

三　服务层面需求概述 …… 107

第五章　对党校信息化建设进一步发展的对策与思考 …… 113

一　理性认识现阶段党校信息化建设的成效和作用 …… 113

二　加快党校信息化建设应用工作若干思考 …… 116

三　制定党校信息化建设发展规划若干思考 …… 121

四　探索党校信息化建设发展规律若干思考 …… 126

五　整合干部教育信息化服务环境若干思考 …… 211

课题研究小结 …… 214

附件一　面向干部教育的党校信息化建设调查问卷 …… 222

附件二　2005年全国省级副省级党校图书馆数字化建设评估调查统计表 …… 225

图表索引 …… 228

第二部分　实践案例

案例之一　福建省委党校校园网图书馆网络系统项目工程研制报告（摘要）…… 233

案例之二　福建省委党校校园网一期建设工程招标内容及要求（摘要）…… 238

案例之三　全国党校"图书馆数字化建设"评估工作自查自评报告摘要（福建省委党校图书馆）…… 252

案例之四　福建省委党校校园网（二期工程）建设可行性研究报告暨初步设计方案（摘要）…… 265

案例之五　部分省级党校2006~2010年信息化建设规划方案 …… 363

案例之六　部分党校信息化建设成果及信息化应用服务功能 …… 384

案例之七　全国党校图书馆数字资源共建共享15家示范馆基本理论
特色数据库框架结构 …………………………………………… 402

第三部分　阶段性研究成果选辑

试论省级党校图书馆的现代化建设 ……………………………… 433
地方省情信息管理系统开发建设刍议 …………………………… 439
省级党校图书馆书目数据库建设 ………………………………… 445
对中小型图书馆信息化建设的若干思考 ………………………… 452
努力推进地方党校信息化进程 …………………………………… 458
省情报刊资料数据库建设回顾与思考 …………………………… 466
20世纪90年代末以来中国共产党党校信息化建设的进程 …… 474
党校图书馆构建干部教育信息网站若干思考 …………………… 489
现代图书馆存储技术方案的选择和应用 ………………………… 499
网络环境下党校图书馆服务学科建设若干思考 ………………… 508
网络环境下市、县党校图书馆发展对策研究 …………………… 517
加快数字图书馆建设和应用步伐的若干思考 …………………… 523

参考文献 ……………………………………………………………… 534
后　　记 ……………………………………………………………… 538

第一部分

研究报告

第一章
干部教育信息化建设面临的发展机遇

一 干部教育信息化发展的国际背景

自20世纪后期开始,在人类社会启动的由工业社会向信息社会发展的历史进程中,随着信息技术的快速发展和广泛应用,引发了一场新的全球性产业革命。信息化作为全球经济社会发展的显著特征,已经成为当今世界经济和社会发展的大趋势,信息化水平也已成为衡量一个国家和地区现代化水平的重要标志。

(一) 发达国家居于信息化发展的领先和支配地位

在这场竞争中,美国政府把信息化发展战略作为国家总体发展战略的重要组成部分,通过继续占据信息技术研发和应用的制高点,提高信息占有、支配和快速反应的能力,从而主导未来世界的信息传播,保持和扩大信息化方面的整体优势。在互联网和电子商务领域,美国占据了世界主导地位,全球互联网的通信量中有90%在美国发起、终接或通过,互联网主机和用户的60%以上集中于美国。互联网的代码与域名政策均由美国主导,负责全球域名管理的13个根服务器中有10个在美国,在由互联网驱动的全球电子商务活动中,美国的交易额稳居世界第一位。

日本政府制定了确保到2005年实现"使日本成为世界最先进的信息化国家"的总体战略目标,5年内建立世界最高水准的超高速网络

（30～100Mb/s），使用户能够以低廉的价格使用该网络，接入高速互联网。在电子政府建设方面，要求中央政府在2003年实现信息化，地方各级政府在2005年实现信息化。在人才培养方面，计划引进约3万名国外优秀人才，力争高水准IT技术人才的数量和水平超过美国；提高全体国民的信息读写能力，2005年互联网个人普及率达到60%。

瑞典政府提出建设数字瑞典，实现全民信息化社会的战略目标是：充分利用现代信息技术的优势来提高瑞典在国际上的竞争力并以此增加人民福利；每个阶层的瑞典公民个体和团体都能够使用信息技术并从中获益。据国际数据公司（IDC）2001年2月8日发表的研究报告称，瑞典作为信息技术领先的国家，在PC基础设施、互联网的使用、电子商务、人均投入和IT教育等23个指标的综合评比中，瑞典首次超过美国和其他几十个发达和中等发达国家，名列世界第一。瑞典在信息技术领域投资占国内生产总值（GDP）的比例为7.7%，高过美国的7.5%，居全球第一。

据韩国《2002年国家信息化白皮书》的评估，韩国国家信息化指数排名已上升到世界第16位。韩国已跨过与信息发达国家之间的"数字鸿沟"，某些信息化指标甚至超越了美、日等西方发达国家，家庭电脑普及率超过50%，截至2002年，互联网用户达到2626.9万人，普及率达到59.4%；宽带网的发展突飞猛进，宽带用户的发展已经突破1000万，普及率17.16%，高居世界第一位；全国移动电话用户近3000万，普及率达到63%；电子政务发展指数为2.30，在全球电子政务高度发展的36个国家中名列第15位；在电子商务的利用率方面，韩国在亚太12个国家中位居榜首，网上购物及利用网上银行的人数正在迅速增加，网上购物规模突破50亿美元；随着超高速通信网的大众化，与建筑业结合成功推进了社区的信息化。

欧盟制定了信息社会政策：2002行动计划和2005行动计划。2002行动计划主要的政策目标：一是提供低价、快速且安全的网际网络；二是加强欧洲公民对信息社会的参与及相关的训练；三是网际网络的推广普及。为了有效提升服务的安全品质，透过广泛的宽频基础建设与信息社会连接，欧盟提出了2005行动计划，作为2002行动计划的延续，主要目标是线上公共服务的现代化；电子化政府；电子化学习服务；电子化医疗服务；活络的电子商务环境；以较具竞争力的价格普遍铺设宽频网络；信息安全等基础建设的加强。其工作重心在于：2005年宽频网络能广泛地在欧盟区域铺设使用、发展新的网际网络协议（IPv6）、网络及信息的安全、电子化政府、电子化学习、电子化医疗服务及电子商务。透过宽频与跨平台的连接，网际网络可以通过计算机、数字电视和3G等连接。

（二）发展中国家积极应对加快发展本国信息化

全球信息化正在引发当今世界的深刻变革，重塑世界政治、经济、社会、文化和军事发展的新格局。据2005年11月突尼斯举行的第二届信息社会世界峰会提供的统计信息，发达国家的人口只占世界总人口的15%，其网民的数量却是发展中国家的13倍。在美国，每两人中就有一人能上网。而非洲国家的上网人数只占3%，每250个非洲人中仅有一个人能上网。如果说20世纪工业和科学技术是发达国家的专利，那么，现在随着国际互联网的发展，知识、信息已成为各国发展的核心。信息技术的发展改变了当今社会，但同时也带来了新的挑战，如果广大发展中国家不能及时跟上信息社会发展的步伐，富国与穷国在信息领域的数字鸿沟将会进一步扩大。目前加快信息化发展，已经成为世界各国的共同选择。越来越多的发展中国家主动迎接信息化发展带来的新机遇，立足于自身努力，寻求适合本国国情的发展模式。瞄准信息技术的跳跃发展和广泛渗透性特征，努力通过推广应用信息技术加速工业化进程，并通过发挥后发优势和比较优势实现跨越式发展，力争跟上时代的发展潮流。为了缩短与发达国家的技术差距，走独立的技术和经济发展道路，巴西在20世纪70年代初即以信息产业为试点，制定了一系列高新科学技术政策，巴西历时30多年推行的信息产业政策取得了不小的成绩，成为发展中国家最早探索具有本国特色的高科技发展模式的国家之一。

（三）国际社会重视全球信息化进程

2000年7月22日，美国、日本、德国、英国、法国、意大利、加拿大和俄罗斯八国集团通过了旨在促进信息通信技术发展，缩小国家间、地区间信息技术发展差距，建设全球信息化社会的《全球信息社会冲绳宪章》。

由联合国主持的信息社会世界峰会进程自2001年启动至今，已取得积极进展，这些成果是联合国各成员方及有关各方共同努力的结果。2003年12月日内瓦峰会上通过的《原则宣言》和《行动计划》，确定了建设信息社会的纲领性原则和奋斗目标。《原则宣言》提出建设信息社会的重要原则：人人共享信息和知识；全力消除"数字鸿沟"；必须加强对互联网的管理；信息社会的发展目标，获得信息通信技术；维护网络文化的多元性；提高获取信息和知识的能力；信息和安全是信息社会的主要支柱；信息通信基础设施是信息社会的根基。《行动计划》将《原则宣言》制定的共同展望和指导原则化作具体行动方针，以通过更广泛地利用基于信息通信技术的产品、网络、服务和应用，实现达成共识的发展目标，同时帮助各国跨越数字鸿沟。

2005年11月16日~18日，由联合国主持召开的第二届信息社会世界峰会在突尼斯举行，会议的目的是缩小富国与穷国之间现存的数字鸿沟。大家都期望此次信息社会世界峰会就建设一个真正全球化的信息社会，尤其在缩小数字鸿沟方面制订一项行动计划。互联网管理问题是会议中讨论的重点问题。许多国家不但要求利用网络，而且要求平等管理互联网。突尼斯会议并没有解决信息社会存在的急待解决的问题，无论是在缩小数字鸿沟方面，还是在管理互联网方面。因此说：要解决信息社会存在的问题，需要同心协力，需要各方的合作和国际组织做出努力。

二　干部教育信息化发展的社会环境

经过多年努力，我国信息化建设和应用不断取得新进展，信息技术在国民经济和社会各领域广泛应用，信息产业持续快速增长，信息基础设施和服务水平不断提高，信息服务业蓬勃兴起，电子商务发展势头良好，农业信息化进展显著，企业信息化水平逐步提高，通信网络规模已经跃居世界首位，信息资源开发利用取得重要进展，互联网上中文信息比重稳步上升。

（一）我国互联网业务跃上新台阶

据2005年12月第17次中国互联网络发展状况统计调查提供的数据显示：我国互联网用户达1.1亿户，上网计算机总数为4950万台，网民每月实际花费的上网费用（不包括使用网络服务的费用）为103.6元，全年的全国上网费用总规模已经超过1000亿元。全国WWW站点数为259.241万个，其中.CN域名达109.7万个，国际出口带宽总容量达136G。我国已基本建成无线、有线、卫星等多种技术手段相结合、覆盖人口最多的广播电视网。

（二）电子政务推进政务公开，提高办公效率

电子政务扎实推进，成为转变政府职能、建设现代服务型政府的平台、提高行政效率、推进政务公开的有效手段。2005年，中央政府门户网站（www.gov.cn）正式开通，作为中国政府在国际互联网上发布政务信息和提供在线服务的综合平台。中国政府网是推进政府管理方式创新，建设服务型政府的重要举措，对于促进政务公开，改进公共服务，提高行政效能，便于公众知情、参与和监督，具有重要意义。2005年已经有96.1%的中央政府部门、90.3%的省级政府、94.9%的地市级政府和77.7%的县市级政府（20%的抽样率）建立了门户网站。各级政务部门利用信息技术，扩大信息公开，促进信息资源共享，推进政务协同，提高了行政效率，改善了公共服务，政务透明度进一步增强，群众办事更为便捷。应该说，电子政务在促进政府管理体制与模式不断创新的同时，依托网上日益充实的服务内容，在提升全社会的信息化意识的同时，有力地推动了企业信息化及社会服务信息化的进程。

（三）城市信息化成为信息化建设新亮点

随着电子政务的深入发展，社会信息化意识的不断增强，城市信息化建设与应用得到充分认识与重视，城市信息化已经成为信息化建设新亮点。目前大中城市宽带网络建设粗具规模，信息化发展的重点正由基础设施建设转为应用开发，各类信息资源正在加紧开发利用，许多城市加快社会服务领域的信息技术应用，以服务社会大众为重点，建立了公交、供水、供气、供电计算机辅助调度系统，宽带网络进入家庭，计算机拥有量和上网人数不断增长，数字社区、智能建筑的试点工作也逐步展开，极大地方便了人们的生活，提高了人们的工作效率和生活质量。许多城市发挥区域信息化的核心作用，运用信息网络技术，提高城市管理水

平，带动区县经济发展，促进交通管理系统、旅游服务系统、电子商务交易及物流配送系统等的建设和应用，实现信息产业发展与城市信息化建设的良性互动。

（四）电子商务多方面实现战略突破

2005年中国电子商务市场规模达到6800亿元人民币，与2004年相比，增长了41.7%。电子商务在以下几个方面实现重大突破：一是法制建设大大加强。国务院颁发了《加强电子商务的若干意见》，央行发布了《网上银行业务管理办法》，银监会审议并原则通过了《电子银行业务管理办法》《电子银行安全评估指引》及《电子银行安全评估机构业务资格认定工作规程》，鼓励和支持银行业金融机构开办电子银行业务，简化审批手续。二是第三方支付成了2005年电子商务各方关注的焦点。调查显示，2006年国内采用网上支付业务的网上商店总数已经超过10万家，网上展示的商品总数约为2000万件。三是网商服务意识开始转变。在第三方支付中，以单纯技术支撑的网络平台开始了向安全交易平台的过渡和转变，这是中国电子商务发展进程中的一种服务觉醒，是电子商务网站安全环境意识、服务责任意识、诚信意识、风险经营意识的一次整体提升。四是个人网站商务模式趋于成熟，个人网站已经成为中国网络媒体一个非常重要的补充力量。2005年中国个人网站年收入超过100万的有50多家，收入在10万~100万的有300家，总计年收入约为3.3亿元人民币。五是电子商务的发展为网络营销提供了巨大的现实商机。2004年中国使用搜索引擎营销的企业已经达到36万家，每家平均每年投入2300余元。按此推算，所支付的费用总额高达8亿多元。2005年在网络营销的平民化、便捷化上有了新的可喜进展。六是电子商务网站正在崛起。新浪推出了"跨国网络营销频道"，新华网推出了"电子商务频道"，西部电子商务网站"全球制造网"也迅速崛起，展现出勃勃生机。

（五）教育信息化建设出现大的跨越

教育信息化日益普及，中国教育和科研计算机网与中国教育卫星宽带多媒体传输平台覆盖全国、互联互通，实现了每秒100兆字节以上的高速连接，"天地合一"的现代远程教学网络粗具规模。2005年中国教育行业信息化投资为272.6亿元，增长8.7%。全国近千所高校、26000多所中小学、5600多所中等职业学校建设了校园网，高校校园网的主干带宽以千兆网为主，部分高校已经升级到万兆校园网。在校园网上开展了远程教学、教学教务管理、网上招生远程录取、数字图书馆、教育科研网格、数字博物馆、后勤管理、资源开发等应用。据北京大学教育学院教育技术系对2004年国内普通高校的信息化发展状况进行的问卷调查统计数据，在被调查的京津沪143所高校和27个省、自治区和直辖市430所高校4342份大学生返回的问卷中，教师办公室联网率已达到76.6%，学生宿舍联网率达49.4%，教室联网率达48.2%，安装有固定投影设备教室的平均比例达31.2%，有13.7%的高校建成了无线局域网。在师生计算机装备方面，教师每人拥有1台计算机的学校占35.4%，2~5人拥有1台的占48.5%；平均2~5名学生拥有1台计算机的学校占34.4%，6~10人拥有1台的占35.9%。教育信息化应用系统建设中最普遍的三大应用平台是教学平台、管理平台和信息平台，其中多媒体网络教学、教务管理系统、办公系统、财务管理系统、图书管理系统、一卡通系统是整个校园网建设的重点系统。目前，多媒体网络教学已成为具备现代化教学的中小学、高校信息技术与教学课程整合最普遍的应用环境。利用多媒体网络教室进行教学的学校占36.7%，使用计算机制作课件进行教学的占32.8%，使用数字投影教学的占27.1%。现代远程教育发展迅速。数万所农村中小学建设了计算机教室或远程教育卫星接收点，全国远程高等教育在册学员达到230万人；全国远程教育试点高校67所，面向中小学的网校有200多所。视频会议、网上合作研究、网上招生、示范性软件学院等多项重大应用取得进展，网络基础设施和资源建设发挥了较好的投资效益。

三　干部教育信息化发展的政策机遇

信息化发展的良好国际背景和日渐成熟的社会环境，营造了加速干部教育信息化的优越外部条件。迈向新时期党的干部教育事业，信息化装备、信息化能力、信息化水平、信息化服务，已经成为干部教育事业发展进入新阶段的重要标志。

(一) 党的工作大局提供的发展机遇

为了适应全党工作大局的需要，培养和造就高素质的领导干部队伍，干部教育信息化迎来了前所未有的发展机遇。2000年6月，《中共中央关于面向二十一世纪加强和改进党校工作的决定》指出："面对21世纪国际国内形势发展和建设有中国特色社会主义伟大事业对我们党各级领导干部素质提出的新要求"，强调"抓紧培养和造就数以万计的年轻的高中级领导干部，包括通过党校大力加强领导干部的培训轮训工作，就成为当前各级党委面临的一项重大而又紧迫的任务"①。"努力建设好一支不仅有知识、懂业务、胜任本职工作，而且忠诚于马克思主义、坚持走有中国特色社会主义道路、会治党治国治军的高素质的领导干部队伍"②。各级领导干部"在深化改革和扩大开放的新形势下，在发展社会主义市场经济以及国际经济、政治、军事复杂斗争和各种思潮激荡的新考验中，他们更加需要从理论、战略和党性的高度加强学习，提高自身的整体素质。这样才能确保老一辈无产阶级革命家开创的社会主义事业代代相传，确保我国改革开放和现代化建设顺利进行，确保党和国家长治久安"③。《2001年~2005年全国干部教育培训规划》强调指出："按照'三个代表'的重要思想，大力加强干部教育培训工作，建设高素质的干部队伍，是一项事关全局的战略任务"④。全党要"总结历史经验，适应新世纪党和国家工作大局的要求，把干部教育培训放在更加重要的战略地位"，这是面对"当今和未来世界的竞争，从根本上说是人才特别是各类领导人才的竞争。中国社会主义事业的巩固和发展，中国要在未来激烈的国际竞争中处于主动地位，关键在于我们党，特别是要按照'三个代表'的要求，努力建设一支包括党政干部、企业经营管理者、专业技术人才和其他战线干部在内的规模宏大的高

---

① 《中共中央关于面向二十一世纪加强和改进党校工作的决定》，http://www.1921.cn/Tbshome/default.asp。
② 《中共中央关于面向二十一世纪加强和改进党校工作的决定》，http://www.1921.cn/Tbshome/default.asp。
③ 《中共中央关于面向二十一世纪加强和改进党校工作的决定》，http://www.1921.cn/Tbshome/default.asp。
④ 《2001年~2005年全国干部教育培训规划》，http://www.1921.cn/Tbshome/default.asp。

素质干部队伍"①。

全党工作的大局决定了干部培训、干部教育工作的极端重要性。培养跨世纪领导人才，是关系到能否把中国建设成为一个富强、民主、文明的社会主义国家的重大战略决策。必须把干部教育、党校工作提高到这个战略高度来认识，提高到全党工作大局的高度来认识。正确把握党的全局工作提供的机遇，党对干部教育工作重视提供的机遇，对党校工作重视提供的机遇。各级党校只有抓住这个机遇，以高度的政治责任感、历史紧迫感，把党校工作抓上去，把教学科研工作抓上去，把信息化建设抓上去，努力实现干部教育信息化的历史性跨越。

（二）党校工作大局提供的发展机遇

为了适应党校干部教育事业发展的需要，干部教育信息化面临着加快发展的历史机遇。2000年6月，《中共中央关于面向二十一世纪加强和改进党校工作的决定》要求："全党必须进一步提高对党校教育重要性的认识，大力加强和改进党校工作。进一步加强和改进党校工作，是党的事业全局和党的自身建设的迫切需要"②。"党校作为学习、研究、宣传马列主义、毛泽东思想、邓小平理论③的重要阵地和党性锻炼的熔炉，在用集中培训轮训方式提高领导干部素质方面，具有不可替代的重要作用。必须进一步明确，党校教育是全国各级党政领导干部培训轮训的主渠道。全党同志首先是各级党委，必须充分认识面向新世纪加强和改进党校工作的重要性和紧迫性。各级党校首先是中央党校和省级党校，必须进一步提高政治责任感和历史使命感，努力加强和改进自己的工作，卓有成效地肩负起光荣而艰巨的任务"④。"各级党校要进一步建立和完善党校教学新布局，深化教学改革，提高教学质量，适度扩大办学规模，努力成为学习、研究、

---

① 《2001年~2005年全国干部教育培训规划》，http：//www.1921.cn/Tbshome/default.asp。
② 《中共中央关于面向二十一世纪加强和改进党校工作的决定》，http：//www.1921.cn/Tbshome/default.asp。
③ 本书中有关"马列主义、毛泽东思想、邓小平理论"以及后续"邓小平理论和江泽民同志'三个代表'重要思想"等提法均源自相关会议文件，考虑到本书出版滞后且在第二部分中时间跨度延展到近期的因素，相关提法应延续到党的十七大以来"以邓小平理论和'三个代表'重要思想为指导，深入贯彻落实科学发展观"，下同。
④ 《中共中央关于面向二十一世纪加强和改进党校工作的决定》，http：//www.1921.cn/Tbshome/default.asp。

宣传马列主义、毛泽东思想、邓小平理论的重要阵地和党性锻炼的熔炉"①。

党校肩负着完成培养和造就高素质领导干部的历史重任。从全党工作大局看，从党校工作大局来看，信息化建设势在必行。党校工作大局迫切要求党校通过教学内容、教学方法的改革以适应干部教育事业发展的需要，在开展教学内容改革的同时，还必须进行相应的教学方式、方法的改革，包括信息化建设、信息化装备、信息化应用。在新的形势下，搞好教学改革，提高教学科研水平，完成干部教育任务，不仅需要一流的教师队伍、精干的教学管理指挥部门，还需要有现代化手段装备的基础设施和工作机构，包括远程教学中心、信息网络中心、数字图书馆等信息服务、技术保障部门。为了适应党校工作大局的需要，深化教学改革，抓好科研工作，必须抓住机遇，加强信息化建设，促使党校工作上一个新台阶。

(三) 加强干部教育培训技术装备提供的发展机遇

党中央十分重视党校和其他干部教育培训机构现代化技术设施的装备和应用，1995年12月，中央颁发的《中国共产党党校工作暂行条例》提出，"党校要建立相应规模的图书馆（室）。中央党校和省、自治区、直辖市委党校图书馆要逐步办成多功能现代化的综合性文献资料中心"②。2000年6月，《中共中央关于面向二十一世纪加强和改进党校工作的决定》要求："努力改善党校办学条件，积极推进教学手段和基础设施的现代化建设"，"加强党校教学设备和教学手段的现代化建设，包括积极推进各级党校信息化建设，逐步在全国党校系统建成远程教学体系"③。《2001年~2005年全国干部教育培训规划》强调："推进干部教育培训信息化和教学手段现代化建设，积极采用电化教育设施和计算机等多媒体手段开展教学。推进干部教育培训网络化建设，充分利用现有的广播、电视等手段，发展远程教育，逐步在全国干部教育培训系统建立远程教学网"④。干部教

---

① 《中共中央关于面向二十一世纪加强和改进党校工作的决定》，http://www.1921.cn/Tbshome/default.asp。
② 《中国共产党党校工作暂行条例》，http://www.1921.cn/Tbshome/default.asp。
③ 《中共中央关于面向二十一世纪加强和改进党校工作的决定》，http://www.1921.cn/Tbshome/default.asp。
④ 《2001年~2005年全国干部教育培训规划》，http://www.1921.cn/Tbshome/default.asp。

育"要学习和运用现代教育的培训方法,采用情景模拟、案例教学、对策研究等方式,提高学员的参与程度,注重能力培养"[①]。2006年1月21日中共中央颁发的《干部教育培训工作条例(试行)》要求通过"推广网络培训、远程教育、电化教育,提高干部教育培训教学和管理的信息化水平"[②]。并要求"从事干部教育培训工作的教师,……掌握现代教育培训理论和方法,具备胜任教学、科研工作的能力"。要"建立全国和各省自治区、直辖市干部教育培训师资库,实现资源共享"[③]。

从机遇角度来看,目前党校信息化建设正处一个重要的发展机遇期。中央有关加强干部教育培训技术装备,推进干部教育信息化应用的决策,为干部教育信息化提供了快速发展、可持续发展的现实机遇。信息化建设是办好党校、提高教研水平的基础和保证,是发展党校事业的一项基本建设,抓住机遇,加快推进面向干部教育的党校信息化建设和应用步伐,已经成为各级党校创新发展的一项共识。

[①] 《2001年~2005年全国干部教育培训规划》,http://www.1921.cn/Tbshome/default.asp。
[②] 《干部教育培训工作条例(试行)》,http://politics.people.com.cn/GB/8198/60906/。
[③] 《干部教育培训工作条例(试行)》,http://politics.people.com.cn/GB/8198/60906/。

第二章
党校信息化建设在干部教育信息化体系中的地位和作用

一 中央领导重视党校系统信息化建设

1999年9月1日,胡锦涛、曾庆红出席了中央党校远程教学网暨校园信息网开通仪式,胡锦涛分别与已开通远程网络的山东、上海、海南、重庆、四川等省市委的领导同志通话。对中央党校远程教学网暨校园网络的开通表示祝贺。他指出,这是党校建设中的一件大事,将会有力地促进干部教育事业的发展。山东、上海、海南、重庆、四川五省市已走在全国党校信息化建设的前列。希望继续努力,把这件事情办好,为全国党校提供示范[1]。

2000年6月,中共中央颁发的《关于面向二十一世纪加强和改进党校工作的决定》指出:"加强党校教学设备和教学手段的现代化建设,包括积极推进各级党校信息化建设,逐步在全国党校系统建成远程教学体系"[2]。在中央召开的全国党校工作会议上,胡锦涛发表重要讲话,要求各级党委"要帮助党校改善办学条件,搞好党校基础设施建设、教学设备和教学手段的现代化建设"[3]。

---

[1] 《胡锦涛出席中央党校远程教学网及校园信息网开通仪式》,新华社1999年9月2日电。
[2] 《中共中央关于面向二十一世纪加强和改进党校工作的决定》,http://www.1921.cn/Tb-shome/default.asp。
[3] 转引自王伟光《在全国党校系统远程教学网暨校园信息建设网宜宾现场会开幕式上的讲话》,http://www.ccps.gov.cn。

2000年12月30日，胡锦涛在"关于建设全国党校系统数字图书馆有关情况的报告"上作了重要批示："要抓紧建设，快见成效。同时要防止重复建设"①。2001年3月1日，胡锦涛出席中央党校数字图书馆开通仪式，并亲切接见工程建设技术人员，在谈话中指出："我是数字化图书馆的积极分子。一定要把党校信息化建设抓好。"②

2002年2月10日，胡锦涛在中央党校呈交的一份有关远程教学进展情况的报告上作了重要批示："赞成把建好、用好、管好网站作为今年远程教学网络工作的重点，尤其要在完善功能、丰富内容、提高质量上下工夫，使远程教学网络在党校教育中发挥更大的作用。"③ 并于2002年2月21日视察了中央党校远程教学网络中心。

曾庆红也很重视党校远程教学工作，兼任中央党校校长后两次到中央党校远程教学网络中心进行视察。他到一些地方视察，先到党校，到党校先看远程教学，在上海、山东、湖南、贵州、宁夏、四川，都是通过远程教学网站和中央党校领导进行通话。2003年8月29日，曾庆红、贺国强参加了在中央党校举行的全国农村党员干部远程教育中心资源库建设一期工程的启动仪式，曾庆红要求大力推进中央党校远程教学网络建设，提出要在农村党员干部教育中开展远程教学工作。中央领导的关心和支持，对于搞好远程教学和党校信息化建设是极大的鼓舞和鞭策，有力地推动了党校系统远程教学网络建设的进展。

二 推动党校信息化建设的几次会议

在党校系统信息化建设进程中，有几次相关的重要会议推动，其作用是不可忽视的，下面我们将分别对这几次会议要点作一简要分析评述。

1. 为开拓党校信息化建设新局面、推动党校信息化建设新进展，商讨党校信息化建设的长远规划和近期工作布局，2000年1月30日至2月1

---

① 转引自王伟光《在全国党校系统远程教学网暨校园信息网建设宜宾现场会开幕式上的讲话》，http://www.ccps.gov.cn。
② 转引自王伟光《在全国党校系统远程教学网暨校园信息网建设宜宾现场会开幕式上的讲话》，http://www.ccps.gov.cn。
③ 转引自王伟光《一定要用信息化的设施设备手段装备教学科研，提高党校现代化办学的整体水平》，http://www.ccps.gov.cn。

日，中央党校召开全国党校系统远程教学暨信息网络建设重庆现场会。会议的主题是：面向 21 世纪党校教育的改革与发展，就如何加强党校系统信息化建设，特别是加快远程教学网络和校园计算机信息网络建设，进行交流和研讨，提出具体措施和意见。

会议取得的成效体现在以下三方面。一是明确了任务，信息化建设是一个系统工程，是长期的、艰巨的任务，必须抓好规划，分步实施，逐步实现中央党校同省级党校和有条件的地市级党校的初步联网，并逐步形成全国党校系统信息网络和远程教学网络的完整体系。二是提高了认识，针对党校信息化建设还处于不适应教学科研和党校事业发展的落后状况，强调信息化建设是党校事业发展的大事，必须高度重视，抓好落实；要充分认识加强党校信息化建设的重要性和必要性，把党校信息化建设作为党校的一项重要基本建设，作为发展党校事业的一件大事来抓；各级党校要把信息化建设列入重要议事日程，制订切实可行的实施方案，主动争取上级党委和有关部门的支持，加大经费的投入；对于信息化建设工作，主要领导要亲自过问和支持，要有专门的领导分管、专门的机构和人员来负责。三是促进了发展，要求有条件的党校都要建立远程教学网站，采取积极措施推动校园计算机网络建设，组织、协调并推动本地区、本系统有条件的地（市）、县级党校力争多建立一些远程教学网站。

2. 为了更好地贯彻落实中央《关于面向二十一世纪加强和改进党校工作的决定》和全国党校工作会议精神，调动地方党校的积极性，推动和普及地县级党校远程教学网站及信息化建设工作，中央党校决定分片召开现场会，2000 年 7 月 25 日至 27 日，中央党校在山东威海市委党校召开全国党校系统远程教学暨信息网络建设现场会。华北片、东北片、华东片省级党校和部分地市级党校代表参加了会议。会议以江泽民同志有关"三个代表"的论述为指导，贯彻落实全国党校工作会议精神，学习山东和威海远程教学及信息化建设的经验，交流全国党校系统远程教学及信息化网络建设的情况，进一步推动全国党校系统远程教学和信息化建设。

会议对进一步加快信息化建设特别是远程教学网络建设提出了明确要求：把传达好、学习好、贯彻好、落实好全国党校工作会议精神作为当前全国党校工作的中心任务，以此来带动远程教学和信息网络建设上新的台阶；进一步解决好认识问题，真正把远程教学和信息网络建设摆到各级领导的重要工作日程，结合本地区、本单位的实际学习山东和威海的经验，特别是学习他们推进远程教学和信息化建设的精神状态和措施办法，加大抓工作的力度，加快远程教学和信息化建设的步伐；建立统一的职能机构，分级管理远程教学网建设，随着远程教学网络的建设不断发展，逐步建立健全统一管理、分级负责的管理体制；抓紧进行远程教学网站建设，年内要争取完成省级党校建站工作，有条件的副省级城市、省会城市、大企业和地、市级党校都要建站，并适当建成一部分县（市、区）级党校网站；加强对已开通远程教学网站的使用管理，充分发挥网站的功能和作用，加大远程教学传输的信息量，提高远程教学内容的质量；对中央党校制定印发的《远程教学网络管理规定》，要认真执行，确保质量第一、安全第一和网络正常运行；要加强技术培训，尽快提高各网站技术人员和管理人员的素质，以适应远程教学网站建设、使用与管理的要求。

3. 数字图书馆是党校信息化建设的重要组成部分，几年来，全国党校系统图书馆的现代化建设有较大进展，初步奠定了建设数字图书馆的基础。2000年4月，中央党校数字图书馆建设被列为国家"863"计划中国数字图书馆发展战略组的数字图书馆示范工程之一，为推进这项工作，全国党校图书馆工作暨数字图书馆建设会议2000年11月23日至25日在海南省委党校召开。这次会议是党校系统图书馆工作的世纪盛会，具有现实的紧迫性和重要性，是建设数字图书馆的誓师动员会和工作部署会。会议的主要成果如下。

明确了加快以数字图书馆为重点的党校信息化建设，是适应新形势下党校事业发展的需要，党校图书馆工作在党校事业发展的新阶段，在为教学科研服务方面，在信息化、现代化建设方面，能起到带头和推动作用，要发挥集体力量，全力以赴，建设全国党校系统数字图书馆。确定了全国党校系统数字图书馆建设的方针和基本框架。方针是：科学论证、统筹规划、携手共建、资源共享、功能齐备、具有特色、分步实施、持续发展。基本框架是：采用国内外先进技术建设全国党校系统数字图书馆网络平台，利用该平台建设全国党校系统分布式的超大规模数据库群，以中央党校图书馆网站为门户站点，通过互联网形成全国党校系统数字图书馆网络。提出了党校系统数字图书馆建设的规划和措施，计划用五年时间，分三步实施全国党校系统数字图书馆建设一期工程，第一步是做好工程的论证规划和各项准备工作。第二步是抓核心网络建设与联网，形成全国党校系统数字图书馆的核心框架。第三步是建成具有相当规模的资源库，基本形成比较完整的全国党校系统数字图书馆信息网络，以丰富的信息资源支持教学和科研，使马列主义、毛泽东思想和邓小平理论在网络上得到广泛传播。

4. 2001年5月28日至31日，中央党校在湖北省委党校召开了全国党校信息化建设会议。会议的主题是以邓小平理论和"三个代表"重要思想为指导，进一步贯彻《中共中央关于面向二十一世纪加强和改进党校工作的决定》和全国党校工作会议精神，总结交流全国党校系统信息化建设的经验和好的做法，研究解决存在的问题，进一步推动以远程教学、校园计算机网络和数字图书馆建设为中心内容的党校信息化建设，为全面开创党校教育事业发展的新阶段作出新的努力。

这次会议是又一次推动全国党校信息化建设的重要会议，有14位省级党校的常务副校长参加，规格是历次党校信息化建设会议最高的一次，也是进入21世纪后召开的第一次全国党校系统的工作会议。会议通报了全国各地党校信息化建设的进展与成效，指出了当前信息化建设中存在的问题与不足，进一步明确了今后党校系统信息化建设的任务和要求。

关于信息化建设的进展与成效，体现了以下三个特点。一是中央领导高度重视，各级党委、政府大力支持，全国各级党校行动迅速，呈现出加强信息化建设的良好态势；二是各地党校在地方党委和政府的支持下，不同程度地加大了资金、技术和人力的投入，信息化建设推进速度很快，初见端倪；三是远程教学、校园信息网、数字图书馆等系统积极扩大传输内容，不断提高传输质量，初步见到成效并获得好评，对党校教学、科研和管理工作产生了深远影响。

存在的问题与不足体现在以下几个方面。信息化建设发展不平衡，各级党校在重视程度、投入程度和推广程度方面还存在一定的差距，有些党校还不同程度地存在着工作不到位现象，制约了信息化建设的发展；与硬件建设相比，教学数据资源库建设滞后，远程教学网传输内容还不够丰富，课程质量还需要提高，课程储存和点播功能还没有实现；数字图书馆资源库建设刚刚提上日程，方案的论证与具体实施之间还有差距；校园网信息传输量较小，内容比较单一；网络管理制度尚不健全，技术力量比较薄弱，在一定程度上影响了网络运行的效率。

关于今后党校系统信息化建设的任务和要求，一要解决好领导问题，对信息化的认识要到位，做到集中统一领导与协调管理，充分调动各方面的积极性，采取有效措施，加快信息化建设进度。二要抓好总体规划的制订，对校园网和数字图书馆工程，要一并考虑，规划方案要进行科学论证，广泛征求意见，校委集体讨论决定，校园网以办公管理系统为核心，数字图书馆重点放在教学科研信息资源库的建设上，校园网要能够与数字图书馆连接，同远程教学网连接，最终形成三网一体的"天地网"。三要抓好数据库建设，包括远程教学课程（课件）库、校园网办公管理数据库和数字图书馆数据资源库。四要抓好技术培训，加强网络管理和技术维护。五要建章立制，逐步形成党校信息化建设需要的科学、规范和制度化的管理体系。

5. 2002年3月28日至31日，中央党校在广西壮族自治区委党校召开了全国党校远程教学网络管理工作座谈会。会议的主题是贯彻落实胡锦涛同志最近关于远程教学工作的批示精神，总结交流加强远程教学网络管理的经验，讨论提出完善网络管理制度和改进工作的措施，进一步把远程教学网站建设好、使用好、管理好。

这是一次专题研究党校远程教学网络管理问题的会议，在加强网络管理工作方面，做了一些阶段性、基础性工作，开了一个好头，是一个新的起点。会议认真贯彻落实胡锦涛同志的重要批示；总结交流了远程教学网络管理工作经验；讨论了《中共中央党校远程教学卫星通信网络管理暂行条例》《全国党校A级网站上网内容优秀奖评选办法》以及如何发挥省级党校网站在网络管理中的作用和如何发挥A级网站的作用。会议强调，要进一步提高对加强网络建设和管理工作重要性的认识，加强组织领导，采取切实可行的措施，把远程教学工作搞好；要重视网络安全，确保不在互联网和其他公共信息网或宣传媒体上传播远程教学内容；要逐步建立中央和地方两级管理体制，充分调动中央党校远程教学网络中心和地方网站的两个积极性；要完善网站规章制度，严格技术操作规程，保障网络正常运行；要加强管理骨干和技术骨干队伍建设，采取以岗位练兵为主与集中培训相结合的方式培养技术骨干，并适时举办管理骨干培训班，不断提高管理水平和技术保障能力；要充分发挥已建网站的作用，保证收视效果。

评价这次会议的成果,应该说是党校信息化建设从启动到深化的一个转折,是党校信息化建设特别是远程教育上了一个新台阶的标志,它对解决远程教学网络运行中最突出的问题,完善管理制度,实现网络管理规范化,保障网络正常运行和网络安全乃至用好网站,将起到重要的作用。在网络管理体制、技术维护和使用方面,提出了一些比较明确的建设性的意见,为修改完善网络管理规定、形成网络管理条例和实施细则提供了依据。

6. 全国党校系统远程教学网暨校园信息网建设现场会,2002 年 5 月 17 日至 19 日在四川宜宾市委党校召开。这次会议的主题是以邓小平理论和"三个代表"重要思想为指导,深入贯彻党的十五届五中、六中全会和全国党校工作会议精神,落实胡锦涛同志关于党校远程教学工作的重要批示,总结交流西部地区党校信息化建设的经验,进一步促进西部地区远程教学网暨校园信息网建设,加快党校教育事业的发展步伐,以优异的成绩迎接党的十六大召开。

会议要求,认真学习贯彻好胡锦涛同志近期关于党校工作的有关指示。进一步推进西部地区远程教学网暨校园信息网建设,认识要上去,宜宾经验主要体现在领导重视、校委重视、搞好规划、分步实施,在用字上下工夫。远程教学网站和校园网络的建设和管理工作,一要按照建好、用好、管好网站是本年远程教学工作重点的精神,全面加强远程教学工作;二要加强校园网建设力度,使远程教学内容落地后发挥更大的作用;三要加快数字图书馆数字信息资源建设;四要充分发挥地方党校工作处业务指导职能,加强对地县党校信息化建设工作的指导。

7. 全国党校数字图书馆资源建设研讨会于 2002 年 7 月 29 日至 8 月 2 日在新疆维吾尔自治区区委党校召开。会议中心议题是研究如何推进全国党校系统图书馆数字资源建设问题。会议达成以下共识。

必须高度重视信息资源建设。进一步加快全国党校系统数字化图书馆建设,要在继续建立和完善网络基础设施的前提下,把工作重点放在信息资源建设上。

党校信息资源是党校数字图书馆建设的核心,主要包括图书馆资源库、远程教学资源库、办公管理系统资源库的建设。在图书馆资源库建设上,在采购方面要优化纸本资源的采购,增加对光盘、数据库等数字信资源的采购；重视网络信息资源的集成和整合，在实现资源共享的前提下强调自建有特色的数据库，扩大数据库容量，增加数据库信息门类，突出数据库的党校特色和地方特色。

信息资源建设要贯彻相互合作的原则。分工合作、形成合力、形成优势，把整个系统的力量动员起来，提高效益，防止重复建设。地方党校应根据自身特点与优势，制定信息资源建设政策与发展策略，使党校系统内每一个数字图书馆都相互区别、各不相同，从整体上却又是相互配合、相互补充，形成一个功能强大的完整体系。

加大数字图书馆建设资金问题的争取力度，领导支持是关键。图书馆要经常向校领导汇报工作，在学校的统一领导下根据各地方党校的实际情况，争取解决好资金、人力、资源、技术等一系列问题，为数字图书馆的建设工作创造一个领导支持、部门协调、资金有保障的良好环境。

党校系统数字图书馆建设是一项宏大的系统工程，从技术到内容，从使用工具到应用环境，以及相关的标准、法律、法规等都需要进一步完善。为了解决信息资源建设中面临的问题，必须加大培训力度，建设一支作风硬、能力强、技术素质高的工程技术队伍，真正做到兵要精、武器要好，为信息资源建设培养强大的人才队伍。

8. 2003年10月8日至11日，中央党校在广东省召开了全国党校远程教学网络管理工作会议。会议深入贯彻落实全国党校校长会议精神，总结交流执行《中共中央党校远程教学网络管理暂行条例》的经验，商讨落实省级管理体制和网络管理维护实施细则，进一步做好网络管理工作。会议的主要成果如下。

肯定了成绩。经过4年时间的努力，已建成一个包括中央党校远程教学网络中心、省级党校网站和1800多个地（市）县级党校网站在内的全国党校系统远程教学网络，建立了一套教学内容和一个资源库，形成了一套管理制度和一支工作队伍；远程教学网络对实现党校系统教学资源共享、提高教学水平、扩大干部培训规模、推进党校教育事业的发展起到了重要作用，实践证明，党校系统建立远程教学网络是一项正确的抉择。

总结了经验。基本经验是靠提高认识，靠领导重视，靠骨干队伍，靠加强管理，靠使用效果；要建好、用好、管好网站，必须由省级党校负责，在本地区采取统一组织建站、统一管理维护的做法。

找到了差距。一是网站建设发展不平衡,有些省县级党校建站速度慢;二是网络作用还没有充分发挥,有些建站党校对播出的课程使用较少;三是建立省级管理体制的速度较慢,网络管理维护的机制尚未形成;四是队伍的管理水平和技术维护能力尚需进一步加强。

达成了共识。在建立省级管理体制工作上统一了思想,原则同意《中共中央党校远程教学网络管理维护实施细则》,经认真修改,报中央党校领导审阅批准后正式行文印发执行。

部署了工作。加快远程教学网络建设,下一步重点是加快县级党校建站的速度;要加强远程教学内容建设,在丰富内容、提高质量上下工夫,完善中央党校网络中心、省级党校网站和资源库建设;要加强远程教学专业队伍建设,不断提高专业技术水平和管理水平;要加强管理体制和管理制度建设,尽快形成中央党校和省级党校两级管理体制,保障网络的正常运行;要提高远程教学网络和播出教学内容的利用率,将网络播出的课程同本校的教学和本地干部学习教育结合起来,充分发挥远程教学网络的作用。

9. 2004年11月27日至29日,由中央党校主办,重庆市委组织部和重庆市委党校承办的"全国党校系统信息化建设暨远程教学经验交流会"在重庆市委党校召开。会议的中心议题是学习贯彻党的十六届四中全会精神,全面加强党的执政能力建设,开创党校信息化建设暨远程教学工作的新局面。会议要求,要进一步认真学习党的十六届四中全会精神,贯彻落实胡锦涛、曾庆红同志关于党校工作的重要指示。要结合各地党校的实际,突出重点,力争用3年左右的时间,完成远程教学网络建站到县的任务。同时加快各地远程教学网络二级管理体制建设进度,尽快形成规章制度,加强网络管理,发挥网络的作用。建好、用好、管好远程教学网络,重在使用,重在实效,要在使用上下工夫,要研究制定具体的使用措施和使用方法。会议要求各级党校一定要组织好全体教职员工,学会使用信息化的设施设备和手段,提高教职员工运用信息化手段开展工作学习研究的能力。一定要加强信息资源和教学内容的建设,提高信息资源和远程教学内容的针对性、层次性、时效性和实用性。一定要把远程教学网络用起来,提高远程教学资源内容的使用率,使党校系统的信息化建设暨远程教学工作有更加广阔的发展空间和更加蓬勃的生命力。会议还提出加强信息化建设规律的研究问题，认为党校系统的信息化建设有其自身特殊的发展规律，需要通过实践不断探索，不断总结，不断提高。

10. 全国党校系统数字图书馆建设工作会议于2005年11月1日至3日在湖南省委党校召开。会议主题是以邓小平理论和"三个代表"重要思想为指导，认真学习贯彻党的十六届五中全会精神，按照科学发展观的要求，总结党校数字图书馆建设经验，加快党校数字图书馆建设步伐。会议总结了自2000年海南会议以来党校系统数字图书馆建设的基本经验，认为提高认识是数字图书馆建设的重要前提，领导重视是数字图书馆建设的关键因素，队伍建设是数字图书馆建设的组织保证，经费保障是数字图书馆建设的必要条件，服务到位是数字图书馆建设的根本目的。会议充分肯定了2005年1月至10月，全国省级、副省级党校图书馆进行的数字图书馆建设评估工作。经过普遍的自查自评和互查互评，较全面地了解了党校系统图书馆数字化建设的成绩以及存在的问题，进一步明确了图书馆建设方向，为全国党校系统数字图书馆建设奠定了扎实的基础。会议要求，各级党校一定要把数字图书馆建设真正置于同学科建设、校园建设等党校的基本建设、基础工作同等重要的高度来认识，列入重要议事日程抓紧抓好。要集中一定的财力和物力，加大投资和建设的力度。各地党校要切实研究解决数字图书馆建设中存在的问题和不足，采取相应的措施，切实做好数字资源的建设应用和推广工作。数字图书馆是一种新的知识环境、信息环境，数字图书馆建设需要创新服务模式。党校系统数字图书馆的发展要在为教学科研服务，为教职员工服务，为党校事业服务，为领导决策服务上下工夫。

11. 2005年11月16日至18日，全国党校系统远程教学暨信息化建设应用经验交流会在陕西省委党校召开。这次会议的主题是以邓小平理论和"三个代表"重要思想为指导，认真学习贯彻胡锦涛同志、曾庆红同志关于党校工作的指示精神，回顾检查重庆会议精神的落实情况，总结交流党校系统远程教学暨信息化应用工作的经验，表彰远程教学资源建设先进单位和个人，着重研究如何进一步加强远程教学应用工作，使党校的远程教学及信息网络发挥更大作用。会议指出，全国党校系统的远程教学及信息网络经过六年多的建设，已经完成了第一个五年规划，取得了很大成绩，具备了一定规模，形成了比较完善的体系，目前已经进入加强应用，并在应用过程中进一步调整和完善的新的发展阶段。会议强调，要突出远程教学的应用，重点是：明确远程教学应用的指导思想；加强远程教学内容的建设；形成远程教学资源建设的合力；强化远程教学的教学管理工作；研究远程教育规律，提升远程教学应用水平；加强对远程教学应用工作的领导。

12. 2007年7月19日至20日，全国党校系统远程教学暨信息网络应用工作会议在吉林省委党校召开。这次会议的主题是以邓小平理论和"三个代表"重要思想为指导，深入贯彻落实科学发展观，深入学习领会胡锦涛同志近期在中央党校发表的重要讲话精神，认真落实胡锦涛同志、曾庆红同志有关党校工作的一系列指示精神，回顾总结近年来全国党校系统远程教学暨信息网络应用工作的情况和经验，表彰远程教学管理和应用、信息资源建设的先进单位及个人，探讨进一步加强远程教学暨信息网络应用工作的措施，使党校系统的远程教学暨信息化建设在党校教育和干部培训工作中发挥更大的作用。

会议总结了全国党校系统远程教学暨信息网络应用近年来的工作，取得五个方面的突出应用成绩。一是通过延伸网络的服务范围突出应用；二是通过拓展网络的服务功能突出应用；三是通过加强课程和信息资源建设突出应用；四是通过紧密配合教学改革突出应用；五是通过提高学员的使用技能突出应用。

针对党校系统远程教学暨信息网络应用工作还存在着不少问题和不足，会议提出了全国党校远程教学网升级改造的设想。要利用新的技术体系，对全国党校卫星远程教学网进行升级改造，打造天地一体远程教学平台，在全国党校形成多网融合、资源共享平台。面向全国党校，提供辅助教学、资源共享服务；面向农村党员干部，提供现代远程教育服务；面向党政干部，提供现代远程培训服务；面向全社会，提供数字媒体服务。

三 党校信息化建设的特点

全国党校系统信息化建设工作，在中央的领导下和各级党委、政府的支持下，各地党校领导高度重视，积极行动，大力推进，取得了明显进展和成效，具有以下几个特点。

1. 抓住机遇，科学决策，会议推动，促进发展。20世纪90年代末以来，为适应建设高素质干部队伍的需要，党校工作面临着发展的大好机遇。中央和各级党委对党校工作高度重视，加大了投入，使得党校信息化建设也处于一个非常有利的发展时机。中央党校校委审时度势，果断决策，通过科学论证，制定了包括远程教学网络、校园信息网络、数字图书馆为主要内容的全国党校信息化建设发展规划，实施三步走的发展战略，通过会议不断总结经验，提高认识，加大工作力度，使全国党校系统信息化建设得到迅速发展。

2. 抓住关键，兼顾其他，边建边用，扩大影响。远程教学是党校办学中的网络课堂、虚拟教室，具有建设周期短、见效快的特点。几年来党校信息化建设抓住了这个关键，同时兼顾并促进了校园信息网络和数字图书馆的建设和发展。远程教学网络边建边用，不断充实教学内容，提高课堂教学质量，受到学员的普遍好评，在党校教学中的作用越来越突出，客观上也起到了鼓舞人心、振奋士气，加快党校信息化建设的作用。

3. 建章立制，抓好管理，队伍敬业，保障有力。在建设远程教学网络的过程中十分注重管理，通过实践的探索和总结，逐步建立管理制度，完善管理体制。目前已经初步形成了一套以中央党校为中心、以省级党校为枢纽的二级管理体制，并制定了具体运行的管理办法。经过几年的发展，全国党校信息化建设已经形成了一支热心党校教育事业，热爱本职业务工作，努力适应党校教学内容建设、信息网络建设管理和维护的专业队伍，这支队伍的形成，是党校信息化建设发展十分宝贵的人力资源，有力地保障了党校信息化发展的进程。

地方党校信息化建设在以下几个方面凸显出强劲发展的趋势：一是加强卫星远程教学网络与校园网的融合，不断完善校园网远程教学课程实时传输系统；二是充分利用多媒体教室和现代化会议设施，运用多媒体技术制作课件上课，基本实现课堂教学手段的现代化；三是拓展远程会议系统的功能，适时推进省级远程教学网络的建设；四是校园网上的信息公告、电子公文、邮件系统、视频点播、数字图书馆、办公自动化、智能管理逐步成为应用热点；五是教学资源数据库、特色信息数据库、办公管理资源库的建设陆续展开，许多已经初见成效。

四 党校信息化建设在干部教育信息化体系中的地位

干部教育信息化体系建设是一项成长中的新事物，有为才有位。党校系统的远程教学网络、校园网、数字图书馆网的建设成效，已经初步显示出信息化建设对于加强干部教育培训、推进党校事业发展的极端重要性和必要性，进一步加强了党校在党的干部教育培训事业中担负着特殊的使命和不可替代的重要作用。

（一）远程教育中心

1. 远程教学网络建设。全国党校远程教学网由中央党校远程教学网络中心和全国地方党校网站组成（网站分 A、B、C 三级），网络的拓扑结构为星状网，采用会议电视标准 ITU H.320，广播标准 ITU H.331，用鑫诺 1 号卫星，采用 Ku 波段传输。A 级站包括电视会议（实现双向图像声音回传）、广播教学（单向接收）；B 级站包括一路卫星电话（话音回传）、广播教学（单向接收）；C 级站只包括广播教学（单向接收）。1999 年启动的全国党校远程教学网络建设，经过 6 年多的发展，中央党校已经建成集发射中心、资源中心、管理中心和教学中心四个中心于一身的全国党校系统远程教学网络中心枢纽。截至 2005 年全国已开通 2600 多个网站，规模宏大，覆盖到各省、市、自治区。有的地方乡镇都建立了远程教学网站，部分地区的农村、街道和企业也建立了远程教学网站。详见表 2-1。

表 2-1　全国党校远程教学网络建站情况一览表

（1999 年 9 月 1 日至 2005 年 12 月）

单位：个

党校所在地	建站数量			
	A 级站	B 级站	C 级站	合计
北京市	1		18	19
天津市	1		19	20
河北省	4	2	145	151
山西省	1	9	88	98

续表

党校所在地	建站数量			
	A级站	B级站	C级站	合计
内蒙古自治区	1	12	88	101
辽宁省	2	2	69	73
吉林省	1	1	39	41
黑龙江省	2	8	40	50
上海市	2		6	8
江苏省	2	15	86	103
浙江省	4	3	85	92
安徽省	1	12	77	90
福建省	3	1	91	95
江西省	1	11	57	69
山东省	6	14	166	186
河南省	1	12	75	88
湖北省	2	14	92	108
湖南省	1	2	117	120
广东省	3	5	120	128
广西壮族自治区	4	5	258	267
海南省	1		21	22
重庆市	1	13	33	47
四川省	3	1	139	143
云南省	1	3	37	41
贵州省	2	21	81	104
西藏自治区	2	1	6	9
陕西省	1	3	115	119
甘肃省	1	16	55	72
青海省	1	5	27	33
宁夏回族自治区	1	5	43	49
新疆维吾尔自治区	2	8	67	77
新疆建设兵团	1	8	1	10
部队			12	12
中直机关		2	3	5
国家机关			2	2
其他		2	7	9

合计：A级站：60　B级站：216　C级站：2385　总计：2661

资料来源：http://www.ccps.gov.cn。

2003年中央党校远程教学网络中心还承担了全国农村党员干部现代远程教育中心资源库一期工程和辅助教学中心网站的建设，并于2004年1月开始启用，山东、湖南、贵州三省和安徽省金寨县作为全国农村党员干部现代远程教育的试点，所在地区的各级党校在这方面也做了很多工作，保证了全国农村党员干部现代远程教育试点工作的顺利进行。

许多党校也积极探索远程教育建设的新模式，先后建立了网络党校、干部教育网、电子政务培训中心，有的党校还与其他机构合作，建立了国家发改委远程教学中心、世界银行全球发展学习网络中心。

2. 远程教学内容体系建设。远程教学内容体系建设，形成了党校干部教育的特色，通过远程教学网络播放的主要课程包括：中央党校"形势与任务"报告、主体班次课程、函授学院课程、研究生院课程；中央党校校委中心组学习讲座、地县级党校课程和电视专题片；A级网站提供的领导干部报告和专家讲座；对外合作办学课程；通过网络还播出了全国党校重要工作信息如全国党校工作会议实况，安排了一些网站开通仪式、研讨会、工作通气会等。远程教学内容体系的建设实现了全国党校系统教学资源的共享和优势互补。各级党校利用网络传输优势，把远程教学课程直接用于教学和科研工作，弥补了师资力量不足，丰富了教学内容，提高了教学质量，扩大了党校的作用和影响。为整合全国党校系统的信息资源，鼓励省市级党校讲授的优秀课程上网，逐步加大市县党校优秀课程播出的力度，新增加的一套MPEG4节目，对丰富网络内容，推广各地选送的精品课程，提高网络利用率发挥了积极作用。

3. 远程教学资源库建设。远程教学资源库的建设坚持以用为本，有针对性地构建适应不同层次、不同区域、不同行业干部需要的信息资源和教学内容，不断提高信息资源和远程教学内容的针对性、层次性、时效性和实用性。本着循序渐进、实用、稳定与发展并重的原则，按照多种媒体格式和介质的作用，开发不同用途的应用软件、资源数据库和服务咨询体系，分类管理，方便检索。据统计，到2005年末，资源库在线动态存储课程556讲，刻录光盘1400多张，录制数字节目带500多讲；全国农村党员干部教育中心资源库，已存入3400多个课件，刻录光盘2500多张，录制数字节目带500多讲，总时长2000多个小时。

4. 远程教育管理体制建设。在继续做好建站工作的同时，各级党校都对远程教学网络的运行机制进行规范，制定了一系列规章制度，加强了针对远程教学各项工作的建设、使用、培训、维护等环节的管理。目前已经有超过一半的省级党校建立了远程教学网络二级管理机制，承担全省党校系统远程教学网络的管理和维护工作，有的省级党校还在省内实行分级管理，有力地保障了全国党校远程教学网络的运行质量。

5. 远程教学网络队伍建设。六年多来，各级党校注重远程教学网络队伍建设，通过专业人才的引进和现有人员的业务培训，培养了许多复合型人才，全国党校系统造就了一支精通远程教学网络业务、善于管理、素质较高、责任心强的信息化维护、使用、制作和管理的骨干队伍。

(二) 开放式教学网络和终身学习基地

随着信息技术的迅猛发展和知识更新的不断加速，各级干部在课堂上所获得的知识远不能满足干部知识更新的需要，干部教育再也不是一次性的，而是贯穿干部任职的始终。数字技术、多媒体技术、网络技术、远程教学技术等信息技术在党校干部教育中正逐步得到广泛应用，为党校干部教育事业提供了强有力的技术支持。党校的信息化建设，作为干部教育开放式教学网络和终身学习基地已经显现出勃勃生机。以远程教学网、校园信息网、数字图书馆网为主要内容的党校信息化建设，形成了服务干部教育的独特优势。各级党校努力构建高效、灵活、先进、开放、安全、实用的校园网，将干部培训工作扩展到网络平台。首先是高度重视应用系统的建设。该系统包括办公自动化系统、教学管理系统、后勤管理系统、数字图书馆系统等业务应用管理系统和网络教学系统。校园网应用系统的建立，使信息技术渗透到干部教育教学管理的各个领域，提高党校的工作效率和服务水平，给干部教育带来诸多实惠和便捷。其次是设立专职的网络信息安全运行管理机构，负责卫星远程教育、信息网站建设和网络系统的安全维护。实行职能分离，归口管理，各司其职，避免相互推诿，从而构建一个既分工明确，又互相配合的网络保障机制。最后是建立开放式干部教育终身化网络体系，打破壁垒，建立以中央党校为核心，连接各级党校的全国党校系统远程教学系统，并逐渐与其他系统包括行政学院、干部管理学院、培训中心、高等院校网站链接，形成纵横交错的干部教育网络体系。目前，全国 31 个省市自治区已建门户网站的省级党校达到 27 个，333 个地市级党校建门户网站达到 99 个。详见表 2-2、表 2-3。

表 2-2　全国省级党校门户网站一览表*

省级党校	门户网站
北京市委党校	http://www.bac.gov.cn
天津市委党校	http://www.tjdx.gov.cn
河北省委党校	http://www.hebdx.com
山西省委党校	http://www.sxswdx.gov.cn
辽宁省委党校	http://www.lndx.gov.cn
吉林省委党校	http://www.jldx.gov.cn
黑龙江省委党校	http://www.hljdx.gov.cn
上海市委党校	http://www.sdx.sh.cn
江苏省委党校	http://www.sdx.js.cn
浙江省委党校	http://www.zjdx.gov.cn
安徽省委党校	http://www.ahdxgz.com
福建省委党校	http://www.fjdx.gov.cn
江西省委党校	http://www.jxdx.gov.cn
山东省委党校	http://www.sddx.gov.cn
河南省委党校	http://www.dangxiao.ha.cn
湖北省委党校	http://www.hbdx.gov.cn
湖南省委党校	http://www.hnswdx.gov.cn
广东省委党校	http://www.gddx.gov.cn
广西壮族自治区委党校	http://www.gxdx.gov.cn
海南省委党校	http://www.dx.hainan.gov.cn
重庆市委党校	http://www.cqdx.gov.cn
四川省委党校	http://www.scge.gov.cn
贵州省委党校	http://www.gzdx.gov.cn
云南省委党校	http://www.ynce.gov.cn
陕西省委党校	http://www.shxdx.com
青海省委党校	http://www.qhswdx.com
新疆维吾尔自治区委党校	http://www.xjdx.gov.cn

表2-3 全国地市党校门户网站一览表

地市党校	门户网站
秦皇岛市委党校	http://www.qhddx.gov.cn/index.asp
邢台市委党校	http://www.xtdx.com.cn/
抚顺市委党校	http://www.fsgj.cn/
大连市委党校	http://www.swdx.dl.gov.cn
丹东市委党校	http://www.ddtsz.com/
敦化市委党校	http://www.dhdx.net.cn/main/default.asp
辽源市委党校	http://www.lydx.gov.cn/
牡丹江市委党校	http://www.mdjswdx.gov.cn/
绥化市委党校	http://shswdx.sme.cn/
南京市委党校	http://www.njdx.gov.cn/
苏州市委党校	http://www.dx.suzhou.gov.cn/
无锡市委党校	http://www.wxdx.gov.cn/
徐州市委党校	http://www.xzdx.gov.cn/index.asp
常州市委党校	http://www.czdx.com.cn/
南通市委党校	http://www.jsntdx.edu.cn/
连云港市委党校	http://www.lygdx.com/
淮安市委党校	http://www.hadx.js.cn/
盐城市委党校	http://www.ycswdx.gov.cn/
杭州市委党校	http://www.zhdx.gov.cn/
宁波市委党校	http://www.nbdx.cn/
温州市委党校	http://www.wzdx.gov.cn/
舟山市委党校	http://www.zsdx.gov.cn/
丽水市委党校	http://www.lssdx.gov.cn/
绍兴市委党校	http://www.sxdx.gov.cn/
衢州市委党校	http://www.qzswdx.gov.cn/
台州市委党校	http://www.tzswdx.com/index.jsp
阜阳市委党校	http://www.fyswdx.com/
淮南市委党校	http://www.huainan.gov.cn/zghn/school/dangxiao/index.htm
福州市委党校	http://www.fzswdx.gov.cn/
厦门市委党校	http://www.xmdx.gov.cn/
泉州市委党校	http://www.gwyxxw.com
龙岩市委党校	http://dx.longyan.gov.cn/default.asp
南昌市委党校	http://swdx.nc.gov.cn/web/

续表

地市党校	门户网站
吉安市委党校	http://218.64.83.45/
济南市委党校	http://www.jndx.gov.cn/
青岛市委党校	http://www.qddx.gov.cn/
淄博市委党校	http://www.zbdx.net/
枣庄市委党校	http://www.sdzzdx.gov.cn/
东营市委党校	http://www.dydx.gov.cn/
烟台市委党校	http://www.ytdx.com.cn/
潍坊市委党校	http://www.wf-swdx.gov.cn/
威海市委党校	http://www.wh-dx.cn/
济宁市委党校	http://www.gnswdx.org/
泰安市委党校	http://www.tadx.com.cn/
莱芜市委党校	http://www.lwdx.cn/
郑州市委党校	http://new.zhengzhou.gov.cn/dang/index.htm
开封市委党校	http://www.kfdx.gov.cn/
平顶山市委党校	http://www.pds.gov.cn/pdsei/pdsdx/index.htm
三门峡市委党校	http://www.smxdx.com/
济源市委党校	http://www.jydx.gov.cn/
安阳市委党校	http://www.aydx.com/articleview.asp?id=15
焦作市委党校	http://www.jzswdx.gov.cn/index.asp
襄樊市委党校	http://www.xf.gov.cn/xfs/dx/
宜昌市委党校	http://www.ycdx.gov.cn/temp/index.asp
随州市委党校	http://www.szdx.gov.cn/
武汉市委党校	http://www.whdx.gov.cn/
怀化市委党校	http://www.huaihua.gov.cn/hhsj/hhsdx/index.htm
永州市委党校	http://www.yzswdx.gov.cn/
株洲市委党校	http://www.zzps.cn/
广州市委党校	http://www.gzswdx.gov.cn/
深圳市委党校	http://www.szps.gov.cn/
汕头市委党校	http://www.stdx.gov.cn/gaikuang/lsgy.asp
韶关市委党校	http://www.sgdx.gov.cn/
佛山市委党校	http://www.fsswdx.gov.cn/
江门市委党校	http://www.jmdx.gov.cn/

续表

地市党校	门户网站
茂名市委党校	http://sdx.maoming.gov.cn/
肇庆市委党校	http://www.zqdx.com/
惠州市委党校	http://www.hzdx.gov.cn
梅州市委党校	http://www.mzps.gov.cn
东莞市委党校	http://dx.dg.gov.cn/
中山市委党校	http://www.zsswdx.gov.cn/
柳州市委党校	http://www.lzdx.gov.cn/
桂林市委党校	http://www.gldx.com/
北海市委党校	http://www.bhdx.gov.cn/
玉林市委党校	http://www.yldx.gov.cn
来宾市委党校	http://www.gxlbdx.com/
海口市委党校	http://www.hkdx.gov.cn/index.asp
成都市委党校	http://www.cddx.gov.cn/dx/main.asp
遂宁市委党校	http://www.chnhin.com/index.htm
南川市委党校	http://www.ncdx.gov.cn/web/index.htm
攀枝花市委党校	http://www.pzhps.gov.cn/_htmldata/dangxiaoxinxihua/_shuzitushuguan.asp
泸州市委党校	http://www.lzswdx.gov.cn/
眉山市委党校	http://old.ms.gov.cn/chinese/jgsz/qita-web/meishandangxiao/index.htm
宜宾市委党校	http://www.ybdx.gov.cn/
乐山市委党校	http://www.lsdx.gov.cn/
阿坝州委党校	http://www.abafz.com/dangxiao/html/main.html
凉山州委党校	http://www.lszwdx.gov.cn/
贵阳市委党校	http://www.gydx.gov.cn/
遵义市委党校	http://www.zyswdx.gov.cn/
毕节市委党校	http://www.bcps.gov.cn/
昆明市委党校	http://www.kmpg.gov.cn/swdx/index.asp
丽江市委党校	http://www.ljswdx.cn/
拉萨市委党校	http://www.lasa.gov.cn/dangwei/lsdx/
宝鸡市委党校	http://www.bjsdx.gov.cn/
天水市委党校	http://www.tsdx.gov.cn/cn/default.asp
嘉峪关市委党校	http://www.jyg.gansu.gov.cn/department/A_dx/dx/
平凉市委党校	http://dxz.plmh.cn/
石嘴山市委党校	http://www.szstv.com/dangxiao/index.asp
克拉玛依市委党校	http://www.xkcj.com/

＊本书涉及的数据及网站域名、报表、图表等内容，除明确标示之外，均按照当时的内容保留，未作改动和调整，时间截至2007年。

各级党校充分发挥优势，以教学模式的改革为关键，以网络和远程教育等基础设施的建设为基础，以网络教育资源的开发应用和人才队伍的培养为重点，贯彻江泽民提出"构筑终身教育体系，创建学习型社会"思想，树立开放式终身教育新理念，主体班次教育开始了从封闭式课堂阶段性教育向开放式网络教育、终身教育发展的转变；以课堂、书本、教师为中心的教育方式开始向以网络、研讨、干部为中心教育方式的转变，积极拓展开放式教学网络和终身学习基地，努力实践实现干部教育的跨越式发展。

（三）干部教育信息和资源中心

信息时代的干部教育事业，需要与之配套的数字图书馆特色资源服务，党校数字图书馆的资源建设，只有突出干部教育的特色，才能与其他系统相并立，相区别，也才能将党校系统的优势发挥出来、体现到位，做到人无我有，人有我优，人优我特，真正体现出干部教育信息和资源中心的作用。为加快特色数字信息资源的建设进程，全国党校系统图书馆按照科学论证、统筹规划、携手共建、资源共享、功能齐备、具有特色、分步实施、持续发展的建设方针，在做好工程的论证规划和各项准备工作基础上，抓核心网络建设与联网，形成全国党校系统数字图书馆的核心框架，经过6年多的发展，全国大部分副省级以上党校图书馆在加大购置数字资源的同时，加紧自建数据库，除馆藏书目数据库外，有的还建立了相当规模的具有本地特色的信息资源库，其中省级党校自建特色数据库达到124个，副省级党校达到29个。详见表2-4、表2-5。

表2-4　全国省级党校图书馆自建特色数据库一览表

省级党校	图书馆自建特色数据库
北京市委党校	馆藏书目数据库
	党史党建数据库
	党校教研文库
	北京市情数据手册
河北省委党校	馆藏书目数据库
	期刊篇名数据库
	教学专题数据库
	过刊过报数据库

续表

省级党校	图书馆自建特色数据库
山西省委党校	中文图书书目数据
内蒙古自治区委党校	汉文图书书目数据库 期刊数据库
铁道部党校	书目数据库 期刊数据库 读者数据库 过刊数据库
辽宁省委党校	馆藏书目数据库 "理论信息、省情集萃"数据库 馆藏古籍题录数据库
吉林省委党校	二次文献专题数据库 馆藏书目、报刊数据库 专题信息数据库 报刊题录数据库 省情研究资讯数据库 党校文库数据库 教研参考数据库
黑龙江省委党校	馆藏书目数据库
上海市委党校	馆藏图书书目数据库 馆藏报刊名录数据库 中国社科参考信息数据库 上海市干部教育情景库 上海市党校系统科研成果数据库 上海发展与评价数据库 上海公共政策研究数据库 重要发展战略研究数据库 政府管理研究库 中外公共政策比较研究数据库
江苏省委党校	馆藏书刊数据库 江苏省情 江苏党校文库 党校报刊 热点链接 电子剪报

续表

省级党校	图书馆自建特色数据库
浙江省委党校	浙江省情数据库
	党校文库
	资料通讯
	研究生论文专题资料
安徽省委党校	馆藏书目数据库
	数字安徽
	安徽党校文库
	安徽党校著作库
	党校研究生文库
	学习《中共中央关于加强党的执政能力建设的决定》
	中部崛起
	"马芜铜"产业带研究
	安徽走新型工业化道路
	学习《中共中央关于完善社会主义市场经济体制的决定》
	保持党员先进性教育
	构建社会主义和谐社会
福建省委党校	馆藏书目数据库
	馆藏报刊数据库
	福建省情报刊资料数据库
	福建地方党史组织史资料数据库
	重点学科专题库
	福建省情库
	党校教研文库
	视频资源库
江西省委党校	馆藏书目数据库
山东省委党校	馆藏书目数据库
	山东省省情全文数据库
	校科研成果数据库
	馆刊《信息与资料》数据库
	山东党史数据库
河南省委党校	馆藏书目数据库
	馆藏报刊数据库
	馆藏光盘目录
	馆藏报刊资料题录
	网络信息专题（全文）

续表

省级党校	图书馆自建特色数据库
湖北省委党校	馆藏书目数据库
	湖北省情数据库
	湖北党校文库
	湖北党校期刊
	专题资料索引
湖南省委党校	馆藏书目数据库
	"十六大"专题
	党的十六届四中全会聚焦专题
	为民书记——郑培民专题
	《理论集萃》全文
	自建"读书网"
广东省委党校	馆藏书目数据库
	广东省委党校学员优秀论文数据库
广西壮族自治区委党校	图书馆书目数据库
	人大资料数据库（加工）
	各类专题数据库
	电影、电视剧、音乐、歌曲、Flash 动画
海南省委党校	馆藏书目数据库
	法律法规库
	史志库
	省情库
重庆市委党校	重庆市市情数据库
	中共党史多媒体数据库
四川省委党校	"胡锦涛同志在什邡、'三讲'促进新变化"
	"川陕革命根据地"
	"红军长征在四川"
	四川党校研究生论文库
	多媒体数据库
	教学课件素材数据库
	执政能力教学案例库
贵州省委党校	馆藏书目数据库
	教研人员科研成果目录数据库
	贵州省委党校学报全文数据库

续表

省级党校	图书馆自建特色数据库
陕西省委党校	馆藏书目数据库
	"延安精神永放光芒"
	陕西省委党校硕士学位论文数据库
	陕西省委党校科研成果目录
	"三秦大讲堂"
甘肃省委党校	馆藏书目数据库
	甘肃省委党校教授论文数据库
	甘肃省情全文数据库和省情索引数据库
宁夏回族自治区委党校	宁夏党校教授文库
新疆维吾尔自治区委党校	馆藏书目数据库（汉文）
	新疆区情资料索引
	新疆期刊要目索引
新疆建设兵团党委党校	馆藏书目数据库
	兵团文献文摘数据库

表2-5 全国副省级党校图书馆自建特色数据库一览表

副省级党校	图书馆自建特色数据库
青岛市委党校	馆藏书目数据库
	中外文献书目数据库
	期刊题名数据库
济南市委党校	馆藏目录数据库
	市情研究数据库
	教学参考资料
	领导参阅（资料信息服务）
	党校文库
南京市委党校	馆藏书目数据库
	馆藏期刊数据库
	读者数据库
	党校校刊全文数据库
	中央党校远程教学数据库
杭州市委党校	杭州市市情研究全文数据库
	杭州市统计全文库
	党校文库
	党员先进全文库
	报刊回溯索引
	地方文献库

续表

副省级党校	图书馆自建特色数据库
宁波市委党校	馆藏书目数据库
	领导案例与教程
	市情资料、浙东文化等
厦门市委党校	馆藏书目数据库
	市情资料
	《领导参阅》
	《资料与信息》
广州市委党校	馆藏书目数据库
	专题数据库
武汉市委党校	馆藏书目数据库

截至 2005 年，党校系统涵盖的信息资源总量，仅中央党校图书馆就拥有大约 3TB（百万兆字节）的数字资源，传统书刊包括 42 万种中文图书，约 6000 种中文报刊、近 8000 种外文期刊，共 1700 余万篇文章。全国省级党校图书馆馆藏中文图书总量已达到 267 万种、785 万册，馆藏期刊 129 万册，外文图书 4.4 万种、7.6 万册，自建数据资源 395 万篇，馆均自建数据信息资源 12.7 万篇，数据总量 1.5GB，已建成具有相当规模的数字信息资源库，基本形成比较完整的全国党校系统数字图书馆信息网络，以丰富的信息资源服务党校的教学和科研工作，服务党校干部教育事业的发展。

五 党校信息化建设在干部教育信息化体系中的作用

实践进程中的党校信息化建设，作为提高党校教学水平和干部教育水平的重要手段，在党校干部教育事业发展中的重要作用逐步显现，集中体现在以下几个方面。

（一）强化干部培训轮训主渠道作用

党校信息化建设与其他干部培训机构相比，已经取得令人瞩目的成就，有效地强化了干部培训轮训主渠道作用。中央党校远程教学网络中心已经建成"全国党校远程教学资源库"和"全国农村党员干部教育中心资源库"。利用远程教学网络开展的教学活动主要有针对地方党校主体班次的教学；针对在职研究生的教学；针对地方党委中心组和干部在职学习的教学；针对地方党校师资和理论骨干的教学；针对函授教育的教学；针对社会热点、难点问题的校外培训教学；等等。为切实保证教学视频录制和传输质量，提前发布每学期播出计划，每月15日之前，制定发布月播出表，远程教学网络开通至2003年7月底已传输各类课程1634讲，仅滚动播放的课程已达到1000多讲，受众主要是建站党校的主体班学员，利用率较高的是中央党校的大报告和主体班次课程。各网站对播出内容的质量比较满意，有利于各地干部教育和在职理论学习，弥补了基层党校师资不足的问题。党校远程教育系统所拓展的卫星远程教育、开放式网络教育，为实现干部教育跨越式发展提供了良好平台，使党校信息化建设成为干部教育信息化体系中一个日益崛起的不可或缺的最重要的组成部分。在实践的进程中，党校信息化建设，通过远程教学网络，在提高领导干部执政能力方面发挥了重要作用，为提高干部的执政能力提供了一个重要的条件；使学员更加快捷方便地接触新信息、掌握新知识、培养新能力，使学员加深认识和运用现代化的设施、设备、手段和科学技术，使学员的素质能力在党校教学中不断得到提高；党校信息化建设，通过远程教学网络、党校门户网站、党校系统数字图书馆，可以逐步实现满足干部终身学习的需求。利用党校网络时空，各级干部能够打破固定时间、地点的束缚，灵活安排学习时间、学习场所和学习计划，随时随地不断学习；利用党校网络资源，各级干部多样化的学习需求可以得到满足，为他们提供了选择最适合自己的学习内容的充分自由和条件。党校信息化建设，通过远程教学网络、党校门户网站、党校系统数字图书馆，构建了适应干部在职在岗学习的服务平台和信息枢纽，为大规模培养干部提供了有效的物质手段，在建设学习型政党方面发挥着重要作用。

（二）干部教育新格局的信息保障、技术支持和现代化手段

党校信息化建设顺应了信息时代和知识经济社会的潮流，满足了大规模培训干部、提高干部素质能力的需要，是建立学习型政党、学习型社会的重要途径，也是实现党校以教学为中心、科研为基础的干部教育新格局

的信息保障、技术支持和现代化手段。党校信息化建设的发展为干部教育提供了新的工具和手段，它促进了教学形式、教学内容、教学体系、教学模式等全面改革，极大地提升教师和干部队伍的世界眼光、战略思维等综合素质，从而有效地推进教学质量、科研水平的提高。随着信息技术的不断发展，远程教学及信息化工作在党校办学中必将发挥更大的作用，有着更为广泛的发展空间。党校系统的远程教学及信息化建设为党校教学科研提供了现代化、低成本的网络保证和信息资源保障，使教学科研人员运用现代化的信息手段，最快捷、最全面地接收和传播大量丰富的信息，极大地提高了教学科研的质量。继续推进远程教学及信息化建设，改善和提高党校信息化、现代化的办学条件，不仅是扩大干部培训规模、培养高素质干部队伍的需要，是全面开创党校事业新局面的需要，也是加强党的执政能力建设的需要。

（三）全面落实和实现干部教育培训目标的基础设施

几年来，全国党校信息化建设已经投入几个亿的资金，远程教学网遍布全国省市县乡，校园信息网支撑着大多数党校的信息化服务环境，数字图书馆集成了传统图书馆的基本应用，汇集了服务党校学科建设需求的各类数字信息资源，开发了大量具有党校特色的信息数据库，连同与之配套的多媒体教室、大屏幕投影机、实物投影机、录像音像设备、计算机控制系统、液晶显示屏、闭路电视网，所有这一切构成了功能互补、应用齐全、媒体完备、介质配套的信息化服务基础设施。纵观党校"教学为中心、科研为基础、行政后勤为保障、信息化为手段、队伍建设为关键"的整体工作格局，信息化建设是党校教学科研的最新装备，是党校现代化建设的基础工程，是提高党校办学水平的一个重要突破口，是各级党校适应新形势、针对新需要、完成新任务的重要保障。

第三章
党校信息化建设现状分析

为较好地把握党校信息化建设的发展脉络，对党校信息化建设的现状有一个客观的分析与评价，2005年4~12月，课题组先后组织了"全国党校信息化建设和应用情况专题调查""全国党校校园网站建设情况专题调查""全国党校远程教育网络建设和应用情况专题调查""全国党校数字图书馆建设情况专题调查"，以及"福建省党校信息化建设和应用情况专题调查"。2005年11月~2006年1月，根据课题研究的需要，又对"全国党校门户网站建设情况""全国党校数字图书馆网站建设情况"进行了补充调查。本章拟对党校信息化建设各类调查数据在汇总比较的基础上展开现状分析。

一 党校信息化建设基本情况

（一）信息化建设工作机构及投资情况分析

1. 信息化工作机构设置。校园信息化专门机构的设立有利于信息化基础设施的集中管理，有利于信息技术支持和服务工作的开展。调查结果显示（详见图3-1），全国31所省级党校已经有29所建立了信息化工作专职机构，占94%。但机构的名称和管理的内涵不尽相同，从机构的管理属性看，其中16所党校设立信息网络中心或信息中心等，属于教辅部门，占52%；8所党校设立信息管理处或信息技术部等，属于行政部门，占26%；5所党校设立信息网络教研部或计算机网络中心等，兼有计算机和信息网络教学任务，占16%。从机构的管理内涵看，统管校园网、远程教学网、数字图书馆网业务的工作机构有2家，占6%；统管校园网、远程教学网业务的工作机构有27家，占88%；校园网与远程教学网业务分别由两个机构管理的2家，占6%。应该说信息化工作机构的管理属性各地情况不同，归属方式不同，顺理成章。但其管理业务内涵的整合方式各异，采用哪种组合方式更好，需要认真分析。党校的总体情况不同于高等院校，学科类型偏重于社会科学，编制相对较少，这就决定了党校信息化机构的管理职能应该强调整合，技术队伍的配置应该强调精干，信息化设备管理、维护应该强调集中，使之更能发挥出较好的效益和作用。尤其是办学规模相对较小，人员编制紧缺的部分党校更应该反复论证、精心整合，采用最适合本校发展的方式开展信息化工作。

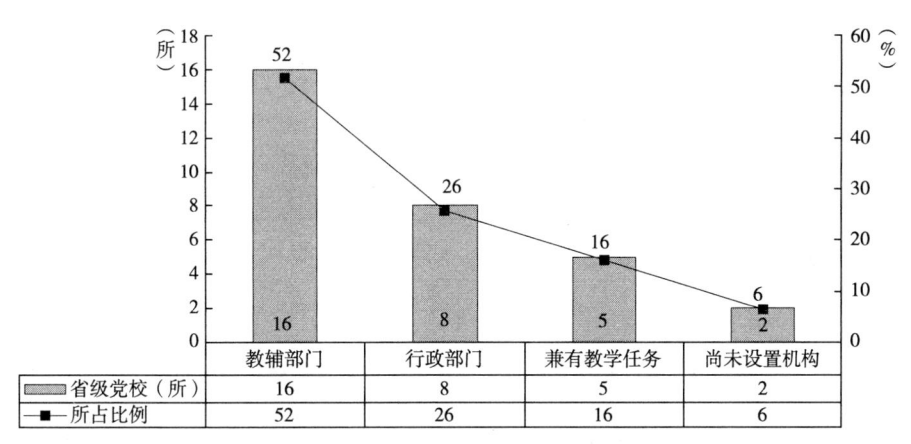

	教辅部门	行政部门	兼有教学任务	尚未设置机构
省级党校（所）	16	8	5	2
所占比例	52	26	16	6

图3-1　全国31所省级党校信息化建设工作机构设置情况示意图

2. 信息化建设投资情况。20世纪90年代末以来信息化建设的投资情况是：投资总额超过2000万元的省级党校有5所，占总数的16%；投资总额在1500万~2000万元的省级党校有2所，占总数的6%；投资总额在1000万~1500万元的省级党校有8所，占总数的26%；投资总额在500万~1000万元的省级党校有12所，占总数的39%；投资总额在500万元以内的省级党校有4所，占总数的13%（见图3-2）。

通过对图3-3、图3-4的比较分析，可以看出东中西部地区党校的

	投资2000万元以上	投资1500万~2000万元	投资1000万~1500万元	投资500万~1000万元	投资500万元以内
省级党校（所）	5	2	8	12	4
所占比例	16	6	26	39	13

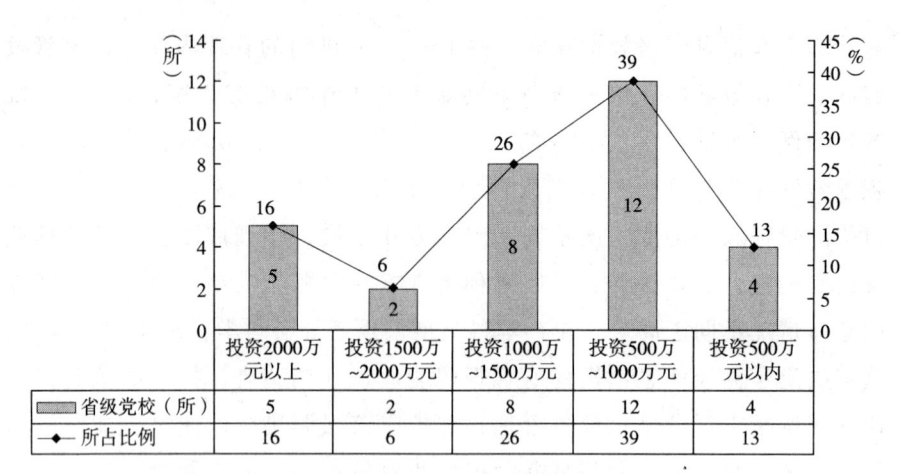

图3-2 全国省级党校信息化建设投资情况所占比例示意图

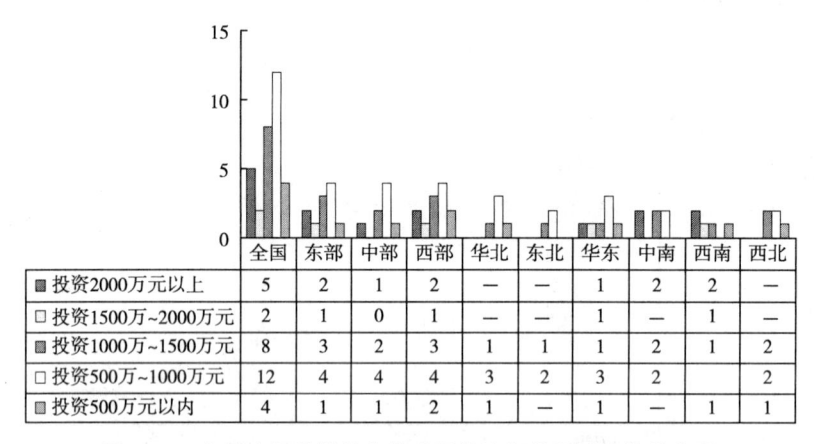

	全国	东部	中部	西部	华北	东北	华东	中南	西南	西北
■投资2000万以上	5	2	1	2	—	—	1	2	2	—
□投资1500万~2000万元	2	1	0	1	—	—	1	—	1	—
■投资1000万~1500万元	8	3	2	3	1	1	1	2	1	2
□投资500万~1000万元	12	4	4	4	3	2	3	2	—	2
■投资500万元以内	4	1	1	2	1	—	1	—	1	1

图3-3 全国省级党校信息化建设投资规模区域比较分布图

投资水平大致处于一种相对平衡的状态，① 而从六大区域的分布情况比较，华北、东北、西北明显比华东、中南、西南的投资力度要弱。②

---

① 全国东中西部省份的定义如下。东部地区包括辽宁、河北、天津、北京、山东、江苏、上海、浙江、福建、广东、海南8省3市；中部地区包括黑龙江、吉林、山西、河南、安徽、湖北、湖南、江西8省；西部地区包括陕西、甘肃、宁夏、青海、新疆、四川、重庆、云南、贵州、西藏、内蒙古、广西6省1市5自治区，下同。

② 全国六大区域省份的定义如下。华北地区包括北京、天津、河北、山西、内蒙古2省2市1自治区；东北地区包括辽宁、吉林、黑龙江3省；华东地区包括上海、江苏、浙江、安徽、福建、江西、山东6省1市；中南地区包括河南、湖北、湖南、广东、广西、海南5省1自治区；西南地区包括重庆、四川、贵州、云南、西藏3省1市1自治区；西北地区包括陕西、甘肃、青海、宁夏、新疆3省2自治区，下同。

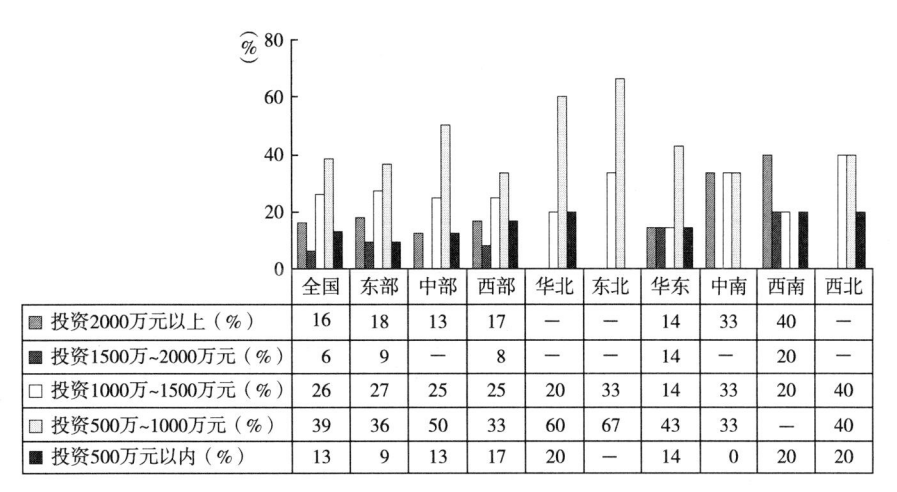

	全国	东部	中部	西部	华北	东北	华东	中南	西南	西北
■ 投资2000万元以上（%）	16	18	13	17	—	—	14	33	40	—
■ 投资1500万~2000万元（%）	6	9	—	8	—	—	14	—	20	—
□ 投资1000万~1500万元（%）	26	27	25	25	20	33	14	33	20	40
□ 投资500万~1000万元（%）	39	36	50	33	60	67	43	33	—	40
■ 投资500万元以内（%）	13	9	13	17	20	—	14	0	20	20

图 3-4 全国省级党校信息化建设投资规模全国所占比例区域比较示意图

根据以上汇总数据，全国省级党校信息化建设投资总额已经接近 3 亿元，校均投资近千万元人民币，从投资规模可以看出，省级党校对信息化建设的重视程度、发展力度都已达到一个较高水平。

（二）远程教学网络建设现状分析

1. 远程教学网站建设情况。远程教学网络是党校信息化建设的切入点，也是党校信息化服务干部教育工作的闪光点。远程教学网络建站速度快、工作效率高、覆盖地域广。调查显示，1999 年 9 月，中央党校连接山东、上海、海南、重庆、四川 5 省市的远程教学网络顺利开通，当年又成功地开通了江苏、贵州两个省级党校远程教学网站，共建成 A 级站 7 个。图 3-5 的数据显示，这 7 所党校东部地区占 4 所、西部地区 3 所。2000 年共有 17 所党校建站，无论从东中西还是六大区的分布情况分析，都比较均衡。到 2001 年，全国 31 所省级党校全部建成远程教学网站。

调查还显示，2000 年，全国党校远程教学网络建成并开通了 173 个远程教学网站，使开通网站总数达到 180 个（其中 A 级站 34 个、B 级站 38 个、C 级站 108 个）；2001 年，全国党校建立的远程教学网站达到 827 个（其中 A 级站 54 个、B 级站 158 个、C 级站 615 个）；2002 年全国党校建立的远程教学网站达到 1455 个（其中 A 级站 56 个、B 级站 199 个、C 级站 1200 个）；2003 年全国党校建立的远程教学网站达到 2130 个（其中 A

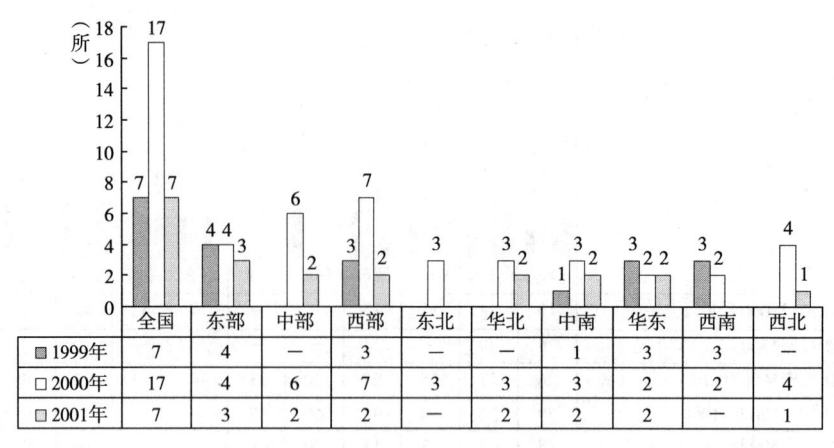

	全国	东部	中部	西部	东北	华北	中南	华东	西南	西北
1999年	7	4	—	3	—	—	1	3	3	—
2000年	17	4	6	7	3	3	3	2	2	4
2001年	7	3	2	2	—	2	2	2	—	1

图 3-5　全国省级党校远程教育 A 级网站建站进度区域比较示意图

级站 57 个、B 级站 210 个、C 级站 1863 个）；2004 年全国党校建立的远程教学网站达到 2434 个（其中 A 级站 59 个、B 级站 214 个、C 级站 2161 个）。经过 6 年多的建设，截至 2005 年，全国党校系统已经建立了 2661 个远程教学网站（其中 A 级站 60 个、B 级站 216 个、C 级站 2385 个）（见图 3-6、表 2-1）。

	1999年	2000年	2001年	2002年	2003年	2004年	2005年
B级双向站	—	38	158	199	210	214	216
C级单向站	—	108	615	1200	1863	2161	2385
建站合计	7	180	827	1455	2130	2434	2661
A级双向站	7	34	54	56	57	59	60

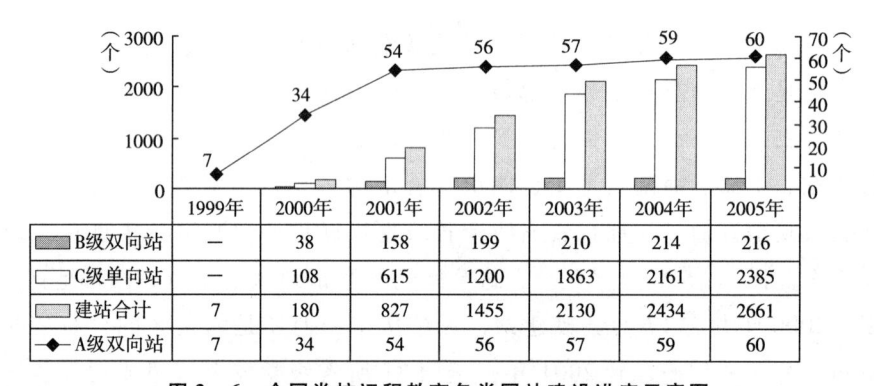

图 3-6　全国党校远程教育各类网站建设进度示意图

据表 3-1 提供的统计数据，目前县以上党校全部开通远程教学网站的有北京、天津、福建、山东、重庆、陕西、宁夏和海南（利用地网全部建站），80% 以上县级党校建站的有江苏、广东、湖北、浙江、内蒙古、河北、湖南、河北。建站最多的是广西，总共建了 267 个站，其中南宁市从县党校一直建到乡村党校，共建了近 200 个站。另据调查提供的数据，全国乡镇党校和村党支部已经建立的中央党校的远程教学网站共有 256 个，所在乡镇党校和许多村党支部都可以看到中央党校直播的远程教学课程。

表 3-1　全国各省市自治区党校已建远程教学网站所占比例统计表

省　份	建站总量（个）	党校数量（所）	所占比例（%）
北京市	19	19	100
天津市	20	19	105
河北省	151	184	82
山西省	98	131	75
内蒙古自治区	101	113	89
辽宁省	73	115	63
吉林省	41	70	59
黑龙江省	50	144	35
上海市	8	20	40
江苏省	103	120	86
浙江省	92	102	90
安徽省	90	123	73
福建省	95	95	100
江西省	69	111	62
山东省	186	158	118
河南省	88	177	50
湖北省	108	116	93
湖南省	120	137	88
广东省	128	143	90
广西壮族自治区	77	124	62
海南省	22	23	96
重庆市	47	41	115
四川省	143	203	70
云南省	41	98	42
贵州省	104	146	71
西藏自治区	9	81	11
陕西省	119	118	101
甘肃省	72	101	71
青海省	33	52	63
宁夏回族自治区	49	27	181
新疆维吾尔自治区	77	114	68

2. 远程教学网络基础设施配置分布情况。远程教学网络基础设施是实施远程网络教学的基本条件，其基本配置要求是：A级站投资50万元，B级站投资20万元，C级站只需5万元。应该说已经建站单位都具备开通远程教学网络的物质基础，为较好地发挥省级党校在远程教育方面承上启下的地域中心作用，调查发现省级党校远程教学网络设备配置率均达到100%，投资额度普遍在百万元之上，从采录编播设备到节目制作中心，乃至网络、服务器、相关存储条件配套完整，除了完成远程教学节目的接收、录制、播放任务，还承担着各校会议和专题课程的录制、编辑、播放等任务。调查结果表明，全国省级党校校均拥有的多媒体教室近17间，东部地区校均19间，数量最多，中西部党校基本持平，达到16间。按六大区比较，西南最多，校均近19间，东北最少，才13间，其他地域相差只有1间。调查提供的数据还表明，目前党校已配置的视频会议系统的网络教育使用率较低，校均配置应用率仅16%，中部地区、六大区的华北、东北、中南地区应用率均为0（见图3-7）。视频会议系统是地网开展视频会议网络教学的基础设施，配置应用率低至少折射出一个信息，即全国党校远程教育的发展还处在中央党校远程教学网络课程的单向拓展阶段，面向干部教育的全国党校远程教学网络建设任重道远。

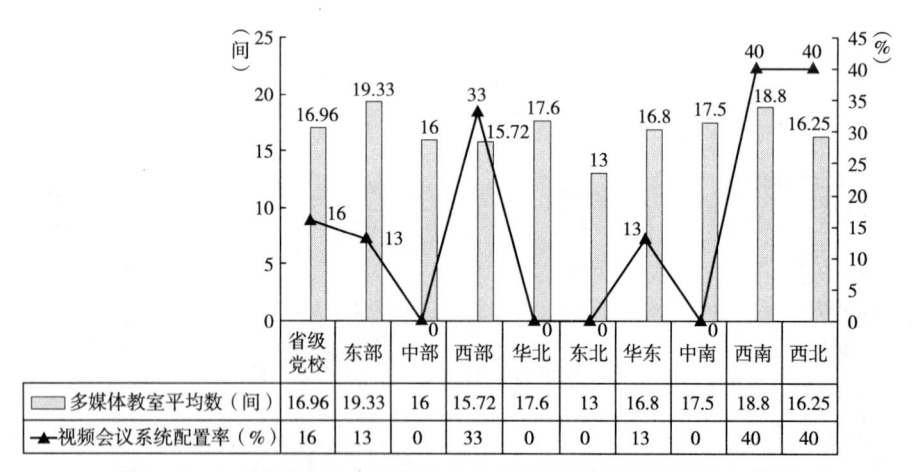

	省级党校	东部	中部	西部	华北	东北	华东	中南	西南	西北
多媒体教室平均数（间）	16.96	19.33	16	15.72	17.6	13	16.8	17.5	18.8	16.25
视频会议系统配置率（%）	16	13	0	33	0	0	13	0	40	40

图3-7 全国省级党校远程教学网络基础设施配置区域比较示意图

（三）校园网建设现状分析

1. 省级党校门户网站建设情况。校园网是党校信息化建设服务保障的重要基础设施，是面向干部教育的开放式信息枢纽和服务平台，各级党校门户网站作为校园网的重要组成部分，直接面向社会，是服务干部教育的互联网上的马克思主义理论阵地，也是构建学习型政党、学习型政府的培训基地。调查显示，省级党校门户网站建设进度较快，到2003年就已经建立了22所，拥有率为71%，2005年达到27所，目前仅有4家省级党校尚未建站，均分布在西部地区。按拥有率计算，全国占87%，西部地区占67%，东中部地区实现100%。按六大区计算，华北占80%、西南占80%、西北占60%，东北、华东、中南均为100%（见图3-8）。

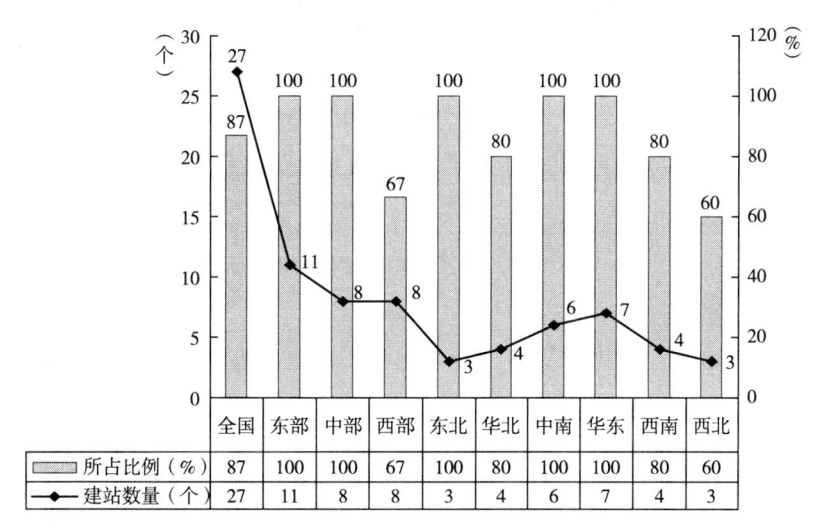

	全国	东部	中部	西部	东北	华北	中南	华东	西南	西北
所占比例（%）	87	100	100	67	100	80	100	100	80	60
建站数量（个）	27	11	8	8	3	4	6	7	4	3

图3-8 全国省级党校门户网站建站情况区域比较示意图

2. 地市级党校（包括副省级城市、省会城市和地级市、地区州盟党校）门户网站建站情况。全国地市级党校共有333所，其中包括副省级城市党校15所、省会城市党校27所、其他地级市及州盟党校291所。目前，全国已有100所地市级党校建立了门户网站，拥有率为30%；按照区域分布情况看，东部拥有率最高，为51%，中部居次，为26%，西部为18%排第三；按六大区比较，拥有率依次为：华东47%、中南40%、西南30%、东北19%、西北12%、华北只有6%（见图3-9）。其中15所副省级城市党校已经建站11所，还有4所党校没有门户网站，拥有率为73%（见图3-10）。在27所省会城市党校中，建站数量才13所，拥有率为

48%（见图3-11）。其他291所地市州盟党校建站总量76所，拥有率只有26%（见图3-11）。

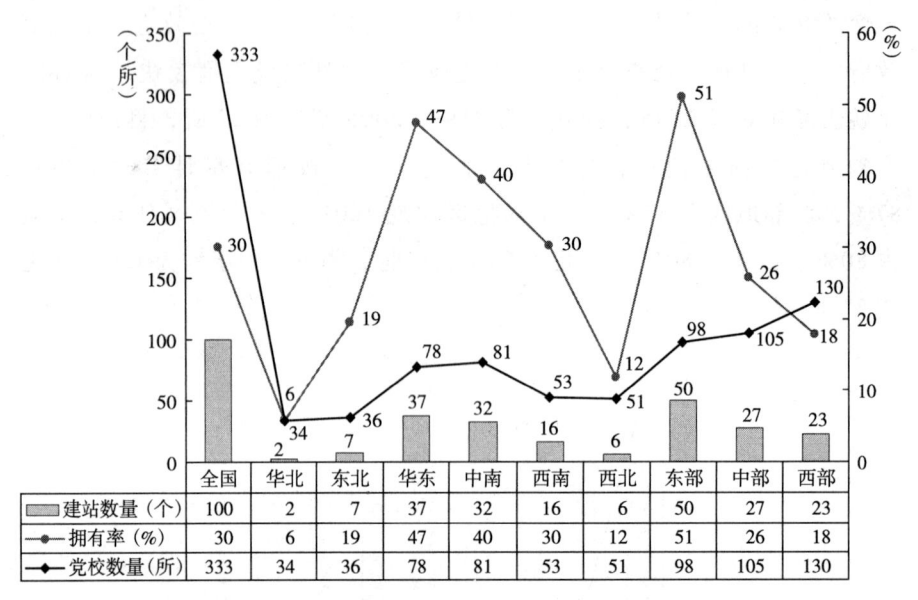

	全国	华北	东北	华东	中南	西南	西北	东部	中部	西部
建站数量（个）	100	2	7	37	32	16	6	50	27	23
拥有率（%）	30	6	19	47	40	30	12	51	26	18
党校数量（所）	333	34	36	78	81	53	51	98	105	130

图3-9 地市级党校门户网站建站进度示意图

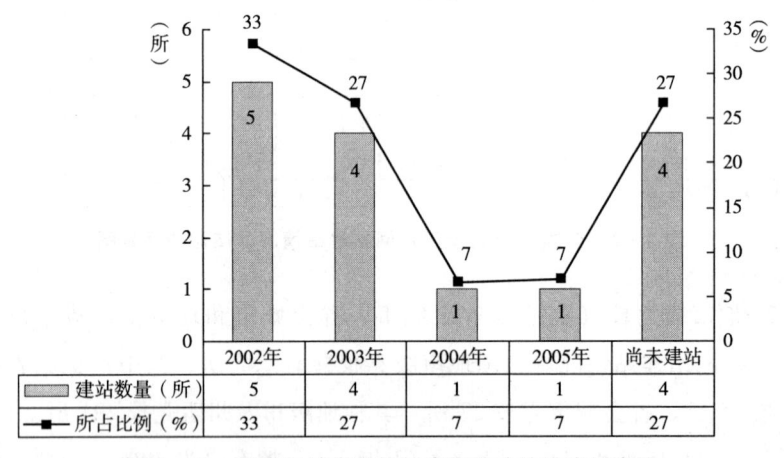

	2002年	2003年	2004年	2005年	尚未建站
建站数量（所）	5	4	1	1	4
所占比例（%）	33	27	7	7	27

图3-10 副省级城市党校门户网站建站进度示意图

3. 部分省、市所属区县党校门户网站建站情况。为了解总体情况，课题组对直辖市和部分发达地区区县党校门户网站建设情况进行专题调查，图3-12汇总的相关数据表明，区县党校信息化建设还存在薄弱环节，门户网站数量很少，拥有率较低（见图3-12）。

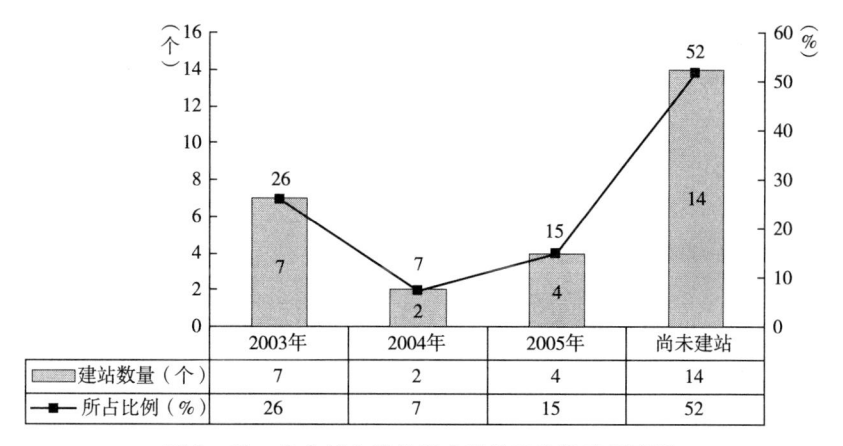

建站数量（个）	7	2	4	14
所占比例（%）	26	7	15	52

图 3-11　省会城市党校门户网站建站进度示意图

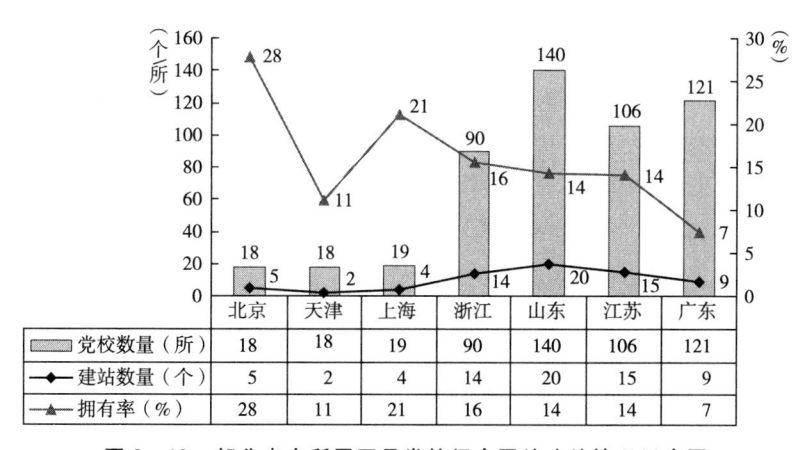

	北京	天津	上海	浙江	山东	江苏	广东
党校数量（所）	18	18	19	90	140	106	121
建站数量（个）	5	2	4	14	20	15	9
拥有率（%）	28	11	21	16	14	14	7

图 3-12　部分省市所属区县党校门户网站建站情况示意图

门户网站建设，是党校信息化建设的重要标志，既是信息化建设和应用的起点，也是拓展面向干部教育的党校信息化服务的广阔舞台，单从建设的层面分析，省级党校门户网站拥有率为87%，发展还有差距；副省级城市党校拥有率为73%，超过1/4的党校没有门户网站；省会城市党校拥有率为48%，超过半数的党校滞后；地市州盟党校拥有率为26%，基本上处于起步阶段；发达地区区县党校仅有13%的拥有率，只能起到示范作用（见图3-13）。以上数据表明，党校信息化建设无论从发展角度还是从服务干部教育信息化保障设施的配套建设方面都有待进一步加强。

（四）校园网设备配置情况分析

调查结果显示，全国省级党校校园网设备配置基本上能适应当前工作

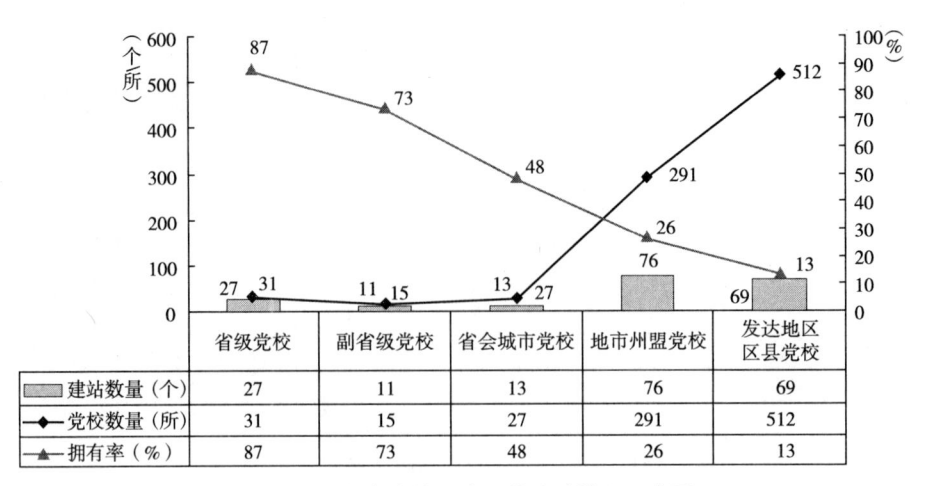

	省级党校	副省级党校	省会城市党校	地市州盟党校	发达地区区县党校
建站数量（个）	27	11	13	76	69
党校数量（所）	31	15	27	291	512
拥有率（%）	87	73	48	26	13

图 3-13　各类党校门户网站建站情况示意图

需要，网络设备（部分党校校内局域网设备）、服务器设备配置均已到位，尽管各校间采用的设备品牌不同、数量不等、性能有高中低之分，但普遍发挥了较好的服务功能。存储设备的配置，多数学校仍采用 DAS、SCSI 磁盘阵列的存储方式管理数据，只有少数党校更新了性能比较先进的 SAN 架构存储设备，以适应不断增长的数据存储需求（见图 3-14）。

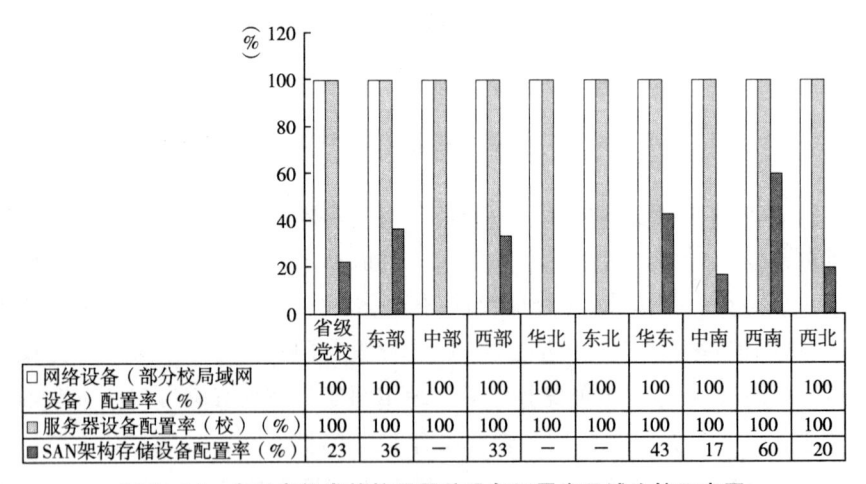

	省级党校	东部	中部	西部	华北	东北	华东	中南	西南	西北
网络设备（部分校局域网设备）配置率（%）	100	100	100	100	100	100	100	100	100	100
服务器设备配置率（校）（%）	100	100	100	100	100	100	100	100	100	100
SAN架构存储设备配置率（%）	23	36	—	33	—	—	43	17	60	20

图 3-14　全国省级党校校园网站设备配置率区域比较示意图

综合布线系统是校园网建设的重要组成内容，是基础性工程，各校在规划校园网布线系统中基本采用的方式是，千兆主干，百兆交换到桌面，楼宇间采用光纤连接，建筑物实施五类、超五类综合布线，从规划的规模来看，基本能适应党校干部教育事业的发展需要。从建设的模式来看，多数党校采用自建模式，少数党校采用与运营商合作的模式（合作对象为当地的电信或网通公司）。全国省级党校校园网综合布线调查汇总的数据提供了校均节点数量显示：全国省级党校校均节点1064个，东中西部省级党校校均节点分别达到1704、960、1319个，华北、东北、华东、中南、西南、西北六大区域校均节点数量分别是767、1067、2067、840、2050、668个（见图3-15）。

	省级党校	东部	中部	西部	华北	东北	华东	中南	西南	西北
综合布线节点平均数（个）	1064	1704	960	1319	767	1067	2067	840	2050	668
党校数量（所）	31	11	8	12	5	3	7	6	5	5

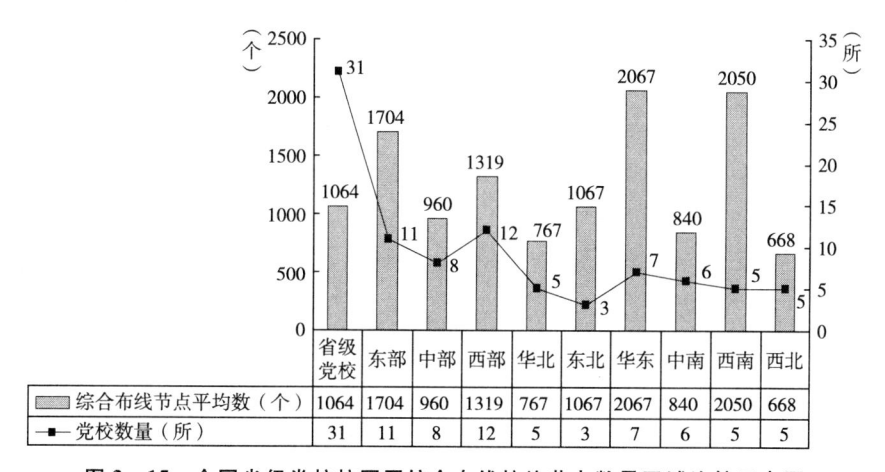

图3-15 全国省级党校校园网综合布线校均节点数量区域比较示意图

（五）数字图书馆建设现状分析

1. 信息化设备配置情况。与远程教学网、校园信息网一样，作为党校信息化建设三网之一的数字图书馆网发展情况，调查汇总的数据显示，全国省级党校图书馆信息化设备配置已经形成一定规模，其中服务器总量达到120台、交换机76台、打印机196台、扫描仪59台、拥有的计算机数量达到1163台（其中用于读者检索计算机530台）。校均数量分别是服务器3.87台、交换机2.45台、打印机6.32台、扫描仪1.9台、计算机37.52台（其中读者检索计算机17.1台）。按所在区域比较，东部配置最多，校均数量分别是服务器5.36台、交换机3.45台、打印机8.73台、扫描仪2.73台、计算机58.36台（其中读者检索计算机23.09台）。中部其次，校均数量分别是服务器4.13台、交换机3.13台、打印机8.13台、扫描仪2.25台、计算机45.75台（其中读者检索计算机20.88台）。西部略少,校均数量分别是服务器 2.8 台、交换机 1.3 台、打印机 3.5 台、扫描仪 1.1 台、计算机 15.5 台(其中读者检索计算机 10.9 台)。按全国六大区域比较,西南西北明显少于其他区域,其中西南校均数量分别是服务器 1.75 台、交换机 0.5 台、打印机 1.5 台、扫描仪 1 台、计算机 10 台(其中读者检索计算机 10 台);西北校均数量分别是服务器 4 台、交换机 1.5 台、打印机 6 台、扫描仪 1 台、计算机 20.5 台(其中读者检索计算机 11 台)。调查还显示,15 所副省级党校图书馆相关配置校均数量分别达到服务器 2.22 台、交换机 1.78 台、打印机 4.33 台、扫描仪 1.56 台、计算机 29.56 台(其中读者检索计算机 20.33 台)。详见图 3-16。

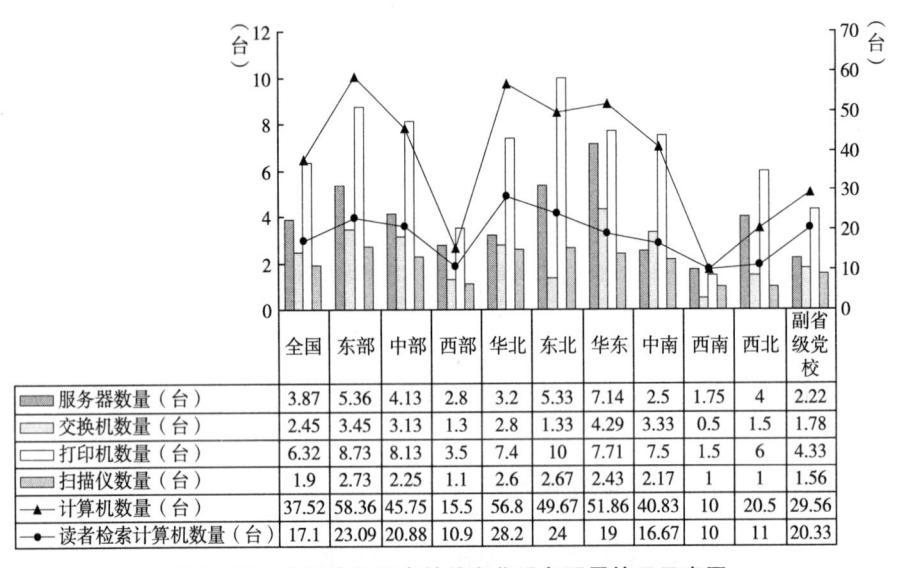

	全国	东部	中部	西部	华北	东北	华东	中南	西南	西北	副省级党校
服务器数量(台)	3.87	5.36	4.13	2.8	3.2	5.33	7.14	2.5	1.75	4	2.22
交换机数量(台)	2.45	3.45	3.13	1.3	2.8	1.33	4.29	3.33	0.5	1.5	1.78
打印机数量(台)	6.32	8.73	8.13	3.5	7.4	10	7.71	7.5	1.5	6	4.33
扫描仪数量(台)	1.9	2.73	2.25	1.1	2.6	2.67	2.43	2.17	1	1	1.56
计算机数量(台)	37.52	58.36	45.75	15.5	56.8	49.67	51.86	40.83	10	20.5	29.56
读者检索计算机数量(台)	17.1	23.09	20.88	10.9	28.2	24	19	16.67	10	11	20.33

图 3-16 全国党校图书馆信息化设备配置情况示意图

2. 年度经费安排情况。2001 年以来,各地党校加大数字图书馆建设力度,2001~2005 年省级党校图书馆业务经费总量达到 6175 万元、数字化建设经费达到 2456 万元,年度校均业务费为 39.84 万元、数字化建设经费 15.84 万元(见图 3-17,下同)。调查数据表明,东部省级党校图书馆年度校均业务费 68.66 万元、数字化建设经费 18.56 万元,中部省级党校图书馆年度校均业务费 41.51 万元、数字化建设经费 21.74 万元,高于全国平均数;六大区域中,华东片省级党校图书馆年度校均业务费为 76.86 万元、数字化建设经费 18.08 万元,中南片省级党校图书馆年度校均业务费为 52.33 万元、数字化建设经费 22 万元,华北片省级党校图书馆年度校均业务费为40.24万元、数字化建设经费21.12万元,高于全国平均数;西部地区省级党校图书馆年度校均业务费只有14.77万元、数字化建设经费11.3万元,投资水平相对偏低;副省级党校图书馆年度校均业务费是21.02万元、数字化建设经费7.45万元。

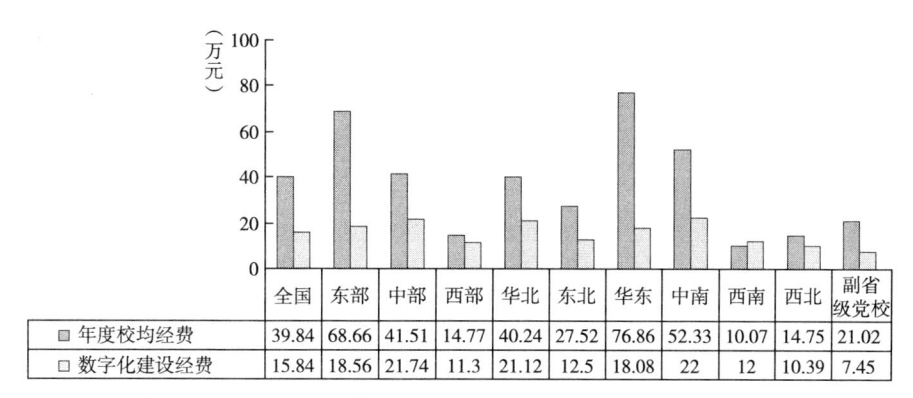

	全国	东部	中部	西部	华北	东北	华东	中南	西南	西北	副省级党校
年度校均经费	39.84	68.66	41.51	14.77	40.24	27.52	76.86	52.33	10.07	14.75	21.02
数字化建设经费	15.84	18.56	21.74	11.3	21.12	12.5	18.08	22	12	10.39	7.45

图3-17 全国省级党校图书馆年度经费安排区域比较示意图

二 党校信息化服务功能现状分析

(一)远程教育资源建设

远程教育资源建设直接服务于干部教育培训工作,经过几年的发展,党校课堂教育已经告别了传统的黑板和粉笔,制作课件、利用多媒体手段教学蔚然成风,但远程教学网播放的内容主体部分基本上都是中央党校的各类课程、大报告和一些会议实况。提供的教学课件库、教学资源库、教育管理库在省级党校中所占比例极少,且大部分数据还都跟中央党校播放的内容有关(见图3-18)。示意图最后一项指标指的是由省级党校组织开展的网络教育,其实施的力度、课程的频度、影响的深度都有待在实践基础上不断推进和发展。统计数据表明,远程教育资源建设各地党校缺乏实质性的进展,原因是多方面的,一是依赖性,有了中央党校远程教学节目,自办的上不上不着急;二是艰巨性,要有配套的网络传输条件,要有自办的节目资源,要有规范的运作机制,简单的实现谈何容易;三是排斥性,不可否认,许多党校教师对教学成果的网络应用还存在诸多的想法和抵触情绪,观念的更新、运行机制的和谐建立都是一个循序渐进的过程。

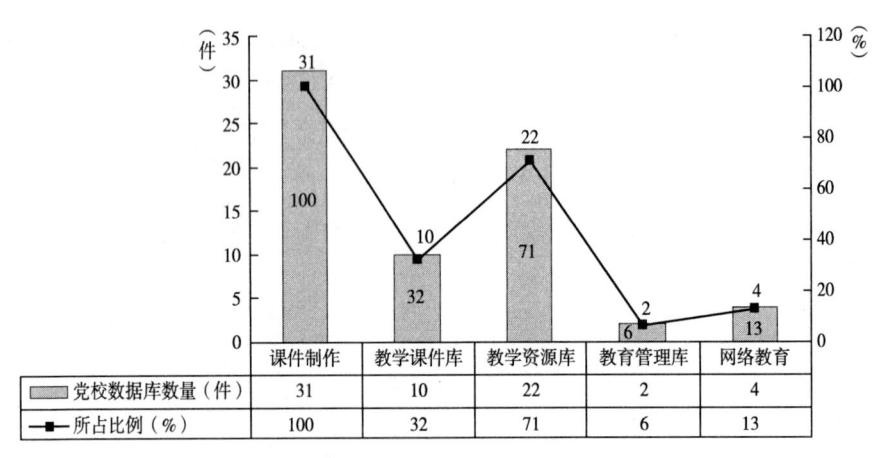

课件制作	教学课件库	教学资源库	教育管理库	网络教育
党校数据库数量（件） 31	10	22	2	4
所占比例（%） 100	32	71	6	13

图3-18 全国省级党校远程教育资源建设情况示意图

（二）校园网服务功能建设情况

1. 计算机设备配置情况。计算机设备是用户使用校园网络的工具，计算机设备的配置率在一定程度上反映了党校信息化发展和应用的配套能力，也是校园网服务功能的一项硬指标。在调查中我们发现，许多省级党校计算机拥有量已达到人均一台，但还有部分学校教研人员用机问题尚未完全解决。比较突出的问题是，虽然各校的公共培训机房均为学员使用计算机提供了条件，但学员宿舍计算机配置率较低（见图3-19）。全国31所省级党校仅有9所党校的学员宿舍配置了计算机，配置率只有29%。东中西部党校的配置率分别是，东部4所占36%、中部2所占25%、西部3所占25%，六大区域党校配置率最高的是东北2所占67%，最低的是华北，配置率为0，华东3所占43%、中南1所占17%、西南2所占40%、西北1所占20%。上述数据表明，多数省级党校学员宿舍尚未配置计算机，应该说无论学员宿舍计算机还是教研人员的计算机配置，都有待进一步加强。

2. 校园网服务功能。在校园网服务功能的调查中发现，目前省级党校校园网开通的服务功能还十分有限，配置率最高的是视频点播系统，31所党校开通了25所，所占比例为81%。其次是电子邮件系统，开通了21所，占68%的比例。办公自动化系统开通7所，比例为23%。业务管理系统开通了5所，比例为16%。网上党校有4所，比例仅为13%（见图3-20）。

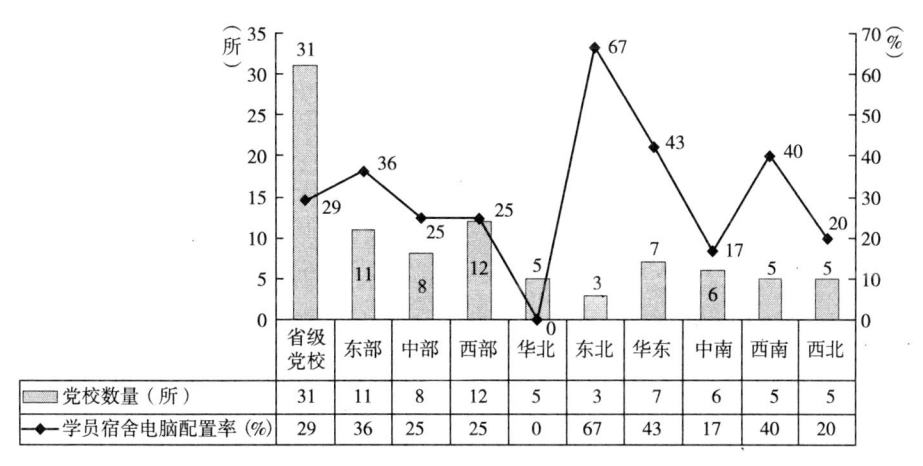

党校数量（所）	31	11	8	12	5	3	7	6	5	5
学员宿舍电脑配置率（%）	29	36	25	25	0	67	43	17	40	20

图 3-19　全国省级党校学员宿舍计算机设备配置情况示意图

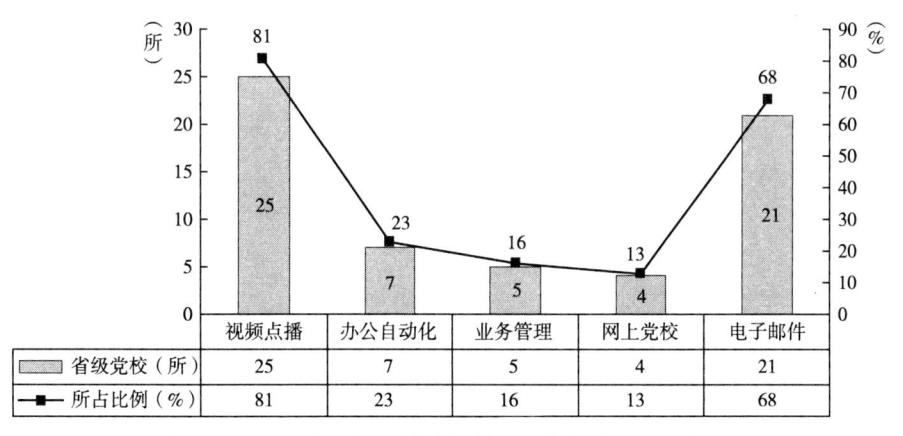

	视频点播	办公自动化	业务管理	网上党校	电子邮件
省级党校（所）	25	7	5	4	21
所占比例（%）	81	23	16	13	68

图 3-20　全国省级党校网站服务功能建设情况示意图

业已实现的校园网服务功能中视频点播系统在各校的使用率较高，上传的节目大致分为三类，一是远程教育课件，二是专题节目，三是娱乐性节目，比较受欢迎。电子邮件系统也是使用频率较高的应用系统，经调查了解，使用情况也可分成三种类型，一是邮箱配置到所有员工，实施有效管理，与业务工作、校务活动紧密相连，利用率较高且受到大家欢迎；二是自由注册，松散管理，有一定程度的应用；三是系统的应用工作基本没有开展。建立办公自动化系统的党校还不多，应用情况总体一般。从图3-20可见党校提供的业务管理系统数据虽然不多，但部分相关业务管理系统实际上在各校的管理工作中均有一定程度的应用。严格地说，从网络集成的角度看，网上党校与图3-20标示的网络教育内涵都是特指省级党校开办的远程网络教育，网上党校目前的具体应用包括课程信息的发布和部分课件内容的点播。分析图3-19及图3-20统计的数据，我们感到校园网服务功能的建设方面亟须从两个方面迅速加强：一是应用系统的建设必须高度关注服务条件和服务内容的配套，两者相辅相成，目前的应用现状说明多数党校校园网服务功能尚处在低水平的拓展阶段；二是校园网服务功能的实现，既要有需求的响应力、应用的亲和力，还必须与党校各项业务工作、学习培训的网络应用通过周密的计划统筹来安排。

（三）数字图书馆资源建设情况

1. 图书馆馆藏资源建设情况。2005年党校图书馆数字化建设评估活动调查收集的数据表明，省级党校图书馆馆藏中文图书总量达到267.23万种（784.87万册），期刊3500多种（129.26万册），地方文献17.88万册，外文书刊4.4万种（7.6万册）。这些宝贵的传统书刊资源是经过几十年的发展建设逐步积累起来的，在与党校学科门类的配套方面打下了较好的基础，尤其是专业书刊资源的建设形成突出的优势（见图3-21）。

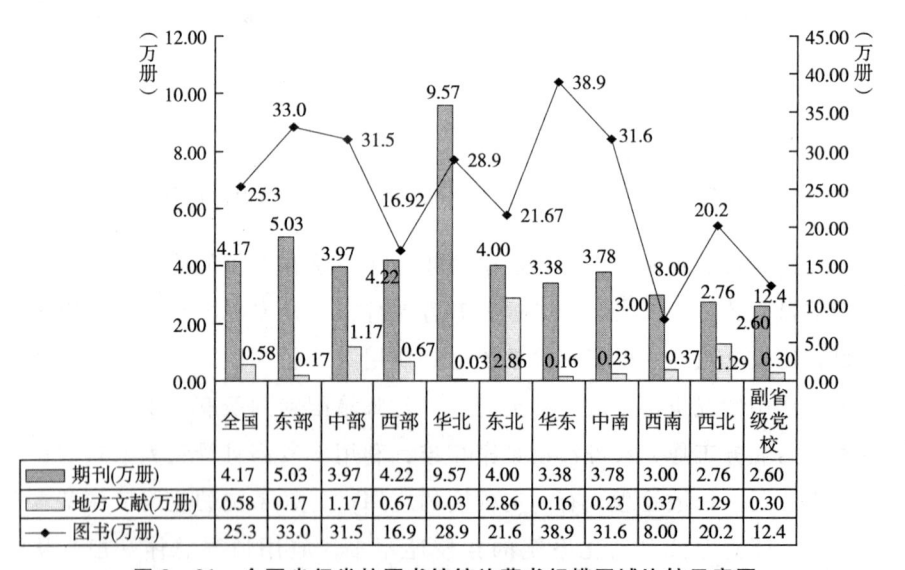

	全国	东部	中部	西部	华北	东北	华东	中南	西南	西北	副省级党校
期刊(万册)	4.17	5.03	3.97	4.22	9.57	4.00	3.38	3.78	3.00	2.76	2.60
地方文献(万册)	0.58	0.17	1.17	0.67	0.03	2.86	0.16	0.23	0.37	1.29	0.30
图书(万册)	25.3	33.0	31.5	16.9	28.9	21.6	38.9	31.6	8.00	20.2	12.4

图3-21 全国省级党校图书馆馆均藏书规模区域比较示意图

分析全国省级党校图书馆藏书情况，图3-21显示的馆均藏书规模，表明东部、中部地区以及华北、华东、中南地区均超过全国25.3万册的平均水平，分别达到 33 万册、31.5 万册、28.9 万册、38.9 万册、31.6 万册。馆藏期刊超过全国 4.17 万册平均水平的有东部、西部地区以及华北地区，分别达到 5.03 万册、4.22 万册、9.57 万册。副省级党校图书馆规模较小，馆均藏书 12.4 万册、期刊 2.6 万册。地方文献是改革开放以来各馆重点收藏的内容之一，总体规模虽然不大，已经体现了区域特色。

2. 图书馆自建数字资源建设情况。2005 年的评估活动调查数据还显示，省级党校图书馆馆均自建数字资源规模，按自建数据库篇数计算，均形成一定规模，华东地区和东部地区发展速度快，有一定优势，均值分别达到 35.6 万篇、22.5 万篇，高于全国均值 12.7 万篇的水平；中部地区及中南的均值分别为 12.5 万篇、12.2 万篇，略低于全国水平；西部地区以及东北、华北、西南、西北的发展存在一定差距，均值分别是 4.72 万篇、3.56 万篇、6.61 万篇、4.74 万篇和 2.39 万篇，还低于副省级党校 7.92 万篇的均值。按自建数据库储量计算，省级党校自建信息资源数据总量达到 46006MB，华东和东部地区均值分别达到 4904MB、3195MB，都超过全国均值 1484MB 的规模（见图 3 – 22）。

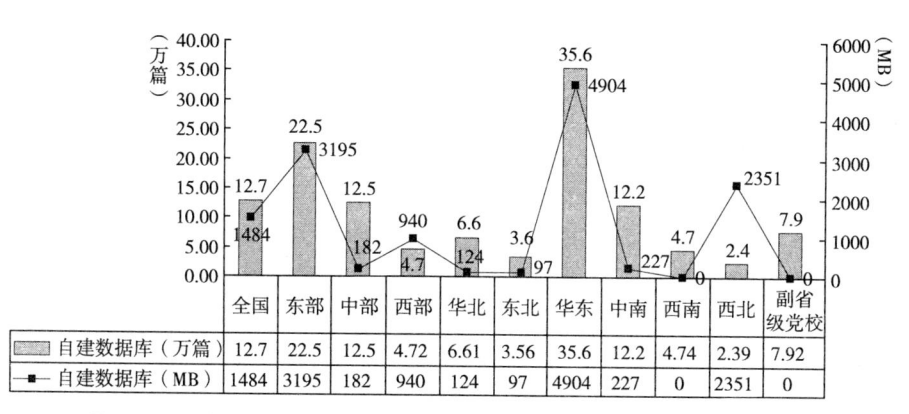

	全国	东部	中部	西部	华北	东北	华东	中南	西南	西北	副省级党校
自建数据库（万篇）	12.7	22.5	12.5	4.72	6.61	3.56	35.6	12.2	4.74	2.39	7.92
自建数据库（MB）	1484	3195	182	940	124	97	4904	227	0	2351	0

图 3 – 22　全国省级党校图书馆馆均自建数字资源规模区域比较示意图

全国省级党校图书馆评估调查汇总的信息，还提供了数字图书馆网络服务的相关指标和数据，全国省级党校图书馆已经有 22 家建立了网站，16 家开通了互联网业务，传统图书馆业务、数字图书馆服务已经形成业务工作的服务热点。图书馆主页开放率、查询系统全天候开放率、校园网可否检索馆藏、查询系统开放时间（周均小时）4 个指标分别达到 22 家占 71%、11 家占 35%、15 家占 48%、31 家周均开放 85 小时（见图 3-23）。

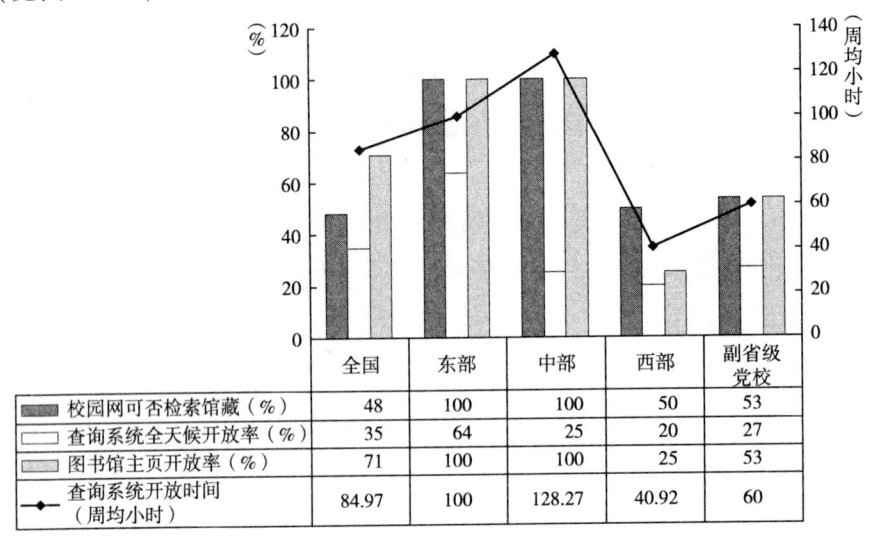

指标	全国	东部	中部	西部	副省级党校
校园网可否检索馆藏（%）	48	100	100	50	53
查询系统全天候开放率（%）	35	64	25	20	27
图书馆主页开放率（%）	71	100	100	25	53
查询系统开放时间（周均小时）	84.97	100	128.27	40.92	60

图 3-23　全国省级党校图书馆网络服务指标区域比较示意图

（四）门户网站服务功能建设情况

表 3-2 汇集的是全国省级党校门户网站服务功能框架结构。除了各校都有的概况、要闻、公告信息外，对照图 3-20 中反映的全国省级党校网站服务功能建设情况，大致勾画出目前全国党校信息化服务的应用布局。虽然各校门户网站的应用布局和所反映内容的侧重面均有不同，但网站涵盖内容的匮乏和服务项目的局限性是共同的不足。尤其是网站的在线课程、网络教育乃至教学资源建设、教学管理和校园综合服务方面还存在着相当大的差距。面向干部教育的党校门户网站，应该加强这方面的工作，努力提供优质在线课程及其配套的网络教育功能服务项目，它是衡量党校干部教育信息化程度和社会影响力的一个重要标志。然而分析当前党校门户网站的总体状况，内容相对充实的只占 1/3，多数网站缺乏吸引力。少数党校还存在急需解决的问题：一是门户网站的设立仅仅是充数而已，甚至连栏目也无法点击；二是有些网站的开放仅与办公同步，节假日经常关闭；三是个别网站信息的更新严重滞后，造成了一定的负面影响。

表3-2 全国省级党校门户网站服务功能框架结构

省级党校	门户网站服务功能框架结构
北京市委党校	首页：校院概况、组织机构、教育与培训、教学动态、国际合作与交流、管理制度、科学研究、学者风采、信息化建设、后勤服务 主页专栏：搜索、通知公告、新视野、北京行政学院学报、新闻中心、教学动态、学者风采、图书馆、研究生部、成人教育学院、站点导航
天津市委党校	首页：校内办公、校情总览、校园新闻、校内机构、教学管理、科学研究、网上教育、区县局党校 主页专栏：邮箱、搜索、校园新闻、领导寄语、视频点播、干部培训、研究生教育、函授教育、国民教育、校内机构、学术期刊、校内办公、友情链接
河北省委党校	首页：图书书目查询、清华学术期刊、校刊、访客留言 主页专栏：政治长廊、热点聚焦、领导艺术、经济茶座、管理学苑、法制园地、警示教育、哲学地带、走进历史、河北省情、科普在线、休闲娱乐、常用网址、友情链接
山西省委党校	首页：校院概况、机构设置、教学工作、科研工作、函授教育、学术期刊、数字图书馆、后勤服务、市县党校动态 主页专栏：校园通知、图片新闻、要闻简讯、学员优秀作品展、建设互联网上的马克思主义阵地、友情链接、生活通
辽宁省委党校	首页：校长寄语、校情总览、机构设置、干部教育、科研园地、理论研究、学历教育、学术报刊、图书馆、学员之家、公众信箱 主页专栏：办公系统、函授教育、党的十六届五中全会和"十一五"规划、党的十六届四中全会和加强党的执政能力建设、国内热点问题、国际热点问题、热点调查、网站计数、视频新闻、图片新闻、新闻快递、保持共产党员先进性教育活动、振兴辽宁老工业基地专题、校内专家热线论坛、地方党校理论文章选登、校园公告栏、省市领导讲话访谈、落实科学发展观 构建和谐社会、地方党校信息交流、学员论坛、公共服务、网站建设、诚聘英才、招生信息、对外交流、远程教育、专家教授、行政后勤、搜索、友情链接
吉林省委党校	首页：校长致辞、党校概况、名师风采、办公信息、科研工作、市县指导、后勤服务、物业管理、校园网络 主页专栏：培训教育、函授教育、研究生教育、长白学刊、数字图书馆、教研部门、校园论坛、文体生活、党校出版社、前进大厦、省情吉林、和谐社会、友情链接、图片新闻、校内信息、理论研究、市县党校、校园网站、校长信箱、公告板、邮箱、聚焦"十一五"、热点专题、搜索、校友录、远程教学课表、信息资源库

续表

省级党校	门户网站服务功能框架结构
黑龙江省委党校	首页：党校简介、部门设置、教学工作、科研工作、学历教育、学员之窗、联系方式、友情链接 主页专栏：硕士研究生教育、函授学院教育
上海市委党校	首页：院校概况、干部教育、学术科研、信息化、队伍建设、对外交流、后勤保障、学人个页、English version 主页专栏：登录、网站导航、课件制作、邮件服务、教研部所、党群工作、机关部门、校刊编辑部、培训中心、专题、院校新闻、图片新闻、视频新闻、干教动态、中心组学习、党性修养、学员论坛、校院政务公开、数字图书馆、上海市干部教育信息中心、通知、招生公告、研究生教育、本科教育、函授教育、院校报刊、三依总公司、海泓生活服务部、海兴大厦、友情链接、文汇艺林
江苏省委党校	首页：校情总览、党校教育、党校科研、信息化建设、行政管理、后勤服务、远程教学、网站专题、 主页专栏：通知、领导信箱、招生信息、邮箱登录、教务信息、科研信息、互动调查、友情链接、新闻中心、最新VOD节目、中央党校卫星远程播出表分数查询、数字图书馆、党校教学、党校科研、行政后勤、研究生教育、函授学院、青年管理干部学院、江苏省省级机关管理干部学院、校内站点、网站专题、课件教育系统、站点地图、机关作风建设、站内查询
浙江省委党校	首页：校院概况、机构设置、干部教育、校院科研、教授风采、省情研究、信息服务 主页专栏：通知公告、办公自动化、远程教学、数字图书馆、出版分社、客房在线预定、网站搜索、校院动态、热点专题、院校视野、市县党校、校长信箱、党群之窗、党校邮箱、网络查询、友情链接、学员之窗、研究生教育、函授教育、经管职大、对外培训、教材中心、后勤服务中心
安徽省委党校	首页：党校概况、党校教育、党校科研、信息化建设、数字图书馆、学术刊物、组织人事、机关党建、行政后勤、学员论坛 主页专栏：邮箱登录、外请报告专栏、下载中心、网上直播、网上视频、研究生教育、函授教育、网上杀毒、服务信息、新闻中心、保持共产党员先进性教育活动、教学动态、科研信息、校内网站导航、公告栏、校长信箱、友情链接
福建省委党校	首页：校况总览、党校教育、科学研究、部门机构、党校报刊、信息资源、市县党校、网络服务 主页专栏：要闻简讯
江西省委党校	首页：校院概况、干部进修培训、学员管理、科学研究、后勤保障、院校工作、国际交流 主页专栏：新闻中心、站内搜索、文件与通知、部门信息、函授学院、管理学院、视频点播、图书馆、搜索引擎、邮箱登录、在线调查、友情链接、校长寄语、杀毒系统、研究生部、信息网络中心、校友录、求实、学报、职业技能培训、招生信息、远程教育

续表

省级党校	门户网站服务功能框架结构
山东省委党校	首页：党校概况、教学工作、科研工作、数字图书馆、研究生教育、业余教育、党校工作 主页专栏：邮箱登录、党校信息、全景展示、友情链接、综合新闻、网上党校、理论探索、理论信息、市县党校园地、公告栏、站内搜索、学员园地、服务指南、教授名录、拔尖人才、友情链接
河南省委党校	首页：院校概览、教学工作、理论研究、函授教育、学习论坛、行政后勤、信息网络、互联中原 主页专栏：信息快报、时事专题、党政工作、学术领域、信息载体、今日视点、综合信息、全国校院动态、省内校院动态、精神文明、党团工会、廉政建设、后勤之窗、用户登录、网络服务、友情链接、互动调查、信息搜索
湖北省委党校	首页：招生信息、校院概况、学术经纬、科研成果、教学科研、图书馆、党校信息、后勤服务 主页专栏：校院简介、学术经纬、教学科研、公告栏、图片新闻、党校新闻、函授教育、研究生教育、数字图书馆、信息化建设、友情链接
湖南省委党校	首页：校院概况、专家教授、学员园地、研究生教育、函授教育、机关党建、图书馆、学术期刊、信息化建设 主页专栏：专题、信息发布、校友来信、邮箱登录、站内搜索、校院要闻、教学动态、科研信息、部门动态、公告栏、日历、网站式课件库、图书馆、函授学历教育、网上教育/视频点播、校院处室导航、友情链接
广东省委党校	首页：校院概况、机构设置、专家学者、主体班次、理论研究、学术期刊、后勤服务、规章制度、机关党务、信息化建设 主页专栏：公告栏、学习园地、远程教育、网络服务、工作简报、校院动态、校园聚焦（视频）、校内通知、市县党校之窗、本校网站、"以三个走在前面"为主题的排头兵实践活动、保持共产党员先进性教育、数字图书馆、研究生教育、函授教育、国民学历教育、教材服务、友情链接
广西壮族自治区委党校	首页：党校概况、党校教学、科学研究、行政后勤、信息化建设、信息资源、网络服务 主页专栏：校园新闻、通知与文件、邮箱、搜索、保持共产党员先进性教育、机构改革专栏、年度基本情况上报系统、图书馆、新校园建设、函授教育部、教学VOD、教学信息、科研信息、友情链接
海南省委党校	首页：校院概况、校院教学、科研管理、专家学者、学员天地、信息化建设、后勤服务、数字图书馆 主页专栏：校院新闻、教学信息、学术专栏、会议服务、信息检索、精彩论坛、学员服务、数字图书馆、信息化建设、学员论文精选、干部学习中心、远程教学、网络服务、课件点播、校院公告、行政办公室、党校信箱、各市县党校、新东方杂志、专家讲坛、热点问题调查、友情链接、WTO信息查询中心、中国改革论坛、法律资源库

续表

省级党校	门户网站服务功能框架结构
重庆市委党校	首页：校院概况、组织机构、专家学者、网络党校、主体班教学、学历教育、社会办学、科研工作 主页专栏：校院名师、人文社科基地、校院刊物、数字图书馆、信息化工作、校园动态、招生信息、员工主页、全国行政学院科研管理网、建设社会主义新农村、学习党章、学习和贯彻十六届五中全会精神、站内搜索、校园风光、友情链接
四川省委党校	首页：学校介绍、教学之窗、科学研究、数字图书馆、研究生教育、函授教育、学员之家、远程教学 主页专栏：党校动态信息
贵州省委党校	首页：校情总览、组织机构、党校教育、党校科研、信息化建设、行政管理、后勤服务、远程教学、人才招聘 主页专栏：通知公告、招生信息、邮箱登录、站内搜索、校院新闻、教育专题、市县党校园地、师生园地、办公自动化、数字图书馆、视频点播、校院刊物、贵州希望网、校园风光、友情链接
云南省委党校	首页：校院概况、信息公告、教学信息、视频点播、教学资源、科研信息、教学部门、学历教育、数字图书馆、信息化建设、学术期刊、规章制度、学员管理、行政后勤、函授教育、继续教育、网站导航 主页专栏：教学信息、学科建设、教学资源、学历教育、规章制度、行政后勤、信息公告、视频点播、科研信息、教学部门、数字图书馆、学术期刊、学员管理、校院快讯、站内搜索、学员登录、邮件登录、处室导航、网上调查、图片新闻、校园风光
陕西省委党校	首页：关于我校、校级领导、新闻、网上教学、特色栏目、部门机构、网站介绍 主页专栏：搜索、邮箱登录、公告板、校内站点导航、新闻、网上教学、友情链接、保持共产党员先进性教育活动、全国党校系统会议专题、公众服务、访问人次
青海省委党校	首页：校园概况、校园新闻、教研动态、校内导航、视频点播、电子邮箱 主页专栏：新闻/公告、数字图书馆、资源站点导航、公众站点导航、访问人次、教学办公网登录、信息网络中心、友情链接
新疆维吾尔自治区委党校	首页：校院简介、教学信息、研究生教育、函授教育、学校科研、信息化建设、图资中心、行政后勤 主页专栏：近期要闻、友情链接、办公自动化、中经网资源、视频点播、中国全球发展学习中心、远程教学、为您服务

（五）数字图书馆网站服务功能建设情况

表3-3汇集的是全国17家省级党校图书馆网站服务功能框架结构（不含仅在内网提供服务的部分党校图书馆网站），显然各馆发展的进度和信息化服务能力存在明显的差异，但所涵盖的功能中有三个具体做法值得充分肯定：

1. 实现现代化转型后的传统图书馆网上服务和在线服务；
2. 提供党校学科建设、干部教育培训所需的各类电子信息资源服务；
3. 自建特色信息资源和各类信息咨询服务。

表3-3 全国省级党校数字图书馆网站服务功能框架结构

省级党校	数字图书馆网站服务功能框架结构
北京市委党校	本馆概况：本馆简介、历任馆长、机构设置、馆员守则、楼层示意图 读者指南：开馆时间、入馆须知、办证方法、读者信息、分类法简表 馆藏推荐：新书推荐、2006年报刊、期刊、电子读物目录、港台英文报刊目录、市情报刊目录、北京市老干部理论学习资料中心 网站地址：http://www.bac.go.cn/web/tushuguan/lgb.htm
天津市委党校	首页：历史沿革、馆藏分布、馆藏情况、机构设置、图书馆服务规则、如何利用图书馆、开放时间 网站地址：http://www.tjdx.go.cn/xnjg/tsg/index.htm
辽宁省委党校	首页：读者指南、馆藏文献、图书馆概况、读者反馈、专题索引 主页专栏：中国学术期刊全文数据库、万方学位论文全文数据库、万方法律法规全文数据库、图书馆局域网资源数据库、理论信息、省情集萃、每日财经专讯、馆藏解放前中文报刊简介、新书通报、馆藏图书报刊检索、新闻网数据库、党校文库、国务院发展研究中心信息网深度研究报告、中国党政信息网 网站地址：http://www.lndx.go.cn/jgsz/bmgk/xxglzx/lib/index0.htm
上海市委党校	首页：公告栏、本馆概况、干教新闻、服务指南、统一检索、网上书店、学科导航、视频点播 服务指南：物理图书馆、数字图书馆、区域分布、网上书店、使用规则、馆藏建议、读者手册、馆长信箱、读者建议 公共查询：馆藏书刊查询、新书速递、内部参考资料查询、馆藏电子读物、读者个人情况查询 网上服务：网上个性化服务、网上续借、网上电子图书阅览、网上书店、读者手册

续表

省级党校	数字图书馆网站服务功能框架结构
上海市委党校	全文检索：参考消息、人大复印资料、经济日报、人民日报、中共党史研究、中国社科期刊全文网 专栏：用户登录、图书馆简介、干部教育新闻、特色文献速递、国务院发展研究中心信息网、中国期刊网、中国国家图书馆、中国新闻网、我爱E书、工具下载、访问人次、站内搜索、搜索WWW、上海市干部教育系列数据库、新华社每日快递、最新动态、友情链接 网站地址：http：//portal.sdxlib.go.cn/
江苏省委党校	首页：校园网、本馆介绍、读者指南、留言簿、书刊服务、学科导航、自建资源、专题服务、学会、视频点播、软件下载 专栏：数据库通知、图书馆通告、馆内通知、资源检索、本馆数字资源 馆藏查询：读者信息查询、馆藏书刊查询、现刊架位号查询、异构资源统一检索、中图法类目查询 报刊索引：电子资源目录、中文核心期刊、中文社会科学引文索引、全国报刊索引 报刊数据库：人大报刊复印资料、人民日报图文数据光盘、万方学术期刊、万方学位论文、维普期刊数据库（南大镜像）、维普期刊数据库（苏大镜像）、中国学术期刊、中国优秀博硕士学位论文、中国重要报纸、中国重要会议论文集全文数据库 图书数据库：超星数字图书馆（江苏大学站）、超星数字图书馆（南京大学站）、超星数字图书馆（南师大）、方正数字图书系统（Apabi）、书生之家 网络数据库：国研网、上海经济资讯、新华社专供信息、新华在线－道琼斯财经资讯、中国经济统计数据库、中国经济信息网 外文数据：EBSCO联机全文期刊数据库、Springer Link、金图国际外文 试用数据库：参考消息、经济日报、华通人数据网数据系统、金报兴图数字图书馆、金图国际高校英语学习资源总库、龙源电子期刊阅览室、人民数据、中国党政信息网、中宏产业数据库、中宏数据库（领导决策信息支持系统）、中银网自建数据库、百千万工程系列读本思考题参考、《省情与文荟》《教学信息参考》《领导信息参考》《唯实》《江苏省行政学院学报》、江苏省情、江苏党校文库、热点链接、专题数据库 网站地址：http：//lib.sdx.js.cn/newlib/default.asp
浙江省委党校	首页：本馆介绍、规章制度、读者指南、帮助文档、读者留言、加入收藏、设为首页、馆长信箱 馆藏资源：书刊检索、读者检索、催书通知、预约查询、光盘目录、期刊架位分配表、新书通报、网络导航 数字资源：学术期刊网、博硕士学位论文、人大复印资料、方正电子图书、国研网、人文社科文献、法律法规大典、参考消息、人民日报、数字年鉴、数字报纸、中国资讯行、中经网

续表

省级党校	数字图书馆网站服务功能框架结构
浙江省委党校	特色资源：浙江省情、资料通讯、学科导航、党校文库、特藏文献库、研究生论文、中外文核心期刊 专题资料：新农村、八八战略、先进性教育、和谐社会、执政能力、八荣八耻、十六届五中全会 书刊导读：新书推荐、报刊简介、最近书评 试用数据库：ebook搜书网、万方硕博论文、人民数据全库、书生电子图书 专题：最新消息、交流园地、读者调查 网站地址：http://lib.zjdx.gov.cn/
福建省委党校	首页：本馆概况、动态信息、使用指南、公告栏、参考咨询、传统书刊、数字资源、网站导航、馆长信箱 本馆概况：图书馆简介、新馆风貌、馆藏情况分布、部门简介、新馆开馆仪式活动专栏 传统书刊资源：新书通报、图书馆外借查询、书目信息检索、外借图书超期公告、预约书目到馆公告、书评、新书简介 使用指南：借书卡的发放和使用、开放时间、读者守则、《中图法》分类简表及本馆索书号构成、对违章者处罚办法 参考咨询：常见问题问与答、实时解答、邮件咨询、电话咨询、网上参考工具书、新书荐购 电子资源库：方正数字图书、超星数字图书内网、学术期刊内网、人民日报、人大复印资料、邓小平理论文献、资治法典、法律法规、福建年鉴、福建统计年鉴、中外人文社科文献、优秀博硕士学位论文 视频资源库：基本理论专题、政治专题、经济专题、文化专题、党史与党建专题、管理专题、科技与军事专题、保持共产党员先进性教育、构建社会主义和谐社会、网上报告厅、法律专题 试用电子资源：中经网、重庆维普资讯网、人民数据全库、网上报告厅、宏观经济信息网、书生之家、中国党政信息网、新华社专供数据库、龙源期刊电子阅览室、国研网、中数图、年鉴资源库 外文书刊：哲学 Philosophy、经济学 Economics、政治法律 Law Politics、电子商务 E-business、世界历史 History、经典名著 Classics Masterpiece、日文图书 Japanese book、信息科学 Information Science、人物传记 Biography、计算机技术 Computer 哲学：马克思主义哲学、文化哲学、中外哲学、逻辑学、领导科学、科学发展观 经济学：经济学的一般原理、世界经济学、区域经济学、西方经济学、产业经济学、农村农业经济学 科社·法学：政治学、政治文化、政治体制改革、和谐社会、政治发展、政治权利、法学、法律、行政学、经济法

续表

省级党校	数字图书馆网站服务功能框架结构
福建省委党校	党史：中国革命根据地史、中共经济建设史、中国现代思想文化史、当代中国政治与外交、抗日战争史、中共党史人物研究、中央文献资料库 党建：马克思主义党的学说、执政党建设与党的领导、执政能力建设、党的基层建设与领导、党风廉政建设 管理学：公共管理、行政管理、领导管理、公共财政、人力资源、经济管理、企业管理、市场营销、农业经济管理 社会学：社会学理论与中国当代社会发展、闽台区域社会与族群文化、马克思主义发展理论与社会运行 热点专题：构建社会主义和谐社会、加强党的执政能力建设、保持共产党员先进性、统筹经济社会发展 党校文库：党校学报、领导文萃、党史研究与教学、理论参考、福建党校教育 福建省情库：省情动态信息、海峡西岸经济区、省情报刊资料、地方党史资料、福建年鉴、福建统计年鉴、福建机构编制年鉴、闽台关系 八闽纵横：厦门、莆田、仙游、福州、福清、长乐、闽侯、连江、罗源、闽清、永泰、平潭、宁德、福安、福鼎、古田、霞浦、屏南、寿宁、周宁、柘荣、泉州、晋江、石狮、南安、惠安、安溪、永春、德化、漳州、龙海、漳浦、云霄、东山、诏安、平和、南靖、华安、长泰、龙岩、漳平、永定、上杭、武平、连城、长汀、三明、永安、大田、尤溪、沙县、将乐、泰宁、建宁、宁化、清流、明溪、南平、邵武、建阳、建瓯、武夷山、顺昌、浦城、松溪、政和、光泽 学科导航：哲学、经济学、科社·法学、党史、党建、管理学、社会学、文史/科技 省情导航：政府网站、新闻媒体、福建经济、福建科技、文化教育、福建历史、闽台关系、海峡西岸经济区 专题导航：和谐社会、加强党的执政能力建设、保持共产党员先进性 图书馆导航：党校图书馆、高校图书馆、公共图书馆 网站地址：http：//lib.fjdx.gov.cn
山东省委党校	本馆概况：本馆简介、历史沿革、机构设置、馆情风貌、科研成果 读者服务：开放时间、馆藏分布、规章制度、中图法分类简表、中文核心期刊表、常见问题、数字参考咨询、读者荐购、读者调查、馆长信箱 数字资源：全文数据库、特色数据库、山东省情专栏、网上报刊、网上图书 热点问题：共产党员先进性、经济全球化、科学发展观、执政能力建设、和谐社会建设、"小康"社会、"三个代表"重要思想、党章学习与研究 特别推荐：人大复印报刊资料、中国学术期刊、优秀博硕士学位论文 专栏：最新消息、馆藏检索、网络导航、在线咨询、时事专栏、国内外图书馆网站、学科导航、联系方式 网站地址：http：//library.sddx.gov.cn/

续表

省级党校	数字图书馆网站服务功能框架结构
湖北省委党校	首页：本馆概况、读者指南、馆办期刊、网上咨询、友情链接、软件下载、意见箱 馆藏书目检索：中外书刊、电子文献、湖北文献、古籍 专栏：最新动态、视频点播、读者信息查询、新书通报、特色数据库 湖北省情：湖北党校文库、湖北省委党校期刊、专题资料索引、网上资源专题库 购置数据库：方正 Apabi 电子图书、国研网、中国期刊全文、人大复印报刊资料全文、人大复印报刊资料索引、党政信息网、中宏数据库、维普资讯网、人民日报、中国法律法规大典、邓小平理论研究文献、领导决策与案例、中外人文社科文献集萃、人民数据库、中共党史研究数据库、龙源期刊网 最新试用资源：万方中国学位论文全文数据库 网站地址：http://www.hbdxlib.org.cn/index.htm
湖南省委党校	首页：入馆指南、服务内容、馆务建设、读书、省情中心、娱乐中心、留言交流、华夏廉洁网、站点地图 专栏：图书馆公告、工作安排新闻中心、社会热点、求实书店新书目、保持共产党员先进性教育活动、检索、数据库使用帮助、全校教学人员科研方向与重点调查、麓山高级论坛、新书推荐、留言交流、赠书留香、友情链接、网站地图 数字通道：图书馆 WEB 检索、长株潭经济一体化数据库、党的十六届四中全会聚焦数据库、郑培民专题数据库、《理论集萃》全文数据库、"国研网"、中国期刊全文数据库、超星数字图书馆镜像站、新增试读文本书、超星数字图书馆镜像站（东校区）、中宏数据库政府版、《宏观纵览》周刊、万方数据、龙源期刊网、中国党政信息网 网站地址：http://lib.hnswdx.gov.cn/
广东省委党校	首页：读者指南、书目检索、文献借阅、数字资源、本馆刊物、读者咨询、本馆概况、学会动态、校园网 专栏：本馆新闻动态、新书通报、站内检索、友情链接 读者服务：文献借阅、参考咨询 读者咨询：联系咨询员、留言簿 主体班次服务：主体班课题跟踪服务、中共广东省委党校学员优秀论文数据库 教研参考及阅读推介：哲学、伦理学、党史/党建、经济学、科学社会主义、马列主义毛泽东思想 本馆刊物：教研信息、省情快讯、港澳台文摘、学习文选 电子资源：中国共产党党内监督条例解读专辑、"三个代表"库、学术期刊库、博硕士学位论文库、重要报纸库、人大复印资料、中共广东省委党校学员优秀论文数据库、中经专网、超星数字图书馆、书生之家数字图书馆、网上主要媒体、资治法典 网站地址：http://lib.gddx.gov.cn/

续表

省级党校	数字图书馆网站服务功能框架结构
海南省委党校	主页专栏：馆史介绍、部门介绍、规章制度、人民大学复印资料检索、人民日报全文检索、本地CNKI数字图书馆、网上CNKI数字图书馆、司法、行政执法图书库、校内图书检索、科研成果、国内公共图书馆、网上电子报刊、电子图书 网站地址：http：//220.174.246.48/libweb/index.htm
重庆市委党校	首页：图书馆概况、读者指南、图海撷英、网络导航、网络咨询、联系我们 馆藏查询：馆藏书目查询、馆藏期刊查询、到馆新书书目查询、读者借阅信息查询 数字资源：新华社专供信息、国研网、万方期刊（试用）、龙源电子期刊（试用）、中国宏观经济信息网 内网电子资源简介：CNKI电子期刊、Apabi电子图书、人民日报网络版、万方法律法规全文数据库、万方中国学位论文全文数据库 自建数据库：重庆市情、教学案例、专题数据库、探索、重庆行政、重庆党校报、重庆社科文汇 常用资源：维普电子期刊、法律图书馆、超星数字图书馆、中国专利信息检索系统 网上读报：人民日报、光明日报、文汇报、经济日报、中国教育报、中国证券报、大公报 网上读书站点推荐：中华网-读书、新华网-读书频道、新浪-新浪读书、华夏经纬-读书空间、清韵书院、中国理论图书网、上海书城 专栏：网上书刊订购征询、新书推荐、友情链接 网站地址：http：//www.cqdx.gov.cn/bmkk/tsg2004/index.htm
四川省委党校	首页：馆藏目录、干教基地、专题信息、政务之窗、特色省情 专栏：新书目录、书目检索、参考书目 网站地址：http：//61.139.79.229/dlib.asp
陕西省委党校	首页：概况、管理制度、最新消息、数字图书馆、专题数据库、新书推介、馆藏书目检索、读者指南、读者咨询 专栏：图书馆概况、本馆消息、馆内一瞥、友情链接、新书推介、学会动态、搜索 读者指南：入馆须知、服务窗口布局及服务项目、开馆时间 数字资源：方正电子图书、万方期刊数据库、博硕士学位论文库、人大报刊复印资料 专题数据库：陕甘宁边区研究、省委党校科研成果、西部大开发中的陕西、陕西省情、延安精神永放光芒、新的发展观 试用数据库：网上报告厅、中国党政信息网、北大法宝-中国法律、中宏领导信息决策支持系统、中宏经济数据库 管理制度：计算机设备管理规定、图书借阅暂行规定、阅览室阅览规则、读者入库须知、计算机房管理规则、办理借阅证须知 网站地址：http：//www.shxdx.com/tsg/index.asp

续表

省级党校	数字图书馆网站服务功能框架结构
宁夏回族自治区委党校	入馆指南：开馆时间、本馆概况、机构简介、借阅制度、馆藏分布、校外读者 读者服务：新书导报、专题索引 馆办刊物：区情手册、参阅信息 特色资源：执政理论、三农问题、社科项目、求是杂志 馆藏资源：书目查询、期刊查询、新书（报刊）查询、读者借阅信息查询 电子资源：CNKI中国期刊网、维普中文期刊网、馆藏光盘资料 专栏：重点学科导航、党校主页、网站地图、相关网站、馆长信箱、联系我们、最新动态 网站地址：http://www.nxdxlib.gov.cn/

表3-3汇集的是16家省级党校图书馆网站服务功能框架结构（不含仅在内网提供服务的部分党校图书馆网站），显然各馆发展的进度和信息化服务能力存在明显的差异，但所涵盖的功能中有三个具体做法值得充分肯定：

第一，实现现代化转型后的传统图书馆网上服务和在线服务；

第二，提供党校学科建设、干部教育培训所需的各类电子信息资源服务；

第三，自建特色信息资源和各类信息咨询服务。

虽然各类信息资源已经形成一定规模，但与干部教育信息网站所需的海量信息要求相比，与党校学科建设配套的信息服务需求相比，仍然是微不足道的。党校数字图书馆资源建设和信息服务必须在周密规划的基础上有一个大的发展。

三 党校信息化建设模式和发展趋势

（一）党校信息化建设的发展模式

党校信息化建设的发展，整体上存在较多的共性。实践的推进过程，由于各地的发展条件、需求模式、应用环境乃至经费的投入都存在较多的差异，产生的结果各不相同，经过分析汇总，大致有以下几种类型。

1. 高起点，窗口示范，整体推进。上海市委党校信息化建设的窗口示范作用比较突出,该校用信息化"引领"干部教育向现代化开放型发展,建设能体现现代时空水平和安全理念的信息集散的硬件架构,先后建设了外、内、公务三个完全物理隔断的虚拟通道及三个网管中心、9个局域网及5400多个信息点。建设了远程教学,多媒体教学集控,函授教育,视频会议,网上同声传译,信息资源采、编、流整合管理,后台数据库管理,多媒体信息导读,财务管理,人事管理,住宿管理,楼宇监控门禁管理,综合办公自动化系统,教务管理系统,"上海市副处级以上领导干部个性化远程信息服务系统"等29个应用系统。建成了中共上海市委党校、上海行政学院的校院门户网站(外网)、校园内网、数字图书馆网站、上海市公务(党委)网市委党校网站、上海市干部教育公共信息网等5个网站。研制开发了《中国社科参考信息数据库》《上海市公共政策研究数据库(全文库)》《中外公共政策比较研究库(全文库)》《重要发展战略研究数据库(全文库)》《上海市干部教育情景资料库》《图书馆书目数据库》《图书馆报刊数据库》《上海市委党校重要文档库(一期)》等;网上现有哲社类数据库56种,可提供数据590万条。图书馆建设成为现代化、人性化的4A智能化干部教育信息集散中心,构建了物理与虚拟空间信息交互并存的现代信息集散基地,体现了高度的开放性和现代人文精神,为读者提供多功能、个性化24小时全天候的虚拟信息服务。1600多名领导干部成为数字图书馆的读者,图书馆为他们提供远程个性化多媒体信息服务。卫星远程教学开发建设了点播系统,将中央党校卫星远程教学课程采集下来,放到物理上与互联网隔离的内网上供在线点播学习和转播,辐射全市提供干部教育和领导的自助式终身学习,并提供领导干部远程多媒体信息服务。

2. 抓龙头,紧扣主题,全面发展。全国党校远程教学网是党校信息化建设的助推器,广东省委党校立足本省实际,注重加强远程教学网络的建设,积极当好全省党校系统远程教学网络建设的"龙头"。按照"天地连通、五网合一"的思路,建立了校园网、数字图书馆网和覆盖全省干部教育培训的中央党校和省两级卫星远程教学网。办公楼、教学楼、图书馆、学员宿舍和教职工住宅全部以标准网络布线联通,共设置信息节点1700多个,并通过高速宽带出口与互联网对接。为全校教师、工作人员配齐了办公电脑,为主体班的学员购置了250台液晶电脑,基本做到每个学员人手一台。全校主要教室都安装了多媒体教学设备，应用多媒体课件进行教学在教师中基本普及。他们利用远程网，提高函授教学质量，组织中函研究生和本科生及时收看中函远程教学课程共38门。通过本省的干部教育卫星远程教学网，向全省播放省函授课程21门。并对远程教学课程全部进行录像，视实际需要多次安排播放，或挂在省委党校内部网上让学员点击收看。通过中央党校远程网A级站的回传功能进行课堂交流。通过省远程网的文字交互功能，听课的教员或学员如有疑难，可以实时与授课教员在网上交流。

在远程教育的拓展应用方面，四川省委党校建立的中央党校远程教学网已开展远程教学、远程会议、远程监考、远程培训等应用。该校建立的四川干部教育网通过租用省电信线路的方法，组成了省委党校与市州党校间的ATM光纤骨干网络和各市州党校与区县党校间实现电话专线联网作为全省党校、行政学院内部开展信息交流、办公自动化、内部管理和远程教学的应用支撑平台。通过这一平台，管理系统应用已普及省内共288个各级党校及教学点；完成了学籍管理、教学管理、教材发行、教学资料交换等功能建设；基本完成了电子学员证管理及学历远程认证系统建设。

重庆市委党校在充分利用中央党校远程教学资源的同时，该校建立的"网络党校"也从召开校内电视电话会议、远程直播学术报告，逐步扩展到开展双向互动式远程教学，延伸至市级部门和校外其他单位应用并实现了远程教学双向互动式授课。2005年利用网络党校视频会议系统召开各种会议、座谈会、讲座、研究生教育和函授教育的远程授课等33场次，共162个学时，制作、上传教学课件、教学视频节目187个，共415个学时。

陕西省委党校在应用中央党校远程教学资源的同时，积极开发建立了陕西远程教学资源库，省委党校作为全省干部远程教育的基地，筹建了党校系统网络教学和视频会议系统，在全省党校推进师资培训和召开会议的同时，还实现了基于网络的点播式课堂教学。

3. 抓应用，统筹安排，稳步推进。浙江省委党校千方百计破解使用难题，切实加快"数字党校"建设步伐。投入1000余万元用于信息化建设，建立了校园计算机网络系统、多媒体教学系统和数字图书馆，基本形成了"数字党校"的基础架构，以使用促发展的思路，着力从校内、全省党校系统和全社会三个层面，对推进信息化应用进行了积极探索，基本形成了以校园计算机网络工程为龙头、全省党校系统网络工程为重点、全省干部远程教学网络工程为方向的工作格局，取得了比较明显的成效。具体做法：一是提升校内信息化应用水平，全面推进办公自动化系统建设和无纸化办公。二是着眼于实现系统内资源共建共享，加快建设全省党校系统网络工程。以建立三级管理体制为契机，进一步管好、用好中央党校远程教学网，把远程教学节目引入主体班次教学、研究生教学、函授教学和师资培训，优化教学资源配置、提高教学质量；以提高市县党校主体班次教学质量为目的，建立全省党校系统远程教学资源库，结合浙江实际，建立了基于互联网上的全省党校系统远程教学资源库，选择省委党校优秀课程，市县党校部分的精品课程充实到资源库中，真正实现全省党校系统远程教学资源共建共享；以数字图书馆建设为重点，逐步建立全省党校系统信息资源库，重点抓好省委党校数字图书馆建设，组织全省党校系统共同开发制作省情数据库。三是深入探索，围绕学习型社会建设，积极推进全省干部远程教学网络工程，切实加快"数字党校"建设步伐。

累计投入超过 1500 万元的江苏省委党校校园网，以应用为导向，不断推进信息化建设，构建了拥有 2000 多个信息点、是江苏省级机关最大的内部网络，初步形成以校园网为通信基础、数字化图书馆为资源依托、各种应用系统为支撑、统一的校园数字化网络平台。校园网络系统突出的技术特点是多媒体数字传输和数字化视频功能的实现，并将校园视频网（闭路电视网）与数字网两网融为一体，为实现全校教学、科研、管理、办公乃至校园生活的数字化、网络化、信息化创造了较好的基础条件，同时采用虚拟专网延展校园网的利用，进一步提高网络利用效益。校园网上的应用项目包括图书馆数字化资源网上共享；多媒体教学资源网上任意点播；通过虚拟校园交流信息讨论问题；1200 台 PC 机上网浏览查询信息；门户网站向社会全面发布信息；1000 名用户的独立电子邮件系统。数字化校园的应用惠及广大教职员工和学员，通过举办网页制作、网络安全、管理应用系统操作等信息技能培训班和网页制作、课件制作以及全省党校课件竞赛等活动，传统的工作方式乃至行为方式发生深刻变化，人们从信息化进程中得到了观念的更新和素质的提高。远程教学网应用效果显著、反映良好，初步尝到了远程通信网络高效、经济、便捷的甜头，开创了党校教学与工作的数字化、网络化、信息化新格局。该校教员的数字化教学课件资源库，可以通过网络查询和浏览学习，是一个深受教学科研人员欢迎的、动态视频教学资源库。视频点播资源库已经拥有 16 个专栏，400 余个节目、800 多个小时的教学内容。

山东省委党校信息化建设按照三网（校园网、远程教学网、数字化图书馆）、一站（干部教育网站）、一中心（数字化资源制作中心）的发展格局，实现了可持续发展。实践进程中始终强调以用为本，坚持在使用中提高，一是利用两大网络的传输优势，把远程教学课程直接用于教学和科研工作。一方面，通过远程教学广播系统、校园网网上教学系统和视频点播系统为教学人员提供了大量的教学信息与资料；另一方面，通过远程教学网直接为学员服务，组织学员收看远程教学网络传输的重要课程和报告。二是在计算机校园网网络的应用方面，实现了电子公告、电子新闻，开通了电子邮件系统；建立了两套视频广播系统，一套用于与远程教学网络的连接，一套用于直播本校教师授课实况；开通了视频点播系统，一些重要报告、课程可以通过上网随时点播。三是着手组织力量积极开发办公自动化系统，提高办公自动化应用水平。四是利用远程教学网召开远程教学电视会议、组织远程师资培训班等，都取得了很好的效果。

其他东部地区党校和部分中西部地区党校在统筹安排、应用促发展方面也积累了许多宝贵的经验。

4. 抓机遇，迅速壮大，推进应用。西部地区许多党校，经济条件较差，但它们善于抓机遇促发展。贵州省委党校的远程教学网络建设，在省委和中央党校的大力支持下，得到迅速发展，贵州省委党校 A 级站是全国省级党校首批开通的七家网站之一，贵州也是全国第四个县级以上党校全部开通远程教学网站的省份；应用方面，远程教学节目全面进入各主体班次的课堂，已占各主体班每学期整体课时的 1/3；世界银行——中国贵州全球发展学习网络中心的建设，使贵州省委党校成为世界银行在全国党校系统的第一个远程教学网络中心，通过双向视频系统实现了学员与中外专家的互动，从而大大扩展了学员的视野，促进了观念的转变和知识能力的培养，使得该校的远程教学又上了一个新台阶；贵州省农村党员干部现代远程教育资源库和辅助教学网站的建设，在省内各有关厅局和各级党委、政府部门的支持配合下，目前已粗具规模，基本满足了农村党员干部现代远程教育试点工作和扩大试点的需要。

青海省委党校、新疆维吾尔自治区委党校在推进全国党校远程教学网络建设应用的同时,建设了校园网,还分别建立了全球发展学习中心青海分中心和全球发展学习网络中国西部开发远程网新疆远程学习中心,它们借助各种可以利用的机遇和条件,迅速发展,促进党校信息化建设并取得了较大进展。

以上归纳的全国党校信息化建设四种模式,大致反映了东中西部省级党校信息化建设的主流模式和亮点。它们的做法,突出的一点就是从实际出发,比较充分地利用各自可能利用的资源、条件、优势和机遇,具有较强的示范和引领效应,为全国党校信息化建设的整体推进,起到了很好的样板作用。通过以上的分析,思考全国党校信息化的整体发展,毕竟相对突出的只有11家党校,占1/3强,况且这种相对优势与干部教育信息化的实际需求还有相当大的差距。党校干部教育信息化事业是一项艰巨的工程,有了好的开端,更需要持续的推动。

(二) 党校信息化建设的发展趋势

党校系统的信息化建设,在基本完成分三步走实现五年规划的基础上,目前已经进入了加强应用,并在应用过程中进一步调整和完善的新的发展阶段。全国党校认真贯彻落实胡锦涛同志、曾庆红同志关于党校信息化建设暨远程教学工作的指示精神,从加强党的执政能力建设的高度出发,以提高教学、科研和管理水平为目标,建好、用好、管好远程教学网络,重在使用,重在实效,使信息化建设在服务干部教育事业方面不断开创新局面,取得新进展。

目前,各地党校根据实际情况继续推进远程教学网、校园信息网、数字图书馆网和全国农村党员干部现代远程教学网工程建设。东部地区和信息化建设发展较快的省级党校,注重设施的配套和升级换代工作,继续完善已有的网络工程,迅速拓展信息化应用,以干部教育网、门户网站、网上党校、数字校园建设为重点,克服前进中的困难,抓住千载难逢的发展机遇,努力探索,开始新一轮的信息化建设,争取成为本地区干部教育信息资源的中心。中部地区和信息化建设迅速推进的省级党校,正迎头赶上,以校园网建设为重点,以远程教学网的应用为龙头,以目标管理为手段,加强网络基础建设,建立网络管理体制,整合校内信息资源,突出信息设备的使用，不断提高信息化建设整体水平和服务功能。部分西部地区和信息化建设相对滞后的省级党校，理顺发展思路，增加投资，不断加快工作进度，对校园网络进行全面升级和改造，使之适应信息化发展的要求和党校教学、科研和行政办公等方面的需求，同时加快数字图书馆的建设步伐，完善省级资源库和辅助教学网站的各项设施与功能。许多地市级党校已把信息化发展的重点放在远程教学网和校园网的应用上，部分党校开始建设数字图书馆网。县级党校远程教学网应用工作逐步扩大，部分党校信息化应用逐步深化。展望未来，服务干部教育的党校信息化建设，必将形成一个全国党校系统信息资源共享、统一开放的信息网络体系，必将在党校办学中发挥更大的作用，有着更广阔的发展空间和应用前景。

第四章

党校信息化建设和应用需求概述

第三章着重分析了党校信息化建设和服务功能的发展现状及存在的不足,研究问题的方法主要是应用调查汇总的各类数据进行分析比较。本章的切入点是对问卷调查汇总的各类数据进行分析比较,对党校信息化建设的成效进行评价,同时也对面向干部教育的党校信息化建设和服务的各类需求进行概述。

一 应用层面需求概述

(一) 校园网建设和应用需求

1. 调查对象使用互联网情况

表4-1的问题是:你经常使用互联网吗?这个问题的设计似乎有点可笑,人类已经进入网络时代了,难道还有什么人不使用互联网?然而调查的结果还是不能尽如人意,尽管如此,这组统计数据,对于后续问题的分析,以及应用的比较都提供了一个基本的信息。

各类班次选择"经常"选项的调查对象比例由高到低的分布情况是:师资进修班88%、博硕士研究生班80%、地厅级干部班71%、中青年干部班70%、理论班70%、基层党校员工70%、县处级干部班55%、民族干部班47%,最低的是乡镇书记班32%,本项的综合指标为60%。

各类班次选择"不经常"选项的调查对象比例由高到低的分布情况是:乡镇书记班46%、县处级干部班36%、民族干部班29%、中青年干部班28%、理论班28%、地厅级干部班24%、基层党校员工19%、博硕士研究生班18%，师资进修班最低，占12%，本项的综合指标为30%。

各类班次选择"基本不用"选项的调查对象比例由高到低的分布情况是：基层党校员工10%、民族干部班4%、县处级干部班4%、地厅级干部班2%、中青年干部班2%、乡镇书记班2%、博硕士研究生班2%、理论班1%，师资进修班最低比例为0，本项的综合指标为4%。

各类班次选择"说不清楚"选项的调查对象比例由高到低的分布情况是：乡镇书记班20%、民族干部班20%、县处级干部班5%、地厅级干部班2%、理论班1%、基层党校员工1%，中青年干部班、博硕士研究生班、师资进修班比例均为0，本项的综合指标达到6%。

表4-1头两项指标相加可以大致反映出党校各类培训对象平时使用互联网的情况，基本上属于在岗工作期间的统计数据，分别是：师资进修班100%、中青年干部班98%、博硕士研究生班98%、理论班98%、地厅级干部班96%、县处级干部班91%、基层党校员工89%、乡镇书记班78%、民族干部班76%，综合指标达到90%，总体评价调查对象网络使用率较高，但其中乡镇书记班、民族干部班、县处级干部班的使用率偏低（详见表4-1）。

表4-1 你经常使用互联网吗

调查对象 选择意向 统计 各类班次	总人数	经常		不经常		基本不用		说不清楚	
		人数	比例(%)	人数	比例(%)	人数	比例(%)	人数	比例(%)
地厅级干部班	182	130	71	44	24	4	2	4	2
县处级干部班	742	406	55	270	36	32	4	34	5
中青年干部班	120	84	70	34	28	2	2	0	0
乡镇书记班	196	62	32	90	46	4	2	40	20
博硕士研究生班	110	88	80	20	18	2	2	0	0
师资进修班	68	60	88	8	12	0	0	0	0
理论班	138	96	70	38	28	2	1	2	1
民族干部班	206	96	47	60	29	8	4	42	20
基层党校员工	244	172	70	46	19	24	10	2	1
综合指标	2006	1194	60	610	30	78	4	124	6

2. 调查对象使用党校网络情况

各类班次学员对党校网络的使用情况，可以直接反映出党校信息化建设和应用方面存在的不足和急需解决的问题。表4-2（下同）的第一项选择内容是"访问过"党校网络，该选项的调查对象比例由高到低的分布情况是：博硕士研究生班87%、师资进修班占85%、理论班78%、基层党校员工75%、县处级干部班53%、中青年干部班47%、地厅级干部班43%、民族干部班39%，最低的是乡镇书记班16%，本项的综合指标为54%。

表4-2 你访问过党校网站吗

调查对象 选择意向 统计 各类班次	总人数	访问过		没有访问过		说不清楚	
		人数	比例（%）	人数	比例（%）	人数	比例（%）
地厅级干部班	182	78	43	94	52	10	5
县处级干部班	742	396	53	322	43	24	3
中青年干部班	120	56	47	64	53	0	0
乡镇书记班	196	32	16	164	84	0	0
博硕士研究生班	110	96	87	14	13	0	0
师资进修班	68	58	85	10	15	0	0
理论班	138	108	78	26	19	4	3
民族干部班	206	80	39	126	61	0	0
基层党校员工	244	182	75	62	25	0	0
综合指标	2006	1086	54	882	44	38	2

各类班次选择"没有访问过"选项的调查对象比例由高到低的分布情况是：乡镇书记班84%、民族干部班61%、中青年干部班53%、地厅级干部班52%、县处级干部班43%、基层党校员工25%、理论班19%、师资进修班15%、博硕士研究生班13%，本项的综合指标为44%。

各类班次选择"说不清楚"选项的调查对象比例由高到低的分布情况是：地厅级干部班5%、县处级干部班3%、理论班3%，其他班次比例均为0，本项的综合指标达到2%。

分析表4-2的第一选项，"访问过"党校网络的综合指标仅有54%，其中主体班次学员的访问率只有45.3%，民族干部班的访问率更少，仅有39%，也就是说"没有访问过"和"说不清楚"的主体班次学员比率高达54.7%，民族干部班比率更高达61%。表4-1各类班次学员"经常"加上"不经常"两项指标的互联网访问率分别高达：地厅级干部班95%、县处级干部班91%、中青年干部班98%、乡镇书记班78%、博硕士研究生班98%、师资进修班100%、理论班98%、民族干部班76%、基层党校员工89%；与之相比，"访问过"党校网络的各类班次学员访问率分别少了：地厅级干部班52个百分点、县处级干部班38个百分点、中青年干部班51个百分点、乡镇书记班62个百分点、博硕士研究生班11个百分点、师资进修班15个百分点、理论班20个百分点、民族干部班37个百分点、基层党校员工14个百分点。虽然党校网络的访问率较低是客观存在的事实，反映了目前党校校园网的建设水平还不能满足干部教育尤其是来校学习的主体班次学员的应用需求。但值得关注的一个现象是，"访问过"党校网络的博硕士研究生班、师资进修班、理论班、基层党校员工的访问率却分别达到87%、85%、78%和75%，访问率并不算低，这在一定程度上说明他们的学习、工作与党校信息化建设已经形成一种紧密的联系。与其说民族干部班61%的访问缺失率，是因为其相对落后的经济条件制约，那么主体班次访问率低的原因应该更多地归结为信息化思维的习惯和应用网络学习的能力有待进一步增强。

3. 调查对象评价党校网站服务干部教育方面的作用

各类班次学员对党校网站服务干部教育方面的作用，选择"有一定作用"选项的调查对象比例由高到低的分布情况是：理论班64%、乡镇书记班60%、基层党校员工54%、中青年干部班53%、师资进修班53%、县处级干部班52%、民族干部班52%、地厅级干部班50%、博硕士研究生班42%，本项的综合指标为53%。

选择"作用很有限，内容功能都不足"选项的调查对象比例由高到低的分布情况是：博硕士研究生班53%、中青年干部班40%、师资进修班38%、基层党校员工38%、地厅级干部班36%、民族干部班36%、理论班30%、县处级干部班29%、乡镇书记班27%，本项的综合指标为33%。

选择"没有作用"选项的调查对象比例由高到低的分布情况是：博硕士研究生班4%、基层党校员工4%、地厅级干部班3%、师资进修班3%、理论班3%、县处级干部班2%、乡镇书记班2%、民族干部班2%、中青年干部班0，本项的综合指标为2%。

选择"说不清楚"选项的调查对象比例由高到低的分布情况是：县处级干部班18%、地厅级干部班11%、乡镇书记班11%、民族干部班10%、中青年干部班7%、师资进修班6%、基层党校员工4%、理论班3%、博硕士研究生班2%，本项的综合指标达到11%。

分析调查对象评价党校网站服务干部教育方面作用的相关数据，"有一定作用"选项选择率除博硕士研究生班42%较低外，其他班次选择幅度大都在50%~60%，与53%的综合指标偏离不大，说明各类班次对党校网站服务干部教育方面的作用是基本肯定、认可的，但也不能估计过高。从"作用很有限，内容功能都不足"选项的调查结果来看，博硕士研究生班选择率高达53%，中青年干部班、师资进修班、基层党校员工的选择率也分别达到40%、38%、38%。"没有作用""说不清楚"两个选项综合指标分别为2%和11%。总体评价：党校网站建设在服务干部教育方面取得了明显成效，受到来校学习的各类班次学员的欢迎，但也存在校园网络作用很有限，内容功能都不足的矛盾（详见表4-3）。

表4-3 你认为党校网站目前在服务干部教育方面的作用

调查对象\选择意向\统计		有一定作用		作用很有限，内容功能都不足		没有作用		说不清楚	
各类班次	总人数	人数	比例（%）	人数	比例（%）	人数	比例（%）	人数	比例（%）
地厅级干部班	182	90	50	66	36	6	3	20	11
县处级干部班	742	386	52	212	29	12	2	132	18
中青年干部班	120	64	53	48	40	0	0	8	7
乡镇书记班	196	118	60	52	27	4	2	22	11
博硕士研究生班	110	46	42	58	53	4	4	2	2
师资进修班	68	36	53	26	38	2	3	4	6
理论班	138	88	64	42	30	4	3	4	3
民族干部班	206	108	52	74	36	4	2	20	10
基层党校员工	244	132	54	92	38	10	4	10	4
综合指标	2006	1068	53	670	33	46	2	222	11

4. 调查对象对党校网站目标定位的选择意向

表4-4反映调查对象对党校网站目标定位的选择意向，这是一道多选题，"干部教育网""网络党校""互联网上的马克思主义阵地"以及"说不清楚"均可重复选择，调查结果综合指标位列前三名的分别是：62%选择"干部教育网"、39%选择"网络党校"、34%选择"互联网上的马克思主义阵地"，选择"说不清楚"的比例很少，只有4%。

表4-4 你认为党校网站的建设目标应该是：（可多选）

调查对象 各类班次	选择意向统计 总人数	干部教育网		网络党校		互联网上的马克思主义阵地		说不清楚	
		人数	比例（%）	人数	比例（%）	人数	比例（%）	人数	比例（%）
地厅级干部班	182	100	55	66	36	56	31	24	13
县处级干部班	742	462	62	274	37	228	31	30	4
中青年干部班	120	90	75	28	23	38	32	6	5
乡镇书记班	196	150	77	66	34	72	37	2	1
博硕士研究生班	110	44	40	38	35	66	60	2	2
师资进修班	68	34	50	40	59	38	56	0	0
理论班	138	94	68	38	28	32	23	2	1
民族干部班	206	126	61	82	40	64	31	0	0
基层党校员工	244	136	56	142	58	86	35	8	3
综合指标	2006	1236	62	774	39	680	34	74	4

各类班次选择"干部教育网"选项的调查对象比例由高到低的分布情况是：乡镇书记班77%、中青年干部班75%、理论班68%、县处级干部班62%、民族干部班61%、基层党校员工56%、地厅级干部班55%、师资进修班50%、博硕士研究生班40%，综合指标为62%。

各类班次选择"网络党校"选项的调查对象比例由高到低的分布情况是：师资进修班59%、基层党校员工58%、民族干部班40%、县处级干部班37%、地厅级干部班36%、博硕士研究生班35%、乡镇书记班34%、理论班28%、中青年干部班23%，综合指标为39%。

各类班次选择"互联网上的马克思主义阵地"选项的调查对象比例由高到低的分布情况是：博硕士研究生班60%、师资进修班56%、乡镇书记班 37%、基层党校员工 35%、中青年干部班 32%、民族干部班 31%、县处级干部班 31%、地厅级干部班 31%、理论班 23%，综合指标为 34%。

各类班次选择"说不清楚"选项的调查对象比例由高到低的分布情况是：地厅级干部班 13%、中青年干部班 5%、县处级干部班 4%、基层党校员工 3%、博硕士研究生班 2%、乡镇书记班 1%、理论班 1%、师资进修班 0、民族干部班 0，综合指标为 4%。

分析表 4-4 的选择意向，对党校网站建设目标锁定在"干部教育网"的认同度最高，同比将目标定位于"网络党校"和"互联网上的马克思主义阵地"的选择率分别低了 23、28 个百分点。三种选择，相形之下"干部教育网"立意更高、定位更准确、目标更清晰、可操作性更强、内涵更丰富。也可以这样认为，将三种选择整合于"干部教育网"的目标定位，更加符合面向干部教育的党校信息化建设的实际和发展。

5. 调查对象对党校网站功能定位的需求选择

对党校网站功能定位的需求情况，选择"网络教育的服务平台"选项的调查对象比例由高到低的分布情况是：师资进修班 68%、基层党校员工 68%、县处级干部班 58%、理论班 52%、民族干部班 51%、博硕士研究生班 47%、地厅级干部班 45%、乡镇书记班 45%、中青年干部班 38%，综合指标为 54%。

选择"远程教育的资源中心"选项的调查对象比例由高到低的分布情况是：师资进修班 74%、基层党校员工 70%、民族干部班 61%、乡镇书记班 54%、博硕士研究生班 51%、县处级干部班 49%、理论班 41%、地厅级干部班 33%、中青年干部班 33%，综合指标为 51%。

选择"干部教育的数字图书馆"选项的调查对象比例由高到低的分布情况是：师资进修班 82%、中青年干部班 78%、基层党校员工 76%、博硕士研究生班 76%、理论班 68%、民族干部班 66%、县处级干部班 64%、乡镇书记班 58%、地厅级干部班 53%，综合指标为 67%。

选择"党的执政能力建设的理论基地"选项的调查对象比例由高到低的分布情况是：乡镇书记班 63%、博硕士研究生班 60%、基层党校员工 52%、地厅级干部班 51%、理论班 49%、民族干部班 48%、县处级干部班 48%、中青年干部班 43%、师资进修班 41%，综合指标为 51%。

选择"领导干部个性化信息服务的枢纽"选项的调查对象比例由高到

低的分布情况是：师资进修班56%、乡镇书记班55%、地厅级干部班52%、中青年干部班52%、民族干部班45%、基层党校员工37%、县处级干部班37%、理论班33%、博硕士研究生班18%，综合指标为41%。

选择"农村党员现代远程教育资源中心"选项的调查对象比例由高到低的分布情况是：博硕士研究生班47%、乡镇书记班44%、民族干部班32%、理论班28%、师资进修班26%、县处级干部班26%、地厅级干部班22%、基层党校员工22%、中青年干部班20%，综合指标为28%。

选择"说不清楚"选项的调查对象比例由高到低的分布情况是：博硕士研究生班4%、县处级干部班3%、中青年干部班2%、地厅级干部班1%、基层党校员工1%、乡镇书记班0、民族干部班0、理论班0、师资进修班0，综合指标为1%。

分析各个选项的综合指标，对"网络教育的服务平台""远程教育的资源中心""干部教育的数字图书馆""党的执政能力建设的理论基地"四个功能的认同率均超过50%，对"领导干部个性化信息服务的枢纽"复选率也达到40%以上。由此可见，对党校网站服务功能建设的着力点应该十分重视上述各项功能的实现，而"农村党员现代远程教育资源中心"选项的复选率只有28%，间接说明各级党校在培训对象、培训内容方面应该合理分工、从实际出发，"农村党员现代远程教育资源中心"应该作为市县级党校信息化建设的重要组成部分（详见表4-5）。

表4-5 您心目中的党校网站应该具备的功能：（可多选）

调查对象 各类班次	总人数	网络教育的服务平台		远程教育的资源中心		干部教育的数字图书馆		党的执政能力建设的理论基地		领导干部个性化信息服务的枢纽		农村党员现代远程教育资源中心		说不清楚	
		人数	比例(%)	人数	比例(%)	人数	比例(%)	人数	比例(%)	人数	比例(%)	人数	比例(%)	人数	比例(%)
地厅级干部班	182	82	45	60	33	96	53	92	51	94	52	40	22	2	1
县处级干部班	742	428	58	364	49	476	64	358	48	272	37	192	26	20	3
中青年干部班	120	46	38	40	33	94	78	52	43	62	52	24	20	2	2
乡镇书记班	196	88	45	106	54	114	58	124	63	108	55	86	44	0	0
博硕士研究生班	110	52	47	56	51	84	76	66	60	20	18	52	47	4	4
师资进修班	68	46	68	50	74	56	82	28	41	38	56	18	26	0	0

续表

调查对象 各类班次	总人数	网络教育的服务平台		远程教育的资源中心		干部教育的数字图书馆		党的执政能力建设的理论基地		领导干部个性化信息服务的枢纽		农村党员现代远程教育资源中心		说不清楚	
		人数	比例(%)	人数	比例(%)	人数	比例(%)	人数	比例(%)	人数	比例(%)	人数	比例(%)	人数	比例(%)
理论班	138	72	52	56	41	94	68	68	49	46	33	38	28	0	0
民族干部班	206	106	51	126	61	136	66	98	48	92	45	66	32	0	0
基层党校员工	244	166	68	172	70	186	76	128	52	90	37	54	22	2	1
综合指标	2006	1086	54	1030	51	1336	67	1014	51	822	41	570	28	30	1

(二) 远程教学网建设和应用需求

1. 调查对象收看收听党校远程教育课程情况

各类班次收看收听过党校远程教育课程的选择率分别是：理论班82%、中青年干部班73%、博硕士研究生班68%、地厅级干部班65%、基层党校员工55%、县处级干部班46%、民族干部班43%、乡镇书记班37%、师资进修班29%，综合指标为52%（详见表4-6，下同）。

表4-6 你收看收听过党校远程教育课程吗

调查对象 各类班次	总人数	有		没有		说不清楚	
		人数	比例(%)	人数	比例(%)	人数	比例(%)
地厅级干部班	182	118	65	58	32	6	3
县处级干部班	742	342	46	350	47	50	7
中青年干部班	120	88	73	30	25	2	2
乡镇书记班	196	72	37	118	60	6	3
博硕士研究生班	244	166	68	72	30	6	2
师资进修班	110	32	29	76	69	2	2
理论班	68	56	82	8	12	4	6
民族干部班	138	60	43	64	46	14	10
基层党校员工	206	114	55	86	42	6	3
综合指标	2006	1048	52	862	43	96	5

没有收看收听过党校远程教育课程的选择率分别是：师资进修班69％、乡镇书记班60％、县处级干部班47％、民族干部班46％、基层党校员工42％、地厅级干部班32％、博硕士研究生班30％、中青年干部班25％、理论班12％，综合指标为43％。

"说不清楚"的选择率是：民族干部班10％、县处级干部班7％、理论班6％、乡镇书记班3％、基层党校员工3％、地厅级干部班3％、师资进修班2％、博硕士研究生班2％、中青年干部班2％，综合指标为5％。

分析以上统计数据，各类服务对象收看收听过党校远程教育课程的综合指标比例仅有52％，还有近半数的学员对党校远程教育缺乏了解，没有一种班次完整地收看收听了远程教育课程。客观情况表明，目前的党校远程教育的作用还有待进一步发挥，党校远程教学服务干部教育的宣传力度也有待进一步加强。基于调查对象除基层党校员工外，都是脱产进党校的各类班次学员这么一个事实，分析这组数据，可以得出两个结果：一方面是远程教育课程进课堂还没有成为各级党校教学计划的组成部分，远程教育在教学组织管理上的不完善是造成远程教育课程学员缺失率高的重要因素之一；另一方面远程教育课程内容与各类培训轮训班次学习计划安排缺乏较强的内在联系。此外，部分党校远程教育课程收看收听效果的不理想也是造成学员缺失率高的重要原因。

2. 调查对象对党校远程教育课程内容的满意度

对党校远程教育课程内容"比较满意"的选择率分别是：中青年干部班45％、民族干部班35％、地厅级干部班30％、乡镇书记班22％、基层党校员工22％、理论班21％、县处级干部班18％、博硕士研究生班15％、师资进修班5％，综合指标为22％（详见表4－7，下同）。

表4－7　你对党校远程教育课程安排的内容满意吗

调查对象\选择意向统计		比较满意		还可以		不满意		说不清楚	
各类班次	总人数	人数	比例（％）	人数	比例（％）	人数	比例（％）	人数	比例（％）
地厅级干部班	182	54	30	80	44	14	8	34	19
县处级干部班	742	130	18	330	44	54	7	228	31
中青年干部班	120	54	45	40	33	2	2	24	20

续表

调查对象 \ 选择意向统计 各类班次	总人数	比较满意		还可以		不满意		说不清楚	
		人数	比例(%)	人数	比例(%)	人数	比例(%)	人数	比例(%)
乡镇书记班	196	44	22	110	56	8	4	34	17
博硕士研究生班	244	36	15	142	58	36	15	30	12
师资进修班	110	6	5	52	47	22	20	30	27
理论班	68	14	21	40	59	10	15	4	6
民族干部班	138	48	35	38	28	12	9	40	29
基层党校员工	206	46	22	124	60	10	5	26	13
综合指标	2006	432	22	956	48	168	8	450	22

认为党校远程教育课程内容"还可以"的选择率分别是：基层党校员工60%、理论班59%、博硕士研究生班58%、乡镇书记班56%、师资进修班47%、地厅级干部班44%、县处级干部班44%、中青年干部班33%、民族干部班28%，综合指标为48%。

对党校远程教育课程内容"不满意"的比率是：师资进修班20%、理论班15%、博硕士研究生班15%、民族干部班9%、地厅级干部班8%、县处级干部班7%、基层党校员工5%、乡镇书记班4%、中青年干部班2%，综合指标为8%。

选择"说不清楚"的比率：县处级干部班31%、民族干部班29%、师资进修班27%、中青年干部班20%、地厅级干部班19%、乡镇书记班17%、基层党校员工13%、博硕士研究生班12%、理论班6%，综合指标为22%。

按照常规，本题的选择应该与"表4-6你收看收听过党校远程教育课程吗"的结果对应，相关指标应以"表4-6"第一个选项的结果为基础。经核实，学员们对本题的理解定位为党校对其所在班次安排"课程内容的满意度"上，调查结果比较客观地反映了各类班次对目前党校教育的评价和需求。从统计的角度分析，二者之间虽有较大的偏差，但从实践的角度把握，毕竟二者之间有着一定程度的联系，也可从中作出合理的分析和推断。

选择"比较满意"和"还可以"两个选项的综合指标达到70%，基本认同，但评价并不高；选择"不满意"和"说不清楚"两个选项的综合指标达到30%，说明目前党校教育的改革与发展同干部教育的实际需求还存在较大的差距，而党校的远程教育课程内容的设计安排更需要加强针对性。

3. 调查对象对党校远程教育课程设计的实际需求

本题也是一道多选题，选择意向为"根据不同的对象设计不同的课程内容"的比率分别是：中青年干部班83%、乡镇书记班81%、理论班79%、基层党校员工78%、博硕士研究生班71%、县处级干部班67%、民族干部班65%、地厅级干部班63%、师资进修班56%，综合指标为70%（详见表4-8，下同）。

选择意向为"应改变单纯大报告式的教学方式"的比率分别是：博硕士研究生班56%、地厅级干部班55%、民族干部班54%、理论班53%、中青年干部班50%、师资进修班49%、基层党校员工48%、县处级干部班44%、乡镇书记班43%，综合指标为48%。

选择意向为"每堂课时间应控制在2小时左右"的比率分别是：博硕士研究生班61%、理论班50%、中青年干部班47%、基层党校员工47%、乡镇书记班38%、地厅级干部班33%、民族干部班33%、县处级干部班32%、师资进修班16%，综合指标为38%。

选择意向为"充分应用教学课件和多媒体课件"的比率分别是：理论班74%、博硕士研究生班70%、基层党校员工62%、民族干部班59%、乡镇书记班58%、师资进修班56%、地厅级干部班56%、县处级干部班48%、中青年干部班47%，综合指标为56%。

选择"说不清楚"的比率分别是：师资进修班13%、地厅级干部班9%、中青年干部班8%、县处级干部班7%、博硕士研究生班2%、理论班0、基层党校员工0、乡镇书记班0、民族干部班0，综合指标为5%。

分析表4-8的各类各项指标数据：根据不同的对象设计不同的课程内容、充分应用教学课件和多媒体课件、应改变单纯大报告式的教学方式三组选项响应率较高，从实践的结果来看，学员反映也很正面，需要继续增强。每堂课时间应控制在2小时左右的选项各种班次认同度却有一定差异，说明形式要服从内容、服从需求，也说明通过远程教学网络传送的课程在针对性、亲和力、表现方式诸方面需要下更多的工夫。

表 4-8 你认为党校远程教育课程的设计应该：（可多选）

调查对象\选择意向统计 各类班次	总人数	根据不同的对象设计不同的课程内容		应改变单纯大报告式的教学方式		每堂课时间应控制在2小时左右		充分应用数学课件和多媒体课件		说不清楚	
		人数	比例(%)	人数	比例(%)	人数	比例(%)	人数	比例(%)	人数	比例(%)
地厅级干部班	182	114	63	100	55	60	33	102	56	16	9
县处级干部班	742	496	67	330	44	238	32	358	48	50	7
中青年干部班	120	100	83	60	50	56	47	56	47	10	8
乡镇书记班	196	158	81	84	43	74	38	114	58	0	0
博硕士研究生班	244	174	71	136	56	148	61	172	70	4	2
师资进修班	110	62	56	54	49	18	16	62	56	14	13
理论班	68	54	79	36	53	34	50	50	74	0	0
民族干部班	138	90	65	74	54	46	33	82	59	0	0
基层党校员工	206	160	78	98	48	96	47	128	62	0	0
综合指标	2006	1408	70	972	48	770	38	1124	56	94	5

4. 调查对象对党校远程教育课程音像效果的评价情况

选择"还不错"选项的调查对象比例由高到低的分布情况是：中青年干部班53%、地厅级干部班43%、乡镇书记班36%、县处级干部班32%、基层党校员工31%、民族干部班28%、博硕士研究生班27%、师资进修班22%、理论班21%，综合指标为33%（详见表4-9，下同）。

表 4-9 你对收看收听过的党校远程教育课程的音像效果的评价是：

调查对象\选择意向统计 各类班次	总人数	还不错		效果一般		比较差		说不清楚	
		人数	比例(%)	人数	比例(%)	人数	比例(%)	人数	比例(%)
地厅级干部班	182	78	43	68	37	4	2	32	18
县处级干部班	742	236	32	250	34	38	5	218	29
中青年干部班	120	64	53	26	22	0	0	30	25
乡镇书记班	196	70	36	88	45	2	1	36	18
博硕士研究生班	244	66	27	124	51	18	7	36	15
师资进修班	110	24	22	44	40	8	7	34	31

续表

调查对象统计 选择意向		还不错		效果一般		比较差		说不清楚	
各类班次	总人数	人数	比例(%)	人数	比例(%)	人数	比例(%)	人数	比例(%)
理论班	68	14	21	44	65	4	6	6	9
民族干部班	138	38	28	52	38	8	6	40	29
基层党校员工	206	64	31	110	53	4	2	28	14
综合指标	2006	654	33	806	40	86	4	460	23

选择"效果一般"选项的调查对象比例由高到低的分布情况是：理论班65%、基层党校员工53%、博硕士研究生班51%、乡镇书记班45%、师资进修班40%、民族干部班38%、地厅级干部班37%、县处级干部班34%、中青年干部班22%，综合指标为40%。

选择"比较差"选项的调查对象比例由高到低的分布情况是：博硕士研究生班7%、师资进修班7%、理论班6%、民族干部班6%、县处级干部班5%、基层党校员工2%、地厅级干部班2%、乡镇书记班1%、中青年干部班0，综合指标为4%。

选择"说不清楚"选项的情况是：师资进修班31%、民族干部班29%、县处级干部班29%、中青年干部班25%、地厅级干部班18%、乡镇书记班18%、博硕士研究生班15%、基层党校员工14%、理论班9%，综合指标为23%。

综观本组数据，调查对象对党校远程教育课程音像效果的评价偏低，评价"还不错"的指标仅33%，评价"效果一般"的综合指标为40%，"比较差"的综合指标为5%，而"说不清楚"的综合指标却高达23%。笔者曾多次亲历远程教育、远程会议现场，在不同地点、不同场所感觉效果迥异，虽然近年来随着远程技术的发展、服务保障的增强，有了明显的变化，但还是不能尽如人意。究其原因，有远程教育硬件设备配置不合理的情况，有信道故障出现不和谐的情况，有现场管理服务不到位的情况，也有技术服务保障无法满足需求变化的情况，当然也存在课程录制合成本身的原因。

5. 调查对象对党校远程教育服务功能技术保障的应用需求

这也是一道多选题，调查对象对党校远程教育技术手段的实现方面，选择"网络教育的优势"选项的情况是：基层党校员工64%、乡镇书记班62%、理论班59%、博硕士研究生班57%、地厅级干部班55%、县处级干部班54%、中青年干部班45%、师资进修班44%、民族干部班43%，综合指标为55%（详见表4-10，下同）。

表4-10　你认为党校远程教育的技术手段是否应该实现：（可多选）

调查对象\选择意向统计\各类班次	总人数	网络教育的优势		集中式课程与网络课件点播相结合		在校园网上通过认证方式访问相关内容		通过技术改造不断提高音像质量		确保在线教学的信号畅通		增加互动式功能增强研讨式教学效果		说不清楚	
		人数	比例(%)	人数	比例(%)	人数	比例(%)	人数	比例(%)	人数	比例(%)	人数	比例(%)	人数	比例(%)
地厅级干部班	182	100	55	92	51	66	36	64	35	78	43	94	52	12	7
县处级干部班	742	400	54	342	46	206	28	226	30	216	29	266	36	52	7
中青年干部班	120	54	45	48	40	28	23	38	32	66	55	62	52	26	22
乡镇书记班	196	122	62	92	47	52	27	66	34	62	32	94	48	8	4
博硕士研究生班	244	140	57	156	64	100	41	132	54	116	48	124	51	6	2
师资进修班	110	48	44	54	49	26	24	38	35	28	25	52	47	18	16
理论班	68	40	59	42	62	30	44	38	56	32	47	40	59	0	0
民族干部班	138	60	43	74	54	50	36	54	36	42	30	54	39	0	0
基层党校员工	206	132	64	112	54	64	31	74	36	70	34	98	48	0	0
综合指标	2006	1096	55	1012	50	622	31	728	36	710	35	884	44	122	6

选择"集中式课程与网络课件点播相结合"选项的情况是：博硕士研究生班64%、理论班62%、基层党校员工54%、民族干部班54%、地厅级干部班51%、师资进修班49%、乡镇书记班47%、县处级干部班46%、中青年干部班40%，综合指标为50%。

选择"在校园网上通过认证方式访问相关内容"选项的情况是：理论班44%、博硕士研究生班41%、民族干部班36%、地厅级干部班36%、基层党校员工31%、县处级干部班28%、乡镇书记班27%、师资进修班24%、中青年干部班23%，综合指标为31%。

选择"通过技术改造不断提高音像质量"选项的情况是：理论班56%、博硕士研究生班54%、民族干部班38%、基层党校员工36%、地厅级干部班35%、师资进修班35%、乡镇书记班34%、中青年干部班32%、县处级干部班30%，综合指标为36%。

选择"确保在线教学的信号畅通"选项的情况是：中青年干部班55%、博硕士研究生班48%、理论班47%、地厅级干部班43%、基层党校员工34%、乡镇书记班32%、民族干部班30%、县处级干部班29%、师资进修班25%，综合指标为35%。

选择"增加互动式功能增强研讨式教学效果"选项的情况是：理论班59%、中青年干部班52%、地厅级干部班52%、博硕士研究生班51%、基层党校员工48%、乡镇书记班48%、师资进修班47%、民族干部班39%、县处级干部班36%，综合指标为44%。

选择"说不清楚"选项的情况是：中青年干部班22%、师资进修班16%、地厅级干部班7%、县处级干部班7%、乡镇书记班4%、博硕士研究生班2%、理论班0、基层党校员工0、民族干部班0，综合指标为6%。

本道选择题具有较多的技术内涵，学员能直接感受的选项如网络教育的优势、集中式课程与网络课件点播相结合、增加互动式功能增强研讨式教学效果均获得较高的认同度；而其他选项如在校园网上通过认证方式访问相关内容、通过技术改造不断提高音像质量、确保在线教学的信号畅通也获得相当程度的认同。应该说，调查对象对党校远程教育服务功能技术保障的应用需求与党校信息化建设者的关切紧密相连，同时远程教育技术服务保障的配套也是十分重要的一环。

分析表4-10的相关指标，其中"网络教育的优势"的综合指标达到55%，"集中式课程与网络课件点播相结合"的综合指标达到50%，"在校园网上通过认证方式访问相关内容"的综合指标达到31%，虽然指标率还不高，但与表4-1各类班次学员"经常"加上"不经常"访问互联网90%的综合指标、表4-2"访问过"党校网络54%的综合指标比较，基本一致。与通过卫星传输方式开展远程教育学习相比较，多数学员更认同网络的使用方式。在实践上，已经有部分党校将远程教育课程整合到校园网上，通过视频点播方式或者现场直播的方式开展远程教育学习，受到教职员工的欢迎。如何继续提高远程教育学习效果和服务质量，无论是通过卫星传输方式还是通过校园网络配套的使用方式，都需要在技术手段上不断提高应用水平和服务质量。

(三) 数字图书馆建设和应用需求概述

1. 调查对象使用党校数字信息资源情况

党校数字图书馆建设已经形成一定的规模，它是现阶段党校网站数字信息资源的网络载体。表 4-11（下同）统计汇总了各类班次的调查对象使用党校数字信息资源情况。

表 4-11　你使用过党校网站的数字信息资源吗

调查对象　　选择意向统计　各类班次	总人数	用过		没用过		不了解		说不清楚	
		人数	比例(%)	人数	比例(%)	人数	比例(%)	人数	比例(%)
地厅级干部班	182	32	18	94	52	38	21	18	10
县处级干部班	742	134	18	386	52	122	16	100	13
中青年干部班	120	26	22	54	45	24	20	16	13
乡镇书记班	196	16	8	138	70	32	16	10	5
博硕士研究生班	244	98	40	86	35	50	20	10	4
师资进修班	110	84	76	18	16	4	4	4	4
理论班	68	30	44	28	41	10	15	0	0
民族干部班	138	58	42	48	35	10	7	22	16
基层党校员工	206	36	17	128	62	28	14	14	7
综合指标	2006	514	26	980	49	318	16	194	10

其中选择意向为"用过"选项的情况是：师资进修班76%、理论班44%、民族干部班42%、博硕士研究生班40%、中青年干部班22%、地厅级干部班18%、县处级干部班18%、基层党校员工17%、乡镇书记班8%，综合指标为26%。

选择意向为"没用过"选项的情况是：乡镇书记班70%、基层党校员工62%、地厅级干部班52%、县处级干部班52%、中青年干部班45%、理论班41%、民族干部班35%、博硕士研究生班35%、师资进修班16%，综合指标为49%。

选择意向为"不了解"选项的情况是：地厅级干部班21%、中青年干部班20%、博硕士研究生班20%、乡镇书记班16%、县处级干部班16%、理论班 15%、基层党校员工 14%、民族干部班 7%、师资进修班 4%，综合指标为 16%。

选择意向为"说不清楚"选项的情况是：民族干部班 16%、中青年干部班 13%、县处级干部班 13%、地厅级干部班 10%、基层党校员工 7%、乡镇书记班 5%、博硕士研究生班 4%、师资进修班 4%、理论班 0，综合指标为 10%。

分析上述情况，只有 1/4 的学员使用过党校的数字信息资源，所占比例太小，一方面说明了党校网站的数字信息资源的影响力还十分有限；另一方面也说明了党校网站的信息资源建设需要加快进程，努力满足干部教育对数字图书馆的信息需求；当然也存在主客观条件不配套的因素，客观原因诸如是否存在搜索引擎使用不便的情况，或学员上网技术培训还不到位的情况，以及学员宿舍是否具备上机上网条件。显然干部教育的信息化不只是技术问题，主观上也有普及干部对教育信息化意义及其重要性的认识问题，都需要认真加以解决。

2. 调查对象对党校数字图书馆服务内容需求

尽管目前使用过党校网站数字信息资源的学员数量还比较少，但调查对象对党校数字图书馆服务内容需求的反馈十分关切。

表 4-12 汇总的信息表明，选择"服务党校学科建设需求的数字信息资源"选项的情况是：地厅级干部班 70%、理论班 68%、博硕士研究生班 66%、师资进修班 62%、基层党校员工 61%、乡镇书记班 58%、中青年干部班 55%、县处级干部班 50%、民族干部班 48%，综合指标为 57%（详见表 4-12，下同）。

表 4-12 你认为党校数字图书馆的内容建设应该突出：（可多选）

调查对象 选择意向统计 各类班次	总人数	服务党校学科建设需求的数字信息资源		服务干部教育需求的数字信号资源		以党校自身活动为特色的数字信息资源		以国情、省情研究为特色的数字信息资源		服务领导决策需求的数字信息资源		服务干部教育个性化需求的数字信息资源		说不清楚	
		人数	比例(%)	人数	比例(%)	人数	比例(%)	人数	比例(%)	人数	比例(%)	人数	比例(%)	人数	比例(%)
地厅级干部班	182	128	70	152	84	116	64	124	68	98	54	268	36	42	6
县处级干部班	742	370	50	430	58	280	38	376	51	282	38	52	43	16	13
中青年干部班	120	66	55	88	73	44	37	72	60	52	43	86	44	2	1

续表

选择意向统计\调查对象\各类班次	总人数	服务党校学科建设需求的数字信息资源		服务干部教育需求的数字信号资源		以党校自身活动为特色的数字信息资源		以国情、省情研究为特色的数字信息资源		服务领导决策需求的数字信息资源		服务干部教育个性化需求的数字信息资源		说不清楚	
		人数	比例(%)	人数	比例(%)	人数	比例(%)	人数	比例(%)	人数	比例(%)	人数	比例(%)	人数	比例(%)
乡镇书记班	196	114	58	108	55	68	35	96	49	108	55	90	37	8	3
博硕士研究生班	244	160	66	160	66	120	49	146	60	98	40	32	29	8	7
师资进修班	110	68	62	62	56	40	36	62	56	30	27	24	35	0	0
理论班	68	46	68	42	62	26	38	48	71	20	29	44	32	6	4
民族干部班	138	66	48	60	43	62	45	66	48	44	32	86	42	0	0
基层党校员工	206	126	61	128	62	100	49	120	58	92	45	90	37	8	3
综合指标	2006	1144	57	1230	61	856	43	1110	55	824	41	682	34	82	4

选择"服务干部教育需求的数字信息资源"选项的情况是：地厅级干部班84%、中青年干部班73%、博硕士研究生班66%、理论班62%、基层党校员工62%、县处级干部班58%、师资进修班56%、乡镇书记班55%、民族干部班43%，综合指标为61%。

选择"以党校自身活动为特色的数字信息资源"选项的情况是：地厅级干部班64%、博硕士研究生班49%、基层党校员工49%、民族干部班45%、理论班38%、县处级干部班38%、中青年干部班37%、师资进修班36%、乡镇书记班35%，综合指标为43%。

选择"以国情、省情研究为特色的数字信息资源"选项的情况是：理论班71%、地厅级干部班68%、博硕士研究生班60%、中青年干部班60%、基层党校员工58%、师资进修班56%、县处级干部班51%、乡镇书记班49%、民族干部班48%，综合指标为55%。

选择"服务领导决策需求的数字信息资源"选项的情况是：乡镇书记班55%、地厅级干部班54%、基层党校员工45%、中青年干部班43%、博硕士研究生班40%、县处级干部班38%、民族干部班32%、理论班29%、师资进修班27%，综合指标为41%。

选择"服务干部教育个性化需求的数字信息资源"选项的情况是：中青年干部班44%、县处级干部班43%、民族干部班42%、乡镇书记班37%、基层党校员工37%、地厅级干部班36%、师资进修班35%、理论班32%、博硕士研究生班29%，综合指标为34%。

选择"说不清楚"选项的情况是：县处级干部班13%、博硕士研究生班7%、地厅级干部班6%、理论班4%、乡镇书记班3%、基层党校员工3%、中青年干部班1%、民族干部班0、师资进修班0，综合指标为4%。

其中选项如服务党校学科建设需求的数字信息资源，服务干部教育需求的数字信息资源，以国情、省情研究为特色的数字信息资源为众多调查对象所关切；其他选项如以党校自身活动为特色的数字信息资源、服务领导决策需求的数字信息资源、服务干部教育个性化需求的数字信息资源，虽然需求的角度各有不同，也受到许多调查对象的关注。从中可以看出，调查对象对党校数字信息资源的需求与党校数字图书馆资源建设的总体目标是基本统一的。

3. 调查对象对党校数字图书馆服务功能需求

同样，尽管目前使用过党校网站数字信息资源的学员数量还比较少，但调查对象对党校数字图书馆服务功能的需求是十分具体的。

调查汇总的信息表明，选择"信息点击快捷实用"选项的情况是：地厅级干部班87%、理论班82%、博硕士研究生班80%、师资进修班73%、县处级干部班70%、基层党校员工69%、乡镇书记班65%、民族干部班64%、中青年干部班58%，综合指标为72%（详见表4-13，下同）。

表4-13 你认为党校数字图书馆的服务功能应该做到：（可多选）

调查对象 选择意向 统计 各类班次	总人数	信息点击快捷使用		导航链接准确有效		查询功能完善方便		特色服务在线互动		说不清楚	
		人数	比例(%)	人数	比例(%)	人数	比例(%)	人数	比例(%)	人数	比例(%)
地厅级干部班	182	158	87	116	64	140	77	118	65	8	4
县处级干部班	742	518	70	314	42	422	57	248	33	36	5
中青年干部班	120	70	58	42	35	50	42	24	20	18	15
乡镇书记班	196	128	65	64	33	138	70	96	49	0	0
博硕士研究生班	244	196	80	132	54	200	82	142	58	4	2
师资进修班	110	80	73	60	55	84	76	50	45	6	5
理论班	68	56	82	52	76	62	91	46	68	4	6
民族干部班	138	88	64	56	41	98	71	66	48	4	3
基层党校员工	206	142	69	80	39	146	71	100	49	0	0
综合指标	2006	1436	72	916	46	1340	67	890	44	78	4

选择"导航链接准确有效"选项的情况是：理论班76%、地厅级干部班64%、师资进修班55%、博硕士研究生班54%、县处级干部班42%、民族干部班41%、基层党校员工39%、中青年干部班35%、乡镇书记班33%，综合指标为46%。

选择"查询功能完善方便"选项的情况是：理论班91%、博硕士研究生班82%、地厅级干部班77%、师资进修班76%、民族干部班71%、基层党校员工71%、乡镇书记班70%、县处级干部班57%、中青年干部班42%，综合指标为67%。

选择"特色服务在线互动"选项的情况是：理论班68%、地厅级干部班65%、博硕士研究生班58%、基层党校员工49%、乡镇书记班49%、民族干部班48%、师资进修班45%、县处级干部班33%、中青年干部班20%，综合指标为44%。

选择"说不清楚"选项的情况是：中青年干部班15%、师资进修班5%、县处级干部班5%、地厅级干部班4%、民族干部班3%、博硕士研究生班2%、理论班0、基层党校员工0、乡镇书记班0，综合指标为4%。

选项如"信息点击快捷实用""查询功能完善方便"作为上网用户最基本的需求，选择率分别达到72%和67%。选项如"导航链接准确有效""特色服务在线互动"作为用户潜在需求的反馈率分别达到46%和44%。应该说，现阶段党校数字图书馆功能建设定位与调查对象的需求是基本一致的。有鉴于此，要加强数字信息资源的组织工作，实现"一站式"服务，在导航链接、跨库检索上下工夫。如果能在最短的时间检索到读者需要的信息，读者就越愿意使用党校网络和数字信息资源。

（四）党校信息化建设和应用需求概述

1. 调查对象对党校信息化建设成果共享与应用需求

选择"应该得到充分的共享与应用"选项的情况是：理论班85%、基层党校员工77%、乡镇书记班73%、县处级干部班72%、地厅级干部班71%、博硕士研究生班69%、中青年干部班68%、师资进修班64%、民族干部班61%，综合指标为71%（详见表4-14，下同）。

表4-14 你认为党校信息化建设的成果在政务信息网上是否应该得到充分的共享与应用

调查对象\选择意向统计 各类班次	总人数	应该得到充分的共享与应用		建好了再说		没有必要		说不清楚	
		人数	比例(%)	人数	比例(%)	人数	比例(%)	人数	比例(%)
地厅级干部班	182	130	71	42	23	0	0	10	5
县处级干部班	742	536	72	90	12	6	1	110	15
中青年干部班	120	82	68	16	13	0	0	22	18
乡镇书记班	196	144	73	42	21	2	1	8	4
博硕士研究生班	244	168	69	56	23	16	7	4	2
师资进修班	110	70	64	26	24	6	5	8	7
理论班	68	58	85	4	6	4	6	2	3
民族干部班	138	84	61	26	19	4	3	24	17
基层党校员工	206	158	77	40	19	2	1	6	3
综合指标	2006	1430	71	342	17	40	2	194	10

选择"建好了再说"选项的情况是：师资进修班24%、地厅级干部班23%、博硕士研究生班23%、乡镇书记班21%、基层党校员工19%、民族干部班19%、中青年干部班13%、县处级干部班12%、理论班6%，综合指标为17%。

选择"没有必要"选项的情况是：博硕士研究生班7%、理论班6%、师资进修班5%、民族干部班3%、乡镇书记班1%、基层党校员工1%、县处级干部班1%、地厅级干部班0、中青年干部班0，综合指标为2%。

选择"说不清楚"选项的情况是：中青年干部班18%、民族干部班17%、县处级干部班15%、师资进修班7%、地厅级干部班5%、乡镇书记班4%、理论班3%、基层党校员工3%、博硕士研究生班2%，综合指标为10%。

分析表4-14"应该得到充分的共享与应用"选项的各类班次选择率，汇总的综合指标达到71%，应该说，多数调查对象对历经6年多的快速发展，党校信息化建设取得的阶段性成果是肯定和认同的，调查对象对党校信息化建设成果共享与应用需求是党校信息化建设服务干部教育上新台阶的助推器，必将有力地推进党校信息化建设和应用工作的新发展。

2. 调查对象对加快党校信息化建设与应用步伐的需求

关于是否应该加快党校信息化建设和应用步伐，选择"应该加快步伐"选项的情况是：理论班91%、博硕士研究生班81%、基层党校员工78%、乡镇书记班74%、师资进修班67%、民族干部班65%、地厅级干部班62%、县处级干部班60%、中青年干部班58%，综合指标为68%。

选择"边建边用"选项的情况是：地厅级干部班32%、县处级干部班26%、中青年干部班25%、师资进修班22%、乡镇书记班18%、基层党校员工17%、民族干部班17%、博硕士研究生班16%、理论班9%，综合指标为22%。

选择"不着急，慢慢来"选项的情况是：中青年干部班7%、师资进修班7%、乡镇书记班3%、基层党校员工3%、博硕士研究生班2%、地厅级干部班1%、县处级干部班1%、民族干部班0、理论班0，综合指标为2%。

选择"说不清楚"选项的情况是：民族干部班17%、县处级干部班13%、中青年干部班10%、地厅级干部班5%、师资进修班4%、乡镇书记班4%、基层党校员工3%、博硕士研究生班2%、理论班0，综合指标为8%。

以上选项如"应该加快步伐"、"边建边用"的选择率的综合指标分别是68%和22%，两项相加达到90%认同度，可见，无论从干部教育信息化建设的实际需求，还是从党的干部教育事业的发展需求，乃至党校信息化建设的发展规律都要求加快党校信息化建设和应用步伐，更好地服务于党的教育事业（详见表4-15）。

表4-15 你认为是否应加快党校信息化建设和应用步伐，更好地服务于党的教育事业

调查对象 选择意向统计 各类班次	总人数	应该加快步伐		边建边用		不着急，慢慢来		说不清楚	
		人数	比例(%)	人数	比例(%)	人数	比例(%)	人数	比例(%)
地厅级干部班	182	112	62	58	32	2	1	10	5
县处级干部班	742	444	60	194	26	6	1	98	13
中青年干部班	120	70	58	30	25	8	7	12	10

续表

调查对象 选择意向 统计 各类班次	总人数	应该加快步伐 人数	比例（%）	边建边用 人数	比例（%）	不着急，慢慢来 人数	比例（%）	说不清楚 人数	比例（%）
乡镇书记班	196	146	74	36	18	6	3	8	4
博硕士研究生班	244	198	81	38	16	4	2	4	2
师资进修班	110	74	67	24	22	8	7	4	4
理论班	68	62	91	6	9	0	0	0	0
民族干部班	138	90	65	24	17	0	0	24	17
基层党校员工	206	160	78	34	17	6	3	6	3
综合指标	2006	1356	68	444	22	40	2	166	8

根据上述表4-1到表4-15的问卷调查汇总数据所反映的综合信息、需求意向和概述分析，明确显示出面向干部教育的党校信息化建设现阶段比较尴尬的综合服务指标和浅层次的服务需求。党校的校园网建设，反映在网站的信息上还有太多的局限性，信息发布的两条龙现象依然十分严重，尽管各地党校都为此作出很大努力，但它充其量还只是一个试验网，与党校的实际运转只是部分接轨。可以想象，既然无法得到所需的各类信息和服务，党校网络访问率的提高还得靠信息化发展的持续推进来改善。党校的远程教学网站利用率较低，也反映在它与各级党校教学管理、教学计划安排的脱节上，核心是教学内容的设计必须符合不同层面、不同班次的实际需求。党校的数字图书馆信息资源利用率低也是一个不争的事实，一方面符合需求的信息资源还比较贫乏，另一方面服务对象的信息化素养也确实有待进一步提高。关于应用层面的需求状况，总体上分析，还是比较正面、客观。最重要的一点，是从不同角度反映出服务对象对党校信息化事业的理解、信任和需求。他们希望党校信息化建设的成果能在政务信息网得到充分的共享与应用，希望加快党校信息化建设和应用步伐，更好地服务于党的教育事业。

二 管理层面和技术层面需求概述

本节对管理和技术层面需求内含的定位，侧重面是基础设施的构建与完善以及继续发展的思路与规划,主要依据是对全国部分省级副省级党校信息化建设情况调研汇总基础上进一步发展的共性分析与抽象分析。

(一) 信息网络的架构模式

全国党校信息化建设的基础设施包括远程教学网、校园网和数字图书馆网三大工程,经过6年多的发展,许多省级党校针对各自的实际情况和发展需求,对"三大工程"进行科学的联通整合,创造出不同的网络架构模式,逐步实现远程教学网、校园网和数字图书馆网的互联互通。

1. 广东省委党校对"中央党校卫星远程教学网""广东省干部教育卫星远程教学网""校园网""省府大院网""数字化图书馆"按照"天地连通、五网合一"的整合思路,与互联网对接,建成全省干部教育培训和远程教学的信息化网络(见图4-1)。

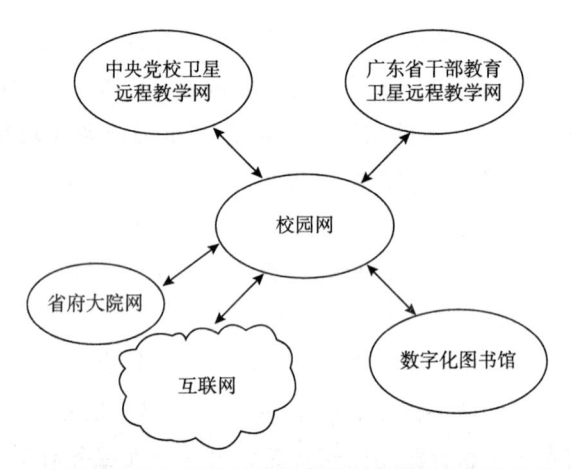

图4-1 广东省委党校干部教育培训和远程教学信息化网络体系示意图

2. 重庆市委党校建成了包括中央党校远程教学网、校园网、网络党校城域网"三网",形成覆盖全市党校系统的干部远程教育信息化体系。其中,按照网络结构分类,"网络党校城域网"建成内、外两套网络。一是党校专用网络(内网),通过内网连接全市各区(市)县级党校,形成优势互补,构成"大党校、大网络、大队伍"的格局,以适应"大规模干部培训"的需要。二是在互联网(外网)建设远程教学平台,实现任何人在任何时间和地点都能获得任何所需的学习内容,以满足建设"学习型"政党和"学习型"政府的需要(见图4-2)。

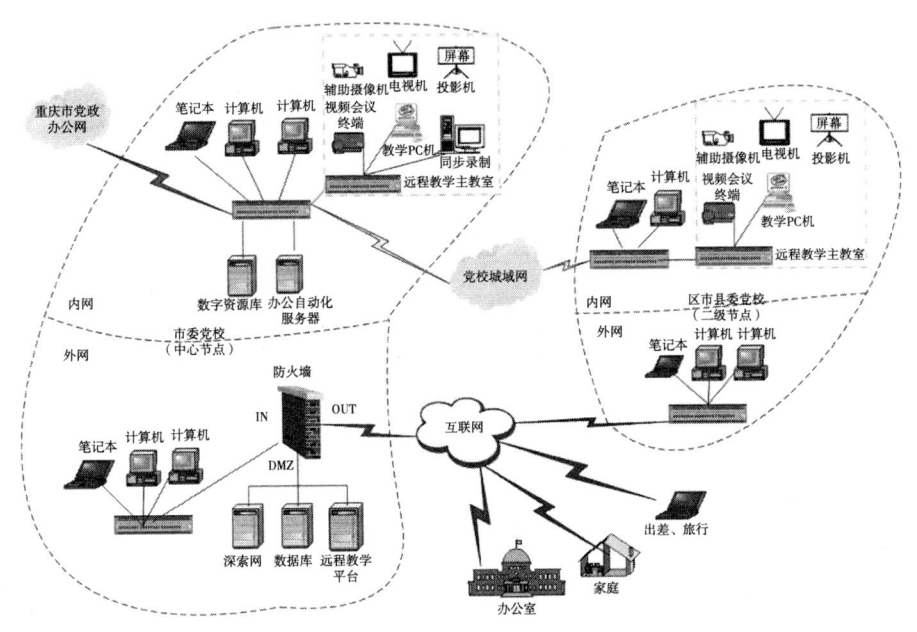

图 4-2　重庆市党校系统干部远程教育信息化体系网络结构示意图

3. 四川省委党校建立了中央党校远程教学网、校园网、四川干部教育网、全球发展学习网、四川党政网,实现中央党校卫星"天网"、四川干部教育"地网"和各县级党校"校园网"的"三网合一"(见图 4-3)。

4. 浙江省委党校及许多省级副省级党校建立了校园计算机网络系统、多媒体教学系统、数字图书馆和中央党校远程教学网,基本形成了"数字党校"的基础架构(见图 4-4)。

5. 北京市委党校建立了校园网、中央党校远程教学网、校园无线局域网、北京市有线政务网以及教学闭路电视网。

本小节列举的信息网络五种架构模式,均是各地党校根据本校信息网络建设的需求经过探索定位逐步形成的。各种架构模式都包含了远程教学网、校园网、数字图书馆网为核心内容的信息网络总体框架。5 种模式大体分为 3 种类型,第一种类型是在基本架构的基础上建设的全省党校互联互通的省级远程教育网络,广东的实现方式是建设"广东省干部教育卫星远程教学网";重庆的做法是通过构建"网络党校"的方式建设内、外两套网络:一套是党校专用网络(内网),构成"大党校、大网络、大队伍"的格局,以适应"大规模干部培训"的需要,另一套是互联网(外网)远

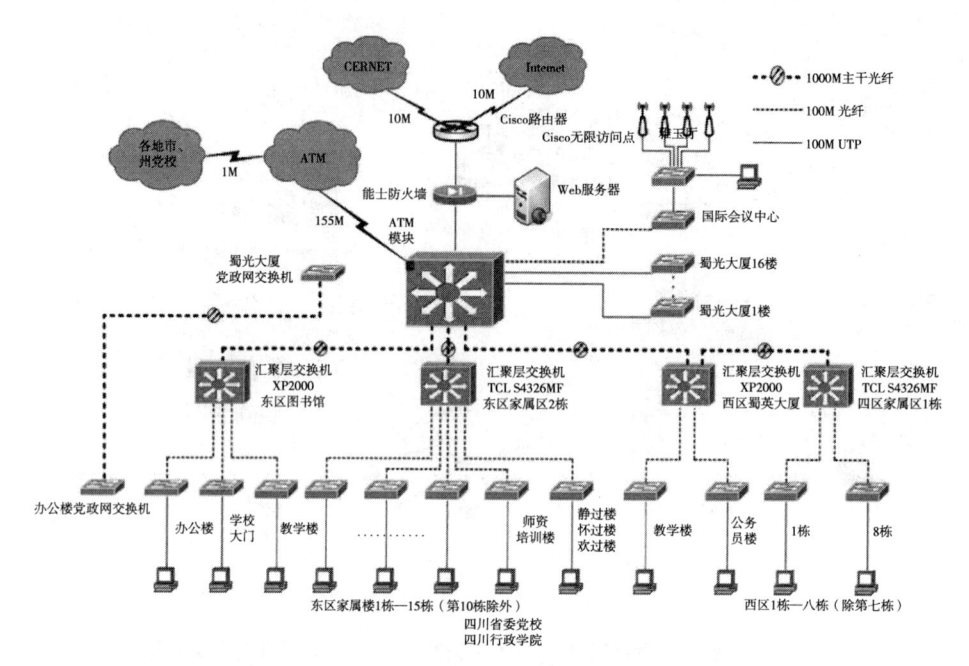

图 4-3 四川省委党校校园网网络拓扑结构示意图

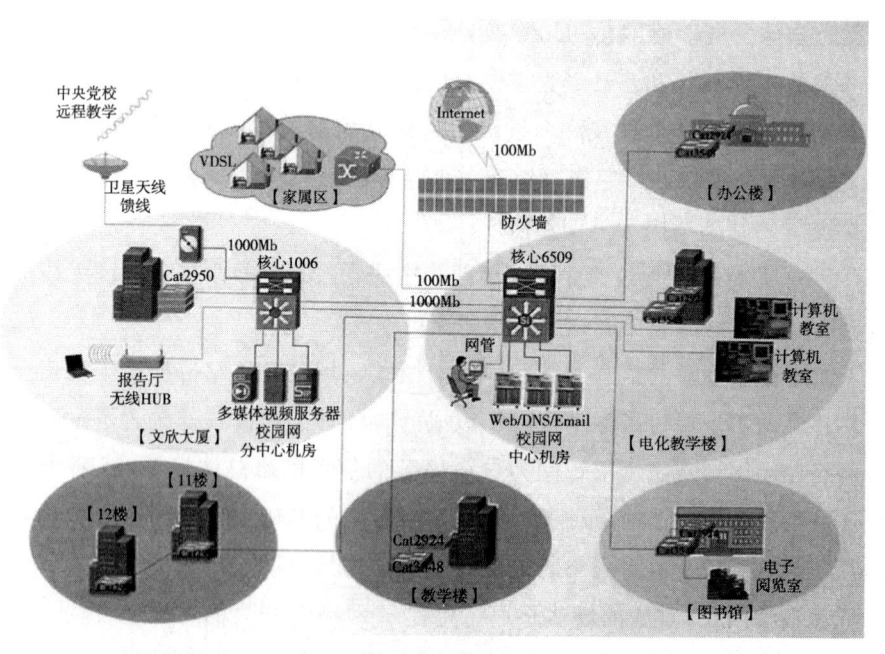

图 4-4 浙江省委党校校园网网络拓扑结构示意图

程教学平台，均通过光纤网络互联来实现；四川的实现方式是通过租用线路运营商虚拟线路的方式，使用远程教学播放设备和VPN网络接入设备构建起四川干部教育网，实现了与市县党校的光纤互连，信息互通。第二种类型是基础类型模式，与浙江省委党校的拓扑结构相类似，重点是深化应用，逐步扩大服务功能和领域。第三种类型是第二种类型的扩充模式，类似北京市委党校的校园无线局域网、有线政务网（与校园网物理上隔离的内网）以及教学闭路电视网的综合应用，各校的模式构成略有差异，在服务功能和发展的思路方面都有各自需求的特定内涵。以上三种类型的建设，第一种类型的三种模式实现的成本较高且运行的代价也不菲，关键要看远程教育的应用规模，否则系统的空转将造成巨大的浪费，必须尽快改变目前利用率还不高的状况，扩大影响力，创出省级党校远程教学的服务品牌。第二种和第三种类型是多数党校目前采用的架构模式，投资规模各不相同，发展的弹性较大，必须把握好继续发展的机遇，在实践和探索中创新。

（二）信息化基础设施继续发展的思路与规划

经历了6年多的发展历程，全国党校系统信息化基础设施已经粗具规模，进入"十一五"以来，各地党校根据实际情况调整发展思路、制订新的发展规划，继续推进远程教学网、校园网、数字图书馆网工程建设上新台阶。

1. 浙江省党校系统提出进一步加强信息网络技术基础设施的规划思路。一是建立全省党校系统虚拟专网，完成省委党校与市县党校的网络互联，抓紧制定省、市、县三级党校信息化基础设施规范要求和技术标准，逐步统一建设平台。二是市级党校要建立计算机教学用房，配备必要的基础设施，并逐步建成功能较为齐全，覆盖全校主要办公场所、教学场所和学员宿舍区的校园局域网，并配备功能比较完善的中央党校远程教学资源采集设备，努力实现每间办公室有一台以上联网计算机，教研人员每人一台计算机。三是县级党校要争取每间办公室有一台接入到互联网的计算机，计算机之间能够实现简单互联，有条件的党校要配备教学资源采集设备。

2. 上海市委党校对基础设施的规划，提出建设全市党校系统网络，校园网主干系统要完成下一代网络的过渡和升级，通过采用新技术，整合和完善现有的计算机网络、有线电视网络和电话通信网络，结合应用的推广，逐步实现三网合一，并不断提高信息化基础设施的集约化管理水平，以适应更多应用系统运行的要求。同时发展无线局域网络作为校园网络的有效补充。实施中心机房的建设工作，使之成为党校系统化、集成化、智能化的集成控制中心。

3. 福建省委党校提出通过政务信息网专用通道构建面向全省党政机关、事业单位的干部教育虚拟专网；通过公网构建面向社会的理论学习和干部教育虚拟网，并规划数字校园的建设和应用。在现有基础上拓展网络结构，建设以新的教学科研大楼为网络中心，以现有网络设备为备份中心，实现全校各汇聚层、接入层与网络中心及备份中心互通互联的冗余链路结构，最大限度地保障全校网络系统的不间断运行；建立覆盖校内各部门的计算机网络系统，预留充足的发展空间，实现校园信息资源和软硬件资源的共享。同时拓展城域网的宽带接入，与互联网、教育科研网互联，为全省干部教育培训提供一个高速优质的数据通信平台。

4. 江苏省委党校提出了包括干部教育网、全省党校门户网站、全面的数字校园新一轮信息化建设的规划设想。

5. 规划建设中的深圳市委党校将数字化教学环境定位为新校园信息化建设的重点，包括为传统教学方式服务的多媒体教学环境，以及网上教学方式所需要的"虚拟"的网络教学环境，基础设施部分包括综合布线系统、数据网络系统、语音网络系统、卫星接收系统、有线电视系统、信息管理基础应用及其软硬件系统、机房工程等。

上述5家党校的信息化基础设施发展规划，展示了"十一五"期间，相关需求和实现的配套措施。既有前瞻性的需求安排，也有整合配套的完善考虑，涵盖了干部教育虚拟网、门户网站、数字校园、数字化教学服务环境的建设思路和各级党校基础设施的配置策略。从党校信息化管理和技术的层面大致勾画出新一轮发展的宏观前景。比较全国党校前一轮的信息化基础设施建设，可以看出相关安排具有较强的实用性、合理性和可操作性。

三． 服务层面需求概述

本节对服务层面需求内涵的定位，侧重面是加快应用系统的建设与完善，资源建设的规划与实施，保障措施的规范与配套，也是在依据全国部分省级副省级党校信息化建设情况调研汇总基础上，对党校信息化服务需求进一步发展的共性分析与抽象分析。

（一）应用系统的建设与完善

应用系统的建设长期以来一直是党校信息化建设的薄弱环节，其重要性与发展的严重滞后已得到许多党校的关注，在新的发展规划中已经作出了相应的安排。

1. 上海市委党校在开通财务管理、上海市委党校远程教学、中央党校远程教学、餐饮管理、宾馆管理、有线电视收播、人事管理、门禁、监控、可视对讲、消防报警、视频会议、同声传译、多媒体教学、函授教学管理、图书馆业务管理、数字图书馆后台数据库管理、上海市干部教育系列数据库研发、数字化排编制作、多媒体导读、网络信息安全、网站管理、办公自动化、电话计费、校园安全总控、教学评估、校园"一卡通"及结算、公务网应用、教务管理等29个应用系统运行和试运行的基础上，搭建教研咨询服务和课件制作等服务平台，继续开发与完善网络远程教学（网络党校）应用、数字图书馆、网站建设、办公自动化、视频会议、校园一卡通、安全保卫以及现代教育技术等应用系统。

2. 浙江省委党校致力于构建网络体系八大应用系统，包括以业务信息传送为主要功能的全省党校系统办公自动化系统；以主体班次教学、函授教育和研究生教育为主要功能的全省党校系统教学管理系统；以科研信息交流、成果管理、刊物编辑为主要功能的全省党校系统科研管理系统；以特色资源、数字图书、数字期刊为主要功能的全省党校系统数字图书馆系统；以远程教学节目直播、点播和校内教学监控为主要功能的全省党校系统远程教学应用系统；以后勤管理有关业务工作为主要功能的全省党校系统后勤管理系统；以远程会议、远程监考为主要功能的全省党校系统视频会议系统；以服务社会为主要功能的浙江省网络党校系统。

3. 江苏省委党校将信息化建设应用系统归纳为 11 个方面的需求：教学管理方面的需求；科研管理方面的需求；人事管理方面的需求；财务管理方面的需求；办公自动化（OA）的需求；门户网站建设的需求；图书馆信息化建设的需求；网络教学和远程教育的需求；综合教学服务的需求；身份认证系统的需求；系统安全的需求。

4. 正在拓展中的福建省委党校数字校园建设涵盖了 16 个方面的应用需求：办公自动化、教务管理、科研管理、人事管理、党务管理、财务管理、学员管理、后勤管理、远程教育、数字图书馆、视频会议、网络党校、视频点播、网站管理、数字化资源制作管理、校园一卡通等应用系统。延伸并优化校园网用户使用和访问权限的基本网络应用，包括电子邮件、认证管理、FTP、DNS、WWW、Proxy、VPN 系统等。

5. 四川省委党校应用系统的建设，包括四川省拟任党政领导职务政治理论水平任职资格远程考试系统、网络会议及远程教学系统、"蜀光"系列网站（即"蜀光"外部网站、内部网站和党政网网站）、办公自动化系统、主体班学籍管理系统、研究生学籍管理系统、校内多媒体资源管理与发布系统、数字图书馆基本系统、专业考试系统、《理论与改革》网络编辑系统、金盘图书馆管理系统、天宇全文编辑系统、金窗高校教务管理系统、函授学院远程管理系统、远程教育管理平台以及逐步推进的四川网上党校和四川农村干部远程教学网。

6. 深圳市委党校通过试用选购、升级改造，应用系统切实可用。教学管理与交互式远程教学方面包括远程班次网上报名、网络题库及测评、多模式网络授课、网络综合评估、论坛、多媒体视讯平台、虚拟实验管理、在线答疑管理、学籍管理、教学计划制订、教学资源管理、教学管理等系统以及视频点播系统等；数字图书馆方面包括图书馆自动化管理、信息资源建设及发布、网上资源采集、统一检索、在线咨询、信息发布（含信息推送）等系统；楼宇智能化方面包括设备与配电控制、校园监控、IBMS、一卡通、广播、酒店管理/客房集控等系统。

以上列举的是 6 所党校应用系统的建设规划，相关应用系统都是所在党校面向干部教育信息化建设服务层面内在需求的互动与实现的统筹安排。实现这一大的跨越，党校信息化建设才能得到施展效果的平台和空间。具体执行过程要注意战线不能拉得太长，建设必须与应用同步推进，实施过程中要有持续推出并交付应用的阶段性成果。同基础设施一样，应用系统的建设要本着技术先进、适度超前、够用就好的原则，切忌贪大求洋、贪多求全，防止样样都要最先进的错误思维方式。

（二）资源建设的规划与实施

党校信息化建设 6 年多来，除了中央党校远程教学中心的教学资源库，可圈可点的就是部分省市党校积累的特色数字信息资源，且规模与数量均十分有限。面向干部教育的党校信息化建设必须有自己的拳头产品，许多党校在新一轮发展规划中，已经着力建设服务干部教育和党校教学科研的海量数据库，逐步形成信息化服务的独特优势。

1. 全国党校系统图书馆制订了数字资源建设规划，对自建类数字资源，以体现党校系统核心竞争力为重点。主要包括以下几个数据库。一是全国党校图书馆联合馆藏资源目录库。二是各校特色数据库，包括刊报数据库、教研成果数据库、教师课件数据库、学员论文数据库等。三是党校基本理论特色数据库，包括马克思列宁主义研究数据库、毛泽东思想研究数据库、邓小平理论研究数据库、"三个代表"重要思想研究数据库、当代世界经济研究数据库、当代世界科技研究数据库、当代世界思潮研究数据库、当代世界军事与中国国防研究数据库、当代世界法律与中国法制研究数据库、当代世界民族与宗教研究数据库、当代国际政治研究数据库、世界政党研究数据库、战略研究数据库、党员干部修养数据库等。四是党校重点学科、优势学科数据库，包括中共党史研究数据库、中共党建研究数据库、哲学研究数据库、经济学研究数据库、科学社会主义及国际共运研究数据库、政治学研究数据库、法学研究数据库、行政学研究数据库、管理学研究数据库、人才学研究数据库、政策学研究数据库、领导学研究数据库等。五是党校综合优势数据库，包括中国共产党文库、党校教育与管理数据库等。六是服务对象专题特色数据库，包括宣传干部教育数据库、组织人事干部教育数据库、统战干部教育数据库、党务干部教育数据库、政务干部教育数据库、政法干部教育数据库、群团干部教育数据库、经贸干部教育数据库、企业干部教育数据库、科技干部教育数据库、农村干部教育数据库、党员教育数据库等。七是地方或行业特色的数据库，如省情区情市情数据库等。

2. 上海市委党校着手建立公共数据中心和本校的信息标准，加强特色数据库建设。各类数据库内容以20%的年增幅增长。其中教学系列数据库要建成为教学服务的多媒体课件制作平台及其资源库，建成教务管理、学员管理、教师管理资源库，为不同的教学业务活动提供共享平台。图书资料信息资源库建设，是对已建成的哲学社会科学数据库进行内容重组，重点建设党史党建、行政管理数据库，完善上海市干部教育系列数据库的开发，加强专题资源库的研究性和学科专业性，扩大收录范围，部分数据库内容建设与其他委办共建共享。管理信息资源库建设要完成各业务管理信息系统数据库的整合，建成与办公自动化、教学科研活动、人事管理、物资管理、财务管理、档案资料管理等各业务系统相对独立的统一的学校中心数据资源库。

3. 福建省委党校规划"三大特色数据资源库"建设，一是福建省党政干部远程教育资源库（含课件库、课件资源库、教学案例库）；二是数字图书馆特色信息资源库（含党校文库、学科专题库、省情资源库、视频资源库）；三是党校基础资源信息库（含办公管理信息库、教学教务信息库、科研管理信息库、校园管理信息库、人事管理信息库、机关党建信息库、后勤服务信息库、业务档案信息库）。

4. 江苏省委党校继续建设和完善10个长期跟踪的社科研究专题剪报库；40个及时提供热点时政、社科理论专题全文数据库及互联网资源动态链接库；3个具有江苏地域文献特色的全文数据库；1个学科导航网站数据库。

5. 关于数字资源的建设规划与实施方案。按照全国党校系统图书馆数字资源建设规划的统一安排，目前已经启动的15所党校承担的党校基本理论特色数据库建设示范工程，也已经形成初步建设方案（详见本书第二部分：15所党校承担的党校基本理论特色数据库建设示范工程框架结构表）。

随着上述方案在实践的进程中不断调整完善，经过几年的努力可望逐步建成以体现党校系统核心竞争力为重点的系列数据库；其他3所党校的数据库建设规划也是立足建立省级资源中心，加快特色信息资源数据库的考虑和安排。应该说，这些思路和体系是在总结了党校8年多来数字信息资源建设基础上作出的理性选择。但具体的操作仍需要进一步的可行性论证，还要有相应的操作规范和建设标准、知识产权保护措施。各类数据库的建设既要考虑数据库的建设质量，坚持可持续发展，还应考虑资源的共享与使用方式，做到服务需求、物尽其用。

（三）保障措施的规范与配套

信息化建设作为党校创新发展的重要技术支撑和服务保障，越来越受到各级党校的重视。切实保障党校信息化建设的可持续发展已经成为各级党校新一轮发展规划的共识。

1. 上海市委党校的保障措施比较规范与配套。一是加强对信息化工作的领导，发挥其规划建设的指导作用、推广应用的协调作用、科学管理的推动作用。二是完善管理和服务体制，规范各相关部门的工作定位和职责。完善运行维护服务社会化的体制，建立和完善日常维护、专业维护两级系统保障体系。三是加强信息化管理、技术服务和使用操作三支队伍的建设和应用培训，进一步按照专业化分工要求，调整技术管理岗位的设置，完善细化管理岗位的工作职责，保证队伍素质和服务质量。逐步规范各类岗位对信息技术的要求，使掌握信息技术成为每一个党校人的基本技能。四是继续加强信息化制度建设，对已颁布的信息化制度，需要进一步落实、完善，围绕信息化应用的发展，制定信息化应用、规范信息化管理的激励制度。五是确保必需的资金投入，在保证日常运行维护费用的基础上，有计划、有重点地保证以提高应用项目和有党校特色的信息资源库建设，确保必需的资金投入。

2. 为顺利推进全省党校系统信息化建设，浙江省委党校提出强化统筹协调，成立全省党校系统信息化建设领导小组，并聘请本省校外专家学者，组成全省党校系统信息化建设专家委员会，作为决策咨询机构；加强组织领导，把信息化建设摆上重要位置，列入重要议事日程，主要领导亲自抓，研究解决实际问题，分管校领导及时了解情况，抓好督促检查，建立各部门齐抓共管的管理体制和机制；完善考评体制，将市县党校信息化建设情况作为市县党校办学质量评估的重要内容之一，每年召开一次全省党校系统信息化建设工作会议；抓好队伍建设，通过引进、进修等途径，培养专职技术人员和管理人员队伍，加强信息化技能培训，努力提高党校教职员工的信息化意识和计算机应用水平；加大经费投入，每年安排必要的资金，确保信息化建设每年有新举措、新进展。

3. 福建省委党校规划的配套措施主要有以下几个方面。建立健全信息化建设的组织领导体制，形成信息化建设应用良性发展的决策机制、运行机制、资金保障机制；建立健全信息化工作的组织机构和运行机制，锻造一支规模适度、素质较高、结构合理的信息化建设人才队伍；建立健全配套协调的信息化服务管理体制和安全运作机制，实现信息化建设管理应用和网络安全管理的规范化、制度化；建立健全信息资源建设、审核、发布、更新、优化和协作共建、资源共享的管理制度，确保信息资源建设的可持续发展。

以上几家党校规划的具体安排，是对实现服务层面需求的保障措施，也是对服务层面需求的良性互动与和谐推进。党校信息化建设必须十分重视保障措施的规范与配套，使之起到为党校干部教育信息化事业保驾护航的作用。

第五章

对党校信息化建设进一步发展的对策与思考

本课题经过几年时间的调查研究过程,基本理清了党校信息化建设的现状与需求,信息化应用的成效与不足,今后发展的目标与要求,对相关问题的深入探索和研究,对于面向干部教育的党校信息化建设进一步发展至关重要。

一 理性认识现阶段党校信息化建设的成效和作用

(一) 党校信息化建设存在的问题和不足

1. 信息化建设投资利用率不高。20世纪末以来,全国省级党校信息化建设投资总额已经接近3亿元,投资多的党校超过2000万,少的接近500万(见图3-2、图3-3、图3-4)。由于总体发展水平较低,应用集成尚处于整合阶段,因此投资的差别主要反映在信息化装备水平的高低上,东部地区多数省级党校和部分中西部省级党校发展相对较快。就目前的应用水平分析,其中许多党校的投资并不太多,部分投资较多的党校由于应用规划跟不上,相关设备难以充分发挥作用,一方面部分党校存在投资利用率不高的问题,另一方面许多党校还存在投资不足的矛盾,存在基础设施薄弱及软硬件投资不配套的问题,也存在重视硬件建设,忽视软件建设尤其是应用系统建设的情况,造成部分功能不到位,相关作用难以发挥的困扰。

2. 远程教学网络的作用发挥有限。具体表现在以下六个方面:一是远程教学网络传输的内容使用率还不高；二是远程教育的教学模式、课程设计、教学内容、表现形式、参与力度都与实际需求存在较大差距，这是问卷调查过程中学员反映比较强烈的问题之一；三是基层党校主要指县级党校远程教学系统应用率偏低、许多县级党校建了网站一年连几千元的使用费都交不起；四是设备使用中信号传输的质量不够稳定，音像效果有时不理想，下载的课件播放效果很难尽如人意；五是远程教育维护管理体制还有许多不完善的地方；六是部分地方党校建立的省级远程教学系统也存在利用率不高的问题。

3. 校园网的功能体系还不完备。校园网服务功能定位的实现还有较大差距；校园网管理功能的应用才初步展开（见图3-20全国省级党校网站服务功能建设情况示意图）；校园网资源建设的配套还十分薄弱；校园网站的信息架构和服务内涵还无法满足应用需求（见表3-2全国省级党校门户网站服务功能框架结构）、各种应用平台的整合还没有完成；地市级党校、县级党校网站建设数量少，质量不高，整体滞后，缺乏影响力（见图3-13各类党校门户网站建站情况示意图）。

4. 数字图书馆特色资源建设还没有形成优势。已建的特色信息资源数据总量还不多，以下六个方面的资源比较紧缺。一是服务学科建设的数字信息资源；二是服务干部教育需求为特色的数字信息资源；三是加快数字校园的建设进程，推进党校教学科研、办公管理乃至党校教育的规范化和制度化，进一步发展和完善党校教育体系为特色的数字信息资源；四是以国情、省情研究为特色的数字信息资源；五是如何充分发挥党校图书馆信息服务方面的传统优势，提供服务领导决策需求为特色的数字信息资源；六是个性化需求为特色的数字信息资源。

5. 信息化服务对象的信息素质和保障条件有待提高。党校的教师、工作人员、各类班次学员信息化意识、信息化需求、信息化技能乃至信息化应用尚处在发展进程之中，受传统使用习惯和思维方式的影响，信息素质的整体提升还需假以时日。此外，从汇总的数据可以看出，学员宿舍计算机配置率过低，省级党校中仅有9所党校有配置，配置率只有29%（见图3-19全国省级党校学员宿舍计算机设备配置情况示意图），总量才2000多台，这也是问卷调查过程中学员反映比较强烈的问题之一。同时，许多党校还存在教研人员计算机配置不足的问题，也都有待尽快加以解决。

6. 缺乏对党校信息化建设规律深入的研究与思考。信息化建设是一项新事物，全国党校系统快速发展的信息化实践进程，还没有引起人们对信息化建设发展规律足够的重视，党校信息化建设有其自身发展应该遵循的规律，为干部教育信息化建设服务有其自身发展应该遵循的规律，深化理论研究，加速对客观规律的认识进程，探求党校信息化建设更加理性的发展模式，已是当务之急。

（二）党校信息化建设发展存在的制约因素

一是管理体制方面的制约因素。管理体制是动力，它关系到领导的重视，资金的投入，管理机构的设置，应用工作的推进，服务运行维护保障机制的建立。

二是人才建设方面的制约因素。人才建设是灵魂，它关系到信息化建设服务队伍、信息化教育培训队伍、信息化校务管理队伍的成长与发展。

三是传统教育方面的制约因素。传统教育是围城，它关系到党校教育事业的传承、党校开放式教育事业的发展、服务党的执政能力建设需要的现代化干部教育事业的建立和推进。

四是习惯思维方式的制约因素。习惯思维是观念，它关系到新旧思维模式的碰撞与升华、传统教育理念的推陈与出新。

五是规划决策方面的制约因素。规划决策是蓝图，它关系到对党校信息化建设客观规律的认知与探索、对党校信息化阶段性发展的理性思维与布局、对党校信息化建设服务干部教育事业的责任与承诺。

六是投资体制方面的制约因素。投资体制是血液，它关系到党校信息化教育服务机制的建立与创新，党校信息化保障手段的良性发展、和谐发展与持续发展，党校干部教育信息化建设事业的兴衰与成就。

（三）正确认识现阶段党校信息化建设的成效和作用

快速发展的党校信息化建设事业在中央领导和各级党委政府的关怀支持下，已经走过6年多的发展历程，取得了很大的进步和可喜的成绩，为干部教育信息化奠定了一个很好的发展基础，包括粗具规模的信息化基础设施、遍布全国县级以上党校的远程教学网络、几百个服务干部教育的党校门户网站以及许多具有党校特色的教学资源、数字图书馆信息资源，培养和造就了一支信息化建设服务管理的队伍。党校的信息化建设已经在服务干部教育事业方面产生了广泛而深远的影响。

在成绩面前必须清醒地认识到，按照信息化建设发展的一般规律，党校信息化建设仍然处在起步和初级应用阶段，目前的信息化发展水平与中央领导希望"要进一步加强党校信息化建设，形成一个全国党校系统信息资源共享、统一开放的信息网络体系，努力实现党校教学、科研手段的现代化"的要求还有很大距离，与面向干部教育需要的信息化服务能力还有很大的距离。发展中的党校信息化建设事业，正处于一个承前启后、加速推进的关键时期，必须进一步深化认识，从全党以及党校工作的大局出发，把党校信息化建设放到全党工作的大局中来考虑，放到党校教育的大局中来考虑，放到党校事业长远发展的战略地位上来考虑，以对党的事业和党校事业高度负责的精神，进一步增强抓好党校信息化工作的使命感、紧迫感和责任感，在实践的进程中认真解决存在的问题，加快信息化应用步伐，逐步消除信息化发展的制约因素，努力探索成熟的建设模型、管理模型、应用模型和值得借鉴的发展模式、管理模式和服务模式，为党校事业的发展作出新的贡献。

二 加快党校信息化建设应用工作若干思考

（一）千方百计用好远程教学网络

1. 强调质量意识，提高播出质量。全国党校远程教学网络目前已经开放了2600多个网站，如此庞大的网络教育规模，作用广泛，影响深远，无论是网络教学还是远程会议，确保优质的播出质量是关键，要保证信号流畅、图像清晰，还要提供应急服务的措施，各级网站尤其是现场录播、转播的工作人员，要有十分强烈的质量意识，适时跟踪、调整、监控，把握好质量服务的每一个环节。

2. 加强远程教学的内容建设。远程教学的内容设计，应突出对干部素质能力的培养，以满足学员个性化的培训需求为出发点，构建突出马克思主义理论等课程具有党校优势和紧贴时事和干部需要的教学内容体系的特色，按照以用为本，有针对性地构建适应不同层次、不同区域、不同行业干部需要的教学内容，形成适合各种类型的干部学习需要的教学资源数据库和服务咨询体系。不断提高远程教学内容的丰富性、针对性、层次性、时效性和实用性。逐步解决远程教学内容缺乏针对性，区分对象不够，内容"上下一般粗、左右一个样"的问题。

3. 充分利用好远程教学网络资源，最大限度地提高教学内容的利用率。积极推进各级党校把远程教学内容和本校的教学工作相结合，把中央党校三个频道分别播放的中央党校主体班次课程、在职研究生课程、函授教育课程、农村基层党员干部教育课程、地县党校课程和党委中心组学习课程同本校的教学工作、科研工作、师资培训、教师备课、在职研究生课程、函授教育课程结合起来，充分发挥远程教学网络的作用。还要争取把远程教学内容同当地党委中心组和干部学习、党员教育工作结合起来，在推动地方党委中心组学习、推动地方干部在职学习和推动党员教育方面，发挥全国党校系统远程教学的优势和作用。

4. 增加网络带宽，增强互动效果。由于党校系统卫星远程教学采用视频会议系统来实现教学互动，而互动的实现必须有相应的网络带宽作保障，因此一定要有支撑互动所需的基本带宽资源，确保网络会议、远程教学进程中一定数量的 A 级站和 B 级站实现网络互动的应用效果。

5. 加速远程教学网络与校园网的互联，实现优势互补。应该充分发挥中央党校远程教学课件资源库的作用，在继续抓好远程教学网络滚动播出的同时，将远程教学的课程内容存储到校园网的视频服务器内，在校园网上开辟远程教育学习栏目，以天网为主，地网辅助，利用计算机网络，把教学内容上网，方便各地学员、教师根据需要随时点播学习和研究，实现个性化教与学，提高远程教学的效率和效果。

6. 加强研究，促进发展。党校远程教育经过几年的发展，已经取得明显成效，如何构建更加开放的远程教育体系，为干部教育的现代化服务；如何运用现代远程教育手段进一步改进教学工作、提高教学质量，使学员在远程教育中的主体作用得到充分的发挥，使教师在远程教育中的核心作用得到进一步加强，使远程教育的交互式功能得到有效运转，这些都要求在实践的进程中不断探索，理论联系实际，推动党校远程教育的发展。

7. 完善远程教学管理体制和运行机制。要通过培训和在职在岗学习，加强远程教学专业队伍建设，不断提高专业技术水平和管理水平。要加强管理体制和管理制度建设，尽快形成比较完善的中央党校和省级党校两级管理体制，建立健全各项管理制度，保障课程的播出质量，保障网络的正常运行。

（二）深化校园网功能应用的对策措施

1. 继续解决好思想认识问题。对校园网功能应用的认识不能停留在拥有就行的水平，建好、管好校园网的根本目的是要用好。校园网是一种认识世界和改造世界的新手段、新装备，是一种新的认识工具、新的交流工具、新的生产力。党校教育事业的发展不能脱离生产力的新发展，脱离世界历史发展的新趋势。必须明确，观念更新是确保校园网乃至信息化应用能力不断提高，确保党校干部教育工作实现现代化的前提和基础；对校园网功能应用的认识也不能停留在与传统手段并列甚至从属的地位。不可否认，对校园网功能的应用有个不断适应和提高的过程。与传统的信息服务保障手段比较，校园网从最初的补充地位、发展的并存到主体地位的确立，有一个渐进和升华的时空对接过程，必须通过有效的应用去加速这一进程，而加速进程的关键就是对校园网和信息化应用的深入理解，是观念的更新，包括领导对推进和加快校园网应用的决心以及推动应用的具体措施和步骤。

2. 规划好校园网的应用功能布局。解决当前校园网有效利用程度不高的状况，对校园网功能要有一个理性的认识，并对校园网功能进行有效的定位，功能的认识与定位对校园网的开发应用将起到导向作用。校园网的功能定位主要是服务于教学、科研、管理和高素质领导人才的培养。但功能的定位不能仅停留在概念层面，更重要的是要客观、理性地认识其特性。只有这样，才能更好地开发和应用校园网。具体的发展目标应包含为信息技术环境下党校服务干部教育开展的办学活动，围绕着教学、科研和干部教育信息化这三大职能来展开；应建立以中外有关文献信息和动态信息为依托，以"干部教育系列数据库"为资源的信息系统；应提供以有关领导、相关专家、党校教研人员为支持的干部教育多媒体网络教学系统；还应建立与国内外相关网站信息互联的交互传播系统。现阶段校园网功能结构布局至少应该包括以下几个板块。校园信息板块涵盖办公、管理、综合服务、对外交流等内容；教学科研板块涵盖师资队伍、主体班次、招生培训、学术研究、学科建设,反映"四位一体"的办学格局;数字资源板块涵盖传统图书馆的书刊信息、现代图书馆的数字图书电子报刊、学科建设的专题资源、重点课题的配套服务、理论前沿的网络导航、自建的特色资源数据库、教学课件和视频点播以及电子邮件和服务咨询的互动窗口。

3. 突出重点,强化校园网面向干部教育信息化服务功能的作用。校园网功能建设是党校在网络信息时代提升办学层次和水平以及加强竞争力实现可持续发展的一个重要支撑点,要用现代高科技发展条件下的信息技术手段提升党校教育的综合实力,改革传统的教学内容,把校园网功能应用与深化教学改革,增强干部教育的吸引力和活力有机地结合起来。不断加快网络教学应用的实践进程,为干部教育、学习培训提供一个虚拟的网络课堂,使网络教育作为一种全新的教育方式,加速它的分布性、交互性和个性化特征的融会贯通,把党校教育带进面向学员的个体需求,面向干部教育逐步社会化的全新阶段。通过多媒体教育模式的发展,促进课件开发与点播、网络备课、网络课堂、电子阅览室、视频点播功能的实现和应用,把用于自学的交互式课件放在网上供学员点播,使学习内容在客户端可以分离下载和重新整合,使教与学形成一个整体,不断提高教学质量和教学效果,迅速拓展教师和学员的视野,增强学员在网络环境下获取信息、分析信息、处理信息和创造性思维的能力。

(三) 充分发挥数字图书馆作为干部教育信息网站的作用

党校数字图书馆网站承载着干部教育信息网站的信息资源,承担着干部教育信息网站的服务职能。随着信息技术的不断提升和普及,相对缓慢的信息化发展进程与相对滞后的数字化应用水平已经成为制约党校教学改革、科学研究、队伍建设乃至干部培训工作开拓创新的重要因素之一。

干部培训工作是一项长期的战略任务,作为干部教育培训的主渠道,提供优质文献信息服务是党校图书馆义不容辞的职责。必须改变传统的读者服务模式,在充分调研的基础上,根据干部教育对党校信息化建设需求的特点和现代信息技术发展的优势,结合全国党校数字图书馆资源建设进程,通过建立党校数字图书馆网站,整合充实拓展文献信息服务内容、调整更新优化服务手段,拉近与读者的距离,努力满足读者需求。

党校数字图书馆网站作为干部教育信息网站,要有很强的针对性、实效性、现实性。一是在把握党校学科建设坚持以邓小平理论和"三个代表"重要思想为指导，以提高干部的"理论基础、世界眼光、战略思维、党性修养"为基本要求的前提下，提供深层次的信息服务；二是要对以马克思列宁主义基本问题、毛泽东思想基本问题、邓小平理论基本问题和当代世界经济、当代世界科技、当代世界法制、当代世界军事和我国国防、当代世界思潮等为重点内容的学科建设方向提供深层次的信息服务；三是应加强对研讨式教学的配套服务，提供信息保障，推进与深化党校的学科建设。定位于干部教育培训、党校学科建设所需的信息服务和配套的数字信息资源建设的党校数字图书馆网站，有着明确的目标和方向，是以高质量、高效率的网络信息服务为宗旨的。必须加快建设进度，发挥其独特的信息服务优势。毫无疑问，必须加强学科需求尤其是重点学科、优势学科、比较薄弱而又为学员所急需的短缺学科的数字信息资源建设；必须加强面向21世纪培训轮训高中级领导干部和培养高层次的马克思主义理论骨干的需要，遵循学科发展的内在规律和国际国内学科建设发展趋势的数字信息资源建设；必须加强党校重大教学专题、科研课题和学术前沿问题的研究，动态跟踪配套的数字信息资源建设；必须加强长期服务党校科研教学开发的专题数字资源，并不断深化、拓展，形成专业特色鲜明的全文数据库，形成党校的特色。

党校数字图书馆网站作为干部教育信息网站，是校园网的重要组成部分；图书馆网站的信息资源，同校内网络教学、办公管理、远程教育以及其他二级网站一起构成校园网的资源体系；在保持整体统一的基础上，又具有相对的独立性，它是图书馆与网上用户直接对活交流的场所；是实现传统物理馆藏文献资源向网络虚拟馆藏信息资源转变、传统文献传递服务向现代化信息交互式导航服务转变、封闭的办馆模式向开放的社会化办馆模式转变的表现形式和手段，也是实现干部教育信息化的重要举措。党校数字图书馆网站作为数字图书馆建设的重要基础和突破口，是建设规范的、标准的、难以被别人覆盖、且具有党校特色的、有参考使用价值的教学科研信息数据和干部学习培训参考信息数据资源库的信息平台；是整合网络空间学科资源的导航器；是建立以人为本，提供个性化服务的信息集散地；也是服务领导决策、科学咨询的信息加工场。它的发展是一个渐进、升华的过程，不断适应新形势、新需求的过程。党校数字图书馆网站作为互联网上马克思主义理论阵地的重要组成部分，必须调动各种积极因素，把握党校事业发展的历史机遇和信息化建设的有利契机，跟上时代的潮流，依托信息技术的巨大优势，加快建设满足干部培训教育和党校学科建设的特色信息资源，推动信息的交流和共享，使之成为向数字图书馆过渡的桥梁，成为发挥党校作为干部培训教育主渠道方面不可替代的专业化信息门户。

三 制定党校信息化建设发展规划若干思考

（一）领导重视，决策要有前瞻性

领导重视、各方支持，是搞好党校信息化建设的关键。领导重视的本质还是一个认识问题，认识到位至关重要。全国党校系统紧紧抓住了信息化建设的发展机遇期，5年多的信息化建设进程，是各级党校领导认识不断提高的过程，具有开拓性意义。

经过第一阶段的快速发展，当前面向干部教育的党校信息化建设面临着从外延到内涵、从形式到内容、从粗放到集约的广泛需求。如何满足干部教育信息化的需求？这些需求包括以下6个方面。教学方面的需求，涵盖办学模式、课程模式、教学模式、管理模式等；科研方面的需求，涵盖科研管理、科研组织、科研模式、科研服务等；管理方面的需求，涵盖管理信息化、办公自动化等；学习方面的需求，涵盖脱产学习、在职学习、课堂学习、网络学习、主动学习、信息化素质以及学习模式等；决策咨询方面的需求，涵盖领导决策、课题咨询、教研服务、管理决策、评估标准、评估模式等。这些需求的实现，应该说是一个动态发展的过程，不能仅停留在一般号召和面上推动。要通过深化、拓展和细化的过程，既要兼顾宏观层面的总体把握，又要落实到应用领域的整体推进、管理体制上的系统整合、队伍建设方面的合纵连横。此外，还应包括对党校远程教育的应用拓展，对党校校园网作为干部教育网的门户平台构建，对党校数字图书馆信息资源整合共享，对党校校务管理的信息化重组，对党校教育信息化保障的全面推进，都需要在认识上达到相应的高度。真正做到逐步理清脉络，推进发展，捕捉时机，积极协调校内外各种关系，团结和带动校委一班人真抓实干，不断开拓创新，加大信息化、数字化、现代化发展建设力度，努力开创党校工作新局面。

在提高认识，重视发展的同时，必然面临着一系列决策。决策的前瞻性，对党校信息化建设发展规划的制定尤其重要，必须始终坚持科学的态度和求实的精神。决策的前瞻性，面对当前党校"教学为中心、科研为基础、信息化为手段、行政后勤为保障、队伍建设为关键"的工作格局和发展需要，重点必须落实在对信息化手段构建的认知上，落实在对信息化手段应用的把握上。高科技的信息化手段是先进文化和先进生产力，同时也是先进文化和先进生产力高度结合的产物，是党校工作、党校干部教育事业融入信息社会的唯一途径和必然选择。尽管当前信息技术的发展能够为信息化手段的构建、信息化事业的推进提供强大动力和技术支持，但应用的现状并没有成熟的经验可以照搬，针对全国党校不同的发展条件和应用模式、不同的需求层面和服务环境，对信息化手段构建的认知和对信息化手段应用的把握只能是一个逐步推进的发展过程。显然，在党校信息化建设新的发展阶段，决策的前瞻性具有里程碑的意义。

（二）总体规划着眼于长远发展和可持续发展

党校信息化建设的发展规划是对党校干部教育信息化现实需求和长远需求的理性应对，是党校信息化建设布局、规范、秩序、标准、应用的发展蓝图，也是对党校信息化建设发展规律的探索与实践。

规划制订的总体思路应该抓住信息技术的广泛应用这个核心，以用促建，以建促用，整体规划、分步实施、突出重点、全面推进、优化管理、创新服务、满足需求。

规划的制订要确定发展目标、任务要求和保障措施。要有现状的分析、应用的需求、采用的技术方案、建设的步骤及分阶段完成的任务；有合理的经费预算、运行的机制和体制的规范。还应对信息化运行管理、信息化资源建设、信息化网络教育、信息化应用拓展、信息化服务体系有明确的界定和评估的要求。

规划的制订要反映实际。从本校的发展需求出发，经过慎重的决策和科学的论证，注重应用、注重需求、注重特色。对不同层级的党校而言，规划的方式、建设的规模、系统的功能、实现的手段必然会各自不同。全国党校的发展需要中央党校制订出一份指导全局的总体规划，规划应包括服务干部教育信息化建设的总体构想、框架结构、技术功能、宏观布局乃至对各级党校发展的指导意见、方法步骤和应用要求。省级党校除了适合本校的实际情况外，还应考虑制订全省党校信息化建设发展规划，提出全省党校信息化发展的推进措施，重点是加快建设省级干部教育信息资源中心的信息共享模式、资源整合方案、省级远程教育发展的工作方案等等。市县党校的规划重点则应立足本校、配套设施、练好内功、重在应用。

规划的制订要着眼于长期的可持续发展。规划具有时效性，发展规划通常要管五年左右时间，一旦确定下来，便对以后的建设进程和具体应用产生决定性影响。规划是一个动态发展的过程，应随着建设应用和发展需求的变化，进行合理的调整，要十分重视借鉴国内外高校信息化发展的经验，遵循党校信息化发展的规律，适时启动数字校园的建设，确保信息化建设的长远发展和可持续发展。

（三）按实际需要分步实施，逐步到位

党校信息化建设发展规划，必须按实际需要分步实施，逐步到位。对多数已经建立远程教学网、校园网、数字图书馆网的省级党校和少数发展条件优越的市级党校，应该抓紧信息化基础设施的配套、升级和完善工作，同时区分轻重缓急，逐项展开应用系统的建设、信息资源体系的建设，拓展党校信息化服务体系的建设；信息化基础设施相对薄弱的地市级党校应该把发展重点放在远程教学网和校园网的分阶段实现上，有条件的还可以建设数字图书馆网；县级党校应把主要精力放在远程教学网 C 级站的建设上，放在共享信息资源的利用上。软件、硬件条件基本具备的党校，应着力进行各种信息资源数据库包括教学教务管理数据库、教学资源数据库、视频资源数据库、特色信息资源数据库等的建设，并采取切实可行的措施，做到边建边用、满足需求。

从全国党校信息化建设全局着眼，要逐步实现远程教学网、校园网、数字图书馆网和全国农村党员干部现代远程教学网工程（即 3 + 1 工程）的科学整合，尽快形成一个全国党校系统信息资源共享、教研成果共享并与其他网互通共享的网络体系。

信息化建设技术含量高，资金密度大，管理要求严，因此应加强培训,主客观条件的实现都有一个不断积累的形成过程,每推进一步都应周密部署。

(四) 多渠道筹集经费,确保可持续发展

党校信息化建设发展规划的实施,需要相应的资金投入来启动,无论哪一级党校,为实现总体目标,资金的筹集都是一件十分困难的事情。各地条件不同,资金到位的方式和到位的数量也会不一样,如果都等万事齐备再动手,就有可能延误发展的时机。为此需要多渠道筹集经费,确保可持续发展。资金的筹集方式包括:一是争取政府加大财政支持的力度,在报请党委政府研究批准的党校发展规划中应包含信息化发展规划的内容和所需经费的合理预算,并力争纳入当地经济社会发展的总体规划之中;二是通过与党委政府有关部门联合办学,引进资金,推进党校信息化建设的阶段性发展;三是与运营公司、IT 公司联合开发,实现共建共享;四是委托开发,分期付款;五是自筹资金,弥补不足。执行过程中经济条件比较好的党校应该严格按照规划的要求,制订实施方案,按计划、按标准、按要求、按质量有序进行;对于经济发展条件比较困难的党校,总体目标、阶段性目标实现的方式可以多样化。只要积极应对,找准切入点,就能够逐项落实资金,分阶段实施。如果整体发展时机不成熟或条件暂时还十分困难,有些阶段性目标也可以分解,逐步去实现。若没有十分特殊的原因,应该说,所有党校都具备启动和发展的资金条件。在筹集经费推动信息化发展的过程中,也要防止不切实际地追求投资规模和建设规模,避免重复建设和浪费。

(五) 组织落实抓紧培养和引进信息化技术人才

信息化建设的关键在人才。目前党校信息化建设与发展最紧缺的是既懂管理又懂技术还要熟悉党校业务的人才,这种人才是合格的信息业务主管,是党校信息化 CIO 的得力助手。"政治路线确定之后,干部就是决定的因素。"[1] 这是毛泽东的经典论断。党校必须经过信息化的实践进程,培养和造就一批信息化建设的高层次人才。这是党校信息化事业顺利发展、

---

[1] 《毛泽东选集》第二卷,人民出版社,1991,第 526 页。

持续发展、和谐发展的中坚力量。比较缺乏的是既懂管理又懂技术的人才，这种人才是党校信息化建设的骨干力量。普遍缺乏的是懂技术的人才，他们是党校信息化建设运行维护队伍的重要组成部分。

党校信息化建设需要一定数量且结构合理的专业技术人才，但许多党校现有队伍的知识结构还存在明显的不适应现象，事业的发展又不能"等靠要"，怎么办？组织人事部门可以采取以下三条措施。一是充分发挥现有队伍的作用，靠创新意识，更新观念，将事业的发展与个人的发展相结合；靠业务培训提高专业技能，逐步适应新的发展需要；靠实践的锻炼，逐渐提高专业技能；靠知识的不断更新，逐步提升信息化服务需求的能力和水平。二要积极引进事业发展所需的专业人才，改善队伍结构，对功底较厚、水平较高、具有创新能力、专家级的专门技术人才，应适当提高其待遇水平，让他们进得来，留得住，为党校所用。三要根据信息化建设的需要，采取定期与不定期、灵活多样的方式聘用或借用外部技术力量，让他们起技术指导作用，对相关设备进行维护和保养，排除故障确保正常运转；条件较好的党校在规范分工负责制基础上还可以借鉴国际上的经验，确定一个合理的价格水平，实行 IT 外包。

（六）强化管理，规范管理，依法管理

一要理顺管理体制，成立专门的管理机构。信息化建设关系到党校的长远建设和创新发展，目前处在关键的发展阶段，尤其是信息化的应用系统建设和服务拓展，难度很大，必须改变常规的分管模式，领导体制可实行常务副校长兼任或常务副校长＋分管副校长兼任领导的信息化工作领导小组模式，负责规划的决策，决定项目实施的重大事项，指导、监督并协调校内信息化服务应用的各方面合作关系。还应设立负责党校信息化工作的管理机构，具体落实信息化规划建设、制度建设、运行维护、应用推广和技术保障等工作。

二要制定与完善激励信息化应用、规范信息化管理的规章制度。信息化管理主体方面，包括面向信息化建设与应用的组织机构管理制度，各种不同层次、承担不同职责的岗位工作管理制度。信息化工程项目方面，包括项目需求论证制度、项目设计选型制度、项目建设开发制度、项目实施管理制度、项目成本绩效与风险控制制度等。信息化基础设施方面，包括

网络管理制度、机房管理规定、运行维护规定、信息资源使用管理规定、信息资源管理制度。信息化应用系统方面，包括信息化应用规定、信息化应用考核奖励办法、网络用户管理规定。信息化安全管理方面，包括网络安全制度、信息安全制度、用户入网安全责任规定、计算机信息系统保密管理规定、密级管理制度等。此外还包括信息化审计制度以及信息化评估制度等。

三要制定信息化的标准规范，建立全国党校系统之间互联互通、信息共享、协调运作、安全可靠的基础，减少不必要的重复和盲目性。

四要根据国家有关法律法规的要求，建立相应的法律法规安全保障体系，保证信息化工作依法、安全、有序地进行。

四 探索党校信息化建设发展规律若干思考

（一）对党校信息化建设发展阶段的正确认识和定位

全国党校信息化建设经过6年多的发展，基本实现了2000年1月全国党校系统远程教学暨信息网络建设重庆现场会提出的任务和要求。一是建设三大工程，即校园计算机网络工程、全国党校系统远程教学网络工程、全国党校数字图书馆工程；二是两大系统，即远程教学网和计算机信息网已初步形成中央党校与地方党校两大系统；三是两大建设，包括硬件建设和软件建设等，都取得很大成绩，具备一定规模。尤其省级党校的信息化建设形成了比较好的体系，部分党校已经具备进入到加强应用，并在应用过程中进一步调整和完善的新的发展阶段。

尽管党校系统信息化建设起步较晚、起点较高、发展较快，综观全国党校信息化建设的发展水平可以发现，处在这一阶段的基础设施建设还需要拓展改造、配套完善和系统的升级；相对薄弱的基础应用保障手段需要持续加强和充实；已经开通的应用系统多数应用不够深入，有的尚处在运行磨合、探索推进的过程之中；多数党校的教务教学管理、办公自动化等关键的应用还处在需求调研、系统分析、软件选型阶段；已经开展的应用服务还需要一个宣传推介、需求引导、功能提升、满足需要、扩大知名度的过程；远程教育、网络教育的课程设计、课程内容、服务模式也需要进行针对性、层次性、时效性、实用性改造，与之配套的各类服务对象也需要增强信息化观念和应用素质的提升；信息化建设管理体制的融合理顺也应在实践的基础上继续探索改进；信息化建设、信息化教育、信息化服务队伍的发展和壮大还需要给予更多的关注和支持。

对比高校教育信息化和政务信息化的发展历程和现状，全国党校信息化建设目前的发展水平定位在信息化发展初期的完善基础设施拓展应用阶段是符合实际的。

（二）党校信息化基础设施建设的重点和策略

党校信息化基础设施建设包括校园网、远程教学网、数字图书馆网，多媒体教室、会议设施、网络教室、电子阅览室、计算机终端以及视频多媒体设备等。许多省级党校都已经构建了一个相当不错的网络环境，积累了许多值得借鉴的经验和做法。当前党校信息化建设正面临一个新的发展时期。为了适应需求的变化，在完善党校信息化基础设施的建设方面应把握以下五个重点。

1. 关于综合布线系统。综合布线系统是智能大厦弱电系统智能化及计算机网络系统的物理链路基础，是建筑物内部及建筑物之间的信息传输网络，相关介质可以长期使用，且不易更换和调整，具有相对稳定的特点。因此综合布线系统的设计，一方面必须满足党校信息化整体布局和长期发展的需求，通常主通道应是校园网（与互联网相连），还要兼顾内网即政务信息网，两网应在物理上实现隔离。没有布线的公共场所要考虑预留无线网的发展空间。另一方面要十分关注综合布线系统的先进性、灵活性、可靠性、可扩充性和经济性，必须符合业内各类标准。该系统是一个开放式的结构，既要反映当前水平，又具有较大发展潜力，留有充分的扩展能力。既适应不同用途要求（如语音和数据），还能支持不同厂家的网络或通信，保证信息可靠的传递。考虑到目前国产光纤与国外产品品质相当，选择国内优秀产品，降低系统投资，可使有限的资金发挥最大的效用。

2. 关于网络系统。发展中的党校信息化建设，网络系统设计是否合理，对未来的发展、数字校园的建设和社会效益的大小起着极为重要的作用。不仅要考虑到近期目标，还要为系统的进一步发展和扩充留有余地。

网络系统的设计原则应具备以下8个特征。

（1）先进性。采用国际先进的、代表着未来发展方向的成熟的网络技术和设备。它们应具有高性能主干、全方位负载均衡、高性能的硬件快速分类的特性。它们能够承载和交换各种信息，在全球范围内的各种应用中大量采用，占有较高的市场份额；既反映当今先进水平，同时又为今后的发展留有空间。

（2）实用性。设计要立足于应用，应具有端到端的 Qos 服务质量保证，多级别优先级队列和高标准的包转发能力。在进行详细分析的基础上，提出尽量优化的解决方案，满足应用系统的实际需求，满足校园教学科研、管理信息流通、干部教育以及网络学习培训的需要。注重实效、急用先上、逐步完善。

（3）可靠性。借鉴国内外先进系统的经验，采用成熟技术，保证系统可靠运行。关键设备及模块采用冗余设计，配套冗余链路设计，协议实现。当主系统出现故障时，能实施在线故障恢复，系统能做到自动故障切换，立即投入运行，而不会造成任何损失。

（4）开放性。网络产品要符合相关的国际国内标准，兼容性要好，易于互换和移植。按照标准的通信协议，能够接收和输出标准格式的数据，提供各种网络之间的信息服务，实现资源共享与交流，并能适应国际流行的软硬件运行平台。

（5）安全性。具有安全预警、容灾、容错、黑客跟踪、病毒查杀、自动屏蔽以及抵御非人为安全隐患的能力。通过数据传输链路隔离、虚拟局域网（VLAN）的设计和实现、交换机自身安全保护、网络的隔离和地址绑定以及网络管理系统良好的安全服务等功能，以保证设备的安全和可靠运行。

（6）可扩充性。系统设计应考虑未来网络发展，留有充分的扩充余量。所选用软硬件设备应是模块化的，所需功能可灵活配置，便于更新扩充，方便升级和不断增加新业务、增加容量以及在同一平台上扩充其他业务功能。在系统结构、产品系列、存储容量与处理能力等方面必须具有升级换代的可能，这种扩充不仅能充分保护原有资源，而且具有较高的性能价格比。

（7）可维护性。提供全中文界面和方便、灵活的维护手段，具有良好的网络管理、网络监控、故障分析和处理能力，提供实时监控网络运行状态、故障恢复、日常维护等有效手段。确保在系统出现问题时能及时、快速地恢复系统的正常运行，保证系统的可恢复性，提高网络系统的抗干扰能力。

（8）经济性。网络从设计到产品的选择，遵循经济性原则和最优性价比，采用的设备应尽可能模块化或可堆叠。在网络扩展时，只需较低的成本选择相应模块或其他堆叠产品持续拓展，从而保证网络的可持续扩展性要求。

网络系统配置策略要关注与互联网的互联，必须解决网络安全性问题。校园信息节点数量大，必须保证网络的高性能、高主干带宽、广播抑制和负载均衡能力。干部教育的多业务应用，必须实现服务质量的 Qos 保障机制。校内外信息的交互，必须保证接入点的高性能。对公众服务应用的传输载体，要保证网络的可靠性和稳定性。网络技术选型采用千兆以太网作为网络系统的主干技术（必要时可以升级万兆以太网），快速以太网为桌面接入技术。网络系统配置采用三层交换技术、虚拟局域网技术、网络地址转换技术（NAT）、路由技术等。服务应用采用 QoS 质量管理、组播技术、虚拟专网 VPN 技术、智能识别技术和交换机智能转发。安全技术的特性包括访问控制、用户验证、防地址假冒、入侵检测与防范等。设备管理采用集群管理协议。用户管理技术采用 VLAN + WEB 认证和 802.1x 认证并关注控制功能逐渐由集中式向分布式转移、交换机和路由器逐渐融合技术的应用。网络结构设计，采用分布式三层交换以太网结构，采用星型结构为主的网络拓扑结构。各分中心汇聚层交换机与核心层交换机之间通过光纤链路连接，接入层采用二层交换机，汇聚层采用三层交换机。

3. 关于服务器系统的扩展。党校信息化应用服务器系统扩展，是在新的应用需求不断提出，以及提高原有应用系统运行效率的情况下提出的。新系统的构建需要适当考虑不断满足未来教学与应用持续发展的因素，考虑原有系统设备的衔接与利用，同时解决技术熟练人员的问题，考虑总体的成本控制。

党校现有服务器系统均承载着一定程度的应用功能，包括 WEB、E - MAIL、DNS、FTP 等基础服务以及校园网、远程教育课件资源、数字图书馆、视频点播和校内部分管理系统的应用。经过几年的应用发展，多数早年配置的设备已经出现严重的"瓶颈"效应，无法支撑基本的应用需求。

考虑到原有服务器设备的局限性，建设思路应该是：利用新的服务器系统和计算机网络技术来构建数据中心；从实际出发，完善党校的应用系统；服务器系统的选型设计既要考虑到新增远程教育、视频会议系统、办公自动化、智能管理系统以及数据资源的存储系统，同时也要整合原有的应用服务，提高应用系统的运行效率。在拓展服务器应用构建的过程中，应充分考虑构建安全、高效、扩展性强的服务器架构，为党校教学和办公提供方便，从而提高教学应用和办公管理的效率，为实现干部教育信息化提供平台。在进行系统建设的过程中，应考虑系统的先进性，应用系统和现有的技术以最小的代价来适应未来应用和网络技术的不断发展。系统应该与业务需求同步增长，在系统规模急剧扩张时不需要重新进行系统规划、设计，能够顺利、平稳地向更新的技术过渡。在系统的稳定性方面，要确保服务器运行的稳定性和可靠性。应选用高品质设备，系统应具有一定的容错能力，在关键部位上配置容错电源及多种备份保护措施。在网络传输上采用容错连接，当线缆或其他网络发生故障时，系统能够立即自动对数据传输重新进行路由选择，保证系统数据传输的畅通。在系统的可管理性方面，管理人员在保证系统正常运行的情况下，应能对服务器网络进行无缝隙调控。系统应具有扩展性，这样可以随时增加新的设备来扩展整个架构。而在升级方面，系统所选的主要设备应具有很好的开放性。系统的兼容性包括支持各种操作系统、支持多种数据库结构、支持多种主机互联。在系统的合理性方面，则应充分考虑现有资源，尽量保护现行系统，拟建的新系统要能最大限度地与原有网络和数据互联，合理制订项目建设方案。最后是系统的安全性和保密性，要采用严格的安全和保密措施，确保系统的可靠性、保密性和数据的一致性，对使用中的各类信息进行严格的权限管理。

4. 关于存储系统的构建。存储技术的更新是党校信息化需求发展的必然选择。许多党校在信息化进程中，都不同程度地经历过数据存储问题的困扰。其原因是多方面的，有规划跟不上发展的情况，有资金到位滞后的情况，也有技术保障难以同步协调的问题。随着党校信息化服务功能的不断拓展和干部教育对党校信息化服务需求的不断增加，网络运行所需的数据量迅速扩充，运算过程对于数据的完整性和可靠性的要求也越来越高。数据的增长，尤其在数据内容、格式和应用服务多样化的情况下，不仅涉及设备的扩充、异构系统的兼容、网络传输的速率、系统的全天候响应乃至存储系统的可扩充性等都与扩充容量对先期投资的保护等问题交织在一起，其局限性不容忽视。数据的存储、使用和保护已经成为影响党校网络服务发展的至关重要的问题。其重要性已经远远超出技术层面的意义，是党校信息化建设进入以应用服务为中心的发展阶段的必然选择。目前可供各类党校采用的存储技术包括单一磁盘存储数据、磁带备份和磁盘阵列存储数据以及日趋成熟的 DAS、NAS、SAN、IPSAN 存储技术，为党校海量信息存储提供了新的解决方案，并成为今后党校存储模式的发展方向。

存储系统的选型必须坚持以下几项原则。（1）先进性。有良好的人机接口，满足主流平台的应用，能够适应存储技术的发展趋势，并且是已经取得多项成功案例的存储架构和应用模式。（2）可用性。存储系统在任何时候，都能够保持在线状态，满足 7×24×365 全天候全方位不间断业务的需要。（3）实用性。具备很高的性能，如数据吞吐量大、系统响应时间快、负载能力强，适应规模快速壮大发展的业务需求。（4）可靠性。采用稳定可靠的成熟技术，存储系统在任何条件下都可以保证数据的完整性、保证数据不损毁、不丢失，满足关键任务的要求。（5）易用性。系统管理人员在无须额外培训的情况下，就可以胜任新的存储系统的配置、管理和维护工作。（6）开放性。适应多厂商、多平台和系统的持续性发展，适应不断增长的海量数据存储需求。（7）安全性。确保任何情况下的数据丢失都具有快速恢复的能力，支持系统扩容时的在线处理功能；确保未经授权的数据不被访问、浏览、读取、写入或者执行；确保传输过程中的数据不被窃取、篡改；确保未经授权的空间不被使用或者授权使用的空间以非授权方式使用。（8）兼容性。能够与原有系统无缝集成，还能够实现与同一厂商不同时期的产品相互兼容，实现与不同厂商的产品之间相互兼容，包括在线扩容、容错处理能力，确保读者可随时能够访问各类数字信息资源。（9）扩展性。能有效地支持多系统多平台及多种应用的异构处理环境，在系统的发展目标中，能够建立分级管理的存储系统，使大量访问频率不高的数据存放于成本较低的二级存储（如磁带库）中，形成合理的层次化数据处理系统。

5. 关于信息与信息系统的安全。信息与信息系统的安全是党校信息化基础设施建设的重要组成部分。系统安全目标应通过建立一个"多层次、全方位、个性化"的系统安全体系来实现，达到能对身份的真实性进行鉴别；能保证机密信息不会泄露；能保证信息完整性和数据的一致性，防止数据被非法修改和破坏；能保证合法用户对信息和资源的使用；能建立有效的责任机制，防止实体否认其行为；能够控制使用资源的人或实体的使用方式；能对出现的网络安全问题提供调查的手段和依据。

安全体系结构包括物理安全、网络安全、应用安全、系统安全和安全管理。物理安全是整个系统安全的前提。物理安全是指最大限度地减少甚至消除计算机网络设备、设施以及其他媒体遭受地震、水灾、火灾等环境事故破坏的可能，以及人为操作失误或错误及各种计算机犯罪行为导致的破坏事故。

网络安全的主要内容包括 VLAN、防火墙技术、代理服务器和入侵检测、安全审计以及漏洞扫描等。要求根据设备的情况，综合采用虚拟网、地址绑定、身份认证、防火墙、入侵检测系统等安全技术和安全策略，力求从多层次、多角度来保证网络系统的安全。

应用安全是确保合法用户根据授权合法的访问数据。

系统安全要求服务器使用安全等级较高的操作系统，应及时检测、发现并及时处理操作系统存在的安全漏洞，打好补丁，必要时可对网络设备进行重新配置或升级。各类服务器应关闭没有经常使用的协议及协议端口号。加强登录身份认证，严格限制登录者的操作权限，充分利用操作系统和应用系统本身的日志功能，对用户所访问的信息做记录，为事后审查提供依据。

为实现安全管理，一是配置备份和恢复服务器，建立并制订完善的数据备份、恢复计划，在系统出现故障时可以快速地恢复。使用自动备份软件和磁带库技术，通过设置备份策略，实现数据的自动定时备份，以保证数据的安全性。二是针对大部分的网络安全问题来自于内部的威胁，因此要制定完善的安全管理措施，既要有法律法规政策上的界定，又要用行政手段的配合来保证，必须十分重视安全意识教育与严格管理制度的落实。

在配置必要的安全设备和软件基础上，制度建设应规范出口的管理；配备完整的系统网络安全设备；解决用户上网身份问题，建立校园网统一的身份认证系统；严格规范上网场所的管理，集中进行监控和管理；改造电子邮件系统，提供多种安全监控和管理功能；根据国家有关规定和相关部门的要求，建立网络安全管理责任制，出台完善配套的网络安全管理制度。除非相关党校具备较强的安全维护技术力量，可采用外包的方式由资质信誉技术服务质量有保证的专业公司，进行信息和信息系统的安全维护服务并建立校内管理部门合作配套机制。维护内容至少还应包括安全信息平台的构建、定期开展现场远程渗透检测、网络系统日常安全运行的适时监测维护、网络安全风险的分析与全面评估、黑客和病毒入侵的防范措施、安全漏洞扫描和补丁、数据恢复和适时备份、用户安全技能安全常识的培训等。

由于安全问题的极端重要性，健全信息与信息系统安全管理工作，必须进一步规范内部管理和运行服务保障机制。这些制度包括以下四个方面。

（1）建立健全信息安全领导小组。其职责一是制订与信息安全有关的中长期建设规划，研究信息安全工作的安全（技术、管理）策略、资源利用投资需求，处理信息安全事故；二是根据国家信息安全的有关法律、法规、制度和规范，结合本校的实际，审定本校信息安全方面的规章制度；三是指导并协调本校信息系统的安全工作，监督整个信息系统安全体系的日常工作；四是定期召开专门会议，研究布置工作，解决信息安全方面的重要问题；五是及时向校委汇报信息安全工作情况。

（2）建立健全信息网络管理部门职责和工作制度。其职责包括以下内容。接受信息安全领导小组的指导；处理信息安全管理的日常工作；制定本校信息安全的工作制度、安全目标和各级工作人员的权限、岗位职责；定期向信息安全领导小组汇报工作情况；与信息安全工作主管部门、有关技术部门建立日常工作联系，及时报告重大事件，并协助做好相关工作；制定本系统安全操作规程；负责各类安全管理人员，定期或不定期组织安全教育或培训；定期检查校内各职能部门的安全工作，及时通报检查结果和违章行为；负责安全事故调查，起草安全事故报告，提出初步处理意见；对所属安全工作人员进行工作业绩考核，并提出奖惩意见；起草年度信息安全工作报告和有关信息安全宣传、教育、培训计划；审阅控制台操作记录、系统日志、系统报警记录、系统统计活动、加班报表以及其他与安全有关的材料，发现问题及时采取补救措施；管理、检查、监督、分析系统运行日志和系统监督文档，定期对系统做出安全评价；制定、管理和定期分发系统及用户的身份识别号码、密钥和口令；负责存取系统和修改系统授权以及系统特权口令；根据国家和上级保密工作规定，审查系统操作人员对系统信息的使用，审查系统对外发表的信息，防止发生泄密；采取切实可行的措施，预防系统信息泄露和破坏、篡改数据、防止未经许可越权使用系统资源；建立必要的系统访问批准制度，监督、管理系统外维修人员对系统设备的检修及维护；采取切实可行的措施，防止计算机设备的损坏、改换和盗用；定期做信息系统的漏洞检查，向安全领导小组提供信息安全管理系统的风险分析报告，提出相应的对策和实施计划。

（3）落实信息技术安全管理员岗位设置，建立健全岗位责任制。其职责包括以下 8 个方面。①在基础设施管理方面，确保网络通信传输畅通；掌握主干设备的配置情况及配置参数变更情况，备份各个设备的配置文件；对运行关键业务网络的主干设备配备相应的备份设备，在条件许可的情况下应配置为热后备设备；负责网络布线配线架的管理，确保配线的合理有序；掌握用户端设备接入网络的情况，以便发现问题时可迅速定位；采取技术措施，对网络内经常出现的用户需求变更位置和部门的情况进行监管；掌握与外部网络的连接配置，监督网络通信状况，发现问题后与有关机构及时联系；实时监控整个局域网的运转和网络通信流量情况；制定、发布网络基础设施使用管理办法并监督执行情况。②在操作系统管理方面，能够熟练利用系统提供的各种管理工具软件，实时监督系统的运转情况，及时发现故障征兆并进行处理；掌握网络系统配置情况及配置参数变更情况，对配置参数进行备份并随着系统环境的变化、业务发展需要和用户需求，动态调整系统配置参数，优化系统性能；为关键的网络操作系统服务器建立热备份系统，做好防灾准备。③在应用系统管理方面，确保各种网络应用服务运行的不间断性和良好的工作能性，出现故障时应将故障造成的损失和影响控制在最小范围内；对于要求不可中断的关键型网络应用系统，除了在软件手段上要掌握、备份系统参数和定期备份系统业务数据外，必要时在硬件手段上还要建立和配置系统的热备份；对于用户访问频率高、系统负荷重的网络应用服务，必要时网络管理员还应该采取分担的技术措施。④在用户服务与管理方面，负责用户的开户与撤销；用户组的设置与管理；用户可用服务与资源的权限管理和配额管理；包括用户桌面联网计算机的技术支持服务和用户技术培训服务的用户端支持服务。

⑤在安全保密管理方面,明确安全与保密是一个问题的两个方面,安全主要指防止外部对网络的攻击和入侵,保密主要指防止网络内部信息的泄露;对于普通级别的网络,网络管理员的任务主要是配置管理好系统防火墙,为了能够及时发现和阻止网络黑客的攻击,可以加配入侵检测系统对关键服务提供安全保护;对于安全保密级别要求高的网络,网络管理员除了应该采取上述措施外,还应该配备网络安全漏洞扫描系统,并对关键的网络服务器采取容灾的技术手段;更严格的涉密计算机网络,还要求在物理上与外部公共计算机网络绝对隔离,对安置涉密网络计算机和网络主干设备的房间要采取安全措施,管理和控制人员的进出,对涉密网络用户的工作情况要进行全面的管理和监控。⑥在信息存储备份管理方面,对于实时工作级别要求不高的系统和数据,最低限度,网络管理员也应该进行定期手工操作备份;对于关键业务服务系统和实时性要求高的数据和信息,应该建立存储备份系统,进行集中式的备份管理;应将备份数据随时保存在安全地点和设备。⑦在机房管理方面,要掌握机房数据通信电缆布线情况,在增减设备时确保布线合理,管理维护方便;掌管机房设备供电线路安排,在增减设备时注意负载的合理配置;管理网络机房的温度、湿度和通风状况,提供适合的工作环境;确保网络机房内各种设备的正常运转;确保网络机房符合防火安全要求,火警监测系统工作正常,灭火措施有效;采取措施,在外部供电意外中断和恢复时,实现在无人值守情况下保证网络设备安全运行;保持机房整洁有序,按时记录网络机房运行日志,制定网络机房管理制度并监督执行。

(4)建立健全信息安全员的职责。信息安全员主要负责信息网络系统的信息安全和保密信息的管理,其主要任务是负责涉密信息网信息安全,监督检查涉密信息的报送、接受和传输的安全性;负责监督检查信息网对外发布的信息,保证符合安全保密规定;负责监督检查各部门的涉密信息的安全保密措施,防止泄密事件的发生;负责监督检查信息网对国际互联网上国家禁止的网站的非法访问及有害信息的侵入;负责协助有关部门对网络泄密事件进行调查与技术分析。

另外,切实加强党校校内办公网络的管理与维护,是当前健全信息与信息系统安全管理工作的一个重要环节,运行中的办公自动化系统,应按照公文流转的规范执行,即公文的形成过程在校内办公网内办理,待审核发布时在内网或逻辑内网同时发布，适合对外发布的内容经过规范的审批流程上传到门户网站。认真落实办公电脑与互联网的分离工作，必须明确办公网络与互联网属于互不相连的两条物理链路，办公电脑一律配置在内网或与政务内网连接的物理链路上，其他计算机设备配置在与互联网连接的校园网链路上。因工作需要，配置在校内各部门，与校内办公网络连接，用于处理公文及内部信息流转、会签、审核、发布等业务工作的计算机，均应纳入办公电脑管理范畴。兼顾教学科研的需要，配置在校内各部门、学员宿舍或公共场所，不涉及上述功能的计算机，无须纳入办公电脑管理范畴。所有办公电脑的启用，均需经过信息管理部门的技术鉴定，按照规范程序流程，符合要求后投入使用，办公电脑只能用于处理内部信息、内部事务，相关工作人员需要上互联网查阅信息的，可使用两台连接不同物理链路的电脑或在同一台电脑上使用网路安全隔离卡等设备的方式，进行有效隔离后上互联网。鉴于党校办公电脑的工作定位，必须明确尽管其使用性质尚不属于涉密设备，但在管理上仍须从严，所有办公电脑不得使用无线键盘、无线鼠标及其他无线互联的外围设备，信息插座不得接入未经批准的具有无线功能的计算机，不得使用未经批准的可移动存储介质。所有工作人员、学员及在公共场所使用的非办公电脑中一律不得存放未经批准的密级文件和办公信息，每个人均应对自己使用计算机的行为承担保密安全管理责任。

（三）以服务学科建设为切入点，抓好党校数字图书馆信息资源建设

学科发展水平标志着一所学校的发展水平，学科建设对确立党校作为学习、研究、宣传马列主义、毛泽东思想、邓小平理论的重要阵地和党性锻炼的熔炉，用集中培训轮训方式提高领导干部素质方面，具有不可替代的重要作用和地位。

党校数字图书馆信息资源建设，应该以服务学科建设为切入点，围绕学科需求展开，形成特色。要将体现党校系统核心竞争力的信息资源作为建设重点，这些资源包括体现各校特色的研究成果数据库、体现党校教育特色、学科优势和综合优势的数据库、体现面向干部教育的专题特色数据库、体现地方或行业特色的省情区情市情数据库，等等。

党校数字图书馆信息资源建设要遵循通用的、开放的技术标准及规范，以全文型为主，提要型和题录型为辅。数据库建设要体现完备性，要将正式出版物、非正式出版物中相关的所有资料——包括报刊文章、图书图片、动画课件、音频视频，现实的、历史的、国内的、国外的资料悉数搜集起来，并整合到数据库中。

党校数字图书馆信息资源建设，要合理分工，共建共享。服务党校学科建设开展的特色数字信息资源建设，是一项浩大的系统工程，绝不是某一家党校图书馆所能独立胜任的。纸上谈兵易，实际运作难。硬件建设只要筹集到相应的资金，很快就会有成效，但数字资源建设远没有那么简单。在认识一致、统一领导的基础上，一要统筹规划、分步实施，最大限度地整合资源，解决资源的系统性和完整性，确保资源建设计划安排，有序进行；二要兼顾特点、合理分工，最大限度地调动各方面的积极性，从实际出发，突出数据库的党校特色和地方特色，满足需求，避免重复建设；三要统一标准、制定相应的技术规范，避免盲目建设，造成不必要的人力和资源浪费；四要协作共建、资源共享，协作共建是手段，资源共享是目标，只有通过科学的、有效的、艰苦的协作共建，才能达到服务学科建设，满足信息需求的资源共享。

党校数字图书馆信息资源建设，要跟踪学科发展，整合网络信息资源。一是加快服务学科建设的网络信息导航工作。既要抓好工具类自助式网络信息导航服务，所链接的网站既有参考工具类资源如年鉴、手册、统计资料、百科全书、各类辞典等，又有经过梳理、方便实用的各类网络搜索引擎，经过整合链接资源的使用方式，如果操作复杂，还须提供相应的操作手册，方便用户使用；也要抓好学科馆员在充分征求并收集相关学科意见的基础上，在互联网上寻找并梳理整合导航素材，然后分门别类，设立导航栏目，做好相关链接，提供给用户使用。二是加快学科前沿动态信息导航库的建设。尤其是重点学科、优势学科前沿动态信息导航库的建设，具体方法是：如果与相关学科共同研究，建立学科前沿动态信息导航库的框架结构，按照数据库的建设方式，在图书馆网站上设置专题网页栏目；将各类学术网站上收集到的学科前沿动态信息，经过下载，分析整合，归类存入图书馆网站相关专题网页栏目所属的数据库中；对专题网页栏目根据学科发展需要，动态调整逐步完善，定时按期、及时更新各类学科前沿动态信息，并做好数据维护工作。

党校数字图书馆信息资源建设，要长期坚持，可持续发展。学科建设任重道远，学科建设的目标就是不断登攀，争创一流，在科研上不断创新、发展，为社会培养出更多的优秀人才。党校学科建设还肩负着建设高素质领导干部队伍的任务，而服务学科建设需要的党校数字图书馆信息资源建设，作为服务基础和保障手段，更需要长期坚持，努力实现可持续发展。

（四）重视党校门户网站建设的六大要素

1. 规划要素。党校门户网站的建设，是一项任务艰巨、技术复杂、涉及面广的系统工程，必须加强领导，严密组织，扎实工作，才能确保建设任务的圆满完成。应该说党校远程教学网络和全国党校信息化建设，已经为党校门户网站建设打下了一个很好的基础和应用平台，重要的是在现有基础上整合、发展，打造成服务干部教育的信息化枢纽。为了搞好整体规划，各级党校应由中央党校牵头，在所属党委及各级组织人事部门的帮助支持下，共同研究制定《全国党校门户网站建设总体规划》和相关实施意见。通过《总体规划》，明确全国党校门户网站的性质、宗旨和目标、建站的条件与政策规定、网站内容的基本要求、网站的监管、网站的组织领导等，指导和规范全国党校门户网站的建设，统一发布权威性的干部教育方面的信息。同时，各省、自治区、直辖市党委均可以党校为依托，组织建立各地干部教育中心网站，以形成全国性的干部教育网站网络，促进网上干部教育工作的开展。

2. 目标要素。网站建设的总体目标决定了网站信息资源建设的重点和网站服务的主要方式。党校门户网站建设的总体目标应该是：服从和服务于党的执政能力建设，以建设高素质干部队伍为关键，占领互联网上的马克思主义思想舆论的制高点，帮助各级干部提高思想敏锐性，增强政治鉴别力，抵御各种错误思潮潜移默化的渗透，正确处理各种复杂问题，保证有中国特色社会主义事业在21世纪得到顺利发展。干部教育网站是专业性网站，应坚持以马克思列宁主义、毛泽东思想、邓小平理论和"三个代表"重要思想为指导，突出干部教育的权威性和可信性。努力满足服务干部教育所需的各类信息需求，通过网站充分发挥各级党校在培训高素质执政骨干中发挥主渠道作用，在推进学习型政党建设中发挥主阵地作用，在加强马克思主义执政理论研究和建设中发挥主力军作用。不断提高各级干部驾驭社会主义市场经济的能力、发展社会主义民主政治的能力、建设社会主义先进文化的能力、构建社会主义和谐社会的能力，以及应对国际局势和处理国际事务的能力。

3. 结构要素。其包含功能结构、框架结构、页面结构、栏目结构、内容结构。党校门户网站的组织要兼顾各种要素的协调，突出反映主旋律的栏目设置和内容结构，涵盖从理论到实际、从政策到实务、从历史到现实、从教育到管理诸方面；动态类能反映理论教育、理论学习、理论研究的最新动态和信息；研究类能汇集主要学科、主要研究方向、主要研究成果以及相关热点难点问题的研究动态和评论；专题类能涵盖干部教育涉及的各类学科专题汇编；资料类能形成马列主义经典文献、党史党建研究资料和党校干部教育特色资源数据库；服务类能提供包括教学课件、视频点播、网络导航、E-mail、留言板等服务内容。

4. 风格要素。风格是抽象的，指的是站点的整体形象给浏览者的综合感受。风格又是具体的，是网站内容的集中体现。风格还是一种心灵的感应，是一座桥梁，是加强沟通的媒介。党校门户网站是各级党政领导干部学习、研究、宣传马列主义、毛泽东思想、邓小平理论的重要阵地，是实践"三个代表"重要思想、提高干部素质的知识殿堂。有一个好的主题和内容对于一个网站来讲，还是不够的，在主题思想的指导下，整体风格和创意设计实际上是一个没有规则没有深度的意境，是对网站设计者理念、知识和实践的体现。为了追求更多的访问者，党校门户网站的整体设计应该具有较高的技术含量，尽量运用生动活泼、鲜艳动感的画面，高效科学的链接，冲击力较强的屏幕声音形象使内容活起来，在徽标、横幅设计及版面设计上体现较强的党性和文化品位。在页面内容上，实现图像、声音、文字的多重效果。

5. 内容要素。信息内容的整合是党校门户网站建设的着力点，包括校务管理、教学管理、科研管理、信息资源、公众服务等主要内容。要通过合作建设全国党校远程教学资源库、全国农村党员干部教育中心资源库、党校管理信息资源库、党校数字图书馆资源库、党校科研成果数据库、党校教育资源数据库、党校学科资源数据库、党校干部教育专题特色数据库等系列数据库，全力打造具有党校特色的干部教育品牌。

6. 保障要素。党校门户网站的资源整合关系到网站正常运行服务，关系到网络教育的顺利开展，关系到校园信息的互动与交流，关系到党校信息化建设服务干部教育事业的持续推进与发展。门户网站各类信息资源的整合，需要建立比较完善的网站资源建设规范和合理的运行机制、门户网站与部门网站之间有效的协同机制、信息发布审核机制、信息更新保障机制，充分调动门户网站管理机构、部门网站工作人员的积极性，使网站建设步入良性、可持续发展的轨道。

（五）采取措施改变信息化建设应用中存在的"信息孤岛"现象

1. 信息孤岛有两种类型。一种是因信息化建设缺乏整体规划，不同部门采用的平台不同，标准各异，相关信息难于共享整合而造成的信息孤岛现象。这种情况在党校系统基本上不存在。二是在信息化建设观念上、规划上、体制上、应用上乃至实践的进程中与传统的管理机制服务模式尚未形成深入、有效的互动、融合和整合，于是产生了"两张皮"的现象。应该说这种现象在许多党校都存在，只是严重程度不同而已。

2. 信息化建设应采用常务副校长参与的"首长负责制"。领导的作用至关重要。党校信息化建设目前仍处在发展的战略机遇期，尤其是省级党校，基本不存在领导不重视的问题。为什么信息化的应用发展仍然不尽如人意？这看起来好像很正常，没有什么不对之处，但仔细分析症结所在，恰恰就是用常规的处理问题方式对待信息化建设和应用的发展。仅仅把它当做党校需要解决的重要问题之一。就像建一座楼，目标明确，任务具体，工程结束投入使用便完事大吉。就像备一堂课，从准备教案到试讲、修改定稿再到上课，基本完成一个流程。就像引进一名教师，从协商、考核、商调、引进、安家到开展工作，也是一个完整的流程，可以告一段落。而信息化建设却具有其他工作所不具有的特定内涵。除了与其他工作的共性部分外，它完全是一个个流程的集合。它还具有无法分隔的内在联系，如环境联系、组织联系、人与物的联系，这些联系是一个整体，是相互协同工作的共同体。按照目前的常规思维模式和实践进程，各校基本上形成了大致相同的领导分管模式，不断地重复着常规工作的基本流程。但对信息化建设的特殊性、信息化应用的各种内在联系和发展的重要环节存在认识不足的问题。至少可以这样说，对其规律的认识和把握还很肤浅。从以上论述可以看出，信息化是手段和常规工作，但信息化手段≠信息化工具；信息化是目标，是一项事关全局的工作，要用抓全局工作的方式去推进信息化发展；信息化是引擎，是党校干部教育事业创新发展的驱动器，需要决策者的运筹和导航；信息化是系统，是牵动党校各项业务协同运行的脉络，要由中枢神经系统的运筹来协调；处在特定发展阶段的党校信息化事业，毫无疑问，应采用常务副校长参与的"首长负责制"。党校信息化建设需要主要领导的参与、主导、决策、协调和推进。对党校信息化的认识要强调高度，重视要强调关注，规划要强调深度，部署要强调进度，推进要强调服务，应用要强调广度，检查要强调督促，评估要落到实处。力争做到通过艰苦的努力，团结队伍，凝聚力量，使党校信息化建设在外延不断扩大的同时，丰富信息化的实践内涵，不断形成党校信息化服务干部教育的亮点。

3. 重视党校信息化建设应用设施的配套工作。重点要解决两个问题，一要解决教研人员的计算机配置问题，二要解决主体班次学员宿舍计算机配置问题。经调查统计，全国有 16 家省级党校计算机总量（不含学员用机）达到了人均一台的标准，但毕竟还有 48.4% 的省级党校达不到相应的配置标准，尤其是多数党校都规定教研人员可以不坐班，既缺乏相应的办公条件，又缺乏相应的计算机设备，难以保障教学科研的应用需要。另据统计，全国 31 家省级党校学员宿舍配置了计算机的仅有 9 家，配置率只占 29%（见图 3 - 19 全国省级党校学员宿舍计算机设备配置情况示意图）；已配置计算机的党校，其平均配置数量不足 250 台，绝对数总量也不过 2250 台左右。这与省级党校的培训规模比较，还存在较大的差距，最多仅能满足所在省级党校同期在校学员 1/4 左右的数量。这可能与许多学校定位在保障地厅班需求有关。如果按每校同期在校学员 1000 人计算，全国 31 家省级党校同期在校学员应该是 31000 人左右，2250 台除以 31000 人，只有 7.26% 的计算机拥有率。这是一个值得认真研究的问题，究竟谁是党校信息化建设的服务对象？按说这无须讨论，是各类班次的学员，是各级党政干部，校内工作人员的重点应该是教研人员。但实践的进程出现了如此尴尬的现实，一个是 7.26%，一个是 48.4%，这么低的设备配置率，如何提升党校信息化应用水平？靠什么来推动，来促进？连基本的条件都无法提供，信息化建设应用中存在的"信息孤岛"、信息化应用和传统模式"两张皮"现象靠什么来改变？因此我们在研究党校信息化建设规律时，必须十分重视问卷调查中发现的许多学员、教师要求尽快解决上述问题的强烈呼吁，多渠道筹集资金，加快进度、分期分批给予解决。

（六）应用系统建设应该把握的主要内容

1. 党校信息化服务应用系统的基本构成。党校信息化服务应用系统以校园网、远程教学网、数字图书馆网为支持环境，是实现分层管理的综合性信息服务系统平台和数据中心，具备信息共享功能、综合分析功能，并提供决策支持的校务管理系统。应用系统包括以下几个方面。办公自动化系统，以日常办公、收发文、会议等业务信息传送为主要服务管理功能；教务管理系统，以主体班次、研究生和函授教育为主要服务管理功能；科研管理系统，以科研机构管理、项目管理、成果管理、学术交流管理为主要服务管理功能；远程教育系统，以远程教育内容直播、点播以及远程考务管理为主要服务管理功能；数字图书馆系统，以特色资源、数字图书、数字期刊、视频资源为主要服务管理功能；人事管理系统，以人员基本信息、各类业务管理为主要服务管理功能；财务管理系统，以经费预算、财务操作、经费开支、财务信息为主要服务管理功能；学员管理系统，以入学管理、课程信息、学员论坛、支部园地为主要服务管理功能；后勤管理系统，以后勤服务、校园管理为主要服务管理功能；视频会议系统，以远程会议、远程监考为主要服务管理功能；网络党校系统，以在职在岗干部在线学习为主要服务管理功能；校园一卡通系统，架构在校园网上，服务数字校园各种需要身份识别的应用，集校园商务、校务管理和金融服务于一身。

2. 应用系统的切入点是办公自动化和教学教务管理系统。办公自动化系统，是校务管理的指挥系统，根据党校的办公管理特点，应用信息流理念，从领导办公、办公业务、收文管理、发文管理、校务管理等多个方面进行栏目策划，通过建立内部和远程电子邮件系统，充分保障其内外部的信息沟通流畅；通过建立文档一体化的公文流转系统，实现公文电子化；建立文件资料数据库，实现文件资料管理电子化；建立党务、政务信息的采编处理系统，提供信息查询和浏览服务等功能。教学教务管理系统是党校教育信息化装备、信息化资源调度、信息化服务、信息化管理的集成控制系统，应包含从招生、学籍、排课、选课、学习、考务管理到教师、教室、教学计划、课程管理以及考场、证书打印、数据分析、决策支持等子系统。它是党校面向干部教育的信息化建设初级阶段的最基本内容和核心组成部分。

此外，省级党校还应注重网络多媒体教学系统的建设。网络多媒体教学系统必须充分利用学校现有的硬件资源如电脑、服务器、投影仪等，与学校现有网络平滑对接，搭建干部教育多媒体网络教学系统；能够充分利用党校的教学资源如音视频教学录像带、电子讲义等制作出多媒体课件，学员可以通过互联网进行点播学习；能够将一个主播教室的授课现场通过互联网直播、组播到各个接收端；播放内容包括教师的音视频、鼠标运动轨迹、动态屏幕内容以及电子白板内容等；系统操作简单、便于维护，系统基于 B/S 模式，学员通过浏览器即可点播课件、收看课堂内容；系统必须具有很强的可扩展性，随着教学规模的扩大能够平滑地升级以适应更大规模的教学要求。

3. 应用系统软件选型配置的基本流程。关于选型原则和技术标准，系统的架构设计应采用先进成熟的技术。系统具有可配置性，方便进行数据结构、数据操作、数据显示等系统级的配置和维护。系统具备开放性、扩展性、安全性和模块化的功能结构，还要有开放的数据接口，提供完备的 API 函数库，方便数据访问和功能调用。系统采用组件式、分层次、容错等设计思路，保证整个应用系统的稳定性、可靠性和可扩展性。系统以标准化为准则，符合国家信息化、电子化的标准要求并与相关国际标准对接。关于基本流程，一是要从实际出发，把软件的应用和长远的发展统一起来。由于各地党校自身的发展背景不同，又处在信息化发展初级阶段的不同时期，各校软件系统选型对应用内涵、功能配套、服务方式和供货要求均有差异。应该针对各校相关业务的应用特点和未来发展的愿景，选择能够提供合适服务软件的厂商。所选择软件对硬件环境、软件环境的要求，必须符合技术和应用发展的潮流和趋势。应保持一种够用就好、发展无忧、技术先进、应用和谐的心态。避免盲目追求最新、最好、最强，一切都要第一流的想法。二是要选择信誉好、技术强、服务精的软件企业，并与之建立长期的合作关系。随着未来业务的发展，根据应用需求的变化而不断变化，软件产品所提供的服务也应随着时间的推移，能灵活应对事业发展不断提出的应用服务需求。三是要自始至终争取学校相关职能部门的参与和支持。他们是相关应用系统的直接服务对象和建设管理主体，传统业务流程的信息化再造要通过他们与应用技术的融合，不断促进观念的升华来实现。四是要坚持软件试用的原则。试用是应用系统软件选型的重要环节。没有相关产品的试用、比较，软件产品与硬件环境的磨合以及应用需求的探索与软件功能实现过程的实践体验，没有职能部门的最终认可，选型的成功只是一句空话。五是要按照规定的流程和规范的程序组织采购活动，产品中标要签订完备的服务合同。

（七）应用系统的最佳实现方案是加快数字校园应用系统的建设和应用步伐

数字校园应用系统是党校信息化建设应用深入发展的必然要求。党校作为党委的重要工作部门，承担着干部教育培训的重任，党校工作的特殊性决定了党校数字校园应用系统项目的开发，既不同于高校也不同于政府机关，是一项新的探索和尝试。

1. 关于现阶段数字校园应用系统的构成及服务功能

（1）门户网站系统（具体内容实施时还需调整补充，下同）

①网站内容建设

滚动新闻：发布省委党校全校性重大新闻及校内各部门最新重要信息。

国内外重要新闻：能自动链接知名网站国内外重要新闻及常用信息（主要是天气预报、火车车次、飞机航班、邮政编码和长途区号等常用信息的查询、维护。）

校况总览：介绍省委党校概况、现任领导、党校建设与发展等情况。

党校教育：为学员提供主体班次、函授教育、网络教育、招生信息等干部培训信息。

办事指南：为学员提供办理借书证、学员证、离校手续等办事向导和服务指南。

科学研究：报道科学动态、科研项目、科研成果、获奖情况等科研成果。

部门机构：建立省委党校各教研部门、行政部门等二级网页。

党校刊报：转载党校公开发行的刊报目录或部分全文。

信息资源：发布数字信息资源、传统书刊资源、省情资源、视频点播等信息资源，供教研人员、学员下载用，为教学科研提供新的信息源和活动平台。

市县党校：介绍各地县市党校概况及动态信息。

学习园地：开辟学习经验、心得体会等学员讨论区和教师辅导区，帮助学员自主学习。系统可以设定只有被授权的用户才能参加讨论，并且，还可限定论坛用户必须采用实名制。

公告栏：发布重要公告、通知。

网络服务：提供电子邮件（集成现有的邮件系统）、常用办公电话等网上服务。

咨询参考：设计互动板块，提供常见问题问与答、实时解答、邮件咨询、电话咨询等在线交流功能。

信息查询：针对不同用户的特点及权限，提供简单查询、复杂查询、分类查询等不同功能的检索服务，使各层次用户以最方便、最快捷的方式获取所需信息。

资源共享：采用规范标准格式，实现对外数据交换，建立通用性较强的信息资源库，将省委党校可公开的数字资源及时、准确地发布到政务网上，使全省政府机关都能共享党校丰富的数字资源，为干部教育服务，为党政机关决策服务。（在政务网发布信息只能通过人工复制，不必在此体现，应说明OA上的信息与网站信息共享。）

②网站规划与维护

网站组织、规划：做好网站的整体构思和规划、栏目设置、版面安排。

软件维护、升级：经常维护软件，定期改版主页面及二、三级页面样式，不断调整网站功能，使网站更为完善。

统计：显示流量统计、操作日志等。包括用户访问统计，产生用户的最高日访问量、平均日访问量，网站信息发布数量、各个用户发布信息数量等统计数据，并提供报表。

安全：配套使用一些防病毒、防漏洞、防攻击、防篡改等安全软件，同时，设计网站安全管理系统（含管理员管理、用户管理、权限管理等），以确保网络的高效、有序、安全运行。

美工：图片图标及动画的制作、色彩搭配、技术运用等网站美化工作。

③网站数据库建设（干部教育系列数据库建设）

教学资源库：开发的教育资源库、教育管理数据库、多媒体素材库、教学软件和网络教学课件库、VOD视频点播数据库等，将图片、声音、影像等多媒体资料搬上网页，发挥网络的辅助教学功能。

网页信息资源库：通过 OA 系统或网站后台管理系统发布网页信息。

互联网信息资源库：搜索、下载互联网免费信息资源，或链接相关专题网站和专题内容。

图书馆信息资源库：自建、共建、购买电子资源库、视频资源库、试用电子资源、外文书刊、学习专题、党校文库、省情等数字信息资源库及传统信息资源库。

远程教学资源库：一方面，精选录制省委党校优秀课程教学节目供地县市党校教学使用；另一方面转播中央党校远程教学资源，让地县市党校充分共享中央党校教学资源和省委党校主体班次的教学资源；同时利用网络党校视频会议系统，组织远程师资培训班，召开远程教学电视会议，向地县市党校传输重要报告，等等，从而达到充分运用信息化手段培养领导干部的目的。

(2) 办公自动化系统

①公文流转

收文管理：处理所有外部来文，完成从文件登记、内容录入［包括扫描录入、识别录入、手写录入、电子录入、文件导入（含音视频、图像、文档、报表）等手段］、拟办、批办、承办、领导查办、传阅到文件归档等处理的全过程，具有提醒和催办及文件自动归档功能；提供在线修改、电子批注、上传、下载、打印等功能，对要求办理的文件进行全自动跟踪、监督及闭环控制，每一步均设置收文处理流程台账，自动搜索拟办的文档，以醒目的方式显示提醒（含语音提醒）。

发文管理：包括发文拟稿、审核、登记、签发、编号、用印、发送、传阅、归档等公文处理的全过程（支持各类文件格式），在发起流程之前可以修改和删除（在审批之前各流程都可修改，但不同修改者用不同色留修改痕迹），并设置发文处理流程台账，自动搜索待拟稿的文档，以醒目的方式显示提醒（含语音提醒）。

手写签批：在公文审批过程中，可以用手写笔写入签批意见，该签批意见以矢量图形保存，可以保留领导的笔迹。针对领导的特点，提供手写屏批注系统，利用平板电脑或者WACOM手写屏，可以实现领导直接在液晶显示屏上看文件的时候进行真迹的批注，可以实现对于图形文件和WORD文件的真迹修改，还支持领导直接在WEB上签名。

流转监控：授权用户负责监控所有公文的即时处理步骤与进度，可以看到公文正在哪个节点中进行，并可看到该节点以上人员审批状态，并可进行催办提醒等业务操作。

审批办理：公文审批，提供领导批阅、审批、会签等功能，以及相关部门的公文办理功能；事务审批，涵盖公文审批以外的所有审批业务，可以根据日常工作需要自由增加新的流程，并能依据图形化流程定制签批单，完成日常的其他工作。

公文流转部门之间的公文流转：支持单一出口的顺序流，多个可能流向的分支流，多个流向的并发流，条件流；文件在流转过程中有严格的用户权限定义，通过这几种流程的组合可以方便地定制符合各种要求的流程；具有提醒和催办功能。

流程定制：系统提供工作流编辑器，可以根据部门内部的公文办理流程在系统中灵活配置公文流转的流程，支持可视化的流程定义机制。支持串行、并行、环形等拓扑结构，支持直流、分流、汇流、控制流、中转流、子流、可逆流（公文在制定好的流程下流转的时候，可以通过退回功能把公文退回到任意审批过的节点中，并且可以填写退回原因）等。对于流程既支持预定义流，又支持任意流。所有流程定义与改变均可方便定制，无须编程实现（即支持群组、角色及岗位，在人员变更后无须修改流程，系统会自动更新人员）。

查询统计：按规定权限和范围，具有收发文、事务审批的查询和统计功能，可以查询统计全校或本部处到某一时期的收发文、事务审批数量，收发文、事务审批类别等指标，形成报表输出显示全年的收发文、事务审批情况以及校外收文及各种来源的收文数。

模板管理：管理系统中公文的模板，各部门可以维护本部门内部使用的模板，校级文件管理员可以维护全校共用模板。

②督查督办

督办申请：多单位共同协作需要专门部门专门立项对其进行监督执行，由联系秘书、督办科工作人员起草督办申请。

督办审批：有关部门需要对督办申请进行审批立项，审批通过后，此督办事宜进入督办管理，否则退回申请人。

督办管理：通过对督办记录、督办报告的管理，最终进入办结注销状态。

督办查询：系统提供查询功能，并给出列表信息和督办记录明细、督办报告、办结报告等详细资料。

③信息报送

信息上报：下属各单位及有关部门发送信息给校办。

信息汇总：校办汇总上报的信息，可以根据需要将信息转为信息草稿再次编辑。

信息管理：信息工作人员审批信息，管理信息。

统计查询：统计查询各下属单位的报送信息。

④信息发布

信息草拟：提供信息的草拟功能。

信息审批：审批待发布的信息。

栏目管理：提供对学校和各部处门户网站信息栏目的定制功能和针对每个栏目下的信息审批流程的定制功能。

信息管理：可以对已经发布的信息进行修改、禁止发布、再次发布、设置固顶级别及期限、控制信息类型、设定信息安全属性等操作。

发布流程定制：通过系统提供的信息发布工作流程定制平台来灵活定制环节。

信息检索查询：对信息中的所有文档内容按所有关键词进行查询、检索（含全文检索），各关键词间的逻辑关系可由用户设定。支持多种方式的检索，可对文档进行条件检索（单条件及复合条件）和模糊检索；用户自定义检索条件进行检索；检索结果可进行再检索；检索条件和检索结果可保存起来，以备再次检索时使用。

电子显示屏：在学员楼、综合楼、行政办公楼设置电子显示屏，相关用户在此发布行政办公、教学、科研重大活动的通知等信息。

热点链接管理：提供热点链接管理工具和展示平台，方便管理常用链接。

信息阅览平台：该平台可以分栏目呈现学校、学校门户、各部处、各部处门户发布的信息。

⑤会议管理

会议室资源管理：管理全校公用的会议室信息，包括会议场所的基本资料，以及各会议室使用情况的发布。

会议计划：会议计划安排。

公共会议管理：会议室使用申请起草，上报。

内部会议管理：部门内部会议申请并直接发放会议通知。

会议申请审批：审批需要使用公共会议室的会议申请。

会议通知发放：向各部门及有关人员发放已经形成的会议通知。

会议通知反馈：接到会议通知的用户可以对该会议通知进行回执，发放会议通知的用户可以随时查看会议通知情况。

会议报名：召开区域性、全国性会议，应按要求填写会议报名单，对于确定出席的人员及其个人日程，包括领导及其公务日程，提交会议通知单回执。

会议变更：会议延期、改地址甚至取消，调出原有会议通知单进行更改，同时支持在发出变更通知的同时刷新会议变更统计表。

会议签到：根据会议通知和会议回执打印签到单，登记参加会议者到会情况，可以和 IC 卡等连接。

会务管理：支持票务、食宿、接待、出席卡、通讯录等功能。

会议日程、议程管理：按照会议安排形成日程、议程表。

会议纪要填写：校办及各部处工作人员可对已进入待开会议列表的会议进行录入、修改等操作，还可以删除会议纪要（标准会议纪要模板）。

会议形式：全校性会议、专业性会议、报告会、座谈会、研讨会、网络会议等。

（会议管理的设计应体现行政管理的核心思想：协调、协同。涵盖了办文、办会、办事的全部过程自动化管理功能，涉及与大事记、个人日程的接口，而且涉及资源分配、群组协同、个人安排、短信提醒等多项内容；为提高效率，节省成本，应充分利用已经建成的网络和先进的 Internet 技术，实现远程视频会议。）

⑥统计信息汇集

学校概况更新：从相应业务系统中按照规则生成基本情况一览表，适时更新学校概况。

基层报表：从相关业务系统上抽取基层报表中所需要的数据报表，提供给学校领导参考。如投稿统计，信息发布系统提供按投稿单位或者投稿栏目等要素进行统计。

报表查询统计：根据业务要求进行查询统计，以及报表本身的查询，包括单项查询、组合查询以及模糊查询。

⑦日常办公

个人信息：将自己认为有用的信息进行管理，并对这些文件进行分类，以便对信息进行直接利用；提供用户登录密码修改和授权待办功能。

日程安排：根据权限安排自己或别人，接收或拒绝别人安排，查询共同空闲时间，查询资源空闲时间，提醒设置等。

计划日志：可以根据需要设置日计划与日志，周计划与日志，月计划与日志，年计划与日志等，并生成工作总结。

待办事宜：将要做的事情（包括要处理的公文、日程提醒、任务安排）通过统一的待办事宜以醒目的方式显示给用户。

名录管理：建立公有名片/通讯录，包括整个部门都有权使用的人员信息；建立私有名片/通讯录，即个人的私人名片/通讯录（私有信息只有信息建立人才能阅读，可根据需要将通讯录设为共享或者私有，支持导出功能）。

考勤管理：签到、签退、查看考勤记录，设定上下班时间、签到签退时间，设置考勤管理属性及请假管理等。

在线交流：显示用户是否在线，与在线用户即时交流，给离线用户留言，各用户间快速、高效地传递各类信息（支持文字、语音、视频、报表等）等功能。

通知公告：将校内各类通知、公告以信息形式发布给相关人员，具有相应权限的用户负责信息的录入及维护。

外出设置：用于出差或外出前进行的工作转移或外出提醒的设置，提供对公文处理流程中的审批、会签、签发、批示、办理等权限的委托，以保障系统无间断、高效、正常运行。

辅助办公：包括用车申请、工资查询、差旅报账、物品领用、财务报销、接待事务、水电报修，在网络维护时提供修改、删除、查询及信息反馈等。

工作讨论（论坛）：根据需要，设立不同部门或范围的讨论区，为不同管理人员搭建网上工作平台。管理员可以对讨论区的栏目和用户权限进行灵活设置，可以授权版主。

桌面风格：可以针对每个人的喜好进行桌面风格、内容的设置，体现个性。

备忘录：将重要事件记录到备忘录中，通过各种方式提醒。如公司重大节日、生日等一些重要事情。

⑧印章管理

数字印章管理：数字印章制作、管理。

用印记录登记：由用印管理员在网上填写，可对用印记录登记进行修改、删除等操作。

用印记录查询：查询结果并提供打印功能。

⑨外事管理

填写出访申请：创建出访团组、填写团组成员、出访国家等出访申请信息。

出访信息管理：审批、查看出访申请。

派出人员管理：可以添加、修改、删除上述派出人员有关信息。

派出渠道管理：可以新增、修改、删除和查询派出渠道有关信息。

接待管理：接待管理包括来宾管理和礼品管理。来宾管理实现来宾登记、根据来宾情况进行接待安排、审批和接待通知的下发以及各种统计、查询功能；礼品管理实现来宾送的礼物和回送礼物的信息登记、统计和查询功能。

信息统计：各类信息的统计（包括来访接待、交流协议、与交流院校的交流量等等）。

⑩档案管理

文档接收：对文书和各种业务档案进行录入、归档，制作各种档案目录和进行档案调整，在文书档案中支持传统和简化的整理方法。

文件归档：能够支持新旧两种组卷规范。立"卷"归档，包括文件筛选、自动分类、文件组卷、档案著录、报表输出；立"件"归档，包括自动分类、辅助关联、排序编号、档案编目、文件装盒、报表打印。

文档保管：批量输入档案存放位置，对库房的温湿度进行记录，对文档进行控制和统计管理。

文档鉴定：对到期的档案进行鉴定（包含保管期限、密级和销毁的鉴定）。

借阅管理：档案借阅，经过审批程序，管理员进行授权调阅，超过时间后会自动删除该权限；包括纸质文件（利用人管理、利用登记、归还、利用查询、利用统计）和电子文件（利用申请、利用审核、利用查询、利用统计）。

案卷管理：档案接收、移交、鉴定、销毁、编目等功能。

统计报表：基本情况年报统计，从系统内的各张表关联采集数据；根据现在档案局对档案管理要求的统计表进行数据统计。

一体化管理：提供与公文的无缝接口，实现文档一体化管理。

数据管理：对数据进行移交接收、导入导出（XLS、DBF、TXT、XML）和数据备份恢复等。

全息管理：在查询档案的时候能够看到以前公文的内容、批示、流转过程等全息痕迹，方便各类报表的定制和打印。

全面管理：系统要支持档案目录或者全部内容的导入导出，将导出的数据刻录成光盘，必要时通过光盘塔或者二级海量存储机制，对历史数据进行全面管理。

档案编研：对各种档案类型的档案进行各种类型的汇编。类型包含重要文件汇编、组织沿革、人事任免汇编、全宗指南、大事记和基础数字汇编。

系统管理：用户管理、日志管理、信息门类维护、实体分类维护、全宗维护、组卷参数设置、修改设计报表等，并提供对系统进行辅助管理的工具，还有数据加密功能。档案管理在设计上，一定要注意预留扩展余地。

⑪投票管理

网上调查：在网站的首页或者重要页面显示网上调查的标题、选项等。

投票提交：提交选项，投票和调查人员可以提交他们的意见和投票选项。

结果显示：实时显示投票的结果，以图形化的方式直接显示各种意见和选项比例。

投票查询：按关键词如投票标题等查询历史的调查结果。

投票管理：增加一个投票，设置投票的标题、名称，投票显示风格等；支持 IP 地址、Cookie 记录防欺骗重复投票功能；支持实时统计投票结果，并以条形图或饼图显示。

选项管理：增加、删除、修改投票选项，可以设置多个选项，选项可以排序，由用户定制选项的顺序。

系统管理：设置投票的基本参数，如是否需要重复投票，是否可以多选项投票等；用户可在模板里自行定义投票显示的样式，定制投票显示的字体、背景色、图片等。

统计日志：统计投票的数量、百分比、状态图等；投票 IP 分布，日期分布等日志显示。

（3）教务管理系统

①课程管理

专业设置：介绍每个专业的详细信息。

课程设置：介绍每个课程的详细信息，包括专业名称、授课教师介绍、课程时间安排表。

精品课程：我校精品课程简介。

培养计划：介绍每个专业的培养方案，包括培养目标与基本规格，核心知识、能力和素质要求，学制、修业年限，本专业培养模式和特点。

师资队伍：每个教师简介。

名师介绍：教学名师简介。

资源中心：我校建设的数字信息资源，链接到数字图书馆主页。

②新生管理

招生管理：学员可通过招生网站查看学校及招生专业介绍、查询录取信息等。录取工作结束后，对年度录取数据进行统计分析，形成下一年度制订招生计划的依据。提供导入工具，将教育部招生系统中的录取数据导入系统。提供对新生信息的维护，记录所有变动历史，所有数据有据可查。系统的开发，严格遵循教育部和其他相关的信息管理规范和标准，实现教育机构之间的文件信息交换。数据导入接口将新生录取信息批量导入系统，形成学员学籍的信息来源。

班次管理：新生自动分班编学号，新生照片管理等功能。

注册管理：在注册期限内进行学员注册；学员直接使用学员证和校园卡到注册中心进行注册。通过读卡机直接读出学员的学号、姓名、班级、院系、交费信息和照片等信息。注册中心管理员可以对所有注册信息进行手工的添加、更改和删除。如果学员在规定的时间内没有进行注册，可以对该学员进行补注册，注册的方式同学员注册。

注册数据统计与查询：系统提供查询工具并支持多种标准格式的统计、报表输出，统计分析注册信息；学员能够查询自己的注册状态数据。

③入学管理

学籍信息管理：学籍信息管理能够对学员学籍信息进行日常的维护，包括添加、修改和删除；输出学员学籍表、学员名册和学员基本数据统计报表。

学员证管理：记录学员补办学员证的次数，根据这个数据决定学员补办时应当交纳的费用；生成补办学员证名单；生成补办学员证交款单，由他们持此交款单到相关学员财务部门交费。

④教学计划

网上申报：各专业在规定的时间内在网上填写自己的专业教学计划，给出课程、学分以及上课安排等信息。

教学计划审批：教务管理员针对各专业的教学计划对其进行审批，并提出修改建议。

安排教学计划：对有多专业安排同一门课的情况，系统提供快速安排教学计划的方式，选定一门课后，为其选择授课专业，可以直接将该计划安排到所选择专业的教学计划中。

教学计划查询：学员及各院系的管理人员可以对已设置好的教学计划进行查询。

⑤排课管理

教室调度：对空闲的教室使用时间，相关人员可以对其进行预约；预约时需要输入占用的单位、时间、联系人等信息。

排课管理：提供自动、手动和自动手动相结合的方式进行排课，系统对排课结果可做冲突与合理性检查，并生成课表及排课情况统计表。

考试管理：安排考试时间地点，同时在排考期间可以修改、删除所排考试的时间与地点。

课表查询和教学数据统计：排课结束后，可以查询、生成和输出各种类型的课表，包括班级课程表、教室课程表、系课程表、教师教学任务书、学历表、考试安排表等。

教室信息维护：对教室信息进行查询、增加、修改、删除的操作。

⑥选课管理

学员网上选课：支持学员网上选课，对于不同性质的课程提供灵活的选课方式。

选课数据调整：当出现特殊情况，如选课人数过多或过少时，可以对课程的教学班进行调整或对选课结果进行抽签，以满足学员上课的需要。

选课结果查询：学员和老师可以对选课程结果进行查询。

选课结果统计：统计和打印各种报表，例如课程一览表、选课学员名单、学员成绩登记表等。

生成课表：根据校历和学员选课情况，自动生成学员课表及教师授课表。

⑦成绩管理

权限设置系统支持两种基于权限的成绩录入方式：由任课教师录入所教课程的成绩和按照班级录入成绩的模式。对于多个教师教授同一门课程的情况，可以对成绩录入权限进行设置，规定由某人录入成绩。

成绩录入：教师按照课程情况可以录入自己所上课程的成绩，系统会根据教师录入的各单项成绩换算总评成绩重修、重考成绩管理、重修、重考成绩的录入、修改及审批维护操作。

毕业论文成绩：对学员的毕业论文成绩进行维护，包括中文名称、英文名称以及课程成绩。

成绩查询：用户基于权限对成绩进行查询。学员只能查询本人的成绩信息，教师可以查询自己所授课程的学员成绩，院系负责人可以查询本院系内的学员成绩，教务处老师可以查询全校所有学员的成绩。

成绩审批及维护：对教师录入的成绩进行审批，并可以对教师已提交的课程成绩进行修改，系统同时会记录成绩的修改记录。

成绩统计与分析：对所有课程成绩的各种统计和分析。可查询并生成标准格式的报表，报表可以根据需要由用户设置纸张等打印选项。

成绩单管理：根据学员的具体要求，生成学员毕业成绩单、出国成绩单、工作介绍成绩单等。

⑧教学评价管理

评教指标设置：可以对评教的指标进行灵活的设置，并可以针对学员、同行、督导专家的不同侧重点设置不同的评教指标。

学员在线评教：教学评价管理系统支持学员在线进行评教，学员在规定时间内通过网上投票对其所上的课程一次性填写评教信息。

教师互评：教师可以在规定的时间内对其他授课教师进行评教，并可以建立不同于学员的评教指标体系，如领导评教、督导专家评教、教研室主任评教。

评教结果分析及统计：提供各种便利的评教结果分析、统计和输出手段，对评教的结果进行处理。

⑨教材管理

订单管理：针对授课教师的授课信息及学员的选课信息，完成教材的预订及统计教材预订数量，根据教师的教材预订要求情况，做相应计划表，并将整个教材使用情况进行汇总后，交给指定书商订购教材。

教材入库：当书商将采购的书送到后，核对采购书的种类及数量和订单的数量是否相符，核对正确后，给出实际凭证。

库存信息：教材科人员可以随时查询监控现在的库存情况，当库存情况与实际情况出现差异时，可以手工进行修改。

教材出库：学员以班级身份集体领书，针对学员的预付款对学员的购书款进行结账，当所购教材出现问题时，进行退换教材的处理。购买结束后，要记账。

⑩教务信息管理

教务信息发布：将各项教务处发布的信息，如考试报名通知及成绩查询通知、评教结果信息发布通知等信息，在网上进行发布。

教务信息管理：主要有教学课题类别管理、教学课题库管理、办班计划管理、教学计划管理、招生信息管理、教材信息管理。

（4）科研管理系统

①公共模块

系统消息：项目、成果等信息经过审核，系统会根据审核情况给相关人员发送系统消息。当接收消息的用户登录系统，消息页面会每隔一段时间弹出给用户看。用户也可以查阅"我的消息"，当未读信息被确认读取，则系统不再发出提醒指令。

模板管理：管理员可以将常用的模板分类上载到系统的模板区，并开放给系统的用户下载使用。

下载专区：所有用户均可以从系统下载需要的模板使用。下载区分为项目申报、项目开题报告、项目结题报告、成果鉴定相关表等。

信息发布：管理员可以在系统指定区域发布信息。当所有用户登录系统时，都可以看到这些信息。

②科研机构管理

机构信息：科研机构信息包括机构的基本信息、人员信息和硬件设施等，管理员可以维护机构信息，进行增加、修改、删除、查询、统计等操作。

设备管理：对所有设备信息进行维护，机构硬件设施从设备信息中读取，建立专有或共享的使用关系。

③科研人员管理

本校科研人员：维护本校科研人员的科研信息。科研人员的人事信息从人事系统中读入，补充录入个人科研信息如研究专长、研究成果、主持项目、获奖情况、专家称号等，组成本校科研人员的全部信息。

非本校科研人员：对于非本校科研人员参与本校科研活动，系统记录该非本校科研人员的基本人事信息和科研活动信息。

信息维护：审核、修改、更新用户提交信息，补充录入用户其他信息，如入选国家社科基金项目评审专家库、省社科规划项目评审专家库等信息，提交到科研人员库。

信息查询：可按人员信息中的任意条件浏览、查询全部或分类人员信息，可按任意条件对人员进行统计、分析、报表、输出。个人可对本人信息进行查询。

④科研项目管理

项目信息：发布项目申报通知、课题指南、申报代码表、项目申请书、申报数据表等资料，供用户浏览、下载。

项目申报：项目申报人员按国家社科基金项目、省社科规划项目、全国党校系统项目、校级项目、国家学会项目、其他项目等类别录入申报项目类别、项目名称、学科分类、研究类别、课题组成员、成果形式、立项时间、完成时间、项目经费、结项情况等信息，填写申请书并上传。

项目评审：对项目申报信息进行审核修改，生成申报项目数据库。项目评审立项后，管理员录入立项数据，生成立项项目数据库。

合同管理：对项目签订的合同信息进行维护和管理。

项目中期管理：可查询统计所有在研项目，可录入、查询项目进展信息，包括项目基本信息、经费信息、研究进度信息、延期或撤销等项目变更信息等。

项目延期、中止或撤销：项目负责人可以填写延期、中止或撤销的申请信息，上载相应文件，由项目管理部门按规定权限审核管辖范围内的上述申请。

结项管理：项目负责人下载项目结项表格资料，可上传结项申请报告等结项材料，经审核，输出上述材料，录入成果鉴定、项目结项、经费信息等。系统可设置项目结项提醒功能，管理员可针对单个或者批量项目设置其提交各种结项材料的时间，系统会在设置的提示日期内不断提醒项目负责人提交相应材料，直到项目负责人完成提交结项材料的工作。

课题属性管理：对课题进行科学分类，按不同属性归类管理；用户可按项目信息中的任意条件浏览、查询全部或分类项目信息，可按任意条件对成果进行统计、分析、报表、输出。

⑤科研项目评分管理

专家管理：管理员对历年各个领域的专家信息进行收集和维护管理，主要包括专家的姓名、职称、研究领域等信息。

专家登录账号：为参加当年项目评审的专家分配登录系统评分的特殊账号。当评分结束，账号自动关闭。

定制评分方法：选择评分类型（打分制、等级分数制、等级制），定制评分标准、设计评分问卷。

划分专家组：建立一个专家组，从专家库中选择若干相关领域的专家编入这个专家组，从这些专家中选择一个专家确定为该专家组组长。

划分项目组：建立一个项目组，项目组基本信息包括项目组编号、开始评分时间、结束评分时间等。从待评分的项目库中选择若干相似领域的项目编入这个项目组，从已经编好的若干专家组中选择一个专家组与该项目组匹配，从已经定制好的若干评分标准中选择一个适用于这个项目组的评分标准。

专家评分：专家可以在指定评分时间内使用指定账号登录系统对指定的项目组内所有项目进行评分。评分时，专家不可以看到项目申请者的个人信息。专家填写完评分表，系统自动记录评分专家的姓名和评分日期。在评分期限内，专家可以再次登录系统修改自己的评审信息。

计算分值及查询统计：当评分结束，系统根据专家输入的分数，进行打分（去掉一个最高分和最低分，计算平均分，并排列名次），可以打印清单。

⑥科研经费管理

经费类型设置：设置科研经费的拨入经费类型和经费用途类型。拨入经费类型包括项目拨款、学校配套、企业配套、其他项目转入等。

经费预算：年度经费、专项经费预算。

经费划拨：录入、维护科研基金、项目拨款、学校配套、基地建设、科研启动经费、其他经费转入等。

提扣费用设置：设置提扣费包括设置提取劳务费或立题费、扣除管理费等常用费用的名目和比例。

税费设置：对于需要缴纳税款的项目，设置缴纳税款时候的默认比例。

到款管理：财务处以到款单的形式通知科研经费管理部门经费到账信息（含电子公文），科研经费管理员将财务处的通知单信息记入科研管理系统，同时查找相应项目，为项目设定各种管理费用的提扣指标。

进账管理：对已经登记了到款通知单的到款项目，执行到款操作，对于首次进账的项目系统自动为其生成项目编号。

打印单据：根据进账内容，包括经费类型、提扣费用和税费，打印科研经费进账单、劳务酬金签领单等相关单据。

出账管理：对每项经费的支出明细进行录入，生成账目。

查询和统计：经费进账情况的查询和统计，项目经费的支出明细查询。

⑦科研成果管理

成果申报：用户登录后，可按论文、著作、调研报告、科技项目、工程项目、软件等成果类型，录入、修改成果名称、形式、发表出版、内容、关键词、字数、作者、学科分类、复印转载、鉴定、社会反响、获奖等信息。

成果审核：系统将成果申报信息提交到待审核成果信息库，按规定程序对提交信息进行审核。

成果库管理：经审核通过的各类成果信息进入成果库，用户可按成果信息中的任意条件浏览、查询全部或分类成果信息，可按任意条件对成果进行统计、分析、报表、输出。

鉴定成果管理：登记、修改、查询和统计鉴定成果信息。

获奖成果管理：登记、修改、查询和统计获奖成果信息。

其他成果管理：登记、修改、查询和统计上述成果之外的其他成果信息。

⑧学术活动管理

学术会议：用户提交并经过审核的会议论文成果信息可进入学术会议信息库，用户也可录入学术会议情况，包括会议名称、组织机构、召开时间、地点、会议参加人、会议论文等信息。系统还可提供会议的查询、统计、报表、输出等功能。

学术报告：管理学术报告基本信息。包括学术报告名称、主讲人、主讲人职称、学科领域、报告摘要、主持人、主办单位、协办单位等信息。

学术交流：包括派出学术交流和接受学术交流。提供科研人员在相关职能部门派出的国内外进修、访问学者、合作科研等情况的登记、查询、统计等功能。也提供对来本校进行学术交流的校外科研人员的基本信息和学术活动的登记、查询和统计等功能。

学术调研：包括调研任务发布、调研课题申报、调研项目审批、调研成果鉴定、调研经费分配；用户可录入调研的负责人、主题、内容、时间、地点、成果名称、经费预算等信息，申报调研项目；经审核批准后，进入调研活动数据库管理；调研成果完成后，用户提交调研报告、活动总结、经费决算、成果转化等信息；经审核鉴定后，录入经费资助奖励等信息，提交到调研活动数据库；可浏览、查询、统计、输出以上信息。

⑨期刊管理

期刊管理：提供各种学术期刊的信息维护，包括期刊名称、期刊级别、是否核心期刊、是否 SCI 检索、影响因子等信息。

⑩基层党校科研

科研概况：发布基层党校科研概况。

科研动态：收集发布基层党校科研动态。

科研评奖：由基层党校上传参加全省党校系统科研工作组织奖、优秀科研成果奖评奖材料，管理员审核、收集、汇总，生成评奖申报数据库。评奖完成后，管理员录入评审结果，生成获奖信息数据库。

（5）学员管理系统

①学员管理

学习管理：熟悉教学计划，落实整体教学安排；掌握教学进度，指导各班学员党支部做好各个教学环节的落实，抓好学员到课率；组织学员开展读书、研讨、交流等教学活动；与教务处、教研部配合，及时沟通教学上的情况；加强与省委组织部干教处、干部一处、干部六处的工作联系，及时沟通办班中的相关情况和一些具体问题。

组织管理：做好学员的入学报到和入学教育；组建学员党支部，实现学员自我管理，自我教育，自我服务，引导学员实现"三个转变"；结合教学，指导学员党支部开展党性教育活动，寓党性教育于理论学习之中，重点抓好学员学风建设；了解学员的思想动态，做好学员的思想政治工作；指导学员党支部做好学员结（毕）业鉴定，并根据班次要求做好学员的考核工作。

生活管理：努力为学员创造良好的学习和生活环境；主动关心学员的食、宿等生活情况。

信息发布：更新网页的内容；发布、公示各种活动、教育管理综合信息等。

学员信息管理：管理学员信息，包括学号、性别、政治面貌、班次、专业、个人基本信息（身份证号、工作单位、职务等），系统提供新建、修改、删除、查询、导入等功能，对学员资料进行查询、修改、增加的操作，审核后入库。

学员人数统计：系统按用户提供的统计报表内容进行统计，并生成报表；按统计报表对学员进行统计，可对报表进行新增、查询明细、删除操作。

个人情况查询：按个人信息产生列表，通过列表查询每个学员的详细信息。

分类统计：按不同的统计类别进行学员情况分类统计。

②学员个性化服务平台

学员交流平台：包括班级简介，班级基本信息，学员名单，班主任信息，课程表，课程信息，讲课老师信息及简介，上课记录，课程评价，班级留言，班级相册，访问记录，群发邮件，班级论坛，班级通讯录，在线学员，在线讨论室。

名录管理：建立公有名片/通讯录，即整个部门都有权使用的人员信息，如快递公司等；建立私有名片/通讯录，即个人的私人名片/通讯录。

在线交流：显示用户是否在线，与在线用户即时交流，给离线用户留言，各用户间快速、高效地传递各类信息（支持文字、语音、视频、报表等）等功能。

通知公告：将校内各类通知、公告以信息形式发布给相关人员。

短信提示：邮件提醒——设置提醒的邮件特征，对符合条件的邮件，当所需提醒的邮件到达的时候，自动发送短消息。

请假管理：起草假条，审批假条，管理被退回的假条，查看假条记录。

辅助办公：包括物品领用、水电报修，在网络维护时，提供修改、删除、查询及信息反馈等。

工作讨论：根据需要，为不同班次人员搭建网上讨论平台。管理员可以对讨论区的栏目和用户权限进行灵活设置，可以授权版主。

桌面风格：可以针对每个人的喜好进行桌面风格、内容的设置，体现个性。

(6) 研究生管理系统

①招生管理

招生系统设置：对研究生招生的各项参数进行设置，包括报名时间、收费标准等信息。

招生计划管理：制订各院系的招生计划并对外进行发布，对设定的招生计划可进行增加、修改、删除等操作。

招生专业目录管理：查询并审核招生专业目录，并最终制定考试科目代码。

招生简章管理：包括招生简章的制作并对外发布的功能。

接受免试生管理：设定免试生接受计划，对各院系汇总上报的免试生信息进行管理，并组织免试生复试并录取的工作。

考生信息管理：对录取考生信息的查询、添加、修改、删除等操作。

考生数据统计：根据报表要求统计录取考生的人数、自然情况和分数情况等。

报考信息管理模块：对各项报考信息进行管理，为招生计划的制订提供参考依据，用户可基于权限对各项信息进行编辑、修改。同时，系统支持教育部下发的机读报名信息卡采集软件，兼容并进一步完善了其全部功能，可以自动导入教育部下发的报名信息库，根据报名信息库统计各专业、各领域报考人数及报考考生情况综合表，生成各种统计用的通用报表。

考务管理：在考生资格审查后，生成准考库上报教育部，并按照教育部的统一规则自动生成准考证号和准考信息报表。考务管理还包括对考场工作人员的管理，支持各种通用报表的生成和输出。

考题管理：管理研究生入学考试命题信息，负责招生文件、资料、历年试题的立卷、汇编和归档工作。

阅卷管理：管理研究生入学考试试卷的阅卷工作，包括阅卷科目、阅卷登记等工作。

报考成绩管理：系统自动导入和管理全国统考成绩，录入专业课程等科成绩（在有效时间内可以更改和删除这些数据），生成校对清单；系统提供考试成绩的查询、修改、统计、分析功能；支持考生网上查询成绩功能。

考生成绩管理：统计各院系、各专业、各方向、各类别（统考、联考、单独考试等）的上线考生人数并形成报表，自动对考生进行成绩排名，为研究生录取工作提供依据。

复试管理：包括对划定复试分数线、校内调剂、校外调剂，以及破格录取等工作的管理。

政审、调档、合同书信息管理：提供对政审、调档、合同书的签订等业务信息的管理，并可生成各种通用报表。

录取管理：包括对考试录取、免试录取以及往年保留学籍今年录取的研究生的录取管理。

录取名单生成：系统生成最后录取库并输出按院系、按专业、按类别统计的录取名单，按学校编学号的统一规则，对所有考生自动编上唯一的学号，生成录取通知书和新生名册。

报表：可以按照学校相关部门的工作要求，导出相应的录取库，并提供相应报表。

网页更新和信息发布：更新网页内容，发布各种招生信息和公告。

②学籍管理

新生学籍信息管理：系统具有信息自动导入功能，从招生部门导入新生学籍数据，管理员可以添加、修改招生信息中的学籍数据。

在校生注册管理：对在校生每学年的报到、注册情况进行管理。

在校生学籍信息管理：是对在校学生学籍信息的导入和管理，包括增加、查询、修改、删除等。学生毕业时将在校生学籍数据导出到校友库。

学籍异动信息管理：管理研究生的学籍异动信息，包括休学、停学、保留学籍、复学、退学、转学、转系、转专业、导师变动等学籍异动类别。

毕业管理：是管理学生毕业流程中的所有信息和业务。系统自动生成和管理预毕业学生名单，根据毕业要求审定学生的毕业资格，录入和管理毕业审批结果和学生毕业信息。

③培养管理

培养方案管理：培养方案管理是研究生培养工作进行的前提，包括对专业课及开课信息，学生培养方案进行管理。可以对信息进行录入、添加、修改和删除等。

培养计划管理：系统支持研究生培养计划制订过程的网络化管理，提供网上填写、审批计划功能。研究生导师和各管理部门根据权限可以查阅、调用、审核、查阅、网上汇总、审批、输出培养计划信息。

教学计划管理：对研究生所上课程的教学计划，如开课单位、开课时间、学时等信息进行增加、删除、修改及查询的管理功能。

课程信息管理：对研究生院开设课程的信息，如课程名、上课教师等信息进行管理。

信息自动流转及监控：提供研究生院相关职能部门对单位、个人网上填写、提交培养计划有效时段的控制功能（含时段的设置及调整）。

管理辅助服务：提供相应的计划编辑服务以及相关环节的管理辅助服务，如自动产生事件追踪记录（含计划修改的日期、原因、操作者姓名）等。

排课管理：根据学生培养计划课程安排，对研究生院所有课程，包括学位课和选修课，进行排课并管理相关信息，并对排课结果、课表等信息进行管理、输出和统计。

选课管理：提供学生网上选课功能；支持选课信息自动流转及监控管理。选课完毕，根据校历和学生选课情况自动生成学生课表和各种报表。

考试管理：进行考试信息的录入和管理，包括课程考试申请信息、考试安排信息、考试时间、地点和监考人员。

学分审查：支持学生学分审查及考试成绩查询功能。

统计分析：具有教学统计与分析功能。

代码维护：管理教学代码库的建立和维护（如课程代码、专业代码等）。

成绩管理：由任课教师或管理员根据权限录入成绩，支持对所有课程考试成绩的管理、查询和统计。

教材管理：对于教材的入库、库存盘点和出库信息有着完整的信息管理；提供零售和集体出售的业务。同时，针对研究生教育的特点，支持教材讲义档案的建立和管理。

④学科建设

学科现状考察：对权限范围内的用户提供数据的上传、下载及打印服务。

学科专业信息管理：对研究生院所属各专业的学科信息，包括门类、学科、专业信息进行增加、修改、删除以及查询的功能。

学科建设项目管理：录入并管理立项申请，维护项目信息（系统保留更改历史），管理监督项目质量文件，维护项目的经费信息。

导师基本信息查询：提供教工信息（包括项目情况、论文情况、任课情况、考核情况等）的查询。

导师遴选信息管理：导师遴选规则信息的维护和发布，教工参加导师遴选申请的查询和统计。

导师聘任信息管理：导师聘任信息的管理和查询以及导师信息的管理和维护。

学科情况统计与分析：对各学科的教师、学生情况以及学科梯队的结构进行统计与分析。

论文科研项目统计：对论文的发表情况以及各学科专业承担科研项目的情况进行统计与分析。

数据上报：相关信息的上报。

⑤学生工作管理

研究生党组织管理：各院系学生党组织结构与党员信息（含发展对象、预备党员、正式党员）；按权限提供各级用户灵活、实用的查询、统计功能。

普通奖学金的管理：系统支持网上填写、审核普通奖学金申请；具有相关查询统计功能。

奖学金信息管理：研究生奖学金项目信息和奖学金申请、评定、发放信息的维护管理。

学生贷款管理：该模块提供学生贷款信息的录入和管理，功能包括添加、修改、查询、删除和统计等。支持贷款申请表网上录入、审核管理；提供停发贷款、还贷、贷款减免还管理；提供贷款情况查询统计和报表的生成。

评优管理：包括对研究生的各项奖励信息的添加、修改、查询、删除等操作的管理，同时研究生院管理处可以对奖学金发放情况进行查询、统计。

处罚管理：包括研究生的各种学生处分信息等的管理，功能包括添加、修改、查询、删除和统计等。

家庭经济情况调查：学生填写家庭经济情况调查表，由研究生院管理处对其填写的家庭经济情况进行审核，用作发放特困生补助等功能的依据。

困难补助管理：对家庭条件有困难的学生发放困难补助的管理，包括审查、发放以及查询等功能。

⑥综合管理

培养（业务）经费划拨：系统提供对各类研究生业务经费分配标准的设置、维护功能；支持研究生业务经费分配信息的网上登记处理功能。支持划拨过程的公文自动流转与监控管理功能。

研究生教育基金的管理、条例管理：系统提供对各类教育基金条例的设置、修改功能。

表格网上处理：实现基金发放过程中各种表格的网上填写、申报、审批，并支持上述处理过程的公文自动流转及监控管理。

时段控制：研究生院相关职能部门可以对单位、个人网上填写、提交各类教育基金申请表格有效时段进行控制。

统计查询：系统还提供教育基金资助项目的辅助管理服务和方便实用的统计、查询功能，包括学历、学位查询功能。

资产管理：对研究生院的各项资产进行登记、查询、修理等各项管理工作。

统计报表：对各项报表进行统计及管理。

(7) 函授管理系统

①函授业务

招生管理：报名表录入、打印准考证、学员成绩表、入学登分、新生录取注册等。

学籍管理：每学期学籍增加或减少，统计，报表打印。

成绩管理：成绩管理录入，校对，调整，排名次，免修课程管理。

补考管理：补考数据生成，登分，成绩合成，统计。

毕业管理：毕业学员成绩审核，打印结业证等，优秀学员、干部审核。

数据管理：各种数据导入、导出，与下面学区、辅导站进行数据交换。

劳务管理：劳务明细录入、审核、上报，财务处审核发放、直接将劳务费打入账户，发出短信通知。

公文管理：初稿录入、核稿、签发、发送、短信通知、文稿归档。

会务管理：代表名单录入、生成代表证、座位牌、住宿安排、会场安排、用餐安排、会议经费结算。

经费管理：经费预算，根据学籍科学员数生成收费通知，转财务处开出收费票据，下发各学区。

档案管理：文档目录内容录入，分类形成目录、序号等。

师资管理：全省党校函授师资管理。

教材管理：教材征订、教材发行。

文件管理：各种文件下发管理。

论文答辩管理：论文答辩相关工作。

报表管理：任课教师班主任联系表，各学期期末考试评卷老师安排表。

统计查询：各学期期末考试统计表、各学期师资培训上报表、毕业学员调查统计表。

②新生入学管理

新生入学准备：数据准备、分班编学号、分配账号、信息查询统计、分发通知书。

收费管理：交费系统包括入学前管理和现场办公两部分。入学前管理部分与财务系统相结合，并可以支持银行代扣功能。现场办公时，提供收费信息的录入和管理；各相关部门可以实时查询学生交费信息，从而杜绝新生欠费现象。

新生注册管理：根据交费信息，对学生进行注册；新生办理完某项手续后，工作人员将该项信息标注为：已办理。办理各项业务的工作人员还可以根据目前等待人数设置忙碌级别。新生和所有工作人员可以查询新生还需要办理的业务信息，以及各个业务办理点的信息，以决定先去办理哪一项手续。

信息发布：提供迎新信息的实时发布、查询、统计，学校各级管理部门可以随时查询迎新各项工作的进程。

收发费标准管理：维护收发费标准、设置优先级、学生范围管理、设置费用类别、标准应用情况。

学生交费系统应收应发：应收发名单管理、应收发数据管理、导出待收发数据、批量导入应收发数据、应收催缴、手工维护应收发数据。

学生交费系统实收实发：现金收发费、缓交数据管理、抵扣数据管理、导入实收发数据（银行代扣/代发）、实收发数据管理、导出实收发数据。

业务处理：收费收据打印、银行代扣代发、学籍异动收发费、欠缴费催缴、预存款缴费。

票据管理：票据类型管理、票据使用部门管理、票据本管理、票据入库、票据退库、票据核销、票据销毁、票据基本信息管理。

统计查询：系统提供通用查询和灵活报表功能。可分别满足不同用户的要求。

(8) 组织人事管理系统

①系统管理

系统构建：用户可以根据本校的实际情况，灵活地构建适合自身需要的系统。比如增加、删除一个数据表，或者增加、删除表中的某些字段。提供了大量常用的数据表模板，而且用户也可以扩充这些表模板。

代码维护：系统根据最新的国家标准建立了完善的指标代码体系，在国家规定的代码之外，用户也可以灵活地自定义各种人事代码。

用户管理：可以实现增、删及设置用户权限的操作。用户管理分为用户和权限两方面，在用户界面中由增加用户和删除用户两个功能组成。

数据交换、备份和恢复：系统提供了与上下级人事部门或者其他部门进行数据共享与交换的功能。为了防止意外，系统还提供了数据备份和恢复的功能。

②人事基本信息管理

人员管理：主要是对人员基本信息和扩展信息进行管理（包括职工基本资料：员工基本信息、员工姓名、性别、家庭地址、电话；职工调动资料：员工的姓名，原职务名称，变动后职务，变动时间、原因，职工离职资料，职工退休资料），系统可以对人员的当前信息、历史变迁信息、照片信息、动态多媒体信息、论文专著等信息进行录入、编辑、查询、统计、分析、输出等各项管理；可对人员进行分类别管理；提供多种录入方式（代码录入、批量录入、复制录入等）。

单位管理：对学校各部门、单位基本情况及相关扩展信息，如单位编制情况、单位学科设置情况等子集进行增加、删除和修改等操作。

机构管理：通过此模块可以完成单位信息的增加、修改、插入、删除、批量处理，并可进行查询、统计、分析等操作，生成直观多样的统计、分析图形；能够绘制和生成单位信息报表。

报表处理：系统提供了通用报表制作模块。在此模块中，通过设置各种条件，就能够自动生成形式上类似于 Excel 的报表。用户也可以随意对报表进行插入、删除、拆分或者合并；另外，提供与 Excel 的接口。

考勤管理：职工签到系统包括本人签到，考勤员确认，部门负责人签字，填写当月主要工作情况并签字；全校性大会考勤包括本人签到，组织处统计，通报；请假销假系统包括事假、病假、婚假、计划生育假、探亲假、丧假，提交相关证明。经处室领导签署意见后由组织处审批（采用计算机管理方式，用户可在系统中签到、请假）。

③编制与调配管理

编制管理：根据学校发展的需要，参照兄弟院校教师服务岗位设置标准及各学科教学、科研、学生等实际情况，设置及调整学校各单位、各类岗位的组织结构与人员定额。负责确定单位性质、规模、各类岗位的编制以及中层干部人选；负责落实各单位具体人事安排（含各类岗位人员安排等）。

干部选拔任用：公布职位及选任条件；民主推荐；考察；酝酿；校委集体讨论决定；任职。

调动管理：提供对校外人员、军转干部的调入，校内人员的调动，离校人员的管理等功能；提供各类人员离校、返校手续办理及会签通知的功能。（流程：本人申请；所在处室负责人同意并签字；组织处考核，并报校委研究；办理离校手续。）

享受政府特殊津贴专家管理：提供享受政府特殊津贴专家信息维护的功能，提供输出与打印政府特殊津贴发放名册表的功能。

流动人员基本信息管理：主要是对流动人员基本信息进行管理，提供增加、删除、修改、查询、统计、分析、输出等各项管理功能。

借调人员管理：主要是对借调人员基本信息进行管理，提供增加、删除、修改、查询、统计、分析、输出等各项管理功能。

人员离校管理：管理校内教职工的离校、返校信息，提供增加、删除、修改、查询及相关统计功能。

出国人员管理：记录校内教职工出国相关信息，同时记录延期、豁免及返校情况。

④师资队伍建设与管理

职务聘任管理：提供从招聘计划的管理、应聘申请的管理及对应聘申请的初步审核等功能。涉及的内容包括全校各类岗位的聘任，如各类专业技术职务岗位、行政职员岗位、后勤人员岗位等。

职称评定管理：评审通知、公文发布；建立对教职工的职称评审信息，并进行维护管理；对教职工申请、评定工作进行处理；材料审核，代表作鉴定审核、分发、回收、评审材料审核、主管部门审核、专业组审核上报评审资料，保存评审结果，评委会评审，主管部门确认，发放资格证书等；提供毕业生职称初次认定的功能。

年终考核：考核优秀指标申报，考核通知，考核小组会议，个人述职，考核小组评议，考核委员审核，校委会研究决定，公示，上报考核结果，反馈考核结果，兑现考核结果。

校外著名学者及社会知名人士聘请管理：记录聘请校外著名学者及社会知名人士等人员的信息。

资格确认与考试管理：负责记录校内校外人员参加考试的情况，实现教师资格证书的申请和管理。

培养与培训：实现对校内教职工校内培训、国内进修、国外培养等信息的管理。对于各种人才工程的遴选、培养、考核过程提供网上处理（如个人申报、部门审核、组织审核、校委审批，行政干部和后勤人员攻读高一级学历须经本人申请、部门意见、组织处审批、校领导批准，属定向培养的签订协议）。

工人岗位定级及工人技师评审管理：记录工人考工定级及技师评审过程与结果信息。

评优：记录校内教职工评优的相关信息，包括评定简化流程记录。

⑤人才引进

人才引进过程管理：提供人才引进标准的设置、修改功能；提供人才引进过程各种表格的网上填写、申报、审批功能，实现引进处理过程的公文自动流转及监控管理，人才需求发布、受理，人才遴选、部门试讲、分管校委把关、组织考核、政审、校委研究、办理。

人才引进相关管理：对引进的人才的各种情况进行登记；对引进人才的相关信息的记录工作；对引进人才配偶情况的记录；引进人才情况查询统计。

兼职、客座、名誉教授信息管理：记录校内外兼职、客座、名誉教授的聘任流程及相关信息。

⑥工资管理

人员变动管理：包括增员处理、减员处理、内部调动、调入处理等功能，可以根据增员信息形成的数据库内容进行查询。

工资变动管理：管理工资的变动情况，例如行政级别晋升、技术职称晋升、工人晋升、转正定级、年度升级、奖惩等；根据职工工资变动的触发条件，做工资变动的处理；根据工资变动改变工资；通知社保部门改变保险费，财务发工资；其余人员可以根据增员信息形成的数据库内容进行查询。

日常工资管理：包括学位定级工资处理，毕业生直接定级处理公派出境及返回处理，工资扣减及扣减恢复处理，补发补扣处理以及修改工资处理。

调标管理：当上级部门下达新的标准的时候，操作人员将标准表处理为 Excel 格式，在这里将新的数据导入，根据新的标准调整相应人员的工资数额，同时打印出若干需要的报表。

校内工资及福利待遇管理：管理校内工资结构标准及发放原则，相关福利待遇情况。

公积金管理：一是支取，个人填写公积金支取申请表并提供有关材料，报组织处核定并盖章，经省直单位公积金管理中心审批，个人到承办银行省建行房改专柜提取；二是转移，调出单位到承办银行办理调出职工的公积金封存，调入单位在发放职工工资当月，到承办银行办理单位缴存人员变更手续，为调入职工设立住房公积金账户，并将该账户通知该职工，调出单位填写住房公积金转移凭证，携职工住房公积金存折办理转移手续。

医疗保险管理：个人填写基本医疗保险参加申请表并提供身份证复印件一份及 3 张 1 寸彩照和工本费 27 元，组织处审核并盖章，经省医保管理中心审批办理参保手续，2 个月后领取医疗保障卡。

⑦离退休人员管理

离退休管理：根据设置条件筛选，生成离退休人员名单；对离退休人员进行转出、返聘、停止返聘等管理。

工资调整：在国家、省、市人事厅下发了相关的工资等调整文件后，针对退休人员的工资分类进行相应的调整。

离退休津贴标准维护：主要对物价补贴、福利补贴（离休、退休）、离职津贴、生活补助（退休，离休）的维护工作。

查询统计：包括离退休基本情况查询、离退休工资情况查询、离退休计费情况查询、离退休转出人员查询。

⑧博士后管理

基本信息管理：对于已经被批准博士后人员的信息进行管理，包括进站、出站、考核等信息进行录入、编辑、查询、统计、分析、输出等各项管理。

核发工资：博士后人员的工资发放，需要由其导师进行认定工作，根据其某段时间内的表现来决定是否给其发工资，同时也需要所在单位、博管办的进一步确认。

博士后流动站信息管理：对博士后流动站的基本信息进行管理，例如哪些一级学科是博士后流动站点，以及一个博士后流动站所涉及的院系。

年度考核：由博士后本人填写考核表中的详细信息，同时系统自动从科研部门获得信息，然后由导师、流动站、博管办确认考核信息。

⑨社会保险管理

投保名单管理：提供教职工投保的新增、审核、停保等管理功能。

缴费标准管理：对缴费标准进行维护工作。

查询、报表：提供保险基本情况、投保情况、历年缴费情况、缴费标准查询、申报情况等查询功能。

⑩人力资源综合分析

人力资源综合分析：包括教职工队伍结构分析、党务工作情况分析、人员流动情况分析、国际科技交流情况分析、工资福利情况分析、各类岗位情况分析。

⑪报表管理

固定统计报表管理：提供各种固定名册、各单位教职工花名册、特定人员年限统计。各种统计报表包含固定统计报表、自动生成的各种统计报表。

人事资料归档管理：提供归档人事资料的输出与打印功能。

⑫流动人员管理

合同职工管理：提供合同职工资料的录入、修改、删除、打印等操作；工资的录入、修改、删除、打印等操作；包括合同职工工资的计算、发放、统计；年终优秀奖励的比例制定和发放。

保险费、管理费管理：此项功能负责合同工人员的保险费用管理，以及管理费的管理工作，涉及费用标准的设置、各种计算以及查询工作。

短期聘任管理：对短期聘任人员的管理工作。

流动编制人员管理：对流动编制人员的各种信息的管理工作。

挂靠人员管理：对挂靠人员的各种信息的管理工作。

富余人员：对富余人员各种信息的管理工作。

⑬对外信息服务

对外信息管理：提供系统对外的信息服务，例如各种表格的下载等。

人事申请公共管理：在人事管理信息系统中，申请类别包括人员变动申请、招聘计划申请、职工培训申请、职工业务考核申请、教职工奖惩申请、临时工用工申请、其他申请。许多申请有共同之处，因而将其统一进行管理。

⑭信息查询

查询统计：可查询包括出境情况、工资修改情况、补扣补发情况、技工基本情况、聘用情况、合同工签订情况、职工基本情况、应发工资情况、各种变动情况等等；统计包括停发工资名单、出国到期人员名单、合同工到期情况名单等等；系统提供通用报表制作模块。在此模块中，通过设置各种条件，就能够自动生成形式上类似于 Excel 的报表。用户也可以随意对报表进行插入、删除、拆分或者合并；另外，提供与 Excel 的接口。

人事档案查询：查阅单位或个人需求登记申请；查阅单位派 2 名党员一起查阅；任何个人不得查阅或借用本人及直系亲属的档案；查阅档案必须严格遵守保密制度；查阅档案的单位和个人，不得擅自复制档案内容，确须取证的须经批准。

工资查询：提供全校教职工月工资和校内津贴明细表，可由用户登录后查询本人明细。

（9）党务管理系统

基本信息管理：设置党组织、党员数据，打开查阅权限、设置修改权限。

组织工作：组工文件、工作计划、工作执行、工作考核、工作受奖、工作总结。

党员发展：入党申请、谈话、征求群众意见、入党考察、入党积极分子培养、个人自传、证明材料、思想汇报、定期考核。

党员管理：工作信息、活动信息、专业情况、家庭情况、党员干部、合同与协议、面貌与考核、教育与学历、考核管理。

党支部管理包括以下8项工作：

①党支部换届工作：届满通知有关党支部，支部换届报告上报机关党委，机关党委批复。

②创建"五个好"党支部：创建工作通知、检查、考评。

③党支部工作督查：每季度工作督察。

④培养、发展党员工作：入党积极分子确定名单，发展预备党员上报名单，预备党员转正名单上报机关党委，机关党委研究批复通知党支部。

⑤党员经常性教育：机关党委组织学习，各党支部组织学习。

⑥党员关系接转：组织处通知关系转入、转入手续办理、通知转入党支部。组织处通知关系转出、转出手续办理、通知原党支部。

⑦党费收缴工作：各党支部党费交纳数额及交费党员名单报机关党委办公室，季度汇总、年度汇总、交缴情况年终汇总表网上公布。

⑧扶贫济困、为社会送温暖捐赠工作：各党支部收捐赠款、捐赠名单及数额上报，机关党委汇总向全校通报。

宣传工作：党课设置、宣传教育。

审计工作：审计流程包括下发审计通知、实施就地审计、拟出审计报告（征求意见稿）、下发征求意见书、领导审核签发、形成审计报告并发文；发文管理，转发审计法规、政策。

纪检工作：纪检监督，文件制作、转发、下达；监督工作，建立监督制度、对重点岗位进行监督、协助校委开好校委民主生活会；党务公开，建立档案、网上公布、部门填表、上报纪委。

统战工作：统战对象基本情况，包括自然情况、工作、学习、生活情况，贡献和特长情况，社会联系情况等。

信访工作：登记、报告主管领导、调查核实、形成调查报告、执行处理意见、上报上级机关。

信息公告：会议通知、活动通知。

统计报表：报表定义、报表样式、指标公式、报表模板、报表汇总。

(10) 行政管理系统

公文管理：初稿录入、会稿、领导核稿、领导签发、发文、短信通知、文稿归档。

档案管理：来文登记、分类、录入形成文档目录及序号等；文件查阅、传阅、统计、存档。

临时工管理：招收登记、资料录入、办理、人员统计形成临时工档案。

维修管理：填写报修单、承修单位签收、维修反馈。

医疗卫生：实现计划生育、医保、药品管理等工作计算机管理，建立职工健康电子档案。

基建管理：建立基建电子档案，实行微机查询管理。

房产管理：实现办公用房、教室、会议室、讨论室、学员宿舍、职工宿舍的联网管理。

物资管理：实现物品采购、入库、出库、报损、盘点等计算机管理。

招投标管理：对校内物品采购实行招投标等计算机管理。

安全保卫：门禁控制、治安保卫、消防安全、安全教育、证照管理等。

环境卫生：清洁卫生、绿化管理、环境监察、综合考评。

(11) 后勤服务系统

①综合管理

水电报修：报修登记、受理、修理、反馈、情况落实。

财务管理：报表、发送、查阅、统计。

楼宇管理：房租管理、水电交纳情况、物业开支、物业管理。

会场安排：登记、结算、统计、报表、场地管理。

物品采购：申请、审批、购买、入库、出库、结算、统计。

②客房管理

基本信息：设置学员楼、招待所、单元、楼层、房间、床位基本情况以及使用状态。

宿舍安排：入住/退住登记，宿舍调整（批量/单个）等。

学员住宿管理：直接从学籍库中获取所有在校学员信息，为管理中心工作人员和相关班主任建立统一的网络办公平台，与其他部门共享学生住宿数据。构建公寓管理树状结构，对客房信息进行逐级管理。

物品管理：配备、发放、使用、维修、更新等。

水电费用：费用计算、费用收缴等。

来访管理：来访人员身份识别、来访人员登记、来访记录查询统计等。

③车辆管理

车辆信息：驾驶员管理、车辆信息管理，部门用车申请及派车，车辆的调度和跟踪、部门用车公里数查询，车辆维修情况，各部门会议用车情况，实现用车申请、审核和车队审批以及派车的全过程的电子化管理和跟踪。

④食堂管理

餐饮管理：食谱管理、采购管理、销售管理、成本核算等。

财务管理：数据采集、各餐厅财务数据的统计、打印财务报表。

服务卫生监督：服务员培训、卫生知识培训、对各服务员的培训时间内容形成报表备查、日常卫生检查。

⑤接待管理

一号通管理：服务平台、电话受理、工作通知、流程跟踪、信息反馈；服务内容（派车、维修、住宿、接送、其他事务等）；与校务值班系统的衔接配合。

⑥一卡通管理

一卡通管理：服务平台、服务内容、服务设置、账务结算、信息维护、信息统计、信息查询等。

(12) 财务管理系统

工资管理：个人工资、校内津贴发放条的导入、发布，供个人网上查询。

经费执行查询：校内经费执行表的数据导入、发布，供相关个人查阅。

部门及个人向学校借支经费的查询：个人向学校借支经费的发布，供相关部门及个人查阅。

(13) 工会群团

组织全校工会会员开展各类活动：各类通知下传，包括拟文、修改、两级（工会、分管领导）审批；知识竞赛网上答题，能自动从题库中抽题，生成不同卷面，能署名，计算成绩，保留成绩。

与工会各小组的工作联系：工会发文直接给各小组（部门）。

(14) 刊报管理

采编管理：文稿传递，在线编审，稿件管理，稿费管理（投稿人/审稿人），编辑安排，版式安排；稿件分类统计表，按期号/作者稿费明细表，按期号/编辑稿分统计表，按作者/审稿人打印汇款单，汇款清单一览表。

发行管理：征订单位信息，订单管理，订阅收款，印刷付款，赠送；订单明细表、汇总表，订阅收款明细表、汇总表，分期印刷单打印，印刷单汇总表，邮签打印。

门户管理：提供实时监控门户访问的有效手段，涉及权限管理、控制开关、首页管理、论坛与门户日志等。

此外，还包括教研部管理、图书馆集成管理、视频管理、体育运动管理、离校管理、论文答辩管理、老干活动管理等系统的建设，也包括现有应用含各类电子资源管理系统的集成等。上述部分模块由于行业垂直管理或内部管理的需要，多数党校已有配套管理系统且相关软件及业务流程无须变动，如组织人事管理系统、党务管理系统、财务管理系统、行政管理系统的资产管理部分，办公自动化系统中的档案管理部分等，这些软件均为相互独立的运行系统，考虑到应用的整合，对不涉及保密管理的相关公共信息必须与数字校园应用系统实现联动，因此这些模块的功能配置从校内管理和公共服务的角度应根据本校的实际情况在实施中再进行合理布局与调整。

2. 关于现阶段数字校园应用系统的技术安排

(1) 数字校园应用系统技术设计的总体要求

根据现阶段党校工作的实际和发展要求，数字校园应用系统的建设应该切实做到以下六个方面。

一是构建一个集网络门户、办公管理、业务系统于一身，完整的数字校园应用平台，涵盖党校教学科研、办公管理、干部培训、后勤保障、信息服务工作的方方面面，是一个面向应用、安全可靠、操作便捷、技术先进、规范统一、灵活可扩展的数据库平台。要求整体系统架构科学、流程清晰、功能完整，应用系统具有门户平台信息直接发布的接口，应用系统的组成部分、各个软件自身功能完善，相互之间有机连接。

二是构建一个集统一数据库、统一认证管理、统一标准规范的数字校园应用平台（由一个功能完整的基础平台、一个统一的门户和多个自主开发或无缝集成的应用系统构成），形成符合自身特殊需要的整套管理规范，形成个性化的管理模式，具有先进性、开放性、可靠性、方便、实用、可扩展，使大量特殊问题的出现可以得到有效地解决。

三是构建一个适应物理链路完全隔离的两组网络环境，能充分利用校园网实现真正的数据共享，将繁重的各类管理工作分散到各个相关职能部门的业务流程之中，又能确保信息适时、安全、快速交换，高效运行，同时还应满足各自内外网门户系统和谐运转、业务系统服务高效畅通的综合管理系统服务平台。

四是构建一个能适应全省党校系统内部署也适应多校区部署的数字校园管理平台，便于整合资源、实现党校系统教学科研及各类业务信息资源的共建共享。

五是构建一个适应业务发展需要的集中式部署管理和分布式部署管理相结合的，便于灵活配置的软硬件服务平台，提供完备的部署方案，以确保在校园网、互联网上简便、快捷地完成综合管理平台的部署与集成。

六是构建一个系统成熟、技术领先、高度集成、灵活授权、规范管理、安全运行、服务周到的数字校园应用平台，采用可靠的安全保障机制与严密的管理控制体系，以确保综合管理平台的安全性及管理数据的完整性、准确性与一致性，技术服务能确保及时解决用户实际问题、快速满足用户合理需求。

（2）数字校园应用系统平台运行管理的总体要求

确保数字校园应用系统信息编码的统一和规范，代码使用原则要遵循国家标准，遵循行业标准，遵循学校制定的代码标准，遵循约定俗成的规定，如果没有约定俗成的规定代码，按相应要求，应设计满足需要并保留扩充接口的代码。

确保数字校园应用系统能够信息完整，数据库设计应确保数据的完整性，应用设计应覆盖当前学校业务工作的方方面面，确保业务功能的完整性，确保数字校园应用系统能够提供反映整个学校全面情况的数据信息。

确保数字校园应用系统能够遵循"谁产生、谁维护"的原则，所有的数据都有特定的产生者和维护者，通过制定相应的应用规范使数据生产、维护人员及时更新自己负责的数据，保证系统中数据的准确性和可持续性，系统应提供安全审计功能，保证对业务操作的严格监督。

确保数字校园应用系统能够高效运行，确保数字校园应用系统任何业务系统的添加和修改不影响其他业务系统的正常运行。

确保数字校园应用系统任何两个业务系统之间没有冗余业务数据。

确保数字校园应用系统能够适应决策支持要求，采用三级数据库存储机制（当前数据库、历史数据库、带库数据），保证历史数据的可用性及当前系统的高性能，使每个业务操作、信息采集、报表分析和统计结果成为决策支持的重要数据来源，确保数字校园应用系统能够提供服务学校决策支持所需的数据信息。

确保数字校园应用系统中任何两个异构业务系统之间的数据共享。

（3）数字校园总体管理架构技术要求

①具有扁平化管理功能

数字校园应用系统除了提供传统的组织机构、部门、人员、岗位的管理外，还可以让用户方便灵活地设置各种虚拟组织。通过虚拟组织的设立达到的目标如下：满足扁平化管理的需求，使得工作人员无须以传统方式层层上报，而是可以跳过某些环节直接送给相关人员；可以方便用户的操作，使得用户无须在整个机构找人，只需在虚拟组织内寻找，简化操作；可以有效地约束用户操作，使之不能发送给虚拟组织外的用户（也可根据情况不进行约束），保证操作的规范性。

通过成熟的工作流平台，以图形化的方式定义业务流程、完成流程监控功能、前端的任务管理功能以及工作流执行服务，从而减少不必要的环节，实现扁平化管理。加快文件流转的速度，提高公文处理效率。换言之，利用成熟的工作流平台，无须改动应用程序，只要在图形化界面上，通过鼠标的简单拖拽就可以方便地进行流程重组与再造（BPR），从而避免文件流转失控和丢失，解决传统行文规范中文件不能横传的缺陷。另外，通过跟踪记录整个文件的流转过程，便于以后的监督；通过工作流的统计分析优化技术，可以帮助找出流程"瓶颈"。

②具有专业化、知识化管理功能

知识管理意味着在恰当的时间，将正确的知识传输给正确的人，使他们采取最适合的行动，避免重复错误和重复工作。知识管理是系统性地利用信息和专业技能，改进组织的创新、响应能力，提高员工的生产效率和技能素质的手段。知识管理包括知识发现、知识萃取、知识分类、知识共享、知识展现等技术。利用主题词自动标引等人工智能技术和神经元算法，可有效进行知识发现和分类，而利用工作流技术和门户技术则可有效实现知识共享和展现。

③具有个性化、人性化管理功能

信息门户（Enterprise Information Portal，EIP）：通过对结构化与非结构化数据的收集、访问、管理和无缝集成，提供数据查询、分析、报告等基本信息服务功能；能为访问者提供一个单一的访问入口，获得个性化的信息服务。

个性化设置：体现及时、周到、有价值的个性化服务理念，提供一套标准化、可操作的客户关系管理（CRM）系统，以实现对党校各教研部门、行政部门"一对一"的专业化服务，从而提高服务质量。采用用户配置表技术（Profile），为不同用户提供个性化的配置页面，用户可以根据自己的喜好，进行风格、样式、布局的定制，也可以通过与信息门户的结合，把所需实现的内容定制出来。

信息推送：体现"以事找人"的服务理念，改变人找事的烦琐，让员工能够花更多的时间在更有价值的工作上。通过信息订阅技术可以实现信息的自动推送，免去了查找信息的麻烦；通过自动提醒技术可以保证不会因为自己的疏忽而影响了工作；通过对笔记本、智能PDA及手机等移动处理终端的支持，可以利用统一消息平台根据用户的状态和喜好进行及时通知。

④具有一体化管理功能

统一标准：采用统一的开放的技术标准，建立基于元数据的数据描述标准，基于 XML 的数据交换标准，基于 Web Service 系统调用标准。

统一管理：提供统一开放的用户管理、权限管理、资源管理。

统一平台：提供从基础通讯层、数据处理层、业务逻辑层、信息展现层、信息交换层等各个层面的统一平台。

统一消息平台：通过对笔记本、智能 PDA 及手机等移动处理终端的支持，可实现用户随时随地移动办公的需求。

统一利用：采用基于 LDAP 或 AD 的一次性登录技术，解决利用的入口问题；采用 XML 和 Web Service 标准的数据转换和映射技术实现数据的交换；采用一体化查询技术，实现信息的统一利用。

统一展现：利用信息门户和应用门户将各类信息统一展现。

⑤具有智能化、科学化管理功能

提供过程监控功能：通过对工作流和任务的监控，可以进行持续的动态过程管理和优化，可以及时发现问题，解决问题，从而使管理更科学。

提供量化分析功能：通过各种统计分析，如对流程和任务的统计分析，可以找出造成效率低下的"瓶颈"，从而进行优化，还可以通过对员工的日常工作进行量化考核，从而实现精细管理达到科学化管理的目的。

提供预警督办功能：利用系统的自动预警和督办功能，利用统一消息平台，可以用先进的技术手段和工具武装员工，使之效率更高。

⑥具有制度化、规范化管理功能

通过数字校园应用系统，改进党校信息化管理水平，使之更加制度化、规范化，更好地防止人为造成的日常工作中的不规范行为（如越权操作等）。

（4）数字校园总体技术架构的技术要求

①门户网站层（门户网站包括与互联网同一链路的外网、内网门户网站，与政务网同一链路的外网、内网门户网站，下同）：实现福建省委党校内部网站、信息发布和用户统一管理、统一身份认证和统一登录体系。

②应用层：系统构成包括门户网站系统（基于门户支撑平台）、信息采集报送和新闻管理系统、网上审批管理系统（基于工作流和智能表单平台）协同办公系统（基于协同办公平台）、办公自动化系统（包括公文处理、电子公文传输、档案管理、会议管理、日常事务管理、公文辅助管理、行政事务管理）；党校业务管理系统（包括教务管理、科研管理、研

究生管理、学员管理、函授管理、组织人事管理、党务管理、行政管理、后勤服务、接待管理、一卡通管理、财务管理、工会群团、教研部管理、图书馆集成管理、视频管理、体育运动管理、离校管理、论文答辩管理、老干活动管理）以及系统整合、系统管理、已有系统集成与接口（含各类电子资源管理系统的集成等）。

③技术支持层，是整个系统的核心。由以下9个平台组成。

自动工作流平台，用于实现图形化定义流程和监控功能和前端的任务管理功能以及工作流执行服务。

智能表单平台，用于实现基于 XFORM 标准的表单的定义、展现与解释。

智能报表平台，用于创建各种报表。

统一信息交换平台，负责实现需求分析中所述的对上、对下、对外、对内、横向的信息交换功能。

内容管理平台，用于实现信息采编发、内容管理。

协同办公平台，用于进行统一消息的管理，包括短信、在线聊天、E-mail 通知以及客户端提醒等。

认证授权平台，用于实现统一的用户、权限、资源管理以及统一身份认证。

资源整合与展现平台，用于业务系统资源整合和在线分析。

门户支撑平台，通过门户统一展现服务信息。

具体采用的技术，包括 SOA 架构、工作流、表单自定义、XML、Web Server、Java、.NET、目录服务、授权管理、公钥（PKI）、电子签名、电子印章等技术。

④数据层：公文、档案以及其他相关信息统一存放在数据层，数据层支持多种格式的数据的存取，包括结构化、半结构化、非结构化的数据。

⑤网络层：建立在校园网上，管理制度、技术规范、安全机制、人才培训、理论基础贯穿其中。

⑥通用技术要求，包括以下10个方面。

系统架构至少采用 B/S 结构。

系统开发应基于 J2EE 平台，采用 JAVA 等开发技术。

数据库采用 Oracle。

系统应提供基于 XML 的同其他部门数据交换接口。

系统硬件平台应建立在较高性能的机柜服务器或服务器群集上。

系统应对数据和应用的安全性作充分考虑，并提供较完善的数据加密及鉴权机制或接口以及日志跟踪与分析功能。

系统应保证各类常见操作系统（Windows 2000/XP/2003/Vista/2008、Linux、Unix 等）客户端的正常使用。

提供与现有校园网黑盾身份认证系统的 API 接口，实现与身份认证系统的无缝连接。

采用开放性关键技术包括 XML、Web 服务（Web Service）、SOAP、公钥系统（PKI）、活动目录（AD）、Web 组件、仪表板及 Web 存储系统、工作流、SOA 架构、AJAX 等。

系统架构中各层应相应地采用各类操作系统上成熟的、符合技术标准的 WEB 服务器、数据库产品。

（5）数字校园系统安全架构及可靠性设计要求

①数据系统安全设计要求

数据系统安全设计是从数据库系统、数据传输和数据备份与恢复这三个方面来考虑的。

数据库系统安全设计：提供安全级别和安全控制策略，通过系统权限、数据权限、角色权限管理建立数据库系统的权限控制机制，通过安全审计记录和跟踪用户对数据库的操作，防止否认对数据库的安全责任；建立数据库灾害防范机制，包括采取各层次数据库备份机制。

数据传输安全设计：采用数据加密机制对网络上传输的数据进行加密；能够结合系统的安全管理模块实现传输加密。

建立数据备份、恢复和容错处理机制，当系统数据出现问题的时候，把对数据的破坏降低到最小，并能够对损坏的数据进行恢复。

②应用系统安全设计要求

应用系统通过增强的身份标识与验证、细化的自主访问控制、特权用户职责划分、强制访问控制、审计跟踪，以及安全管理等方面措施增强对基本安全功能的支持。安全体系包括以下 7 个方面的内容。

采用"用户名 + 密码 + 设备 MAC 地址"作为身份认证的基本手段，同步实现动态密码产品或 USB 密钥等。

位于数据链路层及网络层的信道加密及管理模块。

网络防火墙、访问代理、攻击检测等模块。

数字证书应用管理系统。

身份认证、访问控制应用支撑平台。

系统监控、日志分析、系统管理模块。

Web 监控和在线保护模块等。

③安全管理设计要求

要求积极配合办公平台的使用单位（部门），通过建立安全管理制度，实施安全管理培训教育，使安全管理科学化、系统化、法制化和规范化，确保平台的安全性。

提供人员安全管理制度、设备安全管理制度、运行安全管理制度、安全操作管理制度、安全等级保护制度、有害数据防治管理制度、敏感数据保护制度、安全技术保障制度、安全计划管理制度等参考范本。

提供用户安全教育与培训范本，能够对不同层次用户制定相应的教育培训计划及培训方式，提高用户的安全意识、法制观念和技术防范水平，保障系统的合理使用和安全运行。

④可靠性设计

数据库服务器采用集群方式。支持双机集群（cluster）技术来保证系统的可靠和稳定性，故障发生后的自动切换时间小于 30 秒，可用性可达 99.99%。

中间应用服务器支持动态负载均衡（NLB）技术，系统至少支持 1000 个并发用户数。

支持分布式服务系统构架，多台服务器能大量并发同一或不同数据流，能自动实现负载均衡。

支持任意数量的服务器机群同时提供信息服务，并支持磁盘阵列直连、网络依附存储系统（NAS）、存储区域网络（SAN）等分布式存储方式。

支持用户级带宽分配限制等管理功能。

能实现信息流带宽的智能调整，保证服务器总带宽资源的充分利用。

（6）建立统一标准和规范

①业务流程与业务处理之间的关系

鉴于数字校园应用系统比较繁杂，其组成部分都有自己的业务流程，是否考虑将业务流程部分单独分离出来，作为整个数字校园应用系统的基础平台，以业务流程为总线，而业务处理则根据不同的专业需求做成构件（适配器），插挂到业务流程总线上。业务流程的每个环节自动调用不同的业务处理模块，业务处理可以通过人工方式、编程方式驱动业务流程。

②不同业务系统之间的数据关系

以业务流程、业务处理为构件的方式解决了业务流程和业务处理之间的关系，对于不同业务系统之间的数据关系，由各业务系统公用数据和指标及元数据组成公共数据集，其中的指标体系和元数据依据国家有关的标准建立，实现指标体系的一致性，提供给应用系统引用。各业务系统的公用数据由各业务系统的公共部分提炼而成，总的提炼原则如下：用户、流程、权限，基础数据集、代码库，涉及跨处室共享的数据均为公共数据。

③技术标准和规范

安全规范：系统支持与 CA 结合，远程传输需要加密，口令长度不能少于 8 个字符，口令定期修改，同时支持电子印章，支持数字签名。

数据交换规范：包括流程信息、办公数据、业务数据及外网数据四类数据的交换规范，支持 XML 格式和 Web 服务。

数据库设计规范：包括数据设计规范、数据引用规范、代码设计规范等。

用户命名规范：对校内机关、直属单位的所有用户实行统一管理、分级维护、统一命名规范。

权限描述规范：采用 XML 来定义权限集合，规范只是制定权限描述的 Schema，支持 XACML（eXtensible Access Control Markup Language）2.0 标准。

（7）高可用性技术要求

①利用压缩组件提升附件传输速度，减少存储空间。为保证通用性，解压缩组件采用了 ZIP、RAR 等技术，对用户来说，操作是透明的，支持大附件传送。

②安全问题：支持 VPN 技术来实现数据安全传输；提供链路加密或者端对端加密的预留接口。

③支持短信息功能：对于重要的信息可以利用短消息发送到手机上使

用户及时知晓。

④随身携带：支持基于 PALM 和 Windos Mobile 操作系统的"掌上通用办公处理系统"，使领导可以在 PDA、SmartPhone 等手机或掌上电脑上进行文件的处理，以及实现实时的提醒功能。

⑤对领导办公的支持：为领导开发了手写屏批注系统，利用 WACOM 的手写屏，可以实现领导直接在液晶显示屏上看文件的时候进行真迹的批注。

⑥支持对图形文件和 WORD、WPS 文件的真迹修改。

⑦考虑物理上隔离的内外网之间移动办公的实现，支持通过 WAP 网关实现手机办公。

（8）自动工作流平台技术要求

党校的数字校园应用系统的核心之一是工作流平台，要求不仅能灵活地定义用户的业务流程，还支持在此基础上的二次开发，快速地生成新的应用。

①具备的结构模型

一是机构模型。模型中描述企业或者部门的组织机构关系，包括部门信息、工作组信息、人员信息、角色信息。

工作流引擎支持国际上通用的层次化用户组织机构设定，能通过一个组织名称、最多四层的组织单元（部门）名称和用户的通用名组成一个完整的用户组织机构，以图形化的方式提供这些信息的定义和维护等功能（包括增、删、改等操作）。

机构管理采用的主流的用户目录层次结构设计，可以作为系统本身的机构和用户保存机制，还可以为其他系统提供用户服务，同时遵循了层次结构的标准，支持别的目录服务，例如从符合 LDAP 协议的 ActivDirectory 或者 Domino 通讯录中提取用户信息，从而保证系统只维护一个用户账户信息，降低维护工作量和错误概率。

二是信息模型。定义工作流引擎中所用到的各种控制数据，包括业务过程信息、业务活动信息、业务活动前依赖规则、业务活动后流转规则、任务指派规则、人员任务列表、人员已完成任务列表。通过信息模型，可以方便地描述关键业务的业务规则、活动的依赖关系以及任务的指派等特征。系统提供这些信息的定义和维护等功能。

工作流引擎提供两种流程元数据：流程定义元数据，是描述流程节点、走向、审批方式等的 XML 文件；流程运行时元数据，是描述流程运行时相关的控制数据，和每一项在流转的审批相关，例如当前办理人、已办理人员、发送人、上一节点办理人员、创建者、转发人、转发目标人员、当前代理人、已办理代理人、已审查人员、当前审查人、当前节点、已办理节点、上一办理节点等。

三是模型控制。将机构模型和信息模型有机地结合在一起，能根据其中定义的业务规则对业务过程中的各项业务活动的流转以及任务指派等工作进行控制和协调。系统提供系统调度、任务管理、任务指派、依赖检查、转发控制等功能。

机构模型和信息模型能通过流程管理中的可视化建模工具实现，成为工作流引擎在构造时的定义中心；控制模型通过引擎控制器实现，成为工作流引擎在运行时的控制中心。核心的控制模块见表 5-1。

表 5-1　核心控制模块及说明

控制模块	说　明
流程初始化	读取流程信息并接收运转的文档，为其他控制模块的运行做准备
流程转换	把流程从一个节点转换到另一个节点的过程
流程变更	从一个流程到另一个流程的转换过程
流程收回	发送人把流程从发送到的审批人那里收回的动作
流程退回	审批人把流程从当前节点退回到发送人的动作
办理完毕	多人办理用户中的一个用户办理完毕后的动作
转　办	转给其他人办理的动作
结　束	流程结束的动作，一般在这里进行归档等操作

四是流程管理。采用图形化、人性化、可视化的方式来表现和控制后台的流程，在可用性和实用性方面取得较好的均衡。采用 B/S 应用模式和 COM 技术相结合的前端可视化流程管理工具，可以同时和服务器的数据交换采用标准的 XML 数据通过 Http 协议进行传输。在可视化流程管理组件中，支持鼠标拖拉的方式对流程节点及其走向进行定义和设置。流程定制工具主要是以图形化界面，提供工作流运转所需的数据和参数。管理员可以在可视化的界面中通过拖曳鼠标来定义不同的流程节点和走向，同时还可以定义不同节点、不同流程的属性。

五是流程监督。能根据每一业务流程及岗位的工作时限进行监督控制。对于超期量、超期率、滞留量等情况实时监控。对于超期流程进行督办、考核。同时还可实现流转日志分析、历史记录审计等功能。

②具备的系统特性

基于 Web Service 和 XML 技术，使得系统具有良好的开放性和可扩展性。

流程描述语言符合 BPEL/WFMC 规范。

工作流支持分布式应用。

提供可视化、图形化的流程设计工具，通过拖拽方式实现流程定制，无须编程实现。

基于 B/S 方式的工作流设计器。

新工作流可通过复制和修改旧工作流实现。

流程可定义前进和回退路径，并能退回到以前的任何一步。

流程支持基于条件的回退。

退回时可设置清空字段值等操作。

退回时可自动触发某些操作（如删除正文、附件等）。

支持由上一节点抽回。

抽回可基于条件（如文件状态为未拆封）。

支持预先定义返回（由前一节点选择下一节点处理完毕后自动返回）。

支持顺序（串行）、并行、分支、循环、会签等流程逻辑关系。

支持对处理要求和处理人员的单、多选控制。

支持基于字段内容的自动路由（如根据文种、数额等决定下一步流程）。

支持基于组织机构（如上下级关系等）的路由。

支持等待（满足条件后启动或结束）。

支持设置活动和流程的操作时限，在超过或者即将达到审批期限时系统自动通过邮件、短信等方式通知办理人及时办理。

支持设置活动和流程的多种超时处理方式（包括自动或手动；挂起、终止和重新定向等），并可以统计超期办理的用户、时间等。

支持由未参与流程的第三方进行人工干预。

支持设置必经节点。

支持竞争流和自由流，支持直流、分流、汇流、控制流、中转流、子流、可逆流等，在此基础上可以实现业务流程的主会办、征询、退回、回收等操作，同时对于流程既支持预定义流程，也支持任意流程转跳。

工作流中可定制每个节点的功能。

支持暂停、挂起、恢复、终止、重启等功能。

针对已流转结束的某一流程实例，可实现流程节点的复活。

对已流转结束或正在流转的某一任务，可提供取消流程或办结功能。

可支持在每个流程节点设置发送前的提示。

支持子流程。

支持主流程间的衔接和互动。

流程节点可挂接表单。

流程节点可对表单中每个数据的添加、修改、删除等进行控制。

每个流程节点可挂接多个表单。

同一工作流的不同节点可挂接不同的表单或不挂接表单。

支持流程间的数据共享。

支持对其他（包括外部）应用程序的调用（包括自动调用）。

可设定任务到达参与者的多种通知方式（如短信、消息、邮件等）。

流程修改后可进行实时部署。

可对流程进行版本管理。

流程修改后正在流转的实例可继续。

提供对流程实例的实时跟踪和监控。

可提供图形化的流程实例跟踪（查看）、监控（控制）功能。

可提供列表式的流程实例跟踪和监控功能。

提供可保存为 XML 的流程日志，可以记录系统流转的详细日志，日志中包含了流程事件发起的时间、发送人和目标人（或者办理人），具体处理的事情，处理的结果等。

提供对流程应用情况的查询及统计（包括列表与图表）。

提供精确到节点的参与者权限管理功能。

提供基于级别、岗位、角色、用户组、组织机构等的权限模板功能。

支持动态设置活动参与者。

流程定义的结果可转换为 XML 文件，以保存于数据库或文件中。

具有开放的公共流程引擎和开发接口包（API）。

具有智能的流程的监控、优化等功能（包括来件提醒等）。监控和跟踪流程各节点的状态、办理单位、办理情况，有无超期、领导批示等详细内容。对于超期或即将到期的节点提供报警功能，用显著的标志或颜色提示给领导及相关单位及人员。能根据相关条件（如根据项目名称、办理部门、办理状态、超时未完成办理）进行检索，对办理时间、超时时间、整个项目审批时间等进行统计。

提供基于浏览器的可视化流程设计器，使管理员能通过浏览器进行流程的设计，并在线进行发布。

（9）智能表单平台技术要求

智能表单平台在表单管理系统中处于最前端，与用户操作紧密相连。其必须具备的系统特性如下。

①表单设计器用于实现各项业务表单的自定义功能，除了完成一般的表单设计任务之外，还要考虑数字校园所具有的特殊需求，即达到专用化后通用化，将数字校园所具有的模式、元素内置到设计器中。

②表单设计器支持如下功能特性：提供可视化的画板，支持多页（TAB 页），支持动态行，支持 HTML 的基本编辑功能，包括文本的查找、字体颜色的设置、位置的设置、表格的插入、复制粘贴、撤销等。

③表单设计器的表单工具箱，具有支持文本输入框、图片输入域、区域多行动态文本框、重复框、日期、列表框、Mask 文本框（能适应身份证、电话号码等输入）控件功能，且可根据项目的实际需要进行扩充。

④表单工具箱中的每个控件都可单独控制外观。通过对控件位置、边框、字体、背景等属性的控制，能够输出具有纸面效果的电子表单，并且支持所见及所得的打印。

⑤表单工具箱中的控件支持数据绑定功能，可以将控件的数据项绑定到数据字典、业务值、传入值、业务字段、公式等。控件支持内置校检，不同的控件有不同的校验方式。通过控件的校验事件，允许通过脚本或程序代码进行校验。

⑥支持意见类控件、关联文件类控件、单/多行文本域、数字域、时间域、印章和签名域、图像域、单选框、复选框、下拉框（支持单/多选）、列表框（可对表的行记录进行增、删、改）、递进型关联选择控件、

多层代码树选择控件、上传控件、链接控件、扫描控件、主题词自动标引控件、按钮、条形码（PDF417 标准）、自增长型序号控件等多种主流组件。

⑦用户自己可以任意扩展组件，组件可以用任何语言，包括 Javascript、C#、Java、Php、Asp 等等，只要简简单单地用 Web 页面或 UDDI 方式注册一下即可。

⑧表单制作简单，可以使用常用的 Word、WPS、FrontPage 轻松完成表单制作，也可以在内置的 B/S 表单制作工具中制作。

⑨格式丰富，能够达到纸面效果，支持直接打印及套打。

⑩支持主流的 DHTML 效果，通过精确控制和打印控制，实现和纸面效果一致的显示效果和打印效果，并支持套打。

⑪支持子表单、循环控件，方便重用。

⑫采用 XML 描述实现定义与运行分离、数据与显示分离。

⑬支持自定义数据类型，支持元数据，用户可在创建表单时创建表结构，数据可来自多张表。

⑭支持各种智能、快速的数据校验和计算，并支持脚本。

⑮支持离线和在线，支持多种输出格式，适应多种设备。

⑯方便地修改痕迹保留，细化的数据访问权限控制。

⑰支持电子印章、手写签名控件，支持数字签名和数据加密，保障系统安全。

⑱表单一次定义，元数据可多次使用。

⑲定义面向用户，实现零编程开发，同时生成源码，可供用户二次开发。

（10）统一信息交换平台（含电子公文交换平台）技术要求

①平台的技术架构能够保证整个平台的结构具有良好的可扩展性和适应性，能够适应福建省委党校电子政务应用需求的不断变化。

②信息交换和共享平台必须是开放性的；提供开放的 Web Service 接口，可供各业务部门报送信息时调用。

③基于 XML 标准的数据格式实现电子公文及其他信息之间的交换和报送，从而保证各业务部门不同系统之间的信息交换。

④与安全支撑平台提供的各种信息安全服务无缝衔接，保证在信息交

换和集成过程的安全性；提供基于数字证书的加密连接与传输，实现基于 PKI 的数字证书身份认证和权限管理，确保信息交换安全；同时留有 CA 认证、SSL 等接口。

⑤支持 SOA 架构、SOAP、Web 服务等多种模式，各业务部门现有信息采编系统可以无缝集成。

⑥支持分布式的部署方式，全校各业务部门可分别部署和自行管理信息采编系统。

⑦支持信息分级管理，以及分类的呈现方式，可具体针对每条信息设置编辑、审核和发布等权限，用户信息与统一用户管理相集成。

⑧提供信息的全文检索功能，并提供统计报表功能，可以根据自定义条件，按人员、信息、栏目等统计分析信息的发布状况，提供图形化的工具和标准的报表模板。

⑨与现行校园网中的信息资源库无缝连接，并通过信息资源库进行信息的集中存储和管理。

⑩提供全面的管理功能，可以通过管理界面自定制信息类别、级别、栏目、访问权限、审核发布流程等。

⑪支持选择性多点发送，可通过信息交换平台同时向各个部门或学校的信息门户网站报送信息。

⑫支持电子期刊的编发，审核和在线浏览；校内报刊部分在对报送信息进行筛选和加工后，加上自行采集的信息，可生成各类电子期刊，发送给各级领导和相关单位。

⑬基于政务信息交换平台，实现与各地区市党校之间的信息互联互通、资源共享等功能。

⑭提供构建内部信息门户的建站工具，支持站群管理和自助建站。

⑮提供通用数据库接口标准组件，实现异构数据访问。

⑯提供统一目录服务。

⑰提供面向语义、主题驱动的资源交换，实现基础数据库信息的抽取和净化。

⑱提供标准组件用于构建政府机关的数据交换接口，便于其他政府机关/部门方便地接入信息交换平台。

⑲平台提供完善的管理功能，保证平台正常、可靠运行。

⑳对软件开发基础平台的支持，支持生成综合资源库。

㉑提供通用、标准、开放的输入输出接口，既保证各业务部门内部流程的独立运作，又能让各个单位的流程通过本系统融合成一个整体的公文交换平台。

㉒完成系统内部信息门户的建设，并允许各业务部门、直属单位和区县党校基于本平台构建自己的门户网站或将已有的门户网站内容迁移到本平台的相关栏目中。

㉓其他辅助管理、控制功能包括工作流定制、数据存储转发重发、收发文监控。

（11）内外网数据交换平台技术要求

①初始审批数据的采集和处理结果的反馈通过公众门户网实现；数据的审核则由处于办公网中的工作人员来完成。这些数据分别在内外网的数据库中存档备份，实现办公网和公众门户网的双向同步。

②使用数据库同步代理软件：数据库同步代理是针对内外网数据库的数据进行安全信息交流而设计的，即在内外网物理隔离的情况下，可以通过安全网闸或中介的存储设备（磁盘阵列或IBM的网络存储设备）交互数据文件，实现内外网数据库中部分或全部数据的同步。

③内外网共用一套系统和存储设备：进入内网时，断开外网连接；进入外网时，断开内网连接。网络隔离，本地信息不隔离。

④内外网数据交换平台实现的主要功能如下：

一是双向/单向数据同步。数据库同步可以是双向的，即在系统运行期间，内外网数据库中变化的内容可同时更新到对方数据库中，也可以是单向的。

二是同步内容可定制。数据库同步的内容可以是整个数据库，也可以是数据库中部分表。用户可根据需求，设置和修改需要更新的内容。

三是多种同步方式。系统提供全表更新、增量更新和全表复制等多种同步方式，用户可根据实际情况加以选择，以适应不同应用在数据库结构上对数据库同步的不同要求。

四是数据可定时更新。可根据客户需求定制数据库的更新周期，定时自动更新数据库。

五是可持续性。运行系统一旦配置完成后，自动运转，无须人为干涉、高效、稳定地长时间运行。

六是支持多种数据库，支持 Oracle、DB2、SQLServer、Acess、MySql 等并提供其他主流数据库接口。

（12）智能报表平台技术要求

①报表引擎具有简单灵活的调用、高速报表处理能力、良好的兼容性和跨平台能力、高度的重用性和可扩展性等特点。

②报表设计器具有方便地连接各种数据源，支持绝大多数主流的数据库，包括 SQL Server、Oracle、DB2 等；能连接任何数据源并使用各种 ADO 与 OLE DB 连接功能。

③支持无数据源的报表设计，即需数据源实时连接的情况下，制作完整的报表。

④简单快捷制作各种复杂的报表，能从简单图表与图案的基本报表，到内含多层嵌套子报表（subreport）、交叉报表（cross-tab）等各种类型报表。

⑤强大的设计功能，可以自行设定报表的外观，如加上图片、改变形式、色彩或字形等，能够优化普通报表的工作（如排序和过滤等操作）。

⑥能够通过设计器中的 GridView 对象，实现复杂中国式封闭报表的制作。

⑦可实现跨页报表的缩放打印，可以将打印时跨多个页的大报表，通过设计器的缩放打印功能按一定比例缩放打印到指定规格的页面上。

⑧完备的报表分析功能，可以轻松生成各种图表，包括各种折线趋势图、分类饼图、直方图等，提供进一步深入分析的功能，可生成重要的统计数据。

⑨快速的报表部署，即一旦设计出一份报表，其模板即可在 Web 服务器的 Web 文件夹中直接储存和更新。

⑩可在报表设计时插入编程代码以满足报表的灵活性。

⑪报表浏览器要求是无须编程的通用报表浏览器，具有灵活的报表转换、传送功能，可以将报表导出为 Word、Excel、PDF、TXT、HTML、JPG 等各种主流格式的文件。

（13）网站管理平台（内容管理平台）技术要求

①利用内容管理平台实现数字校园信息门户（外网网站、内网网站）

的内容管理，内容管理平台是一个网站支撑平台，平台关注于网站后台建站过程，包括了各网站管理、频道管理、栏目管理、内容管理。通过本平台构建的网站支持静态、动态页面发布。

②网站结构管理

网站结构主要包括主站、子站和专题网站树状结构。网站管理主要包括创建和维护主站、子站和专题网站等功能，详见表5-2。

表5-2 网站结构管理

结构	属性信息	功能
主网站管理	网站名、网站标题、网站标识、网站地址、网站版权、排序号等	主网站的新增、修改、删除、查询等
子网站管理	子站名、子站标题、子站标识、子站地址、子站版权、排序号等	子网站的新增、修改、删除、查询等
专题管理	专题名、专题标题、专题标识、专题地址、专题版权、排序号等	专题的新增、修改、删除、查询等
频道管理	频道名、频道标识、频道标题、排序号、频道描述等	频道的新增、修改、删除、查询等
栏目管理	栏目名、栏目标识、栏目标题、排序号、栏目描述等	栏目的新增、修改、删除、审核、发布、查询、关联、移动等

网站群管理模块的具体技术需求如下：

主网站可以控制子网站权限和功能。

各子网站可动生成、独自管理和维护。

提供网页自动生成、上传等功能。

支持网站群之间（文章、模板、图片、视频、附件、Flash等）的共享、呈送、复制、剪切、粘贴。

支持栏目间和网站间的同步引用、呈送、共享和接收。

③信息采集模块

栏目自定制：客户能够自定义所需的采集栏目，采集内容。

多站点支持：系统至少支持50个站点以上的并发数据采集。

支持图文内容：采集信息内容类型包括文字、图片、图文混排等。

内容过滤：能够过滤文字广告、图片广告、Flash广告等信息。

采集日志：能够详细记录数据采集的起止时间、采集的标题内容等。

灵活运行方式：信息采集可在自动、手动两种模式下运行。自动模式由系统定期到指定的站点更新最新的信息；手动模式通过开关按钮的操作来控制采集的起止等操作。

支持 Robot Exclusion：提供站点的内容访问保护处理，确保用户所采集的信息内容不违反互联网信息法律约束。

提供相应的 API 接口：提供与其他发布系统的接口服务，与信息发布系统无缝集成。

④网站内容管理（信息发布）

包括内容的新增、修改、删除、审核、发布、查询等功能；支持内容的图文混排、发布到指定的一个栏目/频道或多个栏目、频道等。其中，信息发布系统的具体技术需求如下：

栏目管理：支持多级信息栏目（分类）管理，用户可以自行定义栏目（分类）的层次深度，一个分类可以再次创建更多的子分类。

支持多级栏目、文章的树状显示（类似资源管理器的信息组织形式），并能提供相应的访问路径，以便用户能够灵活组织、管理相关专题信息。

所见即所得的信息采编方式：信息编辑界面实现了 HTML 文字编辑功能，支持常规的编辑操作（字体、字号、颜色、编号、缩进、插入图片、图标、链接等，甚至可以直接插入 Excel 电子数据表、HTML 网页等），支持表格、图片、红头文件。

支持静态 HTML、动态 ASP、JSP、PHP 等内容显示方式。其中，静态 HTML 方式可选择发布后的显示样式模板。

支持信息（文章）审核机制，只有相关栏目信息员审核过的信息才会最终发布。

发布管理支持信息自动采集系统接口，与采集系统无缝集成，采集后的信息无须人工干预可直接在信息发布里发布。

内容编辑器支持标题、正文、有效时间、多附件、多插图，且具有所见即所得的功能，支持直接 HTML 代码生成和书写，支持 Microsoft Office 文档格式。

模板管理系统的具体技术需求如下：

一是采用 XMLC 等技术，实现基于内容、模板配置信息、数据驱动等动态地生成网页。二是能够根据用户的角色和权限提取相应的内容和数据，配合模板合成用户的个性化动态网页。三是用户界面的排版和显示部分由预先制作模板承担，并支持任何标准化的 HTML 工具。四是使用模板引擎生成静态 HTML 页面，提高站点响应速度和稳定性、降低数据库 IO 操作。五是内容定时刷新和手动刷新：可以指定模板的刷新频率，由系统定时更新内容。六是提供可视化编辑插件：使用 Dreamweaver 等插件技术制作页面显示模板；支持模板标签（如文章标题、文章内容、文章列表等）的自动或拖放式插入。七是提供 5 种以上的站点页面模板（即不同的页面风格、色彩等）；用户可更换显示模板，方便站点的改版和升级。

⑤整合原有发布系统的数据

对于原有的发布系统，提供两种信息采集发布模式，即基于统一信息采集发布窗口的信息发布和基于 Web Service 调用的信息发布。

通过统一信息采集发布窗口的信息发布是由各部门登录到内容发布平台进行信息的发布；对于已经建有信息系统，且系统已经具备信息发布功能的相关部门，系统通过提供统一信息发布 Web Service，使得其他信息系统能够在远端进行调用，从而实现面向不同应用系统的分布式信息发布机制；可以将多个平台和应用系统的信息进行集中采集和发布管理；所发布的信息在发布前还可以由内容管理平台进行信息编辑和审核，并且可以按照统一平台的要求进行各种分类排编。

⑥一体化检索

第一，提供简洁明了的检索和结果显示页面，用户可以方便地进行查询条件设定。同时，系统能为用户呈现一目了然的查询结果页面。系统自动对搜索结果进行分门别类地列表显示。

第二，在网站中提供全文检索系统，实现对网站海量信息的检索功能。可支持多关键字检索，如依据标题、时间、正文等分类检索；根据需要提供站内信息全文检索功能；可提供相关业务信息的搜索服务。

第三，网站导航系统分为站内导航和站外导航。其中，站内导航的具体技术需求如下：

有详尽的网站地图可供查询；在各页面固定位置设置风格统一的导航栏；各层级及同级间的网页导航便捷；导航文字准确、直观、易识别。

站外导航的具体技术需求如下：

具备业务相关网站的导航；导航文字准确；导航链接地址正确；导航

方式简洁、直观,便于使用。

第四,支持对不同类型的信息(如文件资源和数据库资源等信息)查询检索功能。其中,数据库资源中的数据可再分为结构化数据和非结构化数据。系统应能够对文件资源、数据库结构化数据和非结构化数据进行标题检索和全文检索。对于文件资源和非结构化数据,应实现针对纯文本文档(如 TXT)、HTML 类型文档、Office 系列文档(Word、Powerpoint、Excel 等)以及 WPS、PDF 格式的检索。

第五,提供人性化的检索方式,如预览、高级搜索等功能。其中,预览功能是指在所得到的搜索结果中,在一些搜索结果之前会出现一个"预览"图标,当鼠标移至图标上方,一个预览文本框则会浮现在页面上方。预览文本框中含有相关页面的概要信息,用户就可以根据其中的内容来决定是否需要打开这个页面来查看更详细的内容;同时,预览框中包含该页面的标题,直接点击这个标题,就能够直接打开相关页面。

高级搜索功能是指支持多关键字的"与"、"或"等逻辑关系,支持不同栏目(搜索源)组合选择功能等。

(14)统一安全和用户认证支撑平台技术要求

①平台由统一用户管理和授权管理系统、用户身份认证系统两个部分组成。统一用户管理和授权管理系统作为一个基础应用服务系统通过标准数据接口对外提供用户信息和权限信息供其他应用系统调用,通过同步与活动目录(AD)实现用户数据的同步。用户身份认证系统通过标准的数据接口提供身份认证的信息供其他应用系统调用,并且与 CA 认证相结合完成用户身份认证的工作。

②用户信息管理,要求提供针对福建省委党校统一用户和组织结构管理功能,应实现对于组织信息和用户信息的统一管理、集中存储、集中维护,并提供对用户管理和用户标识的统一规范和服务规范。并实现对于分布系统的用户和组织数据的同步,保障用户数据的组织、展示和前台调用更加方便、快速。

③组织机构管理,按照政府组织机构,建立组织机构树,提供组织机构创建、调整等管理功能,并能实现隶属多组织机构的功能。具体功能包括:组织机构基本信息管理、岗位基本信息管理、岗位包含的权限管理、岗位认证管理、拥有岗位的用户管理。

④用户信息数据库，要求实现对所有用户的统一储存和管理服务，支持用户自主数据管理和域控制数据、CA数据的同步管理。

⑤用户授权管理技术，要求多级分层授权机制，支持基于岗位、角色、用户三个授权对象的灵活组合，精确授权功能实现、完善的用户行为审计和日志管理等功能。日志管理包含对用户访问日志和系统运行管理日志的管理，并且符合统一日志管理和安全管理规范的要求。

⑥构建统一的认证服务中心，为前台提供SSO服务基础。

⑦用户身份认证技术，能够独自完成身份验证功能、连接验证服务器完成身份验证功能、支持标准证书格式、支持双向身份验证、支持多证书链、支持多种数字证书等功能。

⑧实现各级部门的电子印章（硬、软件实现方式不限），数量1000～2000个，支持本系统采用的CA证书签名验证，提供相应的客户端插件和二次开发接口包。

⑨由合格的第三方认证机构提供不低于1000～2000个用户的CA证书，第三方认证机构需要提供以下资质：获得信息产业部电子认证服务许可证，取得国家密码局电子认证服务使用密码许可证，获得公安部信息安全产品销售许可证，通过国家密码局的安全审查和技术鉴定，拥有自主知识产权的CA产品，具备本地售后服务能力。

⑩支持密码同步功能，提供口令复杂度管理、有效期管理和修改历史管理等。实现用户和密码的集中管理，用户数据采用支持轻量级目录协议（LDAP）的目录服务器集中统一管理，用户密码至少采用MD5加密算法加密。

⑪在基础平台上的用户维护要同步映射到LDAP服务器，同时要映射到所有集成到单点登录平台上的业务系统。

⑫基于部门级用户分层、分块管理和维护，包括用户增加、分配权限（实现部门、岗位、人多级权限管理）、删除用户、修改用户名及密码。

⑬要求实现单点登录、单点登出和单点调用等功能，并且单点登录系统支持SSL协议、支持CA/PKI认证方式。

⑭为需要集成到基础平台的业务系统提供集成API接口，同时提供用户账户的集中管理与维护功能。

⑮提供与校园网身份认证系统的API接口，实现与身份认证系统的无

缝对接。

⑯提供与校园网防火墙系统的 API 接口。

⑰提供与入侵检测系统和网络安全审计系统的 API 接口。

⑱提供与网站监控与恢复系统的 API 接口。

⑲支持单向网闸系统，以利于信息安全交换。

（15）门户支撑平台技术要求

①总体架构：平台包括统一接入控制、安全控制（用户认证、权限管理）、界面整合（Webpart、内容管理、事务管理、系统首页）、视图管理（应用目录管理、个性化设置）、门户管理工具。其功能包括一站式服务、全面的内容管理、智能检索、视图管理、应用系统整合、个性化服务、门户管理、网站网页防篡改等。

②界面管理：使用服务器页面模板、层叠式工作表和图像来定义页面的外观。用于定义配色方案和门户外壳的系统支持各个方案下的多种外壳、补充标记元素、导航式样以及独立于浏览器的动态层叠式工作表，不仅可以应用于整个门户，还可以应用于某个页面组，不同的外壳可以分别应用于多个模块。界面管理包括：门户支撑平台、门户支撑平台—界面管理—模板管理、门户支撑平台—界面管理—皮肤管理、门户支撑平台—界面管理—部件管理。

③应用集成：统一资源管理平台主要是为集成到数字校园应用系统的所有应用提供统一的服务和管理，通过提供基于 Web Service 技术作为接口的标准，使得门户能够方便地调用各类资源。应用管理可实现应用服务的注册、删除、修改、维护、版本管理，包括应用系统的名称、代号（唯一标志）、开发商、联系方式、平台、版本、最近更新时间等；部件管理（即 webpart），作为整合、展现每个应用系统的最重要的组成部分，统一管理所有应用系统展现的权限、内容、形式，包括部件编号、名称、所属应用、部件地址、开发商、说明、状态（是否可用）、权限等；接口管理对于每个应用系统，为了能够让应用支撑平台调用，必须预定义一些接口，包括系统入口接口——用于单点登录进入某个系统的链接，消息中心接口——用于产生消息提示的接口，待办任务接口——用于产生待办任务的接口，用户同步接口——用于处理用户同步的接口，密码同步接口——用于处理密码同步的接口；服务管理是指数字校园应用系统应用支撑体系提

供的供其他应用系统使用的功能，包括短信服务——提供发送短信的服务，信息发布服务——提供发布信息的服务，应用日志服务——提供记录应用日志的服务，流程监控服务——提供监控流程的服务。

④视图管理：统一进行用户视图的新建、修改、删除等。通过应用目录管理来保存和管理所有的应用内容，然后通过视图管理模块来对界面进行布局，实现个性化设置和快速定制。

⑤个性化设置：个性化信息服务由个性化数据存储、个性化信息展现、与用户管理的接口、与信息统一用户管理的接口和个性化数据管理等部分组成。要求在党校门户中，通过利用 Web 组件，使个性化的实现变得更加容易，所有 Web 组件具有相同的特性，相关 Web 组件作为一个个独立的单元，可以将服务和信息模块化，用户可以根据自己的需要决定需用哪些 Web 组件，也就决定了自己需要哪些服务。个性化服务从统一用户管理、用户信息和个性化数据之中读取数据，然后，将定制好的信息与党校门户集成显示给最终用户。管理员和用户可以调用管理员和用户定制模块更新个性化数据。

⑥一体化检索：要求实现简单查询、组合查询、自定义查询、全文查询、检索权限控制等功能。

（16）协同办公平台技术要求

①建立统一的办公自动化平台，统一数据管理、业务管理和授权管理，各业务部门的每个终端作为远程客户端登录各自部门的 OA 系统界面。

②具有漫游功能，即用户不管在何时、何地、何台电脑上登录本系统，都能正确显示其个性化工作界面；支持用户个性化界面定制功能。

③公文拟稿过程中支持 Word、永中、WPS 等常规文字编辑工具，文档数据库应与 Office 办公软件集成，实现文档数据的直接存取、在线阅读，尽可能支持 PDF 等其他格式的文档。

④支持流媒体，支持数字签名、PKI、CA 认证、SSL 等安全技术，提供统一的工作入口，能够实现 SSO（单点登录）。

⑤支持基于 XML 的信息交换标准，把公文基本要素和正文全部转换成 XML 格式发送，并根据接收到的 XML 格式数据显示公文内容，从而实现与公文信息交换平台的无缝对接。

⑥提供身份权限控制管理平台，方便系统权限的分配和管理。人员权

限集中设置，系统可以将人员根据其岗位职责和职务划分成不同用户群，从而从业务需求和使用权限上进行分类。

⑦数据加密，对公文、信息进行数字签名，软件加密，以实现公文数据的安全传输。

⑧支持表单和流程的自定义，可以方便地扩展工作流应用。

⑨支持多级组织结构管理，提供中心和客户端之间的组织结构数据的同步更新。

⑩实现与门户网站内容发布系统的整合，可通过 OA 及业务系统维护管理门户网站。

⑪可以通过调用公文信息交换平台接口，实现 OA 及业务系统内部不同单位之间，OA 及业务系统内部单位的部门之间无缝的公文收发、信息报送。

⑫预留网上联合审批系统接口，实现审批项目导入 OA 审批，并确保部门子流程和联合审批主流程的有机整合。

⑬可以整合辅助决策系统的功能，在 OA 及业务系统内完成数据的采集、报送、统计汇总工作，为领导提供各种数据、图形进行分析决策。

⑭提供可自定义扩展的知识库平台的 API 接口。

⑮支持电子文档格式国际标准（ODF）和国家标准（UOF）等。

⑯提供文档加密的扩展接口，支持 RMS 加密机制。

⑰基于文档数据库，建立文档管理系统，实现文档的全文检索。

（17）统一消息交换和预警平台

①平台包括统一消息系统、统一手机短信服务系统和即时通信服务系统，实现工作人员之间、工作人员与公众间的无阻碍的即时沟通和即时信息服务。系统要求实现的功能包括登录提醒、即时消息提醒、即时通信、即时通信工具的文件传输与系统界面整合、Office Communicator 标签页面（以便集成邮件、集成代办任务、集成通讯簿）、基于网络智能机器人的下一代替代门户的协同平台、在线状态监控、点对点音频/视频传输、点对点应用程序共享以及其他便于扩展的服务特性和统一手机短信系统的服务集成。

②由消息中心通过整合业务信息、整合待办任务，通过服务接口接受各种信息系统的任务和消息信息，并通过各种服务渠道传送给用户，将传

统"人找事"的行为模式改变为"事找人"的模式。

③统一即时消息，提供统一的即时通信工具，方便工作人员间的信息交流和协作，可以利用即时通信工具向其他同事显示其状态：如离开、闲置、忙碌、请勿打扰等，其他同事由此可知他是否在座位上，是否会话与他进行即时沟通，由此能够避免浪费宝贵时间，当需要协助的时候，用户只需要向联络人名单上在线的同事求助，达到迅速解决问题的目标。

④基于 HTTP、XML、IMAP、SOAP、HTML 协议与其他模块进行通信。

⑤能够通过设备网关实现电子邮件、手机短消息、即时网络短消息、电话（QQ、MSN、RTX 等）、个人工作台待办事项区等多种消息传递方式。

⑥统一管理所有需公务处理的事件，以手机短消息形式通知用户。

⑦建设统一的消息发布机制，供各类应用调用，消息传递方式包括电子邮件、即时消息、手机短信、办公助手等。

⑧通过与移动、电信、联通的网关接口实现手机、小灵通短消息的发送和接收；支持直接回复，支持短信并行发送；提供子号码服务。

⑨与现有的邮件系统无缝集成，为各业务系统提供访问邮件系统的开发接口包，支持邮件读写功能。

⑩与现有的短信平台集成，为各业务系统提供读写短信的开发接口包，提供开放公共接口给其他应用系统使用。

（18）资源整合和展现平台技术要求

资源整合和展现平台负责集成各类数据资源，提供跨平台异构分布数据资源访问及处理服务，为用户提供统一的访问接口（如访问公共基础数据集）。通用数据访问层可以处理任何类型的信息，需要访问数据库，只需调用同一个 Web Service 即可，而无须考虑后台的数据库类型和结构。由标准的 Web Service 来根据不同的数据库系统（包括结构化关系型数据库、文件、非结构化数据库、专有格式）分别进行处理。既为用户访问各类数据提供了统一的调用接口，又方便其他部件通过 Web Service 调用数据库存取功能，可实现调用方式与物理数据库的分离，以修改 Web Service 内部逻辑即可。

①在线分析系统技术要求

第一，维度与指标的组合展现，可以通过简单的鼠标拖放操作，将自已感兴趣的指标和维度拖放到右边数据区域中，以显示相应的数据。用户可以通过双击来查找具体的维度。

第二，数据的汇总与深化，可以通过双击数据区的单元格来得到下一层的详细数据或当前层次的汇总数据。

第三，在显示数据的同时，为了便于对数据进行浏览分析，可以将显示的数据进行互换。

第四，用户可将当前的现实状态保存下来以便下次浏览或给其他用户浏览，在保存的过程中，可选择将该报表保存到其他专业中，并设置浏览该标志的人员。同时，用户可以设置该标志是否允许进行其他权限的操作。

第五，对维度成员的过滤，双击显示维度成员的列表框，即可在弹出的过滤条件，对话框中填写条件对所显示的维度成员进行筛选，过滤功能支持模糊、多条件和对代码的范围的过滤。

第六，对数据显示区中的数据进行过滤和排序，当鼠标停放在数据区的列头或行头的时候，可以单击鼠标右键，然后选择过滤或排序对数据进行操作。

第七，单位转换，双击单位，即可出现可转换的单位的下拉框，点选适当的单位后，数据则会做出相应的显示。

第八，图表显示，点击显示图表按钮，即可看到当前数据相关的图表，在数据区中可以单独显示图表或数据，也可以同时显示图表和数据。

第九，可以利用图表对数据进行分析［例如，利用簇状柱状图（条形图）比较不同类别数值的大小、堆积柱状图（条形图）比较某一类别的数值占总值的大小、百分比柱状图（条形图）比较某一类别的数值占总值的百分比大小等］，用户通过点击鼠标右键来选择相应的图表类型。

第十，将图表保存生成 Excel 和 GIF 文件。

②系统整合技术要求

第一，要求系统具备二次开发的可扩展性，把扩展系统的权利充分留给用户，使用户可以用一套自定义管理工具解决原来大部分的二次开发问题，无须大小问题均依赖于系统开发商。

第二，使用相关流程管理工具，用户可以实现直流、横流、分流、支流、环流、子流等工作流的信息流动方式，信息在流动过程中可以携带目前计算机所支持的任何类型的文件信息，而实际的工作流方式可以由用户根据本单位的实际应用自行定义。

第三，对于用户深层次的电子政务应用需求和业务应用需求，作为一个基于信息交换平台的工作流平台，通过调用工作流服务，来实现流程运作，统一整个数字校园应用系统的流程。通过表单自定义来完成用户界面功能，而工作流服务可以完成业务逻辑和流程，整体运作不涉及系统底层源代码的修改，用户无须依赖开发商，自己能做到系统扩展。

第四，集成化软件开发基础平台应能支持综合业务系统的开发、部署、运行，支持原有应用系统的集成，支持定制工作流程，基于角色的工作界面，与安全支撑平台提供的安全服务无缝衔接，通过标准接口与其他应用支撑平台协同工作，具有完善的管理功能，保证平台正常、可靠运行。

第五，二次开发接口及与业务系统集成，对于用户深层次的办公应用需求或者业务系统需求，可提供以下三个层次的二次开发扩展解决方案。并且这三个层次都不涉及系统底层源代码的修改，用户无须依赖开发商，自己就能做到系统扩展。

第一层（简单链接，集中授权），系统提供强大的框架定义功能，链接调用合法 URL 资源，把二次开发的模块功能集成在 OA 及业务系统的主框架中。进行权限管理，按需要设置该模块功能的用户访问权限。

第二层（采用 OA 工作流平台，整合业务数据和审批平台），通过业务和 OA 的集成，使业务的每个功能业务通过工作流，按照业务流程模式执行，改变传统业务系统按功能模块组织的形式，把业务中零散的功能通过业务流程连接在一起，共同完成一个任务。在 OA 系统中可以调用业务系统的功能，在业务系统也可以调用 OA 的信息。

第三层工作流与流程再造 BPR，提供一个基于工作流、可配置、可重构的 OA 及业务系统，在业务办理过程中，系统可自动对每个人的任务完成情况进行跟踪和记录，用户可以随时对自己的工作情况进行统计和汇总，领导可以对所有下属部门及个人的工作情况进行统计汇总，通过考核可以明确列出项目的完成情况，点击统计数字，系统可以将详细的任务清单列出，方便查询，点击某个员工（或用户）的姓名可以将汇总结果以饼图方式展现，方便、直观地体现工作业绩，还可以以图形方式展现整个统计结果；还可以统计得出工作内容；还可以列出部门（个人）工作的全部清单，方便查询，同样系统还可以以图形方式展现整个统计结果。通过对流程的统计功能，掌握工作进程包括按期完成比率、超期完成率、某个环节滞留时间比率、平均处理天数等，可以发现项目中有关流程某些环节的问题，实现流程的优化。

（19）系统运行环境技术要求

①服务器端全面支持 Windows Server 2003/2008、Linux（Red Flag、Red Hat、Xterm）、Unix 等操作系统平台。

②支持 SQL Server、Oracle、Sybase、DB2、MySQL、Access 等数据库平台。

③支持 IPv4、IPv6 网络环境的平滑应用。

④能实现应用系统跨平台平滑迁移和升级。

（20）其他要求

①提供第三方测试机构的"负载压力测试报告"。

②系统应提供符合中文使用习惯的操作界面。

③系统验收之日起，3 年内免费维护、版本同步更新、升级。

（八）远程教育的发展要在更高的层面上试点、拓展、提高

1. 远程教育的准确定位关系到面向干部教育的党校信息化建设的可持续发展。全国党校远程教育经过六年多的发展，始终围绕党校教学的中心任务和教学改革的目标要求，探索并开展了现代信息技术应用于干部培训、党校教育工作。实践证明，远程教育是提高干部素质能力、实现党校教育现代化的一个重要手段，是在信息化条件下提高党校办学水平的一个重要突破口，也是通过网络建立学习型政党、学习型社会的重要途径。今后的发展任重而道远。作为党校信息化事业的重要组成部分，远程教育不应仅停留在对现有模式的补充、修订和自我完善上，低水平发展是没有出路的。其原因在于，目前的远程教育模式基本上还属于传统课堂授课的网络延伸，尚未形成信息化手段与教学和管理的有机整合应该产生的远程教育信息化效应。按照全国党校信息化建设会议的要求，应该深入思考发展的新思路，要进一步提高认识，从全党以及党校工作的大局出发，以对党的事业和党校事业高度负责的精神，认真探索党校远程教育发展的客观规

律，明确进一步发展的关键是准确定位，将远程教育作为开展党校教学科研、服务党校教学科研的一种特殊形式，并拓展为同传统教育方式并列的网络教育方式。这种定位绝不是否定或贬低传统教育的作用，相反它可以起到很好的互补作用，成就传统教育模式无法实现的网络教育优势，形成干部脱产在校学习与在职在岗网络培训的良性互动局面，促进党校远程教育的进一步发展，成为极具影响力的干部教育品牌。

2. 干部教育中在职在岗网络培训必须具备的基本条件。全国党校远程教学网络在许多党校实现了与校园网络的对接，依托校园网开展干部培训远程教学网络学习的软硬件设施逐步配套。各级党校已经具备相关的物质技术条件来完成领导干部定期脱产集中培训任务，同步利用校园网络开展广大在职在岗干部的网络培训和远程教育。随着电子政务和社会信息化事业的深入发展，广大在职在岗干部参加网络培训和远程教育所需的基本条件已经具备。关于网络教育所需的设备条件和带宽保障，除了乡镇基层，大部分机关单位的上网条件、网络带宽已经不成问题。采用在职在岗培训学习方式，使用工作电脑、合理安排时间、自主开展网络学习的条件已经基本成熟。关于网络教育所需的学习者基本素质要求，广大干部队伍具备政治上成熟、思想上稳定、文化上先进、知识上丰富、业务上精通的基本素质，这是不容置疑的。他们中的许多人具备了包括运用信息工具的能力、获取信息的能力、处理信息的能力、生成信息的能力、创造信息的能力等基本的信息素养。他们中的多数人有强烈的进取精神和追求自我发展的动力，具有参与网络教育培训提高政治业务素质的强烈愿望，具备自我管理、自我约束的能力，边工作边完成学业。他们中的多数人掌握了计算机应用和网络学习的一般技能，具有参与网络教育双向互动协作交流的能力。显然，各级党政干部是通过远程教学网络接受在职在岗培训和继续教育的最优秀的服务对象和群体。

3. 重视面向干部教育配套所需的远程教育课程设计和资源建设。一要加强远程教学内容的建设。重点是形成两个系列的教学内容，分别适应各级领导干部脱产进党校学习的网络培训系列教材（切实改变以往网络课程"上下一般粗、左右一个样"问题，加强针对性、层次性、时效性和实用性），适应在职在岗干部网络培训系列教材（分成不同专业、学科），相关课程设计既要突出马克思主义理论课程的党校优势和特色，又能彰显时政和满足不同类别干部需要的教学内容体系，突出对干部素质能力的培养，满足学员个性化的培训需求。关于网络课程的设计，应努力体现网络教学的开放性、共享性、个别性的特点，开发设计不同的表现形式，并根据课程内容和学员学习需要，采用传统面授课堂的网络呈现方式与个性化、交互型多媒体网络课程相结合的办法，推进案例式、研讨式教学的开展，并逐步增强网络教育的交互性。关于网络教育的质量考核，可以通过建立网络课程审核制度，制定网络课程实施的各类标准、条例来规范。二要加快党校远程教育资源库的建设进度。党校教学资源库的建设应努力造就远程教学网络学习的资源特色，要能适应各类培训对象的网络学习需求。现阶段党校教学资源库可以分为媒体素材文本类素材、图形（图像）类素材、音频类素材、视频类素材、动画类素材五大类。教学资源库建设涵盖的内容主要有：中央党校远程教育视频资源；拟购置的参考视频资源；教学视频素材库；本校教师教学课件；教学案例库；各类数字文献资料包括教材、教案、教参、大纲等；问题解答；相关的网络资源地址链接导航；网络课程——通过网络表现的某些学科的教学内容及实施的教学活动的总和，包括按一定的教学目标、教学策略组织起来的教学内容和网络教学支撑环境。

4. 重视构建面向干部教育配套所需的网络学习环境和网络教育的服务支持体系。关于网络学习环境的构建，应着眼于充分发挥网络教育所具有的信息开放性、资源共享性、教学模式多样性、学习自主性、研讨交互性的优势和特性。抓好教学模式、课程设计、内容组织、网站设计、互动学习、教师支持、信息服务、技术保障、学习评价等关键环节的统筹实施。促进党校干部远程教育培训工作，能更有效地激发学习者的求知欲，按照适合自己学习的方式，获取最新的数字化教育资源，加快知识更新速度。关于网络教育的服务支持体系建设，管理者、组织者应该变换角色认真思考，把自己当做参加网络学习的服务对象来应对，现阶段应提供的服务保障，概括起来有五个方面：一要提供详尽的入学指南，说明自主式学习如何报名、如何选择专业和课程，计划内班次如何在规定项目基础上选修自己感兴趣的专业和课程；二是提供方便的学习指南，包括学习须知规范、学习教材保障、学习计划制订、学习进程服务、学习方法指导、学习进度跟踪、学习提醒服务；三要提供细致的网络教学指南，涵盖教材自学指导、课件学习方法、网上答疑互动、网上讨论交流、网络模拟测试、网络资源导航、论文写作辅导；四是提供操作性强的咨询服务指南，包括网络咨询、邮件咨询、论坛咨询、电话咨询、手机短信咨询、节假日咨询、跟踪咨询；五是周到的管理服务指南，党校远程教育是新生事物，参加网络学习一定会遇到学习者未经历过的许多困难，大量问题并不都会出现在学习中，必须营造良好的网络学习氛围，增强服务意识，尽快形成技术、教学、管理、服务部门协同配合的支持服务体系。

5. 重视适应远程教育信息化师资队伍的建设和信息化素质的提升。远程教育的师资结构需要复合型知识人才队伍。党校远程教育服务干部教育需求的目标，决定了教师现存的单一专业知识结构很难满足需求。承担远程教育任务的党校教师不但需要掌握和使用网络教育技术，掌握适应信息化服务环境的教材组织和教学方法，还需要整合、优化各类教育资源，才能为学习者提供不同层次、不同类型的学习指导和细致周到的个性化服务。这就急需通过培训、进修、自学等方式改善知识结构，提高业务素质。党校远程教育师资信息化素质建设要求从事远程教育的教师具有更加高尚的道德情操、较强的敬业精神、团结协作的奉献精神，对学习者有高度的责任心。远程教育的师资队伍必须具备强烈的信息意识，具有获取信息的能力、信息开发的能力、信息管理和评价的能力。同时，还应具有较强的计算机操作能力，使用相关信息技术装备、工具、手段的能力，熟练掌握信息处理资源整合方法。只有持续不断地通过实践锻炼与专业培训相结合的办法，才能达到师资队伍专业水平和信息化素质不断提高的目的。为了加速这一进程，强调教育者应该首先是受教育者，使教师能从教与学两个方面融会贯通。党校教师要胜任网络教育的重任，必须从受教育者的角度解决好以下三个问题。一是接受网络教育的亲历和体验，感受自主学习的环境和进程，领悟知识更新的途径和方法；二是体会远程教学网络学习中体现教师传统主体地位的知识传播已经转变为学习过程的服务、引导、调节和控制的主导作用；三是党校教师上好远程教育课程，必须潜心学习，借助网络等现代化手段来获取更多的信息，拓展知识积累，创新教育内容，探索和研究教育教学规律，成为孜孜不倦的学者。

五 整合干部教育信息化服务环境若干思考

(一) 干部教育信息化服务环境的构成要素

机构要素——主体构成包括党校、行政学院、干部学院,其中党校是核心,是主渠道、主阵地。辅助构成包括高等院校、科研院所,部门和行业的干部教育培训机构。其他构成,包括符合条件的社会培训机构和境外培训机构。

服务要素——基础设施,包括校园网、远程教学网、数字图书馆网。应用支撑体系,包括网络教育系统、网络资源系统、管理服务系统。信息资源,包括教学教材及配套资源库,科研及决策信息资源库,数字资源库,网络导航系统及咨询服务系统。

人才要素——队伍构成,包括信息技术人员、教师、管理服务团队。基本素质,包括复合型知识结构、良好的职业道德和心理素养,整合及优化教学资源的能力,熟练的信息化应用技能,较强的责任意识和奉献精神。

网络要素——网站体系,基本要求是实现互联互通,资源共享,优势互补。基本构成,包括干部教育信息化服务的全国核心网站、省级中心网站、区域及机构网站。服务通道,包括分别与公共网、教育科研网连接的校园网,与政务信息网连接的内部网,两者物理上分离。

(二) 建成以中央党校为核心门户的全国党校干部教育网络体系

建设以中央党校为核心门户的全国党校干部教育网络体系,首先必须尽快实现党校系统的互联互通,要形成一整套网络教育的服务保障机制,要形成各级党校优势互补的教育资源协调整合机制,要形成资源共建、信息共享的资源服务机制,要形成全国统筹的、中央党校核心门户与省级资源中心分工协作的服务管理的保障机制。其次,依据对表4-14"你认为党校信息化建设的成果在政务信息网是否应该得到充分的共享与应用"问卷调查数据的分析结论,各级党校应将信息化建设的阶段性成果尽可能地在政务信息网上实现应用的拓展和服务，加快推进党校信息化建设服务干部教育的培训工作和在职在岗业务学习。最后，全国党校干部教育网络体系建设要十分重视学习借鉴国内外高校教育信息化、数字校园建设的成功经验，应同步开展与公网、教育科研网的校园网络连接，互利互惠，协作共建，迅速壮大服务干部教育网络阵地，还可以引进并发挥高校的综合学科优势，开展党校欠缺的相关学科专业的干部教育培训工作。

（三）提升远程教育装备性能，实现数字化互动式远程教育

党校远程教育目前采用的模式主要有两种，即卫星远程接收站模式和地网传输模式。

关于卫星远程接收站模式，要采取以下四个方面的措施。一要迅速提升全国党校远程教学网的装备性能，有效地提高服务质量。党校系统2600多个远程教学网站已经形成规模效应，实际应用中还有不少党校存在音视频质量不理想、收视效果差的矛盾，解决相关问题必须提升装备性能，加强应用培训，提供在线咨询；二要提升系统功能，真正解决各类网站互动交流的问题，满足网络课程的课堂学习、在线问答、问题研讨、学习交流的需要；三要实现校园网对远程教育资源的整合，满足在线学习者的学习需求；四要充分利用远程教学网络的频道资源，整合全国党校的整体优势，合理布局，协作共建，丰富干部教育网络课程内容。

关于地网传输模式，包括专线传输和互联网传输。两者的应用最大差异在于带宽的不同，前者有固定带宽，保证信号传输质量，但使用费较高；后者带宽无法保证，只能传输经过压缩处理过的多媒体信息。远程教育通过地网传输，具有较大的灵活性，使用比较方便，同步感较强，功能比较丰富，相关软硬件可选方案较多。关键是必须选择符合发展要求的应用系统，配套相应的播放端设备和用户端设备。开展通过地网传输的网络教育，一要根据需要慎重决策，统筹规划，稳步推进；二要充分了解并测试系统功能，进行模拟运行；三要与课程建设紧密结合，防止长时间空转；四要在校内进行局部试验，取得成功后再扩大范围；五是正式开展网络教育，必须与网络学习服务管理的保障措施相配套。

（四）整合各类信息资源，建设高水平的基于网络的干部培训教育基地

建设基于网络的、高水平的干部教育培训基地是整合干部教育信息化服务环境的目标要素。通过整合各类干部教育信息资源，必须满足以下六个方面的要求。一要使党校网站成为干部教育的门户网站，能满足各类干部的培训需求；二要使党校网站成为干部教育的资源网站，能满足服务干部教育所需的各类教学资源、参考资源的需求；三要使党校网站成为干部教育的信息网站，能满足干部脱产学习、在职在岗学习、业余进修所需的各类信息需求；四要使党校网站成为干部教育的网络课堂，能适应不同类型、班次的知识结构，按照培训需求配置相应的师资和教学内容；五要使党校网站成为干部教育的网上党校，能满足各级干部不断提高执政能力建设的学习需求，服务并满足各级干部继续教育、终身学习的需求；六要使党校网站成为干部教育的理论阵地，能满足服务干部教育的教学科研队伍面向世界、跟踪前沿、求真务实、创新发展的信息化保障和需求。

总之，要通过整合各类干部教育信息资源，尽快形成党校网站服务干部教育培训的独特优势，建成基于网络的、高水平的干部教育培训基地，实现干部教育信息化建设的跨越式发展。

课题研究小结

一、党校信息化建设的目标与需求。党校信息化建设的总体目标是满足干部教育信息化的需求。这些需求可以归纳为五个方面，一是教学方面的需求，如办学模式、课程模式、教学模式、管理模式等；二是科研方面的需求，如科研管理、科研组织、科研模式、科研服务等；三是管理方面的需求，如管理信息化、办公自动化等；四是学习方面的需求，如脱产学习、在职学习、课堂学习、网络学习、主动学习、信息化素质以及学习模式等；五是决策咨询方面的需求，如领导决策、课题咨询、教研服务、管理决策、评估评价、评估模式等。这些需求的实现，应该说是一个动态发展的过程，一方面我们不能片面地强调过程因素而忽视必要的实践和操作，另一方面我们也不能超越现实，违背事物发展的客观规律。要理性地认识党校信息化建设的需求目标，包括已经实现的应用需求、规划中响应的应用需求、长远发展必须解决的应用需求。必须明确需求是变化和发展的，实现需求的过程是阶段性的，它是一个矛盾的运动，是一个发展的过程，也是一个螺旋式上升的进程。

二、党校信息化建设的评价和定位。党校信息化建设，以校园网、远程教学网、数字图书馆网为主要内容，起步较晚，但起点较高，发展势头强劲，总体仍处于初期的发展过程。党校信息化建设受到来校学习的各级干部和党校教职工的充分肯定和欢迎，但满足需求的程度还比较低，目前的发展水平不高，这体现在基础设施相对薄弱，应用系统比较滞后，资源建设尚在起步阶段，信息化服务、管理、维护以及信息安全保障手段还不够完备。远程教学、网络教育的课程设计以及课程内容、服务模式还需要进行针对性、层次性、时效性、实用性改造。信息化师资队伍的水平和能力还需要通过实践迅速增强。各类服务对象的信息化观念、信息化技能和信息化素质必须通过培训进一步提升。信息化建设管理体制的融合理顺也要在实践的基础上继续探索改进。信息化建设、信息化教育、信息化服务队伍的发展和壮大还需要给予更多的关注和支持。面向干部教育的党校信息化建设亟须在深化应用和优质服务的推进中，不断扩大宣传、引导需求、强化功能、满足需要，创建干部教育信息化的知名品牌。

三、党校信息化建设的地位和作用。尽管目前党校系统的远程教学网络、校园网、数字图书馆网进一步强化了党校在党的干部教育培训事业中担负的特殊使命和不可替代的重要作用。但作为远程教育中心的远程教学网络，期待着体系的完善和应用的规范；校园网作为开放式教学网络和终身学习的基地，期待着功能的充实和服务的配套；数字图书馆网作为干部教育信息和资源中心，期待着马克思主义理论阵地的完善和信息化服务机制的强有力保障。按照2006年1月21日中共中央颁发的《干部教育培训工作条例》（试行）的要求，信息化建设作为提高党校教学水平和干部教育水平的重要手段，在党校事业发展中的作用越来越突出。应该抓紧整合，促使远程教育在推进以政治理论、政策法规、业务知识、文化素养和技能训练等为基本内容的课程结构方面显示出更加突出的服务优势，以便于推动网络环境下较大限度地满足组织调训与自主选学、脱产培训与在职自学、境内培训与境外培训相结合等方式的开展，也有利于党校继续发挥干部教育培训轮训主渠道作用的同时，按照分工明确、优势互补、布局合理、竞争有序的原则，不断提高办学水平，提升办学质量。应该抓紧配套，促使校园网作为实现干部教育培训目标的基础设施，在服务干部教育新格局的信息保障、技术支持和现代化手段方面，承担起构建网络条件下服务干部教育培训网络体系，以增强执政意识、提高执政能力为重点，推动学习型政党、学习型社会建设，加强党的执政能力建设和先进性建设，为全面建设小康社会、加快推进社会主义现代化提供思想政治保证、人才保证和智力支持。应该抓紧建设，促使数字图书馆网在构建适应不同类别、不同区域、不同行业、不同班次学员和干部需要的信息资源和教学教参资源体系，构建能满足党校学科建设和各类需求的专题数据库和服务咨询体系，推进信息资源的共建共享方面不断丰富干部教育信息网站的深厚内涵。

四、党校信息化建设的领导和管理体制。对目前仍处在发展战略机遇期的党校信息化建设，尽管并不存在领导不重视的问题，却有一个如何重视的问题。领导问题的根本在于领导班子观念的更新，必须明确面向干部教育的党校信息化建设涉及党校事业发展的方方面面，它是新时期党校事业适应党的工作大局需要，服务党的执政能力建设，适应党校教育创新发展的强大技术支持和推进器，信息化的发展离开相关应用的同步和配套，很难取得实质性成效；关键的问题是确定一种符合信息化发展的领导模式，宏观层面的决策应该是一个全局性的整体安排，操作层面的部署需要全方位的协调来推进；核心的问题是主要领导在决策中的主导作用，信息化建设需要较多的投资，运筹帷幄，配置得当，合理适度的投资保障，会使信息化建设给党校教育事业的发展不断增添光彩，反之也可能造成投资浪费，会使党校信息化建设、信息化应用综合效益发挥不足，严重滞后于干部教育信息化事业的进程。有了一个符合党校信息化建设良性发展的领导机制，其管理体制的构成应该包括：决策层——信息化建设领导小组，专家委员会——信息化建设咨询小组，管理层——信息化建设的主管职能机构，应用层——由校内各职能部门负责人担任的部门信息主管和具有信息技术基础的信息员。

五、党校信息化建设的发展规划。建议尽快出台全国党校信息化建设总体规划，既要有前瞻性的安排，又要有具体发展的指导性要求；既要有重点应用、快速推进的远程教育下一阶段的实践目标和参考性实施方案，又要有校园网门户平台功能配置和应用、数字图书馆信息资源建设布局的协作性计划；既要充分体现全国党校信息化的整体发展水平，又要兼顾各地党校反映自身特色布局的协调性发展。省级党校信息化建设规划，要和全国党校信息化发展的总体布局紧密结合，应在拓展应用领域方面有所作为，要围绕教学、科研需要做规划，围绕教员、学员的需要建设资源数据库，围绕提高应用水平抓好管理和服务；重点突破的领域包括省级远程教育的开办与实施，区域资源中心的规划与建设，干部教育服务平台功能的充实与完善，信息资源共建共享工作的实质性推动，党校服务管理信息化的可持续发展。地市级党校的信息化发展规划，首先应该尽快融入区域党校信息化的整体布局，努力形成区域党校信息化发展中各具特色的亮点；其次应该整合所属县区服务干部教育的优势信息资源，积极推进省级资源中心的建设；最后要抓好服务实施的配套与应用。县级党校规划的重点是构建一个信息化应用的服务环境，确保有效地共享党校系统以及各类可以服务干部教育的资源、信息与服务的和谐应用。

六、党校远程教育发展的关键措施主要包括以下六个方面。

（一）远程教育在党校教育体系中的地位和作用。目前的远程教育仅仅停留在对现有传统教育模式的补充、修订和自我完善上，低水平的发展违背了党校教育信息化的初衷。必须尽快将远程教育作为开展党校教学科研、服务党校教学科研的一种特殊形式拓展为同传统教育方式并列的网络教育方式，使之与传统的教育方式起到很好的互补作用，成就传统教育模式无法实现的网络教育优势，形成干部脱产在校学习与在职在岗网络培训的良性互动局面。

（二）远程教育的课程设计和教学内容。应采用传统面授课堂的网络呈现方式与个性化、交互型多媒体网络课程相结合的办法，推进案例式、研讨式教学的开展，并逐步增强网络教育的交互性。应分别编制适应各级领导干部脱产进党校学习的网络培训系列教材以及适应在职在岗干部网络培训系列教材，相关专业、学科课程设计能满足学员个性化的培训需求。

（三）远程教育的资源库建设。主要建设内容包括：中央党校远程教育视频资源；本校教师教学课件、网络课程、教学案例库；拟购置的参考视频资源、教学视频素材库；涵盖教材、教案、教参、大纲、问题解答等各类数字文献资料以及相关的网络资源地址链接导航。

（四）远程教育师资队伍建设。远程教育的师资结构需要复合型知识人才队伍；具有高尚的道德情操、较强的敬业意识、团结协作的奉献精神，对学习者有高度的责任心；具备获取信息的能力、信息开发的能力、信息管理和资源整合的能力；具有较强的计算机应用和使用相关信息技术装备、工具、手段的能力；远程教育师资队伍建设需要通过实践锻炼与专业培训相结合的办法，加速这一进程，强调教育者应该首先是受教育者，能从教与学两个方面融会贯通。

（五）远程教育的服务支持体系建设。一是详尽的入学指南，包括自主式学习如何报名、如何选择专业和课程，计划内班次如何在规定项目基础上选修自己感兴趣的专业和课程；二是方便的学习指南，包括学习须知规范、学习教材保障、学习计划制订、学习进程服务、学习方法指导、学习进度跟踪、学习提醒服务；三是细致的网络教学指南，涵盖教材自学指导、课件学习方法、网上答疑互动、网上讨论交流、网络模拟测试、网络资源导航、论文写作辅导；四是操作性强的咨询服务指南，包括网络咨询、邮件咨询、论坛咨询、电话咨询、手机短信咨询、节假日咨询、跟踪咨询；五是周到的管理服务指南，参加网络学习一定会遇到学习者未经历过的许多困难，大量问题并不都会出现在学习中，必须营造良好的网络学习氛围，增强服务意识，尽快形成技术、教学、管理、服务部门协同配合的支持服务体系。

（六）远程教育的技术支持和服务保障。要通过加速远程教学网络与校园网的互联，实现优势互补；通过增加网络带宽，增强互动效果；通过完善远程教学管理体制和运行机制，保障课程的播出质量，保障网络的正常运行。

七、党校网站提升应用功能的对策与手段。党校校园网是干部教育的专业性网站，应坚持以马克思列宁主义、毛泽东思想、邓小平理论和"三个代表"重要思想为指导，突出干部教育的权威性和可信性。校园网的作用不能停留在与传统手段并列甚至从属的地位，校园网从最初的补充地位、发展的并存乃至主体地位的确立，有一个渐进和升华的时空对接过程，必须通过观念的更新、有效的应用及适度的行政干预去加速这一进程。网站的建设，应该搞好整体规划，通过制定《全国党校门户网站建设总体规划》和相关实施意见，在现有基础上整合、发展，打造成服务干部教育的信息化枢纽。网站的组织要兼顾各种要素的协调，包含功能结构、框架结构、页面结构、栏目结构、内容结构，突出反映主旋律的栏目设置和内容结构。网站的整体设计应该具有较高的技术含量，尽量运用生动活泼、鲜艳动感的画面，高效科学的链接，冲击力较强的屏幕声音形象使内容活起来；在徽标、横幅设计及版面设计上，体现较强的党性和文化品位；在页面内容上，实现图像、声音、文字的多重效果。要通过整合党校网站信息内容如校务管理、教学管理、科研管理、信息资源、公众服务等，合作建设全国党校各类专题数据库，打造具有党校特色的干部教育品牌。要建立比较完善的网站资源建设规范和合理的运行机制，门户网站与部门网站之间有效的协同机制，信息发布审核机制，信息更新保障机制，充分调动门户网站管理机构、部门网站工作人员的积极性，使网站建设步入良性、可持续发展的轨道。校园网应用水平的提升，要通过改革传统的教学内容，把校园网功能应用与深化教学改革，增强干部教育的吸引力和活力有机地结合起来；要通过加快网络教学应用的实践进程，以网络手段作为一种全新的教育方式，把党校教育带进面向学员的个体需求，面向干部教育逐步社会化的全新阶段；要通过多媒体教育模式的发展，使教与学形成一个整体，增强学员在网络环境下获取信息、分析信息、处理信息和创造性思维的能力。

八、党校数字图书馆建设的重点与方向。数字资源建设是数字图书馆建设的核心和重点。目前，党校系统图书馆的数字资源建设取得了较大的进展，但发展的进程与满足需求的差距还很大，对教学科研的信息支撑作用不够明显，与干部教育信息网站的地位很不相称。党校数字图书馆资源建设应体现在内容上多样化、数量上海量性、应用上紧迫性的特点。应该以服务学科建设为切入点，围绕学科需求展开，尤其是要将体现党校系统核心竞争力的信息资源建设作为重中之重，组织全国党校的力量，通过几年的建设形成特色与优势。还应及时跟踪学科发展，整合网络信息资源，做好服务学科建设的网络信息导航工作和学科前沿动态信息导航库的建设。在加快数字图书馆信息资源建设的同时，要强化党校数字图书馆干部教育信息网站的服务职能。在网站设计方面兼顾各类功能的实现，栏目配置要合理全面，信息点击要快捷实用，导航链接要准确有效，查询功能要完善方便。在应对需求方面，根据课程设置的变化，培训对象的动态调整，配套信息提倡主动服务；对重点学科、课题研究、热点问题坚持跟踪服务；对领导决策、个性化需求实行特色服务；对信息咨询、疑难问题采用在线互动。在服务手段方面，充分利用各类信息服务工具，根据实际需要开辟 BBS、公告栏、留言板、信息服务论坛等；读者培训可以利用课件方式点播学习；对特殊文献需求进行信息加工传递和邮件服务；对网页风格、栏目布局、样式乃至相关内容的收集定制个性化页面。

九、党校信息化技术装备配置的要点和策略。党校信息化基础设施技术装备配置包含以下 5 个方面的要点和策略。

（一）综合布线系统的设计。必须满足党校信息化整体布局和长期发展的需求；通常主通道应是校园网（与互联网相连），还要兼顾内网即政务信息网，两网应在物理上实现隔离；没有布线的公共场所要考虑预留无线网的发展空间；系统是一个开放式的结构，既反映当前水平，又具有较大的发展潜力，留有充分的扩展能力。

（二）网络系统的规划。党校网络系统主要包括远程教育、网络党校、办公自动化、教学教务管理、文件传输、信息检索、虚拟专网、IP电话及视频会议、视频点播等应用；是一个集数据、语音、视频于一身的网络系统，必须能提供足够的性能，来支撑所有应用；要选用先进、成熟、稳定可靠的技术；网络系统设计不仅要考虑到近期目标，还要为系统的进一步发展和扩充留有余地。

（三）服务器系统的扩展。应对新的应用需求，新系统的构建需要适当考虑不断满足未来教学与应用持续发展的因素，考虑原有系统设备的衔接与利用，同时解决技术熟练人员的问题、考虑总体的成本控制；建设思路应该是利用新的服务器系统和计算机网络技术来构建数据中心，同时也要整合原有的应用服务，提高应用系统的运行效率；在拓展服务器应用构建的过程中，应充分考虑构建安全、高效、扩展性强的服务器架构。

（四）存储技术的更新。数据的存储、使用和保护已经成为影响党校网络服务发展的至关重要问题，其重要性已经远远超出技术层面的意义；存储系统的构建，是党校信息化建设进入以应用服务为中心的发展阶段的必然选择；虽然网络化存储是一种趋势，但在实际应用中还是应该够用就好，制订或调整存储方案要有可持续性，能满足三至五年的发展和应用就行，不要盲目追求最先进的方案。

（五）信息与信息系统的安全。信息与信息系统的安全是党校信息化基础设施建设的重要组成部分；在技术上，应通过配置必要的安全设备和软件系统，建立一个"多层次、全方位、个性化"的系统安全体系来实现，提供多种安全监控和管理功能，保证合法用户对信息和资源的使用；在制度上，建立网络安全管理责任制，出台完善配套的网络安全管理制度，严格规范网络的应用和管理。

关于应用系统构建的策略，要从实际出发，把软件的应用和长远的发展统一起来。所选择的软件对硬件环境、软件环境的要求，必须符合技术和应用发展的潮流和趋势。要选择与信誉好、技术强、服务精的软件企业建立长期合作关系，能随着未来业务发展，根据应用需求的变化而不断变化，软件产品所提供的服务也应随着时间的推移，能灵活应对事业发展不断提出的应用服务需求。要争取相关职能部门的参与和支持，他们是应用系统的直接服务对象和建设管理主体，传统业务流程的信息化再造要通过他们与应用技术的融合，不断促进观念的升华来实现。要坚持软件试用的原则，试用是应用系统软件选型的重要环节。应用系统构建还应保持一种够用就好、发展无忧、技术先进、应用和谐的心态。要按照规定的流程和规范的程序组织采购活动，产品中标要签订完备的服务合同。

十、党校信息化建设应用水平的目标与要求。主要包括数字校园系统完整配套，各项主要功能应用全部到位；网络设施结构合理，扩展升级和谐，政务网、公网、教育科研网通道带宽流畅，安全保障有效；主机系统满足需求，响应快捷，运行效率高，便于扩充升级；存储系统能适应目前和2~3年的空间冗余，并留足了扩容的配套基础；校园一卡通规范入口、权限和应用内含，实现科学规范有序化管理；校务管理系统运转体系完备，无纸化办公已经实现；特色信息资源能较大限度地满足办公管理、教学科研、干部教育相关需求；党校学工人员具备较好的信息素质，信息化手段的应用能力和服务水平已达到较高的程度；党校网站、网络党校在实践中已经产生较大的社会效益，成为干部教育、理论学习不可或缺的重要平台和信息枢纽。

附件一 面向干部教育的党校信息化建设调查问卷

(请在您选中的答案处画"√",多选项均应画"√")

一、选择题

1. 你经常使用互联网吗?

    A. 经常

    B. 不经常

    C. 基本不用

2. 你访问过党校网站吗?

    A. 访问过

    B. 没有访问过

3. 你认为党校网站目前在服务干部教育方面的作用:

    A. 有一定作用

    B. 作用很有限,内容功能都不足

    C. 没有作用

4. 你认为党校网站的建设目标应该是:(可多选,也可增加选项)

    A. 干部教育网

    B. 网络党校

    C. 互联网上的马克思主义阵地

5. 您心目中的党校网站应该具备的功能:(可多选,也可增加选项)

    A. 网络教育的服务平台

    B. 远程教育的资源中心

    C. 干部教育的数字图书馆

    D. 党的执政能力建设的理论基地

    E. 领导干部个性化信息服务的枢纽

    F. 农村党员干部现代远程教育资源中心

6. 你收看收听过党校远程教育课程吗？

A. 有

B. 没有

7. 你对党校远程教育课程安排的内容满意吗？

A. 比较满意

B. 还可以

C. 不满意

8. 你认为党校远程教育课程的设计应该：（可多选，也可增加选项）

A. 根据不同的对象设计不同的课程内容

B. 应改变单纯大报告式的教学方式

C. 每堂课时间应控制在 2 小时左右

D. 充分应用教学课件和多媒体课件

9. 你对收看收听过的党校远程教育课程的音像效果的评价是：

A. 还不错

B. 效果一般

C. 比较差

10. 你认为党校远程教育的技术手段应该实现：（可多选，也可增加选项）

A. 网络教育的优势

B. 集中式课程与网络课件点播相结合

C. 通过网络认证方式访问相关内容

D. 通过技术改造不断提高音像质量

E. 确保在线教学的信号畅通

F. 增加互动式功能，增强研讨式教学效果

11. 你使用过党校网站的数字信息资源吗？

A. 用过

B. 没用过

C. 不了解

12. 你认为党校数字图书馆的内容建设应该突出：（可多选，也可增加选项）

A. 服务党校学科建设需求的数字信息资源

B. 服务干部教育需求的数字信息资源

C. 党校自身活动为特色的数字信息资源

D. 国情、省情研究为特色的数字信息资源

E. 服务领导决策需求的数字信息资源

F. 服务干部教育个性化需求的数字信息资源

13. 你认为党校数字图书馆的服务功能应该做到：（可多选，也可增加选项）

A. 信息点击快捷实用

B. 导航链接准确有效

C. 查询功能完善方便

D. 特色服务在线互动

14. 你认为党校信息化建设的成果在政务信息网是否应该得到充分的共享与应用？

A. 应该得到充分的共享与应用

B. 建好了再说

C. 没有必要

15. 你认为是否应该加快党校信息化建设和应用步伐，更好地服务于党的干部教育事业？

A. 应该加快步伐

B. 边建边用

C. 不着急，慢慢来

二、问答题

16. 你对党校信息化建设和应用还有哪些需求或建议？

17. 你对领导干部进党校学习期间信息化服务方面有哪些需求和建议？

18. 你认为对于党政干部在职理论学习，党校应提供哪些信息化服务的手段和措施？

附件二 2005年全国省级副省级党校图书馆数字化建设评估调查统计表

人员											
人 数 \ 职称、学历	技术职务				学 历						
	正高	副高	中级	初级	博士	硕士	研究生班	本科	专科	高中、中专	合计
全馆职工数											
自动化工作人员数	总数										
	系统维护人数										
	数据库维护人数										
	网络维护人数										
	系统开发人数										

馆藏文献资源							
项 目		中文		外文		合计	
		种	册	种	册	种	册
馆藏文献资源总量	图 书						
	期 刊						
	地方文献						
	电子出版物						
	其 他						
文献资源年入藏量	图 书						
	期 刊						
	地方文献						
	电子出版物						
	其 他						

续表

现代化设备								
计算机及工作站	机型	数量	启用时间	CPU描述	内存	外存总量	系统主要功能	
	486							
	586							
	奔Ⅲ							
	奔Ⅳ							
	终 端							
	其 他							
UPS								
交换机								
其他辅助设备		数量	启用时间	主要用途	有关描述性说明			
	针式打印机							
	激光打印机							
	喷墨打印机							
	彩色打印机							
	扫 描 仪							
	光 盘 塔							
	条码阅读器							

经 费					
年 份	2001	2002	2003	2004	2005
年总经费（万元）					
数字化建设经费（万元）					

数据库建设		数据库名称	数量	数据量	对外提供服务能力
	自建	馆藏书目数据库			
	外购				

续表

图书馆网络		类型		网络协议		与 Internet 连接	
	图书馆局网						
	校 园 网						

文献加工与目录管理	文献标引与著录所用分类法			目录组织		
	图书	期刊	报纸	书名目录	分类目录	著者目录

读者服务	普通服务					
	年接待读者人次	年文献外借册次	周开馆时间（小时）	专业阅览室（个）	阅览座位（个）	开架文献册数
	信息服务					
	年咨询次数	二、三次文献（种）	课题咨询（次）	专题服务（次）	书刊宣传（次）	信息刊物（种）
	校园网可否检索馆藏	读者检索计算机数量	查询系统开放时间	光盘检索服务	图书馆主页	国内、国际联网
	可/否	台	周小时	有/无	有/无	可/否

图书馆自动化管理系统	类 别	系统名称	应用时间	数据时间范围	数据格式	数据量	有关描述性说明
	采访系统						
	编目系统						
	流通系统						
	期刊管理系统						
	公共查询系统						
	文献检索系统						
	全文检索系统						
	办公自动化系统						

图表索引

表 2-1　全国党校远程教学网络建站情况一览表 …………………… 026
表 2-2　全国省级党校门户网站一览表 ………………………………… 030
表 2-3　全国地市党校门户网站一览表 ………………………………… 031
表 2-4　全国省级党校图书馆自建特色数据库一览表 ………………… 034
表 2-5　全国副省级党校图书馆自建特色数据库一览表 ……………… 038
表 3-1　全国各省市自治区党校已建远程教学网站所占
　　　　比例统计表 …………………………………………………… 047
表 3-2　全国省级党校门户网站服务功能框架结构 …………………… 061
表 3-3　全国省级党校数字图书馆网站服务功能框架结构 …………… 065
表 4-1　你经常使用互联网吗 …………………………………………… 079
表 4-2　你访问过党校网站吗 …………………………………………… 080
表 4-3　你认为党校网站目前在服务干部教育方面的作用 …………… 082
表 4-4　你认为党校网站的建设目标应该是：（可多选）…………… 083
表 4-5　您心目中的党校网站应该具备的功能：（可多选）………… 085
表 4-6　你收看收听过党校远程教育课程吗 …………………………… 086
表 4-7　你对党校远程教育课程安排的内容满意吗 …………………… 087
表 4-8　你认为党校远程教育课程的设计应该：（可多选）………… 090
表 4-9　你对收看收听过的党校远程教育课程的音像效果的
　　　　评价是：………………………………………………………… 090
表 4-10　你认为党校远程教育的技术手段是否应该实现：
　　　　　（可多选）…………………………………………………… 092
表 4-11　你使用过党校网站的数字信息资源吗 ………………………… 094
表 4-12　你认为党校数字图书馆的内容建设应该突出：
　　　　　（可多选）…………………………………………………… 095

表4-13　你认为党校数字图书馆的服务功能应该做到：
　　　　（可多选） …………………………………………………… 097
表4-14　你认为党校信息化建设的成果在政务信息网上是否应该
　　　　得到充分的共享与应用 ………………………………………… 099
表4-15　你认为是否应加快党校信息化建设和应用步伐，更好地
　　　　服务于党的教育事业 …………………………………………… 100
表5-1　核心控制模块及说明 ……………………………………………… 188
表5-2　网站结构管理 ……………………………………………………… 196
图3-1　全国31所省级党校信息化建设工作机构设置情况示意图 … 043
图3-2　全国省级党校信息化建设投资情况所占比例示意图 ………… 044
图3-3　全国省级党校信息化建设投资规模区域比较分布图 ………… 044
图3-4　全国省级党校信息化建设投资规模全国所占比例区域
　　　　比较示意图 ………………………………………………………… 045
图3-5　全国省级党校远程教育A级网站建站进度区域比较示意图 ……
　　　　……………………………………………………………………… 046
图3-6　全国党校远程教育各类网站建设进度示意图 ………… 046
图3-7　全国省级党校远程教学网络基础设施配置区域比较示意图 ……
　　　　……………………………………………………………………… 048
图3-8　全国省级党校门户网站建站情况区域比较示意图 ………… 049
图3-9　副省级城市党校门户网站建站进度示意图 ………………… 050
图3-10　省会城市党校门户网站建站进度示意图 …………………… 050
图3-11　地市州盟党校门户网站建站进度示意图 …………………… 051
图3-12　部分省市所属区县党校门户网站建站情况示意图 ………… 051
图3-13　各类党校门户网站建站情况示意图 ………………………… 052
图3-14　全国省级党校校园网站设备配置率区域比较示意图 ……… 052
图3-15　全国省级党校校园网综合布线校均节点数量区域
　　　　比较示意图 ………………………………………………………… 053
图3-16　全国党校图书馆信息化设备配置情况示意图 ………… 054
图3-17　全国省级党校图书馆年度经费安排区域比较示意图 …… 055
图3-18　全国省级党校远程教育资源建设情况示意图 ………… 056
图3-19　全国省级党校学员宿舍计算机设备配置情况示意图 ……… 057

图 3-20　全国省级党校网站服务功能建设情况示意图 ………… 057
图 3-21　全国省级党校图书馆馆均藏书规模区域比较示意图 ……… 058
图 3-22　全国省级党校图书馆馆均自建数字资源规模区域
　　　　　比较示意图 …………………………………………… 059
图 3-23　全国省级党校图书馆网络服务指标区域比较示意图 ……… 060
图 4-1　广东省委党校干部教育培训和远程教学信息化网络
　　　　　体系示意图 …………………………………………… 102
图 4-2　重庆市党校系统干部远程教育信息化体系网络结构
　　　　　示意图 ………………………………………………… 103
图 4-3　四川省委党校校园网网络拓扑结构示意图 …………… 104
图 4-4　浙江省委党校校园网网络拓扑结构示意图 …………… 104

第二部分

实践案例

案例之一

福建省委党校校园网图书馆网络系统项目工程研制报告（摘要）

福建省委党校校园网图书馆网络系统项目工程，是遵循《中国共产党党校工作条例》中关于把党校图书馆办成多功能现代化综合性文献资料中心的要求，也是来校学习的各级党政领导干部和全校教学科研人员长期反映、多方要求的一项重要的基础设施工程。该系统的建设，在很大程度上可以改善党校教学科研的工作环境，优化各级党政领导干部来校培训的信息化的保障条件，并帮助广大学员掌握计算机应用知识。本项目是按照能够传输图文音像多媒体信息、逐步建设数字化图书馆的要求进行安排的，从工程项目的申报、立项、签订合同书到整个工程的设计、施工、试运行、正式对校内外读者开放已经有两年时间。[①] 现将项目工程的研制情况报告如下。

一 1995 年 10 月~1996 年 7 月，为项目工程的设计、可行性研究、应用软件的选型阶段

这一阶段，在校领导的关心和大力支持下，我们通过大量的调查研

---

① 第二部分实践案例中，案例之一：福建省委党校校园网图书馆网络系统项目工程研制报告（摘要），案例之二：福建省委党校校园网一期建设工程招标内容及要求（摘要），案例之三：全国党校"图书馆数字化建设"评估工作自查自评报告摘要（福建省委党校图书馆），案例之四：福建省委党校校园网（二期工程）建设可行性研究报告暨初步设计方案（摘要），案例之五：部分省级党校 2006~2010 信息化建设规划方案中的"福建省委党校 2006~2010 信息化建设规划要点"，案例之七：全国党校图书馆数字资源共建共享 15 家示范馆基本理论特色数据库框架结构中福建省委党校图书馆承接的"一国两制研究数据库（框架结构）"，本书作者作为主持人对上述工程建设应用推广及相关文件的起草负责组织实施。第二部分实践案例包括了中央党校和部分其他省市党校的内容，相关案例均根据附注中的资料摘录整理，资料来源见相关部分的附注。

究、认真地分析比较、反复论证，起草了《省委党校图书馆现代化建设发展规划要点》作为《关于加快我校图书馆现代化建设问题的报告》（闽委校综〔1995〕17号文件）的附件呈报省委，受到省委何副书记的重视并转省科委；起草了《福建省委党校校园网第一期工程规划方案》作为给省科委报告的附件，加快了项目工程的立项进度；与协作单位共同起草了《省委党校校园网图书馆网络系统》（课题）申请报告，完成了课题的立项工作；起草了福建省委党校校园网图书馆网络系统项目（课题）合同书，完成了项目资金到位前的各项准备工作。

在半年多的时间里，我们先后组织本馆同志两次走访省图书馆、福州大学图书馆和福建农大图书馆，三次走访福建财会管理干部学院图书馆，还走访了福建师大、福建中医学院等高等院校图书馆，作了比较深入细致的调查研究。通过调研，我们深深感受到省科委吴主任提出的规划要有前瞻性的重要性，按以往通行方式选用的多用户系统按目前的发展趋势，确实无法适应今后的发展需求，而改变现状又会在较大程度上造成原有投资的浪费。通过走访我们向各兄弟馆学到了许多知识，了解了许多信息，更新了观念，为项目工程的实施打下一个好的基础，也为应用软件的选型工作拓宽了思路。

为确保项目启动后书目数据库建设工作顺利展开，确保系统建设能适应目前信息化建设发展的大趋势，1996年5月我们组织了三位同志赴北京、南京、上海进行图书馆集成管理应用软件的选型调研，分别走访了中央党校图书馆、北京市委党校图书馆、国防大学图书馆、铁道部党校图书馆、北京科技大学图书馆、清华大学图书馆、北京图书馆（即国家图书馆）、江苏省委党校图书馆、上海市委党校图书馆、交通大学图书馆、上海医大图书馆，走访了息洋公司、金盘公司。对当前国内流行的商品化图书馆集成管理系统软件包括深图、深大、国防大学、息洋、金盘五大系统软件进行了深入的调研和比较，在此基础上提出了选型方案提交校领导审定。经校领导研究，批准了我们提出的选型方案，从而完成了第一阶段的工作任务。

二 1996年5月～1997年2月，为项目工程的实施阶段

这一阶段，为全面实施课题项目工程，我们统筹安排、通力协作，注

意调动各方面的积极性，用 8 个月的时间（含假期）实施了部分馆舍大调整、基本书库和流通书库全面顺架、过量复本书及破旧过时书籍的清理和剔除、建立备用书库、基本书库和流通书库书籍贴条形码取标准书号和统一书号五次全馆大行动，目的是理顺馆藏；用 3 个月的时间与协作单位共同努力，组织了图书馆大楼的综合布线、局域网设备安装和调试，引进金盘图书馆集成管理系统软件并进行了软件的安装和调试，初步建立了本馆的网络架构；组织了本馆工作人员的培训和图书编目上岗前的准备工作；用 5 个月的时间基本完成了近 30 万册图书书目数据建库的回溯建库任务；组织了对 2 万多册馆藏期刊合订本书目信息建库的前期准备工作。

为确保项目工程任务的顺利实施，我们着重抓了以下几方面工作。

下大决心，狠抓落实。面对着通过历年采购逐步积累起来的几十万册图书，要在不太长的时间内建立电子化的书目数据，其工作量之大，可想而知。这是一项十分艰巨复杂繁重的任务，无论是对图书馆的领导，还是对全体工作人员，都是一个考验。人生难得几回搏，面对信息化大发展时期的图书馆事业，迎来一次由传统图书馆到现代图书馆的转型，不能不说是一个莫大的机遇，与其碌碌无为，坐失良机，不如狠下一条心，咬住青山不放松，从实际出发狠抓落实，坚持不懈，一定会在馆藏书目数据库建设方面成就一番事业，迎来一片辉煌。

合理规划，不走弯路。馆藏书目数据库的建设牵涉到图书馆业务工作的方方面面，一切都要在常规的条件下进行，门照开、书照借、读者阅览照常、信息咨询依旧，没有可行的措施、合理的规划，难免不走弯路，但书目数据库的建设由于加工的对象数量大，牵一发动全局，如产生决策失误不得不返工，势必造成巨大的浪费，严重影响工作人员的情绪，甚至都会出现建库工作无法进行下去的局面。因此我们力求制订出比较周密合理的规划，并在实施过程中不断修改完善，杜绝大的失误，减少小的差错。

精心组织，群策群力。书目数据库的建设，需要许多经过培训掌握了计算机应用的懂图书馆业务的人员的积极参与和无私奉献，需要许多热心图书馆事业的人们的积极参与和较长时间的共同努力。从传统的工作习惯逐步转化为要适应新的操作模式，在思想上、观念上、行为上都是一个过程。精心组织，群策群力在这里的内涵，既包括了调整、抽调、安排好建库人员，协调好馆内各项业务，又涵盖了思想政治工作的内容，包括思想上的发动、工作模式方面的学习和探讨，不同认识之间的交流并逐步取得一致。应该说图书馆事业是大家的事业，只有人人都积极参与，才能取得成功。

充分利用社会成果，提高建库效率。我们通过购买商品化的标准 MARC 数据进行套录，套到的数据在 2/3 左右，经过上述过程的实践，本馆编目人员学会了使用电子计算机按标准 MARC 规范开展编目工作，锻炼了队伍，提高了应用水平和能力。

三 1997 年 3 月～1997 年 11 月，为项目工程的试运行和应用阶段

1. 1997 年 3 月 1 日，也就是新学期的开始，随着 1996 年度以来的新书投入流通，馆藏书目信息查询系统在内部开始使用，馆藏书目信息与新书的采购编目典藏工作顺利接轨，它标志着我馆已经实现了由传统图书馆到现代化图书馆的转型。

2. 3 月～5 月 15 日，在完成回溯建库任务的基础上，为尽快实现图书馆集成管理系统对读者的开放，我们组织全馆同志对几十万册图书换贴新书标、进行顺架、修改差错以及书库卫生清理等工作。

3. 5 月 7 日学校转发了图书馆服务管理有关新规定的通知（《借书证卡领用、使用规定》《图书馆三楼书库图书开架借阅规则》），决定 5 月 12 日起开始办理读者新借书卡，5 月 26 日正式启用，原有借书、图书借阅管理方式停止执行。

4. 5 月 26 日我馆的图书馆集成管理系统开始试运行，它标志着我馆的读者服务由传统模式转入现代化管理方式，这一转变将使全校教职员工在馆藏图书信息的查询、借阅使用方面更加方便，经过半年多的运行实践，受到校内外读者的一致好评。

5. 5 月 27 日～31 日，"全国党校图书馆信息资源数据库及计算机网络建设研讨会"在我馆召开，与会代表听取了我馆"关于图书馆自动化管理系统建设"的汇报，观看了系统演示，参观了我馆现代化建设的各个环节，进行了热烈的交流。他们一致认为，福建省委党校图书馆为加速向现代化多功能转轨，在学校领导的大力支持下，做了大量艰苦细致的工作。

为实施"省委党校校园网图书馆网络系统"项目，周密组织，发动全馆工作人员克服重重困难，以务实求真的科学态度、艰苦奋斗的奉献精神，仅仅三个月就完成了书目数据库的建库和计算机局域网建设，实现了福建省委党校图书馆向现代化的高效、平稳转轨，为全国党校系统图书馆现代化建设创造了成功经验。

6. 7月7日~9日，我馆的学术期刊二级检索站挂牌，并开始了为期三天的学术期刊全文光盘阅读查询系统。改革开放以来人民日报全文光盘阅读查询系统的开放活动周，举行了九场演示会，许多校内外读者参加了这一活动，受到了普遍的欢迎。

7. 8月下旬，我馆进一步加大馆藏基础建设的工作力度，集中力量解决遗留问题，提高书目数据质量，调整和理顺馆藏结构，努力为读者提供一个更加方便快捷的服务环境。

8. 9月份期刊书目数据库的回溯建库工作全面展开，11月结合下一年度的报刊订购工作，现刊建库也同步进行，根据目前的进度，可望于1998年起始实现报刊资料订购签到、验收分配、缺刊索要的计算机管理，期刊管理系统正式向读者开放。

9. 10月9日，中国学术期刊光盘二级检索站正式对校内外读者开放，服务内容有学术期刊光盘、邓小平文选三卷全文光盘、改革开放19年以来的人民日报全文光盘，教研人员可免费使用。

10. 11月份以来，我们在做好项目工程验收准备工作的同时，对金盘图书馆集成管理系统的运行平台实行优化，改无盘站为有盘站，改字符模式为图形模式，改NOVELL环境为NT环境，努力提高应用水平，为读者提供优质服务。

综合以上情况，目前项目工程已达到课题立项申请报告与本课题科技项目合同书的具体要求。系统的各项性能也已经过半年时间的运行测试，情况良好，可以提交大会鉴定验收。

1997年11月28日

案例之二

福建省委党校校园网一期建设工程招标内容及要求（摘要）

1 项目概述

中共福建省委党校在信息化建设方面，已基本建成校园网图书馆网络系统，建立了计算机教室、电子信息检索室，开通了中国公众多媒体通信网福建省委党校网站以及卫星电视远程教育系统，校内还建立了闭路电视系统，设有控制室、演播厅、电教室等配套设施。但由于校园信息网络建设还未展开，整体的应用情况参差不齐，相对滞后，目前的信息化基础设施与党校承担的任务、实现的目标还有较大的差距。为进一步提高教学科研水平，尽快实现教学、科研信息管理和办公自动化，实现党校干部教育的现代化、网络化，中共福建省委党校决定启动校园网建设。

总的要求是建成校园高速宽带信息网络，在教学楼、科研楼、办公楼、图书馆等主要建筑物以及校园生活区之间实现三网合一（计算机网、电信网、有线电视网）。数字信息资源的建设突出福建省情和党校特色数据库。"十五"时期校园信息网络共有1830～2125个终端接口（含涉密网），能基本适应教学科研的信息需求，是办公自动化、管理智能化、数字图书馆、远程教育、网上党校的服务平台，能为来校学习的各类党政领导干部提供一个天地相通、内外互连、信号流畅、方便快捷的校园信息化环境。具体实施拟分两个阶段进行建设，第一阶段是2001～2002年，在原有的基础上开始校园网一期工程的建设，规划节点800个（含涉密网），建成校园信息网络的初步框架；第二阶段是 2003~2005 年，拓展网络结构，优化网络信息服务，建成一定规模的特色数据库，实现远程教育、办公自动化、管理智能化并拓展校园信息网络应用，达到教学上水平、科研上档次、管理上台阶的目的，为培养大批中青年党政领导干部提供良好的信息化服务。

2 招标内容

2.1 对福建省委党校"十五"期间校园信息网络工程项目进行整体规划方案设计并提供预算报价。

2.2 在校园网整体规划方案设计的基础上，对福建省委党校校园信息网络一期工程建设进行详细方案设计并投标报价，包括：一期信息网络详细系统方案设计、软件和硬件设备采购、运输、系统安装、布线施工、系统集成、安装调试及试运行、验收、技术培训和售后维保服务等工作，投标人必须按照一期工程建设与校园网整体规划方案良好衔接和扩展的思路进行设计，福建省委党校校园信息网络一期工程建设为交钥匙工程。

3 系统要求

3.1 总则

3.1.1 本招标文件是中共福建省委党校（以下简称业主）向为拟建的福建省委党校校园信息网络工程项目提供服务的系统集成商（以下简称投标人）提出的总体技术要求，是投标人在投标文件中提供系统集成设计方案和设备配置方案的依据（包括设备的连接方案、布置方案、相应电气配合设计、网络安全方案设计等）。

3.1.2 投标人提供的各项设备和系统的特点、性能须完全符合业主指明的标准，并满足或高于业主提出的要求。投标人需同时说明网络方案及软、硬件系统所支持的有关国际标准化组织的标准（例如 ISO 建议、IEEE 标准和 IETF 等）及信息产业部颁发的标准。若投标人的设备包含自己的专用标准，须在系统集成设计方案中具体说明，并附上相应的详细技术资料。

3.1.3 本招标文件要求的内容若与国家或行业有关标准、规范有矛盾，则以国家或行业标准、规范为准。

3.2 设计原则

3.2.1 先进性：采用国际先进并能代表发展方向成熟的网络技术和设备，要有一定前瞻性，既反映当今先进水平，同时又为今后发展留有空间，能够承载和交换各种信息。

3.2.2 可靠性：借鉴国内外先进系统的经验，采用成熟技术，保证系统可靠运行，关键设备应有冗余，当主系统出现故障时，能实施在线故障恢复，系统能做到自动故障切换立即投入运行，而不会造成任何损失。

3.2.3 实用性：要满足校园教学科研、管理信息流通的需要，注重实效、急用先上、逐步完善。

3.2.4 开放性：网络产品要符合相关的国际标准和行业标准，兼容性要好，易于互换和移植，按照标准的通信协议，能够接收和输出标准格式的数据，提供各种网络之间的信息服务，实现资源共享与交流，并能适应国际流行的软硬件运行平台。

3.2.5 安全性：具有安全预警、黑客跟踪、自动屏蔽以及抵御非人为安全隐患的能力。

3.2.6 可扩充性：系统设计应考虑未来网络发展，留有充分的扩充余量，所选用软硬件设备应是模块化的，所需功能可灵活配置，便于更新扩充，在系统结构、产品系列、存储容量与处理能力等方面必须具有升级换代的可能，这种扩充不仅能充分保护原有资源，而且具有较高的性能价格比。

3.2.7 可维护性：具有良好的网络管理、网络监控、故障分析和处理能力，提供实时监控网络运行状态、故障恢复、日常维护等有效手段。

3.2.8 可利用性：应用软件系统必须符合校园信息化要求，使用方便、功能齐备；系统坚固、维护简单；扩展容易、升级便利。

3.3 系统设计方案编制要求

3.3.1 总体要求

①投标人应提供福建省委党校"十五"期间校园信息网络工程整体规划设计方案、详细的设备配置清单及预算报价，并单独装订成册，设计方案应考虑符合学校的实际情况和今后的发展需要，如投标人未提供该整体

规范设计方案、详细的设备配置清单及预算报价，则其投标将被拒绝。

②投标人应提供福建省委党校校园信息网络一期工程系统设计方案、详细的设备配置清单及其他相关投标文件，并单独装订成册。

③投标人提供的系统设计方案中，对于本文件中提出的各项技术要求能否实现与满足，投标人必须在其投标文件中逐项作出明确的说明和答复，并列出具体数据及指标（包括处理能力、时延、MTTR、MTBF 和可用率等）以及使用相关厂商设备组网如何保证业务质量。同时投标人应就所提供的设备（包括第三方的产品）给予详细说明。该说明应包括照片、图纸、说明书、技术特征、现场性能及要求、功能列表等，以便评委会能对投标人所提供的设备作出准确判断和评估。

3.3.2 系统集成设计方案内容

①根据本招标内容及要求作出逐项响应，不能简单回答满足与否，应列出具体指标。

②有关技术资料，至少包括以下 14 个方面。

系统结构；

系统功能和系统特性；

系统控制功能及软件功能；

声音、图像性能指标参数；

数据通信功能及性能参数；

系统控制中心（包括软、硬件平台，功能，处理能力，外部接口等）；

终端（包括软、硬件平台，功能，处理能力，外部接口等）；

网管系统（包括软、硬件平台，系统结构及数据模型，管理功能，外部接口等）；

操作与维护；

机械结构；

环境要求；

对供电电源的要求及单项设备的动态耗电量；

接地要求；

验收测试方法及标准。

③系统设备布置图及布线方式图。

④详细的设备配置清单和设备的技术指标。

⑤工程安装所需要的相关设备、材料、仪表、工具、连接电缆等的清单。

⑥设备安装要求及建议，抗震措施等。

⑦详细的技术方案以及施工组织方案（包括人员、配备、进度安排、安全保障措施等）。

⑧工厂检验。

⑨设备安装测试督导。

⑩其他需要相关说明的问题。

4 系统建设技术要求

4.1 "十五"期间校园信息网络建设基本要求

4.1.1 建立覆盖校内各部门的计算机网络系统，"十五"期间规划节点 1830~2125 个，一期工程规划节点 800 个，具体需求见附件，并为今后的网络建设预留充足的发展空间。

4.1.2 建立可靠的安全、保密、保障系统，设置不同用户使用和访问权限，确保网络与信息的绝对安全。

4.1.3 建立城域网的宽带接入，与互联网、国内公众多媒体信息网互连，实现计算机网、电信网、有线电视网三网合一。

4.1.4 建立本校对外 WEB 信息发布网站和电子邮件管理系统，建立校园网远程用户访问系统。

4.1.5 建立校内综合服务网站系统以及系统维护和网站开发平台、多媒体课件制作平台。

4.1.6 建立校内音视频点播（VOD）系统、视频会议系统、多媒体网络教学系统、远程教学系统。

4.1.7 建立校内 WEB 信息发布系统、电子邮件管理系统、智能化办公系统（含党校评估系统）。

4.1.8 建立校内数字化、网络化的学籍、文书、人事等档案管理系统。

4.1.9 建立校内数字图书馆集成系统、全文数据库及多媒体信息查询系统。

4.1.10 建立校内与政务信息网联结的校内涉密网以及在政务网上发布信息的福建省委党校网站、电子邮件管理系统,涉密网与校园网物理上隔断。

4.2 "十五"期间校园信息网应用布局

4.2.1 信息网络中心:服务器集群、党校网站(含校园网、政务信息网、互联网以及配套应用)、视频点播系统、课件管理系统、数字资源系统、网络党校系统、网络会议系统、网络安全系统、演播厅。

4.2.2 教学楼:远程教学系统、多媒体教室管理系统、计算机培训机房。

4.2.3 图书馆楼:图书馆集成管理系统、电子阅览室管理系统、小型学术会议室、报告厅。

4.2.4 教研办公楼:校园网—智能化办公系统(含党校评估系统)、教学管理系统、科研管理系统、后勤管理系统、学员管理系统、函授管理系统、学术会议室、报告厅;涉密网(政务信息网)—校委、人事管理系统、档案管理系统、党务管理系统(包括纪检、审计)、财务管理系统;政务信息资源网,使用对象(各教研部门、行政处室)。

4.2.5 礼堂:学术报告厅、学术会议室。

4.3 一期网络信息工程应用布局

4.3.1 建立连接图书馆楼、办公楼(1号楼)、教学楼、研修楼和校内生活区在内的校园网主干。

4.3.2 建立校园网信息网络中心(设在图书馆二层),信息网络中心分别与宽带城域网和政务信息网互连。

4.3.3 信息网络中心:服务器集群、党校网站(含校园网、政务信息网、互联网以及配套应用)、视频点播系统(基础应用)、课件制作管理、网络安全系统。

4.3.4 教学楼:远程教学系统与校园网的和谐对接、多媒体教室管理系统、计算机培训机房。

4.3.5 图书馆楼:图书馆集成管理系统、电子阅览室管理系统。

4.3.6 办公楼(1号楼):校园网,办公管理、教学管理、科研管理、后勤管理、学员管理、函授管理;涉密网(政务信息网),使用对象(校委、组织人事、档案管理、纪检审计、财务管理系统);政务信息资源网,使用对象（各教研部门、行政处室）。

4.3.7 确保一期网络信息工程应用实现的相关应用。

4.4 一期网络信息工程范围及综合布线要求

4.4.1 本次校园网一期网络工程要求投标人建立连接图书馆楼、办公楼（1号楼）、教学楼、研修楼和校内生活区在内的校园网主干，共计800个信息点，内容包括配置相应的服务器、网络交换设备、完整的布线设备和材料以及应用软件和其他相关软件（不含终端设备），具体分布情况见附件，实现一期网络工程建成校园信息网络的初步框架目标。校园网信息网络中心设在图书馆二层，要求该信息网络中心能够分别与宽带城域网和政务信息网互连。投标人应在信息网络中心建成党校网站（含校园计算机网、政务信息网、互联网以及配套应用），并提供视频点播软件、课件制作软件和网络安全系统软件等相关软件，以保证能利用省委党校现有的基础设备实现视频点播的基础应用、课件制作和网络安全防范等要求。

4.4.2 综合布线系统必须体现标准化、实用、兼容、可扩展、安全可靠等性能，并遵循有关国际或国内网络布线标准，校园网使用千兆以太网主干，百兆交换到桌面。校园网综合布线系统要为校园网的发展留有适量的布线冗余，校园网、涉密网两网物理上分开、分别布线，要选用国际知名公司或国内资质好实力强的公司综合布线系统产品与技术。通信介质要适用于千兆以太网连接要求和今后发展的需要。一期工程布线结构及安装要考虑"十五"期间信息网络中心机房的迁移和图书馆改造时中心机房的平行或向上移动。

4.5 软件

4.5.1 相应的软件

投标人在进行"十五"期间校园网整体规划设计时，所配置的软件必须考虑确保整个网络系统正常运行所需的管理、运营、维护等有关的全部软件，必须是最新的企业级版本（包括网络设备等的企业级版本软件）的软件系统。一期信息网络系统设计时，所配置软件应考虑能满足一期信息网络系统建设的需要，其中必须包括视频点播、课件制作和网络安全系统软件以及其他确保一期网络系统正常运行的相关软件，价格含在本次一期工程投标报价中。

投标人提供的视频点播软件、课件制作软件、网络安全系统软件以及应用软件和其他相关软件需在省委党校一期网络系统中试用 68 个工作日，运行正常、合理后正式投入使用，否则投标人应无条件免费更换软件。

网络操作系统必须能在相关的硬件平台上正常、合理运行，其他软件系统如数据库管理系统、电子邮件系统、应用服务器软件等都必须与相应的操作系统兼容并能正常、合理运行，并为国际主流产品。

4.5.2 软件模块化结构

投标人提供的设计方案中还应考虑任何软件模块的维护更新不影响其他软件模块，软件有容错能力。

4.5.3 故障监视和诊断

软件须能够及时发现故障并发出告警，能够自动恢复系统，不影响任何已建立的业务连接，不破坏网络原有的数据。

4.5.4 兼容性及升级

①设备不同时期软件版本应能向下兼容，软件版本易于升级，且在升级的过程中不影响网络的性能与运行。

②投标人须承诺在供货时提供最新版本的软件，但该软件必须是经过测试后正式推出的，其可靠性、稳定性经过严格验证。

③软件版本升级时，在未增加新功能或模块的情况下，投标人应免费更新升级软件版本，并提供相应的新版本软件功能说明书及修改说明书。

④投标人应说明目前所使用软件的实际运行时间以及升级完善的计划进度表。

4.6 其他技术要求

4.6.1 根据上述的总体建设要求，投标人在技术上必须提供相应的支持和保证。

4.6.2 投标人应提出所提供网络设备的技术指标（包括处理能力、时延、MTTR、MTBF 和可用率等），并提出用本厂商设备组网如何保证业务质量。

4.6.3 校园网使用千兆以太网主干，百兆交换到桌面。

4.6.4 网络中心与其他建筑物为多级星型结构连接。

4.6.5 主干网采用企业级网络交换机、路由器、网管软件、安全认证，交换设备应选用 CISCO 或性能质量与之相近的华为港湾等国内外知名品牌主流产品，所提供的产品应能与系统软硬件平台兼容且满足技术要求。

4.6.6　服务器必须选用能实现跨平台、跨操作系统的 IA 架构服务器节点的集群系统,可选用曙光 TC1700 服务器或性能质量与之相近的国内外知名品牌主流产品,所提供的产品应能与系统软硬件平台兼容且满足技术要求。

4.6.7　网络安全系统要考虑集防火墙、邮件系统过滤、入侵监测、内容维护、漏洞扫描、IP 出口管理、窗口网站自动恢复等功能于一身,确保党校 INTERNET/INTRANET、政务信息网以及数据的绝对安全,相关软件按国家要求选用国内产品,代理服务软件、计费软件选用使用方便、功能强大的产品。

4.6.8　主干网技术要确保视频传输网络教育的带宽和拥塞控制,根据不同的需求功能进行分级交换,保证 QOS 质量要求。

4.6.9　工程、设备、材料、配件质量标准必须以与其相关的国际、国家、行业、厂家的质量标准为依据,以及合同约定的相应质量标准为补充依据。相关软件必须符合先进性、开放性、易用性、兼容性、扩容性、稳定性、可靠性原则,因中标人原因相关部分质量达不到上述的质量标准,中标人承担违约责任。

4.6.10　投标人提供的设备应能在交流 220V±10%、50HZ±5% 的范围内正常工作,投标人在投标文件中应提供各种设备的功耗。

4.6.11　系统效率和负载能力全面满足现在及今后 5~10 年的发展需求。

5　技术服务要求

5.1　安装调试及开通

5.1.1　投标人应负责对福建省委党校校园信息网络一期工程按签订合同的具体要求、具体数量、具体地点运送到最终目的地,并负责所有软硬件安装、光纤铺设、布线施工、系统设置、联网调试及试运行、开通等工作,业主予以协助配合。系统经最终验收合格后,交付业主使用,校园信息网络一期工程建设为交钥匙工程,投标人须在投标文件中详细列明校园信息网络一期工程建设所需各项费用。

5.1.2　设备安装、调测所需工器具、仪表及安装材料由投标人负责提供。

5.2 验收

5.2.1 验收标准

5.2.1.1 所有软硬件设备应按生产厂家的产品验收标准、招标文件要求及合同中的相关条款进行数量及质量的验收。

5.2.1.2 福建省委党校校园信息网络一期工程的组建应符合招标文件技术规格和要求及合同中相关条款，建成的一期校园网系统应能满足业主使用要求。

5.2.2 验收方法

①出厂检验

卖方负责所提供产品的出厂验收，保证产品原厂地和技术指标的真实性、完整性，并负责将产品送达交货地点，并向业主提供货物制造厂的出厂检验报告和质量合格证书以及原装品牌设备的证明资料或文件。业主只参加交货地点的产品验收。卖方需提供设备、安装材料、工具、软件包和文件的发货清单和计划。发货计划应经业主认可后实施。

②初验收

货物送至业主安装现场后，由卖方和业主共同对货物的数量、基本质量、外包装等进行检查、核对，即初验收。

③卖方自检

系统安装完毕后，卖方应对系统的整体性能和功能进行测试，测试结果必须符合招标文件要求及合同中的相关条款，卖方应向业主提供自检记录。

④试运行及验收测试

卖方自检合格后，整个一期网络系统将进行为期30个工作日的试运行。试运行期间，卖方应有专人做现场技术支持，出现的任何软硬件问题，应由卖方及时处理修正。当主要指标（如可靠性、稳定性等）在试运行验收测试满足要求后，最终验收才能进行。试运行验收测试不合格，卖方须对系统进行维修和更换部分设备，双方商定重新试运行期限，并再次进行试运行及验收测试，直到实现连续30个工作日无故障试运行。

在所有性能指标达到要求后，卖方应向业主提供《试运行报告》，再由卖方和业主签署验收测试文件。

⑤最终验收

试运行并测试验收结束后，卖方或卖方委托的专业公司与业主以及有关管理部门按招标文件以及合同相关条款要求一同对系统进行联合验收，验收结果应符合用户使用要求。在此期间，如发现货物质量有问题，卖方应无条件免费更换整机，如系统运行有问题，卖方应无条件重新检测并调试系统直至验收合格交付使用。

5.2.3 在买方安装现场进行最终验收所发生的一切费用由卖方承担。

5.3 技术培训

卖方应结合卖方自检、试运行、最终验收阶段，对业主技术人员进行现场免费技术培训，直至其能独立操作本系统。培训内容应包括本次福建省委党校校园网一期工程涉及的所有设备、软件以及有关设备安装、维护、保养、操作平台和相关软件的应用、网络管理等方面。投标人应在其投标文件中提出具体培训计划和内容，具体实施时由双方协商确定。

5.4 技术资料

卖方提供的全套书面技术资料应能满足确保系统正常运行所需的运行、维护及管理有关的全套文件，并在投标文件中列出所提供的书面技术资料详细清单。在设备交货时，卖方还应向买方提供不少于以下列明的中文（或带有中文摘要的英文）技术资料，随机提供。并提供货物原装品牌的证明文件或资料。其费用应包括在本次投标总价内。

①产品技术说明书；

②安装手册；

③操作手册；

④维修手册；

⑤相应支持软件和光盘；

⑥出厂明细表（装箱单）；

⑦产品技术标准（含验收标准）和试验方法；

⑧出厂检验报告和合格证书。

5.5 质保期和售后服务

质量保证期为福建省委党校校园网一期工程经最终验收合格后的 3 年，质量保证期内本次采购的软、硬件设备或网络运行中发生任何故障，投标人最终现场维修响应时间为 2 小时以内，卖方应及时调查并找出故障原因，修复或者更换整个或部分有缺陷的设备，直至满足系统指标和性能的要求。所有软件、硬件的故障维护都应由卖方免费提供。投标人视自身能力在投标文件中提供更优、更合理的维修服务承诺，在规定时间内到达现场并开始免费维修服务。质保期内投标人还应负责提供 24 小时的包括软、硬件和网络系统管理的全部技术支持。

投标人应根据上述要求在投标文件中做出明确承诺，若未能做到，则可能造成投标被拒绝。

5.6 质保期后的服务要求

质量保证期结束后，卖方有责任在福州设立售后维修点进行定期维护和修理，投标人在投标文件中必须明确说明。

6 其他要求

6.1 所有进口设备在交货时需提供合格证、产地证明、海关完税单、商检证、增值税发票复印件、装箱单以及技术参数说明等资料。国内设备要提供合格证、工业生产许可证、安全认证证书、装箱单以及技术参数说明等资料。

6.2 本项目不允许中标人以任何名义和理由进行转包，如有发现，业主有权单方中止合同，且中标人必须赔偿由此给业主带来的一切损失。

6.3 本技术规范及要求中所发生的一切费用均包含在投标总价中。

6.4 招标人在授予合同时有权对本招标项目的服务和设备进行部分调整。

附件一：福建省委党校布线节点规划表（略）

附件二：福建省委党校校园建筑规划图（略）

附件三：福建省委党校弱电管道规范图（略）

附件四：福建省委党校校园网络系统建设项目（一期工程）文件目录

1. 《福建省委党校校园网络系统建设项目招标文件》，福建省机电设备招标公司、福建省招标公司，2001 年 11 月。

2. 《福建省委党校校园网络系统建设项目投标书——投标书开标一览表分册》，北京曙光天演信息技术有限公司，2001 年 12 月。

3. 《福建省委党校校园网络系统建设项目投标书——"十五"规划系统集成方案分册》，北京曙光天演信息技术有限公司，2001 年 12 月。

4. 《福建省委党校校园网络系统建设项目投标书——一期建设系统集

成方案分册》，北京曙光天演信息技术有限公司，2001年12月。

5.《福建省委党校校园网络系统建设项目投标书——商务文件分册》，北京曙光天演信息技术有限公司，2001年12月。

6.《福建省委党校校园网络系统建设项目投标书——项目质量保证体系分册》，北京曙光天演信息技术有限公司，2001年12月。

7.《福建省委党校校园网络系统建设项目投标书——售后服务承诺书分册》，北京曙光天演信息技术有限公司，2001年12月。

8.《政府采购合同》甲方：福建省政府采购中心；乙方：北京曙光天演信息技术有限公司；用户：福建省委党校；2001年12月。

9.《港湾公司产品服务承诺》，北京港湾网络有限公司，2002年4月。

10.《政府采购合同补充协议》，甲方：福建省政府采购中心；乙方：北京曙光天演信息技术有限公司；用户：福建省委党校；2002年11月。

11.《备忘录》，福建省委党校；北京曙光天演信息技术有限公司，2002年11月。

12.《福建省委党校信息中心UPS服务体系》，福建新大陆通信科技有限公司，2002年11月。

13.《福建新大陆通信科技有限公司购销合同》，供方：福建新大陆通信科技有限公司；需方：北京曙光天演信息技术有限公司；2002年12月。

14.《福建省委党校计算机网络安全维护服务承诺》，福建海峡信息技术有限公司，2002年12月。

15.《售后服务承诺书》，供货方：福建华云科技开发公司；用户方：福建福建省委党校；2002年11月。

16.《福建省党校电子政务系统设计方案》，杭州弘一计算机有限公司，2002年12月。

17.《福建省华云科技开发公司购销合同》，供方：福建华云科技开发公司；需方：北京曙光天演信息技术有限公司；2003年2月。

18.《软件销售合同》，甲方：北京曙光天演信息技术有限公司；乙方：杭州弘一计算机有限公司；2003年2月。

19.《服务承诺》，杭州弘一计算机有限公司，2003年4月。

20.《软件购买合同书》（含附件1：杭州天宇资讯开发公司对最终用户方——福建省委党校的服务承诺），甲方：北京曙光天演信息技术有限公司；乙方：杭州天宇资讯开发公司；2003年2月。

21.《计算机网络安全维护服务协议》，甲方：北京曙光天演信息技术有限公司；乙方：福建海峡信息技术有限公司；2003年2月。

22.《销售合同》，甲方：北京曙光天演信息技术有限公司；乙方：福州南南信息科技有限公司；2003年2月。

23.《售后服务承诺》，福州南南信息科技有限公司，2003年2月。

24.《上海天奇网络信息技术有限公司软件产品销售服务合同》，甲方：北京曙光天演信息技术有限公司；乙方：上海天奇网络信息技术有限公司；2003年3月。

25.《中共福建省委党校邮件系统售后服务承诺书》，上海天奇网络信息技术有限公司，2003年3月。

26.《政府采购合同补充协议（二）》，甲方：福建省政府采购中心；乙方：北京曙光天演信息技术有限公司；用户：福建省委党校；2003年7月。

27.《福建省委党校校园网络系统建设项目（一期工程）决算、验收及遗留问题备忘录》，甲方：福建政府采购中心；乙方：北京曙光天演信息技术有限公司；用户：福建省委党校；2004年11月。

28.《对〈福建省委党校校园网络系统建设项目（一期工程）决算、验收及遗留问题备忘录〉的补充说明》，甲方：福建政府采购中心；乙方：北京曙光天演信息技术有限公司；用户：福建省委党校；2004年12月。

29.《承诺书》，港湾网络有限公司福州办事处，2004年11月。

30.《致福建省政府采购中心——关于采购北京邦丰网络通信技术有限公司VOD软件的征求函》，中共福建省委党校信息网络中心，2008年1月。

31.《致北京曙光天演信息技术有限公司——关于采购北京邦丰网络通信技术有限公司VOD软件的征求函》，中共福建省委党校信息网络中心，2008年1月。

32.《软件产品销售合同》，甲方：福建省委党校；乙方：北京邦丰网络通信技术有限公司，2008年4月。

案例之三

全国党校"图书馆数字化建设"评估工作自查自评报告摘要
（福建省委党校图书馆）

一　图书馆基本情况

中共福建省委党校图书馆是为党校教学和科研服务的学术性机构。校委十分重视图书馆的建设和发展，使图书馆办馆条件和资源建设基础不断改善和提高，馆藏不断扩大、充实。经过50多年的建设和积累，已逐步形成以马克思主义经典理论、哲学、经济学、科学·法学、党史、党建、管理学、社会学等为重点的文献信息资源保障体系。

目前图书馆馆藏约43万册，工作人员21名，其中高级职称6人，中级职称7人。2001年，为适应信息化网络化建设的需求，学校成立了网络信息中心，专门负责校园网建设和网络信息资源的开发利用，与图书馆合署办公，实行两块牌子，一套班子。下设5个部门：综合部、期刊部、图书部、信息部和技术部。

1987年建成的五层图书馆大楼，面积为5000平方米，2004年又在原址的基础上进行消防和功能改造装修，目前馆舍面积增至5370平方米。

近年来，本馆以校园网络建设为契机，传统业务现代化工作迈上一个新台阶，数字图书馆建设取得明显成效，已拥有一定数量的网络数字信息资源和自建数据库，其内容包括数字图书、学术期刊、人民日报、人大复印资料、邓小平理论研究文献、资治法典、法律法规、各类年鉴等，通过福建省委党校校园网站实现互联网访问，使图书馆读者服务系统功能实现质的飞跃。

二 图书馆自评情况汇报

（一）办馆条件（总分：53分；自评：52.5分）

1. 组织领导（9分）

按照《党校图书馆工作规程》要求，我馆直属校委领导，校委对图书馆工作十分重视，明确由王宜新副校长分管图书馆工作。校领导多次到图书馆召开现场工作会，与图书馆干部职工座谈交流并指导工作，凡是有关图书馆建设和发展的重大问题都能在校委会上得到解决。图书馆实行校委领导下的馆长负责制，目前正副馆长各一名，下设综合部、期刊部、流通部、信息部、技术部等5个部门，部门设置合理，并能胜任工作。2001～2005年，经过三次调整正常经费从39.9万增加到60.9万元，学校另拨专项经费达1070万元，有力地支持了数字图书馆的建设和发展。（自评：9分）

2. 人员结构（10分）

现有工作人员21人，年龄结构呈梯级分布，较为合理，其中50岁以上5人，40岁以上8人，30岁以上3人，30岁以下5人。学历结构有待改善，其中研究生1人，本科生16人，专科生3人，高中生1人。专业技术职务结构基本合理，其中正高1人，副高5人，中级7人，初级5人。硕士研究生学位人员比较缺乏，应加大高学历人才的培养力度，以适应图书馆现代化建设和二次文献开发的需要。扣0.5分。（自评：9.5分）

3. 文献总藏量（5分）

目前我馆馆藏总量约43万册，按1000人以上规模的党校人均300册算，已达标。目前投入流通的中文图书有295300多册（不含83400多册复本和17270册古籍）、期刊31000多册，教学科研专业文献占馆藏总文献比例达93.4%（含外文）；装订期刊、报纸合订本2649种，45698多册，占71%，两项平均达到80%以上。此外，还有可流通期刊近10万册。在期刊部和图书部分别建立了5个、11个阅览室。（自评：5分）

4. 经费（5分）

2001年以来，学校对图书馆的投入逐年增加，2001～2004年各类文献购置费依次为594280元（含专项外文购置费150000元）、361144元、496332元、331154元，年均445728元。此外，2004年，学校还下拨专项经费920万元，用于图书馆的消防装修改造；2005年，下拨专项经费80多万元用于办公家具及设备的购置，校园网一期工程投入的资金235万元，大大改善了我馆的工作环境和服务功能。（自评：5分）

5. 现代化技术装备（15分）

目前，我馆使用了6台Pentium Ⅲ服务器和一台Pentium Ⅳ双至强CPU2.8 GHz、内存2GB、2.7TB存储服务器，各类工作站用机（微机、终端）70多台，工作人员人均拥有一台计算机，读者在任何一台计算机上都能进行公共检索。此外还拥有4台UPS、7台打印机、2台扫描仪、1台投影仪、2台笔记本电脑、8台交换机等各种较先进的设备，完全能够满足工作的需要。

我馆的Web查询系统采用Windows 2000 Server网络管理系统，馆藏数据查询高效快速，界面实用、方便、美观。通过千兆带宽连接校园网，并与互联网相连。（自评：15分）

6. 馆舍（9分）

1987年建成面积达5000平方米的五层独立馆舍，2004年在原址的基础上对图书馆进行改造装修，馆舍面积增至5370平方米。图书馆采用综合布线，千兆主干，百兆交换到桌面，共有各类信息节点337个，信息节点265个，是一座拥有电梯、空调、消防系统、安全自动监控系统、计算机网络、通信线路、有线电视综合布线智能化和现代化的建筑物。

馆内总体布局合理。一层为密集书库；二层为综合阅览室（包括学术期刊阅览室、报纸阅览室、过刊阅览室、港台报刊阅览室和省情阅览室）和办公区；三层为电子信息检索室、网络机房、学术报告厅和办公区；四层为图书外借处和古籍书库；五层为10个学科专业阅览室。阅览室有200多个座位，实行全开架管理，具有信息资源检索查询功能、开发研究功能、学习教育功能、信息综合功能、对外交流功能等。阅览室设施良好、光线充足、整洁、美观、安静、通风、空调、安全等设施完备。（自评：9分）

综上所述，该"办馆条件"项满分：53分，自评：52.5分。

（二）资源建设（总分：67分；自评：65.5分）

1. 文献入藏（9分）

在文献资源建设上，我馆提出到2006年馆藏纸质书刊达到45万册、电子图书达到10万种的目标，充分利用网络化自动化比较高的优势，加大购置图书、期刊和电子图书的力度。目前我馆年均入藏图书在7000册左右，年均订购报刊1000种以上，都已达到要求。网上资源的收集、加工、利用已形成规模，信息部针对党内和社会重大现实问题及时收集加工有关方面的专题资料，如《构建社会主义和谐社会》《党的执政能力建设》《统筹经济社会发展》《福建省情与发展战略》等。

但外文书刊的收藏力度不够，年入藏外文图书约400种，扣0.5分。（自评：8.5分）

2. 藏书质量（4分）

在对我校教研人员的研究方向进行摸底调查的基础上，2000年就确定中外文图书、期刊的采购方向，并根据采购经费对图书书、期刊、报纸、电子资源的经费作出合理安排。图经费书约20万元，期刊约10万元，电子资源为5万~10万元。（自评：4分）

3. 文献标引与著录（8分）

我馆已对文献按照《中国图书馆分类法》第4版进行图书分类，按照《中国机读目标格式使用手册》分编图书、期刊，按《主题标引法》进行主题标引。至于电子文献著录，我馆按相关电子资源标准著录规范并根据本馆实际制定了《本馆电子资源著录规范》。

图书到馆后即刻进行加工，对读者急需的书马上加工；现刊、报纸当天进入流通。

我馆在1996年建立馆藏图书书目数据库，在1997年建立馆藏报刊资源数据库。目前图书、期刊、报纸全部采用机读目录格式进行著录。（自评：8分）

4. 藏书组织管理（4分）

藏书组织合理，分配布局恰当，通过计算机检索能明确图书的去向。书库专人管理，排架整齐准确，管理制度完善。对各类书刊定期进行检查,做好防潮、防火、防虫、防盗等五防工作。报纸隔年、刊物隔3年剔旧已形成制度。根据馆藏建设的实际需要安排图书剔旧工作,也已经形成一条不成文的制度。(自评:4分)

5. 数据库建设(23分)

在校园网上提供书生、超星、方正等电子图书,数量远远超过《评估标准》中规定的500册,并在校园网上提供了清华学术期刊、人大复印资料、人民日报、重庆维普等报刊数据,数据资源总存储量超过2.5TB。

自建数字信息资源丰富,"福建省情库"信息总量3.2万篇,"学科专题库"信息总量5万多篇,"热点专题"及"党校文库"信息总量6000多篇,还有早年自建的"福建省情报刊资料""福建地方党史组织史"资料目录索引数据库,资源总量9万多条,可供检索并提供配套文献供读者使用。已建立党校文库和阅览室,专门收集摆放我省部分教研人员撰写和编辑的专著。自编数据库严格按照《中图法》等相关标准规范著录。数据库选题能围绕部门工作特点或教学科研方向,有较强的实用价值。数据库可从题名、责任者、出版地、主题词等不同检索途径进行简单查询、复杂查询、分类检索。

虽然已建立党校文库,但教研人员撰写和编辑的各类文献,没有形成呈交制度,在一定程度上影响了文库的建设,扣0.5分。(自评:22.5分)

6. 自动化、网络化建设(19分)

我馆是全国党校系统最早实行计算机业务管理的图书馆之一,早在1996年我馆就购入金盘图书馆自动化管理系统,实现了书刊分类编目、检索查询、流通借阅一条龙服务。通过校园网络提供馆藏书目、电子文献、馆际互借、参考咨询、征订文献、新书报道等信息的检索和链接,也可以进行图书的续借和预约操作。目前系统稳定,运行正常。

我校是全国党校系统最早建立校园网的学校之一,图书馆技术部承担校园网工程建设。图书馆网站有独立域名,网站内容充实,符合图书馆功能需求并能及时更新,能够提供面向互联网的7×24小时不间断服务,点击率达到规定的要求。

评估文件中提出互联网接入速度要达到100兆,实际上全国党校没有一家达到。如果共享方式达到100兆,实际效果还不如独占10兆带宽。我校网络采用独占10兆带宽方式。鉴于本馆部分办公自动化系统功能尚未完

整应用，扣 0.5 分。（自评：18.5 分）

综上所述，该"资源建设"项满分：67 分，自评：65.5 分。

（三）读者服务工作（总分：30 分；自评：28 分）

1. 普通服务（7 分）

为配合新馆建设，我馆重新购置了刊架、书架，为所有对外服务窗口配备了液晶显示电脑。目前，我馆拥有 200 个阅览座位、10 个学科专业阅览室、5 个刊报阅览室、1 个电子阅览室、30 个学员存包处、1 个大型自动电子开水器，为读者营造了一个优美安静的学习环境。我馆所有书刊除图书古籍及地方党史组织史不便开架外，其余一律开架，开架率达 80% 以上。每周开放 44 个小时，寒暑假定期开放。图书外借数年均 16700 册以上，以实际办学人数来算，人均高于 17 册，借阅率还不高，扣 0.5 分。（自评：6.5 分）

2. 信息服务（12 分）

各服务窗口能及时解答读者咨询，根据读者的需要还可提供二、三次文献服务，能主动跟踪教研人员的研究课题并提供配套信息。2001 年以来，按照学校部署在服务领导决策信息咨询方面，做了大量工作，我馆作为省委办公厅组织的省领导决策信息咨询服务成员馆，逐步建立了信息提供的长效服务机制。2001 年之前定期编印《教研参考资料》，后该项工作转由校科研处负责，我馆改为网络服务，不定期编发专题资料或其他信息动态。信息服务方面有所欠缺，扣 1.5 分。（自评：10.5 分）

3. 读者活动与用户培训（7 分）

利用多种形式对读者进行阅读辅导和宣传教育等活动，如开展新书通报、新书简介活动，建立支部宣传栏，在网上建立"学习园地"栏目，利用 LED 显示屏进行重大信息宣传报道活动。在网上资源利用方面，多次组织校内教职员工进行培训，以帮助他们更好地利用网络信息资源。（自评：7 分）

4. 读者满意度（4 分）

重视图书、期刊的征订工作，经常征求读者对书刊订购的意见，新书征订书目由各教研室骨干教师审阅圈定，期刊订购的种类也都征求教研人员的意见。读者对图书馆的工作反应较好。我馆读者服务工作坚持从实际出发，所召开的读者座谈会形式多样，受到大家的好评。（自评：4 分）

综上所述，该"读者服务工作"项满分：30 分，自评：28 分。

（四）业务研究与协作（总分：29 分；自评：26.5 分）

1. 业务研究（14 分）

在学术研究方面，我馆每年在省级以上刊物发表的专业论文一般都在 10 篇以上。2003 年我馆王东闽同志申报国家课题立项。学术活动方面，每年都参加全国党校系统相关的学会活动，并组织本地区分会的学术交流活动。我馆还是福建省社会科学信息学会的副理事长单位，每年都派代表组织并参加其学会的活动。但馆内的学术科研活动没有定期举行，扣 1 分；没有人参加过国际图书馆界活动，扣 1 分。（自评：12 分）

2. 协作与协调（6 分）

经常组织馆内同志到省内和省外图书馆参观学习，进行业务交流。2004 年，全馆 21 人分期分批全部出省培训学习。在文献联合购置方面，根据本馆工作实际需求，有组织地对文献进行采购和分类编目。因没有参加系统或地区联合采购，扣 0.5 分。（自评：5.5 分）

3. 学会工作（9 分）

积极参加全国党校系统学会组织的一切活动，并对福建省党校系统图书馆学会工作有计划、有安排，按时缴纳学会会费。及时向中央党校推荐参评的论文，同时举办省内系统的论文评奖活动，经常组织省内学会的会员到我馆进行业务自动化管理培训。（自评：9 分）

综上所述，该"业务研究与协作"项满分：29 分，自评：26.5 分。

（五）管理（总分：21 分；自评：20.5 分）

1. 行政管理（12 分）

为配合图书馆新大楼的建成，我馆重新制定和修订了各项规章制度，如《大楼管理制度》《内务管理条例》等。平时抓好考勤、年终搞好考核，聘任和晋升由学校有关部门负责抓。专人负责档案管理和固定资产统计工作，所有业务统计资料在金盘图书馆自动化系统中都能查询得到。（自评：12 分）

2. 人事管理（9 分）

全馆党员 12 名，副馆长担任党支部书记。馆领导重视提高职工和业务素质，馆内人员除了在岗业务学习外，还通过各种方式进行业务培训。目前，参加大专以上学历教育的人员达80%以上，年度业务培训人员达到20%，2004年达到100%。按照岗位责任制的要求，按需设岗、按岗聘用，年终按照本馆制定的《年终考核量化标准》对员工进行考核，评出等次。但思想政治工作的力度不够，扣0.5分。（自评：8.5分）

综上所述，该"管理"项满分：21分，自评：20.5分。

三 自评情况概述

这次评估工作在校委的领导下，自2004年12月下旬起陆续展开，大致分为三个阶段：2004年12月～2005年3月是学习文件，自查分析阶段，结合图书馆回迁准备工作，找出问题，提出整改方案；2005年4月～5月是对照存在问题，落实整改方案，边回迁，边整改，努力开创新馆读者服务工作新局面；2005年6月进入评估工作的总结阶段，我们力求通过总结，进一步提高认识，扎实推进图书馆数字化建设工作。

根据我馆对照检查《全国省级党校图书馆数字化建设工作评估内容及计分标准》，我馆"办馆条件"项得52.5分、"资源建设"项得65.5分、"读者服务工作"项得28分、"业务研究与协作"项得26.5分、"管理"项得20.5分，五项合计193分。各项得分比较客观真实地反映出图书馆建设的开放性和现代化发展的应有特色；长期坚持以教学为中心、以科研为基础的要求；注重服务过程各环节的有效管理；服务工作制度健全、管理规范、手段先进等特点。

通过评估，我们对数字图书馆建设的现状与存在的问题有了比较明确的认识，对于未能达标的项目，图书馆正在研究具体整改方案。有些项目虽然达到评估指标要求，但并不等于没有问题。例如，外文图书购置量偏少，图书馆资源建设经费还需要继续增加等。因此，我们应当以此为契机，不断进行整改，同时也殷切地期望能得到同行专家的指导和帮助。我们坚信在校委的直接领导和大力支持下，通过这次评估活动，福建省委党校图书馆能够取得新的更大进展，为党的干部教育事业、为党校的教学科研作出较大的贡献。

2005年6月16日

附件一 全国省（副省）级党校图书馆数字化建设统计表（福建省委党校图书馆）

职称、学历 \ 人数	技术职务				学历						合计
	正高	副高	中级	初级	博士	硕士	研究生	本科	专科	高中中专	
全馆职工数	1	5	7	5			1	16	2	1	21

自动化工作人员数		合计
	总数	8
	系统维护人数	6
	数据库维护人数	5
	网络维护人数	7
	系统开发人数	5
	说明：本栏数据除总数21名外，自动化工作人员属交叉统计，有重复计算因素。	

馆藏文献资源

	项目	中文		外文		合计	
		种	册	种	册	种	册
馆藏文献资源总量	图书	125747	394614	1253	1253	127000	395867
	期刊	2483	27836	60	3011	2543	27847
	地方文献	268	2397			268	2397
	电子出版物	100	1099			100	1099
	其他	106	14355			106	14355
文献资源年入藏量	图书	3500	7000	100	100	3600	7100
	期刊	800	900			800	900
	地方文献	35	41			35	41
	电子出版物	15	109			15	109
	其他	37	438			37	438

现代化设备

	机型	数量	启用年份	CPU描述	内存	外存总量	系统主要功能
计算机及工作站	486	无					
	586	9	1998	AMDK6	64MB	8GB	工作机
	奔Ⅲ	9	1999	P100/C300	64MB	8GB	工作机，阅览室
	奔Ⅳ	40	2001	奔Ⅳ1.5	256MB	40GB	工作机，阅览室
	终端						
	其他	5	2000/2002	C400/奔Ⅳ	128MB/256MB	40GB/80GB	工作机/维护/外采
UPS		4	1996/2002	1000/6000伏安			停电保护

续表

		机型	数量	启用年份	CPU 描述	内存	外存总量	系统主要功能
服务器			6	1999/2002	奔Ⅲ700	512MB	1.5TB	图书馆各类应用
			1	2002	奔Ⅲ700	1024MB	700GB	视频资料
			1	2005	至强2.8×2	2048MB	2.3TB	存储服务器 CNKI等
交换机		Big 6808	1	2002				核心交换机
		Dlink/U24	8	1996/2001				接入交换机
			数量	启用年份	主要用途		有关描述性说明	
其他辅助设备		针式打印机	1	1996	文稿			
		激光打印机	3	1996/2002	文稿、条码			
		喷墨打印机	3	1998	文稿			
		彩色打印机	5	1998/2002	文稿、图片		重复计算	
		扫描仪	2	1996/2002	文稿、图像扫描等			
		光盘塔	1	1996	电子阅览室			
		条码阅读器	3	1996/2001	图书期刊借阅识别			

经费

		年份	2001	2002	2003	2004	2005
年总经费（万元）		实际开支	116.9598	57.9917	66.3557	62.3288	140.0
		正常经费	47.9	57.9	57.9	57.9	60.9
数字化建设经费（万元）			49.5719	7.4986	20.3249	12.8291	10.0000

		数据库名称	数量	数据量	对外提供服务能力
数据库建设	自建	馆藏书目数据库	37.8万	1.41GB	提供校内外WEB访问
		馆藏报刊数据库	3.6万	—	提供校内外WEB访问
		福建省情报刊资料数据库	8万	40MB	提供校内外WEB访问
		福建地方党史组织史资料数据库	0.7万	15MB	提供校内外WEB访问
		重点学科专题库	5.5万	8.82GB	提供校内WEB访问
		福建省情库	3.2万	6.28GB	提供校内WEB访问
		党校教研库	1500	0.3GB、	提供校内WEB访问
		视频资源库	15讲	16GB	提供校内WEB访问
	外购	方正数字图书馆	1万	20GB	提供校内外WEB访问
		超星数字图书馆	5万	300GB	提供校内WEB访问
		学术期刊镜像	—	1.5TB	提供校内WEB访问

续表

数据库建设		数据库名称	数量	数据量	对外提供服务能力
数据库建设	外购	博硕士论文数据库		0.17TB	提供校内WEB访问
		人民日报光盘	1946年以来	7.01GB	提供校内外WEB访问
		人大复印资料	1997年以来	6.98GB	提供校内外WEB访问
		邓小平理论研究文献	4盘	0.9GB	提供校内外WEB访问
		资治法典	2盘	1.06GB	提供校内外WEB访问
		法律法规	2盘	0.487GB	提供校内外WEB访问
		中外人文社科数据库	3盘	1.7GB	提供校内外WEB访问
		视频资源库	830盘	647GB	提供校内WEB访问

图书馆网络	类型	网络协议	与Internet连接	
	图书馆局区网	以太网	TCP/IP	是
	校园网	以太网	TCP, IP	是

文献加工与目录管理	文献标引与著录所用分类法			目录组织		
	图书	期刊	报纸	书名目录	分类目录	著者目录
	中国图书馆分类法	中国图书馆分类法简表	中国图书馆分类法简表	原有保存	原有保存	原有保存

普通服务						
读者服务	年接待读者人次	年文献外借册次	周开馆时间（小时）	专业阅览室（个）	阅览座位（个）	开架文献册数
	图书，10000人次；期刊，5000人次	图书31587册；报刊1267册	48	16	200	全开架

信息服务						
读者服务	年咨询次数	二、三次文献（种）	课题咨询（次）	专题服务（次）	书刊宣传（次）	信息刊物（种）
	1000多人次	2000	69	38	20	1200
	校园网可否检索馆藏	读者检索计算机数量	查询系统开放时间	光盘检索服务	图书馆主页	国内、国际联网
	可	40台	每周168小时	有	有	有

图书馆自动化管理系统	类别	系统名称	应用年份	数据时间范围	数据格式	数据量（篇）	有关描述性说明
	采访系统	金盘	1996	长期	Marc	29.5万	不含8.34万复本

续表

类别	系统名称	应用年份	数据时间范围	数据格式	数据量（篇）	有关描述性说明
图书馆自动化管理系统	编目系统 金盘	1996	长期	Marc	29.5万	不含8.34万复本
	流通系统 金盘	1996	长期	Marc	29.5万	不含8.34万复本
	期刊管理系统 金盘	1996	长期	Marc	3.6万	—
	公共查询系统 金盘	1996	长期	Marc	33.1万	含8.34万复本
	文献检索系统 金盘	1996	长期	Marc	33.1万	含8.34万复本
	全文检索系统 金盘	1996	长期	Marc	若干	可实现全文数据HTTP链接
	办公自动化系统 金盘	1996	长期	文本	1997年以来	

附件二　全国党校图书馆数字化建设工作华东地区互评初步意见

单位	中共福建省委党校图书馆	互评时间	2005年7月3日

初评意见和建议：

　　7月3日，全国党校图书馆数字化建设华东地区评估组对福建省委党校图书馆进行评估。在听取汇报和实地考察的基础上，专家组和馆长组就该馆的基本情况进行评议。综合意见如下：

　　校委领导高度重视图书馆现代化建设。20世纪90年代中期，该馆即成为全国党校最先开始做藏书书目数据库、报刊资源数据库回溯库的图书馆之一。2004年，学校拨专项经费920万元，改造图书馆馆舍（包括消防及装修改造等），今年又下拨专项80多万元购置新书架及办公、阅览等新设施，还拨款数十万元添置服务器、存储设备等，大大提升和改善了该馆的现代化装备水平和服务功能。改造后的新馆舍，布局比较合理，环境美观，功能齐全。数字资源建设覆盖面广，电子图书、电子期刊等数据库的总量达到2.5TB。自建数据库有创意、有特色，省情数据库文献收录覆盖到各县市，无盲点。图书馆网站建设，网页简洁明快，主题突出；内容结构板块清晰，层次分明；专题数据库收集文献资料丰富，检索便捷。读者宣传引入大型LED电子屏，效果明显。除做好图书馆工作之外，该馆还承担校园网建设和管理任务。在馆长带领下，业务研究深入，科研成果较多。

　　由于该馆正处回迁过程之中，还有许多工作要做，有些问题应引起注意：1. 设备方面，一楼仍使用木制老书架，与改造后焕然一新的馆舍、其他层面的新书架，很不协调；防盗报警系统效果不甚明显。2. 自建数据库很有特色，注重局域网内的应用，但如何实现可持续发展、实现资源共享尚需深入思考。

　　建议：在成功改造老馆舍的基础上，再适当投入一些资金，更替一部分老设备，与新馆环境相一致；研究自建数据库共建共享机制和实现途径，发挥该类数据库的积极社会影响。

华东地区党校图书馆互查互评
馆长组、专家组

附件三

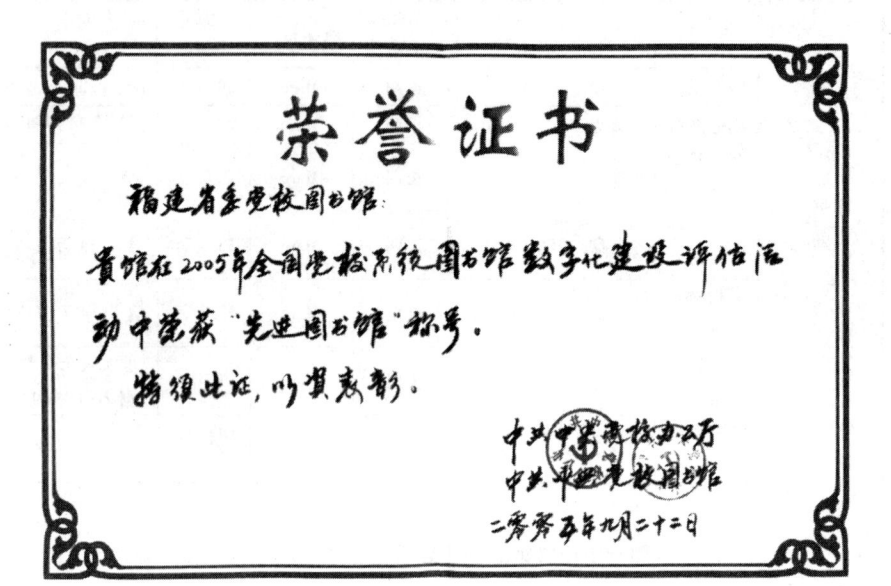

荣誉证书

福建省委党校图书馆：

贵馆在2005年全国党校系统图书馆数字化建设评估活动中荣获"先进图书馆"称号。

特颁此证，以资表彰。

中共中央党校办公厅
中共中央党校图书馆

二零零五年九月二十二日

案例之四

福建省委党校校园网（二期工程）建设可行性研究报告暨初步设计方案（摘要）

1. 项目概述

1.1 项目名称

福建省委党校校园网（二期工程）建设。

1.2 业主单位

福建省委党校。

1.3 工程背景

福建省委党校校园信息网络建设要与21世纪党校发展相衔接，整体功能和应用定位在全国省级党校的先进水平。校园信息网络规划设计要参考、借鉴先进党校的某些经验和做法，总体运筹，一步到位，适度超前，分步实施。总的要求是建成校园高速宽带信息网络，在教学楼、科研楼、办公楼、图书馆等主要建筑物以及校园生活区之间实现三网合一（远程教育网、校园网、数字图书馆网）。数字信息资源的建设突出福建省情和党校特色数据库。"十五"时期校园信息网络计划安排1830～2125个终端接口，能基本适应教学科研的信息需求。校园网是办公自动化、管理智能化、数字图书馆、远程教育、网上党校的服务平台，能为来校学习的各类党政领导干部提供一个天地相通、内外互联、信号流畅、方便快捷的校园信息化环境。具体实施拟分两个阶段进行建设，第一阶段是 2001～2002 年，在原有的基础上开始校园网部分应用项目的建设，已建成近 800 个信息点（含涉密网），建成校园信息网络的初步框架；第二阶段是 2003～2005 年，规划新增节点 1300～2000 个（含涉密网），拓展网络结构，优化网络信息服务，建成一定规模的特色数据库，远程教育、办公自动化、管理智能化逐步拓展，达到教学上水平、科研上档次、管理上台阶的目的，为培养大批中青年党政领导干部提供良好的信息化服务条件。

为适应党校教育发展的需要，使党校的信息化建设更好地服务于干部培训工作和党的执政能力建设，在 2003 年召开的全国党校校长会议上，中央党校常务副校长虞云耀同志明确提出，党校的工作格局是"教学为中心、科研为基础、信息化为手段、行政后勤为保障、队伍建设为关键"，其中，"信息化为手段"是党校工作格局的一个重要组成部分，充分说明了信息化建设和应用工作在党校工作中的地位和作用。

2003 年 4 月 7 日，福建省委常委会议听取了省委党校关于全国党校校长会议精神及我省贯彻意见的汇报，在所形成的《中共福建省第七届委员会会议纪要〔2003〕11 号》中要求"把各级党校信息化建设包括市、县党校的远程教学网建设，纳入省委、省政府建设'数字福建'的规划之中统筹考虑"。为落实省委常委会议纪要精神，结合教学科研大楼的建设、图书馆楼的改造装修工程，校园网工程的设计方案宜加快进度。在大量调研论证的基础上，现提出中共福建省委党校校园网（二期工程）建设可行性研究报告暨初步设计方案。

1.4　建设规模

中共福建省委党校校园网作为福建省党员干部教育网，工程建设主要包括网络系统建设（含校内政务网应用和政务网 WEB）、无线局域网建设、数据中心及数据存储系统建设、安全系统建设、网络管理系统建设、视频会议远程教育系统建设、多媒体网络教学系统建设、办公自动化系统建设、管理智能化系统建设、数字信息资源系统，以及与之配套的软、硬件配置等。

1.5　投资概算

经测算，本项目总投资为 253.2 万元人民币，项目投资总表见概算表格（略）。

1.6 设计依据

①福建省政务信息网工程设计方案；

②福建省"数字福建"建设领导小组办公室印发的《数字福建"十五"建设规划》；

③"数字福建"建设领导小组办公室印发的《数字福建建设项目管理暂行办法的通知》（数字办〔2003〕7号）；

④关于本工程的相关技术资料。

1.7 设计范围

本报告为福建省委党校校园网建设工程项目可行性研究报告暨初步设计方案，根据"数字福建"建设领导小组办公室闽数字办技术〔2003〕7号文及数字福建建设项目可行性研究报告暨初步设计方案编写提纲，本报告设计范围包括以下9个部分。

①现状与需求分析；

②系统总体设计；

③系统建设方案；

④设备配置及安装；

⑤培训及维护；

⑥项目实施；

⑦概算编制；

⑧项目招标方式；

⑨效益分析。

1.8 设计分工

1.8.1 系统集成商职责分工

根据项目招标（或合同）要求，完成所承担的项目系统设计、施工及系统测试；完成合同规定的培训和系统维护、维修等工作。

1.8.2 设备供应商职责分工

根据项目招标（或合同）要求，完成所承担的设备及相关系统的设计、安装、调试；完成合同规定的培训和系统维护、维修等工作。

1.8.3 业主职责分工

负责对项目策划、筹资、组织实施、协调指导、检查、试运行、组织验收等工作。

2. 现状与需求分析

2.1 项目的意义和建设必要性

第一，随着互联网的日益发展和成熟，校园网的建设和应用使福建省委党校信息化的应用环境日益改善，信息化建设正由基本应用逐步发展成为关键应用。通过信息技术的广泛应用，建成集福建省党员干部教育网络学习数据中心、福建省党员干部远程教育门户网站、资源中心、管理中心和教学中心于一身的全省党校系统远程教学的网络中心枢纽，为来校学习的各级领导干部提供获取各类信息的便捷渠道。

第二，为了更好地适应信息化建设的需要，引入新的信息技术、网络技术，建成一个覆盖全校范围的、高速开放的多媒体信息基础平台，使校园计算机网络在学校的教学、管理中发挥十分重要的作用。

第三，通过福建省委党校校园网的建设，为建立福建省党员干部教育网提供了现实和可能，通过这一平台也为全省党员、干部的在职理论学习、远程教育、信息服务营造了良好的信息化服务设施，创建了远程教育、网络学习的交互式服务平台。

第四，通过完善福建省委党校校园网政务信息网服务平台的构建，可以充分利用政务信息网的信息通道，为各级党政机关提供更为快捷、和谐、安全的理论学习、理论教育、理论宣传的信息服务，为加强党的执政能力建设服务，并能提供干部学习、召开实时网络会议的途径。

第五，通过福建省委党校校园网建设，为省委党校数字校园的建设提供物质基础，推动远程教育、校园信息化、数字图书馆建设迈上新台阶，为实现省委提出的创建一流党校作出新贡献。

2.2 现状分析

2.2.1 概况

中共福建省委党校目前的网络采用三级星形网络拓扑结构，以图书馆楼的港湾 BigHammer800 为核心连接教学楼、研修楼、1 号学员楼、13 号教工宿舍楼、14 号教工宿舍楼、15 号教工宿舍楼、16 号教工宿舍楼七个汇聚点，各汇聚点与核心交换机之间通过单条千兆光纤链路连接，各接入层交换机与汇聚层交换机之间通过单条千兆光纤链路连接。

省委党校现有服务器及应用系统主要包括内外网 WWW、DNS、VOD（试用）、邮件服务器以及图书馆集成管理系统和部分数字信息资源（学术期刊、人大资料全文数据库、apabi 数字图书等）。

2.2.2　网络拓扑现状

现有网络拓扑结构如下图所示：

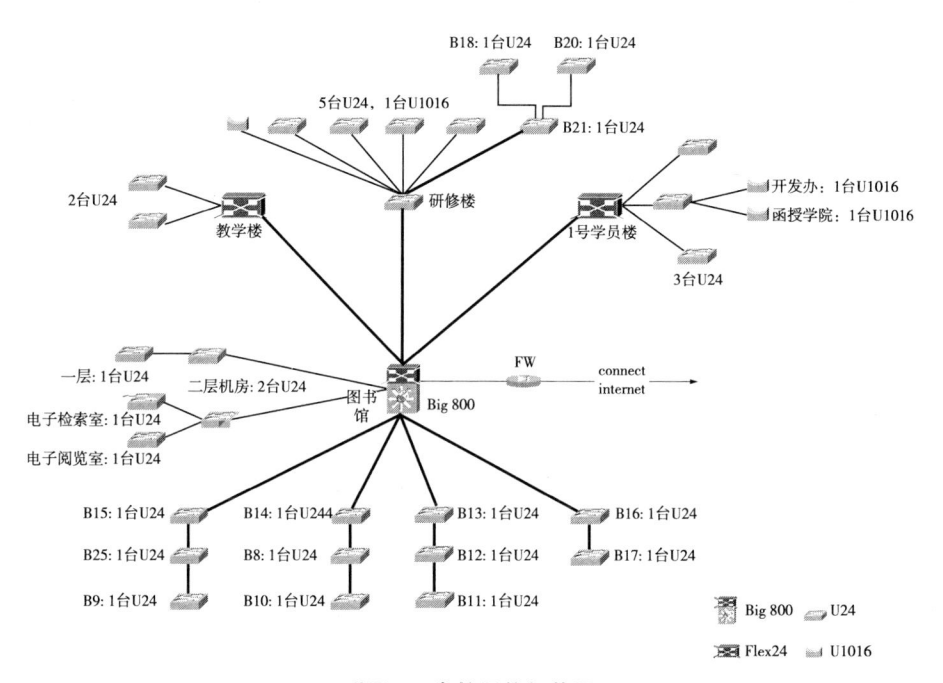

附图 1　党校网络拓扑图

2.2.3　现有硬件设备

现有硬件设备如附表 1 所示。

附表 1　现有硬件设备一览表

序　号	设备型号	数　量	备　注
1	港湾 BIG 800 交换机	1 台	核心交换机
2	港湾 FLEX24 交换机	4 台	汇聚交换机
3	港湾 FLEX 1016 交换机	13 台	汇聚交换机
4	港湾 Hammer24 交换机	30 台	接入层交换机
5	曙光 R220S 服务器	2 台	WEB 服务器
6	曙光 R220S 服务器	2 台	内网 DNS/MAIL 服务器

续表

序 号	设备型号	数 量	备 注
7	曙光 R220S 服务器	1 台	外网 DNS/MAIL 服务器
8	曙光 R440X-3 服务器	1 台	VOD 服务器
9	曙光 R220S 服务器	1 台	资源服务器
10	IBM 服务器	1 台	图书馆集成管理服务器
11	防火墙	2 台	性能配置无法适应当前需求
12	黑盾入侵检测	1 台	

2.2.4 现有信息节点

现有信息节点分布如附表2所示。

附表2 现有信息节点分布一览表

建筑物	信息节点数量	建筑物	信息节点数量
教学楼	100	16号教工宿舍楼	48
图书馆楼	75	17号教工宿舍楼	30
研修楼	100	14号教工宿舍楼	28
1号学员楼（办公楼）	100	15号教工宿舍楼	28
		25号教工宿舍楼	42
8号教工宿舍楼	24	20号教工宿舍楼	20
9号教工宿舍楼	20	21号教工宿舍楼	20
10号教工宿舍楼	36	22号教工宿舍楼	20
11号教工宿舍楼	24		
12号教工宿舍楼	24	总 计	763
13号教工宿舍楼	24		

2.2.5 现有应用情况

目前已实现的应用主要体现在以下六个方面。

①建立连接图书馆楼、1号学员楼、教学楼、研修楼和校内生活区在内的校园网主干，总节点近773个（含生活区），计算机300多台（不含生活区）。

②建立了依托在图书馆现有机房的校园网络机房（设在图书馆二层），分别与宽带城域网和政务信息网互连。

③信息网络中心：网络服务器、党校网站（含校园网、政务信息网、

因特网以及部分配套应用)、视频点播系统(试用中)、网络安全系统(防火墙和黑盾入侵检测设备),部分图书、刊报、专题数字信息资源。

④教学楼:多媒体教室管理系统、计算机培训机房。

⑤图书馆楼:图书馆集成管理系统、电子阅览室管理系统。

⑥办公楼(1号学员楼):构建在校园网站上的部分信息发布和网络信息应用;涉密网(政务信息网),使用对象(校委、组织人事、档案管理、纪检审计、财务管理系统);政务信息资源网,使用对象(已开通部分行政处室和教研部门)。

党校校园网建设速度很快,一是适应了时代发展的迫切需要;二是服务于党校事业发展的迫切需要;三是进一步提高党校教职工素质、工作水平和能力的迫切需要,也是各部门加强沟通、联系和了解的需要。目前凡属可以公开的各类行政公务信息、教学信息、科研信息、学员服务管理信息、后勤服务管理信息及各类通知、公告、公示、招聘等信息均已上网,及时交流信息,提高了办公效率。

经过几年来的发展,校园网上数字图书馆专栏已经发布了近 3 个 TB 的数字信息资源,其中自建数据库信息总量超过 20 万篇,网络上的数字图书、电子期刊、视频课件均受到广大学工人员的欢迎,成为许多教研人员和各主体班次成员课题研讨、论文写作和领导决策研究十分重要的数字信息资源库。但校园网建设仍严重滞后于党的干部教育事业需求的发展,许多重要的应用还有待于开发建设。

特别说明:目前的网络结构与所配置的交换设备、网络服务器、网络安全设备等均已运行三年以上,故障的频发率日益显现。随着应用系统的逐步扩大、应用内容的逐步增加,出现了许多难以解决的瓶颈效应和安全漏洞。目前存在着亟待解决的系统扩容、设备增加、安全完善等复杂问题。

2.3 需求分析

福建省委党校校园网(二期工程)建设包括政务网、校园网。(政务网指与"数字福建"政务网连接的网络系统,校园网主要是指校园网应用及与互联网的连接。)

2.3.1 总体需求

本期工程建设的总体需求是:在现有基础上拓展网络结构,建成以新的教学科研大楼为网络中心，以图书馆楼现有网络设备为备份中心，实现全校各汇聚层、接入层与网络中心及备份中心互连的冗余链路结构，最大限度地保障全校网络系统的不间断运行；优化校园网络信息服务并拓展政务网的应用和信息服务，建成一定规模的特色数据库，开通远程教育、办公自动化、管理智能化系统并拓展校园信息网络的各类应用，达到教学上水平、科研上档次、管理上台阶的目的，为党的执政能力建设和提高领导干部素质提供良好的信息化服务。

2.3.2 网络应用布局

根据以上总体建设需求，省委党校网络应用布局应实现以下几个方面的配置。

信息网络中心：数据中心、党校网站（含校园网、政务信息网、互联网以及配套应用）、视频点播系统、课件管理系统、数字资源系统、网络党校系统、网络会议系统、网络安全系统、演播厅。

教学楼：远程教学系统、多媒体教室管理系统、计算机培训机房。

图书馆楼：图书馆集成管理系统、电子阅览室管理系统、小型学术会议室、报告厅。

教研办公楼：校园网——办公自动化管理系统（含党校评估系统）、智能化管理系统（含教务管理子系统、科研管理子系统、学员管理子系统、函授管理子系统）、学术会议室、报告厅；涉密网（政务信息网）——校委、人事管理系统、档案管理系统、党务管理系统（包括纪检、审计）、财务管理系统；政务网WEB网站、政务信息资源网，使用对象（各教研部门、行政处室、在校各主体班次学员）。

礼堂：学术报告厅、学术会议室。

2.3.3 信息网络建设要求

根据上述总体需求和应用布局，校园信息网络建设包括以下8个方面的基本要求。

第一，建立覆盖校内各部门的计算机网络系统，规划节点从现有的700多个增加到2200～2500个（详见附表3、附表4），考虑发展支持近3000个独立用户，并为今后的网络建设预留充足的发展空间，最大限度地实现校园信息资源和软硬件资源的共享，为党校教育事业提供可靠的信息化服务手段。

第二，建立可靠的安全、保密、保障系统，设置不同用户使用和访问权限，授权用户通过 VPN 在智能化校园网外以明确的身份透明地进入校内为其开放的计算机系统，确保网络与信息的绝对安全。

第三，拓展城域网的宽带接入，与互联网、教育科研网互联，实现计算机网、电信网、有线电视网三网合一，为全省干部教育培训及全校各教学、科研和管理部门提供一个高速优质的数据通信平台。

第四，建立并完善校园网远程用户访问系统的基本网络应用：E-mail、FTP、DNS、WWW、Proxy 等。

第五，建立校内综合服务网站系统以及系统维护和网站开发平台、多媒体课件制作平台。实现教学园区通信自动化系统、办公自动化系统、智能化管理系统、楼宇自动控制管理系统的资源联网，以联动控制整个校园智能化系统。

第六，建立并完善校内音视频点播（VOD）系统、视频会议系统、多媒体网络教学系统、远程教学系统，满足远程教育视频会议、VOD、监控网络传输等多媒体应用，实现在校园网上对多媒体教学系统，基于 IP 网络的教学支撑平台与远程教务管理平台的集成。

第七，建立办公自动化管理系统（含党校评估系统）、智能化管理系统（含教学管理系统、科研管理系统、人事管理系统、学员管理系统）和数字资源制作管理系统，实现校内各种管理信息系统的集成，实现办公信息化，提高工作效率。

第八，建立校内数字化、网络化的学籍、文书、人事等档案管理系统，全文数据库及多媒体信息查询系统，支持"数字校园"的其他各类应用。

此外，校园政务信息网建设的基本要求是：建立并完善校内与政务信息网联结的校内涉密网以及在政务网上发布信息的福建省委党校网站，建立服务党政机关干部教育学习的网络教育和信息资源共享系统、电子邮件管理系统，涉密网与校园网物理上隔断。所需设备可将现有的服务器系统移到教学科研大楼网络中心，相关设备主要用于内网即政务信息网服务系统，图书馆保留本馆内部服务器系统。

2.3.4 综合布线系统建设要求

综合布线系统建设应满足以下 6 个方面的要求。

第一，本次综合布线的内容包括 3 号学员楼、4 号学员楼、新建教工宿舍楼、礼堂（学员宿舍、教工住宅均按每间、每套 1 个节点安排）；新建教学科研大楼（网络中心）与各个接入建筑物之间的光纤连接。

第二，综合布线系统作为福建省委党校教学科研大楼的神经系统，其性能应达到当前布线系统的先进水平。

第三，福建省委党校网络布线的主通道是校园网（与互联网相连），同时兼顾内网即政务信息网，两网应在物理上实现隔离。

第四，在教学科研大楼内有多处大开间场所，如报告厅、教室等，为便于这些场所的网络互连，布线系统还要考虑有线网和无线网相结合，即必须预留无线网的通道空间。

第五，布线系统完成后，应能与 100Mbps 以太网、1000Mbps 以太网、FDDI、ISDN/B – ISDN、155/622Mbps ATM 等不同网络兼容。

第六，教学科研大楼电话通信系统应采用虚拟程控交换机形式，与综合布线系统统一考虑。

附表 3　教学科研大楼综合布线系统弱电间及 1052 个数据点数分布情况

楼层配线架安装位置	管理范围
1 层弱电间	−1 层、1 层、2 层信息点（86 个数据点）
3 层弱电间	3 层、4 层信息点（178 个数据点）
5 层弱电间	5 层、6 层信息点（152 个数据点）
7 层弱电间	7 层、8 层信息点（104 个数据点）
9 层弱电间	9 层信息点（58 个数据点）
10 层设备间	10 层信息点（66 个数据点）
11 层弱电间	11 层、12 层信息点（156 个数据点）
13 层弱电间	13 层、14 层信息点（81 个数据点）
16 层弱电间	15 层、16 层、17 层信息点（104 个数据点）
19 层弱电间	18 层、19 层、20 层、屋面层信息点（67 个数据点）

附表 4　校内其他建筑物 695 个数据点数分布情况

建筑物	数据点
图书馆楼	新增 151 个数据点
3 号楼（研究生部学员楼）	198 个数据点

续表

建筑物	数据点
4号楼（进修部学员楼）	193个数据点
新建教工宿舍楼	108个数据点
礼堂	27个数据点
食堂	10个数据点
东大门、西大门服务区	8个数据点

注：福建省委党校新建教学科研大楼的综合布线系统建设另行考虑，不在本项目建设预算中，本项目建设的综合布线系统主要是指校内楼间光纤布线以及校内其他建筑物的695个数据点中除图书馆楼外的544个数据点的综合布线系统建设。

3. 总体设计

3.1 建设目标

本项目的总体建设目标是：应用先进的网络信息技术，建立覆盖福建省委党校的校园网网络系统，实现资源共享和建立办公自动化、管理智能化、数字图书馆、远程教育、网络党校等服务平台，能为来校学习和在职进修的各类党政领导干部提供一个天地相通、内外互连、信号流畅、方便快捷的校园信息化环境。

3.2 建设内容

根据上述项目的建设背景和需求，福建省委党校计算机网络系统建设有5个方面的主要内容。

3.2.1 网络系统

校园网工程建设的主要内容是：拓展校园网络结构，实现网络中心的迁移，建成以教学科研大楼为中心，图书馆现有网络为备份中心的网络服务系统。

3.2.2 无线网络

在校内各主要建筑物楼内的公共服务区、会议场所及校内露天服务区，这些场所不易布点或是无法确定所需的信息点数，因此建议采用无线网络作为校园网并能通过校园网访问互联网的一个有效补充。

3.2.3 网络安全系统

福建省委党校校园网的建立不仅是网络硬件和应用的建立，因此还应重视校园网的安全问题。事实上，校园网安全与企业网、政府网和公众网的安全一样重要。

网络安全是一个体系结构，涉及整个办公环境的各个方面，包括人员和设备，包括信息的驻留点以及沿途经过的各个中间环节，从物理层到应用层都要小心对待。互联网的普及以及今天校园教学、科研和办公等多方面的应用对互联网的依赖，都促使校园网应该增强实施安全的措施。

网络安全主要从以下几个方面考虑：

①规范出口的管理；
②配备完整的系统的网络安全设备；
③解决用户上网身份问题，建立全校统一的身份认证系统；
④严格规范上网场所的管理，集中进行监控和管理；
⑤改造电子邮件系统，提供多种安全监控和管理功能；
⑥根据相关部门的要求，建立网络安全管理责任制，出台完善配套的网络安全管理制度。

3.2.4 数据中心

福建省委党校校园网数据中心的数据资源主要包括：校内音视频及课件点播（VOD）系统、视频会议及远程教学系统；校内WEB信息发布系统、电子邮件管理系统、办公自动化管理系统（含党校评估系统）和智能化管理系统（含教学管理系统、科研管理系统、校园管理系统、学员管理系统、函授管理系统）；数字化、网络化的学籍、文书、人事等档案管理系统；数字图书馆系统、全文数据库及多媒体信息查询系统。

根据以上的设想及省委党校校园网应用系统的情况，本项目的数据中心设备配置主要包括服务器系统、数据存储系统、数据备份系统三个子系统。

3.2.5 应用系统

福建省委党校校园网应用系统的建设将主要包括：校内音视频及课件点播（VOD）系统、干部教育视频会议系统、多媒体网络教学系统、远程教学系统；校内WEB信息发布系统、电子邮件管理系统、办公自动化系统和智能化管理系统；数字化、网络化的学籍、文书、人事等档案管理系统；数字图书馆集成系统、全文数据库及多媒体信息查询系统。

校园政务信息网的基本应用是：建立并完善校内与政务信息网联结的

校内涉密网以及在政务网上发布信息的福建省委党校网站，建立服务党政机关干部教育学习的网络教育和信息资源共享系统、电子邮件管理系统等各类应用。政务信息网与校园网在物理上隔断。

3.3 系统的总体结构

3.3.1 系统设计原则

福建省委党校计算机网络系统工程是一项重要的网络工程，其设计是否合理，对未来的发展、数字校园的建设和产生的社会效益起着极为重要的作用。

省委党校计算机网络工程是一项系统工程，不仅要考虑到近期目标，还要为系统的进一步发展和扩充留有余地。该工程应具有良好的开放性。这种开放性靠标准化实现，使得符合这些标准的计算机系统很容易进行网络互连。

因此，福建省委党校计算机网络工程的设计原则如下：

①先进性：采用国际先进并能代表发展方向成熟的网络技术和设备，要有一定前瞻性，既反映当今先进水平，同时又为今后发展留有空间，能够承载和交换各种信息。

②可靠性：借鉴国内外先进系统的经验，采用成熟技术，保证系统可靠运行，关键设备应有冗余，当主系统出现故障时，能实施在线故障恢复，系统能做到自动故障切换立即投入运行，而不会造成任何损失。

③实用性：要满足校园教学科研、管理信息流通的需要，要满足干部教育、网络学习培训的需要，注重实效、急用先上、逐步完善。

④开放性：网络产品要符合相关的国际国内标准，兼容性要好，易于互换和移植，按照标准的通信协议，能够接收和输出标准格式的数据，提供各种网络之间的信息服务，实现资源共享与交流，并能适应国际流行的软硬件运行平台。

⑤安全性：具有安全预警、黑客跟踪、病毒查杀、自动屏蔽以及抵御非人为安全隐患的能力。

⑥可扩充性：系统设计应考虑未来网络发展，留有充分的扩充余量，所选用软硬件设备应是模块化的，所需功能可灵活配置，便于更新扩充，在系统结构、产品系列、存储容量与处理能力等方面必须具有升级换代的可能，这种扩充不仅能充分保护原有资源，而且具有较高的性能价格比。

⑦可维护性：具有良好的网络管理、网络监控、故障分析和处理能力，提供实时监控网络运行状态、故障恢复、日常维护等有效手段。

⑧可利用性：应用软件系统必须符合校园信息化要求，使用方便、功能齐备；系统坚固、维护简单；扩展容易、升级便利。

3.3.2 总体拓扑结构

3.3.2.1 校园网网络拓扑图

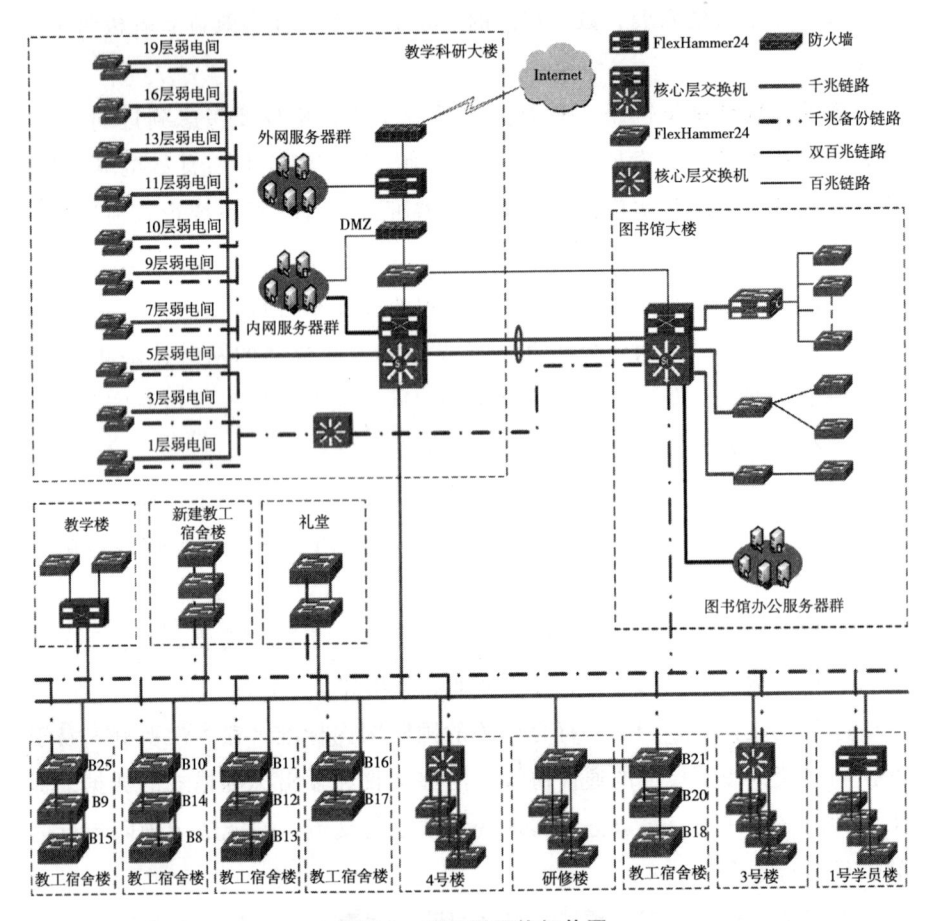

附图 2　校园网网络拓扑图

该拓扑图的设计说明如下。

福建省委党校校园网采用主干千兆、百兆接入到桌面的分布式三级星形网络拓扑结构，校园网网络中心设在教学科研大楼 10 层机房，图书馆现有网络中心作为校园网备份网络中心，两个网络中心的核心交换机之间通过双光纤链路互连,通过链路聚合技术实现 2G 的互联带宽及链路的冗余。

现有网络的汇聚层交换机 FlexHammer24 增加一块千兆光纤网模块与教学科研大楼网络中心互连,与图书馆网络中心互连的光纤链路保留不变。

现有楼宇间布线结构调整方法为:保持楼宇集群中一台 μHammer24 交换机通过千兆交换机通过千兆多模光纤与图书馆网络中心互连,将最后一台 μHammer24 交换机通过千兆单模光纤与教学科研大楼网络中心互连。

教学科研大楼内各设备间的交换机组由 24 口或 48 口接入层交换机通过专用堆叠端口堆叠组成,每个交换机组通过一条千兆光纤链路与核心交换机相连。

考虑教学科研大楼内各设备间交换机组与图书馆核心交换机之间的链路冗余连接,可以在教学科研大楼网络中心配置一台 FlexHammer5610E 交换机,各设备间交换机组通过一条多模光纤链路与网络中心的 FlexHammer5610E 交换机相连,网络中心的 FlexHammer5610E 交换机通过千兆光纤与图书馆的核心交换机相连。

配置港湾 HammerView 高级版智能网络管理系统实现对全网的网络管理。

3.3.2.2 政务网网络拓扑图

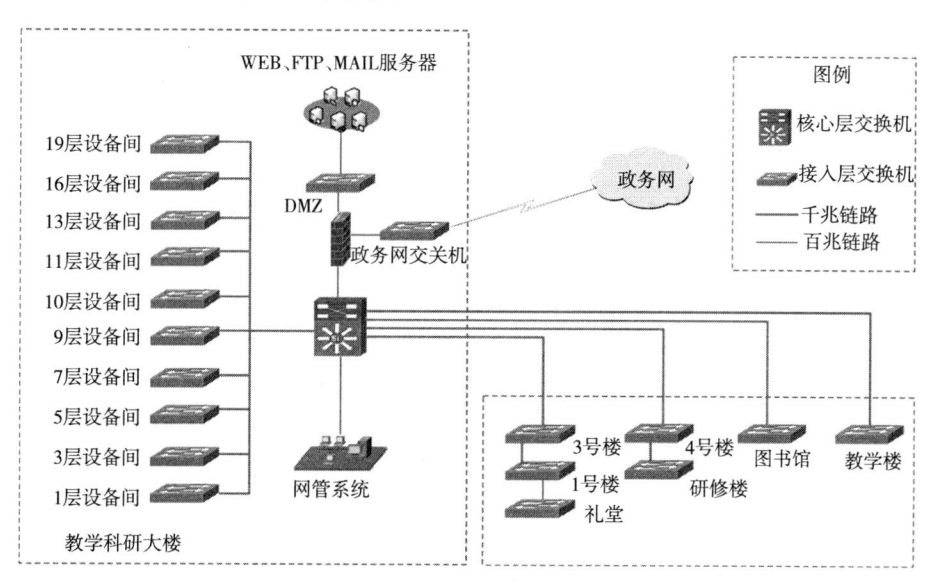

附图 3 政务网网络拓扑图

考虑到福建省委党校大量的应用系统将基于政务网网络系统，因此党校政务网采用1000M主干，10/100M交换到桌面。

在教学科研大楼配置一台机箱插槽式三层路由交换机作为核心交换机，综合校内政务网的使用情况及资金情况，暂时考虑配置10台政务网接入层交换机，各接入层交换机通过千兆光纤接口，与核心交换机连接。

3.4 信息分类编码体系

系统信息分类编码体系将遵循"数字福建"的标准规范和项目的实际情况进行标准化建设和制度改造。

3.5 质量保证体系

福建省委党校校园网工程信息服务系统项目建设应符合互联网和"数字福建"相关标准建设。系统的标准规范分为网络系统的标准规范和应用系统的开发标准规范。

附录：

①网络系统需符合下述标准

《信息技术互连国际标准》（ISO/IECll801-95）

《信息技术、软件包质量要求和测试》（GB/T17544-1998）

②应用系统的开发均需符合下述标准

《软件工程标准分类法》（GB/T15538-1995）

《软件开发规范》（GB8566-88）

《软件维护指南》（GB/T 14079-93）

《计算机软件产品开发文件编制指南》（GB8567-88）

《计算机软件需求说明编制指南》（GB 9385-88）

《计算机软件测试文件编制指南》（GB9386-88）

《计算机软件配置管理计划规范》（GB/T12505-90）

《计算机软件质量保证计划规范》（GB/T12504-90）

《计算机软件可靠性和可维护性管理》（GB/T12394-93）

4. 建设方案

为方便设计方案的描述，本项目初步设计时就各相关产品，暂以目前所了解的产品情况及福建省委党校的实际需求，尽可能选用"数字福建"

入围的品牌产品进行设计。

4.1 网络系统

4.1.1 网络技术选型

福建省委党校网络系统主要包括远程教育、网络党校、办公自动化、文件传输、信息检索、虚拟专网、IP电话及视频会议、视频点播等应用，省委党校的网络是一个集数据、语音、视频于一身的网络系统，这就要求省委党校的网络系统必须能提供足够的性能，来支撑省委党校的所有应用。在网络建设中，要选用先进、成熟、稳定可靠的技术，来建立省委党校网络系统。

目前常用的网络组网技术有100Mbps的快速以太网，100Mbps的FDDI和155/622Mbps的ATM网络，千兆以太网等。在充分考虑建设原则，满足应用需要和适应网络技术发展趋势三个方面的问题后，选择千兆以太网作为福建省委党校校园网络系统的主干技术，选择了快速以太网为福建省委党校校园网络桌面接入技术。同时在校园网络系统配置中还将采用三层交换技术、虚拟局域网技术（VLAN）、网络地址转换技术（NAT）、路由技术等，以构建先进、可靠、安全、稳定、高性能的福建省委党校校园网络系统。

4.1.2 网络结构设计

福建省委党校网络系统宜采用分布式三层交换以太网结构，接入层采用二层交换机，通过 VLAN 划分可缩小广播域，通过802.1Q可实现报文在不同交换机同一 VLAN 内的交换。汇聚层采用三层交换机，可实现园区内各网段的互访，需要访问局域网外资源时，才经三层交换机路由到核心层的骨干交换机或路由器，这样就大大减少了核心层的负担。通过在三层交换机的路由策略和 QACL 配置，可实现对网络资源的有效控制。

福建省委党校的数据点总体规划约3000个属大型网络，考虑到网络的负载均衡、链路冗余及网络管理的可行性、方便性，我们采用以星型结构为主的网络拓扑结构，各分中心汇聚层交换机与核心层交换机之间可采用两条光纤链路连接。由于采用交换千兆以太网和快速以太网技术，在物理的连接上实现如下配置：

①位于教学科研大楼的网络中心与教学楼、1号学员楼、研修楼、13~16号教工宿舍楼及教学科研大楼内的各楼层设备间之间采用千兆光纤

链路进行连接（今后可扩展成采用双光纤链路，以实现链路聚合提高链路带宽，并可实现链路的冗余）。

②教学科研大楼网络中心与图书馆现有网络中心之间采用双单模光纤链路互连。

③服务器与中心交换机之间通过 1000Mbps 相连，网管机和网络中心其他管理用机采用 100Mbps 连接。

④各楼宇内部网络采用 100Mbps 交换到桌面，以适应 VOD 和多媒体教学需求。

⑤网络中心通过租用电信光纤线路接入互联网，并预留 CERNET 接入接口。

⑥在网络互联接口处新增一台带 VPN 功能的高性能百兆防火墙（建议采用"数字福建"入围品牌设备）。

4.1.3 主干网络设计

4.1.3.1 核心层分析

对于福建省委党校校园网络核心层的设备，建议采用大容量且具备智能的多层交换功能特性，根据网络技术的发展与产品应用的定位，建议核心设备拥有超过 600GB 的高容量，充分满足数千个宽带用户的网络需求，同时提供快速的智能化处理过程，并可支持双主控及双电源的冗余。考虑到校园网络应用的发展将会引入多种宽带实时业务的能力，这就要求具有智能多功能交换机的第 4 层也就是传输层，基于 TCP 端口号具有进行大量精确的流处理能力。而传统的 3 层交换机只支持到 IP 的一层，而无法对于需要多媒体实时业务流进行精确地控制，而且从安全的实现上需要增加扩展开销，不利于核心网络高速交换的运行。因此，采用智能的核心交换系统是很有必要的，在提供高速交换的同时，可以对核心主机上的业务进行良好的控制，并且基于硬件提供安全保障。

从信息教育的发展角度上考虑，核心设备要具备对宽带用户安全认证与鉴别的能力与手段，这样才有条件配合边缘网络设备实现端到端（从核心业务到用户）的安全与有偿宽带业务的开展。从目前发展的情况来看，宽带安全认证计费的手段，主要包括 PPPOE、802.1X、PORTAL、DHCP Relay、NAT。对宽带网络用户的安全鉴别，主要包括基于 VLAN ID、IP 地址、MAC 地址来识别宽带用户的网络信息。对于核心智能的交换设备必须支持 802.1X、PORTAL、DHCP Relay、NAT 与分中心的边缘设备配合进行用户的识别，可对校园宽带用户的身份进行认证，体现智能网络带来的整体应用价值。这样既保证网络的兼容性与开放性，也能保证网络的安全性与高可用性。

4.1.3.2 主干交换机配置方案

主干网络设计主要是针对教学科研大楼的网络中心核心交换设备及服务器、网管工作站、防火墙等设备组成网络进行设计，采用千兆以太网（1000M）以星型拓扑结构进行连接。

核心交换机配置相当数量的千兆多模或单模光纤模块用于与图书馆、教学楼、教工宿舍楼等现有建筑群体以及本楼内的各设备间接入层交换机组相连；配置百兆电口模块用于网管机、路由器、防火墙等的接入；配置千兆电口模块用于各服务器的千兆接入；配置双主控及双电源保障核心交换机的可靠性。

4.1.4 汇聚层网络设计

校园网二期建设工程的汇聚层主要是分布在 3 号学员楼、4 号学员楼以及新建的教学科研大楼的设备间。本期建设暂时只考虑教学科研大楼的汇聚层交换机，3 号学员楼、4 号学员楼因本期计划接入数据点数不是特别多，因此暂不上汇聚层交换机，采用堆叠方式。

从网络实际应用的角度来看，汇聚交换机主要是用于信息点的接入层交换机的集中并根据业务网络需求快速地送往核心网络交换机。对于大容量的核心设备的责任是处理业务流量，保证网络的正常运行，而汇聚层的责任就是配合核心设备体现网络价值的一个重要环节。如果在汇聚层只做简单的数据交换，使全网的大容量处理、广播抑制、拥塞管理、流控、整体安全等智能功能完全依赖核心处理，使核心网络集中实现规模化，这就违反了网络设计的基本原则。如果让核心网络实现规模化以集中处理整个网络的业务，对将来网络的扩容与升级都会带来很多不利的影响。例如，对分中心内部网络的改造与升级所产生的变化，还要牵扯到核心设备的改造与变化，这显然不合理，使整个网络不利于灵活的规划与扩展。

所以，根据合理的设计原则，为了满足实际的网络应用需求，需要有一个拥有容量可扩展的智能交换机来充当汇聚层的网络设备。一方面，该智能交换机提供可与核心网络配合实现整体的智能功能包括 2/3/4 层的访问控制，并且可对用户进行安全的认证，可以有策略的透传二层的业务信息，这样对于校方的网络多媒体教学的实现增加更多的网络解决方案。另一方面，可在汇聚层对网络各层的广播进行合理的抑制，有效减轻网络核心的不必要压力，以减少核心业务主机的数据包与广播包的碰撞所产生的错误，这也是全方位提高网络的性能，更高效地利用网络的带宽的一个必要手段。

考虑各建筑物汇聚层交换机的重要性对网络链路可靠性及上连带宽的要求，每个汇聚层交换机可通过两条千兆光纤链路，分别上连至教学科研大楼的核心交换机及图书馆的备份核心交换机。

4.1.5 接入层网络设计

4.1.5.1 接入层分析

根据福建省委党校的实际应用与业务需求，接入层交换机主要用于各建筑物大楼内所有的信息点与用户终端的接入。因此在接入层，校方使用2层线速交换机进行网络的接入，这样使整个网络具有端口间的线速转发能力，可以对2层进行隔离，这样就可以将用户与终端的所有安全问题交给核心交换机来完成。另外，接入层交换机需要支持网管的功能来满足整个网络的统一管理的需求，这样可让宽带校园网络具有可控制、可管理的能力。对网络管理校方应用集群管理来说，不仅简化了网络管理的复杂性，还节省了IP地址。可通过核心交换机对接入层交换机发命令来管理接入设备，这样既简化了管理的流程，也降低了网络管理的成本，充分体现了网络的整体价值。

考虑到校园网用户多而杂，接入层交换机必须能够支持802.1X安全认证协议，利用该技术可以在人员较复杂的应用环境中对使用人进行身份的登录验证。

4.1.5.2 接入层交换机配置方案

接入层设计主要是针对楼层交换机桌面工作站组成网络进行设计，在本次建设中采用快速以太网（100M）以星型拓扑结构进行连接，除教学科研大楼外每幢楼设一设备间（新教学科研大楼内包括网络中心共有10间设备间）。每个楼层设备间放置堆叠交换机组1套，根据数据点的数量配置相应数量的接入层交换机，各接入层交换机通过专用堆叠端口进行堆叠或通过千兆电口进行虚拟堆叠。楼层堆叠交换机组通过光纤口与汇聚层交换机或核心交换机连接，今后也可同时通过堆叠的第一台交换机和最后一台交换机光纤口两路光纤与汇聚层交换机或核心交换机连接，实现链路冗余和链路聚合；如果堆叠交换机组中任何一台交换机发生故障，也不影响其他交换机的正常工作。

4.1.6 广域网系统

目前，福建省委党校与校外的网络互联，包括互联网、"数字福建"政务网等系统的接入，并配置了相应的防火墙等网络安全接入设备。

在工程中，网络中心移到教学科研楼，图书馆作为备份中心。为了保证和强化与外网接入的可靠性，在教学科研大楼的网络中心配置一台接入层交换机，电信宽带接入线路通过防火墙后接到这台接入层交换机，核心层主干、备用交换机分别通过100M双绞线或100M光纤与接入层交换机相连，采用STP，正常工作时，与互联网的连接，通过主交换机；当主交换机出现故障，与互联网的连接自动切换到备用交换机上，保证访问外部网站可靠性。

4.1.7 网络设计说明

4.1.7.1 交换机设备选型说明

福建省委党校现有交换机设备均为港湾产品，为方便设计方案的描述，暂以港湾相关设备进行网络设计说明。

4.1.7.2 校园网设计说明

福建省委党校校园网采用主干千兆、百兆接入到桌面的分布式三级星形网络拓扑结构，校园网网络中心设在教学科研大楼10层机房，图书馆现有网络中心作为校园网备份网络中心，两个网络中心的核心交换机之间通过双光纤链路互连，通过链路聚合技术实现2G的互联带宽及链路的冗余。

现有网络的汇聚层交换机 FlexHammer24 增加一块千兆光纤网模块与教学科研大楼网络中心互连，与图书馆网络中心互连的光纤链路保留不变。

现有楼宇间布线结构调整方法是：保持楼宇集群中一台 μHammer24 交换机通过千兆交换机通过千兆多模光纤与图书馆网络中心互连，将最后一台 μHammer24 交换机通过千兆单模光纤与教学科研大楼网络中心互连。

教学科研大楼内各设备间的交换机组由 μHammer3550E-24/48 通过专用堆叠端口堆叠组成，每个交换机组通过一条千兆光纤链路与核心交换机相连。

考虑教学科研大楼内各设备间交换机组与图书馆核心交换机之间的链路冗余连接，可以在教学科研大楼网络中心配置一台 FlexHammer5610E 交换机，各设备间交换机组通过一条多模光纤链路与网络中心的 FlexHammer5610E 交换机相连，网络中心的 FlexHammer5610E 交换机通过千兆光纤与图书馆的核心交换机相连。

3 号学员楼及 4 号学员楼数据点数较多，今后可考虑各增设一台汇聚层交换机，各接入层交换机通过千兆光纤与汇聚层交换机连接，汇聚层交换机通过千兆光纤与教学科研大楼的核心交换机以及图书馆的备份核心交换机连接，本期建设暂时采用堆叠方式组网。

配置港湾 HammerView 高级版智能网络管理系统实现对全网的网络管理。

4.1.7.3 政务网设计说明

考虑到福建省委党校大量的应用系统将基于政务网网络系统，因此党校政务网采用 1000M 主干，10/100M 交换到桌面。

考虑到随着福建省党校政务网应用的发展，在政务网上将会有大量的应用服务于党政机关单位，因此我们选择的核心交换机应该充分考虑到今后的应用及网络规模的扩展对核心交换设备处理能力及扩展能力的要求。根据省委党校目前状况及以上设计思路，省委党校此次政务网的建设在教学科研大楼配置一台港湾 BigHammer6805 三层交换机作为核心交换机，综合校内政务网的使用情况及资金情况，暂时考虑配置 10 台 μHammer3550E－24 接入层交换机，各接入层交换机通过千兆光纤接口，与核心交换机连接。

4.1.7.4 网络中心故障或检修切换设计说明

福建省委党校校园网的网络中心设在新建的教学科研大楼 10 层，现有图书馆网络中心作为校园网的备份网络中心。对于在网络运行中可能存在的网络故障，主要考虑当网络中心的核心交换机发生故障或检修时如何保障各接入客户端的正常业务应用。主要设计如下：

为了保证和强化与外网接入的可靠性，在教学科研大楼的网络中心配置一台 μHammer24E 交换机，电信宽带接入线路通过防火墙后接到这台 μHammer24E 交换机，核心层主、备交换机分别通过 100M 双绞线或 100M 光纤与 μHammer24E 交换机相连，采用 STP，正常工作时，与互联网的连接通过主交换机；当主交换机出现故障，与互联网的连接自动切换到备用交换机上，保证访问外部网站的可靠性。

应用服务器系统采用刀片式服务器，配置相关专用 SAN 交换机及网络交换机，服务器交换机分别与主、备核心交换机连接。

现有网络的汇聚层交换机 FlexHammer24 增加一块千兆光纤网模块与教学科研大楼网络中心互连，与图书馆网络中心互连的光纤链路保留不变。

考虑教学科研大楼内各设备间交换机组与图书馆核心交换机之间的链路冗余连接，在教学科研大楼网络中心配置一台 FlexHammer5610E 交换机，各设备间交换机组通过一条多模光纤链路与网络中心的 FlexHammer5610E 交换机相连，网络中心的 FlexHammer5610E 交换机通过千兆光纤与图书馆的核心交换机相连。

当教学科研大楼的核心交换设备出现故障或检修时，楼内各接入层或汇聚层交换机组通过 FlexHammer5610E 交换机与图书馆备份核心交换机连接的备份链路连接到外部网络及访问服务器系统，其他建筑物的接入层交换机并通过图书馆核心交换机连接的备份链路连接到外部网络及访问服务器系统。

4.1.8　无线局域网设计

4.1.8.1　设计概述

在福建省委党校网络建设中，随着校园网建设的深入，学术氛围日益浓厚，对外交流日趋频繁，各种学术活动越来越多地在学校举行，校内师生的移动办公设备也越来越多，这些都对现有的校园网提出了更多更高的要求。

在福建省委党校校园网络（外网）的整体建设中，福建省委党校希望能把无线网络在一开始就设计和考虑进新的校园网络系统，改变师生的学习和生活，使广大师生访问网络不受时间和地点的限制。

4.1.8.2　项目设计目标

项目设计目标是利用无线网络技术进一步扩大校园网的使用范围，使全校师生在任何时间、任何地点都能方便高效地使用信息网络，促进福建省委党校的教学、科研和管理水平的提高，为福建省委党校创建一流党校提供良好的基础设施。

4.1.8.3　无线网络设计

参考福建省委党校平面规划图，根据福建省委党校网络规划需求，可在校内设计数十个无线接入点，分布在办公区、教学区、图书馆、会议场所、运动场等主要应用接入地点。为福建省委党校无线网建设提供整体的解决方案，覆盖整个主校区，提供有线网络良好的延伸和补充。在无线部署中，可将一半以上节点安置在室内（由于建筑物内有墙的隔挡，减弱无线信号，因而相对密度要高于室外）。

无线网络是以有线网络为基础的，在此我们将无线网络与有线网络的连接设计如下：

我们将无线网络同样视为接入层的接入设备来对待，将所有的无线设备都连接于汇聚层的一台或多台交换机上。连接多台汇聚层的交换机主要是出于安全和可靠性方面的考虑。由于无线网络的接入比较特殊，安全性是需要考虑的重中之重。因此我们将所有的无线设备划入一个 VLAN，对需要接入这个网络的用户进行专门的认证。如果用户想要使用进一步的应用服务，还要进行进一步的认证。这是实际的工作，当然我们可以通过映射的方式来简化最终用户的操作。

无线网建设中，在单一建筑物内部，通常采用多个 AP（无线接入点）来部署局域范围内部的无线网。鉴于无线网所必需的灵活性和可移动性，必须保证在部署无线 AP 时，要求无线覆盖范围内的所有空间网络信号强度足够，并且各个 AP 间覆盖范围不冲突。这就要求对所部署的无线场所有足够的了解，以初步部署 AP 安装位置。

在网络实施阶段也一样，无线网络的建设不能像部署有线网一样，只是对产品本身进行安装调试即可，必须对场所空间分布、墙板材质及分布作综合分析，通过专业场强仪和用户端场强测试软件勘测需布线场所的场强，将 AP 妥善安装至恰当的位置，使得部署场所区域无线信号强度足够大，保障各 AP 间不发生冲突。

4.1.8.4 设备选型

无线网络 AP 设备，可选用 CISCO 公司的 AIRONET 1200 系列产品，也可选用性价比较高的国产设备，根据不同的传输速率要求可选用 K9（11M）、K9（54M）或 K9（108M）产品。

4.1.9 IP 地址及域名系统

由于福建省委党校校园网络系统将是一个大型校园网络，同时还要考虑与 CERNET、Internet 的连接，所以校园网络之间的 IP 地址必须统一分配、统一规划。考虑到以后校园的发展，建议采用私有的 10.0.0.0 的

A 类地址,划分不同的子网,来作为校园的地址规划标准。具体的 IP 地址分配,可根据实际情况,参照当前网络所规划的 IP 地址进行划分子网。

4.1.10 网络优化设计

4.1.10.1 网络 VLAN 的划分

VLAN 是控制广播发送的有效技术,可以减少二层风暴,并可实现安全管理。局域网交换机通过在交换机之间附加用于进行 VLAN 信息通信的协议允许一个 VLAN 跨越到多台交换机。VLAN 之间的通信必须通过路由器等具有路由功能的设备进行。

所配置的网络设备支持 802.1Q,快速以太网链路可以配置 802.1Q Tag,承载交换机、路由器和服务器之间多个 VLAN 的流量。可以配置两台交换机的上联端口为 802.1Q Tag,实现跨交换机之间的虚网划分,这样既能支持一个楼宇中按单位划分多个虚网,也支持一个单位分布于多个楼宇的跨交换机划分。

便于系统进行安全管理:校园中由不同性质的部门组成,部门之间或部门之内的不同应用之间有些敏感需要保密的信息,需要进行访问限制,VLAN 的划分将有助于网络系统的安全管理和控制。

缩小广播域,减少广播流量:在一个较大网络上,大量的节点会导致网上出现大量广播信息,这样对网络设备和节点设备都会有影响,特别是在共享环境或网络配置不当(如导致广播风暴)的情况下,影响将会更为显著。

便于维护和信息共享:采用按部门划分网段为主的原则,这样便于在部门内部进行共享,避免其他单位的各种干扰。VLAN 的划分也有助于网络的管理和维护,比如网络错误的定位、减少网络中 IP 地址的篡用等。

在明确福建省委党校对其网络资源访问权限分配的具体要求后,我们可对内部网络具体划分不同的权限、VLAN 等其他的安全策略。VLAN 的划分策略按照以部门为单位来进行。按照子网划分的顺序分配 VLAN 号,这样便于记忆和管理。

4.1.10.2 网络组播服务的设计

随着福建省委党校校园网对视频、多媒体应用带宽需求的急剧增加,以及各种新兴应用的不断开展，传统的数据传送方式已经不能适应发展的需要。例如在一个网络上有 200 个用户需要接收相同的信息时，传统的解决方案要么把这一信息分别发送 200 次，以便确保需要数据的用户能够得到所需的数据；要么采用广播的方式，在整个网络范围内传送数据，需要这些数据的用户可直接在网络上获取。这些方式都浪费了大量宝贵的带宽资源，特别是网络上只有少数用户需要数据时，这种浪费更加明显。IP 组播就是为了解决这个棘手问题而开发出来的。IP 组播采用了组地址的概念，把需要数据的用户编入用户组，并利用一些高级的网络协议来确保最经济地利用带宽，把数据通过用户组传递给真正需要的用户。IP 组播还能减轻服务器的负担，提高电子商务应用程序的效率，从而革命性地改变网络的性能，节省大量的经费，并能带来更多新的增值服务。

对于像视频会议、远程教育和实时培训等应用来说，组播技术非常适合。对于福建省委党校校园网，我们可以采用 IP 组播技术来传送远程教育，实时地把教学图像的更新情况传送给各分院、分校或市县党校教学点。

组播已经成功地改变了远程教学运行的传统方式，随着 Internet 对组播的进一步支持，预计组播应用将会得到迅速的发展。推动这一发展的主力在党校校园网，他们通过 IP 网络和视频服务系统，采用组播技术向学员传送内容丰富的多媒体教育信息。当然，IP 组播在远程教学和丰富学员课余生活方面也会大显身手。在任何时候当你想给网络中的一部分成员传输信息时，IP 组播技术是一个很好的可选方案。

为了能在校园网和校间网络上成功地配置 IP 组播，必须首先确认网络中的第二层交换机能够控制组播流量的泛滥传播。其次，网络必须支持稀疏模式组播路由协议，客户机上的 IP 协议栈需要支持 Internet RFC 1112 或 2236 所定义的组播标准，企业应用程序也必须支持 IP 组播。目前流行的操作系统都支持 IGMP 和 IP 组播协议。在福建省委党校校园网设计中所采用的港湾网络设备均支持 IGMP 和 IP 组播协议。

4.1.10.3　服务质量 QoS 的设计

福建省委党校的校园网络，以视频点播、VOIP、视频会议等为代表的多媒体业务是非常体现价值的宽带业务，但是这些服务都需要 QoS 的保障。对于宽带多媒体业务采用 QoS 的服务是很有必要的，由其对于早期的网络通信服务，如语音、视频都需要连续稳定的带宽来保证服务的正常运行。

考虑到宽带的应用，在设计中所采用的网络设备中每端口都支持 QoS/ToS 的优先级分配方式，对于用户来讲，可以更高效地应用所需的服务，对于学校来讲，这种网络无疑是一个可灵活控制服务提供的智能宽带网络。另外，在骨干交换机中可以连接策略服务器，用来执行所有的关于各种服务保证的算法。使网络的主干具有无限的业务发展空间。

4.1.11 网络管理系统

4.1.11.1 概述

网络是否能真正发挥效益，还要看网络的管理。学校必须有网络管理员。网络管理与单机管理有重要区别，其中有大量的网络软件要维护，除了保证网内电话、电子公告牌、电子邮件、论文的无纸化传递等网络联系畅通，更重要的是保证网络提供的数据共享能力。网络管理在数据保密性上也要有保证。网络涉及面广、涉及人员多，免不了有纰漏，会出错，因此必须设立网管。同时，必须制定一定的管理制度，以保证网络安全、可靠运行。

4.1.11.2 网络管理的内容

校园网管理的主要目的是保障网络运行的品质，如维持网络传送速率、降低传送错误率、确保网络安全等。所以校园网系统管理的技术人员可借网络管理工具或本身的技术经验实施网络管理，内容可分为下列几项。

①故障管理

故障管理是检测和确定网络环境中异常操作所需要的一组设施，完成网络系统中问题的发现、定位、修复；同时提供诊断的功能，以定位和解决问题；提供问题的日志记录，以作为问题诊断和分析的依据。

②配置管理

配置管理完成对资源的识别、配置和控制，使网络管理人员可以生成、查询和修改软硬件的运行参数和条件，以保持网络的正常工作。通过系统管理的配置管理，能够统一管理企业范围内的计算机资源，完成网络设备的在线配置、应用软件的安装和升级。

③系统管理

系统管理的主要内容是对用户应用系统的监控,进行安全可靠的软件分发管理,实施跨平台的用户管理,对打印输出资源进行管理。

④性能管理

性能管理是一组评价受管理对象行为和通信活动有效性的设施。性能管理完成对系统服务质量的监测,能够实时连续地收集网络和系统运行的相关数据,监视网络和系统的运行状况和效率,同时可以以图形方式显示网络运作的状态,在需要时通过命令进行控制。

⑤安全管理

安全管理负责提供一个安全策略,根据安全策略确保只有授权的合法用户可以访问受限的网络资源。

4.1.11.3 网络管理规划

网络管理系统的重要性是不言而喻的。为了设计一个完善的网络管理系统,我们必须对网络管理领域的相关概念、技术有一个透彻的理解,在此基础上来配置我们的网络管理系统。

网络管理分为两类。第一类是对网络应用程序、用户账号(例如文件的使用)和存取权限(许可)的管理。它们都是与软件有关的网络管理问题。这里不作讨论。

第二类是由构成网络的硬件所组成。这一类包括工作站、服务器、网卡、路由器、交换机等。通常情况下这些设备都离所在的地方很远。正是由于这个原因,如果当设备有问题发生时,网络管理员可以自动地被通知的话,那么一切事情都好办。但是网络设备不会像用户那样,当有一个应用程序发生问题时就可以打电话通知你,而当设备拥挤时它并不能够通知你。为了解决这个问题,厂商们已经在一些设备中设立了网络管理的功能,这样就可以远程地询问它们的状态,同样能够让它们在有一种特定类型的事件发生时能够向你发出警告。

网络管理通常由以下四部分组成。

被管理节点(或设备):即要监视的设备。

代理:用来跟踪被管理设备状态的特殊软件或固件。

网络管理工作站:与在不同的被管理节点中的代理通信,并且显示这些代理状态的中心设备。

网络管理中心：通常设在核心点，对全网中的设备进行告警、配置、统计等工作。网管系统提供对局侧设备、用户侧设备的远端维护和集中维护，实现统一网管。设备与网管系统之间的协议为 SNMP、RMON。

网管系统具备对设备进行拓扑管理、配置管理、故障管理、性能管理和安全管理方面的功能，并支持对设备上报的计费信息（如每个用户端口的业务量）进行统计的能力。

针对福建省委党校的具体网络建设情况，可以选择相应网络设备的原厂商的网管软件，对整个校园的网络设备做统一的管理规划，完成上述特色网管功能；或者，如果校园网中存在其他公司的网络设备，可以选择一个统一的网管平台软件，对校园的所有网络设备进行管理。

4.1.12　网络设计方案小结

根据以上系统设计，福建省委党校校园网工程网络设计主要包括以下11个方面的内容。

第一，校园网网络中心设在教学科研大楼10层机房，图书馆现有网络中心作为校园网备份网络中心，两个网络中心的核心交换机之间通过双光纤链路互连，通过链路聚合技术实现2G的互联带宽及链路的冗余。

第二，现有网络的汇聚层交换机 FlexHammer24 增加一块千兆光纤网模块与教学科研大楼网络中心互连，与图书馆网络中心互连的光纤链路保留不变。

第三，现有楼宇间布线结构调整方法是：保持楼宇集群中一台μHammer24 交换机通过千兆多模光纤与图书馆网络中心互连，将最后一台 μHammer24 交换机通过千兆单模光纤与教学科研大楼网络中心互连。（例如，14 号教工宿舍楼、8 号教工宿舍楼、10 号教工宿舍楼三幢楼的交换机目前的连接状况是14 号教工宿舍楼的 μHammer24 交换机通过千兆光纤与图书馆及 8 号教工宿舍楼的 μHammer24 交换机相连，8 号教工宿舍楼的 μHammer24 交换机通过千兆光纤与 10 号教工宿舍楼的 μHammer24 交换机相连，此次改造后将 10 号教工宿舍楼的 μHammer24 交换机通过千兆光纤与教研楼的网络中心相连，实现链路的冗余。）

第四，将现有的服务器系统移到教学科研大楼网络中心，相关设备主要用于内网即政务信息网服务系统，图书馆保留本馆内部服务器系统。

第五，在教学科研大楼的网络中心添置一台与港湾 BigHammer6808 性能相当的"数字福建"入围品牌核心路由交换机作为校园网的核心交换机，配置千兆光纤模块用于与本楼内各设备间交换机组的连接及现有各网络汇聚节点的接入，配置千兆电口、百兆电口模块用于服务器及网管工作站、防火墙、路由器等重要网络设备及工作站的接入，配置双电源、双主控实现核心交换机的高可靠性。

第六，教学科研大楼内各设备间的交换机组由 μHammer3550E–24/48 通过专用堆叠端口堆叠组成，每个交换机组通过一条千兆光纤链路与核心交换机相连。

第七，3 号学员楼及 4 号学员楼的数据点数较多，今后可考虑增加一台 FlexHammer5610E 交换机作为汇聚层交换机，各接入层 μHammer3550E–24/48 交换机通过一条千兆光纤链路与汇聚层交换机相连，汇聚层交换机通过一条千兆链路与核心层交换机相连。

第八，考虑教学科研大楼内各设备间交换机组与图书馆核心交换机之间的链路冗余连接，可以在教学科研大楼网络中心配置一台 FlexHammer5610E 交换机，各设备间交换机组通过一条多模光纤链路与网络中心的 FlexHammer5610E 交换机相连，网络中心的 FlexHammer5610E 交换机通过千兆光纤与图书馆的核心交换机相连。

第九，当教学科研大楼的核心交换设备出现故障时，楼内各接入层或汇聚层交换机组通过 FlexHammer5610E 交换机与图书馆备份核心交换机连接的备份链路连接到外部网络，其他建筑物的接入层交换机通过图书馆核心交换机连接的备份链路连接到外部网络。

第十，在教学科研大楼配置一台与港湾 BigHammer 系列三层交换机性能相当的"数字福建"入围品牌交换机作为政务网核心交换机，配置 10 台接入层交换机，各接入层交换机通过千兆光纤接口，与核心交换机连接。

第十一，配置港湾 HammerView 高级版智能网络管理系统实现对全网的网络管理。

4.2 主机及存储系统

4.2.1 项目概要

省委党校信息化应用服务器系统扩展，是在新的应用需求不断出现，以及提高原有应用系统运行效率的情况下提出的。新系统的构建需要适当考虑以下几个因素：满足未来教学与应用的持续发展，原有系统设备的衔接与利用，解决技术熟练人员的问题，总体的成本控制。

省委党校现有系统服务器承载着一定程度的应用功能，包括 WEB、EMAIL、DNS 以及图书馆的集成管理系统、各类电子书库等应用。考虑到原有服务器设备的局限性，本项目建设思路是利用新的服务器系统和计算机网络技术来构建数据中心，从实际出发，完善省委党校的应用系统。服务器系统的选型设计，既要考虑到新增远程教育、视频会议系统、办公自动化、智能管理系统以及数据资源的存储系统，同时还要整合原有的应用服务，提高应用系统的运行效率。在建设服务器应用构建的基础上，应充分考虑系统的扩展性，构建安全、高效、扩展性强的服务器架构，为省委党校教学和办公提供方便的服务，从而提高教学应用和机关办公的效率，为实现学校的信息化应用提供平台。

在此做特别说明。党校的应用服务器系统已经出现严重的"瓶颈"效应，无法支撑基本的应用需求，网络机房中目前已长时间地配置了 8 台 PC 机，以弥补服务器的不足。为适应今后的需求，论证过几套国产设备方案，投资不比国际品牌省多少，但国产设备与国际品牌的性能差距明显。党校目前的数据量，仅图书馆就已经达到 2 个 TB 以上，且没有专用的存储设备，技术人员需要经常处理故障，疲于应付，严重影响服务质量。由于缺乏存储设备，远程教育落地的 3 个 TB 以上的数据资源无法有效地发挥作用。鉴于这些原因，建议"数字办"及有关专家同意省委党校数据中心配置的建议方案。

4.2.2 项目建设原则

为了保证实现省委党校应用服务器系统的建设目标，在进行系统建设过程中，应遵循下列基本原则：

稳定性——确保服务器运行的稳定性和可靠性，应选用高品质设备，系统应具有一定的容错能力，在关键部位上配置容错电源及多种备份保护措施，在网络传输上采用容错连接，当线缆或其他网络发生故障时，系统能够立即自动对数据传输重新进行路由选择，以保证系统数据传输的畅通。

可管理性——管理人员在保证系统正常运行的情况下，能对服务器网络进行无缝隙调控。

先进性——应用系统和现有的技术以最小的代价来适应未来应用和网络技术的不断发展，系统能够与业务需求同步增长，在系统规模急剧扩张时不需要重新进行系统规划、设计，能够顺利、平稳地向更新的技术过渡。

扩展性——系统可随时增加新的设备来扩展整个网络，在升级方面，系统所选的主要设备具有很好的开放性。

兼容性——支持各种操作系统；支持多种数据库结构；支持多种主机互联。

合理性——充分考虑现有资源，尽量保护现行系统，拟建的新系统要能最大限度地与原有网络和数据互连，合理制订项目建设方案。

安全性和保密性——采用严格的安全和保密措施，确保系统的可靠性、保密性和数据的一致性，对使用信息进行严格的权限管理。

4.2.3 项目建议方案

根据党校干部教育事业发展的实际需求，急需整合现有的应用服务，同时考虑新增较多的应用功能，从安全冗余及经济可扩展的角度出发，建议采用 IBM BladeCenter 高性能的刀片服务器；为确保各种应用平台的大量数据的统一集中存储，建议采用 nStor 专业存储服务器。

4.2.4 主机及存储系统

4.2.4.1 省委党校服务系统状况

提供校园网内办公教学用的有卫星远程教学系统、WEB、CNKI、图书馆集成管理系统以及 APABI、CGRS、VOD（试用）等等。

提供校内外服务的有 WEB、EMAIL 等系统，其中 EMAIL 是 Linux 系统。

提供安全及管理服务的有 IDS、邮件安全网关、部分设备的防病毒服务。

4.2.4.2 设计描述

设计采用 IBM BladeCenter 的服务器解决方案，通过其紧密地集成了存储、网络、服务器和应用的优点，能够比以前更加方便、更加经济地增加容量。BladeCenter 的技术特征提供了一种有效的扩展结构，能够通过按需扩容即"边增长边付费"的方式快速增加服务器模块。主机及存储系统结构如附图 4 所示。

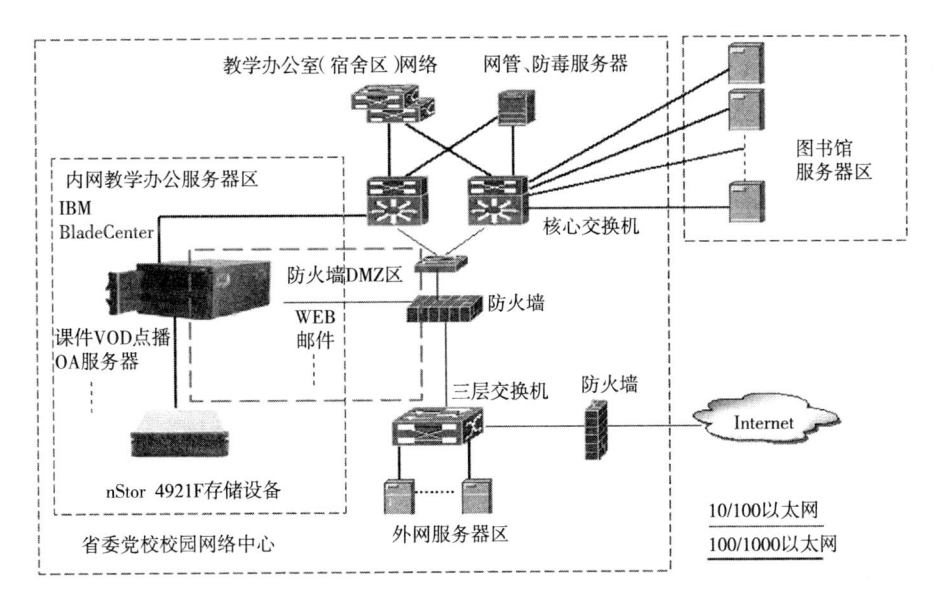

附图 4　主机及存储系统结构图

在校内的教学办公服务器区使用高性能的 IBM 刀片服务器，并与 nStor 4921F 专业光纤存储系统相结合，采用刀片服务器将一些应用平台进行整合，可通过指定刀片服务器上的不同刀片用于不同的应用，主要可提供的服务包括：校内 WEB、OA、VOD 系统、视频会议及远程教学系统，E-mail 以及图书馆的图书管理、APABI、CGRS 等系统可充分满足省委党校的教学与办公需求。同时结合 nStor 4921F 光纤存储设备对相应的服务器数据资源进行统一集中存储，存储采用 SAN 的架构，SAN 是创建存储解决方案的一种高性能、高灵活性结构，非常适用于大数据量资源、电子书库的配置。SAN 结构和 BladeCenter 的服务器通过两端口 FC 交换机模块和 IBM HS20 FC 扩展卡，能够以 2Gb 的速度连接到每个刀片服务器。保证了 BladeCenter 的服务器与 nStor 4900F 系列产品的连接，创建了一种理想的解决方案。

根据拓扑结构规划，从服务器安全和冗余问题方面思考，在基于内网防火墙系统较为安全的情况下，可设计为（以 5 个刀片为例）2 个刀片接内网防火墙的 DMZ 区，一个安装 Linux 系统作为 E-mail 服务，一个安装 OA 系统与校内 WEB。由于防火墙只有 100M 的带宽，2 个刀片千兆接校内核心交换机，用于安装 VOD 系统、视频会议及远程教学系统，以利于校内组播及校园网内大量的点播。刀片服务器配的交换机模块将这两个区（内网 DMZ 区与校内网）用 VLAN 划分开，另 1 个刀片作为冗余备份服务器，通过网络设置使它们同属于两个 VLAN，在整个刀片服务器正常安装调试使用后，将每个刀片服务器的系统做个克隆包，将其存在存储设备的一个区中，当其中的 1 个刀片服务器出现硬件故障时，通过刀片的管理服务器，将对应的系统克隆到空的刀片上，以实现服务器的硬件冗余，待故障刀片修复后再恢复原结构。

外网 Web 服务器、安全及管理服务器采用现有服务器。

这种方案既简化了对服务器群的管理维护，又提供了学校教学、办公系统应用的集中管理，同时具有较高可靠性的存储服务器又有效地确保校内业务数据安全，大大增强了省委党校数据中心应用系统的稳定性。

4.2.4.3　刀片服务器的优势

更密集：7U 高，支持 14 个刀片。内置各种模块，42U 的机柜中，最多可以放入 84 个刀片服务器，刀片服务器支持热插拔与热添加。

冗余的管理模块：14 个刀片服务器可以共享一个鼠标/键盘/显示器。

冗余的 4 口千兆以太网交换机模块：每个交换机模块有 4 个千兆接口，可以提供 1GB~4GB 的带宽。也可以通过对冗余交换机的 Teaming，实现 8G 带宽。在当前的应用中，使用一个口即可。

冗余的光纤交换机模块：可以直接连接各种光纤存储设备，提供 1GB 的传输带宽。

冗余的电源/风扇：提供不间断的电源与制冷，对于故障部件，可以通过热插拔进行更换。

冗余的中间板：中间板同时连接刀片服务器和所有共享模块，冗余的设计为刀片服务器的高可用性提供保证。

冗余的刀片接口：与背板的接口互为冗余，不会因接口的故障，导致刀片服务器无法正常使用。

管理工具 IBM Director 4.X：带有对刀片服务器及机架的图形管理功能，还综合了远程管理功能/部署/配置功能。

4.2.4.4　配置选型

①选用的服务器配置——IBM BladeCenter HS20

IBM BladeCenter HS20 服务器可支持 14 个刀片接入，各刀片服务器可根据应用按需配置，根据省委党校校园网应用情况以及资金许可情况，应至少配置 4 个以上的刀片，如后期应用服务增加，扩容时在此基础上采购相应的服务器刀片即可。

②选用的存储设备配置——nStore 4921F 存储服务器

容量分析：根据省委党校的数据情况，从综合性价上考虑推荐 nStore 4921F 存储设备或"数字福建"入围的其他性能相当产品，图书馆现有存储数据约 3TB，远程教育现有待存储数据 3TB，以每年数据 30% 的速度递增考虑，两年后数据约达 8TB 以上（排除 RAID 及其他损耗）。考虑到经费问题，我们进行分期建设。考虑此次配置存储服务器的有效容量（RAID 后容量）按至少配置 3TB 容量的前提下尽可能地配足的思路来规划，今后根据需要及资金状况，可通过扩展盘柜及磁盘的方式最大可扩展到 28TB。如用户后期大量购买电子书库，在此基础上购买盘柜和硬盘即可。

性能分析：目前接入该存储服务器的服务器数量较多，并且应用的类型也较多，特别是视频点播系统、E-mail 系统等，对于存储设备的 I/O 性能都有很高的要求。由于采用了 SAN 架构集中存储，不仅容量大，而且存储性能上必须具备很好的并发处理能力和 I/O 吞吐能力，从而保证支持多种应用的 I/O 的并发访问。特别是对未来增长的访问量的需求，要做好充分的准备。

这里重点分析 I/O 压力最大的 VOD 系统。VOD 系统的 I/O 特点是大量持续的数据流，表现为大量并发的顺序读数据流或顺序写数据流，I/O 块较大（大于等于 64KB），由于持续读写的数据流的大小已远远超过 CACHE 的大小，因此需要大量的读写磁盘的操作。（在这里，所谓的 CACHE 响应速度已无代表意义）这种情况，对物理磁盘读写速度的要求很高。存储设备必须具备较好的磁盘的并发响应能力。存储系统应保证强大的数据条纹化能力和 RAID 运算能力，从而使数据尽量平衡分散在多块磁盘，提高磁盘的并发响应的速度。

可靠性和可用性分析：作为统一的存储平台，必须能够支持 $7 \times 24 \times 365$ 的不间断的业务运行，特别是当数据都集中存放的时候。该存储设备必须具备高可靠性和稳定性，必须保证高可靠、全冗余的硬件设计结构。同时，该存储设备应该支持多种拷贝功能，例如存储设备内的快照拷贝，存储设备之间的数据镜像拷贝等,从而为数据级的备份,存储设备之间的高可用的备份,乃至灾难备份提供技术储备和技术支持能力。

采用 SAN 架构集中管理存储设备的必要性体现在以下几个方面。

第一,存储资源的有效利用,降低管理和维护成本。

如在分散的 Unix 环境和分散存储结构中,每个 Unix 服务器或工作站有各自的存储系统,很多时候一些 Unix 工作站的存储已经达到满负荷,而其他一些工作站的存储容量只用了很少部分。因此,整体的存储资源无法被充分有效地利用。

结构能够提供存储空间的共享和灵活地、动态地扩展和分配存储空间。从而简化管理、降低成本。

第二,数据的高速移动和数据备份。

分散的存储环境中,每个服务器都需要规划各自的数据备份,备份策略复杂而且昂贵。

目前许多集中备份方案都是基于 LAN 局域网络的,容易造成网络阻塞。SAN 可提供数据在 SAN 网络的高速移动,实现 LAN – free 的备份,并且大大缩小备份需要的时间。

第三,数据共享。

现在的大量应用都是基于核心系统的外围应用,许多应用的数据需要在各服务器平台间传送,而大量的数据传送会产生多个重复的数据拷贝,从而占用额外的存储空间,还会导致网络的堵塞。

SAN 结构使多个不同应用之间共享数据成为可能。

此外,存储设备还需满足以下几个技术要求。

①可靠性

存储系统的高可靠性是保障业务连续运行的关键。

②磁盘阵列的性能参考指标

这是反应存储处理能力的指标之一。IOPS 越高,表明存储系统的 I/O 处理能力越强,速度越快。

③多主机连接能力

当今计算机技术日新月异,不断有新技术、新产品投入市场,同时存在多种主机平台是很常见的。基于今后互联互通的要求,目前应充分考虑采用第三方存储。

要求：支持 AIX、HPUX、LINUX、SOLARIS、WINDOWS 等多平台连接能力。

④前端主机通道连接

通道数量就像高速公路的车道一样，在复杂环境中，大量的数据访问（多应用进程访问）或大数据流量的读写，需要足够的数据通道保障存储性能的实现（不会造成没有必要的 I/O 等待）。

要求：≥4 个 2Gbps 光纤连接端口。

⑤存储控制器。

为避免任何单点故障，现有的存储系统设计都是双控制器冗余结构。这样，当一个控制器出现故障时，另一个控制器能接管工作，保证应用继续进行。

要求：配置双控制器。

⑥存储控制器中的 CPU 数量

我们知道，一个高可用性的服务器都是双 CPU 或多 CPU 结构，这样既保证了系统性能，又增强了高可用性能力。同样地，在存储系统中，每个控制器可相当一台服务器，同样需要保证高性能和高可用性。

要求：标配 2 个 CPU，可扩展到 4 个 CPU。

⑦CACHE 存储内存

我们都知道，CACHE 越大，系统性能表现越好。因此，一个高 CACHE 的存储系统总是比低 CACHE 的存储系统在性能上占有优势。

要求：控制器缓存 1GB（标配），最大可扩充至 2GB，最大二级缓存可达。

⑧CACHE 存储内存掉电保护

要求：当外部电源掉电时，存储内存的后备电池能保证把 CACHE 中所有数据写入磁盘，然后自动停机。

⑨磁盘及磁盘插槽总数量

对存储系统而言，并不是支持的磁盘总数量越多越好。因此，对一个磁盘环路来说，满配置下，磁盘个数适当就好。

要求：最大磁盘数大于等于 96 个。

⑩磁盘类型/转速及容量设计

目前存储市场上存在有 73GB、146GB、300GB 的光纤磁盘。磁盘转速有 10000RPM 及 15000RPM 两种。通常，磁盘容量较小时，其随机访问性能比高容量的磁盘好；对顺序读写的应用，大容量的磁盘比小容量磁盘好。在转速方面，如果仅从性能角度考虑，高转速的磁盘性能比低转速的好；如果从故障率、功耗来考虑，高转速磁盘的故障率及功耗都比低转速的高。因此，选择磁盘类型及转速是一个应用类型、性能、故障率、功耗等综合因素平衡的结果。

要求：300GB 10000RPM 光纤磁盘 ≥12 块（扣除 RAID 损耗和备盘有效空间 3TB）。

⑪数据保护类型

要求：支持 RAID 0、1、3、5、1+0 保护。

⑫设备保修服务

由原厂家提供的服务，在技术持续支持方面能得到有效保障。

要求：原厂家提供 24×7×4（4 小时内响应）的至少 3 年保修服务。

⑬设备的投资保护

非自主设计产品在技术支持、制造工艺和品质管理上，OEM 产品供应商只能提供最简单的硬件维修服务，不能充分保护客户的投资。

要求：非 OEM 产品。

4.3　系统软件

4.3.1　操作系统

采用与原有应用相适应的方式，配置 Microsoft Windows 2003 Server 与 Linux 操作系统。

4.3.2　数据库管理系统

采用 MS SQL Server 2000 数据库系统。

4.4　应用软件系统

4.4.1　视频会议远程教育系统设计方案

特别说明：福建省委党校远程教育目前仅有通过卫星传输的中央党校远程教育课程，省内的网络教育、远程教育均无法通过这一通道安排。目前全国许多省份包含西部的贵州、云南、重庆、四川等都已陆续建立起省内的网络教育系统。为了适应干部教育工作的需要，通过地网（校园网或政务网）方式建设福建省党员干部远程教育网势在必行。

远程教学系统和视频会议系统是利用视频、音频压缩技术及点到点或点到多点的通信技术，构筑在 IP 网络上的全新视频解决方案。

在福建省委党校校园网（外网）上，可采用 AVCON IP 等优秀的远程教学系统和 IP 视频会议系统来建立视频会议远程教育系统。

福建省委党校视频会议远程教育系统此次建设的硬件配套设施按一个中心会场，两个分会场进行配置。

4.4.1.1 系统目标

在网络高速发展的今天，远程教学系统将是人们学习的一种重要手段。它具有随时交流、方便高效的特点，更加符合现代社会对教育的高效、方便、频繁交流的需要，这给福建省委党校和学校教师、学员带来了巨大的发展机会。教育水平和教学质量不再局限于省委党校校园内，一位教师面向的也不再是一个学校和一个班级的学员。

基于福建省委党校已建有校园网络，其网络中心通过互联网与各地分校连接，将省委党校高质量的教学过程分享给二线、三线分校的广大教师及学员，多方面提高教师学习和交流的教学经验，同时学员充分获得优秀教师及时实时传授的优秀教学资源。

通过 AVCON IP 远程教学系统的应用，福建省委党校远程教学系统达到可交互的包含多路实时视频的线性工作模式。每个客户端所需仅仅是一台具有声卡的笔记本或 PC 和一个麦克风（耳麦），即可接受来自多位教师的教学实况。图像质量清晰，完全符合教师和学员的习惯。表现形式多样化，不是以前的以网页、图片、习题、课件为主的非线性模式，更不是电视教学方式的以单向接收极低的分辨率图像的简单模式。而且客户端具有数字录像系统，用户可以录制下来并通过 VOD 系统点播，为福建省委党校的教育信息化提供丰富的一线教育资料、教案。

第一，教师的屏幕转播，用于教师调用计算机课件、资料辅助演讲；

第二，教师的头像/视频转播，用于教师形体和表情的表达；

第三，实物展示台的视频转播，用于教师利用实物进行教学；

第四，提问的学员或其他教师的视频窗口转播，用于交流和研讨；

第五，系统提供可交互的白板和论坛，利用电子白板，使教师在完全保留传统教学习惯的基础上，增加了丰富的计算机多媒体辅助教学功能。教师可以快速查找图片、视频、文本、Flash 及制作好的教案，并将之及时播放出来，所有图像合成后将以 1024×768 甚至更高的质量通过投影机投射成一个巨大的画面。

4.4.1.2 系统概述

福建省委党校远程教学系统是基于各种网络连接方式，支持点对点或点对多点用户的福建省委党校与各地分校的远程教育。

运行环境：福建省委党校远程教学系统中心服务器和 MCU 服务器都可以运行在 WINDOWS、LINUX、SOLARIS 操作系统下，后台数据库都可以支持 MYSQL 和 ORCAL 数据库。终端可以运行在 WINDOWS 2000 和 WINDOWS XP 下。方案中将中心服务器和 MCU 服务器都建立在 LINUX 操作系统下，后台数据库采用 MYSQL 数据库，可以提高系统的稳定性和易维护性。

工作范围：福建省委党校远程教学系统可以工作在局域网、城域网、广域网、互联网上，连接方式可以从 PSTN、ISDN、以太网、xDSL 到 T1、SDH 等各种形式，支持透过网关、NAT（网络地址转换）、代理、防火墙、路由器等，支持 VPN 连接，支持多级 MCU 交叉互连。运用网络环境，结合信息与互联网络技术，完成主要的学习和培训活动。这种新的学习方式，提供了相互合作的网上学习环境，实现了任何时间、任何地点进行学习，学员自行掌握学习进度，主动进行学习。

4.4.1.3 系统架构

①福建省委党校远程教学系统网络视频软件呼叫中心

福建省委党校远程教学系统网络视频软件呼叫中心支持 Linux/Solaris/Windows 操作系统，支持 Orcacle 和 MySQL 数据库。同时呼叫中心可对课堂、会议室、用户、多级机构进行会议管理，并且支持会务记录管理，对各级分 MCU 进行网络优化。对机构管理员进行多层分级，每一级机构管理员权限分隔，不同的机构管理员拥有不同的权限，管理不同的课堂、会议。

②福建省委党校远程教学系统网络视频软件视频转播代理（MCU）

支持 Linux/Solaris/Windows 操作系统，MCU 支持网络优化、集连、容错技术，当其中任一个 MCU 发生崩溃、断电或遭受病毒攻击等意外情况，其他分 MCU 可接管已丧失功能的 MCU，以保证系统的正常运行。同时，可自动对网络环境和登录用户进行优化，任一用户登录都可被机构管理员根据网络的实际情况指定于任一 MCU 下登录，当其中任一分

MCU 登录用户达到 MCU 使用极限时，系统将自动登录用户分配到临近的其他的 MCU，同时 AVCON IP 网络视频分 MCU 具有很好的产品延伸性能，见附图 5。

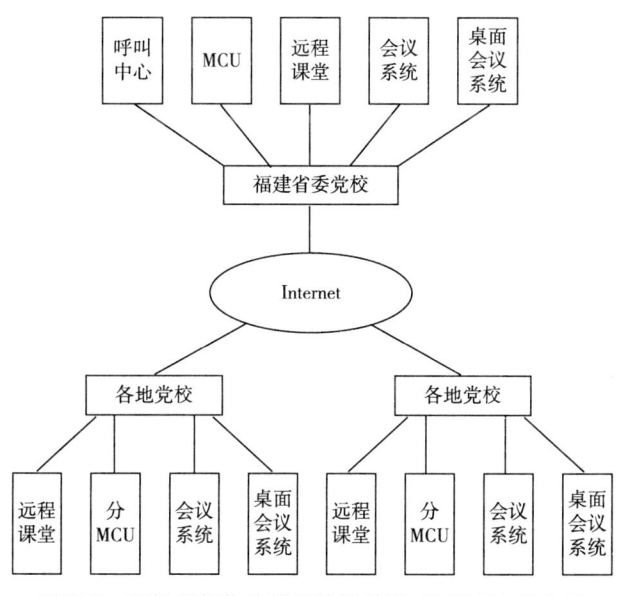

附图 5　网络视频软件视频转播代理（MCU）分布图

③福建省委党校远程教学系统——教师、学员端（主持、用户端，简称终端）

终端支持 Windows2000 和 WindowsXP 操作系统，一个远程教学系统可支持多个主持人同时主持远程课堂，主持人可随意接收和控制视音频，主持人可对与会者视音频设置进行调整，支持电子白板与 IE 同步浏览，支持 PowerPoint 同步浏览，支持 MPEG4 视频流格式，使用 RTP/RTCP 协议传送流媒体，支持 IE 方式进入远程课堂，视频排列格式多样化、人性化。支持画中画模式，主持人可对自己的视频格式进行随意设置，一个主持人使用普通 PC 可同时接收 12~16 个视频，可同时主持 50~100 人的远程课堂，支持强大的屏幕广播采用流媒体技术，可将主持人桌面的任意文件（文件不需预先分发）和任意区域（该区域可随意放大、缩小、拖动）分发给所有或指定的与会者。屏幕广播时系统可自动对特定的广播文件进行缩放调整（如 PowerPoint 等）。远程传输时视音频流同步，跨省域的视音频流传输延时小于 300 毫秒。网络环境恶劣时（窄带传输、网络瞬间拥塞），不出现马赛克等花屏现象。当操作系统使用 WindowsXP 时支持回音逆止功能，以降低噪音及环境音对麦克风的干扰，支持同一会议室的多用户声音的混音技术，既方便多个声音的交互又减少了回音的干扰，使声音更加清晰。具有数字录像功能，可将桌面上的多个视音频窗口与屏幕广播窗口同步录像，并进行同步播放。在放像时可随意放大、缩小、拖动任意一个窗口。可支持远程视频遥控，可对与会者的计算机桌面进行远程控制，支持双屏显示，可对与会者进行文件的双项传输，系统稳定性强。

④福建省委党校远程教学系统——接收客户端

采用 IE 浏览器方式登录，可自动更新、下载客户端，升级、维护简单，易操作，客户端登录使用采取账户密码方式校验，流动性强，可随意飘移。支持视频接收，音频同步交互，具有数字录像功能，支持桌面上的多个视音频窗口与屏幕广播窗口同步录像，并进行同步播放。在放像时，可随意放大、缩小、拖动任意一个窗口。可支持远程视频遥控，远程传输时视音频流同步，跨省域的视音频流传输延时小于 300 毫秒。网络环境恶劣时（窄带传输、网络瞬间拥塞），不出现马赛克等花屏现象。当操作系统使用 WindowsXP 时支持回音抑制功能，以降低噪音及环境音对麦克风的干扰，支持同一教室的多用户声音的混音技术，这样既方便与会者的声音交互又减少了回音的干扰，使声音更加清晰。在主持人授权允许的情况下可对其他与会者进行私聊，支持双显示输出显示，可对与会者进行文件的双项传输。

主持客户端和接收客户端显示终端为电脑显示器、投影机、电视机或监视器，支持的输出接口为 VGA 显示端子、DVI 数字平板显示端子、同轴视频端子、S 视频端子，支持的视频输入设备为模拟视频输入设备、USB 视频输入设备，音频输入设备为各种有源和无源麦克风；可以支持远程课堂室的现有设备如音响、麦克风、投影机的接口；支持各种解码器和云台的控制。目前通常一个远程课堂室流大约 200Kbps，一个桌面流大约 60Kbps，一个声音流约 8 或 16Kbps（注：8Kbps = 1KBps）。在方案中用户终端的计算机为现有的计算机设备，要求远程课堂室型终端提供能满足 P4 - 2.4GB、256MB 内存、ATI 镭 9000 型 32MB 显存的客户端电脑，桌面型终端提供能满足 P4 - 1.8GB、128MB 内存、32MB 显存的客户端电脑，操作系统建议为 WINDOWS XP，并安装微软公司 SP1 系统补丁，最低要求为 WINDOWS2000 Professional 并安装 DirectX9 硬件加速软件。

⑤主会场与各地分会场的设备实用性（以下各种硬件都应同时支持）：

笔记本电脑＋USB 摄像头（或数码相机）＋耳麦——桌面用户

摄像头（或数码相机）＋耳麦——桌面用户

笔记本电脑＋USB 摄像头（或数码相机）＋液晶投影仪或精显背投彩电＋音响＋无线麦克风（含抑制反馈）——临时远程课堂室用户

高清晰摄像枪＋液晶投影仪或精显背投彩电＋音响＋无线麦克风（含抑制反馈）——远程课堂室用户

高清晰摄像枪＋精显背投彩电＋音响＋无线麦克风（含抑制反馈）＋远程课堂室级连麦克阵——专用远程课堂室

4.4.1.4　系统功能

福建省委党校远程教学系统提供的系统功能主要包括以下 12 个功能。

①多媒体教学实时转播

实时地将主播教室的现场教学情景，包括教师的形象、声音、多媒体演示、各种电子讲稿、计算机操作过程与鼠标运动轨迹，以及教师在智能电子白板上的即兴板书过程向远程教室进行转播。

②多媒体教学实时接收

远程教室可以实时接收来自主播教室中的现场教学情景（包括教师的形象、声音、多媒体演示、各种电子讲稿、计算机操作过程与鼠标运动轨迹，以及教师在电子白板上的即兴板书过程）。

③教学讨论与交互

教学过程中主播教室与任意教室可以进行实时多点的语音、视频和文字交互。

④情景课件实时制作

在教学过程中，可以实时地将教师授课的音视频与电子教案制作成教学情景课件（流媒体文件）。情景课件的内容包括主播端的音频、视频、活动屏幕和鼠标轨迹，还包括被交互端音频。情景课件可以上载至点播服务器供授权用户点播。

⑤数据共享功能

包括电子白板、文档共享和协同浏览功能。利用这些工具，教师在讲解过程中能非常方便、生动地进行演示和讲解。

⑥远程控制功能

远程桌面控制：教师远程对学员直接进行桌面控制操作或允许学员控制桌面。

远程遥控摄像头：通过计算机的 RS232 端口连接解码器后，在远程可对摄像机镜头进行三可变控制，即可控制光圈、焦距、景深。

对云台可做全方位控制：可对云台的上下左右的转动进行全方位的控制，现场亲临感强。

⑦用户管理和权限管理功能

全部基于 Web 方式，管理员通过网页就可以实现用户管理和远程课堂管理，设置用户可以具体分配到每一分校，能使用的 MCU 服务器及能参加的远程课堂；能设置远程课堂的性质和属性：匿名（所有用户都可以参加）和不匿名（指定用户才可以参加）。

⑧音视频交流功能

通过该系统可以实现多路用户音视频互动交流。只要是登录在线的，各用户端在主持人开放私聊的情况下或平等的视频电话的模式下，可以完全主动地选择对方的视频，也可以拒绝新呼叫和断开已经连接的音视频，符合平时的交流习惯，并可以多路同时显示。

⑨屏幕演讲功能

远程课堂主持人和发言人可以把自己的屏幕和视频图像向所有与会者发布，标准分辨率为 1024×768，最高为 1920×1200，演讲者的所有操作和视频图像都将同步显示在观看者的屏幕上，完成常规远程课堂的演示功能。

⑩电子白板交流功能

在当前屏幕下可打开一个以上窗口，进行注解、介绍或者板书。和传统的白板一样可以进行板书，而且带有多种绘图和文字工具。这种白板是采用两个用户的屏幕共享方式的，双方协同工作，共同讨论，权限高的一端也可以锁定白板只允许自己操作。

⑪音视频录像功能

软件提供终端用户对视频远程课堂的部分或全过程包括屏幕广播的多路视频进行录像，录像格式为压缩的 AVI 格式，可以分别设置单路录像或全部录像，在全部录像进行回放时可以同步拖拉各路视频的播放进度并可分别全屏，真实反映远程课堂过程。

⑫文件传输功能

可以将终端所选择的文件传输至其他与会者指定的目录中，通过此功能，可以把远程课堂讨论和决议远程发放到与会者的计算机上去，而且这种传输是交互的，方便各与会者的资源共享。

4.4.1.5　工作模式

一个呼叫中心，一个 MCU，多个远程课堂终端同时教学时信息流程图如附图 6 所示：

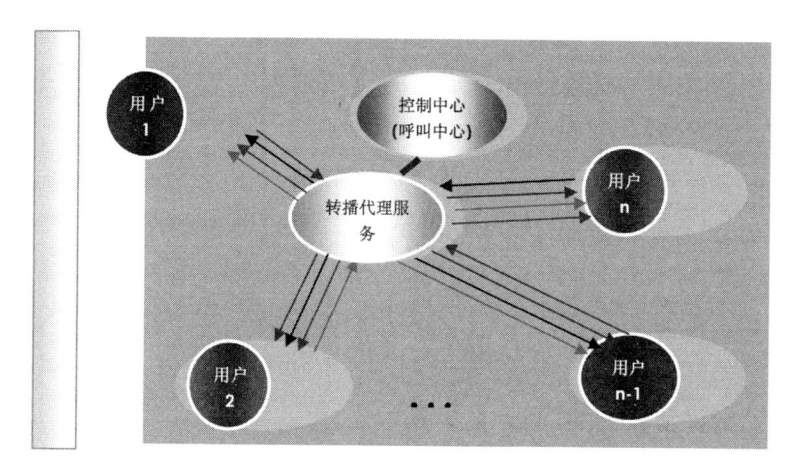

附图 6　信息流程图

在此模式下，多个用户共用一个 MCU，每个用户接收和发送的音视频流都通过该 MCU 转发，如附图 6 所示，四路用户同时在线远程课堂全部交互时，该 MCU 的流量为四路进，十二路出。

①标准交互式课堂

每个课堂可限制参加学员的最多数量，推荐 50～100 人，符合传统课堂教学和交流模式，每个学员都有发言、提问和被提问的机会。

②广播式课堂

每个课堂不限制参加学员的最多数量，规模可以超过 10000 人，每个学员不可以发言、提问和被提问，但和电视不同的是，这种方式提供了高清晰度的计算机桌面转播，可以动态显示 PPT、Word、IE、各种课件以及计算机教学操作。

③名师答疑

分为一对一和一对多两种模式，学员可以选择不同的教师提问，系统提供了排队的功能，可以支持预约。

④研究性学习项目室

研究性学习是未来的教学方向，成立项目室可以使许多来自各地的学员在教师的带领下进行学习。

4.4.1.6 技术标准

视频指标符合视频会议的国际标准，如 H.263+、H.263++、H.264。

网络适应能力：支持 TCP/IP、RTP/RTCP、动态 IP、网关等各种网络环境。

适应低网络带宽流畅的视音频表现（单路视频＜100K）。56K 网络不稳定时，能保证视频不破碎、声音流畅。

支持多种视频模板排列，如全屏/双屏/画中画/可调多子画面，4/9/16/25/36/等分屏。支持双屏显示输出，4:3、16:9 显示设备。

在音频方面，支持多路音频混音、回音消除、噪音抑制等技术要求。

远程教学采用双流技术（视音频流和屏幕流），支持电子白板、屏幕标注等常见教学工作。

支持会议和远程教学的录像功能。

MCU 技术支持多 MCU 的负载均衡和灾难冗余，如当一个 MCU 出现故障时系统自动跳转而不影响会议。

视音频要求同步，公网延时小于 0.3 秒，专网小于 0.2 秒。

操作系统：中心支持 Linux；终端支持 Windows。

4.4.1.7 教室硬件改造和实施

① 中心远程课堂室

视频输入：远程课堂终端 PC 机安装两块视频捕捉卡，分别连接一个固定在墙上或天花板上的高速快球和一个可以方便随时移动的 SONY EVI-D100P 云台摄像机，这样可以把中心远程课堂室的不同场景同时传给分会场收看。一路显示会场的全景，可以随着远程课堂节奏的变化调节摄像机的对焦范围和角度；另一路始终显示主会场发言的领导的图像，同样也可以遥控镜头，这样可以使下面看到的总会场具有更高的现场临场感。

音频输入和输出：从无线麦克风主机输出的麦克风 MIXOUT 信号直接连接到声卡的 MIC IN 接口，完成对现场声音的采集和通过视频远程课堂软件压缩后，转成数字信号传送到分会场。

显示输出：通过计算机显卡输出两路不同的图像，其中一路是全屏的某一个正在发言的会场，另一路是多个其他分会场或主会场的分画面多图像。除了操作人员因随时切换操作要收看外，可另通过各增加一个 VGA 分配器再分配到投影机全会场显示。

② 分部远程课堂

分部远程课堂终端 PC 机安装一块视频捕捉卡采集一路图像即可，按照远程课堂场地的要求，可以选择固定在墙上或天花板上的高速快球或方便移动的 SONY EVI – D100P 云台摄像机。音频设备的设置和总部相同，对尚未安装音响设备的可以采用大功率的有源音箱暂时解决。

③ 省委党校 30 个点远程教育具体应用模式

通过网络视频远程课堂的引入，可在省委党校主站点建立若干个远程课堂、虚拟会议室。届时，与会者（学员）可能一部分集中在某专用会议室（课堂），一部分集中在另一栋楼的某会议室，一部分在家中，一部分在办公室。总之，出席者不论是在工作单位、外地宾馆、网吧、家中，只要利用电脑和互联网即可轻松进入视频会议室（课堂），同与会成员面对面地交流会议内容。

4.4.2 数字资源制作管理系统

4.4.2.1 概述

数字资源制作管理系统用于将各式各样的文献资源数字化，统一成符合国际标准格式的电子资源，再进行深度数据加工和加密处理后在网络上安全发布，供特定范围内的读者使用。

4.4.2.2 产品选型

对于福建省委党校，建议采用北大方正 DESi 数据库创建及安全发布系统作为全校数字资源制作管理系统，以将省委党校的各式各样的文献资源数字化，并在网络上发布，供全校师生使用。

4.4.2.3 系统特点

① 功能强大

将扫描获得的图像文件和原有的各种格式电子文档进行深度的数据加工。

内容加密，使之无法随意地复制、打印、散发，实现了文档的安全保护。

功能强大的加密入库及安全管理引擎，以及重点推荐和读者身份注册等人性化服务。

支持电子资源的全文检索。

支持网络发布并进行各种统计。

授权限定范围内的读者下载阅读。

保护图书馆的劳动，保护知识产权，实现特色资源的增值。

②DESi 的独到之处

领先世界的曲线显示技术，高保真，原版式，越大越清晰。

采用 168 位和 1024 位高强度加密技术，信息安全发布，保护资源拥有者的版权权益。

最先进的文件压缩技术，占用系统空间少，节约硬件成本。

与 Apabi 数字图书系统统一文件格式，全面符合 OEB 国际标准，走可持续发展之路。

支持多种阅读设备。

③DESi 的核心技术

北大方正 DESi 解决方案，延续了方正在传统出版领域技术领先的优势，并使用了多项先进技术。

数字版权保护技术 DRM（Digital Rights Management）：通过加密、信息安全传递等技术，防止数字信息的非法复制、非法打印和散发。

电子书的数据转换：应用世界一流的中文文字处理技术，保持资源原有的版式和原貌，包括复杂的图表、公式等，并作技术压缩处理，最大限度地降低对存储空间的要求。

数字资源的元数据编辑和生成目录树：对转换后的数字资源进行元数据和目录树加工，使数字资源更适于系统集中管理和网上传播利用。

阅读软件：广泛的兼容性，可以阅读多种格式的数字资源。

4.4.2.4 系统框图及功能模块

北大方正 DESi 数据库创建及安全发布系统，包括 DESi 制作系统 2.0 及发布系统两大功能，系统总体结构框图如下（略）。

①DESi 制作系统 2.0

DESi 制作系统 2.0 集成了数据加工制作过程中从整理扫描文件顺序、格式转换、目录制作、元数据标引、分类、链接制作，一直到检查、发布的多项任务，同时能对任务进行分配，并对任务的完成情况进行统计分析。

DESi制作系统2.0将所有数据进行统一的存储和管理，用户使用起来更加方便；既适合多人的制作小组分别进行流水作业，也适合小型图书馆不分配任务一人独立完成全部任务的制作方式；多种选项的设置使得管理员使用起来更加得心应手。

DESi制作系统2.0不仅能处理扫描图书、电子文档，还能将多媒体文件链接进来，充分发挥电子书与传统图书的比较优势。

该系统有以下功能模块。

A. 整理顺序模块

整理顺序模块主要是用来整理扫描纸张文档或图书的多个图像文件的。本模块可以按文件名称自动整理图像文件的顺序，可以方便地设置封面、封底，可以对其中的图片进行多种角度的旋转，同时，还可以手工插入某些插页的图片、调整前后次序，是将图像文件整理成册的方便的工具。

B. 格式转换模块

格式转换模块是将其他格式的文件转换为CEB的工具。文件格式可以是电子文档，如DOC、PDF、S2、S72、PS、WPS等多种文件格式，也可以是经过整理顺序模块整理成册的纸张扫描文件。

其他各种文件，只要是可以打印的，都可以通过虚拟打印的方式转换成CEB的格式。

C. 元数据标引模块

元数据标引模块是对文档的元数据进行标引的工具。不同的库有不同的元数据，图书库和论文库的元数据就不相同。在标引时，可以方便地直接从文档中选取相应的文字。

D. 目录制作模块

目录制作模块是制作精美目录的专用工具。制作好的目录可以在两个地方展现：网站上显示文档的详细信息时，以及下载阅读文件时。目录是一个树形的可多层显示的结构，与我们常见的图书的目录结构相同。

E. 分类模块

分类模块是将图书库中的图书分到某一个中图法分类中的工具。我们使用的是中图法第四版，可以直接录入中图法的分类号，也可以通过鼠标点击进行设置。

F. 链接制作模块

链接制作模块是在 CEB 中制作多媒体链接、文档内链接的工具。

多媒体链接是指将视频和音频文件（AVI 文件、WAV、MIDI 文件）链接到 CEB 文件之中，与 CEB 文件合为一体，读者下载或借阅时，可以同时阅读或播放多媒体文件。

文档内链接是指可以将某个区域或文字链接到指定的页码，读者点击该区域或文字时，可以跳转到指定的页码。

G. 任务分配模块

任务分配模块是管理员将元数据标引、目录制作、分类、链接制作四项任务分配给不同的操作员的工具，每个操作员只能看到分配给自己的任务；同时管理员可以统计分析各操作员的任务完成情况，便于管理员进行管理。

H. 检查模块

检查模块是文档制作的质量检查人员对元数据标引、分类、目录制作、多媒体制作进行检查的工具。如所有任务均没有问题，可以标识为"记录正确"，否则，可以标识某一项错误，错误的记录将返回原操作员的"错误条目"之中。通过检查，能有效提高数据制作的质量。

②发布系统

发布系统是将制作好的数据发布出来，供广大读者进行查询、检索、借阅，供管理员进行推荐、上架下架、下载量统计等多种管理的平台。

发布系统分为两个档次 core 和 S-core。core 包含所有的借阅和管理的核心功能，但上载的文档不进行加密；S-core 是安全核心（Secure core）的简称，上载文档时可以对文档进行加密，从而达到防止二次传播、保护知识产权的目的。

A. 元数据生成工具

元数据生成工具是生成 CNMARC 的数据工具。能够生成库中所有电子书的 MARC 数据，生成自上次生成后新入库的电子书的 MARC 数据，生成某时间段内入库的电子书的 MARC 数据。在指定生成 MARC 数据时，生成图书的部分或所有的 MARC 数据。该工具包括生成 CNMARC 数据、重定向页面生成等。

a. 生成 CNMARC 数据

导出数据范围：

☆ 生成所有：生成所有时间段入库的图书，不对时间段做限制。

☆ 仅新入库：只生成上次生成 MARC 数据以后的所有新入库图书。

☆ 入库时间范围：可在下拉框选择。生成的数据包括在这两天中入库的图书。

查看数量：系统根据当前的数据范围和数据类型，查看共有多少条记录。

b. 重定向页面生成

可以处理数字图书系统的 WEB 服务站点由一个地方换到另一个地方而 OPAC 系统中登记的 URL 地址无法更改的情况。所有从 OPAC 系统来的原来的 WEB 服务站点的下载请求，都将重定向到新的 WEB 服务站点的相同电子书的页面。

B. 全文检索模块

全文检索指的是对于填写的某一个检索词，如果某书的内容中含有该词，系统将能查出该书。

全文检索管理器是为数字图书系统下载站点中的 CEB 和 XEB 图书建立和维护索引库功能的工具。由图书系统的系统管理员对电子书进行全文检索的创建和维护。

点击"程序→方正 Apabi DLibrary→Apabi 全文检索管理器"，输入系统管理员的用户名和登录密码，按下"登录"按钮后，如果具有足够的权限，将会启动全文检索管理器。

数据库最多可以包含 255 个全文检索数据库，每一个全文检索数据库最多存放 5000 本书。

4.4.2.5 应用流程（略）

4.4.3 多媒体网络教学方案

4.4.3.1 概述

随着信息技术向教育领域的扩展，多媒体计算机在教育教学过程中的应用越来越普遍，多媒体点播系统的建设不只是提到重要的议事日程，而是进入了真正的实施应用阶段。从当今世界发达国家教育信息化发展的经验来看，从单机发展到网络，是高等教育及基础教育信息化发展的必然趋势。因此，在当前我国发达地区甚至边远地区的教育信息化发展过程中，以多媒体点播系统为基础，加快教育现代化的进程，实现我国教育改革发展中的跳跃式发展，是全面贯彻素质教育的关键性步骤。

4.4.3.2 系统要求

福建省委党校对多媒体网络教学系统的要求如下：

系统能够充分利用学校现有的硬件资源（如电脑、服务器、投影仪等），与学校现有网络平滑相接，搭建干部教育多媒体网络教学系统。

系统能够充分利用党校的教学资源（如音视频教学录像带、电子讲义等）制作出流式多媒体课件，学员可以通过互联网进行点播学习。

系统能够将一个主播教室的授课现场通过互联网直播到各个接收端。直播内容包括教师的音视频、鼠标运动轨迹、动态屏幕内容以及电子白板内容等。

系统操作简单、便于维护，要求整个系统基于 B/S，学员通过浏览器即可点播课件、收看直播课堂内容。

系统必须具有很强的可扩展性，随着教学规模的扩大（如扩招、建设新的多媒体教室），系统应当能够平滑地升级以适应更大规模的教学要求。

4.4.3.3 系统功能

① 课件制作

课件是网络教育最为重要的环节，可以这么说，没有课件，就没有网络教育。课件制作系统具有如下特点：

操作简单，使用者只要会基本的 Windows 操作即可制作网络课件。

可以充分利用传统教育资源，如音视频录像带、电子讲义等，利用课件制作系统，能够将传统的教育资源制作成网络课件。

兼容多种格式素材，课件制作系统支持多种文件素材，如 Word 文档、PowerPoint 文档、位图文件、AVI 文件、Authorware、Flash 的 SWF 等。

② 学习管理

通过应用 LMS 学习管理系统，学员可以在任何时间、任何地点进行学习。课件点播系统具有如下特点：

支持大容量点播，在百兆交换网络下，可以实现 500 人同时点播。

便捷的课件管理功能，提供远程上载课件功能，课件上载到服务器后，能够自动发布，自动生成节目单，不需要编写任何代码。

用户权限管理：通过学员、老师、管理员可有效地管理制作好的课件。

学校管理：分为学校年级和专业管理，如同现实情况一般。

课程管理：整个学习管理系统以课程为中心，权限的分配，资源组织等都是以课程为中心的。

远程上载课件：方便老师远程上传课件。

课件点播：学员只要选上一门课程，就可以在线观看该课程下的所有课件。

课堂直播：学员可以方便地在线观看老师讲课。

作业管理：老师根据教学进度，随时创建作业，以检查学员学习效果。学员在线完成作业后，自动提交给任课老师，老师根据学员作业答复情况，给出判分。

答疑中心：学员在答疑中心可以任意提问，老师可以随时解答学员的疑问，并且学员的提问会自动链接在老师所任教的课程下面，方便老师直接回答学员提问，极大地方便了教师与学员的交互学习。

消息公告：随时随地在学员、老师、管理员三者之间进行消息的传递。

③ 学习交流

学员在通过课件点播进行学习的同时，可以通过如下方式进行交流：

论坛：教师可以根据课程内容，创建若干个学习论坛，学员可以任意提出问题，其他学员可以回答这个问题，教师也可以帮助解答这些问题。

聊天室：与论坛不同的是，聊天室提供了一种实时性质的交流方式。

邮件：学员与教师之间可以相互发送电子邮件，实现一对一的交流。

④ 课堂直播

应用课堂直播功能，学员可以在远端收看教师的图像、声音与屏幕内容，真正做到远程学习效果与现场学习效果完全一样。

在一台直播服务器上可以同时启动多个直播频道，同时直播多个教室的授课现场，学员可以选择收看。

⑤ 双流课件录制

与课件制作程序不同的是，Powercreator 双流课件录制程序具有更高的课件生成效率，教师上完一堂课后，课件马上就自动生成出来了，无须制作。概括地说，Powercreator 双流课件录制程序具有如下特点：

实时录制教师的图像与声音。

实时录制教师计算机的屏幕内容，包括鼠标运动轨迹等。

自动生成课件。

生成的课件用 IE 浏览器即可播放，无须安装客户端软件。

4.4.3.4 课件点播系统简介

课件点播系统是采用 B/S 结构，应用 MPEG-4 高效编解码压缩技术、标准的 ASF（Advanced Stream Format）多媒体格式和标准的 WWW 技术开发而成。

由于系统采用了标准的 WWW 技术，简单而易用，既适用在 Internet 上点播，又适用于在 Intranet 上的点播，并且系统对网络带宽要求较低，在 100M 网络带宽下，数百用户可以同时并发点播。

课件点播系统有以下功能。

节目库：按照内容对课件进行存储和管理。

节目单：在节目管理平台的节目单中，管理员对节目进行分类管理，生成系统点播节目单，用户利用系统提供的节目单进行节目选择，生成个人节目单。

用户管理：管理员确认每个用户的账号，设定和修改每个用户账户的金额，并可检索和查询每个用户。

用户注册和登录：用户在系统中的注册为合法用户并且登录系统。

计费：在选择节目的时候，根据每个节目的价格，从用户的账户中扣除已选择节目的总额。

讨论区：实现老师布置作业、学员上交作业的板块，并可进行问题求助和问答，非实时的交流。

聊天室：用户之间进行实时在线的交流。

带宽与网络连接管理：可以很方便地设置点播带宽上限以及人数限制。

课件点播系统是为了满足用户制作各种多媒体课件而开发的一个多功能制作系统，它包括后期制作、实时制作、在线直播三种制作方式，在不同的方式中，视频流可以是已有的视频文件或是实况采集的图像声音。由于制作方式多样化，用户可以根据实际情况采用不同的制作方式，操作简单，易学易用，特别适用于教育和娱乐方面的制作。

系统以 Microsoft 公司的 Windows Media 技术为基础，采用 MPEGIV 的高效编码技术和先进的 ASF 多媒体格式来实现多媒体流的网上传播，并可以加入多种讲稿类型，制作出的课件可以满足多种需要。

4.4.3.5 系统功能特点

多媒体课件包括两个部分：多媒体流和讲稿。Producer 多媒体课件制作系统通过往多媒体流中插入讲稿和命令并进行合成以完成课件的制作。该系统具有以下几个功能特点：

①视频流是采用 MPEG4 压缩技术的 ASF 格式的文件，可根据实际情况选择合适的带宽（从 28.8K～2Mbps）和压缩比。

②视频和音频支持 ASF、AVI、WAV 和 MP3 格式的文件，或现场采集的实况源，这些可以被转换成 ASF 视频流以供使用。

③讲稿支持多种格式，包括 HTML 页面，常用的图形文件 GIF、JPEG、BMP 等，普通的 TXT 文档，Word 的 Doc 文档，Flash 动画格式的 SWF 文档，PowerPoint 的 PPT 文档和我们自定义的格式 OOD 文档。

④OOD 格式的讲稿功能强大，在编辑的时候可以绘制多种图形，并且可以进行修改，可以设置背景图片和显示方式，可以绘制数学公式，可以设置图形的显示效果，可以调整图像的对比度和亮度。

⑤OOD 格式的文档可以实现特殊的动画效果，比如飞入、飞出等。

⑥OOD 讲稿中还可以实现电子教鞭的功能，可以控制电子教鞭在讲稿上移动。

⑦OOD 讲稿还可以实现电子白板的功能，可以在讲稿上随手进行书写和绘制。

⑧可以在视频流的播放过程中插入特殊的命令，控制视频流或者讲稿实现一些特定的效果。

⑨直播时可跨路由和网关，实现不同网段的直播。

⑩具有十多种不同界面和功能的模板供用户选择。

4.4.3.6 Powercreator 双流课件实时录制系统简介（略）

4.4.3.7 课堂直播系统简介

①系统结构

以两个直播教室为例，整个系统的结构如下图所示。（图略）

每个教室部署两台计算机：一台给教室进行授课，在这台计算机上，安装 PowerCreator Teacher 软件，在后台运行，负责捕获屏幕内容；另外一台计算机负责实时采集并压缩老师的视频音频信号并生成课件，运行 PowerCreator Composer 软件。

直播服务器放在党校网络中心，安装 PowerCreator Live Server 软件，直播服务器从录制机取得视频音频以及屏幕信息，并发送给用户，实现直播功能。

②功能特点

系统具有很强的伸缩性，可以根据学校当前的硬件配置情况以及用户数量进行任意伸缩，表现在两个方面。

一方面，录制端软件（PowerCreator Composer）可以和教师端软件（PowerCreator Teacher）在同一台计算机上运行，这样能够节省一台计算机的投入，不过，这同时也带来了一些不方便的地方。对计算机的性能要求较高：CPU 的主频至少为 1G。要求授课老师能够熟练操作 PowerCreator Composer 软件。不能实时监视课件录制效果。

另一方面，直播服务器可以配置一台，也可以配置多台，在一台直播服务器上可以设置多个直播频道，可以同时直播多路节目。支持三种方式直播：TCP、UDP 或者 Multicast（组播），这三种方式各有千秋，党校可以根据实际情况，灵活地选择直播方式。

③系统的部署与配置

A. 课件点播系统的部署与配置

学习管理系统课件点播服务器部署在学校的网络中心，推荐购买一台高性能的服务器。服务器的硬件配置建议如下：

2 × PIII XEON 700

1G RAM

6 × 16G SCSI

RAID4 卡

千兆网卡

Windows 2000 Server

点播客户端配置建议：

Pentium Pro200

32M RAM

声卡

Win98/Me/NT/2000/XP

Internet Explorer 5.0

MediaPlayer7.0

B. 课件制作系统的部署

课件制作系统部署非常简单，在满足如下条件的任何计算机上，即可安装使用。

课件制作系统配置要求：

-200 视频捕捉卡

声卡

C. 课件实时录制系统的部署

课件实时录制系统安装在主播教室。课件实时录制系统由两部分组成：教师端、录制端。适合在多媒体演播室应用。

教师端配置要求：

Windows9x/Me/NT/2000/XP

PII 400

32M RAM

10/100M 网卡

录制端配置要求：

Win98（SE）/ME/2000/XP

PIII750

128M RAM

10/100M LAN

100M 剩余硬盘空间

声卡

无线麦克风

音箱

Osprey500 视频捕捉卡

摄像机

D. 多媒体教室配置要求

视频分配器

调音台

音箱与功放

无线麦克风

投影仪与电动幕布

E. 课堂直播系统的部署与配置

课堂直播系统软件安装在网络中心的直播服务器上，从课件实时录制系统接收主播教室的音视频信息以及屏幕信息。接收端通过 IE 浏览器登录直播服务器，接收音视频以及屏幕信息。

直播服务器配置建议：

Windows 2000 Server

1000M 网卡

双 P4 2.0G

2G RAM

40G 硬盘

4.4.4　办公自动化系统设计方案

目前，我国电子政务建设总体上正处于以协同工作为特征的 OA 建设上，同时这也是网络时代政府信息化建设的主旋律。

在福建省委党校办公自动化系统建设中，可通过试用方式选型，根据省委党校的办公特点，应用信息流理念，从领导办公、办公业务、收文管理、发文管理、文化建设等多个方面进行栏目策划，通过建立内部和远程电子邮件系统，充分保障其内外部的信息沟通流畅；通过建立文档一体化的公文流转系统，实现公文电子化；通过建立文件数据资料数据库，实现文件资料管理电子化；通过建立党务、政务信息的采编处理系统，提供信息查询和浏览服务等功能。

将应用身份认证、数字签名以及多种加密算法，从系统角度、数据库角度、文档角度设置多层验证机制，保证信息存储、传输的安全与完整。

4.4.4.1　系统建设目标分析

①充分利用党校、党委、政府机关掌握着的社会信息资源

福建省委党校现在利用信息化手段实现了内外网和信息知识库的建

设,可以在很大程度上满足远程教育、数字信息资源实时资料查询、校内视频点播等应用。

自从 20 世纪 80 年代中期开始使用计算机以来,国内许多单位都建立了自己的信息系统。但都是基于传统的关系数据库建立的事务处理系统。根据统计资料表明,目前我国党委、政府部门建立了 3000 多个大型或超大型数据库,但这些信息一直没有有效利用起来;而党委、政府日常工作中经常遇到的流程处理、信息共享、部门协作、人员通讯、非结构化数据的处理都没有一个统一的应用平台。

②实施办公自动化系统有利于提高办公效率

实施办公自动化系统以后,许多重复性的工作可以由计算机来完成,如跟踪反馈信息、发送通知;还可以减少许多不必要的工作,如文档管理;可以在很大程度上提高公文、信息的传递速度;方便领导和工作人员办公(移动办公)。

③实施办公自动化系统有利于减小劳动强度

实施办公自动化系统以后,许多重复性的繁杂劳动,如送递公文、发送信息等工作可以由计算机来完成,工作人员就可以解脱出来。

④实施办公自动化系统可以实现无纸化办公、节约办公经费

实施办公自动化系统以后,办公信息均为数字化信息,刊物均为电子刊物,无须纸张、印刷品,可以在很大程度上节约办公经费。

⑤实施办公自动化可以充分利用党委、政府内部的知识资源和技能

本单位工作人员具有较高的基本素质,实施办公自动化以后,许多重复性的繁杂劳动可以由计算机来完成,工作人员可以有时间进行学习或再教育,提高自身素质,以便更好地为社会公众服务。

4.4.4.2 概要描述

办公自动化系统的实施,需要充分体现本单位业务的特色,并通过科学的管理手段,使各项目的实施管理能够过程化、条理化、信息化,并形成鲜明的管理特色。

①系统架构

系统以 Web 服务器为核心,集成文件服务器、数据库服务器、Mail 服务器,支撑系统网络。结合对实际业务的管理分析,提出如附图 7 所示的系统管理功能架构:

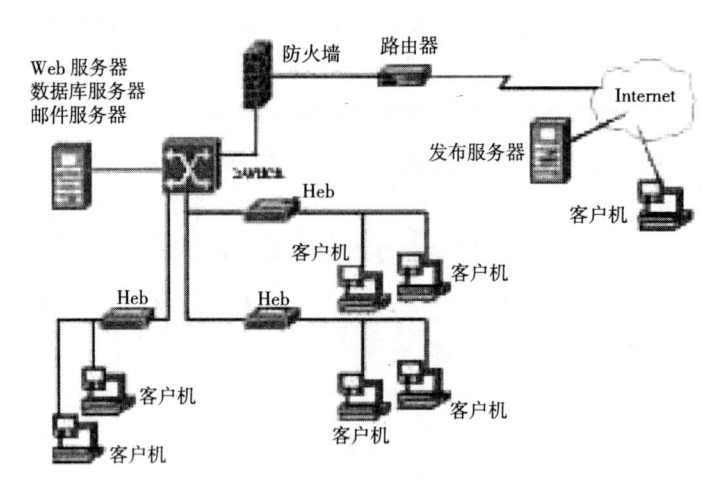

附图7　系统管理功能架构图

②软件模块功能结构（详见4.4.4.3系统模块介绍）

4.4.4.3　系统模块介绍

①个人事务

个人事务模块是为了提高员工的日常工作效率而提供的个性化服务功能。在这里，员工可以及时了解需要办理的各项事务，进行自己的工作日程安排。用户可通过日程安排对自己或领导进行一天、一周甚至一个月的工作计划安排，其他用户也可通过日程安排，随时了解领导动向。还可管理个人名片夹，收发电子邮件，同时修改个人的登录口令等。

待办事宜：主要是体现来自各处室及他人所发送的信息，并要求给予办理。通过此模块，用户可以非常方便地了解自己所要办理的事务。

日程安排：利用一个电子日程表，通过日历随时安排日常工作及事务；轻松合理地组织安排你的时间和处理其他事务。通过日程安排，可以创建个人约会、全天事件、提醒或纪念日等条目，并且可以随时查看这些安排条目的详细信息。它可实现对用户的日、周、月的安排，并可相应发布领导的工作安排，为领导工作带来方便，也为工作人员随时了解领导的去向提供帮助。

个人资料库：个人资料库主要功能是可以让用户保存一些不与他人共享的个人文档。用户可以利用此资料库来写日记，记录工作过程中的心得体会或者利用它来存放一些临时文档信息。

电子邮件：电子邮件系统提供了标准的电子邮件功能，包括邮件的起草、发送、接收、查看、回复、删除、邮件的附件等。利用电子邮件系统，办公人员之间可十分方便地通过电子邮件进行信息的交流，同时可利用附件进行各类办公文件的传递，代替传统的磁盘相互复制，极大地提高了办公效率，同时节约了办公费用。

个人通讯录：本功能为用户提供一个电子名片册，用户可合理、有序地存放个人名片信息，以及单位内部各机构和工作人员的联系方式。可以分组和分类管理电子名片册上可记录个人通讯的各项信息，如姓名、地址、联系电话、电子邮件、传真等信息，实现个人名片登记、查询、修改和删除。

②日常公务

日常公务是本系统中最主要的组成部分，它具有以下功能。

公文格式定义：公文流转的表单格式可以根据需求而自由改动，可以把它改成与传统的日常公文格式相符，以符合日常工作习惯，同时具有表单打印功能。

公文的收、发管理：公文的发送可同时提交多人。

公文流程记录和管理：公文在各部门内实现自动循环批阅，并及时跟踪公文评阅状态、保存评阅信息，管理员和领导可以通过管理工具查看公文流转过程中的状况。

公文查询：在保证安全权限的前提下，允许对公文进行各种形式的查询。如按不同来源、不同密级、不同时间段。

公文实效的记录和统计：公文发出后，通过信息的及时反馈，判断执行情况并作记录，然后对不同的公文执行情况进行统计，统计出个人或部门的文件办事率，以反映各部门工作效率、办事状态。这一功能通过自定义工作流报表实现。

公文的归档：公文流转结束后，即可归入文档系统内进行归档。

痕迹保留：可保留所有修改痕迹并原稿打印。

收文管理包括以下功能。

完成收文所涉及的一系列操作：公文上报、登记、拟办、中转、转发、处室拟办、领导审核、承办单位办理、归档、相关单位查询公文等。在系统中特别注重数字化数据的一次性录入，减少重复劳动，提高办公效率。

系统中流程允许用户自定义，使系统可以适应各种公文流程需求。

系统采用收文和待办事宜配合使用的方法，使流程更加直观。一般用户只需经常查看并办理待办事宜即可进行日常办公。

系统采用了完善的流程跟踪和控制。系统对收文的整个流程进行跟踪，详细记录公文的当前状态、办理的过程和拟办、批示意见以及办理结果。

发文管理包括以下功能。

完成发文所涉及的一系列操作：处室拟稿、领导审签、文字初审、文字复审、领导签发、文书印发等。在系统中特别注重数字化数据的一次性录入，减少重复劳动，提高办公效率。

系统中流程允许用户自定义，使系统可以适应各种公文流程需求。

系统支持笔迹保留，方便发文稿件修改。

采用控件技术读取 Lotus Domino/Notes RTF 域中 Word 附件的内容，实现写批示后将批示内容保存在本文档的附件中。其他用户点击"查看批示"时可以调用控件浏览以前的批示，并可以继续在文件上批示，每个批示人的笔迹颜色要有区别。针对一个文件的批示次数没有限制。

系统具有完善的流程跟踪和控制。系统对发文的整个流程进行跟踪，详细记录发文的当前状态、发文审核的过程和领导审签、签发意见。

工作报告包括以下功能。

工作报告为各部门（处室）提供发布信息或者向领导提交工作计划、工作总结、工作报告等功能，利用计算机网络和软件技术使发布信息经济、方便、快捷。

下属单位可以通过远程上报功能模块将需要报送有关领导的工作简报传到"部门工作简报"中，下属单位指定的"上报领导"可以在"部门工作简报"查阅上报给本人的工作简报。

③公共信息

A. 通知管理

主要完成公告牌的录入、发布，用户可以起草并发布不同类型的电子公告，每一种不同类型的公告可选择不同的标志和题头；用户可根据情况决定是否将公告送与领导批示；系统对公告牌的整个流程进行跟踪，详细记录公告的当前状态、公告牌审核的过程和领导审签、签发意见。

B. 常用信息

常用信息为网上用户提供了列车时刻表、航班时刻表、长途区号、邮政编码等信息服务。

C. 电子论坛

电子论坛是为公司或者企业的所有人员提供发表自己看法和建议，开展广泛的、不拘一格的讨论的园地。它内容全面、涉及面广、操作方便、查询功能强大，为用户和其他人进行信息交流提供了极大的方便。

用户可根据情况自由地增加/删除栏目。

用户可以起草并发布不同类型的文章，每一种不同类型的文章可选择不同的标志和题头。

D. 规章制度

规章制度系统用来管理与本单位或部门有关的各种法律法规及政策，信息内容由专人录入供所有人员查询，支持字符、图片等各种格式。整个办公自动化系统中的成员均可以察看。

E. 公共通讯录

公共通讯录提供本单位及所属单位的通讯名录信息服务，联网用户可以将本单位人员的通讯名录输入本系统，以方便查询和交流。

④会议管理

会议管理子系统是整个电子政务系统的重要组成部分，它包含了会议通知、记录、跟踪。本系统具有如下功能。

建立了会议议题库；会议起草部门可以方便地查询、组织会议议题，确保议题尽快得到处理。

提供了领导审核会议议题的功能；每次起草会议议题前可以通过待办事宜系统请主管领导审核会议议题的安排，然后根据主管领导的审核意见起草会议议题。

提供了会议安排、会议通知单、会议纪要、会议议题归档库；可以对归档库中的内容按指定的方式进行查询和统计。

提供了对会议通知单反馈信息的实时跟踪；系统通过待办事宜系统发出会议通知单，用户对会议通知单的反馈信息包括查看、反馈，这些宝贵的实时信息有助于管理者对会议安排动态掌握。同时，员工个人也可以通过这个模块方便地整理自己的会议纪要，随时检查个人工作情况。

会议室管理：提供对会议室新增、修改、删除功能。

会议通知：用于起草新的会议主题，并发布给与会者。

会议纪要：主要是填写会议的相关内容，并给与会领导进行审批后发布归档。

⑤车辆管理

车辆管理子系统对机构内部的车辆进行统一管理，包括车辆的基本信息、使用信息、维修信息、油耗信息等，用车申请和维修申请在个人事务中进行，在审批登记模块中完成相应的审批登记处理。

车辆管理子系统包括车辆信息浏览、车辆使用申请、车辆维修、车辆保养、车辆报废等功能。

车辆信息浏览：主要是用于新增、修改、删除车辆相关信息。

车辆使用申请：向车辆主管部门提出使用车辆的申请通知。

车辆维修：向车辆主管部门提出车辆维修的申请通知。

车辆保养：向车辆主管部门提出车辆保养的申请通知。

车辆报废：向车辆主管部门提出车辆报废的申请通知。

⑥督办查办

督办查办子系统的主要目的是利用计算机网络辅助进行政务督察和建议提案督察的登记、信息反馈、查询、统计工作；实现督办查办流程的实时监控，通过计算机网络及时发送督办查办的有关交办单、答复等文件，及时反馈交办单位办理意见，供领导和有关工作人员查询、统计，提高督办查办的效率。主要功能如下：

督办查办工作人员登记督办查办事项。

主办、协办单位填写办理意见。

主管领导随时查询督办查办事项的办理过程，并可以填写批示意见。

主办、协办单位填写办理结果。

督办查办工作人员确认督办查办事项办结。

⑦信息采编

信息采编子系统完成上报信息收集、采编、网上发布为电子刊物等工作，是电子政务系统的主要模块之一。在系统中，从信息上报到发布为电子刊物全部为数字化操作，避免了数据的重复录入，提高了采编效率，节约办公费用。

系统自动接收下级单位的上报信息，实现政务信息的经济、方便、快捷传输，真正促进党委、政府体察民情。电子刊物发布的滞后时间仅为两个小时。

本系统采用和待办事宜配合使用的方法，使流程更加直观。领导签发、批示只需经常查看并办理待办事宜即可进行。

⑧资产管理

本功能模块的主要功能是对公司固定资产的管理，包括固定资产的卡片维护、使用情况维护及相应的查询打印。

资产管理模块包括资产信息管理、资产领用、资产归还、资产转移、资产报废等功能。

资产信息管理：本模块具有权限限制，由指定的公司固定资产管理员对公司固定资产卡片进行维护。在界面中，管理员可以选择不同的查询条件查询固定资产的情况；同时可以增加、删除和编辑某固定资产卡片。

资产领用：使用部门或个人向单位申请领用资产。

资产归还：对部门或个人使用的资产进行登记归还。

资产转移：对部门或个人使用的资产转移到其他部门或个人。

资产报废：对部门或个人使用的资产进行报废登记。

⑨档案管理

A. 档案管理

档案作为有价值的历史记录，其在人类社会的生产生活中所起的作用越来越引起人们的重视。目前我国的档案行业有其复杂性，在一定程度上存在着不规范、不一致性等问题。这主要表现在不同行业（单位）档案业务的不一致性，同行业不同地区档案业务的不规范、不一致性，同地区同行业档案业务的不规范、不一致性。这种不规范、不一致性具体体现在档案的组织结构、分类方案、编目结构以及业务处理规则的不规范和不一致。这对档案的移交、上报、统一管理、检索、统计、提供利用等工作都造成很大的困难。

文档管理系统是整个电子政务系统的重要组成部分，软件应采用Java技术，该软件严格参照国家已经颁布的公文处理办法和国家档案局颁布的

《档案法》及《实施办法》《机关档案工作条例》《电子文件归档与电子档案管理办法》及最新颁布的《归档文件整理规则》（中华人民共和国档案行业标准 DA/T 22－2000）和《文书档案目录数据交换格式与著录规则》福建省地方标准 DB35/T162－2002，从而保证电子文件从形成、流转、归档到最终移交进馆的标准性和一致性，以体现真正意义上的"文档一体化、馆室一体化、综合管理"。

B. 整理篇目

整理编目是文档管理工作的前提，是非常重要的一个环节。它首先建立一个立档单位的各种门类、不同载体的数据集合，完成档案的收集过程；然后，编制卷内文件目录、案卷目录、全引目录、档案目录、分类目录、文件字号和档案对照表和其他各种专题目录等。

C. 档案检索

档案检索工作在整个的档案业务工作中占有突出的地位，它是实现档案利用价值的必要条件，已逐渐成为档案业务中的一个独立的环节。它是提高档案管理水平的重要手段，是衡量档案馆工作水平的一个主要标志，是实现档案信息资源共享的重要途径。一个强大的检索功能是评价一个档案管理系统好坏的重要标准。福建豪翔的档案管理系统拥有强大的查询检索功能，除了简单查询和组合查询功能外，还包括信息门类检索和分类检索等功能。

D. 档案利用

档案利用功能用来解决档案检索前后的文案工作。如登记、打印档案借阅、借出单；登记、打印包括利用内容、效果、费用等的利用登记单和利用效果登记单；对每份借出的档案，打印档案代理卡；对到期未还的借出档案，打印催还通知单。档案利用分借阅和借出两种方式，可以灵活地实现各种信息的检索、统计和打印等功能。主要模块有利用登记、利用管理、利用统计等三个模块。

E. 系统维护

系统维护功能具备了其他软件的通用功能，如用户管理、安全措施等，还有一些本系统的特殊功能，如系统参数定义、著录格式定义以及各种辅助字典定义。另外，还有数据备份功能，以保证数据的安全。本部分包括用户管理、数据备份、信息门类、目录维护、辅助字典等模块。

4.4.5 校园网智能化管理系统

福建省委党校校园网智能化管理系统的建设是省委党校建设"数字化校园"的重要组成部分。数字化校园即挖掘先进的管理理念，应用先进的计算机网络技术去整合学校现有的教学、科研、管理、生活、服务等有关的资源，以实现统一的用户管理、资源管理和权限控制；实现资源的有效配置和充分利用，实现校务管理和后勤服务过程的优化、协调，从而创造新的教育和工作模式，完成传统教育模式难以实现的目标。

4.4.5.1 建设目标

福建省委党校校园网智能化管理系统的建设将使省委党校的信息管理和信息服务更上一个新台阶，实现资源的有效配置和充分利用，实现校务管理和后勤服务过程的优化、协调，从而提高各种管理和服务工作的效率、效果和效益。

省委党校校园网智能化管理系统是在统一的门户和身份认证平台下，提供尽可能丰富的公共信息服务，具有信息共享、综合分析和决策支持功能。

4.4.5.2 系统组成

按照总体规划、分步实施的原则，在福建省委党校校园网二期建设工程中，主要考虑"数字化校园"中的教务管理子系统、科研管理子系统、学员管理子系统、函授管理子系统的建设。

4.4.5.3 教务管理子系统

①系统概述

教务管理是省委党校的核心工作。利用先进的技术手段和指导思想提高教育、培养、管理水平，对提高人才的综合素质培养具有重大的影响。教务管理信息系统是数字化校园极为重要的组成部分之一，是为了建设教务教学的数字化管理，提高教务管理人员、工作人员以及各院系教学负责人的工作效率，并且与"数字化校园"中的其他系统相配合，共同实现无冗余的、统一的信息管理。

教务管理信息系统涵盖了教务业务中的各个功能部件，从学籍、注册、排课、选课、考试、成绩、教学评价、教材等诸多方面形成一体化管理模式，全面支持广域网络办公模式，可大大减少教务管理的手工劳动。系统中高效的事务处理机制和信息管理模式，为学校的教务工作提供了直观的评价数据，为提高教务工作效率和推进教学改革提供了重要的参考依据。

②系统功能模块

注册管理

功　　能	具体内容
新生管理	新生自动分班编学号，新生照片管理等功能
学员注册	系统提供时段限制，在注册期限内进行学员注册；学员直接使用学员证和校园卡到注册中心进行注册。通过读卡机直接读出学员的学号、姓名、班级、院系、交费信息和照片等信息。注册中心管理员可以对所有注册信息进行手工的添加、更改和删除
注册进程分析	可以在注册进行中随时对学员的注册进程进行分析，以条形图和报表两种方式统计现在的注册完成情况，如已注册、未注册的学员人数
注册数据统计与查询	系统提供查询工具并支持多种标准格式的统计、报表输出，统计分析注册信息；学员能够查询自己的注册状态数据

学籍管理

功　　能	具体内容
学籍信息管理	学籍信息管理能够对学员学籍信息进行日常的维护，包括添加、修改和删除；输出学员学籍表、学员名册和学员基本数据统计报表
学员证管理	记录学员补办学员证的次数，根据这个数据决定学员补办时应当交纳的费用；生成补办学员证名单；生成补办学员证交款单，由他们持此交款单到相关学员财务部分交费

教学计划管理

功　　能	具体内容
网上申报教学计划	各院系可以在规定的时间内在网上填写自己的专业教学计划，给出课程、学分以及上课安排等信息
教学计划审批	教务管理员针对各院系的专业教学计划对其进行审批，并提出修改建议
教学计划查询	学员及各院系的管理人员可以对已设置好的教学计划进行查询

排课管理

功 能	具体内容
教室调度	对空闲的教室使用时间，相关人员可以对其进行预约，预约时需要输入占用的单位、时间、联系人等信息
排课管理	提供自动、手动和自动手动相结合的方式进行排课，系统对排课结果可做冲突与合理性检查，并生成课表及排课情况统计表
课表查询和教学数据统计	排课结束后，可以查询、生成和输出各种类型的课表，包括班级课程表、教室课程表、系课程表、教师教学任务书、学历表、考试安排表等

成绩管理

功 能	具体内容
成绩录入权限设置	系统支持两种成绩录入方式：基于权限的由任课教师录入所教课程的成绩和按照班级录入成绩的模式。对于多个教师教授同一门课程的情况，可以对成绩录入权限进行设置，制定由某人录入成绩
成绩录入	成绩录入中教师按照课程情况可以录入自己所上课程的成绩，系统会根据教师录入的各单项成绩换算总评成绩重修、重考成绩管理 重修、重考成绩的录入、修改及审批维护操作
成绩查询	用户基于权限对成绩进行查询。学员只能查询本人的成绩信息，教师可以查询自己所授课程的学员成绩，院系负责人可以查询本院系内的学员成绩，教务处老师可以查询全校所有学员的成绩
成绩审批及维护	对教师录入的成绩进行审批，并可以对教师已提交的课程成绩进行修改，系统同时会记录成绩的修改记录
成绩统计与分析	对所有课程成绩的各种统计和分析。可查询并生成标准格式的报表，报表可以根据需要由用户设置纸张等打印选项
学员成绩单管理	根据学员具体要求生成学员中文成绩单、出国成绩单、工作介绍成绩单等

教材管理

功 能	具体内容
教材预订	主要针对授课教师的授课信息及学员的选课信息，完成教材的预订及统计教材预订数量的功能
订单管理	根据教师的教材预订要求情况，做相应计划表，说明每种教材的预订情况，并将整个教材使用情况进行汇总后，交给指定书商订购教材

续表

功　能	具体内容
教材入库管理	当书商将采购的书送到后，核对采购书的种类及数量和订单的数量是否相符，核对正确后，给出实际凭证
库存信息管理	教材科人员可以随时查询监控现在的库存情况，当库存情况与实际情况出现差异时，可以手工进行修改
教材出库管理	学员以班级身份集体领书的功能，针对学员的预付款对学员的购书款进行结账，当所购教材出现问题时，进行退换教材的处理。购买结束后，要记账

教务信息发布

功　能	具体内容
教务信息发布	将各项教务处发布的信息，如考试报名通知、成绩查询通知、教学评价结果信息发布通知等信息，在网上进行发布

4.4.5.4　科研管理子系统

①系统概述

科研管理子系统是为了实现学校科研业务的数字化管理，提高科研业务管理人员以及科研人员的工作效率，减少不必要的重复劳动，加速信息的记录、查阅以及传播速度，并且与"数字化校园"中的其他系统相配合，共同实现无冗余的统一的信息管理系统。科研管理工作在学校的长远发展上占有举足轻重的地位，科研水平的高低也是衡量学校综合水平的一项重要标准。

②系统功能模块

科研机构管理

功　能	具体内容
机构信息	科研机构信息包括机构的基本信息、人员信息和硬件设施等，用户可以维护机构信息，进行增加、修改、删除、查询、统计等操作
设备管理	对所有设备信息进行维护，机构硬件设施从设备信息中读取，建立专有或共享的使用关系

科研成果管理

功　能	具体内容
论文管理	包括论文基本信息、论文人员、论文发表信息、论文报告信息。维护管理论文的相关信息
著作管理	登记、修改、查询和统计著作信息
鉴定成果管理	登记、修改、查询和统计鉴定成果信息
获奖成果管理	登记、修改、查询和统计获奖成果信息
其他成果管理	登记、修改、查询和统计上述成果之外的其他成果信息

学术活动管理

功　能	具体内容
学术会议	提供科研人员在相关职能部门学术会议情况的登记、查询、统计等功能
学术报告	管理学术报告基本信息，包括学术报告名称、主讲人、主讲人职称、学科领域、报告摘要、主持人、主办单位、协办单位等信息
学术交流	包括派出学术交流和接受学术交流。提供科研人员在相关职能部门派出的国内外进修、访问学者、合作科研等情况的登记、查询、统计等功能。也提供对来本校进行学术交流的校外科研人员的基本信息和学术活动的登记、查询和统计等功能

科研绩效评估管理

功　能	具体内容
设置评估指标	科研绩效评估管理员设置评估指标，包括参与评估的信息实体如项目信息、论文信息、专利信息等，以及各种实体需要采集的信息等级与评估分值、权重等
查看和统计评估结果	系统经过内部的业绩计算。科研人员可以查看自己的绩效评估得分，院系管理员可以查看本院系所有人员的得分情况和排名，学校管理员可以查看全校所有人员的得分情况和排名、学校所有院系的得分情况和排名

科研项目评分管理

功　能	具体内容
专家管理	管理员对历年各个领域的专家信息进行收集和维护管理，主要包括专家的姓名、职称、研究领域等信息
专家登录账号	为参加当年项目评审的专家分配登录系统评分的特殊账号。当评分结束，账号自动关闭

续表

功　能	具体内容
定制评分方法	选择评分类型（打分制、等级分数制、等级制），定制评分标准、设计评分问卷
划分专家组	建立一个专家组，从专家库中选择若干相关领域的专家编入这个专家组，从这些专家中选择一个专家确定为该专家组组长
划分项目组	建立一个项目组，项目组基本信息包括项目组编号、开始评分时间、结束评分时间等。从待评分的项目库中选择若干相似领域的项目编入这个项目组，从已经编好的若干专家组中选择一个专家组与该项目组匹配，从已经定制好的若干评分标准中选择一个适用于这个项目组的评分标准
专家评分	专家可以在指定评分时间内使用指定账号登录系统对指定的项目组内所有项目进行评分。评分时，专家不可以看到项目申请者的个人信息。专家填写完评分表，系统自动记录评分专家的姓名和评分日期。在评分期限内，专家可以再次登录系统修改自己的评审信息
计算分值及查询统计	当评分结束，系统根据专家输入的分数，进行打分（去掉一个最高分和最低分，计算平均分，并排列名次）并打印清单

科研经费管理

功　能	具体内容
经费类型设置	设置科研经费的拨入经费类型和经费用途类型。拨入经费类型包括项目拨款、学校配套、企业配套、其他项目转入等。经费用途类型包括转拨外单位、实验室运营费、人才引进费等
提扣费用设置	设置提扣费包括设置提取劳务费或立题费、扣除管理费、扣除水电费等常用费用的名目和比例
税费设置	对于需要缴纳税款的项目，设置缴纳税款时候的默认比例，比如所得税 15%，营业税 10% 等
到款管理	当财务处以到款单的形式通知科研经费管理部门经费到账信息，科研经费管理员将财务处的通知单信息记入科研管理系统，同时查找相应项目，为项目设定各种管理费用的提扣指标
进账管理	对已经登记了到款通知单的到款项目，执行到款操作，对于首次进账的项目系统自动为其生成项目编号
打印单据	根据进账内容，包括经费类型、提扣费用和税费，打印科研经费进账单、劳务酬金签领单等相关单据
出账管理	跟财务处协调后，可以实现对每一个项目经费的支出明细查询
查询和统计	经费进账情况的查询和统计

4.4.5.5 学员管理子系统

①系统概述

学员管理信息系统，是辅助学校学员部（处）进行学员工作的得力助手，是以学员基本情况信息为主体、以高时效和高质量服务为准则的党校学员工作管理信息系统。它既符合学校实际情况，又具有先进管理思想。

②系统功能模块

系统设置

功　能	具体内容
有效时段设置	学员处可根据用户权限设置各种表格，网上输入有效时段，并能及时向相应用户群发送通知

资料管理

功　能	具体内容
学员信息管理	院系老师和学员处对学员资料进行查询、修改、增加的操作，审核后入库
学员人数统计	系统按用户提供的统计报表内容进行统计，并生成报表

奖励管理

功　能	具体内容
基本信息维护	学工处可以添加、修改、查询、删除各项奖学金和设奖单位等内容；统计各项奖学金设置情况；学员和教师可以查询该内容
年度信息管理	按年度和奖学金名称形成报表，可查看每年度具体奖学金的详细信息，并可进行新增
审批申请	有关院系和学工部对学员提交的奖励申请进行审批
统计报表	按奖励报表进行获奖统计，根据用户的输入即时进行统计计算，得到符合条件的统计数字并提供统计记录
公布名单	公布获奖学员的名单
形成发文	按获奖级别发布学员名单，形成发文

分析统计

功　能	具体内容
个人情况查询	按个人信息产生列表，通过列表查询每个学员的详细信息
分类统计	按不同的统计类别报表进行学员情况分类统计

处分管理

功　能	具体内容
违纪类别管理	按违纪代码、名称对违纪信息列表进行管理，具有新增、修改、查询、删除、打印的功能
处分信息管理	管理处分学员信息，可进行新增、查看每个受处分学员具体信息的功能
统计处分信息	按处分年度的报表进行查询统计详细信息

4.4.6　政务网 WEB 发布系统

福建省委党校政务网网站主要功能是发布职能范围内所掌握的信息，促进部门之间的信息资源共享。网站内容要涵盖本地、本部门的主要工作，要包括本单位颁发的正式文件、领导批示和讲话、政务信息等基本栏目。包括以下主要功能模块。

滚动新闻：

发布省委党校全校性重大新闻及校内各部门最新重要信息。

校况总览：

介绍省委党校概况、现任领导、党校建设与发展等情况。

党校教育：

为学员提供主体班次、函授教育、网络教育、招生信息等干部培训信息。

科学研究：

报道科研动态、科研项目、科研成果、获奖情况等科研信息。

部门机构：

建立省委党校各教研部门、行政部门等二级网页。

党校刊报：

转载党校公开发行的《中共福建省委党校学报》《领导文萃》《党史研究与教学》和未公开发行的《理论参考》《福建党校教育》等刊报目录或部分全文。

信息资源：

发布数字信息资源、传统书刊资源、福建省情、视频点播等信息资源，供教研人员、学员下载用，为教学科研提供新的信息源和活动平台。

市县党校：

介绍各市县党校概况及动态信息。

学习园地：

开辟学习经验、心得体会等学员讨论区和教师辅导区，帮助学员自主学习。

公告栏：

发布重要公告、通知。

网络服务：

提供电子邮件、常用办公电话等网上服务。

咨询参考：

设计互动板块，提供常见问题问与答、实时解答、邮件咨询、电话咨询等在线交流功能。

信息查询：

针对不同用户的特点及权限，提供简单查询、复杂查询、分类查询等不同功能的检索服务，使各层次用户以最方便、最快捷的方式获取所需信息。

资源共享：

采用规范标准格式，实现对外数据交换，建立通用性较强的信息资源库，将省委党校可公开的数字资源及时、准确地发布到政务网上，使全省政府机关共享党校丰富的数字资源，为干部教育服务，为党政机关决策服务。

4.5 系统安全体系

从信息系统安全体系结构来看，安全体系应该是一个多层次、多方面的结构。通过对系统安全风险、安全策略和安全性设计原则的全面分析，可将系统安全体系结构分为四个层面：网络级安全、系统级安全、应用级安全和企业级安全。

4.5.1 网络级安全

2000 年 6 月中共中央颁发的《关于面向 21 世纪加强和改进党校工作的决定》明确指出："党校是在党委直接领导下，培养党员领导干部和理论干部的学校，是党委的一个重要部门。"党校的信息化建设在干部教育中已经发挥了重要作用，鉴于目前党校的网络安全建设与防范措施因投入不足，存在许多亟待解决的问题，如果一旦出现重大故障或网络入侵事故，其负面影响将十分严重。党校的技术人员为了确保网络安全运行，已经做了很大努力，但毕竟力不从心。加强省委党校的网络安全运行与网络信息安全势在必行。

省委党校计算机网络系统不但规模庞大、应用广泛而且要通过开放各种通信和应用服务来带动教育信息化的发展，这样的网络系统和应用要求对安全性的要求是很高的，这也对网络安全设计上提出了更高的要求。

网络安全是一个体系结构，涉及整个办公环境的各个方面，包括人员、设备、信息的驻留点以及沿途经过的各个中间环节，从物理层到应用层都要小心对待。互联网的普及以及今天校园教学、科研和办公等多方面的应用对互联网的依赖，促使校园网应该增强实施安全的措施。

结合省委党校现有的设备情况，福建省委党校校园网的网络安全系统，在校园网当前网络的建设中，应从物理隔离、防火墙、入侵检测、漏洞扫描、VPN 接入安全系统、VLAN 划分、可靠性安全措施等几个方面提供网络系统安全的保障。

4.5.1.1 政务信息网和校园网的物理隔离

物理隔离方案是针对内网（访问全省政务信息网）、外网（校园网及 Internet）设计的两套没有直接物理连接的网络，这两套网络都有自己独立的配线和网络设备。物理隔离方案能在最大限度上防止来自 Internet 等外部网络的入侵，保护信息安全。

实现物理隔离，采用网络隔离卡是一种简单易行的方法，隔离卡是一个单片机的产品，内置电子开关。在应用时，用户端计算机启动后，系统自检完成进入隔离卡的选择界面。隔离卡根据用户的选择启动相应的硬盘，使一台 PC 能够连接两个网络，主机只能使用校园网硬盘与 "校园网" 连接，而此时与 "政务网" 是断开的，且政务网的硬盘是未加电的。两个硬盘分别安装各自的操作系统，是两个完全独立的环境。操作者一次只能进入其中一个系统，从而实现 "校园网" 与 "政务网" 的完全隔离。

实现物理隔离，双机双网也是一种较好的方法，即采取配置两台电脑，分别连接 "校园网" 和 "政务网" 内外两个网络，从而实现完全的物理隔离。这种方式存在着一些缺点，比如导致投资成本的增加、占用较大办公空间等。另外，双机的使用会带来很多不便，并且网络设置复杂、维护难度也较大，一旦出现问题，会使对效率要求相当高的部门受到很大影响。

基于以上比较，本工程采用在用户端计算机上加装网络隔离卡方式实现内网、外网物理隔离。

4.5.1.2 防火墙技术

防火墙是近年发展起来的重要安全技术，主要作用是在网络入口点检查网络通信，根据设定的安全规则，保护内部网络安全。本项目中，采用防火墙技术，对网络进行物理隔离，保证网络系统安全、可靠。

防火墙设备选用的产品，应获得公安部颁发的销售许可证，并经过国家保密局审批，列入国家保密局安全产品的推荐名单。选用具有相应的入侵检测和安全审计功能的防火墙。

福建省委党校目前已有两台防火墙系统，但性能配置无法满足目前的应用需求，防火墙的部署详见总体拓扑结构图。本期网络系统建设，首先增加一台带 VPN 功能的外网防火墙，用于互联网的连接；其次是在所采用的核心交换机 BigHammer6808 交换机内配置内置的安全防火墙模块，在保持交换机线速转发的基础上，将传统的网关防火墙引入网络内部骨干节点，融合了交换机本身的基本安全访问控制功能与防火墙的智能访问控制、深层报文分析以及基于状态的资源控制等安全控制功能，实现对内部网络多达 6 个等级的安全防护能力。

4.5.1.3 入侵检测

①入侵检测技术简介

入侵检测技术 IDS 是一种主动保护自己免受攻击的一种网络安全技术，它是一种在防御的纵深程度上优于防火墙的安全技术。入侵检测技术通过分析各种攻击的特征，可以全面快速地识别探测攻击、拒绝服务攻击、缓冲区溢出攻击、电子邮件攻击、浏览器攻击等各种常用攻击手段，并做相应的防范。一般来说，黑客在进行入侵的第一步探测、收集网络及系统信息时，就会被 IDS 捕获。

②监控网络异常通信

系统会对网络中不正常的通信连接作出反应，保证网络通信的合法性；任何不符合网络安全策略的网络数据都会被 IDS 侦测到并警告。

③鉴别对系统漏洞及后门的利用

系统一般带有系统漏洞及后门的详细信息，通过对网络数据包连接的方式、连接端口以及连接中特定的内容等特征分析,可以有效地发现网络通信中针对系统漏洞进行的非法行为。

④入侵检测系统的实施

入侵检测产品与防火墙功能完全不同。它能够实时地监控网络内部所有或重要的物理网段的信息流,并检测到对网络服务的攻击企图,依据既定的安全策略,确保在攻击发生时阻断连接,并记录犯罪过程,为进一步完善安全策略提供依据。

如果配置一台入侵检测系统直接接在福建省委党校中心交换机的镜像端口上,该端口就可以将通过交换机的所有数据流量自动复制一份,这样,入侵检测系统就可以监听到通过中心交换机的所有数据通信。通过对所有数据流量的实时分析,便可以对进入各级局域网络的所有访问活动进行监测。入侵检测系统通过在这一关键网络节点的信息收集,根据系统预装的关于异常、攻击和漏洞信息库,便可以实时监测进入各分支机构内部网络中的所有网络访问活动,并在危害系统安全的事件发生时,产生预先定义的动作,以保护系统的安全。同时,入侵检测系统对所有监听到的网络活动的记录,也为网络管理员进行事后分析、网络管理等提供了依据。

作为防火墙的合理补充,入侵检测技术能够帮助福建省委党校网络系统对付网络攻击,扩展了系统管理员的安全管理能力(包括安全审计、监视、进攻识别和响应),提高了信息安全基础结构的完整性。它从计算机网络系统中的若干关键点收集信息,并分析这些信息。入侵检测被认为是防火墙之后的第二道安全闸门,在不影响网络性能的情况下能对网络进行监测,并与防火墙进行互补以及智能联动,防止内、外部用户对重要服务器的非授权或者非法访问,保证网络正常运行。

入侵检测系统利用省委党校现有设备。

4.5.1.4 VPN技术

采用基于IPSec标准的VPN技术,通过互联网把省委党校与各地市、县(区)党校这些网络节点互连,为党校的业务管理构造一个便捷、保密的信息传输平台。

通过在各网络节点的防火墙上加装VPN卡来部署VPN网关,在VPN网关之间建立加密隧道,实现信息以加密的形式在全省政务网上传输,而且附加认证信息,防止信息被篡改或被伪造,这样即使第三方截获或窃听到加密的数据,也只是一堆毫无意义的字符,无法了解信息的真实意义。VPN 支持标准的 RADIUS 协议,可以集成功能强大的双因子认证产品,进行严格的身份认证和授权控制。这样,指令的发送方和信息的报送者都必须在 VPN 网关上通过严格的身份确认及权限信息的检查,从而避免了内部网中存在认证的安全隐患,可以在信息网络之上构建一个安全、可信、稳定、高速的网络通信环境。

特别说明:选用 VPN 解决方案的目的是解决校外教职工和党校学员能通过身份认证后便捷地访问校园网为其开放的相关信息资源,也为在职党政干部网络学习的有效开展提供了现实的可能性。

本期建设中校园网的 VPN 连接,选择集成的 VPN/防火墙解决方案作为校园网的 VPN 接入网络解决方案。产品型号在"数字福建"入围产品中进行选择。

政务网的 VPN 连接,通过在核心交换机 BigHammer6805 中插入扩展服务模块,以支持 MPLS VPN,借助"数字福建"政务网的 MPLS VPN 网络系统建设全省党校系统的 MPLS VPN 连接。

4.5.1.5 VLAN 划分

在网络中采用支持 VLAN 划分的交换机,通过虚拟子网的划分,使不同的部门隶属不同的虚网,虚网之间的通信必须通过第三层路由交换来实现。

虚网将一个物理上连接的网络在逻辑上完全分开,这种隔离不仅是数据访问的隔离也是广播域的隔离,就如同是物理上完全分离的网络一样,是一种安全的保护。通过第三层的路由交换设置,可以让虚网之间完全不可访问或者有限地相互访问,虚网之间的访问控制主要有访问控制列表(ACL)和路由表分发控制。

4.5.1.6 可靠性安全措施

可靠性安全措施主要是通过物理层的安全来加以保证。网络和计算机设备、通信线路以及业务数据的物理安全是整个网络安全的前提,尤其是要保护网络中的核心交换和路由设备及其他配套设施免遭自然环境事故、人为操作失误或错误以及各种计算机犯罪行为导致的破坏过程。安全措施主要包括以下几个方面。

①环境安全

严格按照国家有关标准建设整个网络中的所有计算机房。

②设备安全

主要包括设备的防盗、防毁、防电磁信息辐射泄露、防止线路截获、抗电磁干扰及电源保护等；另外，对于重要的网络设备如路由器、中心交换机和服务器，必须实行物理隔离的方法来确保其使用安全。

③冗余备份

主要是针对网络中的那些重要单元（如中心交换机、服务器、存储系统、重要的通信线路等），采用冗余备份措施。

4.5.2 系统级安全

系统级安全的考虑是使用安全等级较高的操作系统，并从操作系统的角度来考虑系统安全措施，防止不法分子利用操作系统的一些 BUG、后门取得对系统的非法操作权限。系统级安全管理的主要内容包括以下三个方面。

①配置操作系统，使其达到尽可能高的安全级别。

②及时检测、发现操作系统存在的安全漏洞。

③对发现的操作系统安全漏洞做出及时、正确的处理。

4.5.3 应用级安全

应用级安全主要目的是在应用层保证各种应用系统的信息访问合法性，确保用户根据授权合法的访问数据。应用层的安全防护是面向用户和应用程序的，采用用户认证、授权管理系统和作为安全防护手段，实现应用级的安全防护。

为了有效地实现应用级的安全，应该先考虑应用系统数据信息分类和应用系统用户分类。比如可以将数据信息分为特级机密信息、机密信息、公共信息。相应地将用户分为特级用户——可以访问所有的信息，一级用户——可以访问机密信息和公共信息，普通用户——只能访问公共信息。不同权限的用户登录到应用系统，只能在其权限范围内进行操作。

应用级安全主要从下面两个层次加以实现。一方面，利用各个应用子系统自身专有的安全机制；另一方面，利用数据库自身的安全机制。

应用系统安全机制主要是指在开发应用系统时，建立相关的安全机制，并与相关数据库平台安全机制和相应消息传递平台的安全机制紧密、有机地结合。主要包括如下几点：

  自定义的用户安全策略；

  应用系统用户身份认证；

  访问控制授权；

  数据加密传输；

  审计监督。

4.5.4　企业级安全

  企业级安全建立在整个网络系统范围内，确保整个网络的正常运行，包括网络设备、应用系统的正常运行，信息存储和传输的安全和可靠。企业级安全主要包括以下几方面的内容。

  内部安全管理：从统计数字上看，70%以上的网络攻击行为来自企业内部。

  数据的可靠性：数据定期备份，具有完善的灾难恢复计划。

  计算机病毒防范：历年来，全世界各地因为病毒入侵所造成的损失触目惊心、数不胜数。尤其现在病毒通过网络广泛传播，影响面极大，造成的危害也极大，其对系统和数据的破坏性是原来单机系统时所不能比拟的。另外，现在有很多黑客程序，如 Back Orifice、NETSPY 等，在传播其"探测器"程序时采取的都是类似病毒的机制。

4.5.4.1　安全管理制度

  信息系统在建成并投入运行后，为保证其安全，除了技术上的措施外，在管理方面，必须在内部建立一整套完善而且严密的安全制度，并切实遵照执行，才能从根本上确保系统的安全。加强内部人员的安全教育，明确各用户的系统使用权限，严格机房等重要场所的管理，加强内部的安全管理。

  内部安全管理必须坚持以下基本原则：分离与制约、有限授权、预防为主和可审计原则。内部安全管理的内容主要包括制定以下管理制度：

  机构与人员安全管理制度；

  系统运行环境安全管理制度；

  硬设施安全管理制度；

  软设施安全管理制度；

  网络安全管理制度；

数据安全管理制度；

技术文档安全管理制度；

应用系统运行安全管理制度；

操作安全管理制度；

应用系统开发安全管理制度；

应急安全管理制度。

4.5.4.2 数据备份防范机制

随着信息系统数据量的增长、历史数据对业务的重要性的不断增强，建立和采用全面、可靠、安全和多层次的数据备份以保证在灾难突发性时的系统及业务的有效恢复。

不同用户对灾难发生后数据的恢复程度有着不同的要求，通常要求越严格，花费也越高，一般是按照威胁半径、数据更新要求、恢复时间要求和对丢失数据的容忍程度来评价对灾难恢复的要求程度。在本项目中，对各主要系统及其相关数据进行定时、自动备份，对数据量大、更新较少的数据采用差分备份，对数据量小、更新较多的数据采用完成备份。

数据备份系统在条件具备时，配置并结合部分关键数据，统一备份到设在省空间信息工程研究中心的福建省政务数据灾难备份中心的方式运作。

4.5.4.3 计算机病毒防范

计算机病毒的防范应采用技术手段和管理手段相结合的办法，进行综合防范。技术手段主要是形成一套严密的多级跨平台防病毒系统。对系统实行全面统一的防病毒保护，杜绝病毒在网络系统中的传播，实时监测包括软盘、Internet 下载、E-mail、网络、共享文件、CD-ROM 和在线服务等在内的各种病毒源，使系统免遭各种病毒的侵害。它甚至还能扫描各种流行的压缩文件和内容，使病毒无处藏身。多级跨平台防病毒系统主要包括以下几个主要方面：

桌面防毒：提供桌面全面、有效的安全保护，包括防止病毒、防止和 Internet 相连时一些恶意 Java 和 ActiveX 小程序等 Web 攻击和电子邮件入侵。

服务器防毒：提供应用于文件及应用程序服务器的防毒，提供综合的基于服务器的病毒防护，帮助在网络上的关键服务器控制点防止病毒传播，保护被网上其他人访问的服务器文件、共享文件夹和服务器上的任何重要数据。能够实时地检测所有传到或传出服务器的感染了病毒的文件，并对检测出的病毒进行清除、删除甚至隔离以备将来分析和追踪根源。

群件防毒：阻止消息传递平台即群件环境内病毒。用于 Lotus Notes/Domino 或 Microsoft Exchange 服务器。安装在服务器上防毒软件采用扫描技术，扫描出被感染的文件，并防止病毒扩散到客户机。

网关防毒：针对网关防病毒，可以为防火墙提供反病毒附加层。包括对基于 SMTP 的电子邮件中病毒的清除，对 HTTP/FTP 代理服务器的保护，对恶意 Java 和 ActiveX 小程序的检查。

整个防病毒系统如附图 8 所示：

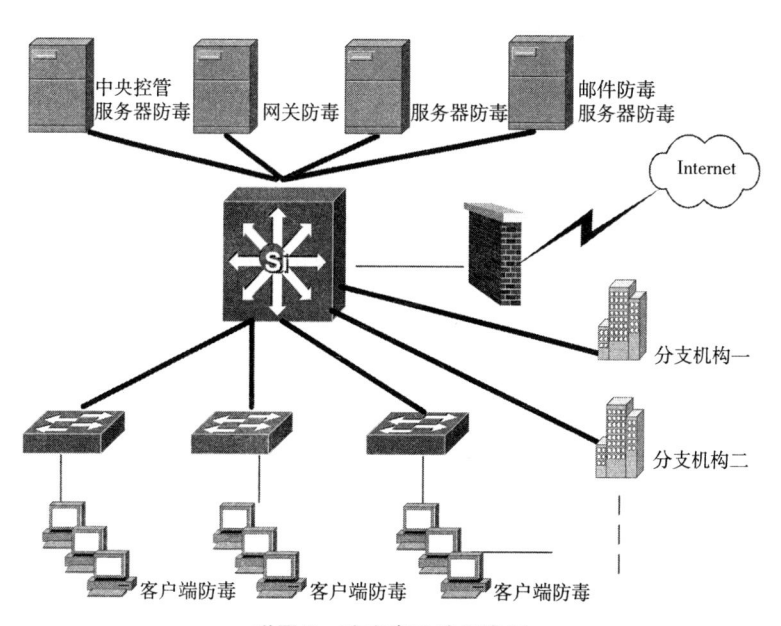

附图 8　防病毒系统示意图

防病毒系统的产品部署如下：

配置一套邮件防病毒系统，对进出福建省委党校的邮件进行全面防毒扫描，发现病毒即时进行处理，并且给出系统管理员即时的通知信息。

配置一套网关过滤系统，对进出网关的邮件进行内容过滤，全面阻挡垃圾邮件的侵扰，并根据福建省委党校的邮件保密规定制定邮件发送安全策略，保证机密资料不外泄。

配置一套主机防病毒系统，对福建省委党校网络内的应用服务器及数据库进行全面防护，斩断病毒在服务器内的寄生及传播。

对所有的客户机进行全面防护，彻底消除病毒对客户机的破坏，保证所有员工都有一个干净、安全的平台。

所有防毒软件的升级、防毒策略的制定，通过控管系统集中实现，一方面保证所有防毒软件得到即时更新，另一方面保证整个防毒策略的一致。同时生成整个省委党校统一的病毒报告日志，便于系统管理人员即时对病毒发现情况进行掌握，制定更加有效的网络平台安全使用策略。

4.5.5 数字校园身份认证及计费系统

4.5.5.1 概述

校园网络是一个应用相对复杂的环境。随着网络规模的扩大、功能的拓展和用户数量的迅速增加，网络结构日趋复杂，网络结点数剧增，流量分布不均及流量内容多样化，网络平台上运行的各类管理系统都存在着不同的安全需求。这些都对校园网提出了更高的要求。为了较好地满足接入方式多样化、提供服务多样化、用户层次多样化、管理对象多样化、付费类型多样化以及网络结构多样化的需求，采用网络用户身份认证和计费系统，建立一个可运营、可管理的宽带网络，已成为校园网建设发展的迫切要求。

4.5.5.2 网络认证及计费系统的作用

①统一的用户身份认证平台

通过在校园网中提供 LDAP 服务，改造现有各服务的身份认证方式，实现校园网中用户的统一身份认证，便于管理用户。同时也提供了校园网中各系统对用户身份的统一管理，为规范用户的网络应用和服务创造条件。

②灵活的计费方式

既能按照时间来计费，也可以按照流量来计费，实现各种灵活的计费策略。不同用户可以使用不同的计费策略。同时，这些计费策略可以和不同的接入方式实现无缝结合，体现出最大的方便性和实用性。

③提供用户差异化的服务

针对用户身份复杂、层次多样化的情况，对不同的用户身份提供从内容到带宽的不同控制。比如校领导或教师可以拥有比普通学员更多的访问权限、更高速的带宽保证,这样不仅更好地利用了有限的资源,也可以避免学员接触与学习无关的内容,实现用网络促进教育的最终目的。

④实现宽带网络的安全管理

由于用户终端是以普通的以太网卡与接入网连接,在通信中会发送一些广播地址的帧(ARP、DHCP 消息等),而这些消息会携带用户的个人信息[如用户 MAC(媒质访问控制)地址等]。如果不隔离这些广播消息而让其他用户接收到,容易发生 MAC/IP 地址仿冒,致使网关地址冲突,影响设备的正常运行,中断合法用户的通信,严重时将导致网络瘫痪。为用户分配固定 IP 地址或者采用 DHCP 方式来为用户动态分配 IP 地址时,会出现第三层的广播问题。因此必须加以解决。

4.5.5.3 产品的选型及功能实现

作为福建省委党校的数字校园身份认证及计费系统,可以方便地解决以下问题。

实现电信级的用户身份认证。在用户管理上,通过系统给每一个客户端用户分配 IP 地址,用户不能自己随意设置及更改地址,加上用户名和密码的方法,可以百分百地确保用户身份的唯一性。避免了因地址仿冒及网关地址冲突带来的严重后果。同时避免了数据被窃听,保护了网络的安全。

可为用户提供多种服务。与校园网的管理需求相结合,可为每个用户定制不同的服务级别,包括上下行带宽的分配,固定或动态 IP 地址。

计费策略灵活方便。可根据运营商提供的不同服务定制灵活的计费策略,选择合理的计费方式,比如流量、时长和包月,还可由用户的特殊服务设置其他附加的计费策略,比如固定 IP 或者额外分配带宽的附加费用。

可对用户进行以 16Kbps 为单位的速率控制,提供了保证用户服务质量的手段。

可解决 IP 地址短缺问题。本产品内带 NAT(Network Address Translating)功能模块,可方便管理员分配内部网 IP 地址给上网用户,再通过 IP 地址翻译成合法 IP 地址上公网,免去单位因为 IP 地址短缺需要另外购买专用 NAT 设备的麻烦。

可有效防止网络病毒的传播。因为本产品解决了以太网应用 PPPoE 接入时产生的第二层广播问题,所以即使某台客户机感染了计算机病毒,也只能影响本机，病毒不会在整个网络中散播。

灵活的上网访问控制。可根据用户单位对上网管理的规定，方便灵活地制定每个用户的上网访问控制策略。

强大的上网行为记录审计功能。提供用户连接和访问网络的日志记录，对用户上网行为的记录和审计提供了良好的解决方案。

基于 Web 的浏览器管理界面，易于管理。

4.6 其他系统

4.6.1 布线系统

4.6.1.1 概述

综合布线系统是智能大厦弱电系统智能化及计算机网络系统的物理链路基础，是建筑物内部之间的信息传输网络。它能使建筑物内部的语音、数据通信设备、信息交换设备、建筑物物业管理及建筑物自动化管理设备等系统之间彼此相连，也能使建筑物内通信网络设备与外部的通信网络相连。

综合布线系统的特点是将所有的语音、数据等系统的布线，经过统一的规划设计，综合在一套标准的布线系统中，解决了目前建筑物中所面临的有关语音、数据等设备的布线不兼容问题。综合布线系统可支持目前及将来在建筑物中的语音、数据、图像、多媒体等其他多种应用。

4.6.1.2 设计原则

①标准化

综合布线系统的设计均符合国际标准、国家标准及行业标准，是一个开放式结构，支持基于国际标准的不同厂家的网络或通信，能支持电话及多种计算机数据系统，还能支持会议电视等多媒体系统的需要。

②先进性

布线系统的设计必须采用先进的概念、技术、方法和设备，既要反映当前水平，又具有较大发展潜力。

③灵活性

布线系统要具有开放性和灵活性，一方面能适应不同用途要求（如话音和数据），同时还能够支持基于国际标准的不同厂家的网络或通信。

④可靠性

布线系统是智能大楼信息传递的最主要通道，要保证信息可靠的传递，必须要有可靠的布线系统。

⑤可扩充性

当前，计算机信息技术的发展异常迅猛，在设计本布线系统时，应充分布考虑线系统的扩展能力。

⑥经济性

在满足上述原则的基础上，应尽可能降低系统投资，使有限的资金发挥最大的效用。

4.6.1.3　设计依据

《智能建筑设计标准》

《建筑智能化系统工程设计标准》

《建筑与建筑群综合布线系统工程设计规范》

《建筑与建筑群综合布线系统工程验收规范》

《商用建筑物电信布线标准》

《商用建筑布线系统管道及空间位置标准》

4.6.1.4　设计方案

本系统由工作区、配线子系统、干线子系统、设备间、管理和建筑群子系统 6 个部分组成，见附图 9。

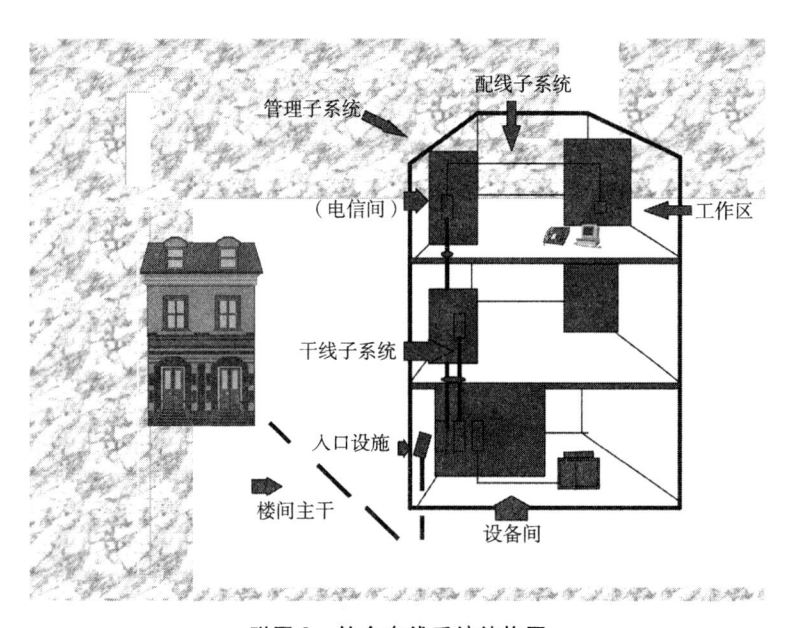

附图 9　综合布线系统结构图

4.6.1.5 系统设计总述

对 3 号学员楼、4 号学员楼、新建教工宿舍楼、礼堂综合布线系统进行改造，采用超五类标准进行设计。

教学科研大楼同各建筑物之间采用 2 根 6 芯室外光纤连接。

4.6.1.6 工作区设计

工作区是指一个独立的需要设置终端设备的区域。工作区应由配线（水平）子系统的信息插座延伸到工作站终端设备处的连接电缆及适配器组成。见附图 10：

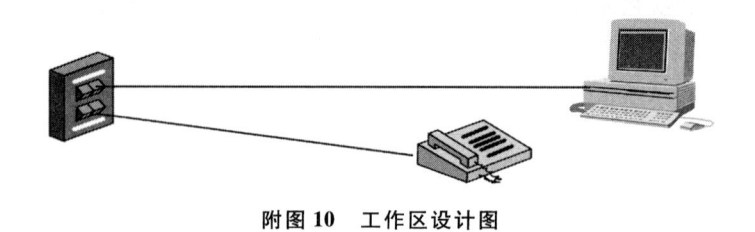

附图 10　工作区设计图

4.6.1.7 配线子系统设计

配线子系统是由工作区的信息插座、信息插座至楼层配线架设备（FD）的配线电缆或光缆、楼层配线设备和跳线组成。见附图 11：

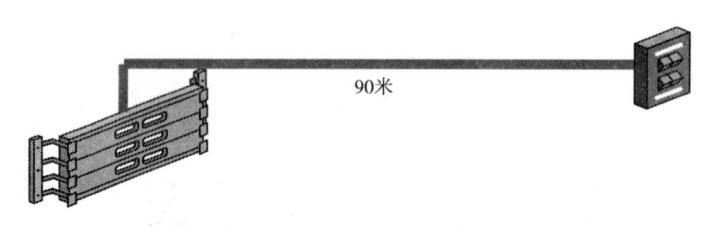

附图 11　配线子系统设计图

4.6.1.8 干线子系统设计

干线子系统是由设备间的建筑物配线设备、连接设备间总配线架与楼层配线架之线缆及跳线组成。干线子系统包括数据干线和语音干线。数据主干和语音主干线缆均从网络中心机房敷设到各层弱电配线间。

4.6.1.9 设备间设计

设备间是在每一幢大楼的适当地点设置电信设备、计算机网络设备以及建筑物配线设备并进行网络管理的场所。对于综合布线系统工程设计，设备间主要安装建筑物配线设备（BD）。

4.6.1.10　管理设计

管理的内容包括管理方式、标识、色标、交叉连接等。这些内容的实施，将给今后维护和管理带来很大的方便，有利于提高管理水平和劳动效率。

管理应对设备间、交接间和工作区的配线设备、线缆、信息插座等设施，按一定的模式进行标识和记录，并设置中文管理文档，文档包括设备和线缆的用途，使用部门，组成局域网的拓扑结构，信息插座及配线架的编号、色标、链路的功能和各项主要特征参数、链路的完好状况、故障记录等内容。还应标明设备位置和线缆的走向等内容。

4.6.1.11　建筑群子系统设计

建筑群子系统是由连接各建筑物之间的综合布线线缆、建筑群配线设备和跳线组成。

建筑群子系统为计算机网络中心与图书馆楼、3号学员楼、4号学员楼、新建教工宿舍楼、礼堂、8号教工宿舍楼、13号教工宿舍楼、15号教工宿舍楼、17号教工宿舍楼、教学校、研修楼、1号学员楼的光纤连接，每个建筑物与网络中心采用2根6芯室外单模或多模光纤连接。

4.6.1.12　接地、电源与环境要求

①接地要求

综合布线电缆所采用的金属槽道和钢管，应保持连续的电气连接，并在两端良好接地。

综合布线系统必须有良好的接地系统。保护地线的接地电阻值，单独设置接地体时，不应大于 4Ω；采用联合接地体时，不应大于 1Ω。本系统根据工程实际情况，采用联合接地方式，即共用大楼接地体。

当电缆从建筑物外面进入建筑物时，电缆的金属护套或光缆的金属件应在进户处可靠接地。

交接间所有配线机柜应可靠接地。具体措施是在弱电间内靠墙敷设1根 40×4 镀锌扁钢作为弱电系统接地母线，各配线机柜均引1根 BV-16mm2 与接地母线连接。镀锌扁钢应与弱电总等电位母排可靠连接。

②安装工艺、电源及环境要求

由于设备间设在计算机网络中心，其建筑、环境、电源、接地要求与机房统一考虑即可（详见机房设计方案）。

交接间应提供不少于两个 220V、10A 带保护接地的单相电源插座。1 个用于网络设备（SWITCH/HUB）用电，另 1 个为维修插座用电。设备用电应由机房 UPS 供电。每一交接间 UPS 插座用电容量按 500W 考虑。两组插座在外观上应有明显区别，以免误插。

交接间应有良好的通风，安装有源设备时，室温宜保持在 10~30℃，相对湿度应保持在 20%~80%。

金属线槽应直接伸进墙柜内，墙柜应密闭包封，防止鼠、虫等动物进入柜内咬坏线缆。

4.6.2 机房

省委党校校园网没有专用机房，现有设备暂存在图书馆机房内。根据校园网建设的整体规划，网络中心机房将设在新建的教学科研大楼内，现有图书馆机房将除作为图书馆本楼的中心机房外，还将作为整个校园网的备份网络中心。

4.6.2.1 项目需求分析

本项目机房设在新教学科研大楼 10 层。计算机网络中心机房是福建省委党校对外交流的窗口，负责全校计算机网络的内外通讯。

4.6.2.2 设计依据

《智能建筑设计标准》

《建筑智能化系统工程设计标准》

《民用建筑电气设计规范》

《建筑物防雷设计规范》

《电子计算机机房设计规范》

《电子计算机场地通用规范》

《高层民用建筑设计防火规范》

《计算站场地安全要求》

《电子计算机机房场地通用规范》

4.6.2.3 设计标准

按 B 级机房标准设计，其主要技术指标有如下要求。

①开机时主机房的温湿度要求，见附表 5。

附表 5　主机房的温湿度要求

项目	全年
温度	18～28℃
相对湿度	40%～70%
温度变化率	<10℃/h 并不得结露

②机房照度：机房内正常照度不小于 200LX，机房事故照明照度不小于 20LX。

③机房电源质量，见附表 6。

附表 6　机房电源质量要求

项目	A 级
稳态电压偏移范围（%）	±5
稳态频率偏移范围（%）	±0.5
电压波形畸变率（%）	5～8
允许断电持续时间（ms）	4～200

④机房防雷接地：采用综合接地方式，接地电阻≤1Ω。

⑤机房零地电压：机房零地电压≤1V。

4.6.2.4　设计方案

①设计内容

本项目将从建筑功能分区、建筑结构要求、装修、配电、空调、照明、消防、防雷及接地等方面做出规划性设计。

②建筑功能分区

根据福建省委党校计算机网络中心的实际情况，本机房应包括以下几个分区。

办公区：包括主任办公室、副主任办公室、开发维护室（包括网站编辑、数据加工制作发布等）。

主机房：小型机、服务器的集中存放地。

配线间：安放交换机、综合布线配线架等。

视频会议演播室：用于远程教学、技术培训等。

配电间：安放 UPS 电池、双电源切换柜、配电箱等。

其他：包括会议室、储藏间等。

③建筑结构要求

机房的楼板载荷不得小于 $5kN/m^2$，主机房净高不得小于 2.5 米。

在机房的两端，应设置不少于两个的安全出口，门应向疏散方向开启。

④装修

机房室内装修主色调应淡雅柔和，所选材料应满足气密性好，不起尘，易清洁，在温、湿度变化作用下变形小的要求。

A. 地面

在主机房、工作站、配线间和配电间铺设 600mm×600mm×35mm 钢质抗静电活动地板。其余房间楼板应刷防尘漆。

B. 吊顶

采用透气性好、阻燃、吸音并与灯具能较好配合的 600mm×600mm 微孔铝塑板材料。吊顶内四壁及顶板底面应清理干净。机房净高度（抗静电地板上）应不小于 2.5 米。

C. 墙面

各房间采用水泥漆墙面。

D. 门

出入口为防火防盗门，门口装有识别人员身份的门禁机；机房内部采用全玻璃隔断，隔断上的门采用不锈钢全玻璃门。

E. 隔断

各房间均采用防火玻璃隔断（包括与走廊隔断），以增强房间通透性。各办公室采用阻燃窗帘遮挡。主任办公室与副主任办公室采用 100mm 厚硅酸钙板隔断。

⑤配电

A. 用电负荷

机房共有两种用电负荷：计算机系统用电负荷和动力用电负荷。动力用电包括空调用电、照明用电和维修用电。两种用电负荷均属于一级负荷，计算机系统中重要设备用电电源则属于一级负荷中的特别重要负荷。

B. 供电电源要求

机房两种用电负荷均采用 TN-S 系统供电。

两种用电负荷均采用市电和备用电源（柴油发电机组）双回路电源供

电，在负荷末端（机房配电间内）进行双电源自动切换。

在配电间内，设有计算机系统用电和动力用电两个双电源自投自复配电柜。双电源自投自复配电柜在市电断电时可自动切换至备用电源回路；市电恢复供电时，则自动切换回市电回路。

应通过 UPS 电源向计算机系统供电，其功率应满足机房内和各楼层弱电间内所有计算机网络设备的用电要求，并应有一定的余量。UPS 电源的备用时间应不短于 1 小时。

供电电源质量应满足规范要求。

C. 配电线路

机房插座配电线路及机房照明配电线路均采用阻燃铜芯线。特别重要回路（如小型机、服务器回路）采用阻燃双层护套线缆，确保供电回路安全。

配电线路在活动地板下采用金属线槽与焊接钢管相结合的方式敷设，在吊顶内穿钢管敷设，钢管难以到达处穿金属软管敷设，但金属软管长度应小于 80cm。

机房内的 UPS 电源插座和市电插座，两者应在外观上有明显区别，以免混插。

⑥空调

主机房、工作站、配线间和配电间应采用柜式或吸顶式商用空调进行空气调节，以满足其对环境温、湿度的要求，其余房间利用大楼中央空调进行温、湿度调节。

⑦机房照明

机房灯具主要采用与吊顶相协调的 $3 \times 20W$ 高效荧光灯以保证充足的照明，主机房照度应不小于 300LX。

机房内设有应急灯作为事故照明，在市电停电时，应急灯由机房内 UPS 电源进行供电。主机房应急照度取不小于 30LX。

机房内另设有的事故应急照明灯和疏散指示灯（安全出口灯），在事故停电时，应急灯由机房内 UPS 电源进行供电。

⑧消防

机房内应设置火灾自动报警和自动气体灭火系统，由消防专业负责设计施工。机房消防应满足以下要求：

机房应设为独立的防火分区；

应采用气体自动灭火系统，不得采用喷淋灭火；

机房内文件柜、窗帘等物件应采用防火材料；

机房吊顶上下及活动地板下，均应设置探测器和喷嘴；

机房应采用感烟、感温探测器的组合。

⑨防雷及接地

A. 防雷

计算机网络机房防雷包括电源防雷和通信线路防雷两部分。

a. 电源防雷

机房电源防雷是指对机房的电源线路进行防雷处理。一般分为三级，一级防雷设在大楼总配电柜处，用于抵御大楼电源总进线的感应雷击电流，其通流量的设计要求为 40~80KA，一般由供电局或强电专业负责施工；二级防雷设在机房电源总配电柜前，用于抵御经一级避雷器消弱后的雷电流，其通流量的设计要求为 ≥ 40KA；三级防雷设在重要回路或网络设备插座前，其通流量的设计要求为 ≥ 5KA，彻底免除雷电流对网络设备的影响。

b. 网络通信线路防雷

网络通信线路防雷主要是针对感应雷电流和过电压通过户外引进的通信线路对设备的破坏。网络线路在接入网络设备前，应将线路通过专用避雷器进行防雷接地处理，以达到防雷目的。

在交换机中继线入口，加装线路雷电浪涌保护器，每线一个。

在与外部连接的调制解调器和 DDN 等专线等加装雷电浪涌保护器。

B. 接地

a. 接地类型

交流工作接地，接地电阻要求 ≤4Ω。机房交流工作接地，是指对机房强电线路接地，一般由强电专业负责施工。

安全保护接地，接地电阻要求 ≤4Ω。机房安全保护接地，是指对正常状态下设备不应带电的金属外壳或金属装置进行的保护接地，包括在使用过程中产生静电对正常工作或设备使用寿命造成影响的场所，应采取防静电措施。

直流工作接地，接地电阻要求 ≤1Ω。直流工作接地即小型机工作接地，接地电阻大小一般根据计算机系统的具体要求而定，直流工作接地的接地电阻越小越好，并设有专用接地线与接地系统可靠连接。一般小型机房要求直流工作接地电阻≤1Ω。

防雷接地，接地电阻要求≤4Ω。建筑物外部防雷保护，主要是保护建筑物免受雷击，在本大楼建筑物建设时已实现。机房防雷接地是指对电源防雷和通信线路防雷进行接地处理。

b. 接地要求

本工程采用综合接地方式，即共用大楼接地装置，要求大楼接地电阻≤1Ω。

从大楼弱电总等电位母排引2根 BV – 50mm2 线缆至网络中心机房，作为机房直流接地和防雷保护接地。

机房建设的其他系统：门禁、安防、布线、机房场地监控等系统，考虑到目前实际情况，本方案暂未做设计及预算，届时视具体需要再行设计安排。

5. 项目招标方式

依据《中华人民共和国招标投标法》和《工程建设项目可行性研究报告增加招标内容和核准招标事项暂行规定》（中华人民共和国国家发展计划委员会令第9号），该建设项目需要进行招投标，为保持硬件设备项目和备份系统软件的一致性，可对系统集成商进行整体招标，具体招标投标办法，建议待实施阶段由有关单位确定。

6. 效益分析

福建省委党校校园网（二期工程）的建设项目的实施是"数字福建"建设的一个重要组成部分。项目的实施可带来以下效益。

通过信息技术的广泛应用，建成集福建省党员干部教育网络学习数据中心、福建省党员干部远程教育门户网站、资源中心、管理中心和教学中心于一身的全省党校系统远程教学的网络中心枢纽，为来校学习的各级领导干部提供获取各类信息的便捷渠道。

为建立福建省党员干部教育网提供了现实和可能，通过这一平台也为全省党员、干部的在职理论学习、远程教育、信息服务营造了良好的信息化服务设施，创建了远程教育、网络学习的交互式服务平台。

可以充分利用政务信息网的信息通道，为各级党政机关提供更为快捷、和谐、安全的理论学习、理论教育、理论宣传的信息服务，为加强党的执政能力建设服务，同时还能提供召开实时网络会议的途径。

通过福建省委党校校园网建设，为省委党校数字校园的建设提供了物质基础，促进远程教育、校园信息化、数字图书馆建设迈上新台阶，为实现省委提出的创建一流党校作出新贡献。

随着省委党校校园网建设项目的顺利推进和投入使用，在运行过程中系统的及时性、全面性、方便性、准确性和安全性等优势将发挥出来。这对促进我省各级党校信息化和持续、健康地发展都具有很强的现实和战略意义。

综上所述，本项目的工程经济评价结论可行。

备注：根据2005年11月8日《福建省发展和改革委员会关于中共福建省委党校校园网（二期工程）项目可行性研究报告暨初步设计方案的复函》（闽发改高技〔2005〕1008号）文件精神，我校校园网二期工程建设项目获准正式立项，并据此函复要求抓紧组织实施。项目建设内容主要包括网络系统、无线局域网系统、数据中心及数据存储系统、应用系统、弱电机房系统等。其中，网络建设将建成以教学科研大楼为中心，图书馆现有网络为备份中心的网络服务系统。数据中心包括服务器系统、数据存储系统等。应用系统建设包括政务网WEB发布系统和办公自动化系统。购置项目内容包含服务器、交换机、PC机、硬盘、磁盘阵列、隔离卡、防火墙、无线AP、UPS等硬件设备195台套，操作系统、数据库、网管、防病毒等软件7套，并开发相关应用软件。项目总投资概算为253万元，实际投资以招标额为准。项目建设按省有关规定进行招投标。

附件：福建省委党校校园网络系统建设项目（二期工程）文件目录

1.《数字福建项目可行性研究报告——中共福建省委党校校园网（二期工程）建设项目可行性研究报告暨初步设计方案》，福建省建融工程咨询有限公司，2005年6月。

2.《中共福建省委党校校园网（二期工程）建设项目可行性研究报告暨初步设计方案的复函》（闽发改高技〔2005〕1008号），2005年11月。

3.《福建省政府采购招标文件——福建省委党校校园网（二期）建设工程（交换机设备·无线局域网设备）政府采购》，福建省政府采购中心，2006年4月。

4.《福建省委党校校园网（二期）建设工程（交换机设备·无线局域网设备）政府采购投标文件（合同包一·商务部分）》，福建南威软件工程发展有限公司，2006年5月。

5.《福建省委党校校园网（二期）建设工程（交换机设备·无线局域网设备）政府采购投标文件（合同包二·商务部分）》，福建南威软件工程发展有限公司，2006年5月。

6.《福建省委党校校园网（二期）建设工程技术方案》，福建南威软件工程发展有限公司，2006年5月。

7.《福建省委党校校园网（二期）建设工程（交换机设备·无线局域网设备）政府采购合同书》，甲方：福建省委党校；乙方：福建南威软件工程发展有限公司；2006年6月

8.《关于港湾网络有限公司被收购的说明函》，港湾网络有限公司福州分公司，2006年6月。

9.《福建省委党校校园网（二期）建设工程设备变更申请报告》，福建南威软件工程发展有限公司，2006年9月。

10.《关于福建省委党校校园网（二期）项目的说明函》，杭州华为三康技术有限公司，2006年9月。

11.《关于校园网8508核心交换机引擎问题的承诺函》，杭州华为三康技术有限公司，2006年9月。

12.《制造商出具的授权函》，杭州华为三康技术有限公司，2006年9月。

13.《售后服务承诺函》，杭州华为三康技术有限公司，2006年9月。

14.《福建省委党校校园网（二期）建设工程设备变更方案》，福建南威软件工程发展有限公司，2006年9月。

15.《售后服务承诺书》，福建南威软件工程发展有限公司，2006年9月。

16.《〈省委党校校园网二期工程交换设备供货产品调整方案〉专家论证意见》，2006年9月。

17.《省委党校关于校园网（二期）工程交换设备供货产品调整方案说明及将相关材料提交备案的函》（闽委校函〔2006〕45号），2006年9月。

18.《福建省委党校校园网（二期）建设工程网络设备变更协议书》，甲方：福建省委党校；乙方：福建南威软件工程发展有限公司；丙方：杭州华为三康技术有限公司；2006年9月。

19.《中共福建省委党校校园网中心机房设备采购及安装项目合同书》，甲方：福建省委党校；乙方：福建省三杰特电子工程有限公司，2006年8月。

20.《中共福建省委党校校园网（二期）建设工程委托监理合同》，甲方：福建省委党校；乙方：福建省计算技术应用研究所；2006年11月。

21.《拟购服务器正版软件登记表》，福建省委党校，2006年11月。

22.《售后服务承诺书》，福建南威软件工程发展有限公司，2007年4月。

23.《服务承诺函》，福建南威软件工程发展有限公司，2007年4月。

24.《福建省政府采购招标文件——福建省委党校计算机、服务器、存储设备等项目》，福建省政府采购中心，2007年4月。

25.《福建省委党校计算机、服务器、存储设备项目投标文件》，福建恒锋电子有限公司，2007年5月。

26.《福建省委党校计算机、服务器、存储设备项目采购合同》，甲方：福建省委党校；乙方：福建恒锋电子有限公司；2007年5月。

27.《中共福建省委党校UPS设备采购及安装项目合同书》，甲方：福建省委党校；乙方：福建省三杰特电子工程有限公司；2007年8月。

28.《机房恒温恒湿精密设备合同》，甲方：福建省委党校；乙方：福建省三杰特电子工程有限公司；2007年8月。

29.《福建省委党校数字校园应用系统软件政府采购合同》，甲方：中共福建省委党校；乙方：杭州正方电子工程有限公司；2008年10月。

30.《中共福建省委党校综合楼机房场地监控系统合同书》，甲方：福建省委党校；乙方：深圳市安之源电子有限公司；2008年11月。

31.《承诺书》，杭州正方电子工程有限公司，2009年1月。

案例之五

部分省级党校 2006~2010 年信息化建设规划方案

福建省委党校 2006~2010 年信息化建设规划要点

一、总体思路

2006~2010 年信息化建设应用的总体思路是抓住信息化应用这个核心，以建促用，以用促建，整体规划、分步实施、突出重点、全面推进，优化管理，创新服务，满足需求。

二、总体目标

2006~2010 年信息化建设与应用的总体目标：到 2010 年，建成数字校园的"二个网络体系""十大应用系统"和"三大特色数据资源库"，使福建省委党校信息化建设水平与福建经济社会发展水平、党校事业发展相适应，总体水平进入全国党校系统前列。

1. 二个网络体系

一是构建通过政务信息网专用通道面向全省党政机关、事业单位，方便快捷、资源丰富、特色鲜明的干部教育虚拟专网。

二是构建通过公网面向社会，方便快捷、资源丰富、特色鲜明的理论学习、干部教育虚拟网。

2. 十大应用系统

（1）数字校园管理系统（以校园网、数据中心为支持环境、实现分层管理的全校综合性管理信息系统平台，建成具有信息共享功能、综合分析功能并提供决策支持的校务管理系统）。

（2）校园一卡通系统（架构在校园网上服务数字校园各种应用需要身份识别的集校园商务、校务管理和金融服务于一身）。

（3）办公自动化系统（以日常办公、收发文、会议等业务信息传送为主要功能）。

（4）教务管理系统（以主体班次、研究生和函授教育为主要功能）。

（5）科研管理系统（以科研机构管理、项目管理、成果管理、学术交流管理为主要功能）。

（6）数字图书馆系统（以特色资源、数字图书、数字期刊、视频资源为主要功能）。

（7）远程教育系统（以远程教育内容直播、点播以及远程监考管理为主要功能）。

（8）后勤管理系统（以后勤服务、校园管理为主要功能）。

（9）视频会议系统（以远程会议、远程监考为主要功能）。

（10）网络党校系统（以在职干部在线学习为主要功能）。

3. "三大特色数据资源库"

（1）福建省党政干部远程教育资源库（含课件库、课件资源库、教学案例库）。

（2）数字图书馆特色信息资源库（含党校文库、学科专题库、省情资源库、视频资源库）。

（3）党校基础资源信息库（含办公管理信息库、教学教务信息库、科研管理信息库、校园管理信息库、人事管理信息库、机关党建信息库、后勤服务信息库、业务档案信息库）。

三、统筹规划、分步实施

1. 2005～2006年的主要任务

（1）开展校园网二期工程建设工作（含3号、4号学员楼综合布线系统）。

（2）着手办公自动化系统、政务信息网党校网站系统的研制开发和应用推进工作。

（3）新建10个多媒体教室（其中3个配齐计算机），建设一个功能完备的教学节目演播室。

（4）结合教学科研大楼的启用，充实并改善行政管理、教学科研部门计算机应用条件。

（5）逐步为学员宿舍配备计算机。

（6）加强远程教学网络管理，进一步提高远程教学网络教学资源的利用率。

2. 2007~2008年的主要任务

（1）开展教务管理系统、科研管理系统、远程教育系统、后勤管理系统、视频会议系统、网络党校系统的研制开发和应用的推进工作。

（2）优化更新远程教学网络管理设备。

（3）扩展应用服务器系统，扩大网络数据交换存储能力，完善网络安全系统功能。

（4）建设我省中央党校远程教学网络二级管理体制。

（5）建成福建省党政干部远程教育资源库、党校基础资源信息库。

（6）数字图书馆特色信息资源库形成一定规模。

3. 2009~2010年的主要任务是：建设校园一卡通系统，完成数字校园管理系统的整合，实现信息化建设与应用工作创新发展，服务党校教育上新台阶。

四、经费预算（略）

五、资源建设分工

1. 福建省党政干部远程教育资源库（含课件库、课件资源库、教学案例库），由各教研部、教务处远程教育中心、信息网络中心负责。

2. 数字图书馆特色信息资源库（含党校文库、学科专题库、省情资源库、视频资源库），由图书馆、科研处、刊报编辑部、信息网络中心、教务处远程教育中心负责。

3. 党校基础资源信息库（含办公管理信息库、教学教务信息库、科研管理信息库、校园管理信息库、业务档案信息库），由各相关行政处室负责。

六、应用规划

着手数字校园的建设，实现校园办公系统以及教学、科研、后勤、远程教育、学员管理的网络化应用。在开通校园办公自动化系统的基础上，增加了短信提醒功能，将办公自动化发送的信息通过短信的形式及时提醒相关用户，使信息传送更加快捷方便，努力实现无纸化办公，提高工作效率。

调整充实远程教学系统服务内容，在充分利用中央党校远程教学资源的同时，结合本省实际，通过省委党校门户网站，建立远程教学和网络党校点播系统，播出省委党校主体班次的优秀课程和部分市县党校的优秀课程，实现全省各级党校资源共享。

完善校园网网站建设。按照《福建省委党校网站信息管理实施细则》，加强网站建设和规范管理，不断充实、更新网站内容，确保上网信息的准确、可靠、安全。同时，定期改版一级主页面样式，并根据各部门特殊需求，改版二级页面样式。

创建政务网信息服务平台。按照"全省政务信息网网站建设先进单位"相关评比标准，设计政务网栏目、样式，并采用规范标准格式，实现对外数据交换，建立通用性较强的信息资源库，为干部教育服务，为党政机关决策服务。

积极推进数字图书馆建设，进一步拓展服务功能，扩大资源共享，提高服务质量。在加强现有图书馆藏建设的基础上，进一步加大购买电子图书和期刊的力度，力争在五年内纸质图书、期刊和电子书刊的数量上一个新台阶，更好地发挥图书资源在教学科研工作中的作用。

七、保障机制

建立健全信息化建设的组织领导体制，形成信息化建设应用良性发展的决策机制、运行机制、资金保障机制。

建立健全信息化工作的组织机构和运行机制，锻造一支规模适度、素质较高、结构合理的信息化建设人才队伍。

建立健全配套协调的信息化服务管理体制和安全运作机制，实现信息化建设管理应用和网络安全管理的规范化、制度化。

建立健全信息资源建设、审核、发布、更新、优化和协作共建、资源共享的管理制度，确保信息资源的可持续发展。

以对党的事业和党校事业高度负责的精神，进一步增强抓好远程教学暨信息化工作的使命感、紧迫感和责任感，抓紧抓好远程教学暨信息化工作，不断为党校事业的发展作出新的贡献。

中共上海市委党校、上海行政学院2006~2010年信息化建设规划要点

一、指导思想、基本原则和发展目标

（一）指导思想

全面推进信息化应用，大力推进教学、科研、办公信息化等应用平台和具有党校特色的信息资源建设，继续推进和完善维护服务社会化的机制和体制，做好信息化规划、建设的管理和运行维护管理工作，为教学、科研、管理等提供技术保障和优质服务。

（二）基本原则

1. 立足于全校及全市党校系统信息化发展的实际和要求，统筹我校信息化发展，做到立足校内、着眼全市。

2. 统一规划，分步实施，逐步完善。

3. 以点带面，重点突破，逐步铺开。

（三）发展目标

以提高我校教学、科研、咨询和管理的信息化水平为目标，以服务教研和实现办公自动化为宗旨，注重以应用为核心，以校园网络为基础，以公务网为补充，加速应用服务平台的建设，完善数字图书馆服务体系和网络远程教学体系，实现校园"一卡通"。构建一个功能完善，特色鲜明，覆盖全市，面向全校学员和教职工，面向全市党政干部的全市党校系统互联互通的信息化网络体系，实现教学、科研、咨询和管理全面信息化。

二、主要任务

（一）基础设施建设

通过采用新技术，整合和完善现有的计算机网络、有线电视网络和电话通信网络，结合应用的推广，逐步实现三网合一，并不断提高我校信息化基础设施的集约化管理水平。

1. 网络系统

建设好全市党校系统网络以及校院网络两个网络。

进一步建好外网，形成连接全市党校系统的网络（1+19+6）架构。应用平台立足于外网，采用动态网页和后台数据库支撑，讲求实际应用效果。实现内网与公务网在内容上的合理定位与互补、衔接，公务网作为涉

密内容的平台，在功能上适应和满足上级的要求。对于条件所限不能敷设网络线路、有应用需求但没有保密要求的工作场所，发展无线局域网络作为校园网络的有效补充。

完成管线系统的清理工作，实现现有网络系统的系统改造和升级，校园网络系统主干延伸到校园的各个楼宇，并逐步完成主要楼宇的局域网建设。

按照新一轮发展的要求，重新整合地下管线系统，使之能满足校园弱电信号传输的要求。网络主干系统完成下一代网络的过渡和升级，以适应更多应用系统运行的要求。

2. 电话通信系统

根据技术发展状况，完成分机改直线的虚拟网改建工作，并以此为契机，在原有电话系统的基础上，实施各项附加功能的应用，满足不同使用对象的个性化服务要求。

在深入调研的基础上，结合无线网络和手持系统技术，实现移动办公。

3. 有线电视系统

根据社会化服务的基本原则，根据各个楼宇的功能定位，实现有线电视的覆盖。完成现有有线电视网络双向改造工作。

4. 中心机房建设

深入调研党校中心机房的用途及其功能，完成党校综合中心机房的前期规划和设计，为新建中心机房做好准备。

根据前期规划和设计，实施中心机房的建设工作，使之成为我校系统化、集成化、智能化的集成控制中心。

（二）应用系统的开发与完善

建立若干个应用系统及若干个服务平台。服务平台主要包括教研咨询服务平台、课件制作平台。应用系统主要包括以下一些系统。

1. 网络远程教学（网络党校）应用系统

加强和完善在线学习城建设，通过与党校现有教学、信息化等资源的整合，初步形成网上虚拟教学的软硬件平台和较系统完整的教学资源，并以此为基础，遵循教学规律，最终形成网络条件下干部终身教育和信息个性化服务体系。

网络远程教学（网络党校）应用系统要以网络基础平台建设和多媒体

课件建设为突破口，以教学管理机制为总抓手，以数字图书馆信息资源为支撑，总体规划、分步实施。

网络远程教学（网络党校）应用系统网络基础平台建设，要在充分论证的基础上，根据主要教育对象和受众的条件和使用习惯以及全市党校（行政学院）资源整合状况，在上海市公务网和公共网中合理选择网络平台，并根据所选择的网络平台特点和现有应用情况，形成具有党校（行政学院）特色，并能符合教育对象需要，最大限度发挥网络教育快速、方便、不受限于时间和空间的特点，同时通过教学组织和反馈机制避免网络教育现存的弊端。

2. 数字图书馆系统

一方面加强图书馆馆藏数据库建设，另一方面加强数字图书馆平台的建设和发展，扩展数字图书馆的应用服务功能。

以信息化引领战略为指导，在图书馆数字化建设的基础上，在充分利用外部各类信息资源基础上，积极自行开发教学科研使用的各类数据资源，特别是与教学和科研紧密结合、能反映当前干部教育特点、适应干部教育需要并能紧密跟踪学科研究前沿方向的数据资源。加强特色数字资源开发与数据库建设，加强镜像站的建设。以强化应用服务、为全市干部教育服务为重点，使教学、科研、咨询、信息服务一体化达到新境界。同时加强党校系统及其他有关单位的联合建设，以避免重复建设。

3. 网站系统

合理规划现有的网站资源，并在此基础上加强对党校门户网站、公务网网站、上海市干部教育公共信息网网站（在线学习城网站）、数字图书馆网站之间的功能分工和信息沟通，做到功能定位合理、内容各有特色、管理上有层次。同时根据需要，为校内各行政、教学、研究等部门建立网站或网页，提供相关的信息交流和办公平台。

在深入调研的基础上，进一步融合网站与各应用系统间的联系，使各网站的用户可根据权限和使用范围方便地调用各种数据，真正达到虚拟办公和虚拟学习的目的。

4. 办公自动化系统

加快网上办公的进程，基本实现无纸化办公，使用纸量减少到目前用量的 20%。

逐步完成办公流程的网络化，使党校管理工作的各个工作环节纳入网络流程管理，并为下一步建立办公辅助决策系统提供技术和管理的准备。

结合办公自动化系统与各业务管理信息系统的整合，建立党校统一的共享、共建、公用的办公管理平台和信息资源库（数据中心），实现各种信息资源一致性，满足各应用系统的调用、汇集和整理的需求，达到党校管理知识积累的目的。

5. 视频会议系统

通过公务网或其他专用网络，提供视频会议系统的技术条件和通道，满足我校与上级机关和其他部门间的视频通信要求。

根据教学活动或其他业务活动应用要求，建设基于互联网的视频会议系统。

6. 校园一卡通系统

实现校内各类资金结算、各类身份认证等应用功能的统一管理。

结合应用软件和网络系统主要实现"一卡通"系统的住宿管理、就餐、消费和部门之间的内部结算、个人办公等管理工作，同时满足部分需要身份认证应用的管理要求，如停车、门禁出入、借阅图书、物品领用、考勤等。调研一卡通系统所涉及的其他管理功能，并研究其他业务系统与一卡通系统的信息交互和资源共享。

结合办公自动化、各项管理、安全监控等主要应用系统及其管理方式，基本完成一卡通系统与其他业务系统的信息共享，实现保安巡更、工作考勤、会议签到表决、学员的信息管理和上课考勤等功能。

调研校内结算中心与外部结算中心的信息沟通的可能性。

7. 安全保卫系统

建成校院安全保卫监控中心，实现系统化管理。将学校重要楼宇的监控系统联结到监控中心，完成重要场所的防盗报警系统，完成校院周界的防越界系统，完成巡更系统。

完成校院范围内主要干道90%区域的安全布控，结合校园一卡通系统完成巡更、监控、出入口管理、门禁、停车等系统，建成校园安保中心与分控中心的协调配合机制，并与110报警中心联动。

（三）信息资源建设

建立一个公共数据中心，并建立本校的信息标准。加强特色数据库建设,为党校的教学、科研、咨询服务。

1. 教学系列数据库的建设

建成为教学服务的多媒体课件制作平台及其资源库,资源库包括图片、音频、视频、多媒体动画等资源,为教师提供相关专业、实用的数据,资源库以20%的年增幅增添数据。建成统一的教务管理、学员管理、教师管理资源库,为不同的教学业务活动提供共享平台。

细分教学资源库的服务对象和学科专业,鼓励教研人员共建教学资源库,力争将教研人员自行制作的比例上升到20%。

2. 图书资料信息资源库建设

对原自建的哲学社会科学数据库进行内容重组,重点建设富有党校特点的党史党建、行政管理等方面的特色数据库。同时加强电子图书、电子期刊等方面镜像站的建设。

完善上海市干部教育系列数据库的开发,加强专题资源库的研究性和学科专业性,扩大收录范围。部分数据库内容建设与其他委办共建共享。数据库内容以20%的年增幅增长。

着眼于网络远程教学(网络党校)应用系统的建设,将数字图书馆的信息查询、专题服务和个性化咨询工作纳入网络远程教学(网络党校)应用系统。根据网络远程教学(网络党校)应用系统的教学服务对象细分图书馆专题数据库的建设工作,形成以数据库自动服务为主、人工咨询服务为辅的服务体系。

3. 管理信息资源库建设

按照总体规划、分步实施的原则,完成各业务管理信息系统数据库的整合工作,建成与办公自动化、教学科研活动、人事管理、物资管理、财务管理等各业务系统相对独立的统一的学校中心数据资源库,实现各种信息资源一致性,并初步建立各管理系统间的数据接口,在不影响各管理流程和管理系统的前提下实现各业务系统的信息沟通。除部分确实需要保密的内容外,原则上所有系统在安全措施保障的情况下资源共享。

完成档案资料、管理资源的电子化管理,提升实物档案管理的水平。

(四) 现代教育技术系统建设

1. 教育技术设施的集中控制和管理

在实现楼宇教学设施集中控制和管理的基础上,利用网络技术或其他新技术，对全校教学、会议音视频设施进行整合和系统化改造，根据实际需要，实现大小会场和教学楼的音视频实时转播和广播功能。

2. 多媒体课件制作平台和资源库建设

在普及多媒体教学、升级完善多媒体教学设施的基础上，提升多媒体教学的应用水平，建立多媒体课件制作平台并逐步进行课件资源库的建设，为教研人员提供方便的教案制作工具。

3. 音视频制作中心建设

在现音视频制作部的技术设施的基础上，逐步更新换代，完善系统。为本校和全市干部教育、重要会议提供拍摄、编辑、制作、资料库建设和管理的一条龙服务。

4. 现代信息技术应用体验中心建设

根据现代信息技术发展对干部教育的要求，建立现代信息技术应用体验中心，利用社会资源，引进社会上应用的前沿信息技术，通过展示、讲座和体验的形式，为学员提供体验式教学，让学员掌握和了解现代信息技术的各种应用，提升领导干部的管理水平和执政能力。

（五）加强教学技术保障，完善多媒体教学应用条件

从技术的角度保障教学设备和系统的正常运行和应用。如对全校的教学设备有计划地进行维护、升级和更新。对现有的多媒体教学应用系统进行优化和升级。

为教学、科研、资源信息应用系统的正常运行和应用提供技术支持，并做好各系统升级。

（六）校园网络优化和运行管理

加强已建网络的线路维护和设备维护，包括根据需要临时增加或移动信息点。

随着校园网络建设的扩展，逐步对网络进行优化配置。

加强网络监控和流量控制，为流量计费管理创造条件。

建立备份网络出口线路和相应主要设备的备份。

（七）安全管理

主要从技术和制度两方面进行安全管理。

技术上，根据应用对安全设备和系统进行有计划升级；每年一次安全自评；每两年一次请专家对我校网络进行比较全面的安全评估，根据评估

情况，更新和升级网络安全的相关软硬件。

制度上，对技术操作人员、管理人员和应用人员分别提出安全操作的要求，定时进行安全培训，并加强监督。

（八）应用管理平台保障

加强系统平台维护，根据应用逐步更新服务器设备和系统。

明确应用系统维护的流程和标准，并根据应用情况和发展水平进行修订。

加强应用系统的整合。

完善系统容错、数据备份的方案和手段。

（九）促进应用的举措

加强教学、会务等方面设施、设备资源的整合与管理。

加强改造后语音通信网的综合服务功能。

充分利用网络，加强维护和沟通，提供个性化和及时的维护服务。

有计划定期开展一些信息化基本操作的培训，方式简单，自助式。

在网站上设立网上信息化知识普及的问答栏目。

三、保障措施

（一）加强对信息化工作的领导

进一步调整、充实校信息化领导小组，明确工作职责，发挥其规划建设的指导作用、推广应用的协调作用、科学管理的推动作用。

（二）完善管理和服务体制

规范各相关部门的工作定位和职责。信息化管理处作为校信息化工作归口管理部门，负责全校信息化规划建设、运行维护、应用推广和技术保障等管理工作。

完善运行维护服务社会化的体制，建立和完善日常维护、专业维护两级系统保障体系。实行以"我"为主、为"我"所用的社会化服务管理模式，保证服务质量的控制，保障信息畅通、网络安全运行，为教学、科研、办公管理和全市各类重要会议提供优质服务和技术保障。

进一步明确全校各应用部门的职责，把信息化应用作为各部门主要工作之一，纳入部门年度工作考核。鼓励应用部门负责人积极参与和主导本部门管理业务信息化。

（三）加强队伍建设和应用培训

加强信息化管理、技术服务和使用操作三支队伍的建设。随着信息化应用的深入发展，对信息化管理提出了更高和更具体的要求，要进一步按照专业化分工要求，调整技术管理岗位的设置，完善细化管理岗位的工作职责。按照"管理和服务分离，服务社会化"的指导思想，完善技术服务队伍社会化聘用的模式，规范和加强各项管理，保证队伍素质和服务质量。逐步规范各类岗位对信息技术的要求，创造条件提供多渠道、多形式的岗位技能和应用培训的机会，使掌握信息技术成为每一个党校人的基本技能。建立多层次、重实效的充满活力的信息化人力资源培养、考核和评估制度，提高全校信息化应用的整体水平。

（四）继续加强信息化制度建设

对已颁布的信息化制度，在试行的过程中需要进一步落实、完善，围绕信息化应用的发展，要继续制定激励信息化应用、规范信息化管理的制度。

（五）确保必需的资金投入

信息化发展资金主要投入下列项目：信息化基础设施完善、升级，应用系统的开发、升级，信息资源库的建设，系统软硬件设备更新、添加，系统运行、维护、管理，应用推广人员培训等。要在保证日常运行维护费用的基础上，有计划、有重点地保证以提高党校教学和管理水平为目标的应用项目和有上海党校特色的信息资源库建设，确保必需的资金投入。

资料来源

《中共上海市委党校、上海行政学院 2005～2010 年信息化发展规划》，http://www.sdx.sh.cn。

浙江省党校系统 2006～2010 年信息化建设规划要点

一、现实基础

（一）现状与问题

我省党校系统信息化建设从无到有、从小到大、从弱到强，实现了跨越式发展，取得了丰硕成果，为提高党校的现代化办学水平和教学科研质量发挥了积极作用。主要表现在四个方面：

一是硬件建设有了明显改善。1999 年以来，省委党校已投入 1000 余万元用于信息化建设,基本建立了校园计算机网络系统、多媒体教学系统和数字图书馆,形成了"数字党校"的基础架构。2003年,全省各级党校全部建成中央党校远程教学接收站,建站数达到91个(其中A级站4个、B级站3个、C级站84个)。各市委党校都不同程度地加大了对信息化建设的投入力度,配备了必要的计算机和信息网络配套设施,基本建成了信息网络基础设施保障系统。绝大部分县级党校也都采取了许多措施,信息化基础设施建设有了较大改善。

二是信息化应用取得较大成效。省委党校和各市县党校积极把一些远程教学节目引入主体班次教学、研究生教学、函授教学和师资培训,较好地发挥了优化资源配置、提高教学质量的作用。同时,为了让市县党校充分共享省委党校的教学资源,省委党校建立了基于互联网的全省党校系统远程教学资源库。数字图书馆建设建成了省情数据库,并购置了中文期刊网等大批数字资源,通过数字图书馆查阅资料已经成为教研人员和在校学员获取信息的主要方式之一。在计算机校园网的应用方面,省委党校更新了门户网站,建成了办公自动化系统。

三是管理工作进一步加强。按照中央党校的要求和部署,省委党校与各市委党校签订了中央党校远程教学网络管理协议,明确了各级党校的职责任务。省委党校和市级党校都建立了统一领导、分工负责的管理体制,成立了负责信息化工作的职能部门。各级党校都制定了信息化建设工作的有关规章制度,基本实现了管理的规范化、制度化。

四是队伍建设取得明显进展。经过多年的努力,我省党校系统初步建立了一支业务素质较高、基本适应事业需要的信息化建设管理和技术队伍。省委党校信息管理部共有9名专业技术人员,其中副高职称2人。各市县党校也都高度重视信息化队伍建设,通过引进人才、实践练兵、短期培训等方式,管理和技术队伍的业务能力有了较大提高。

我省党校信息化建设工作还存在不少问题和差距。主要表现在五个方面:一是认识上有差距。一些党校对信息化建设的重要意义认识还不到位。二是发展上有差距。各地在信息化建设上发展不平衡,有的党校发展势头良好,有的党校进展较慢。三是应用上有差距。如何充分发挥信息网络的作用,更好地为教学科研服务,是当前和今后亟待解决的一个突出问题。四是功能上有差距。信息化建设的服务对象主要局限于校内,全省党校系统统一的网络平台还没有建立起来,面向社会服务的功能基本上没有启动。五是管理上有差距。有利于统筹协调、整合资源的管理体制和运行机制尚未建立,等等。这些问题需要引起我们的高度重视,并切实采取有效措施,认真加以研究解决。

二、指导思想和原则

(二)指导思想

以邓小平理论和"三个代表"重要思想为指导,认真贯彻落实中央和省委关于党校信息化建设的有关精神,以硬件建设为基础,以注重应用为核心,以资源共享为重点,以服务社会为方向,以完善机制为载体,以队伍建设为关键,逐步构建一个功能完善、特色鲜明的全省党校系统信息化网络体系,推动党校更好地发挥在加强党的执政能力建设中的重要作用。

(三)基本原则

1. 统筹规划、分步实施。全省党校系统信息化建设是一项系统工程,既要整体考虑、统筹规划,又要充分体现分层次规范化的要求,结合各地实际,有计划、有重点、分阶段地组织实施。

2. 突出使用、注重实效。党校信息化建设的根本目的是提高信息资源的开发利用水平,促进办学水平的提高。要牢固把握以使用促发展的思路,积极学习借鉴社会上的成功经验和做法,紧密结合党校工作和干部教育的实际需要,着力提高信息资源开发应用的效益和水平。

3. 统一标准,资源共享。实施全省党校系统统一的信息网络业务和技术标准,积极探索资源整合的管理体制和运行机制,努力实现网络之间的互联互通和信息资源共享,充分发挥网络的整体优势。

4. 内外有别,保障安全。正确处理安全与发展的关系,严格按照国家安全保密的有关规定和要求,一手抓建设,一手抓安全,建立健全相应的安全保障体系和防范机制,确保网络和信息安全。

5. 上下联动,共建共享。充分发挥各级党校的力量和优势,规范各自的权利和责任,逐步形成"以省委党校为龙头、市委党校为骨干、县级党校为基础"的工作格局和管理机制,实现资源的共建共享。

三、建设目标

(四)总体目标

经过几年的努力,到2010年,全省党校系统建成一个网络体系和八大应用系统，使党校信息化建设水平与浙江经济社会发展水平和党校事业发展相适应，处于全国党校系统前列。

一个网络体系就是要构建一个覆盖全省、面向社会、便捷高效、资源丰富、特色鲜明的全省党校系统虚拟专网。这个网络体系主要包括八大应用系统：以业务信息传送为主要功能的全省党校系统办公自动化系统；以主体班次教学、函授教育和研究生教育为主要功能的全省党校系统教学管理系统；以科研信息交流、成果管理、刊物编辑为主要功能的全省党校系统科研管理系统；以特色资源、数字图书、数字期刊为主要功能的全省党校系统数字图书馆系统；以远程教学节目直播、点播和校内教学监控为主要功能的全省党校系统远程教学应用系统；以后勤管理有关业务工作为主要功能的全省党校系统后勤管理系统；以远程会议、远程监考为主要功能的全省党校系统视频会议系统；以服务社会为主要功能的浙江省网络党校系统。

（五）阶段目标

2005～2006年是全省党校系统信息化建设承前启后、继往开来的关键时期，主要目标是：基本建成先进适用的信息网络基础设施保障体系；构建全省党校系统虚拟专网的统一网络平台，实现全省各级党校网络系统的互联互通；基本建成办公自动化信息资源库、教学管理信息资源库、科研管理信息资源库、远程教学信息资源库、数字图书馆信息资源库、后勤服务中心资源库；启动全省网络党校系统建设；建立全省各级党校资源共建、信息共享的管理体制和运作机制；培养造就一支规模相当、素质较高、结构合理的信息化建设人才队伍。

四、主要任务

（六）进一步加强信息网络技术基础设施建设

1. 省委党校要根据全省党校系统信息化建设规划的总体要求，进一步加强信息网络技术基础设施建设，适时扩大网络中心的外连带宽，注意引进新型、先进的信息网络设备，为推进全省党校系统信息化建设提供有力的硬件支持；牵头组织开展专题调研论证工作，2006年前建立全省党校系统虚拟专网，完成省委党校与市县党校的网络互联；抓紧制定省、市、县三级党校信息化基础设施规范要求和技术标准，逐步统一建设平台。

2. 市级党校要建立教学用计算机房，配备必要的基础设施，并逐步建成功能较为齐全、覆盖全校主要办公场所、教学场所和学员宿舍区的校园局域网；配备功能较为齐全的中央党校远程教学资源采集设备；努力实现每间办公室有一台以上联网计算机，教研人员每人一台计算机。

3. 县级党校要争取每间办公室有一台接入互联网的计算机，计算机之间能够实现简单互联。有条件的党校要配备教学资源采集设备。

（七）切实推进全省党校业务指导网络信息管理系统建设

1. 省委党校要建立健全校内办公自动化系统，基本实现校内主要业务管理活动电子化、网络化、无纸化；尽快启动全省党校教务管理系统（包括主体班次教学管理、函授教育管理、研究生教育管理）、科研管理系统、行政后勤管理系统建设，逐步实现全省党校业务指导工作的电子化。

2. 市级党校要积极推进校内办公自动化进程，并配合省委党校做好全省党校业务指导网络信息管理系统建设工作。

3. 县级党校要从实际出发，充分利用当地党委政府或上级党校的资源优势和技术力量，建立业务管理信息系统。

（八）建立全省党校系统远程教学资源库

1. 省委党校在充分利用好中央党校远程教学网的同时，要结合浙江实际，建立健全全省党校系统远程教学资源库，并根据干部教育实际需要，及时将省委党校主体班次优秀课程和市县党校的部分精品课程充实到远程教学资源库中。

2. 市级党校要积极将本校精品课程上传到省委党校，以实现资源共建共享，并切实做好远程教学资源的利用工作。

3. 县级党校要切实做好中央党校远程教学网和全省党校系统远程教学资源的利用工作。

（九）加快全省党校系统数字图书馆资源库建设

1. 省委党校图书馆要根据中央党校数字图书馆建设的总体规划和安排部署，利用馆藏资源和网络资源的优势，开发研制具有浙江党校特色的数据库；积极引进优秀的图书管理软件，搭建全省党校系统数字图书馆的检索平台；牵头组织开展全省党校系统《浙江省情数据库》共建共享工作；组织团购一些适合党校教学科研工作的数字资源产品，不断丰富和充实数字图书馆的资源数据库。

2. 市级党校要逐步开展并尽快完成馆藏资料的数字化工作，建立自己的数字资源和特色数据库，并积极参与全省党校系统《浙江省情数据库》的建库工作。

3. 县级党校要根据实际需要，购置一些适合党校教学科研工作的数字资源产品，并切实做好省、市党校数字图书馆资源的利用工作。

（十）积极推进浙江省网络党校建设

省委党校要积极争取省委组织部等有关部门的支持，组织进行深入调研论证，尽快启动浙江省网络党校建设。浙江省网络党校的主要功能和内容包括：开展干部在线学习、网上自选课程培训和远程教育，为干部继续教育提供有效平台；整合全省党校系统的力量，建立健全以马克思主义理论、党和国家重大方针政策、浙江省情研究、公共管理等为主要内容的网上专题资源库，建立互联网上的马克思主义理论阵地。有条件的市县党校可以先行启动网络党校建设，为全省各级党校提供经验。

（十一）建立健全信息化建设管理体制

1. 建立健全中央党校远程教学网三级管理体制，进一步管好、用好中央党校远程教学网。

2. 由省委党校牵头，建立健全以资源共建共享为核心的一系列管理体制和运作机制，规范各级党校的责、权、利，充分调动各党校参与信息资源整合和建设的积极性。

3. 各党校要根据国家有关法律法规的规定，建立相应的安全保障技术体系，建立健全《校园网络安全保密规定》《中央党校远程教学网管理规定》等一系列信息网络管理规章制度，保证信息化工作依法、安全、有序进行。

五、保障措施

（十二）强化统筹协调

为顺利推进全省党校系统信息化建设，成立由省委党校和市委党校有关人员参加的全省党校系统信息化建设领导小组，研究解决全省党校系统信息化建设中的重大问题，指导、协调和推进全省党校系统信息化建设。领导小组下设办公室（设在省委党校信息管理部），负责组织开展日常工作。聘请省有关部门和高校、科研机构的有关专家学者，组成全省党校系统信息化建设专家委员会，作为决策咨询机构。

（十三）加强组织领导

各级党校要把信息化建设摆上重要位置，列入重要议事日程。常务副校长要切实担负起领导责任，经常过问信息化工作，研究解决实际问题。分管校领导要及时了解情况，积极研究规律，加强工作指导，抓好督促检查。市委党校要成立信息化建设专门机构，建立全校各部门齐抓共管的管理体制和机制。

（十四）完善考评体制

各市县党校信息化建设情况作为市县党校办学质量评估的重要内容之一。根据全省党校系统信息化建设的总体目标和年度计划，由全省党校信息化建设领导小组牵头，定期对各市县党校的信息化建设情况进行检查、交流、考核，对信息化建设工作成绩突出的党校给予表彰和奖励。每年召开一次全省党校系统信息化建设工作会议，研究部署信息化建设工作。

（十五）抓好队伍建设

各级党校要高度重视信息化队伍建设，通过引进、进修等途径，努力培养造就一支规模适当、结构合理、素质较高的专职技术人员和管理人员队伍；要切实加强对校内教职工的信息化技能培训，努力提高党校教职工的信息化意识和计算机应用水平。市委党校要配备3名以上专业技术人员，县级党校要有1名以上专兼职管理技术人员。省委党校要定期举办专题培训班，加强对市县党校信息化专业人才的培训。

（十六）加大经费投入

各级党校要切实加大对信息化建设的投入力度，每年安排必要的资金，确保信息化建设每年有新举措、新进展。同时，要积极主动地加强与当地党委、政府和有关部门的沟通联系，力争将党校信息化建设纳入当地信息化建设的总体规划，从政策、经费等各方面获得支持，从根本上解决好经费制约问题。

附录：《浙江省党校系统信息化建设规划纲要（2011～2015年）》要点摘录

《规划纲要》共有6部分21条。第一部分是前言，主要阐述了信息化工作定位和制定依据。第二部分是建设基础与背景，主要阐述了"十一五"信息化建设的成绩、经验与存在的主要问题。第三部分是总体思路和指导原则，主要明确了"十二五"信息化建设的工作思路与原则。第四部分是建设目标，提出了"一个目标、两大平台、十大系统"工作目标。第五部分是实施步骤和主要任务，明确了三步走的建设步骤和四项重点建设任务。第六部分是保障措施，根据建设目标和任务，提出了六项保障措施。

"十二五"信息化建设总体思路，其主要内容是：围绕全面提升党校的核心竞争力和建设的科学化水平的要求，以打造"智慧党校"为目标，以服务学校、服务学员、服务社会为方向，以深化应用、优化服务为核心，以业务协同、资源整合、信息共享为主线，以打造统一、高效、智能的管理服务平台和知识服务平台为重点，以高水平的硬件设施和安全环境为基础，以强化管理为保障，以优化队伍素质结构为支撑，全面提升信息化建设水平。

《规划纲要》提出"一个目标、两大平台、十大系统"的整体建设框架。

一个目标，即把打造智能化、特色化、协同化的"智慧党校"作为"十二五"时期信息化建设的总体目标。智能化，就是要紧贴服务学校、学员、社会的不同需求，充分发挥信息化高效便捷、针对性强的优势，以建立一站式管理与服务平台为主线，统一建设标准，优化使用界面和运行环境，切实推动教学、科研和管理的创新，提升全员信息素养，提高管理与服务的精确度、及时性和人性化水平，努力实现信息服务的个性化、管理决策的科学化、操作使用的便捷化。特色化，就是要紧密结合党校的工作职能和浙江的地域特点，借助社会力量、挖掘自身潜力，改造升级业务应用系统，着力凸显数字资源在党的理论、党的建设、省情研究等方面的优势与特色，更好地服务干部教育培训的改革创新，借助信息网络强大的传播与联系功能，切实增强党校教育在社会上的吸引力、影响力，努力实现党校在建设马克思主义学习型政党和学习型社会中的引领和带动作用。协同化，就是要紧跟信息化发展的潮流，深化信息技术和理念在各项工作中的应用，融合各大应用系统功能，优化管理流程，实施集成监控，整合各类数字资源，健全完善信息化管理体制机制，形成管理规范、设施先进、运行通畅的全方位、全天候支撑体系，加大信息化建设的开放度，加强党校系统建设的紧密度，提升信息化建设的安全度，充分发挥信息化支撑党校中心工作的积极作用，努力实现党校各项工作的一体化、现代化。两大平台，即把构建"管理服务平台"和"知识服务平台"作为"十二五"时期信息化建设的具体目标。构建以智能办公网为载体的管理服务平台，要在教务应用系统、科研管理系统、后勤管理系统的基础上，运用主流技术，借鉴通行标准，以业务流为主线，统一技术标准和录入规范，加强管理资源整合，拓展办公自动化系统的功能，打造单点登录、权限规范、使用便捷的管理服务平台，形成"智慧党校"管理与运行维护的核心，创造管理高效、决策科学的管理价值，实现业务流程协同化、管理智能化的目标。构建以浙江党校学习网为载体的知识服务平台，要在各级党校数字资源、远程教学系统、教学科研精品数据库的基础上，面向教职工、学员和社会，以需求为导向，以依托高端资源、共建共享、挖掘特色资源为手段，拓展服务渠道，创新服务载体，扩充全省党校数字图书馆的功能，提高现代信息技术服务教学改革的水平，打造符合干部教育培训特点、体现浙江党校特色的知识服务平台，形成党校智慧成果展示与传播的窗口，创造提升教职工和干部素质、推动社会进步的服务价值，实现服务个性化、资源特色化的目标。十大系统，即围绕构建两大平台，建设十大支撑系统：以促进协同、优化管理为主要功能的党校业务协同系统；以数据存储管理、整合利用为主要功能的公共数据管理系统；以规范权限、分层管理为主要功能的身份认证系统；以实时办公、远程管理为主要功能的移动服务系统；以智能服务、安全管理、统一运行维护为主要功能的智能运行维护支持系统；以整合党校系统精品课程、社会优质教学资源为主要功能的数字视频教学系统；以提升教学现代化水平、优化危机管理、媒体应对为主要功能的仿真教学系统；以整合党校系统特色资源、社会优质数字资源为主要功能的数字图书资料系统；以整合党校系统省情数据库、科研精品、热点难点问题专题研究成果以及浙江省特色资源为主要功能的省情专题研究系统；以信息情报推送、专题资源检索、学科资料定制为主要功能的个性化服务系统。

按照"统筹规划、分步实施，突出重点、整体推进"的思路，《规划纲要》明确了实施步骤和重点任务。"十二五"浙江省党校系统信息化建设将分三步走：第一步是在 2011 年巩固基础，第二步是在 2012～2013 年全面推进，第三步是在 2014～2015 年优化提升。重点任务共有四项：进一步加强全省党校系统信息化制度体系建设；进一步实施内部管理的智能化改造；进一步加强数字资源建设；进一步推进图书馆的转型发展。

资料来源：

《浙江省党校系统2006~2010年信息化建设规划要点》，http：//www.zjdx.gov.cn。

《浙江省党校系统制定完成信息化建设"十二五"规划》，http：//www.ccps.gov.cn。

案例之六
部分党校信息化建设成果及信息化应用服务功能

中央党校信息化建设成果及信息化应用概要

一、夯实基础，建立功能完善的网络体系

1999年初，在胡锦涛同志的高度重视和关怀下，中央党校校委把信息化建设作为党校重要的基本建设之一，做出了加强党校信息化建设和信息资源开发利用的决定，实施了党校信息化建设的五年规划，积极推进远程教学网、校园计算机网和数字图书馆网三大工程的建设。经过几年的发展，党校系统远程教学网在全国已建A级站61个，B级站215个，C级站2500多个，总共达到2700多个站点，初步实现了党校系统远程网的互联和网上教育、网上交互、网上监控、课程点播、信息资料查询等功能。目前，各级党校都可以通过网上办公，逐步在实现无纸化和少纸化办公。教员可以通过网上进行教学，校领导和教务部可以通过网上观看教员的讲课情况，学员可以在网上自助学习。全国党校数字图书馆项目论证已经完成，数字图书馆建设工程开始启动。在建设上述三大工程的同时，还建成了电教保障网、数字电视网，完成了我校承担的农村党员干部现代远程教育工作。在国家广电总局等单位大力支持下建成的有线数字电视网，已成为党校教学、科研以及学员日常学习和生活的信息化基础平台，也被作为试验三网融合新技术、演示数字电视多功能新业务的科研试验基地。农村党员干部现代远程教育中心资源库和辅助教学中心网站也相继建立，并在全国农村党员干部教育培训工作中得到了广泛的应用。

二、抓住关键，全力推进信息网络的应用

信息化建设的目的在于应用。几年来，我们积极采取多种措施，努力推进应用工作。我们围绕学校的教学、科研工作，突出应用，努力丰富"两网"上的教学资源。在校园网上设立了校内课程点播、校外课程选播、国内聚焦、国际纵横、校内报道等多个栏目，存放了数百讲校内外精选课程，学员可以随时通过网上点播自选的视频节目。我们注重加强信息发布，倡导网上办公，为教学科研和行政后勤工作提供良好的信息技术服务。目前党校数字电视网有四大功能板块：电视、广播、VOD 点播系统、信息服务。为了进一步丰富内容，我们选购了一批资源，充实了《国内聚焦》《国际纵横》等栏目，精选了校电视台制播的《党校信息》《学员访谈》、教学研讨会等新闻报道节目及一些专题片上载到校内报道栏目。

近年来中央党校多次召开以推动远程教学工作为重点的全国党校系统信息化建设会议，使远程教学网络建设发展很快。为了丰富远程教学的内容，我们有针对性地选择农村党员干部远程教育的资源、求索音像出版社制作的音像制品放到远程教学网上播出。为了增加远程教学的吸引力，加大了中央党校主体班课程及专题研究课程、"五当代"报告、党委中心学习组专题讲座、中央党校"形势与任务"报告、地方党校选送课程等内容在远程网上的播出。我们还与大方广视传媒有限公司合作，在远程教学频道增加播出了对当前热点问题和焦点事件作深入报道的《聚焦》栏目、以评述一周国内外重大时政事件为特色内容的《内参周周读》栏目、以弘扬和阐释中华优秀传统文化精髓为主旨的《中华文化大观园》栏目。

三、校园网升级改造工程顺利通过验收

2008 年 10 月，中央党校校园网升级改造工程启动，对党校校园网基础设施、网络环境、网络与安全管理能力以及部分应用系统进行较为全面的升级与改造。主要建设内容包括：

1. 应用系统建设。内容包括网站前台策划、网站内容管理系统以及建设安全邮件系统的建设。新版网站的建设，通过部署内容管理系统，使中央党校的网站内容发布系统可同时满足多个子站点的应用需求，解决了多部门同时应用网站的问题；加快了用户访问速度，解决了原网站易产生安全漏洞的问题；完善了网站内容发布系统，使数据库与前台展示部分完全

分离，在安全性上得到了提升。

2. 网络系统改造。主要包括三个方面。一是网络设备升级。网络设备的升级更换是本次升级改造工程的重点。通过此次网络设备升级改造，实现了核心和汇聚交换机主干网络万兆，接入层设备千兆到用户桌面的高速网络系统，划分网络区域并增加汇聚层。二是存储系统建设。根据中央党校校园网应用系统的需求，分别为校园网内外网服务器区分别配置一套 IP-SAN 存储系统。三是网络管理系统建设。建设了包括综合管理系统、网元管理系统、上网行为管理系统、计费管理系统以及流量管理系统的网络管理系统，以加强对校园网络的有效管理。

3. 安全管理系统建设。校园网络覆盖范围广、应用种类较多、终端接入情况较为复杂，由于网络设备品牌不统一导致不可管理，改造前基本没有安全管理系统，安全隐患较多，一旦出现问题，极易造成系统崩溃和网络瘫痪。此次升级改造建立了一套完整的安全管理系统，主要包括以下八个方面：安全管理中心、网页防篡改系统、网络出口和内部防火墙系统、入侵检测系统、漏洞扫描系统、桌面管理系统以及防病毒软件等子系统。

4. 相关机房、配线间的布线改造。对校园网络的中心机房、各汇聚交换机放置的配线间进行了改造，改变了过去配线间条件差，对设备运行不利的局面。另外，还对全校内的光纤布线进行了梳理，没有光纤连接的楼宇之间，重新敷设了光纤，使得校内的网络路由更加合理有效。对 12 栋学员楼的网络进行了重新布线，从而使得有线电视网络点播和学员计算机网络分开，改善了过去使用集线器共用一个网络端口，网络访问慢的情况，使得学员楼的信息分布点更加合理。

经过一、二期校园网升级改造，校园网无论从性能还是安全及管理方面都得到了很好的提升，主要体现在以下方面：

（1）完成了中央党校校园网网站的网站前台策划、网站内容管理系统以及安全邮件系统的建设。新的网络平台帮助中央党校树立一个全新的形象，有利于扩大党校对外交往和国际影响。本次建设的邮件和网关系统，运行稳定可靠，能够有效过滤垃圾邮件和包含非法内容的邮件。

（2）升级改造后的校园网，核心交换区采用万兆冗余架构，在主楼、学员楼、研究生院、后区每个区域采用冗余设备建立汇聚层，构成大型局域网的"核心—汇接—接入"三层网络模式，实现了中央党校校园网中各工作区域的互联互通，并改善路由和交换效率。通过在核心交换设备上配备防火墙模块，便于在各个安全区域部署安全策略，实现区域间的访问控制。见附图 1。

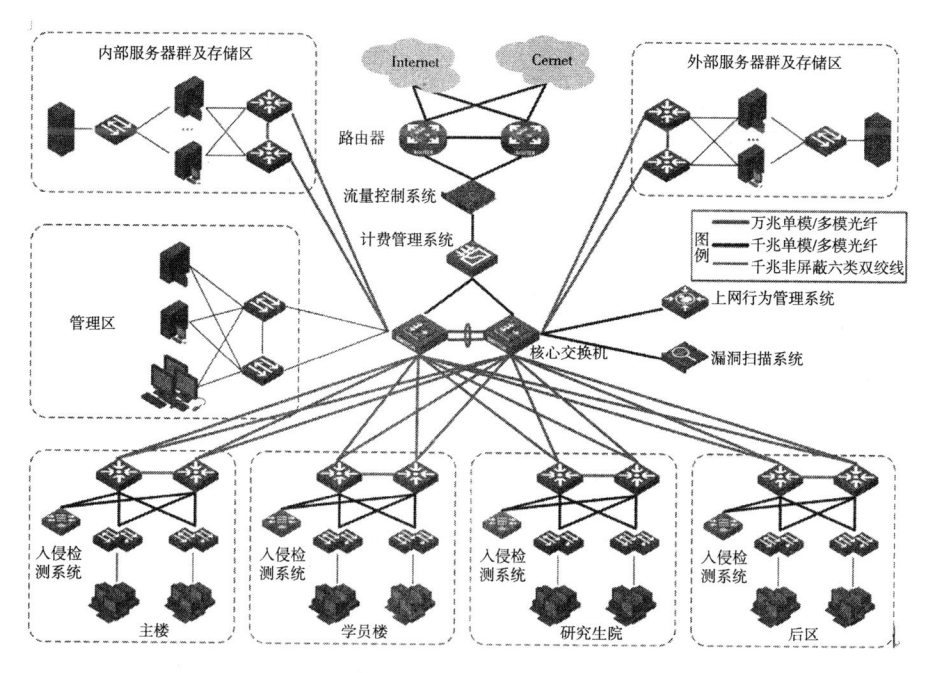

附图 1　校园网络拓扑图

（3）通过对中央党校校园网内部应用服务以及校园网对外应用服务的系统硬件平台升级，能够为校园网提供更可靠稳定的服务。

（4）本项目构建的数据存储系统充分考虑了存储的性能、可靠性以及扩展性，能够实现校园网内部和外部 DMZ 区的数据存储。数据存储系统能够存储音视频资料、单位内部邮件、OA、公文等应用数据。通过数据存储系统的建设，管理人员能够对存储数据进行统一管理，增加了海量的存储资源，实现了全面的数据容灾，设置了有效的数据恢复措施。

（5）网络管理系统建设完成后，负责对校园网网络设备和终端用户上网行为进行监控和管理，能够保障网络的安全顺畅运转。网络管理系统实现了校园网终端用户上网行为的审计、计费和流量管理。网络管理系统包括综合管理系统、网元管理系统、上网行为管理系统、计费管理系统以及流量管理系统。

（6）安全管理系统建设实现了对中央党校校园网网络运行以及校园网终端用户上网的安全防护。本项目中安全管理系统建设包括在汇聚层交换机安装入侵检测系统检测网络异常行为，安装漏洞扫描系统对服务器操作系统进行漏洞扫描，安装端点准入系统、网络版防毒软件、桌面终端监控系统检查客户端的防毒软件和操作系统补丁安装情况是否符合要求，否则不允许接入局域网，需要在接入网络前先打补丁或更新防毒软件。

（7）本期主机房和配电间装修以及配电系统和布线系统的改造完成后，能够保证计算机系统正常长期安全、稳定运行。

（8）配套工程建设。在一期建设的基础上，建设多媒体教室和音视频资源管理及应用平台。主要建设项目包括多媒体资源库管理平台、多媒体直播/点播管理及呈现系统，以及与应用需求相匹配的服务器、存储设备、视频采集编码设备和管理用终端设备等，以及硬件设备与应用软件的集成。努力建设一套功能齐备、技术先进、安全稳定、适应中央党校教学需求的数字资源管理和应用系统，丰富党校教师的教学手段，提高学员的学习效率，为学员学习、教师授课、科研提供服务。

经过近一年的紧张实施工作，校园网升级改造工程（含一、二期）于2009年底顺利通过专家验收。目前系统整体运行平稳，校园网系统与改造前相比有了明显的变化。

基础设施明显改善：一期工程通过对主机房的装修与改造，改善了主机房系统的运行环境，使主机房功能分区更趋合理；通过对校园网配线系统的整理与标识，使校园网系统的维护更加便利；另外，通过对各楼层配线间的改造，提供了千兆到桌面的高速网络环境，改善了12栋学员楼的接入条件。

网络环境优化：一期工程通过校园网络的升级改造，校园网主干带宽从千兆升级为万兆，提供了千兆到桌面的网络接入环境，使校园网的结构更趋合理，使校园网的性能和可靠性得到进一步提高。

网络与安全管理更加规范：一期工程通过对网络与安全管理的建设，使校园网的管理更加便捷、高效；使校园网用户的上网行为得到更加有效的监管；使校园网的运行与管理效率得到进一步提升；使校园网的资源得到进一步的优化。

应用系统更加便捷：通过部署内容管理系统，使中央党校的网站内容发布系统可同时满足多个子站点的应用需求，解决了多部门同时应用网站的问题；网站发布的信息全部以 HTML 格式呈现，用户访问避免再次访问数据库，加快了访问速度，解决了原网站使用 PHP 代码会产生多处安全漏洞的问题；网站界面按主流的 1024×768 大格局设计，替换原有的 800×600 效果，使网站页面更显大气流畅，使栏目上大部分信息可以在首页展示，内容更加充实完整；网站内容发布系统，使数据库与前台展示部分完全分离，系统的安全性得到了提升。

以校园网络升级改造为契机，党校的内、外网都进行了改版，栏目设计更加合理，内容进一步丰富。我校各直属单位借助校园内外网新版推出的时机，把各自承担的栏目和本单位部门网站的内容进行了认真梳理，及时地做了更新和补充，使得网站的实用性大大提高；党校电视台增加了内网电视节目点播系统——中央党校宽频，包括多媒体资源库管理平台，多媒体直播、点播管理系统，网络电视直播系统等。目前有近千部不同种类的电视片资源可以在宽频上实现互动点播，并且不断更新完善；教学保障网在 15 个教室部署了课程网络直播、课件采集系统，可实现教学课件自动录制、编目、自动存储、课程在线网络直播等，大大丰富了教学内容；远程教学网为进一步加强资源建设，将播出平台升级。2010 年信息管理部向全国各省市州党校征集教学资源，并通过远程教学网发送到全网，丰富了远程教学网的教学内容。

附录：情景模拟教室提供了党校改进教学的新条件

为提高领导干部应急管理能力，按照中央关于《"十一五"期间国家突发公共事件应急体系建设规划》的精神，紧密结合党校教学科研实际，积极开展应急管理培训。2009 年初，中央党校校委批准"中央党校情景模拟教学实验室项目"建设规划。中央党校情景模拟教学实验室项目总投资约 800 万元，工程建设历时近 8 个月，于 2010 年 7 月建设完成。

中央党校情景模拟教学实验室项目包括中央党校应急指挥仿真实验室和中央党校新闻仿真实验室两部分。整个项目从物理格局上分为仿真推演厅、媒体压力实验室、设备间、仿真推演厅控制室和媒体压力实验室控制室五个部分。应急管理培训的主要目的是，强化领导干部的危机意识和忧患意识，普及公务员突发事件预防和处置基本常识，全面提升预防和处置突发事件能力。仿真推演厅指挥区的功能是在应急事件上升到需要在主要领导主持下，多部门、多级别会商研讨应急事件时提供处置与决策的场地环境。领导们可以通过该环境内的声光电设备、计算机网络、通信系统了解到现场的情况，听取相关的汇报，听取相关专家的意见，研讨预案的适合性，最终形成应急事件处置决策意见。仿真推演厅面积约336平方米，可完成应急仿真指挥推演的教学功能。整个推演厅分为指挥决策区（24个坐席）和6个分组指挥区（60个坐席）两个部分，可满足超过80人的实操教学要求。现场图像信号经系统可传送到设置在媒体压力实验室的观摩席位，可满足超过40人的观摩教学要求。大屏幕显示系统选用当前世界最为先进的科视高清投影设备，采用融合技术进行清晰的画面投射。配合着会议进程，大屏幕可以显示突发事件现场的情况，也可以分别辅助决策数据和会场、分会场的现场实况等。大屏幕上方的LED显示屏显示最新动态、指示、关键动作及结果提醒等。会场的所有灯光、音响、计算机设备、投影、摄像设备、窗帘及音视频交换设备等都可以通过中央控制系统进行集中控制。

本项目建设所面向的主要目的是实现应急管理培训的教学目标，是以理论培训、案例讲解、仿真演练等为主要手段和方式，以增加领导干部在应急突发事件中的实战经验，培训的是经历、心理，而非专业技能和水准。应急情景模拟教学系统围绕着教学活动的实际展开，提供"教""学""研""演"四种应用模式。"教"，是指教师利用软件系统开展教学活动，进行教案编写、流程设计、教学管理和教学评估；"学"，是指学员通过系统进行主动学习，进行课件调阅、资料查询、预案研究和应急决策；"研"，是指系统可以支持应急教学的研究，进行案例研究、资料检索和意见统计分析；"演"，是指系统支持模拟演练教学，进行场景编辑、流程设计、态势生成、情景回放等。该项目的软件系统具有五大特点：

1. 情景沉浸：通过实际案例进行情景式教学，为学员营造逼真的沉浸式教学环境，使教学活动更为形象生动。

2. 教学互动：变教员单向灌输式教学为教、学双向互动教学，充分发挥学员的主观能动性，大力提升了教学效果。

3. 思维激发：实现会商方法的信息化，以分角色演练产生的时间、信息和进程压迫感，有效激发学员思维。

4. 通用平台：构建通用教学平台，实现平台与教学内容相对独立，一次投入，长期受益，满足教学和研究需要。

5. 分布应用：采用集中部署、分布应用、多层体系的架构模式，为更大范围的网络教学和资源整合打下良好基础。

媒体压力试验室总面积约130平方米，其核心功能在于模拟新闻发布会等多种媒体场景，旨在通过教学和学习实践使学员感受和学习在突发紧急情况下，正确面对和处理来自于媒体的压力，积极引导社会舆论。整个媒体压力实验室设计了集体新闻发布区、个人新闻发布区、磋商会晤区、媒体访谈区和网络互动区等5个教学场景。

集体新闻发布区用来模拟突发事件发生时，指挥决策的同时进行新闻发布、答记者问的场景。设计了6个发言席位，对面是40多人的记者席。集体新闻发布区后方设有投影设备，便于在新闻发布时播放相关演示。仿真推演大厅的会场信号和模拟现场信号等可随时切换到媒体压力试验室进行观看解说。现场模拟拍照的闪光灯给受训的学员以现场沉浸感和压迫感，模拟记者所提出的尖锐提问充分考验受训学员的应变能力和思维能力。单人新闻发布区设计用来模拟单人信息发布会、答记者问的场景。磋商会晤区设计用来模拟高层会晤、外事会谈的场景。媒体访谈区用来模拟新闻专访场景，通过主持人与受访嘉宾的对话，由主持人设计一些有针对性的话题，完成教学过程。网络互动区用来模拟网上在线交流、论坛互动的场景。

在媒体压力试验室的整个教学过程中，受训学员的表情动作、肢体语言、言辞表达等所有的表现会被记录下来，随时回放在屏幕上供教师进行点评讲解使用。整个教学过程记录，经教师整理后，可作为教学素材或参考使用。

应急指挥仿真实验室的建设是一项涉及图像显示系统、计算机及终端设备控制系统、中央控制系统、音视频控制系统、数字会议系统、摄录像系统、音响系统、灯光系统、远程会议系统、强电配电系统、课件制作及播出控制系统以及仿真推演软件、教学管理软件等在内的十余个子系统的复杂的系统集成工程。整体建设体现了高度的控制集约化、功能智能化、交互人性化，达到了国内先进的设计和建设水准。此项工程建设的重点着重于对基础设施、设备和核心软件的开发。下一步，随着教学应用实践的展开，将进一步致力于教学课件的内容充实和针对教学需求不断地进行软件功能的研发和更新。相信在不久的将来，应急仿真指挥实验室必将为党校的教育事业发挥更大的作用。

资料来源：

郭英楼、王天帅：《一流学府需要一流信息化建设》，《学习时报》2010年11月15日。

郭英楼：《中央党校信息化建设的回顾与展望》，http://www.ccps.gov.cn。

郭英楼：《党校信息化建设又添新亮点——中央党校情景模拟教学实验室已建成》，http://www.ccps.gov.cn。

郭英楼：《党校校园网络建设又创新绩——校园网升级改造工程顺利通过验收》，http://www.ccps.gov.cn。

中共江苏省委党校信息化建设成果及信息化应用概要

一、关于远程教学网的建设与应用

1999年我校成为首批中央党校卫星远程教学网建站单位，本校投资额为50万元。1999年9月，省委党校卫星远程教学网A级站（双向传输）建成开通，并立即投入教学活动。

至2002年底，我校所有教室和报告厅全部实现多媒体化，教室信息化设备齐全，为教员资助配发笔记本电脑，较完备地实现了教学手段现代化。

在全省各级党校铺开远程网站建设的同时，部分经济欠发达地区党校在省财政配套资金的支持下与全省同步建站，截至2000年底，完成全省所有市县党校和大企业党校的远程网站建站工作。合计建站103个，其中A级站2个、B级站15个、C级站86个。江苏是全国党校最先全面完成建站的省份之一。

我们最早配合中央党校实现全省远程网站的二级管理，实施网站代理维护。参加管理工作几年来，对于加强江苏各网站的维护管理、促进远程网站的应用、发挥网站的效益发挥了积极作用。

卫星远程教学网在我校发挥了中央党校远程授课、远程监考、远程会议等作用。在中央党校的支持下，利用远程网我们还举办了全省党校校长培训和师资培训的远程培训班。

通过远程网以及本校的精品教学活动，全省党校录制了众多教学节目，其中省委党校录制积累了 500 多个教学节目，合计 3000 余课时。我们还积极参加了中央党校远程教学网的资源建设，2005 年呈送的 4 讲节目被选入中央党校教学资源库的有 3 讲，得到中央党校的表彰。

上述视频教育资料经数字化后，载入 VOD 视频点播系统供校内共享应用，并实现了中央党校远程教学课程在校园网的同步直播。在筹划全省干部教育网的过程中，省信息产业厅等单位也通过专线路由的通信方式共享了我校的干部教育资源。

二、关于数字化图书馆的建设与应用

我们十分重视图书馆的数字化基础建设，近年来用于图书馆的数字化、网络化的投入累计 250 余万元。5 年来，我们逐年更新了设备，应用了管理软件，构建了网络平台，开通了网络化管理系统，建成电子阅览室，建立了数字图书馆网站，很好地发挥了信息服务功能。

引进图书馆集成管理系统，利用集成管理系统，完成回溯建库，全面开通数字化管理。为了满足读者日益提高的文献信息服务要求，增强网络信息服务功能，实现区域内文献信息资源共知、共建、共享的要求。

我们逐年购买数据库和自主开发资源，数据量近 1.5TB。分别购进"中国学术期刊""人大复印报刊资料""国研网""邓小平理论研究""中国社科参考信息"等专题数据库，购买了国内外中外文社会科学图书、报刊、网络等知名社科类数据库，为教学科研水平的提高发挥了很大作用。

同时，结合本省经济、社会、文化的实际，分别开发了"淮海经济区""周恩来文献""连云港旅游经济""临港开发"等全文数据库，"英语教学""商务礼仪""伊斯兰教"等图片库，以及电子版《理论动态》《市情信息》。自建了《江苏省情数据库》《江苏党校文库》《专题数据库》《书刊服务数据库》《学科导航数据库》《报刊数据库》等六大类具有馆藏、地域、学科特色的数据库。为读者提供了深层次信息服务。

根据党校干部培训教育面临的新形势，我们不断深化和开拓图书馆读者服务工作的新思路。除了做好传统服务外，还充分利用图书馆网站拓展服务空间。图书馆实现服务多样化，编写教研参考、省情资料、报刊剪辑、专题文摘、专题索引；开展用户教育、专题服务、学科导航、新书推荐、课题咨询、定题服务、查新检索、新书推荐、特殊服务；建立学科联系人制度、在网上开辟与读者沟通的渠道、组织教师选书；编写二次文献提供决策咨询，为领导提供文献资源检索服务，为领导决策提供参考咨询。

三、关于校园数字网的建设与应用

2000年6月15日省委同意我校建设校园网，投资额为850万元。同年10月经过反复论证，校园网建设计划付诸实施。

2001年9月2日完成校园网工程，开通本校网站。

近年来随着学校事业的发展，不断增加项目扩大规模追加投资。为校园网的安全设施进行更新升级，进一步提高网络安全；增购VPN（虚拟专网）客户端软件，通过虚拟专网延展校园网利用，进一步提高网络利用效益。

至今我校信息化建设累计投入已超过1500万元，构建了拥有2000多个信息点、江苏省省级机关最大的内部网络，初步形成了以校园网为通信基础、数字化图书馆为资源依托、各种应用系统为支撑、统一的校园数字化网络平台，我校信息化建设迈出了较为坚实的第一步。

我校校园网络系统突出的技术特点是，多媒体数字传输和数字化视频功能的实现，并将校园视频网（闭路电视网）与数字网两网融为一体。这就为实现全校教学、科研、管理、办公乃至校园生活的数字化、网络化、信息化创造了较好的基础条件。

2001年9月校园网开通后，我们的资源开发人员就自主开发了江苏省委党校网站，提供了WEB、邮件、FTP、视频点播等网络服务。

5年来，网站经多次改版，采用了动态数据库后台技术，开发应用了校内信息发布系统，通知、新闻、教学、科研、行政等信息都可以通过校内信息发布系统及时传递，图书馆的数字资源和远程教学的视频资源通过网站窗口得到了有效的利用。目前，党校门户网站在实现功能完善、内容丰富、服务社会的方面又有了较大的拓展。

为了促进校内二级网和各部门网页的建设，提高部门工作与信息资源整合的水平，激励校内各部门充分利用现代信息技术开展工作，进一步丰富校园网网站资源，创造良好的网络学习交流环境，我们组织了校内二级网站及部门网页的开发培训及评比活动。全校所有部门、处室都建立了二级网站或主页。

此外，网站建设在推进信息化应用，努力发挥校园网为教学科研直接服务的功能，推进教务、科研、图书馆、网信、财务、人事、总务等处室先后全面或部分实现管理信息系统的应用，部门业务工作开始发生信息化转变，工作效率与质量明显提高。利用网站经常性地举办书画摄影展等活动，丰富了校园生活。同时也普及提高了全校员工的信息技能，推进信息化应用的普及。

四、关于近年来的信息化应用的新拓展

2006 年学校投入近 20 万元添置了 VPN 设备，使在家备课的教员直接进入校园网内网查阅内部资料，也为市县党校查阅我校信息资源创造了条件。

从 2007 年开始，我校应用 V2 远程会议平台，通过互联网进行了全省远程授课及远程会议，取得了良好的效果。全省在职研究生班的开学典礼通过互联网召开，研究生的入学辅导课程也通过互联网授课，提高了效率，节省了成本。

我校对信息前端采集设备建设也很重视，先后投入资金添置了摄像机、非线性编辑机等设备，为我校制作视频资源增添了有效工具。我校信息人员利用相关设备设施录制了各类专题报告近 150 讲；录制编辑了我校重大的文艺活动录像节目 5 部，收录到视频资源库中；近年来为中央党校呈送精品课录像 9 部，受到中央党校的好评以及我校广大教职工的称赞。我校为农村党员干部教育网录制教学课程 10 讲，发挥了我校教学优势，丰富了农村党员干部教育网的课程资源。

2008 年以来，我校网站逐步添加了特色栏目，《唯实》杂志、《江苏行政学院学报》《江苏党校报》等电子版全部在网站开辟栏目，方便了读者查阅全文。2008 年，我校网站开辟了《市县党校信息》栏目，全省各市县党校的教学、科研信息以及重大活动信息上传量逐步增加，在各市县之间形成了竞争的态势。对于促进全省党校系统的相互交流起到了无法替代的作用。

2009 年初，我校信息人员在相对简陋的设备条件下，制作了《校长访谈》视频节目，开辟了一块新的领域。这档节目播出后受到广泛关注，中央党校网站和《学习时报》专门作了介绍。

资料来源：

吴宪扬：《中共江苏省委党校、江苏省行政学院"十五"期间信息化工作总结》，http：//www.sdx.js.cn。

曹绳铺：《网络信息处建处十周年纪念系列：党校信息化建设大事记》，http：//www.sdx.js.cn。

四川党校系统信息化建设成果及信息化应用概要

一、组织机构基本健全，具有较高专业素质的技术队伍粗具规模

1999年9月，中央党校第一批卫星远程教学A级站落户我校，标志着全省党校系统信息化建设正式起步，经过近8年的发展，目前全省市（州）以上的党校系统已基本形成了"机构健全、人员充实、制度完善"的局面。省委党校信息技术部现有专职技术人员23名，其中正教授1名、副教授及高级工程师6名，共设有4个职能科室；全省22个市（州）委党校基本设置了专门的信息管理科级部门，并配有2~3名专业技术人员；181个县级党校配备了1~2名兼职的专业技术人员，少数县委党校还配有1名专业技术人员。随着全省党校系统信息化的不断推进，平均每年由省委党校信息技术部对市（州）和区县党校的专、兼职技术人员培训两次，并针对卫星远程教学网站管理的要求和全省党校系统内部的四川干部教育网的管理规定，落实了二级管理和三级管理制度，使全省党校系统的信息化队伍基本能胜任应用发展和技术推进的要求。

二、较高水准的信息化基础设施为广泛深入的应用搭建了良好平台

省委党校校（院）委高度重视全省党校系统的信息化建设，每年对省委党校校园内部网的专项建设资金都不低于200万元，使其成为名副其实地服务于全省党校系统的信息化枢纽。特别是2005年以来，在省委省政府下拨专项建设经费500万元和中央党校信息管理部援建南充市部分区县党校的卫星远程教学站等实际行动的大力支持下，我们在全省党校系统实施了"三网合一"工程，即全省县级以上党校基本实现中央党校卫星远程教学网、四川干部教育网和各校的校园内部网"三网"的整合工程，至2006年年底在省委党校内已全面建成了以"八网"为核心的信息化基础平台，并通过"九网合一"的多媒体网控中心实现了"八

网"的互联互通。

"九网"即卫星远程教学网、四川干部教育网、校园内部网、校园无线宽带网、校园全数字监控网、全球发展远程学习网（GDLN）、四川党政网、校园闭路电视网及校园广播网。

卫星远程教学网：中央党校的卫星远程教学"天网"已普及全省21个市（州、含省级机关党校）党校，覆盖率为100%；我省县（区）级党校建站总数已达到140多个，覆盖率达70%以上；已开展了远程教学、远程会议、远程监考、远程培训等应用。

四川干部教育网：四川干部教育网是覆盖全省党校的内部专用网络，网络管理中心为总带宽155M的ATM光纤专线，22个市（州）党校、行政学院通过一条1~2M的ATM光纤网络和一条2~10M的VPN虚拟网络线路与省委党校实现了双线宽带互联，各市州党校全部建立了校园内部网络；全省181个县（区）级党校也通过VPN虚拟网络实现了与我校的互联，其中近80%的区县党校建立了校内的局域网；全省100多个党校函授教育基层教学点通过远程拨号实现了与各市（州）党校的互通。

省委党校校园内部网：我校先后投入2000多万元完成了以省委党校、行政学院为中心的覆盖全省党校、行政学校的SCGEnet——"地网"的核心网络。校园内骨干网已全面提升到1000M；100M交换到桌面；三个互联网光纤接入口，总接入带宽分别为：办公区22M（电信和网通各10M，赛尔网络2M），家属区100M，全校布置节点数2000多个，覆盖了校内教学、行政管理、学员及家属区；全校建成业务局域网络10多个（图书馆、财务、函院、工作处、研究生、人事、科研、教务、杂志社等）。

校园无线宽带网：该工程是国务院西部开发办西部人才基金会和摩托罗拉公司无偿援建我校的项目，总投资在120万元左右，全部设备、现场安装调试和技术培训等全由摩托罗拉公司免费提供。在我校东区和西区共安装了20多个室外型无线网桥，构成了覆盖全校的无线宽带网络。该网络建成后，极大地方便了我校内部移动上网用户的无线上网和移动办公，为校内未来的无线网络应用奠定了基础。

全球发展远程学习网：全球发展远程学习网络（GDLN）和中国西部开发远程学习网络（CDDLN）是我校利用世界银行25万美元赠款，

在国务院西部开发办的具体指导下，于 2004 年中旬建立起来的远程学习网络，它通过一条 2M 的专用互联网络出口（赛尔网络），连接到世界银行北京办事处，并通过北京办事处连接到遍布全球发达国家和发展中国家的 GDLN，同时通过 CDDLN 北京管理中心与国内西部 11 个省份的远程学习中心（DLC）实现互联，以开展国际范围内和国内西部诸省间的远程教学。

四川党政网（四川电子政务内网）：四川党政网是我省的电子政务内网，主要连接省、市、县三级党委、政府、人大、政协以及各级事业单位的涉密内部办公网络。我校以省直机关单位的身份通过光纤直接接入四川党政网，在校内领导及有关部门开通近 40 个节点，建立一个电子阅文室。

校园全数字监控网：建成校园区多功能全数字监控网络，监控网络覆盖校内会议室、教室、计算机房、学员宿舍楼道以及校园道路等，共布监控点 120 多个，可通过校园网实现远程操控。可用于远程教学与监考、远程录像、教学现场评估和安全防护。

校园闭路电视网：省委党校闭路电视系统除了通过成都市光纤公司的线路直接收看 60 多个频道的电视节目，学校还自己开通了部分境外电影节目。

校园广播网：校园内的背景音乐和上下班打铃等实现了全数字化和远程集中控制。

以上九个网络可以通过多媒体交换中心实现信息、节目的互通和交换，以充分发挥各网络的作用。

此外，省委党校在图书馆开设了两个专用电子阅览室，配有计算机 110 套，在主体班教室中全面普及了全数字集中控制的多媒体投影教学系统。各市（州）党校为推进教学手段的现代化，分别装备了 4～10 个的计算机投影教室和会议室，教师在教学中基本普及了投影教学，各校还装备了 1～2 个供学员上机的标准计算机房，30% 左右的县区党校也装备了计算机投影教室和学员上机的计算机房，为开展现代化教学创造了条件。

三、丰富多彩的应用有力促进了教学、科研和管理

远程教学的应用：为充分发挥中央党校的卫星远程教学网、GDLN、

CDDLN、农村党员干部现代远程教学网以及《中经视频》等宝贵的远程教学资源，我们利用"蜀光"内部网站推出了大量的远程教学内容。除了每天通过内部网站在线直播中央党校卫星远程教学一频道的节目和农村党员干部现代远程教学网的节目，还将其中好的节目录制下来存入远程教学资源库中，与购买的《中经视频》等远程教学数据库一起，为全省党校系统的教职人员和学员提供教学节目的点播服务，使这些资源在全省党校的主体班教学、研究生教学、函授本科教学和一些专题培训班中发挥了重要作用。

全省拟任县处级党政领导职务政治理论水平任职资格考试系统的应用：利用已建成的四川干部教育网和自主开发的远程考试软件系统，从2002年开始试行全省拟任县处级党政领导职务政治理论水平任职资格远程考试，在三年的试运行中取得极大成功的情况下，于2005年年初正式开始在全省范围内推广应用，并通过省委发文进行了规范化和制度化。不仅每年定期开展两次全省范围的远程考试，并将考试结果作为干部任用的必要条件。6年来共组织任职资格考试上千场次，参考人员3万多人次，在全省范围内产生了良好的影响，各市（州）党校也通过对当地学员组织的考前辅导和考试，进一步提高了党校在各级干部队伍中的地位和声誉。

网络会议系统的应用：2003年年底开通的远程会议系统，除了在全省拟任县处级党政领导职务政治理论水平考试的远程监考方面发挥作用外，近年来在全省党校系统的教学、科研和管理方面得到了广泛的应用，各职能部门经常利用该系统组织远程会议、远程培训、远程教学、远程考试和远程交流等等，极大地提高了办事效率，节约了办公成本。

"蜀光"网站的应用："蜀光"网站是我校建立的系列网站，其中，"蜀光内部网站"是全省党校系统在四川干部教育网上的门户网站，是全省党校内部开展信息发布、信息交流、办公自动化、内部管理和远程教学的应用支撑平台，并与各市（州）党校建立的内部或外部网站、省委党校的门户网站实现了链接。"蜀光外部网站"是全省党校系统建立在互联网上的门户网站，主要为社会提供一个了解、认识省内各级党校、行政学校的窗口，并通过该窗口开展面向社会的党的理论、方针、政策的宣传和相关服务。"蜀光党政网网站"是我校建立在"四川党政网"上的门户网站，主要为我省政务内网上的用户提供一个了解、认识省内各级党校、行政学校的窗口,并通过该窗口开展面向社会的党的理论、方针、政策的宣传和相关服务。

数字图书馆建设及应用:学校图书馆利用数字图书馆系列软件(金盘图书馆管理软件、天宇全文编辑软件)逐步建设了服务于全省党校系统的数字图书馆,除了完成了多种校报校刊等报纸杂志的数字化,还建立了《新论撷要》《优秀硕士论文》等专题数据库。此外,还购买了《人大报刊复印资料》《中国学术期刊》《书生之家》数字图书、《人民日报图文数据库》《中经视频》教学资源数据库、世界银行学院的教学资源数据库(由全球发展学习网络 GDLN 免费提供的全球及国内著名专家学者的教学资源)等优秀数字资源。这些资源通过四川干部教育网为全省党校系统的教职员工和学员提供免费服务,在广大教职人员和学员的教学、科研中发挥了重要作用,深受他们的欢迎。

内部办公及文件传输系统的应用:目前在全省党校系统内全面推广应用的系统包括在蜀光内部网站上发布和管理信息的"网站信息发布与管理系统"和全电子化的"文件传输与交换系统",使全省党校的办公自动化统一在一个平台上。省委党校内部各部门间和部门内部实现了公文流转和电子化签批,初步实现了校内的无纸化或少纸化办公。

内部业务管理系统的应用:目前投入实际应用的业务系统主要是在全省党校系统内推广使用的函授学院的"函授教学管理、学籍管理系统",在省委党校内部运行的软件包括教务处的"主体班学籍管理软件"、研究生部的"招生与学籍管理软件"、四川管理职业学院的"教务管理软件"、图书馆使用的"图书馆管理软件"等。

电子化网络考场的应用:由于全省党校系统内有一个相对独立安全的覆盖全省市(州)区县的四川干部教育网,各级党校有专门的计算机机房,同时还应用了远程会议系统和远程考试系统等成套的应用软件,近年来逐步形成了省内知名的电子化网络考场。除了每年定期开展的全省拟任县处级党政领导职务政治理论水平任职资格考试外,还开展了四川省保险行业协会、省证券行业协会和银行协会的多种认证考试,省人力资源开发中心和测评中心开展的各种干部选拔考试,全省党校系统内研究生班、学历班的有关课程的远程考试,部分市(州)党校还配合各市(州)委组织部的工作，利用整个系统开展本地区拟任区科级党政领导职务的政治理论水平任职资格考试，在全省范围内产生了良好的影响。

资料来源：

《2007年全国党校系统远程教学暨信息化应用工作会议交流材料》（四川）。

案例之七

全国党校图书馆数字资源共建共享 15 家示范馆基本理论特色数据库框架结构

附表 1 中国共产党历史研究数据库

示范馆名称	分类体系框架结构
北京市委党校图书馆	DS 中国共产党历史
	DS01 中国共产党历史通史
	DS0101 中国共产党历史通史
	DS0102 新民主主义革命时期史
	DS0103 社会主义革命和建设时期史
	DS02 中国共产党历史专题史
	DS0201 政治史
	DS0202 经济史
	DS0203 思想文化史
	DS0204 军事史
	DS0205 统一战线史
	DS0206 群众工作史
	DS0207 对外关系史
	DS0208 组织沿革史
	DS0209 党的建设史
	DS0210 领导决策史
	DS03 中国共产党历史阶段史
	DS0301 中国共产党的创立（1919~1924）
	DS0302 大革命时期（1924~1927）
	DS0303 土地革命（1927~1937）
	DS0304 抗日战争（1937~1945）
	DS0305 解放战争（1945~1949）
	DS0306 中华人民共和国的成立和向社会主义过渡的实现（1949~1956）

续表

示范馆名称	分类体系框架结构
北京市委党校图书馆	DS0307 社会主义道路的探索（1956~1966） DS0308 "文化大革命"十年内乱（1966~1976） DS0309 开辟社会主义事业新发展时期（1976~1982） DS0310 建设中国特色的社会主义（1982~1992） DS0311 改革开放和现代化建设新阶段（1992~2002） DS0312 党的十六大以来（2002~） DS04 中国共产党历史大事记 DS05 中国共产党历史人物与研究 DS06 中国共产党历史文献、史料与研究 DS0601 中国共产党中央文献及研究 DS0602 中国共产党领导人著作及研究 DS0603 中国共产党历史事件、会议及研究 DS0604 中国共产党历史纪念地及遗址资料 DS0605 中国共产党历史其他史料及研究 DS07 中国共产党历史学研究 DS0701 中国共产党历史学研究文献 DS0702 中国共产党历史学研究机构 DS08（暂空） DS09（暂空） DS010 中国共产党北京历史 DS01001 中国共产党北京历史通史 DS01002（暂空） DS01003 中国共产党北京历史专题史 DS0100301 政治史 DS0100302 经济史 DS0100303 思想文化史 DS0100304 统一战线史 DS0100305 群众工作史 DS0100306 组织沿革史 DS0100307 自身建设史 DS01004 中国共产党北京历史阶段史 DS0100401 五四运动与马克思主义在北京的传播 DS0100402 北京共产党小组的创立 DS0100403 创建时期的北京党组织 DS0100404 北京党组织与第一次国共合作 DS0100405 国民革命运动在北京的兴起和发展 DS0100406 从倒段反奉斗争到第一次国共合作破裂 DS0100407 "左"倾错误对北平党工作的影响

续表

示范馆名称	分类体系框架结构
北京市委党校图书馆	DS0100408 九一八事变后北平的抗日反蒋斗争 DS0100409 伟大的一二·九运动 DS0100410 抗日民族统一战线工作在北平的开展 DS0100411 卢沟桥事变和北平党工作重点的转移 DS0100412 北平郊区抗日根据地的创建和城内工作的开展 DS0100413 度过抗日战争最艰苦的岁月 DS0100414 迎接抗日战争的最后胜利 DS0100415 争取和平民主的斗争 DS0100416 第二条战线在北平的形成 DS0100417 反饥饿、反迫害斗争深入发展 DS0100418 迎接北平的和平解放 DS0100419 人民共和国首都的诞生 ［注：1949年以后待续］ DS01005 中国共产党北京各区县历史 DS0100501 中国共产党北京东城历史 DS0100502 中国共产党北京西城历史（北京所属18个区县依次排列，下同） DS01006 中国共产党北京各行业历史 DS01007 中国共产党北京历史大事记 DS0100701 中国共产党北京历史大事记 DS0100702 中国共产党北京各区县历史大事记 DS0100703 中国共产党北京各行业历史大事记 DS01008 中国共产党北京市历史文献与研究 DS01009 中国共产党北京历史人物与研究 DS01010 中国共产党北京历史事件会议与研究 DS01011 中国共产党北京历史纪念地及遗址资料 DS01012 中国共产党北京历史其他史料及研究 DS011 中国共产党河北省历史（各省市依次排列，此处略。细目根据各地情况拟定）

资料来源：北京市委党校《中国共产党历史研究数据库建设方案》。

附表2 "三个代表"重要思想研究数据库

示范馆名称	分类体系框架结构
河北省委党校图书馆	（一）"三个代表"重要思想形成的时代背景 　1．"三个代表"重要思想的历史地位 　2．"三个代表"重要思想的形成过程 　3．"三个代表"重要思想的科学内涵 　4．认真贯彻"三个代表"重要思想 （二）"三个代表"重要思想的灵魂是与时俱进

续表

示范馆名称	分类体系框架结构
河北省委党校图书馆	1. 世界局势变化的挑战 2. 中国社会变革的要求 3. 党的奋斗实践的深刻总结 （三）"三个代表"重要思想的核心是党的先进性 1. 党的先进性是马克思主义政党存在发展的根本前提 2. 准确把握党的先进性的科学内涵 3. "三个代表"重要思想集中体现了党的先进性的时代内涵 （四）"三个代表"重要思想的本质是执政为民 1. 执政为民是"三个代表"重要思想的本质要求 2. 努力实现好、维护好、发展好最广大人民的根本利益 3. 始终坚持人民的利益高于一切 （五）发展是党执政兴国的第一要务 1. 马克思主义执政党必须重视解放和发展生产力 2. 当代中国的科学发展观 3. 聚精会神搞建设，一心一意谋发展 （六）全面建设小康社会 1. 全面建设小康社会的目标 2. 全面建设小康社会需要解决的问题 3. 紧紧抓住21世纪头20年的战略机遇期 （七）发展中国特色社会主义经济 1. 发展最根本的是以经济建设为中心 2. 中国特色社会主义的经济发展战略 3. 中国特色社会主义的经济改革战略 4. 全面提高对外开放水平 （八）发展中国特色社会主义政治 1. 建设社会主义政治文明是现代化的战略目标 2. 坚持党的领导、人民当家做主和依法治国的有机统一 3. 加强社会主义民主政治建设 4. 积极稳妥地推进政治体制改革 （九）发展中国特色社会主义文化 1. 深刻认识文化建设的战略地位 2. 牢牢把握先进文化的前进方向 3. 繁荣发展中国特色社会主义文化 （十）建设一个走在时代前列的执政党 1. 执政党必须坚定地站在时代潮流前头 2. 执政党建设必须解决好两大历史课题 3. 以增强党的执政能力为重点全面加强党的建设

资料来源：河北省委党校《"三个代表"重要思想研究数据库制作方案》。

附表 3 政法干部教育研究数据库

示范馆名称	分类体系框架结构
山西省委党校图书馆	（一）党和国家关于政法工作的文件指示 　1. 1931 年初～1949 年 9 月 30 日期间党内关于政法工作的相关文件 　2. 1949 年 10 月 1 日～1966 年 5 月 16 日党内文件和政府文件 　3. 1966 年 6 月～1978 年 11 月党内文件 　4. 1978 年 12 月～2006 年 12 月党内文件，政府文件 　5. 历次党代会、人代会文献中关于政法工作的内容 　6. 历次全国政法工作会议文件 （二）党和国家领导人关于政法工作的论述 　1. 毛泽东关于政法工作的论述 　2. 刘少奇关于政法工作的论述 　3. 董必武关于政法工作的论述 　4. 周恩来关于政法工作的论述 　5. 邓小平关于政法工作的论述 　6. 江泽民关于政法工作的论述 　7. 胡锦涛关于政法工作的论述 　8. 其他领导同志关于政法工作的论述 （三）关于人民法院 　1. 历次人大会议上最高人民法院的工作报告 　2. 历年来公开出版发行的《最高人民法院公报》 　3. 关于历代法官 　4. 关于法警 （四）关于检察院 　1. 历次人大会议上最高人民检察院的工作报告 　2. 关于历代检察官的历史资料 　3. 反贪局和反贪工作 （五）关于司法职能和律师工作 　1. 我国的公证和法医鉴定 　2. 关于普法宣传 　3. 律师制度的历史沿革 　4. 关于律师制度的文献、法律、法规 （六）社会治安综合治理 　1. 公安部门 　2. 相关部门 （七）法律条文 　1. 宪法 　2. 部门法 　3. 诉讼法 　4. 国际法 （八）法规条文

续表

示范馆名称	分类体系框架结构
山西省委党校图书馆	（九）典型案例 　1. 刑事案 　2. 民事案 　3. 经济案 　4. 知识产权案 　5. 行政案 　6. 破产案 （十）肃贪反腐案例

资料来源：山西省委党校《政法干部教育研究数据库制作方案》。

附表4　马克思列宁主义研究数据库

示范馆名称	分类体系框架结构
吉林省委党校图书馆	1. 马恩列斯著作 　1.1 全集 　　1.1.1 马克思恩格斯全集 　　1.1.2 列宁全集 　　1.1.3 斯大林全集 　1.2 选集 　　1.2.1 马克思恩格斯选集 　　1.2.2 列宁选集 　　1.2.3 斯大林选集 　1.3 单行本 　　1.3.1 马克思恩格斯著作 　　1.3.2 列宁著作 　　1.3.3 斯大林著作 　　1.3.4 马恩列斯著作 　1.4 专题汇编 　　1.4.1 马克思恩格斯论述 　　1.4.2 列宁论述 　　1.4.3 斯大林论述 　　1.4.4 马恩列斯论述 　1.5 诗词、书信、手稿 　　1.5.1 诗词 　　1.5.2 书信、函电 　　1.5.3 日记 　　1.5.4 手稿、手记 2. 生平研究

续表

示范馆名称	分类体系框架结构

吉林省委党校图书馆	2.1 生平传记
	  2.1.1 传记评传
	  2.1.2 回忆录
	  2.1.3 研究论文
	  2.1.4 纪念文集
	  2.1.5 纪念地、故居
	2.2 年表、年谱、大事记
	  2.2.1 生平事业年表
	  2.2.2 著作年表
	  2.2.3 年谱
	  2.2.4 大事记
	2.3 图片
	  2.3.1 马克思图片
	  2.3.2 恩格斯图片
	  2.3.3 列宁图片
	  2.3.4 斯大林图片
	  2.3.5 事件图片
	  2.3.6 其他图片
	3. 马列主义研究文献
	3.1 马列主义研究著作
	  3.1.1 马克思恩格斯研究著作
	  3.1.2 列宁研究著作
	  3.1.3 斯大林研究著作
	  3.1.4 马恩列斯研究著作
	  3.1.5 马克思主义中国化著作
	  3.1.6 西方马克思主义著作
	  3.1.7 其他相关著作
	3.2 马列主义研究论文
	  3.2.1 马克思恩格斯研究论文
	  3.2.2 列宁研究论文
	  3.2.3 斯大林研究论文
	  3.2.4 马恩列斯研究论文
	  3.2.5 马克思主义中国化论文
	  3.2.6 西方马克思主义论文
	  3.2.7 其他相关论文
	3.3 工具书
	  3.3.1 辞典
	  3.3.2 书目
	  3.3.3 索引

续表

示范馆名称	分类体系框架结构
吉林省委党校图书馆	3.3.4 其他工具书 3.4 最新资讯 3.5 研究动态 　3.5.1 马克思主义理论研究与建设工程 　3.5.2 研究人物 　3.5.3 研究机构 　3.5.4 连续出版物 　3.5.5 马克思主义学院 　3.5.6 学术研究活动 　3.5.7 相关网站 　3.5.8 共建共享资源建设 　3.5.9 其他研究资料 4. 多媒体资料 　4.1 电子出版物 　4.2 课件资料 　4.3 影视资料 　4.4 其他资料 5. 外文文献 　5.1 外文图书 　5.2 外文论文 　5.3 其他外文资料

资料来源：吉林省委党校《马克思列宁主义研究数据库建设方案》。

附表5　中共党的建设研究数据库

示范馆名称	分类体系框架结构
上海市委党校图书馆	（一）党建理论总论（马克思主义政党理论） 　1. 马克思、恩格斯、列宁关于政党和执政党建设理论 　2. 毛泽东、邓小平、江泽民、胡锦涛等关于政党和执政党建设理论 　3. 马克思主义党建理论的历史发展 　4. 马克思主义党建理论的基本原理 （二）党的思想建设、理论建设 　1. 思想建党原则 　2. 党的思想路线 　3. 党的指导思想：毛泽东思想、邓小平理论、"三个代表"重要思想、科学发展观 （三）党的组织建设 　1. 党的组织制度建设

续表

示范馆名称	分类体系框架结构
上海市委党校图书馆	2. 党的干部政策与干部工作 3. 党的基层组织建设 4. 党内民主的发展 （四）党的作风建设 　1. 党的作风建设理论 　2. 党的群众工作 　3. 党性教育 　4. 反腐倡廉 （五）执政能力建设 　1. 驾驭市场经济的能力 　2. 发展民主政治的能力 　3. 建设先进文化的能力 　4. 构建和谐社会的能力 　5. 应对国际局势的能力 （六）党的先进性建设 　1. 党的先进性建设理论 　2. 保持共产党员先进性教育活动 （七）国际政党比较研究 　1. 苏东剧变的反思 　2. 社会主义国家执政共产党研究（朝鲜、老挝、古巴、越南等） 　3. 西方政党研究（保守党、左翼政党、新形态政党等）

资料来源：上海市委党校《中共党的建设研究数据库建设方案》。

附表6　行政学研究数据库

示范馆名称	分类体系框架结构	
江苏省委党校图书馆	01	行政管理学
	02	行政
	03	行政管理
	04	公共行政管理
	05	公共行政
	07	行政管理理论
	0701	组织理论
	070101	传统组织理论
	070102	科学组织理论
	070103	组织发展理论
	0702	决策理论
	070201	决策程序

续表

示范馆名称	分类体系框架结构	
江苏省委党校图书馆	070202	决策方法
	070203	决策分类
	070204	预测技术
	0703	激励理论
	070301	需求层次理论
	070302	期望理论
	070303	双因素理论
	070304	X 理论
	070305	Y 理论
	070306	Z 理论
	070307	权变理论
	0704	目标管理
	0705	系统管理理论
	0706	行政生态理论
	0707	管理幅度与层次
	0708	霍桑实验
	08	西方行政理论代表人物
	0801	法约尔，H.
	0802	泰勒，F. W.
	0803	威尔逊，T. W.
	0804	古德诺，F. J.
	0805	韦伯，M.
	0806	威洛比，W. F.
	0807	梅奥，G. E.
	0808	怀特，L. D.
	0809	西蒙，H. A
	09	行政组织
	0901	组织类型
	090101	层级制
	090102	职能制
	090103	合议制
	090104	首长制
	090105	完整制
	090106	分离制
	090107	分权制
	090108	集权制
	090109	直线参谋制
	090110	矩阵型组织
	0902	行政机构

续表

示范馆名称	分类体系框架结构	
江苏省委党校图书馆	090201	决策机构
	090202	信息机构
	090203	派出机构
	090204	行政编制
	090205	事业单位等
	0903	各国行政机构
	090301	中华人民共和国行政机构
	090302	其他国家行政机构
	10	行政领导与决策
	1001	行政领导
	1002	行政决策
	11	人事行政
	1101	一般人事制度
	110101	职位分类
	110102	任用制度
	110103	回避制度
	110104	考绩制度
	110105	奖惩制度
	110106	升迁制度
	110107	培训制度
	110108	退休制度
	110109	离休制度
	110111	工资制度
	110112	福利制度
	110113	恩赐制
	110114	政党分赃制
	110115	功绩制
	110116	西方文官制度
	1102	中国人事制度
	110201	中国古代人事制度
	110202	中华民国公务员制度
	110203	中华人民共和国干部人事制度（公务员制度）
	1103	外国现代人事制度
	110301	日本公务员制度
	110302	美国文官制度（彭德尔顿法）
	110303	《1978年文官制度改革法》
	110304	英国文官制度（诺斯科特—杜威廉报告）
	110305	富尔顿报告
	12	财务行政

续表

示范馆名称	分类体系框架结构	
江苏省委党校图书馆	1201	行政经费
	1202	财政补贴
	1203	预算
	1204	决算
	1205	会计
	1206	审计
	13	行政机关管理
	1301	会议管理
	1302	文书管理
	1303	档案管理
	1304	后勤管理
	1305	电子政务
	14	行政监督
	1401	内部监督
	140101	层级监督（日常监督，主管监督，职能监督）
	140102	专门监督（行政监察监督，审计监督）
	1402	外部监督
	140201	政党监督
	140202	政权监督
	140203	司法监督
	140204	社会监督
	15	行政法制
	1501	行政立法
	150101	行政法
	150102	行政法规
	1502	行政执法
	1503	行政司法
	150301	行政违法
	150302	行政诉讼
	150303	行政救济
	16	行政环境与效率
	1601	行政环境
	1602	行政效率
	17	行政发展与改革
	1701	行政体制改革
	170101	地方行政机构改革
	18	行政研究团体
	1801	国际行政学会
	1802	中国行政管理学会

资料来源：江苏省委党校《行政学研究数据库建设方案》。

附表7　党员干部修养研究数据库

示范馆名称	分类体系框架结构
浙江省委党校图书馆	（一）理论经典 　　1. 马恩列斯论党员干部修养 　　2. 老一辈革命家论党员干部修养 （二）文件及讲话 　　1. 中央关于党员干部修养的文件 　　2. 中央领导关于党员干部修养的讲话 　　3. 地方及部门关于党员干部修养的文件 　　4. 地方及部门党政领导关于党员干部修养的讲话 （三）理论研究文献 　　1. 党员干部修养的研究专著 　　2. 党员干部修养研究论文 　　3. 党员干部修研究综述、散论等 　　4. 国外党员干部修养专著 　　5. 国外党员干部修养研究论文 （四）参考资料 　　1. 党性分析材料 　　2. 中国现代 　　　①著作 　　　②论文 　　　③散论 　　　④诗文 　　3. 中国近代 　　　①著作 　　　②论文 　　　③散论 　　　④诗文 　　4. 中国古代 　　　①著作 　　　②论文 　　　③散论 　　　④诗文 　　5. 西方文化的理论与实践 　　6. 国外共产党有关修养的思想、理论与实践 （五）实践案例 　　1. 案例 　　　①正面（优秀党员干部先进事迹） 　　　②反面（反面典型案例） 　　2. 生动事例 　　　①中国古代、近代、现代名人的一些生动事例与故事

续表

示范馆名称	分类体系框架结构
浙江省委党校图书馆	②国外共产党人的思想修养和行为（金日成、格瓦拉、胡志明、卡斯特罗等） （六）多媒体 　1. 党员干部修养教育片 　2. 专题报告会 　3. 经典影视 　4. 经典歌曲

资料来源：浙江省委党校《党员干部修养研究数据库建设基本方案》。

附表 8　区域协调发展研究数据库

示范馆名称	分类体系框架结构
安徽省委党校图书馆	（一）重要文件（含发展规划、工作报告） 　1. 中央文件 　2. 地方文件 （二）领导论述 　1. 中央领导（毛泽东、邓小平、江泽民、胡锦涛） 　2. 地方领导 （三）有关著作 　1. 专著 　2. 论文集 　3. 电子期刊 　4. 外文资料 （四）研究论文（调研报告；统计资料；图表、图片；视频资料） 　1. 区域政策 　　发展规划 　2. 综合研究 　　政策研究 　　理论探讨 　　发展战略 　　区域规划 　　区域创新 　　研究综述 　3. 统筹发展 　　区域发展差距 　　区域经济增长 　　区域发展布局 　　区域分工与协作

续表

示范馆名称	分类体系框架结构
安徽省委党校图书馆	统筹区域发展（区域协调发展） 统筹城乡发展（城乡经济联系） 区域循环经济（区域可持续发展） 4. 分区域研究 　东部发展 　　京津冀经济圈 　　环渤海经济圈 　　长江三角洲（含滨海新区） 　　珠江三角洲（含泛珠三角） 　西部开发 　　西部"三农" 　　生态环保 　　基础设施 　　东部支援 　　特色产业 　　科教人才 　东北振兴 　　绿色东北 　　企业改造 　　战略规划 　　城市发展 　中部崛起 　　发展规划 　　崛起战略 　　城市群建设 　　新农村建设 　　新型工业化 　　承东启西 　　环境友好 　　县域经济研究 5. 城市经济 　城市群建设 　城市经营与管理 　城市化与城市发展 　城市规划 　城市发展战略 　城市循环经济 　资源型城市 　小城镇建设

续表

示范馆名称	分类体系框架结构
安徽省委党校图书馆	6. 安徽崛起 　　发展规划 　　战略研究 　　融入长三角 　　沿江城市群 　　沿淮城市群 　　合肥都市圈 　　八大基地建设 　　区域文化

资料来源：安徽省委党校《区域协调发展研究数据库建设方案》。

附表9　一国两制研究数据库

示范馆名称	分类体系框架结构
福建省委党校图书馆	（一）党和国家领导人讲话 （二）政策法规文献资料 ・法律・法规・协议・文件・文献・讲话・历史事件・地方文献・族谱・其他 （三）一国两制理论研究 ・台湾问题・香港问题・澳门问题・一国两制・"台独问题"（"法理台独""两国论""一边一国论"等）・反分裂国家法・对台工作・祖国统一 （四）两岸关系研究 ・两岸关系 ・九二共识 ・海协会 ・海基会 ・海峡论坛 ・海峡两岸 ・闽台关系（闽台农业合作、闽台合作、闽台文化、闽台经贸、闽台地区、闽台社会、闽台发展、闽台贸易、闽台区域、闽台旅游、闽台经济合作、闽台经济关系） （五）台湾政党研究 ・国民党・亲民党・新党・民进党・台联党・第三社会党・台湾农民党 （六）台湾人物研究 ・陈水扁・马英九・谢长廷・苏贞昌・连战・王金平・吕秀莲・李敖・游锡堃・李登辉・吴敦义・邱义仁・邱毅・吴伯雄・陈菊・宋楚瑜・黄俊英・高金素梅・郝龙斌・胡志强・连胜文・郁慕明・林浊水・施明德・林义

续表

示范馆名称	分类体系框架结构
福建省委党校图书馆	雄・蒋孝严・萧万长・王幸男・蔡英文・刘兆玄・江丙坤） ・历史人物：蒋介石・蒋经国・辜振甫・郑成功・施琅 ・其他政界人物・军界人物・工商界人物 （七）参考资料（台湾及海外媒体资源） ・理论研究 ・两岸关系 ・台湾政党 （・国民党・亲民党・新党・民进党・台联党・第三社会党・台湾农民党） ・台湾人物 （・陈水扁・马英九・谢长廷・苏贞昌・连战・王金平・吕秀莲・李敖・游锡堃・李登辉・吴敦义・邱义仁・邱毅・吴伯雄・陈菊・宋楚瑜・黄俊英・高金素梅・郝龙斌・胡志强・连胜文・郁慕明・林浊水・施明德・林义雄・蒋孝严・萧万长・王幸男・蔡英文・刘兆玄・江丙坤） （・历史人物：蒋介石・蒋经国・辜振甫・郑成功・施琅） （・其他政界人物・军界人物・工商界人物） ・文献资料 （八）一国两制在港澳的成功实践 一国两制在香港 ・香港回归・香港特别行政区十周年成就展・香港基本法・香港政治体制・香港驻军 一国两制在澳门 ・澳门回归・澳门特别行政区十周年成就展・澳门基本法・澳门政治体制・澳门驻军 图片 视频 电子书 数据库

资料来源：福建省委党校《一国两制研究数据库（框架结构）》。

附表10 新农村建设研究数据库

示范馆名称	分类体系框架结构
湖南省委党校图书馆	一、政策文献 　1. 中共中央文件 　2. 中央政府文件 　3. 中央领导讲话 　4. 地方各级党政政策文件 　5. 地方各级党政领导讲话 二、统筹城乡发展 三、农村综合改革 四、现代农业建设

续表

示范馆名称	分类体系框架结构
湖南省委党校图书馆	1. 农业科技和人才 2. 现代农产品市场和流通体系 3. 发展粮食生产 4. 农业结构调整 5. 农业产业化 6. 循环农业 7. 农业支持保护政策 8. 现代农业投融资和农村金融 五、农村工业化和机械化 　1. 小城镇建设 　2. 乡镇企业建设 　3. 产业集群和工业园区建设 六、农村基础设施建设 　1. 农田水利建设 　2. 乡村基础设施建设 　3. 村庄规划 　4. 农村生态环境保护和治理 七、农村民主政治建设 　1. 农村基层政权建设 　2. 乡村自制机制与民主管理 　3. 农村法制建设 八、农村党的建设 　1. 党的组织建设 　2. 党的干部队伍建设 　3. 党员队伍建设 　4. 党的执政能力建设 九、增加农民收入 　1. 农民增收渠道 　2. 农村劳动力转移 　3. 农民合作经济组织 　4. 失地农民安置和补偿 　5. 扶贫开发 十、农村社会事业 　1. 农村义务教育 　2. 农村卫生事业 　3. 农村劳动力培训 　4. 农村社会保障制度 　5. 农村文化建设 　6. 农村社会化服务组织

续表

示范馆名称	分类体系框架结构

湖南省委党校图书馆	十一、农村精神文明建设
	十二、经验与案例
	  1. 国内典型经验与案例
	  2. 国外典型经验与案例
	【注：相关著作、论文、综述、报道、讲话等收入各级栏目】

资料来源：湖南省委党校《"新农村建设研究数据库"建设方案》。

附表11 当代国际政治数据库

示范馆名称	分类体系框架结构

广东省委党校图书馆	（一）国际政治学理论
	  国际政治学科
	    国际政治学的学科发展
	    国际政治学的科学界定
	    国际政治学的研究方法
	  国际体系
	    权力政治与世界格局
	    相互依赖与制度合作
	    观念互动与社会建构
	（二）国际安全
	  国际关系与安全研究
	    安全概念研究
	    安全关系
	    安全战略
	  国际冲突与战争
	    冲突与战争界定
	    战争起因
	    冲突战略
	  对外政策与外交
	    国际关系中的对外政策
	    国家对外政策
	    外交
	  干涉与干涉主义
	    干涉的基本概念研究
	    新干涉主义
	  国际组织与争端解决
	    冲突解决模式研究
	    联合国与冲突解决研究
	    国家与国际组织两难关系研究

续表

示范馆名称	分类体系框架结构
广东省委党校图书馆	经济发展与国际安全 　经济安全的界定与影响要素 　经济发展与安全研究 　国际关系中的经济战研究 　危机与安全 （三）当代全球问题 　环境问题与世界政治 　　生态与环境概念研究 　　人类生态与环境研究 　　环境问题与国际冲突 　　生态环境与国际合作 　恐怖主义 　　恐怖主义的概念与界定研究 　　恐怖主义的历史演变 　　恐怖主义的类别、特点与根源研究 　　恐怖主义与国际关系 　民族主义 　　民族与民族主义界定 　　民族主义与地区冲突 　核武器问题与军控体制 　　核军控研究 　　核裁军体制研究 　　核武器研究 　难民问题 　　难民理论 　　难民基本问题研究 　　难民潮研究 　　难民保护研究

资料来源：广东省委党校《当代国际政治数据库建设方案》。

附表12　毛泽东思想研究数据库

示范馆名称	分类体系框架结构
重庆市委党校图书馆	一、著作 　毛泽东 　　文选及单行著作 　　其他著作 　其他领导人 　　周恩来

续表

示范馆名称	分类体系框架结构

重庆市委党校图书馆	刘少奇
	朱德
	……
	二、生平
	  毛泽东
	    年谱
	    传记
	    其他（书信、日记、回忆录等）
	  其他领导人
	    年谱
	    传记
	    其他（书信、日记、回忆录等）
	三、研究
	  专著
	    国内
	    国外
	  论文
	    国内
	    国外
	  其他（报告、讲话、报道等）
	四、多媒体资料

资料来源：重庆市委党校《毛泽东思想研究数据库建设方案》。

附表 13　邓小平理论研究数据库

示范馆名称	分类体系框架结构

四川省委党校图书馆	1. 总论　当代中国的马克思主义
	    邓小平理论的形成和发展
	    邓小平理论的科学体系
	    邓小平理论的历史地位
	2. 社会主义发展道路
	    解放思想实事求是
	    尊重实践尊重群众
	    "三个有利于"的判断标准
	    建设有中国特色的社会主义
	3. 社会主义发展阶段
	    社会主义初级阶段
	      初级阶段的含义和基本特征
	      初级阶段的所有制结构
	      社会主义初级阶段的个人收入分配制度

续表

示范馆名称	分类体系框架结构
四川省委党校图书馆	健全社会保障制度 党的基本路线 　　坚持党在社会主义初级阶段的基本路线 　　一个中心两个基本点基本路线不动摇 党的基本纲领 　　建设中国特色社会主义经济 　　建设中国特色社会主义政治 　　建设中国特色社会主义文化 4. 社会主义根本任务 　基本理论问题 　　什么是社会主义 　　怎样建设社会主义 　社会主义本质 　　解放生产力发展生产力 　　消灭剥削清除两极分化 　　共同富裕 　现阶段主要矛盾 　　物质文化增长与生产力发展的矛盾 　以经济建设为中心 　科学技术是第一生产力 　　四个现代化 　　科技现代化 　　发展科技教育、尊重知识、尊重人才 5. 社会主义经济体制改革 　建立社会主义市场经济体制 　　建立现代企业制度、深化国企改革 　　培育和发展市场体系 　　健全和完善宏观调控体系 　　建立多层次的社会保障体系 　　完善社会主义基本经济制度和分配制度 　发展战略 　　"三步走"战略 　　抓住机遇发展经济 　　分阶式发展思路 　　一部分地区先富,最终达到共同富裕 　　科教兴国与可持续发展 6. 社会主义政治体制改革 　目标 　　巩固社会主义制度

续表

示范馆名称	分类体系框架结构
四川省委党校图书馆	发展社会主义社会生产力 发扬社会主义民主 内容 　　完善人大制度 　　完善共产党领导的多党合作 　　决策科学化、民主化 　　精简机构、转变政府职能 　　完善民族区域自治制度 任务 　　健全民主制度 　　加强法制建设 　　推进机构改革 　　完善民主监督制度 7. 社会主义文化建设 　两个文明建设 　　两手抓方针 　精神文明建设 　　培育社会主义"四有新人" 　中国特色的文化建设 　　教育与科学 　　文学艺术 　　新闻宣传 　　体育工作 8. 社会主义建设外部条件 　和平与发展的时代主题 　独立自主的外交政策 　　反对霸权主义、维护世界和平 　　和平共处五项原则 　　正确处理同外国党的关系 　坚定不移对外开放 　　对外开放的基本国策 　　创办经济特区 9. 社会主义建设政治保证 　坚持四项基本原则 　　四项基本原则 　　立国之本，社会主义现代化的根本保证 　　反对资产阶级自由化的长期性 　　改革、建设需要安定团结

续表

示范馆名称	分类体系框架结构

四川省委党校图书馆	10. 社会主义建设依靠力量
	  依靠工人、农民、知识分子
	  民族团结
	    维护民族团结和国家统一
	    完善民族区域自治制度
	    加快民族地区经济建设步伐
	    尊重和维护宗教信仰自由
	  爱国统一战线力量
	    一个目标
	    两面旗帜
	    两个范围的联盟
	    四个服务
	  社会主义事业的领导力量
	11. 社会主义国家军队和国防建设
	  国家军队建设
	    革命化
	    现代化
	    正规化
	    培养军用两地人才
	  国防建设
	    加强国防教育
	    坚持平战结合、军民兼容的原则
	    重视和加强民兵、预备役工作
	    抓好国防工业同经济建设的兼容和接轨
	    加强军民、民政团结
	12. 社会主义建设领导力量
	  坚持党的核心领导地位
	  改善党的领导
	    解决一部分党员不合格问题
	    改革党和国家的领导制度
	    改进党的领导方式和领导方法
	  推进党的建设
	    思想建设
	    组织建设
	    制度建设
	    作风建设
	13. 祖国统一
	  "一国两制"构想
	  祖国统一理论

续表

示范馆名称	分类体系框架结构
四川省委党校图书馆	14. 综合类著作 　　《邓小平文选》（索引《邓小平文选》1~3卷） 　　经典原著 　　《邓小平军事文集》（索引《邓小平军事文集》1~3卷） 　　年谱、画册、手迹 15. 音像光盘资料 　　邓小平生平纪事 　　大型文献纪录片重要专题辅导讲座 　　教学课件 16. 研究专著 　　哲学 　　经济 　　政治 　　科技 　　教育 　　文化 　　民族 　　军事 　　外交 　　统一战线 　　党的建设

资料来源：四川省委党校《邓小平理论研究数据库建设方案》。

附表 14　科学发展观研究数据库

示范馆名称	分类体系框架结构
陕西省委党校图书馆	1. 科学发展观提出的时代背景和思想源流 　（1）提出科学发展观的时代背景 　（2）历史上传统意义的发展观 　（3）科学发展观的理论基础 　　A. 马克思、恩格斯关于发展的思想 　　B. 列宁、斯大林关于发展的思想 　　C. 我们党三代中央领导核心关于发展的思想 2. 科学发展观的历史地位和重大意义 　（1）科学发展观是对马克思主义关于发展思想的丰富和发展 　（2）科学发展观是马克思主义关于发展思想的时间观和方法论的集中体现 　（3）科学发展观是对国内外发展经验的科学总结 　（4）科学发展观是对社会发展规律认识的升华

续表

示范馆名称	分类体系框架结构
陕西省委党校图书馆	（5）科学发展观是我国经济社会发展必须长期坚持的重要指导思想和衡量基准 3. 以人为本是科学发展观的核心 　　（1）以人为本是对历史上人本思想的扬弃 　　（2）发展要以实现最广大人民的根本利益为目的 　　（3）发展要以广大人民群众为依靠 　　（4）发展要着眼于促进人的全面发展 　　（5）发展要促进经济社会发展与促进人的全面发展统一起来 4. 全面协调可持续发展是科学发展观的基本要求 　　（1）坚持以经济建设为中心 　　（2）坚持经济社会的全面协调发展 　　　　A. 大力加强民主政治建设 　　　　B. 大力推进先进文化建设 　　　　C. 努力构建和谐社会 　　　　D. 最广泛、最充分地调动积极因素 　　（3）坚持"五个统筹" 　　（4）坚持实施可持续发展战略 　　（5）正确把握全面、协调、可持续发展的辩证关系 5. 推动经济又快又好发展是科学发展观的根本着眼点 　　（1）加快转变经济增长方式，切实走新型工业化道路 　　（2）把搞好"三农"工作作为"重中之重" 　　（3）提高自主创新能力，努力建设创新型国家 　　（4）建设资源节约型、环境友好型社会 6. 毫不动摇地坚持改革开放 　　（1）在新的历史起点上继续发展要靠深化改革扩大开放 　　（2）在重要领域和关键环节实现改革的新突破 　　（3）不断提高改革决策的科学性、增强改革措施的协调性 　　（4）全面提高对外开放水平 7. 坚持走和平发展道路 　　（1）和平发展是中国现代化的必由之路 　　（2）坚持独立自主的和平外交政策 　　（3）努力建设持久和平与共同繁荣的和谐世界 8. 牢固树立和全面落实科学发展观 　　（1）坚持科学发展观武装头脑和指导实践 　　（2）建立体现科学发展观发展要求的经济社会发展综合评价体系 　　（3）牢固树立社会主义荣辱观和正确的政绩观 　　（4）大力加强党的执政能力建设和先进性建设 　　（5）改革完善体制机制，为贯彻落实科学发展观提供制度保障 　　（6）我国东、中、西部贯彻落实科学发展观的典型案例

续表

示范馆名称	分类体系框架结构
陕西省委党校图书馆	（7）各地贯彻落实科学发展观的新举措新进展 9. 对科学发展观的总体论述和综合研究 （1）胡锦涛同志和其他中央领导同志论科学发展观 （2）我国学者综合研究科学发展观的情况 （3）外国学者介绍评述科学发展观的动态

资料来源：陕西省委党校《科学发展观研究数据库建设方案》。

附表15　企业干部教育研究数据库

示范馆名称	分类体系框架结构
青岛市委党校图书馆	一、企业与企业干部教育总论 （一）马列经典作家与党和国家主要领导人论企业 （二）党和国家主要领导人论企业干部教育 （三）党和政府关于企业发展与企业干部教育的方针、政策 （四）企业干部能力与素质建设及评价标准 （五）企业干部教育知识结构与内容体系 二、企业理论 （一）传统企业理论 （二）现代企业理论 （三）中外企业发展与演变 （四）企业改革理论 三、企业体制 （一）企业领导体制与党群组织建设 （二）企业组织机构与管理体制 （三）现代公司治理结构 （四）企业组织设计与组织再造 四、企业经营与管理 （一）企业管理原理 （二）企业管理技术 （三）企业战略管理 （四）企业资本运营 （五）企业生产管理 （六）企业职工与劳动保障管理 （七）企业营销管理 （八）企业质量管理 （九）企业成本管理 （十）企业财务管理 （十一）企业后勤管理

续表

示范馆名称	分类体系框架结构
青岛市委党校图书馆	（十二）企业自主创新与竞争力建设 （十三）企业人力资源管理 （十四）企业风险与危机管理 （十五）企业形象与品牌管理 （十六）企业文化建设 五、企业环境 （一）企业与法律 （二）企业与政府 （三）企业与社会文化 （四）企业与科技 （五）企业与计算机网络技术 （六）企业与国家宏观经济环境 （七）企业与国际环境 （八）企业与区域环境 六、企业家 （一）企业家理论 （二）企业家能力与素质建设 （三）企业家培育与成长 （四）著名企业家园地 七、企业案例 （一）中国著名企业案例 （二）外国著名企业案例 （三）青岛著名企业案例

资料来源：青岛市委党校《企业干部教育研究数据库建设方案》。

第三部分 阶段性研究成果选辑

试论省级党校图书馆的现代化建设*

目前省级党校图书馆的现代化建设远远落后于高校图书馆、公共图书馆、科学院系统图书馆，这与党校作为培训各级党政领导干部的基地来说是很不适应的。为了尽快改变这一面貌，本文拟对仍处在初期阶段的省级党校图书馆现代化建设发展途径的若干问题进行探讨。

一、发展规划问题。图书馆现代化建设是一项庞大的系统工程，无论采取哪一种方式，都要付出巨大的劳动，因此在人力、财力、物力以及时间的耗费上都必须从实际出发，要有一个切实可行的发展规划。没有规划，可能仓促上马赶时髦，系统建设不一定派得上用场，发挥不了实质性的作用；没有规划，也可能在等待观望中贻误时机，把本来可以解决的问题滞留下来，增加解决问题的难度；没有规划，还可能出现以偏概全、以点代面的现象，使系统建设成了胡子工程、半拉子工程，难以发挥图书馆现代化建设的综合效应。根据当前省级党校图书馆的实际情况，发展规划应该包括总体要求、基本内容、经费来源、实施步骤、软硬件配置、组织领导，还有应用问题和保障措施等。规划的模式有以下三种：一是统筹安排，一步到位。这种模式一般是该校基本条件比较优越，且前期准备工作比较充分的省级党校图书馆和准备筹建新馆时已把现代化建设统筹安排的省级党校图书馆的最佳选择模式，这里所指的一步到位，既可以采取软硬件一步到位的方式，也可以采取类似交钥匙工程的方式。二是统筹安排，

---

* 原载中共福建省委党校《理论学习月刊》1994 年第 9 期；中国人民大学书报资料中心全文收录并转载于《图书馆学、信息科学、资料工作》1995 年第 1 期。

分步到位。这种模式的特点是规划具体，领导有力，措施稳妥，有明确的时间表，使现代化建设和实际应用能够有机地结合起来，大多数省级党校图书馆都具备采用这种模式的基本条件。三是滚动发展，逐步到位。这种模式的特点是长计划，短安排，现代化建设在试点的基础上，等待时机求发展，并可以通过实践锻炼和培养人才。缺点是如果规划没有明确的时间要求，图书馆的现代化建设很难有实质性的进展。这种模式一般是经费有严重困难的极少数省级党校图书馆采取的一种过渡性措施。

二、资金筹集问题。图书馆实现现代化需要相应的配套资金，没有资金保证，现代化建设只能是纸上谈兵。党校的经费来源是财政拨款，每个年度增加的经费，与各项事业的发展需要，很难达到平衡，一般都有一定的缺口，对在短期内需要较多经费才能发展起来的省级党校图书馆现代化事业，仅靠正常的年度经费显然是难以实现的。解决这个问题的方案有以下四种。一是通过争取专项经费或增加财政拨款，把省级党校图书馆的现代化建设工作纳入相应的经费预算项目。事实上许多图书馆包括高校馆、公共图书馆和科学院系统图书馆的现代化建设大都是依靠上级拨款或通过专项经费的支持建成的，这种方案在执行过程中有较大的困难，难点在于人们对图书馆事业发展的看法不一致上，好在现阶段图书馆现代化建设所需经费并不太多，工作做好了，就能求得理解、支持和共识。二是可以通过争取部分专项经费，其余部分通过自筹的方式来解决。这种方案执行起来虽有一定的难度，但对大多数省级党校来说，经过努力应该说还是可行的。三是经费完全自筹，依靠年度经费的适当安排再加上通过创收获得的部分经费来解决。这种方案的好处是，可以在不依赖外部环境的条件下由省级党校自主解决图书馆的现代化建设问题，缺点是大多数党校都难以做到，只有极少数年度经费比较充裕，创收比较丰厚的省级党校才能采用。四是通过争取赞助、捐赠的方式解决经费问题。目前在一些已经实现现代化管理的图书馆，特别是部分高校图书馆和公共图书馆，就是靠海外实业家或国内企业的赞助、捐赠建成的。省级党校图书馆作为培训各级党政领导干部基地的信息中心，它所处的位置和作用是十分重要的，因此争取赞助和捐赠也是不难做到的。只要积极宣传，多做工作，一定会有一些有识之士，会有许多部门、单位和地区热心支持这项意义深远的事业。此外，还可以通过协办、合办的方式解决经费问题。

三、系统硬件配组问题。省级党校图书馆馆藏规模不是很大，就是在今后较长的一段时间内也不太可能发展成大型馆。从这一实际出发，在系统硬件配置问题上，切不可盲目追求大型化，上大中小型计算机。但也不要购买已经过时的低档计算机，基本配置应采用486或386机型，服务器、网络主机一定要配置性能可靠、升级方便的高档微型机。按集成化系统建设考虑硬件配置方案，有以下三种类型可供选择。第一种类型是微型机局域网集成系统。这种类型是以DOS为操作系统的若干台工作站与服务器连成的网络，共享服务器的内外设资源。它还可以细分为以服务器与若干个无盘工作站组成的局域网、以服务器与多台微机组成的局域网、以服务器与若干台微机若干台工作站组成的局域网。这种类型的特点是投资不大，配置灵活，使用方便，管理容易，可扩充性强。既可以一次性投入，一步到位，也可以分期投入，逐步到位。第二种类型是微型机多用户集成系统。这种类型是通过以UNIX或XENIX为操作系统的高档微型机联结到各个终端的多用户系统，各个终端用户可以共享主机的内外设及机时等资源。这种类型的特点是一台微型机服务器可满足多达几十个终端用户需求，适用于资金能够一步到位的省级党校图书馆选用。第三种类型是在微型机多用户系统基础上的局域网络系统。它的建立过程可以理解为由于资金不足或按规划分成几个阶段实施，因而把整个系统分成几个局部多用户系统，最后再将各个局部多用户系统向上组成微型机局域网络系统。选择这种类型在资金的投入上较第一种类型要多，比第二种类型要少，好处是兼有上述两种类型的特点。

四、应用软件配置问题。当前适用于图书馆现代化管理的应用软件种类很多，既有适用于大中小型计算机的应用软件，也有适用于微型机局域网络和微型机多用户系统的应用软件，还有许多单一功能的应用软件。软件的配置，是一项比较复杂的技术性工作，既要切合本馆的工作实际，又要考虑长远建设的需要，还要与所配置的计算机硬件设备相适应。按集成化系统考虑应用软件的配置问题，解决的办法有以下四种。一是引进商品化软件，它具有通用性较强的特点。如果规划是一步到位，应用软件就应该与硬件设备配套同步到位，要选择图书馆集成化管理系统软件，否则设备闲置，会造成浪费。如果规划是分步到位或滚动发展，商品化软件的引进也应该分阶段进行，先购买单一功能或若干个功能集成的应用软件系统。引进商品化软件的优点是投资周期短，见效比较快。不足之处在于软件功能与用户的实际需求总是有一定距离，针对性不强。因此在选择商品化软件时，要选择整体功能比较完备，通用适用方便，利于提高工作效率，具有先进性、可靠性、可维护性、可扩充性，数据格式符合标准化要求或者具有可靠灵活的数据格式转换模块。二是采取自主开发的办法逐步建立起本馆的现代化管理应用软件集成化系统。自主开发的最大优点是针对性、适用性强，便于维护、扩充，系统管理方便，安全可靠，没有后顾之忧。自主开发可以单独进行，也可以合作开发，还可以由中央党校统一组织，搞一种或几种方案。这种办法的缺点是软件开发周期长，软件功能的完善有一个过程，对软件开发人员的要求也比较高，单独开发困难确实很多，统一组织，合作开发，在人力、物力、财力方面又需要做大量的协调工作。三是采取引进商品化软件与自主开发相结合的办法，以引进为主，开发作为一种补充的辅助性手段。这种辅助性开发方式主要是为了解决通用软件针对性、适用性不强的问题，在应用软件系统与实际用户之间起一种桥梁作用，使集成化应用软件系统在具体用户的使用中完善起来。应该说这种办法比较切合实际，多数省级党校都可以逐步做到。四是采用委托开发的办法，即交钥匙工程。按照用户规划方案的总体要求和具体规范，由具备较强实力的电脑公司或软件开发商全权负责落实。目前在我国已有相当多的行业和部门采用这种交钥匙工程方式，实际效果大都比较理想。缺点是费用比较高，多数省级党校图书馆不具备这样的经费条件。

五、数据库建设问题。数据库建设是图书馆实现现代化的关键，标志着图书馆的现代化水平。省级党校图书馆数据库建设尚处在起步阶段，关于数据库建设的指导思想，在布局上，要把当前的实际需要和长远发展结合起来；在种类上要把基础馆藏数据库的建设与特色馆藏数据库的建设统一起来；在方向上，要把数据库建设与网络化建设的发展联系起来；在目标上，要把实现图书馆管理自动化与现代化多功能高效益的发展衔接起来。

关于建库方式，有以下三种方式可供选择。一是充分利用社会成果。通过购买标准机读新书书目数据产品，直接装入或移植到本馆数据库的参考库中，经过查重、采购、新书检索、追加馆藏标识完成建库。这种方式在现阶段虽然还有某些不完善的地方，如新书书目数据产品还不能满足用户的实际需求，遗漏的部分仍需要采取一些补充性的辅助手段来建库，由于没有联网造成的实效性差、衔接不及时以及费用较大等问题。但它作为图书馆书目数据库建设的一种发展方向应该说是大势所趋。二是采用自建库的方式，即从图书的采购、新书的登记以及分编工作完全靠自己的力量建立书目数据库。这种方式虽然流程多，工作量较大，与传统的图书加工方式比较，只有一定程度的改变。但由于目前图书馆的年度购书经费较少，购书量并不多，书目数据加工能力与购书量之间的矛盾并不突出。它仍然是今后相当一段时间内大多数图书馆书目数据建设的主要方式之一。三是馆际协作的建库方式。对于省级党校图书馆来说，由于藏书结构、服务对象、工作内容都有许多共同性，通过馆际协作的方式建立书目数据库是一件很有意义的工作。尤其是对旧书的回溯建库，只要经过合理分工，通过数据交换的方式，各协作馆就完全可以在不太长的时间内把几十万册藏书的书目数据库建立起来。

关于数据标准化问题。数据标准化是实现数据库资源共享的前提条件，它的意义不仅仅表现在可以减少重复劳动，节省人力、财力、物力，提高工作效率上，更重要的是通过采用统一的原则和规范，使书目数据产品达到统一、通用、科学，从而使图书馆网络化现代化建设建立在一个现实的基础上。目前已有许多图书馆中文图书编目以北京图书馆参照 UNMARC 编制的《中国机读目录通讯格式》（即 CNMARC）为标准，西文图书编目以 LCMA RC 为标准。省级党校图书馆在建立自己的书目数据库时，除了采用社会成果的建库方式外，必须十分重视这个问题。一方面，要注意处理好按实际需要或按传统的图书分编模式加工数据与按标准化要求处理数据之间存在的矛盾；另一方面，也要注意按标准化要求处理的数据由于现代科技的发展与新技术的应用所产生的不相适应的矛盾。前者是数据库建设要适应标准化要求的问题，后者是现行数据标准化内涵与结构滞后于新技术发展的问题。至于在那些已经投入运行的系统和今后将要建立的系统中，由于各个图书馆情况的千差万别，业已形成的按变长字段建立的数据标准格式与按定长字段建立的数据机内格式将长期共存，数据标准化不能强求在模式上的统一。关键是要有将数据机内格式与数据标准格式相互转换的可靠手段。由于数据标准化涉及图书馆现代化建设过程中方方面面的问题，既是重点又是难点，必须有一套比较完整的方案，才能适应今后发展变化的需要。

六、网络化建设问题。图书馆网络化是信息社会化的重要组成部分，它是通过利用计算机技术和现代通信技术手段集中并协调各个图书馆的资源，开展各项业务活动的。省级党校图书馆现阶段在资金、技术、设备等方面虽然还不具备联网的基本条件，但也不能坐等时机。网络化建设的前期工程应该从实际出发，在可行性研究的基础上有条不紊地进行。前期工程的目标应该是一种脱机/联机混合型网络，它的主要特征是通过软盘交换的方式，实现书目数据的共享；它的前提是建立在相互自愿的基础上；它的主体结构在建网的初期是互不相连的脱机，经过一定程度的发展后，是部分脱机与部分联机的共存；它的作用只是一种过渡性的措施。省级党校图书馆建立这种网络，在系统内部可以通过与地市县党校协作建网的方式来进行，也可以通过省级党校图书馆之间协作建网的方式来进行，还可以通过与中央党校图书馆协作建网的方式来进行；在系统外部，可以通过与本地其他系统图书馆协作建网的方式来进行，也可以通过跨地区跨系统协作建网的方式来进行。

七、人才问题。人才问题关系到图书馆现代化建设事业的成败，省级党校图书馆现代化建设长期滞后于其他系统图书馆，缺乏人才就是主要原因之一。图书馆的现代化事业需要许多既懂图书馆知识又懂计算机知识的复合型人才，需要有一定数量的操作人员，还要有程序设计人员和系统分析人员。解决人才问题的途径，一是靠引进和分配大学生。要积极争取调入一些愿为图书馆现代化事业作出贡献的计算机专业人员，要努力为他们创造能够发挥自己聪明才智的工作和生活条件。二是靠培训。培训是解决图书馆人才问题的主要手段，具体的办法可以采取派出去参加短训班学习、进修班学习、函授学习，以及卖机单位对操作人员的培训学习；也可以采取请进来办培训班的办法；有条件的省级党校图书馆还可以采取自己组织培训班，对本馆人员分批分期进行培训的办法。通过培训普及计算机知识，学会计算机的基本操作技能，学会一两种汉字输入方法，在此基础上再学习一些常用的计算机语言，逐步拓宽知识面，并能结合实际了解图书馆现代化集成管理系统的基本构成、主要功能、使用要求及情报检索的原理和方法。

地方省情信息管理系统开发建设刍议[*]

地方省情资料，作为一种特定区域的"乡土信息"，以其丰富的内涵，包容了文件、文献、地方法规、各类史料、统计资料、动态性资料和大量结合实践的论文。它是全面反映特定区域政治、经济、科教文史的知识宝库和信息源。随着改革开放的深入开展，地方省情资料在信息资源总体系中不可缺少，不可替代的作用日益明显。它对特定地域经济社会发展的咨询决策作用、物质文明建设和精神文明建设的推动作用日益增强。搞好地方省情资料信息管理系统的开发建设具有十分重要的意义。

一　关于系统设计的基本要求

（一）在指导思想上，必须把服务经济建设、服务各级领导机关决策咨询、服务各类经济部门、服务教学科研单位作为系统建设的出发点；把改变手工管理方式的原始落后状况，变被动服务为主动服务作为系统建设的着眼点；把搞好当前的开发工作作为系统建设的立足点。通过地方省情资料信息管理系统的建设，认真探索出一条地方文献资料管理现代化、服务科学化、文献加工信息化的现实途径。

（二）在总体设计上，一要充分吸收各种分类法的长处，按照分类主

---

[*] 原载中国人民大学《情报资料工作》1996年第4期。

题一体化的思路，形成本系统的分类主题表；二是形成系统整体结构的各个子程序模块，既相互独立，又互相联系，简便易行，功能互补；三是便于使用，既便于数据的存储、组合、转换、检索、统计、修改和打印，用户又可以上机操作。

（三）在应用软件的程序设计上，一是要从实际出发，要能够适应大部分单位经费不足的矛盾，硬件的最低配置只需一套386微机（内存2MB，286微机内存在2MB以上也可以运行）以及一台打印机；二是配套软件DOS版本只需在3.3以上并有一套当前流行的汉字系统就能开展工作；三是数据管理方面采用多功能设置方式，以确保用户多样化检索需求的实现，有效地解决日益增多的庞大数据量同内外存设备不足的矛盾。

（四）应用软件系统要有浓郁的地方特色，能较好地开发地方文献信息资源。所提供的省情资料索引从范围上包括省地市县，行业上包括党政军民工农学商，系列上包括政治、经济、科教文史。所有操作功能界面友好、中文菜单简洁明了、屏幕提示充分、便于选择，实用性强。

（五）数据检索应采用多功能互补的方式，手段比较完备，且具有较大的灵活性，使用户只要选取局部关键字或词输入就能进行模糊检索从而收到满意的检索效果。检索入口的选择丰富多样，操作方便简单，容易掌握，只要具有计算机的初步知识，会使用简易的汉字输入方法就能够操作。

（六）能通过目录编辑形成5种省情及地市县情报刊资料索引，作为常规性的检索工具书，以满足对省情资料和地市县情资料最普遍、最系统的咨询需求。

（七）系统应具有通用性，便于移植、改造、扩充。根据各自的需要，只需对分类主题表和分类主题代码进行适当的调整和扩充，就能形成一个新的管理系统，既可以建成各自的省市县情管理系统，也可以建立起一套社会科学信息管理系统或者是专题资料管理系统。

二　关于系统的结构框架和模块功能

地方省情资料信息管理系统的结构框架，见表1。

表 1　地方省情资料信息系统结构框架

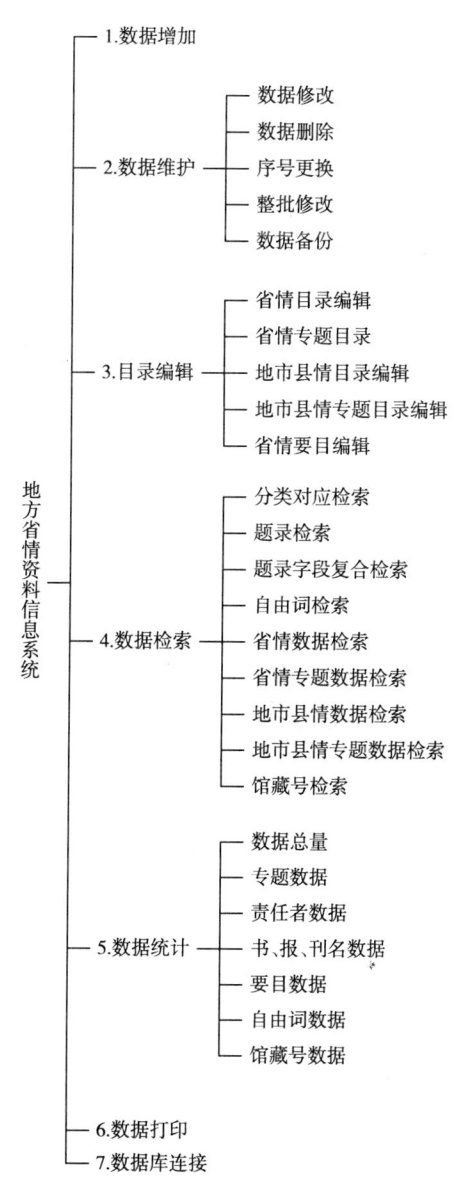

地方省情资料信息系统
- 1.数据增加
- 2.数据维护
  - 数据修改
  - 数据删除
  - 序号更换
  - 整批修改
  - 数据备份
- 3.目录编辑
  - 省情目录编辑
  - 省情专题目录
  - 地市县情目录编辑
  - 地市县情专题目录编辑
  - 省情要目编辑
- 4.数据检索
  - 分类对应检索
  - 题录检索
  - 题录字段复合检索
  - 自由词检索
  - 省情数据检索
  - 省情专题数据检索
  - 地市县情数据检索
  - 地市县情专题数据检索
  - 馆藏号检索
- 5.数据统计
  - 数据总量
  - 专题数据
  - 责任者数据
  - 书、报、刊名数据
  - 要目数据
  - 自由词数据
  - 馆藏号数据
- 6.数据打印
- 7.数据库连接

地方省情资料信息管理系统分为 7 个功能模块,具体的功能如下述。

(一)数据增加模块。其功能是录入省情资料数据,即把经过分析标引的省情资料题录工作单中各个字段的内容输入计算机。每输完一条数据,系统会自动地赋予固定的随机记录号,显示完整的数据内容,并提供随机修改的手段。输入数据的基本格式，包括题名、责任者、出版者、刊期、日期、页码、分类主题代码、自由词、馆藏号等。

（二）数据维护模块。其功能是对已经建立或经过使用的数据库进行数据的修改、删除、重组或制作备份。由数据修改、数据删除、序号（分类主题代码）更换、整批修改、数据备份等五个子模块组成。

（三）目录编辑模块。其功能是以批处理的方式，按照固定的模式编制五种版本、三种类型、两种格式的书本式地方省情资料索引二次文献。五种版本分别是地方省情资料目录索引、地方省情专题资料目录索引、地市县情资料目录索引、地市县情专题资料目录索引、地方省情资料要目索引。三种类型分别是常规型、专题型、报道型。常规型，即能比较集中地反映总体情况的互不交叉的二次文献数据，"地方省情资料目录索引"和"地市县情资料目录索引"属于这种类型。专题型，即能比较全面地反映各个方面情况的相互交叉的二次文献数据，"地方省情专题资料目录索引"和"地市县情专题资料目录索引"属于这种类型。报道型，即"地方省情资料要目索引"，它是从信息发布的角度，提要式地报道分年度地方省情资料的主要内容，集中反映了本省社会主义现代化建设各条战线的基本情况和省情研究的新进展。两种格式，是指打印出来的二次文献分成面向用户的通用型标准书本格式和内部使用的管理型非标准书本格式。

（四）数据检索模块。它是应用软件系统面向用户的主要功能模块，是人机对话的窗口。它由分类对应、题录、自由词、省情数据、省情专题数据、地市县情数据、地市县情专题数据、馆藏号、题录字段复合检索等九个子程序检索模块组成。

分类对应检索模块为用户提供三个检索入口：一是按分类主题表即通过分类主题代码检索数据，二是按中国图书分类法对应分类主题表检索省情数据，三是按中国档案分类法分类号对应分类主题表检索省情数据。

题录检索模块采用的方式是把组成题录内容的各个字段分解成题名项、责任者项、书报刊名项、刊期项、日期项、页码项组合版面的方式，并提供了单项、双项、多项选择功能，比较灵活地适应用户多方面的数据需求。

题录字段复合检索模块可以根据实际需要分别对题名词、责任者项、刊名项、刊期日期页码项进行组合型模糊检索，它的特点是能够最大限度地最精确地检索出用户所需的数据。

自由词检索模块的功能是通过输入自由词（题外关键词）来检索相关内容的省情数据。

省情数据检索模块、省情专题数据检索模块、地市县情数据检索模块、地市县情专题数据检索模块均应采用滚动菜单式，用户只需对号按键，就可以检索到自己所需要的数据。

由馆藏号检索模块入口检索到的数据提供了所需数据文献载体的准确馆藏位置，以及相应馆藏位置的所需文献的数据总量。

（五）数据统计模块。其功能是对数据库常规类型的数据量进行统计，统计的内容包括数据总量、专题数据、责任者数据、书报刊名数据、要目数据、自由词数据、馆藏号数据等七种。

（六）数据打印模块。该模块是对数据检索模块、目录编辑模块功能的补充和完善，具有屏幕显示、统计数据总量和打印数据的功能，选择打印数据的方式灵活多样，便于用户方便地使用各种数据。

（七）数据库连接模块。其功能一方面可以调整数据库容量，便于灵活地组织数据库，另一方面可以适应多样化检索的需求，为用户提供更方便的数据服务。

三 地方省情资料分类主题表的标引方法

地方省情资料，作为一种"乡土信息"，它既区别于一般的图书资料，也不简单地类同于新闻剪报资料，因此，根据地方省情资料的特点编制的分类主题表，应更贴近实际工作和现实生活，集中反映特定地域的政治、经济、科学、教育、文化、历史、地理等情况。为较好实现地方省情资料信息管理系统的各项功能，必须做好省情资料数据信息的前期处理工作，搞好分类标引。

（一）地方省情资料分类主题表的标引方式一般可分为以下三种类型。

1. 按实际主题分类对号标引，相关主题分类号排在其后，顺序一般可按主从关系排列，这类材料主要是指全省性，即面上的材料。

2. 按复分主题分类号对号标引，实际主题分类号标引必须放在其后，此类材料主要是指地域性材料和专题交叉的行业性材料。

3. 按第二种类型方式处理的材料中，对那些具有面上典型意义的材料应采用第一种类型方式进行处理，复分主题分类号可根据实际情况排在其后适当的位置。

（二）地方省情资料分类主题表部分栏目分类标引规范。

1. 政治类资料。本类资料中所收录的政策、法规、文献，应是省级领导机构发布或转发的文件、文献、政策、法规；其中地方法规这一主题栏目中也包括政府及有关政府的职能部门公之于众的行政法规；在领导人言论这一主题栏目中，领导人的范围即省级领导机构的正副职。政治类材料的标引除报刊言论、领导人言论外，一般均采用第二种类型方式处理。

2. 城市经济和地方经济类资料。这两个类目中的所有目均以地名作为分类主题标识，因此它具有城市复分号和地县复分号的功能，但在标引过程中要注意凡属市带县的材料，应标入所在市的专题分类号。

3. 历史、地理类资料。其所分属的地方志、地理、地名、区域地理等栏目宜采用第二种类型方式进行标引，风俗民情、行政区划、地方风物等栏目采用第一种类型方式进行标引，其他栏目按时期、主题、地域顺序对号入座。

4. 社会科学类资料。本类资料所属的学术活动这一栏目凡属省级以上的材料均采用第二种类型方式标引。

（三）地方省情资料分类主题表标引分类主题项的控制。具体资料在经过认真分析的基础上进行标引，标引项一般控制在五个以内。

（四）题外关键词的标引。在分析标引过程中，如有发现分类主题表尚不能包容相关资料的部分主要内容，对这些内容应选择适当的主题词（即题外关键词）以汉字词语的方式进行标引，与此同时，应建立相应的主题词档案。

（五）功能号的标引。功能号分为馆藏项、刊类项、层次项、密级项、功能项和准备项等六个，功能号的标引一般采用批处理的方式进行。

省级党校图书馆书目数据库建设*

传统图书馆书目信息通过若干套功能不同的书目卡片来反映，现代图书馆的书目信息则是由符合国际标准的 USMARC 和符合国家标准的 CNMARC 电子数据来体现。本文拟就目前正处在新旧两种模式转型时期的省级党校图书馆的书目数据库建设谈一些自己的认识。

一 省级党校图书馆各种建库方式评说

目前省级党校图书馆的书目数据建库工作在方式上大致可以分为两种类型三种运作方法。第一种类型是采用近年来比较优秀的商品化图书馆集成系统管理软件进行建库，即西文图书按 USMARC 规范，中文图书按 CNMARC 规范，符合国际国内标准，在书目数据信息交流、提供上网查询方面都不存在技术上的问题，按这种模式建设馆藏书目信息数据库，可以一步到位。第二种类型主要是部分馆较早采用引进的或独自开发的图书馆系统软件，其优点是使用时间较长，在书目数据库建设维护方面积累了许多经验，尤其是自行开发的软件用于书目数据库建设更是驾轻就熟，问题的关键在于这些软件制作时期较早，编目规范与标准 MARC 不一致，因而在与标准 MARC 的接轨上，必然是一个十分复杂和艰巨的过程。这两种类型的具体运作大多采用以下三种方法。一是边流通边建库，仅对进入流通

---

* 原载中国人民大学《情报资料工作》1997 年第 5 期。

的图书才贴条形码建书目数据。这种方式的特点是书目数据库随时间的推移而增长，其优点在于见效快，可以节约较多的人力和存储空间，问题是完整的书目数据库建设遥遥无期，电子书目信息的查询范围局限在已流通的书目数据中。结论是对流通量并不大的省级党校图书馆来说，此法不足取。二是新书新办法，旧书老办法，逐年回溯。这种方式的特点是在运作上按部就班，有条不紊，衔接上比较容易，经过较长时间的努力，书目数据库的建设即可大功告成。优点是牵动面也不大，如精心规划、周密组织，也可以加快进度，保证质量。问题在于两种方式并存的运转周期较长，单库流通只能按传统模式进行借借还还，分库流通增加了读者使用上的不便，电子书目数据查询与上一种情况类同。结论是此法欠周详。三是对流通库采用一次性突击简易建库的方式。一般来说，建库文档只包括索书号、复本数、条形码等内容（根据各馆情况不同，有的还分别增加价格或书名）。这种建库方式的最大好处是短期见效，皆大欢喜。问题是书目数据库的建设仍然任重道远，电子书目数据信息查询很难反映出馆藏的真实面貌。结论是此法要慎用。

二 书目数据库建设的难处在哪里

对有几十年历史的省级党校图书馆来说，同其他类型图书馆一样，书目数据库的建设是一项十分艰巨的基础设施系统工程。省级党校图书馆在规模上大多属于中型馆，藏书量在 30 万～50 万册。由于经费方面的困扰，费尽九牛二虎之力，好不容易才配置了现代化建设所需的软硬件，具备了实现转型的外部条件，然而在书目数据库的建设问题上同其他类型图书馆一样，可谓进展十分缓慢，难度很大。究竟难在哪里呢？本人以为共有六个方面的难处。首先是加工量大，要在较短的时间内完成几十年积累的数十万册馆藏书目数据的再加工，毕其功于一役，这是一难。大批量书目数据的再加工是图书馆的一项十分艰巨的基础设施系统工程。它如同城市建设中的地下管网一样，牵涉范围广，影响面大，不可能长期封闭加工、禁止流通，更不允许出现大的偏差和失误，否则反反复复，势必造成极大的浪费和工作上的被动，而必须切实做到规划合理，步骤稳妥，分片拓展，配套成龙，紧密衔接，务求成功，这是二难。书目数据库的建设与传统模式图书加工的思维方式和操作方法都发生了较大的变化。它绝不是对原有工作的简单否定和抛弃，而是在原有基础上适应当代信息化事业大发展的一种更高品位的变迁和质的升华，因此需要面对新问题研究新情况，真正认识到实现观念的转变要有一个逐步适应的过程，这是三难。岁月的变迁、人员的变动、操作规范的调整、认识上的差异以及某些操作上的手误等因素，日积月累，所造成的原有馆藏在管理上、布局上和分类上遗留的问题，在进行书目数据库的建设过程中都需要理顺和重新规范，这是四难。尤其是缺乏系统管理分析人员，必须尽早引进或采取聘请的方式解决，否则面对软硬件设备和浩瀚馆藏一筹莫展。必须抓紧培训或引进，否则面对软硬件设备出现的故障和建库过程中新产生的问题只能目瞪口呆。缺乏熟练的操作人员也是一个问题，要求图书馆工作人员必须限期学会掌握，否则建库进度只能是年复一年，没有尽期，这是五难。省级党校图书馆书目数据库的建设周期需要经过一两年的艰苦努力，在这个过程中，既要保证图书馆的正常运转，又要保证建库工作的顺利完成。这种超常规的快节奏与图书馆现有管理体制长期形成的慢节奏产生了较大的反差，加上各馆的人员素质结构、年龄结构、健康状况、环境影响的不同，都会在相当程度上增加这种难度，这是六难。

三　书目数据库建设在认识上的五种误区

第一种是如何解决编目数据源问题上的认识误区。有的认为，目前已经发行的几种标准 MARC 书目数据价格太高，难以接受，要买便宜一些的或等待降价后再说；有的认为，目前已经发行的几种标准 MARC 书目数据与本馆的实际需求相去甚远，要靠系统内联合建库来解决。应该说，目前已经发行的几种标准 MARC 书目数据正是国内几家颇有实力与影响的图书馆独立建库或联合建库的成果，在一定程度上代表了国内目前的水平。实践的结果表明，多数馆的利用率在 2/3 左右，成本偏高，但赢得了时间，锻炼了队伍，较快地完成了书目数据库的建设，实现了从传统图书馆到现代图书馆的转变。

对标准 MARC 数据的价格问题，要善于捕捉市场信息，把握好时机，果断地决策，避免消极地等待，以致延误工作。当然，系统内联合建库的方式也是一种行之有效的办法。联合建库的各方既分工又合作，大家都按照标准 MARC 的规范，在相应的时间内完成协作任务，达到数据共享的目的。问题在于各馆由于地域不同、情况各异，执行起来又受到各种不同因素的影响，很难在不太长的时间内完成任务，达到实现书目数据共享的目的。

第二种是通过联网实现数据共享问题上的认识误区。有的认为，现在条件比过去好多了，书目数据库的建立可以通过联网实现数据共享来解决，只要有了一台调制解调器（MODEN），相互一联网，问题就解决了。确实目前网络化已是大势所趋，最时髦的就是上互联网，通过许多网上检索工具和浏览器以及 E-mail 电子邮件、TELNET 远程登录、FTP 文件传输、BBS 电子公告板、WWW 万维网等，可以十分快捷地获取所需信息，解决许多过去难以解决的问题。由此可以展望，我国的网上数据共享前景十分美好，有条件的馆必须尽快学习这方面的知识，通过实践逐步掌握。但在现阶段可供使用的国内数据库少，对尚处在初级阶段应用水平的省级党校图书馆来说，通过网上书目数据共享的方式来建库还难以简单地实现，况且上网的费用开销也十分可观，数据通信速率又很低，绝不是我们想象的那么简单。

第三种是已经建立了或积累了大量的馆藏书目数据的部分省级党校图书馆在标准化建设上的误区。虽然它们的数据格式与标准 MARC 不一致，但在使用习惯、操作规程上都早已上了轨道，反正自己好用就可以了，书目数据共享不着急。应该说，这些馆在实现由传统图书馆到现代图书馆的转变方面，功不可没，但在书目数据的标准化建设方面还应再努一把力，再上一层楼。

第四种误区是，有的馆虽然软硬件条件已经具备，但在人才方面、技术力量方面感到不足，难免产生畏难情绪。

第五种误区是，有的馆认为既然软硬件解决了就要赶快上，馆藏库、期刊库、全文数据库等都要尽快搞上去，存在着急于求成的思想。

四 书目数据库在实现传统图书馆到现代图书馆转变中的地位

图书馆现代化建设，在世界范围内已经经历了从传统图书馆到现代图书馆转变的最初阶段和网上书目数据馆藏信息共享的中级阶段，目前正迈向数字化图书馆建设的高级阶段。处在转型时期的省级党校图书馆，必须正确地认识书目数据库在实现传统图书馆到现代图书馆转变中的地位。必须明确电子化的书目数据是软硬件设备管理的对象，是揭示馆藏信息的载体，是读者与馆藏书目期刊联系的向导，也就是说人的因素、软硬件设备、电子化的书目数据构成了图书馆实现转型的三要素，缺一不可，必须明确。书目数据库的建设周期就是图书馆实现转型的周期，因此要尽可能缩短书目数据库建设周期，很难想象读者可以长期容忍一个图书馆处在新旧两种模式共存的状态下所提供的多有不便的服务方式，很难想象一个长期处在两种工作模式共存状态下的图书馆能有较高的工作效率；必须明确无论书目数据库还是期刊数据库在采购、编目、典藏、流通诸环节上要注意数据的相关性、一致性、完整性并做到协调、规范、同步。只有建立了完整的书目数据库，在原有传统模式下有序运转的流程才能在新的状态下产生质的升华，为读者服务才能收到比较满意的效果。

五 加快省级党校图书馆书目数据库建设的思路

1. 要下大决心，狠抓落实。省级党校图书馆多数是中型馆，面对着通过历年采购逐步积累起来的几十万册图书，要在不太长的时间内建立电子化的书目数据，其工作量之大可想而知，这是一项十分繁重的任务，无论是对图书馆的领导还是对全体工作人员来说，都是一个考验。人生难得几回搏，面对信息化大发展时期的图书馆事业，迎来一次由传统图书馆到现代图书馆的转型，不能不说是一个莫大的机遇，与其碌碌无为，坐失良机，莫如狠下一条心，咬住青山不放松，从实际出发狠抓落实，坚持不懈，一定会在馆藏书目数据库建设方面成就一番事业，迎来一片辉煌。

2. 要规划合理，不走弯路。馆藏书目数据库的建设牵涉到图书馆业务工作的方方面面，一切都要在常规的条件下进行，门照开、书照借、读者阅览照常，信息咨询依旧。没有可行的措施、合理的规划，难免走弯路。书目数据库的建设由于加工的对象数量大，牵一发动全身，如决策失误，就不得不返工，势必造成巨大的浪费，严重影响工作人员的情绪，甚至都会出现建库工作无法进行下去的局面。因此，必须先做可行性研究，对比借鉴其他馆的做法，制订出比较周密合理的规划，并在实施过程中不断修改完善，杜绝大的失误，减少小的差错，至关重要。

3. 要精心组织，群策群力。书目数据库的建设，需要许多经过培训掌握了计算机应用并且懂图书馆业务的人员的积极参与和无私奉献，需要许多热心图书馆事业的人们的积极参与和较长时间的共同努力，需要许多关心图书馆事业的各级领导的大力帮助和支持。从传统的工作习惯逐步转化为新的操作模式，在思想上、观念上、行为上都有一个过程。精心组织、群策群力在这里的内涵，既包括了调整、抽调、安排好建库人员，协调好馆内各项业务，又涵盖了思想政治工作的内容，包括思想上的发动、工作模式方面的学习和探讨，不同认识之间的交流并逐步取得一致。图书馆事业是大家的事业，人人都积极参与，才能取得成功。

4. 要充分利用社会成果，提高建库效率。当前搞好建库工作有许多有利条件，商品化的标准 MARC 数据可以通过邮购的方式全套购买；也可以按本馆实际情况分别建立含有 ISBN、ISSN、书名、刊名、作者等字段的本馆书目、期刊文本文件，装入软盘，发往标准 MARC 书目和期刊数据供应商处，套录数据。这两种方式均可在实际使用中套到相应的所需数据。没有套到的数据只好自己组织力量加工。一般来说，经过上述过程的实践，本馆编目人员均可学会使用电子计算机按标准 MARC 规范开展编目工作，锻炼队伍。当然，书目数据建库工作还可以通过其他符合自己运转的方式来进行，如通过联合建库达到书目数据的共享等等，但采用这些方式的关键之处，就是要协调好，拖不得。

5. 要彻底理顺馆藏，方便读者，方便管理。建库难，人所共知，究竟最难在哪里呢？可以说，最难不在书目数据的套录上。对一个新馆来说，即使年进书量十分可观，只不过加大工作量而已，谈不上难。对一个老馆来说，也不会有新书加工难的说法。问题出在哪里呢？应该说出在原有馆藏上。如果原有馆藏建设规范得好，索书号唯一性不成问题，不需要重新规范且书库管理有条不紊，建库工作也相对容易得多。与那些在规范性方面不是十分严格的馆比较，可以节约近一半的工作量。一般说来，多数馆在馆藏建设和管理方面都存在不同程度的问题，几十年遗留下来的问题，诸如索书号不唯一、不同时期购进的同一种书由于分类人员对同一问题理解上的差异而分类不同、两种以上分类体系的混合馆藏、过量复本书和过时剔旧、著录上不慎造成的差错等，在进行书目数据库的建设过程中都需要理顺和重新规范。这就造成在实际操作过程中的难度比想象中的大得多。况且馆藏图书、期刊并不局限在流通库和读者手中，它还包括所有书库的图书和期刊。这些问题是任何图书馆在书目数据库建设过程中都必须认真加以解决的。只要抓住重点，攻克难点，彻底理顺馆藏，就能通过转型工作实现图书馆传统业务工作的现代化，达到方便读者、方便管理的目的。

对中小型图书馆信息化建设的若干思考[*]

目前中小型图书馆信息化建设已经步入快车道,如何在较短的时间内顺利地实现由传统图书馆到现代化管理模式的转型,为各类读者提供一个功能丰富、管理科学、效率快捷的信息化服务基础设施,较好地发挥图书馆在建设有中国特色社会主义市场经济中的作用,是值得探讨的一个问题。

一 软件选型应该注意的几个问题

1. 软件选型要坚持先进性的原则。评价图书馆管理系统软件先进性的标准在现阶段应该从它的集成度、跟踪国际计算机信息技术发展与应用的大趋势、符合 USMARC 国际标准和 CNMARC 国内标准的程度以及能否与互联网接轨实现数据共享来把握。作为一种比较先进的商品化的图书馆集成管理系统软件,它还应具备技术上的成熟、性能上的稳定、服务上的周全、功能上不断拓展的优势。坚持软件选型先进性的原则,对大多数缺乏长期应用基础,又没有相应技术力量的中小型图书馆来说,理性的思维至关重要,既要防止盲目追风、人云亦云,又要避免赶时髦、一哄而上,还要克服攀比心理、急功近利,同时也要注意防止优柔寡断,拿不定主意,久拖不决,影响工作的开展。

---

[*] 原载中共福建省委党校《理论学习月刊》1994 年第 9 期。

2. 软件选型要注意采用灵活的方式。一般来说，软件选型都要经过认真的调查研究、慎重的可行性论证、周密的系统分析等过程。但对不同类型的图书馆来说，采取的方式应有不同的做法，过程简繁也不会有固定的模式。对多数馆来说，可以通过走访了解情况，吸取别人的经验教训，参考或借鉴同类馆的做法。如属于统一系统的馆，多数馆已经采用或系统内已经推荐的软件，只要符合先进性要求的原则，就应该果断地采用；对某些软件如不符合本馆实际需求或不符合先进性要求的原则，千万不可轻率地引进。在版本的选择上，还要注意一步到位或分步到位的关系。中型馆规模比较大，不宜购置单机版软件。小型馆尤其是藏书量比较少的馆，在经费不足的情况下，采用单机版软件可以先把工作开展起来，没有必要一步到位。

3. 软件选型要注重实用性、方便性、安全性、可维护性的要求。实用性主要反映在软件系统的集成度上，要能够覆盖图书馆工作主体的基本模块如采购、编目、典藏、流通、查询、期刊管理、系统维护以及统计打印等，并尽可能提供拓展图书馆服务职能的相关模块如阅览室管理、参考咨询等。方便性就是学起来简单，用起来容易，直观易懂，很快就可以发挥作用，如北京金盘图书馆集成管理系统软件，从培训到上岗操作慢的一两天，快的个把小时，用户普遍反映良好。安全性包括指令系统设置的保密功能和系统运行的稳定性能。可维护性主要表现在系统提供的维护模块能否最大限度地维护系统数据，能否对突发事故造成的软件系统故障有效地排除从而确保系统恢复正常的运行状态，以及能否提供各种参数的设置方式最大限度地满足用户的不同需求。

4. 软件选型要对开发商的开发能力、资信的可靠性有相应的了解。由于图书馆软件系统应用及用户的特殊性，在进行软件选型的过程中，了解软件开发商的一些基本情况是必要的，通过对他们的开发能力、维护能力、需求反映能力的了解，对保障用户的利益至关重要。好的开发商，注重的是社会效益和经济效益的统一，言而有信，只要是合情合理的要求有求必应。选准一个好的开发商，既保证了信息化建设的顺利开展，又交了一些好朋友。

5. 软件选型要有当地培训和系统维护服务中心作保障。对大多数中小型图书馆来说，所选择的软件如果当地或就近缺乏有效的培训和系统维护服务手段,要保障系统的正常运转是很困难的。好的软件一定有好的售后服务,因此在软件选型时,一定要注意解决好培训和系统维护服务问题。

二 书目数据库是信息化建设的中心环节

1. 书目数据库的建立是实现传统图书馆到现代化图书馆转型的标志。现代化图书馆的内涵从最初使用计算机对图书馆常规业务进行自动化管理发展到网上信息资源共享并向建立数字化图书馆的方向过渡。对正处在信息化建设发展初级阶段的大多数中小型图书馆来说,明确本馆信息化建设的切入点和工作重心,才能慎重地决策,下大力抓紧抓好书目数据库的建设。我们都知道,读者在图书馆得到的服务是一种全方位的、动态的、完整的服务,是在不断拓展的有限的信息资源宝库中的信息索取过程。缺乏馆藏书目资源数据库或者只能有限地反映馆藏信息资源情况,读者在图书馆得到的服务就要大打折扣。因此加快馆藏书目数据库的建设,特别是对藏书量相对较少的大多数中小型图书馆来说,更是刻不容缓。

2. 书目数据库的电子数据信息是揭示图书馆馆藏信息资源的载体。反映馆藏信息资源载体手段从传统图书馆的若干套纸质卡片到电子数据信息的转变,是一种对传统模式继承发展的过程,更是一种拓展应用空间和范围的质的升华和扬弃。书目数据库的电子数据信息加工必须严格执行西文数据的 USMARC 国际标准和中文数据的 CNMARC 国家标准,这是保证数据质量的可靠手段。不按标准来规范书目数据库的建设或进行某些不合逻辑的规范调整,都会在不同程度上带来工作上的被动或为日后留下难以纠正的麻烦。

3. 书目数据库的建设过程是图书馆发展史上一次巨大的变革。这种变革表现在图书馆工作的各个方面。一是观念上的变革。只有真正认识到变革的必要性和紧迫性,才能努力顺应变革的需要,促进思维方式的转变,在当今国际信息化发展大潮的推动下,为图书馆现代化建设再立新功。二是工作方式的变革,由以往手工方式变为计算机管理方式,急需知识上的更新、业务上的培训和岗位工作的适应。三是工作规范的调整。对不同类型的图书馆而言,工作规范的调整都有一个按照现代化管理的要求与本馆实际情况相结合所进行的不断探索、逐步完善的过程。此外，这种变革还表现在工作任务的艰巨性上，尤其是对一些藏书相对较多、藏书结构复杂、读者量大的馆，必须在坚持日常服务的同时，完成书目数据库的建设任务。小型馆虽然具有一定的灵活性，但也不可能长期闭馆搞建库。图书馆建库的对象是经过几十年分批购进，长年加工形成相应规模和数量众多的图书期刊，书目数据库的建设意味着只要具备使用价值都要重新加工一遍，按常规十年八年也做不完，真按常规图书馆信息化建设只能是一句空话，而图书馆的地位和作用又决定了任何一个馆都必须在尽可能短的时间内完成书目数据库的建设任务，也就是说一年要顶十几年、几十年，这是一项图书馆建设史上从未经历过的盛事，有压力、有困难、有难言的苦衷，但这是一项事业，是一次难得的登攀，是一场令人欢欣鼓舞的变革。

三 信息化建设规划与实施必须重视的九个问题

1. 规划要有超前意识，要有较强的可操作性，符合本馆的实际情况，经过努力能够实现。一般来说多数馆从规划到实际执行都有一定的时间差，而信息化事业是蓬勃发展的事业，信息化技术日新月异，没有超前意识，没有敏锐眼光，就跟不上发展的步伐，系统构成很可能相对滞后；规划的可操作性表现在目标明确、任务具体、阶段性强、要求能够落实，能够不断取得实质性的成果。

2. 要善于利用社会成果，吸收其他馆的成功经验为我所用。如用于套录的书目数据可以通过购买质量较高的商品化数据包，也可以到一些建库质量比较好的馆通过套录的方式解决。

3. 书目数据库的建设不能采用长期过渡分步到位的办法，也不能走捷径搞短平快。长期过渡分步到位实质上就是按常规的方式运转，实践证明，书目数据库建设不该省的工作不能省，不该简化的手续不能减，书目数据库的建设需要老老实实的科学态度，扎扎实实的奉献，所有的环节都应该准确到位，否则遗留的隐患所索要的代价将是十分巨大的。

4. 对书目数据著录规范的理解要与现代化管理手段相一致，按标准MARC著录，要正确认识索书号的唯一性。书目数据著录在种次号的规范上有相应的要求，各馆实际采用的方式也不一样。现代化管理更注重索书号的唯一性，没有索书号的唯一性，就没有计算机管理方式的优越性，更谈不上通过查询按索书号入库索书的高效率。对索书号唯一性的理解，传统模式注重的是管理人员，是分类体系的自我完善，现代化管理模式注重的是读者（当然也包括管理人员），它是在科学分类基础上更好地为读者服务的一种更加准确、更加方便、更加快捷的新手段。对索书号唯一性认识的正确与否，还表现在加工标准 MARC 数据时，能否对相同的书目有不同的装帧。对不同的价格和不同的出版者实行科学有效的管理，简便的办法是把它们作为同一种书来处理，在相应 MARC 字段不同子字段分别标明不同的装帧、不同的价格、不同的出版者。另一种办法是把它们作为同一种书的不同类型，在种次号上进一步标明区分号分别处理，显然后者更加符合实际，便于对情况各异的书目信息实施更加有效的科学管理。

5. 书目数据建库的前期准备工作是顺利完成建库任务的必要条件，来不得半点马虎。建库前的准备工作包括贴条形码、规范财产号、书目信息的提取或建库工作单的建立（直接用书建库可免），有的馆为了防盗还包括磁条的封装等等。工作量十分可观，操作起来机械烦琐，差错率又高，尤其是在图书馆要保证正常服务读者的情况下完成这些任务，其难度可想而知，必须采取切实有效的措施保证前期准备工作的加工质量。

6. 书目数据库的建设进度，在时间安排上不能操之过急，要留有充分的余地。小型馆大多采用闭馆加工的方式，因此在时间安排上往往容易计划过紧，造成被动局面的出现。中型馆的建库进度和时间安排要根据不同的情况，也应保留较大的回旋余地，过分地赶进度，质量没有保证，欲速则不达。

7. 建库所需购置的套录数据费用以及所需人头劳务费及加班费用应该纳入项目预算。在各馆的现代化建设过程中，注意的重点往往是所需硬件及图书馆集成管理系统软件的购置费，上述相应经费的安排容易忽略。如果没有相应的计划安排，实际建库过程就会遇到许多难于解决的矛盾。所需购置的套录数据无法到位，完全靠自己的力量建库，摸着石头过河，质量没有保障，很难打开局面。没有相应的人头劳务费及加班费用，就无法较好地利用外部力量弥补本馆人力不足、技术力量缺乏的状况，书目数据库的建设周期不得不无限期延长。由于这部分费用在信息化建设中的比例并不大，数量又不太少，所以需要作适当的计划安排。

8. 书目数据库的建设要调动全体工作人员的积极性，在协调本馆各项工作有序开展的同时，根据建库的进度要求统筹安排，哪里需要哪里上，没有全体工作人员的团结拼搏，靠少数人是不可能完成这项艰巨任务的。

9. 要有强有力的组织和领导，对整体建设要心中有数。中小型图书馆的现代化建设是一项信息化基础设施建设工程，是一个长过程，不可能毕其功于一役。要根据实际进度和可预见的问题及时调整工作任务和计划安排，分阶段逐步推出现代化建设成果，让读者感受到图书馆信息化建设为他们带来的服务效率和质量，让图书馆的工作人员能亲身体会到他们所作的努力和奉献有着光明的前景，不断增强信心，不断开拓新局面。

努力推进地方党校信息化进程

摘要：文章联系自身实际，面向数字化发展，回顾总结了中共福建省委党校图书馆信息化建设的历史进程。

关键词：信息化　数字图书馆　党校

一　信息化建设的现状

（一）基本情况

福建省委党校图书馆馆舍面积5000平方米，馆藏书刊41万册，现有工作人员26名。内设综合部（含采访编目）、期刊部、图书部、理论信息部、技术部、教参编辑部。图书馆的服务模式主要是以下四个方面。一是基本实现传统业务工作的现代化管理，二是数字化信息逐步成为读者服务工作的热点，三是动态信息服务基本维持原有手工检索和机器检索相结合的状态，四是传统的书刊流通服务阅览仍然是最主要的读者服务工作内容。

图书馆在服务党校教育方面具有如下优势。一是拥有基本符合党校教学科研需要的专业书刊10多万种；二是图书馆网络化、信息化建设和应用水平提高到一个新水平；三是馆内局域网上配置的目前国内社会科学方面比较优秀且最具影响力的电子期刊已经发挥了较好的综合效益；四是长期

＊ 原载中国人民大学《情报资料工作》2001年第6期。

积累的服务教学科研需要的资料收集加工方面的工作经验和一些行之有效的文明窗口建设方面的有益探索。

(二) 网络配置情况

福建省委党校图书馆信息网络经过多年的建设，目前网络硬件已配置了网络交换机，集线器 8 台，服务器 4 台，网络存储系统 1 台，光盘塔 1 台，终端设备 90 多台。网络软件采用 WINDOWS NT 4.0 和 WINDOWS 98 平台。网络互连采用的是以 5 类线构建的快速以太网，校内相关信息已经上网，有自己的独立网站。

(三) 网络服务功能

电子阅览室：电子阅览室内设 60 个阅览座位，主要有三个方面的功能。一是馆藏书刊信息检索；二是馆藏电子出版物检索和应用；三是校内外网络信息的访问与应用，既可以访问福建省委党校 Web 站点信息，也可以访问互联网上的国内外信息。

多功能会议室：内设 44 个座位，配置了投影设备、音响设备和 34 英寸彩电，网络布线已先期到位。多功能会议室集读者培训、网上教学、小型会议、电子娱乐于一身，为加速我校信息现代化建设和应用起到很好的推进作用。

图书流通检测系统：图书流通检测系统可对进出书库的读者进行有效检测，是图书有序流通、保证馆藏图书完好率的有效手段。

自建数据库：目前已经上网的自建数据库有福建省情报刊资料数据库、福建地方党史组织史资料数据库、馆藏图书书目信息数据库、馆藏报刊信息数据库。

主要馆藏电子出版物：本馆内部网上提供读者使用的主要馆藏电子出版物和电子读物有《人大复印报刊资料全文数据光盘》《中国学术期刊（光盘版）》《人民日报五十年图文数据系列光盘》《邓小平理论研究文献数据库》等。

图书馆集成管理系统：《金盘图书馆集成管理系统（GDLIS）》由北京金沙汇科技有限公司研制开发，能对图书馆的书刊和视听资料的采购、编目、典藏、流通、信息查询、咨询服务、阅览室管理、行政事务等工作进行动态、有序、自动化管理,与此同时,通过《金盘查询服务器 GDLIS WEB》将馆藏书目信息在党校网站上动态发布。

二 信息化建设的历史进程

(一) 20 世纪 80 年代末 90 年代初计算机应用的探索阶段

福建省委党校图书馆计算机应用起步于 1987 年,1990 年 11 月自行研制开发的《福建省情报刊资料索引数据库检索系统》软件通过了省级专家技术鉴定并获得中国社会科学信息学会软件类三等奖。在此基础上,1992 年开发的《社会科学报刊资料索引数据库检索系统》,大体上能够覆盖本校教学科研的主要部分。1990~1993 年我们先后三次,分别在南京、北京和成都举行的全国党校系统文献情报学会及现代化建设研讨会上交流了情况,受到各方的好评。

(二) 20 世纪 90 年代中后期进行的由传统图书馆到现代化图书馆的转型阶段

按照《中国共产党党校工作条例》中关于把党校图书馆办成多功能现代化综合性文献资料中心的要求,本阶段我们集中全馆力量建设"福建省委党校校园网图书馆网络系统"项目工程。该项目是按照能够传输图文声像多媒体信息、逐步建设数字化图书馆的要求进行安排的。1996 年夏天,项目工程正式实施,9 月网络系统开始运行。1997 年 1 月,我馆在全国党校图书馆系统率先完成了馆藏书目数据库的回溯建库工作。1997 年 5 月 26 日,网络系统向读者开放,5 月 27 日"全国党校图书馆书目数据库暨网络建设研讨会"在我馆召开。1997 年 12 月 29 日,图书馆网络系统项目工程通过了由省科委主持的省级专家技术鉴定。到 1998 年 1 月,全馆基本实现了各项工作的现代化管理,完成了由传统图书馆到现代化图书馆的转型。

(三) 20 世纪 90 年代末开始的为数字图书馆建设打基础的准备阶段

近两年来,我们在加快网络信息应用的同时,注意跟踪国内外数字图书馆发展动向,思想上务虚、业务上探讨,软硬件建设方面予以充分的重视,注意研究信息化建设与数字图书馆发展方向的接轨问题。信息网络建设主要抓了以下几项工作。一是完善电子信息检索室的建设,较好地发挥服务读者的强大功能;二是建立影像阅览室,集影像阅览室与电子阅览室于一身,拓展服务内容,为教学科研提供多样化、多媒体服务手段;三是优化网络配置,理顺网络结构,保障服务质量,为拓展校园网的服务打好基础;四是建立中国学术期刊网络数据库镜像站点(标准化检索站);五是加快信息上网步伐。1998 年秋,我馆通过 DDN 专线,建立了中国公众多媒体信息网中共福建省委党校网站,在全国省级以上党校率先实现党校信息上网,在全国党校系统率先实现图书馆馆藏书刊信息以及本馆自建数据库上网。

目前,我馆共有近百台计算机设备,全方位地实现了业务工作的计算机管理,正在建设的拥有 60 台计算机的电子信息检索室、网络信息室以及配有投影设备的多功能会议室,能为教研人员及来校培训的各级党政领导干部提供现代化的文献信息服务。在此基础上,根据学校的部署,为建设党校系统数字图书馆,为筹组校园网启动工程,我馆会同校有关部门正在进行前期论证和扎实的基础工作。

三 几点体会和认识

(一)正确认识图书馆的地位和作用

认识到位是图书馆现代化发展的关键。这个认识包括三个方面的内容:领导认识问题、用人制度的认识问题和图书馆工作人员的认识问题。三者要统一,才能为现代化建设的发展铺平道路。首先,校领导要充分认识到图书馆现代化建设的重要性,认识到没有现代化的图书馆就没有党校的现代化,要把图书馆现代化建设提到议事日程上来,并在人力、物力、财力上给予大力支持。其次,要提高图书馆人员的整体素质,在用人制度上严格把关。最后,图书馆馆员自身要自强、自信、自立。在图书馆现代化建设面临的困难和问题面前,应该乐观向上、积极进取,力争通过自己的努力改变现状。要有所作为,不等不靠,想办法解决前进中的困难。经费不足、缺乏人才等问题是各馆普遍都碰到的困难，有的馆能够克服困难，多方筹集资金，不拘一格培养和选用人才，积极争取领导的支持，边建设边出成效，使得现代化建设有了很大的突破，同时，也赢得了各级领导的重视和大家的支持。图书馆人员自身地位的提高，是在图书馆人员不断努力奋斗，取得成果中体现出来的。"有为才有位"，地位是靠自己去争取，去干出来的。只有具有强烈的事业心和开拓精神，才能使党校图书馆现代化建设不断迈上新台阶。

（二）关于信息化建设的规划设计和实施

1. 对图书馆现代化建设的主要内容要统筹规划、分步实施

一是抓基础建设。我们主要做了三方面工作。（1）资料工作继续完善福建省情、社科信息、地方党史资料管理系统和数据库的建设。这个部分是基础建设的前期工程，已建成单用户系统，运行 5 年以上。（2）建立图书期刊采购、编目、典藏、流通管理系统，这一部分是图书馆转型工作基础建设的核心内容之一。（3）建立电子阅览室（即多媒体阅览室）。

二是抓信息开发。主要做好以下几个方面的工作。（1）揭示馆藏信息的基础工作，即图书、期刊信息数据库的建立。（2）专题资料的采集、整理、加工，搞好信息的定期发布。（3）跟踪课题，拓展应用，在搞好静态服务的基础上，加大针对性比较强的动态性服务。（4）逐步加大信息科研的力度，努力提供质量较高、数量较多的二、三次文献。

三是抓拓展服务。主要做好以下几个方面的工作。（1）文献信息的加工、检索。（2）科研课题的一条龙服务，即从信息的跟踪、采集、储存和整理到文稿的打印、排版和印刷。（3）计算机的培训、应用和维护，网络系统的建设、管理与发展。

2. 对网络系统的设计规划与实施应把握好的几个方面

（1）要全面考虑现有的工作环境、新的工作设想及将来的发展，明确所建系统要求的业务功能、技术规范、性能要求，采用系统规划方法，设计出先进、适用、经济的网络方案。

（2）要从校园网的角度统筹安排，逐步实施。建立一个融数据、音像、视频为一体的传输内外互通的多媒体综合数据网。

（3）开发或引进支持数字化图书馆应用的数据库技术，建立党校特色

专题数据库，引进和完善图书馆各类数据库及检索系统，建立多媒体阅览室，开辟互联网信息导航服务，实现校内外各种信息资源的共享。

（4）坚持先进性、开放性和标准化的原则，选择成熟、服务支持好的技术和产品。

（5）网络建设要有前瞻性，网络系统应具有高稳定性、可靠性、安全性和可维护性并具有良好的灵活性和升级扩展能力，将来升级能保护初期的投资。

（6）系统具有良好的性能价格比。根据实际应用情况，选择先进、适用的网络技术和产品，不能脱离现实盲目追求高价位产品。

（三）关于转型工作

一是下大决心，狠抓落实。面对着通过历年采购逐步积累起来的几十万册图书，要在不太长的时间内建立电子化的书目数据，这是一项十分繁重的任务。面对信息化大发展时期的图书馆事业，迎来一次由传统图书馆到现代图书馆的转型，不能不说是一个莫大的机遇，与其碌碌无为，坐失良机，莫如从实际出发狠抓落实，坚持不懈，一定会在馆藏书目数据库建设方面成就一番事业。

二是合理规划，不走弯路。馆藏书目数据库的建设牵涉到图书馆业务工作的方方面面，一切都要在常规的条件下进行，门照开、书照借、读者阅览照常、信息咨询依旧。没有可行的措施、合理的规划，难免不走弯路。但书目数据库的建设由于加工的对象数量大，牵一发动全局，如产生决策失误不得不返工，势必造成巨大的浪费，严重影响工作人员的情绪，甚至都会出现建库工作无法进行下去的局面。因此我们力求制订出比较周密合理的规划，并在实施过程中不断修改完善，杜绝大的失误，减少小的差错。

三是精心组织，群策群力。书目数据库的建设，需要许多经过培训掌握了计算机应用并且懂图书馆业务的人员的积极参与和无私奉献，需要许多热心图书馆事业的人们的积极参与和较长时间的共同努力。从传统的工作习惯逐步转化为要适应新的操作模式，在思想上、观念上、行为上都是一个过程。精心组织、群策群力在这里的内涵，既包括了调整、抽调、安排好建库人员，协调好馆内各项业务，又涵盖了思想政治工作的内容，包括思想上的发动、工作模式方面的学习和探讨，不同认识之间的交流并逐步取得一致。应该说图书馆事业是大家的事业，人人都积极参与，才能取得成功。

四是充分利用社会成果，提高建库效率。我们通过购买商品化的标准MARC数据进行套录，套到的数据在2/3左右。经过上述过程的实践，本馆编目人员学会了使用电子计算机按标准MARC规范开展编目工作，锻炼了队伍，提高了应用水平和能力。

（四）关于读者服务

党校图书馆的信息网络建设根本目的是提高服务质量，满足教学科研和来校学习的各级党政领导干部的信息需求，为此我们努力做到以下工作。

（1）转型建设不影响日常工作，把困难留给自己，把方便让给读者。几年来我馆的信息网络建设先后经历过几次牵动全馆范围的大动作，我们既抓住了重点推动的原则，又坚持了各项业务工作统筹兼顾的方针，保证了读者服务工作的照常开展。

（2）确保信息网络建设的工程质量，确保阶段性成果的准确到位。信息网络建设的特点一是投资大，二是周期长，没有阶段性成果的准确到位，读者就难以感受到信息网络建设的作用和必要性。几年来我们始终坚持保持工程质量的同时适时推出阶段性成果，服务读者，回报读者。

（3）随着信息网络建设的不断深入，及时推出提高服务质量的新方法、新手段、新措施，努力营造良好的读书氛围，加大教学科研服务力度。具体做法主要包括教研人员参与书刊订购的"网上选书""现货购书"等；规范读者网络培训的"周五培训日"；规范流通秩序的"期刊阅览室读者服务规则""图书流通阅览子母卡""借书证一卡通用"等措施。

（4）规范读者服务管理，加强图书馆窗口的文明建设，重新公布图书馆各阅览库室的服务时间；加快与现代化图书馆服务管理相适应的服务规范和内部管理制度建设，不断提高服务教学科研工作的质量。

（5）加强内部管理制度建设，提高管理水平。一是在全校率先采用考勤制度实行计算机管理的方法；二是加快部门规章制度和岗位责任制建立步伐，努力使各项工作逐步达到标准化、规范化。

（五）关于队伍建设

图书馆的现代化建设必然带来文献信息服务方式、手段和内容等方面的深刻变化。这种变化还表现在服务的广度、深度、精度和速度上，这就要求培养一批既懂图书馆业务，又懂计算机技术的复合型人才，建立一支知识结构合理、层次清晰、职责分明的管理队伍。我们主要是做了以下几个方面的工作。

一是确定图书馆内部学科建设的总要求：努力适应21世纪党校发展建设对信息服务方面的新需求，按照数字化图书馆建设的方向，不断提高图书馆的学术品位，由传统的管理型为主的图书馆逐步发展成有一定学术地位的研究管理型图书馆。

二是认真解决好以下三个问题。①理顺人员结构，新增工作人员按照图书馆的需求，均应通过严格的考试考核。②对馆内中青年工作人员加大培训力度，努力提高队伍的整体素质。③图书馆工作人员作为教研人员的组成部分，在课题立项、科研评奖、课程开设、调研进修等相关方面应享有相同的待遇，我们积极呼吁学校应加大力度扶持这支队伍的成长。

三是采取积极调入和自己培养专业人员两条腿走路的方针。在抓紧年轻业务骨干和引进相关的高等院校相关专业毕业生的同时，抓紧馆内业务骨干综合素质能力的提高，通过一些骨干的先行作用，逐步扩大培训和辅导，创造浓厚的学习氛围，并将培训和考核结合起来，要有压力，才能促进动力，带动全体职工共同向现代化图书馆迈进。

参考文献

王伟光：《贯彻全国党校工作会议精神加快图书馆信息化、数字化、现代化建设的步伐》，《情报资料工作》2001年第2期。

徐文伯：《关于数字图书馆的几点认识》，《情报资料工作》2001年第3期。

张红胜：《对党校信息化建设的几点思考》，《情报资料工作》2000年第2期。

省情报刊资料数据库建设回顾与思考*

摘要： 本文通过对省情报刊资料数据库建设的回顾与总结，面对信息社会和数字图书馆发展的大趋势，从服务现实需求出发，对网络环境下省情报刊资料的资源建设定位问题、省情报刊资料信源价值的可持续发展问题、省情报刊资料服务模式的着眼点问题进行了有益的探讨。

关键词： 省情　地方文献　报刊资料　数字图书馆

福建省委党校省情报刊资料建设启动于1985年，经过10多年的建设，目前省情报刊资料库积累了改革开放以来20多万篇反映福建省情的文件、文献、地方法规、各类史料、统计资料、动态性资料和结合实践的文论，其中包含10万多条报刊资料、地方党史组织史篇名数字信息。工作方式经历了手工题录、题录加剪报、各类索引要目索引、专题索引、大事记加配套馆藏资料、机读省情报刊信息、加配套馆藏资料、馆内局域网联机检索加配套服务、信源上网加配套服务等过程。在服务读者需求方面，进行过许多有益的探索，取得了较好的社会效益，积累了经验，不断扩大省情报刊资料数据库的影响，作为一种特色信息资源，形成了自身的独特优势。

---

* 原载《中共福建省委党校学报》2002年第12期。

一 省情报刊资料数据库建设回顾

省情报刊资料，作为一种特定区域的"乡土信息"，是全面反映特定区域政治、经济、科教文史的知识宝库和信息源。随着改革开放的深入发展，省情报刊资料在信息资源总体系中不可缺少、不可替代的作用日益明显。它对特定地域经济社会发展的咨询决策作用、物质文明建设和精神文明建设的推动作用日益增强。搞好省情报刊资料信息管理系统的开发建设具有十分重要的意义。

（一）分类主题表的制定

1. 要把握住基本特征，明确省情报刊资料作为一种乡土信息，它既区别于一般的图书资料，也不简单地类同于新闻剪报资料，它更贴近实际工作和现实生活的要求。

2. 从实际出发，按照省情资料自身的特点和规律，在研究各类分类体系结构的基础上，我们编制的分类主题表形成了能集中反映特定地域政治、经济、科学、教育、文化、历史、地理等诸方面内容的框架结构，计11个大类，81个基类，522个细类。

3. 省情分类主题表的编制，充分考虑了与其他分类体系的区别与联系，并开展了相互之间分类对应关系的探索研究与实践。

（二）基础资源的收集

按照分类主题表界定的范围和数据库建设的基本要求，对基础资源的收集，我们抓住了以下几个方面：

1. 能体现特定地域的政治、经济、社会发展、科学、教育、文化、历史、地理等基本情况。

2. 信息的连续性、完整性、公开性、参考性、借鉴性、可靠性、权威性要有较好的保障。

3. 信息的外在形式涵盖文件、文献、地方法规、各类史料、统计资料、动态性资料和结合实践的文论。

4. 信息的收藏、管理、服务自成体系，滚动发展，与其他门类的省情资源互不替代、互不排斥，相辅相成、互为补充。

(三) 分析标引规范的确定

1. 省情报刊资料分类主题表的标引方式一般可分为以下两种类型：

①按实际主题分类对号标引，相关主题分类号排在其后，顺序一般可按主从关系排列，这类材料主要是指全省性的材料。

②按复分主题分类号对号标引，实际主题分类号标引必须放在其后，此类材料主要是指地域性材料和专题交叉的行业性材料。

按第一种类型方式处理的材料中，对那些具有面上典型意义的材料应采用第一种类型方式进行处理，复分主题分类号可根据实际情况排在其后适当的位置。

2. 省情报刊资料分类主题表部分栏目分类标引规范。

①政治类资料。本类资料中所收录的政策、法规、文献，应是省级领导机构发布或转发的文件、文献、政策、法规；其中地方法规这一主题栏目中也包括政府及有关政府的职能部门公之于众的行政法规；在领导人言论这一主题栏目中，领导人的范围即省级领导机构的正副职。政治类材料的标引除报刊言论、领导人言论外，一般采用第一种类型方式处理。

②城市经济和地方经济类资料。这两个类目中的所有栏目均以地名作为分类主题标识，因此它具有城市复分号和地市、县复分号的功能，但在标引过程中要注意凡属市带县的材料，应标入所在市的专题分类号。

③历史、地理类资料。其所分属的地方志、地理、地名、区域地理等栏目宜采用第一种类型方式进行标引。风俗民情、行政区划、地方风物等栏目采用第一种类型方式进行标引。其他栏目按时期、主题、地域顺序对号入座。

④社会科学类资料。本类资料所属的学术活动这一栏目，凡属省级以上材料均采用第一种类型方式标引。

3. 省情报刊资料分类主题表标引分类主题项的控制。具体资料在经过认真分析的基础上进行标引，标引项一般控制在5个以内。

4. 题外关键词的标引。在分析标引过程中，如有发现分类主题表尚不能包容相关资料的部分主要内容，对这些内容应选择适当的主题词（题外关键词）以汉字词语的方式进行标引，与此同时，应建立相应的主题词档案。

5. 功能号的标引。功能号分为馆藏项、刊类项、层次项、密级项、功能项和准备项，功能号的标引一般采用批处理的方式进行。

（四）信息管理系统的设计

1988年我们开始对福建省情报刊资料数据库管理系统的设计，经过近两年的努力，1990年该系统通过了省级专家技术鉴定，作为一项社会科学管理信息系统应用软件，1993年获得了中国社会科学信息学会软件类三等奖，这是信息工作现代化建设的一次成功探索。具体做法包括以下几个方面。

1. 在指导思想上，必须把服务经济建设、服务各级领导机关决策咨询、服务各类经济部门、服务教学科研作为系统建设的出发点；把改变手工管理方式的原始落后状况，变被动服务为主动服务作为系统建设的着眼点；把搞好当前的开发工作作为系统建设的立足点。通过省情报刊资料信息管理系统的建设，认真探索出一条地方文献资料管理现代化、服务科学化、文献加工信息化的现实途径。

2. 在总体设计上，一是充分吸收各种分类法的长处，按照分类主题一体化的思路，形成本系统的分类主题表；二是形成系统整体结构的各个子程序模块，既相互独立，又互相联系，简便易行，功能互补；三是便于使用，即便于数据的存储、组合、转换、检索、统计、修改和打印，用户都可以上机操作。

3. 在应用软件的程序设计上，一是根据当时的实际情况，要能够适应大部分单位经费不足的矛盾，硬件的最低配置只需1套386微机内存2MB（286微机内存在2MB以上也可以运行）以及1台打印机；二是配套软件DOS版本只需在3.3以上并有一套当时流行的汉字系统就能开展工作；三是数据管理方面采用多功能设置方式，以确保用户多样化检索需求的实现，有效地解决日益增多的庞大数据量同内外存设备不足的矛盾。

4. 应用软件系统要有浓郁的地方特色，能较好地开发地方文献信息资源。所提供的省情报刊资料索引从范围上包括省地市县,行业上包括党政军民工农学商,系列上包括政治、经济、科教文史。所有操作功能界面友好,中文菜单简洁明了,屏幕提示充分,便于选择,实用性强。

5. 数据检索应采用多功能互补的方式,手段比较完备,且具有较大的灵活性,使用户只要选取局部关键字或词输入就能进行模糊检索从而收到满意的检索效果。检索入口的选择丰富多样,操作方便简单,容易掌握,只要具有计算机的初步知识,会使用简易的汉字输入方法就能够操作。

6. 能通过目录编辑形成5种省情及地市县情报刊资料索引,作为常规性的检索工具书,以满足对省情资料和地市县情资料最普遍、最系统的咨询需求。

7. 系统应具有通用性,便于移植、改造、扩充。根据各自的需要,只需对分类主题表和分类主题代码进行适当的调整和扩充,就能形成一个新的管理系统,既可以建成各自的省市县情管理系统,也可以建立起一套社会科学信息管理系统或者专题资料管理系统。

(五) 读者服务和应用推广

1. 做好资源客户的信息服务工作,因为他们既是资源提供者又是省情信息服务对象,满足他们的信息需求,对资源建设可起到一种良性循环的作用。

2. 满足各类读者需求,我们努力做到服务党政机关跟踪需求常联系、服务经济建设分析需求多建议、服务教学科研拓展需求抓专题、服务领导决策响应需求要及时、服务社会大众定位需求不忘记。

3. 不失时机做好宣传推介工作,如媒体报道、信息发布等。

4. 熟悉业务,练好内功,拓展知识,有敬业之心;热情服务,急用户所急,帮用户所需,有爱岗之志;默默奉献,甘为人梯,乐在苦中,有为有位。

(六) 系统特点

1. 目录体系较科学合理,类目较详尽。该目录设有政治、经济总论、部门经济、城市经济、地方经济、科技、教育、文化、历史地理、社会问题、社会科学等大类，每个大类下又设置了详尽的分类细目，每个类目均有类号，用户只要在目录表上查到所需的类目及类号，就可以向电脑输入信号，开始检索，有关的文献资料题录就会以菜单的形式打印出来供用户选择使用，便于用户全面地占有所需资料。

2. 情报资源较丰富，有浓郁的地方特色。该数据库除收集公开出版的报纸杂志外，还充分利用党校的优势，收集了大量我省党政机关出版的内部资料，以及省内各种地方小报及不定期发行的内刊，几乎囊括了我省各类型的地方出版物，在如此丰富的情报源中检索资料，必然会收到较好的效果。

3. 目录索引与实物连成一体，原始资料唾手可得。该数据库在方便用户查阅文献方面最显著之处就在于目录索引与实物连成一体。1988年以前的相关省情原始资料以剪报形式装订成册，按目录类号顺序排架，1989年以后的信息以原刊原报的方式归类排放，用户只要查检到所需条目，即可对照原始资料进行分析通过复印得到有针对性的相关资料。

4. 机检与手检相结合，便于用户按自己的习惯检索。该数据库的资料除存储于电脑外，还定期编制出书本式目录，用户可以根据自己的习惯，选取便捷的形式与途径，充分发挥了机检与手检的各自长处，便于用户快速精准地找到所需资料。

二 搞好省情报刊资料数据库建设的几点思考

1. 资源建设定位的根本要求是具有不可替代的作用

省情信息资源的构成包括政治、经济、科教文卫体育、历史地理，涵盖了经济和社会发展的方方面面。省情信息资源的载体形态包括空间地理信息、动态统计信息、档案信息、书报刊信息、方志族谱古籍信息，以及与上述信息相关的音像、影像、视频等数字信息。省情信息资源的来源是政府机关、企事业单位和各类媒体。各类省情信息资源具有各司其职、各负其责、互不替代、互为补充、交相辉映、相辅相成的特点，都是众多省情资源的组成部分。因此，省情信息资源建设的切入点和具体定位方式，必须选准突破口，在充分论证的基础上逐步展开，不搞重复建设、不搞重复劳动，要形成无法被替代的特色信息资源。

2. 信源价值的根本取向是有特色、可持续发展

特色信息资源必需是有源之水，有本之木，其可持续发展具体表现在以下几个方面。

社会生活可持续发展，其生命力具有客观性；其保存价值表现在所研究对象是一个动态的过程；有固定的可持续发展的用户群；其服务内涵是一个不断更新、日益深化的扬弃过程。

研究对象可持续发展，有深度开发的研究价值；其内涵深厚，既是一座取之不尽、用之不竭的宝藏，又是一本日益丰富的大百科全书；其构成是研究成果、准研究成果、客观实际的反映。

资源建设可持续发展，信源运作已形成良性循环；作为地方省情信息资源的重要组成部分，现行的相关刊报都经过出版管理机构的批准，有正式刊号，有法律保障；随着经济社会发展，新的质量更好的相关刊报会不断充实进来。

3. 服务模式的着眼点是与现实需求紧密结合

适应现实需求，必须抓好资源整合型服务，使数据库的建设，多角度、全方位、跨时空、较全面地反映客观实际、社会生活；必须抓好资源密集型服务，在专题积累、专题研究、专题跟踪、配套方面拓展优势；必须抓好资源动态型服务，重视热点信息的收集、传递与发布。

适应现实需求，在资源建设方面要改变传统的操作模式，顺应数字化、信息化发展的大趋势，不失时机地启动省情信息资源的数字化建设，即按照客观存在的分工原则进行基础资源数字化并对现存的网络数字信息资源搞好动态链接信息导航和存储。

适应现实需求，还应面对刊报信息网络化的趋势，不断调整资源结构，在重点学科方向、重点课题的深化服务和应用拓展方面，开创新局面、发展新优势，形成新热点。

参考文献

马荣华等：《综合省情地理信息系统地理数据库的数据组织》，《地理研究》2001年第3期。

王凯、曹志梅：《建地方文献数据库之探索》，《大学图书情报学刊》2002年第2期。

徐文伯：《关于数字图书馆的几点认识》，《情报资料工作》2001年第3期。

王伟光：《贯彻全国党校工作会议精神，加快图书馆信息化、数字化、现代化建设的步伐》，《情报资料工作》2001年第2期。

戚晓熔：《省情资料库建设浅议》，《唯实》2002年第3期。

20世纪90年代末以来中国共产党党校信息化建设的进程*

摘要：信息化是提高党校教学科研质量非常重要的现代化保障条件，20世纪90年代末以来，为适应培养高素质干部队伍的需要，全国各级党校在中央党校的大力推进下，以远程教学网络、校园信息网络、数字图书馆工程为重点的信息化建设，在中央领导和各级党委、政府的关怀支持下，通过科学的决策和实践的探索，迅速改善了党校的现代化办学条件，对于实现党校系统教学资源共享、提高教学水平、扩大干部培训规模、推进党校教育事业的发展起到了重要作用。

关键词：党校　信息化建设　干部教育

20世纪90年代末以来，为适应培养高素质干部队伍的需要，全国各级党校在中央党校的大力推进下，先后经历了1999年启动的全国党校远程教学网、2000年启动的全国党校数字图书馆工程、2001年大力推进的全国党校校园信息网络建设，面向干部教育的党校信息化建设开始步入快车道。

一　中央领导重视党校系统信息化建设

1999年9月1日，胡锦涛、曾庆红同志出席了中央党校远程教学网暨

---

* 原载中共福建省委党校《党史研究与教学》2004年第5期。

校园信息网开通仪式，胡锦涛分别与已开通远程网络的山东、上海、海南、重庆、四川等省市委的领导同志通话，对中央党校远程教学网暨校园网络的开通表示祝贺。他指出，这是党校建设中的一件大事，将会有力地促进干部教育事业的发展，山东、上海、海南、重庆、四川五省市已走在全国党校信息化建设的前列，希望继续努力，把这件事情办好，为全国党校提供示范。①

2000年6月，中共中央颁发的《关于面向二十一世纪加强和改进党校工作的决定》（以下简称《决定》）指出："加强党校教学设备和教学手段的现代化建设，包括积极推进各级党校信息化建设，逐步在全国党校系统建成远程教学体系。"② 在中央召开的全国党校工作会议上，胡锦涛同志发表重要讲话，要求各级党委"要帮助党校改善办学条件，搞好党校基础设施建设、教学设备和教学手段的现代化建设"③。

2000年12月30日，胡锦涛同志在《关于建设全国党校系统数字图书馆有关情况的报告》上作了重要批示："要抓紧建设，快见成效。同时要防止重复建设。"2001年3月1日胡锦涛同志出席中央党校数字图书馆开通仪式，并亲切接见工程建设技术人员，在谈话中指出："我是数字化图书馆的积极分子。一定要把党校信息化建设抓好。"④

2002年2月10日，胡锦涛同志在中央党校就远程教学的进展情况，所呈交的一个书面报告上作了重要批示："赞成把建好、用好、管好网站作为今年远程教学网络工作的重点，尤其要在完善功能、丰富内容，提高质量上下工夫，使远程教学网络在党校教育中发挥更大的作用。"⑤

曾庆红同志也很重视党校远程教学工作，他到一些地方视察，先到党校，到党校先看远程教学，在山东、湖南、贵州和宁夏，都是通过远程教学网站和中央党校领导进行通话。兼任中央党校校长后，他两次到中央党校远程教学网络中心进行视察。2003年8月29日，曾庆红、贺国强同志参加了在中央党校举行的全国农村党员干部远程教育中心资源库建设一期

---

① 《中央党校远程教学网及校园信息网开通，胡锦涛出席开通仪式，指出这是党校建设中的一件大事》，《人民日报》1999年9月3日。
② 《全国党校信息化建设会议文件选编》，http://www.ccps.gov.cn。
③ 《全国党校信息化建设会议文件选编》，http://www.ccps.gov.cn。
④ 《全国党校信息化建设会议文件选编》，http://www.ccps.gov.cn。
⑤ 《全国党校信息化建设会议文件选编》，http://www.ccps.gov.cn。

工程的启动仪式,曾庆红同志亲自推进中央党校远程教学的建设,提出要在农村党员干部教育中开展远程教学工作。中央领导同志的关心和支持,对于搞好远程教学和党校信息化建设是极大的鼓舞和鞭策,有力地推动了党校系统远程教学网络建设的进展。[①]

二 推动党校信息化建设的几次会议

1. 为开拓党校信息化建设新局面、推动党校信息化建设新进展,商讨党校信息化建设的长远规划和近期工作布局,2000年1月30日至2月1日,中央党校召开全国党校系统远程教学暨信息网络建设重庆现场会。会议的主题是:面向21世纪党校教育的改革与发展,就如何加强党校系统信息化建设特别是加快远程教学网络和校园计算机信息网络建设,进行交流和研讨,提出具体措施和意见。[②]

会议取得了以下几方面成效。一是明确了任务。信息化建设是一个系统工程,是长期的、艰巨的任务,必须抓好规划,分步实施,逐步实现中央党校同省级党校和有条件的地市级党校的初步联网,并逐步形成全国党校系统信息网络和远程教学网络的完整体系。二是提高了认识。针对党校信息化建设还处于不适应教学科研和党校事业发展的落后状况,强调信息化建设是党校事业发展的大事,必须高度重视,抓好落实;要充分认识加强党校信息化建设的重要性和必要性,把党校信息化建设作为党校的一项重要基本建设,作为发展党校事业的一件大事来抓;各级党校要把信息化建设列入重要议事日程,制订切实可行的实施方案,主动争取上级党委和有关部门的支持,加大经费的投入;对于信息化建设工作,主要领导要亲自过问和支持,要有专门的领导分管、专门的机构和人员来负责。三是促进了发展。要求有条件的党校都要建立远程教学网站,采取积极措施推动校园计算机网络建设,组织、协调并推动本地区、本系统有条件的地(市)、县级党校力争多建立一些远程教学网站。

2. 为了更好地贯彻落实中央《决定》和全国党校工作会议精神,调动

[①] 《全国党校信息化建设会议文件选编》,http://www.ccps.gov.cn。
[②] 王伟光:《贯彻全国党校工作会议精神,加快图书馆信息化、数字化、现代化建设的步伐》,《情报资料工作》2001年第2期,第20~25页。

地方党校的积极性，推动和普及地县级党校远程教学网站及信息化建设工作，中央党校决定分片召开现场会。2000年7月25日至27日，中央党校在山东威海市委党校召开全国党校系统远程教学暨信息网络建设现场会。华北片、东北片、华东片省级党校和部分地市级党校代表参加了会议。会议以江泽民同志关于"三个代表"的论述为指导，贯彻落实全国党校工作会议精神，学习山东和威海远程教学及信息化建设的经验，交流全国党校系统远程教学及信息化网络建设的情况，进一步推动全国党校系统远程教学和信息化建设。①

会议对进一步加快信息化建设特别是远程教学网络建设提出了明确要求。把传达好、学习好、贯彻好、落实好全国党校工作会议精神作为当前全国党校工作的中心任务，以此来带动远程教学和信息网络建设上新的台阶；进一步解决好认识问题，真正把远程教学和信息网络建设摆到各级领导的重要工作日程，结合本地区、本单位的实际学习山东和威海的经验，特别是学习他们推进远程教学和信息化建设的精神状态和措施办法，加大抓工作的力度，加快远程教学和信息化建设的步伐；建立统一的职能机构，分级管理远程教学网建设，随着远程教学网络的建设不断发展，逐步建立健全统一管理、分级负责的管理体制；抓紧进行远程教学网站建设，年内要争取完成省级党校建站工作，有条件的副省级城市、省会城市、大企业和地、市级党校都要建站，并适当建成一部分县（市、区）级党校网站；加强对已开通远程教学网站的使用管理，充分发挥网站的功能和作用，加大远程教学传输的信息量，提高远程教学内容的质量；对中央党校制定印发的《远程教学网络管理规定》，要认真执行，确保质量第一、安全第一和网络正常运行；要加强技术培训，尽快提高各网站技术人员和管理人员的素质，以适应远程教学网站建设、使用与管理的要求。②

3. 数字图书馆是党校信息化建设的重要组成部分，几年来，全国党校系统图书馆的现代化建设有较大进展，初步奠定了建设数字图书馆的基础。2000年4月，中央党校数字图书馆建设被列为国家863计划中国数字图书馆发展战略组的数字图书馆示范工程之一。为推进这项工作，全国党

---

① 《全国党校信息化建设会议文件选编》，http://www.ccps.gov.cn。
② 《全国党校信息化建设会议文件选编》，http://www.ccps.gov.cn。

校图书馆工作暨数字图书馆建设会议于 2000 年 11 月 23 日至 25 日在中共海南省委党校召开。这次会议是党校系统图书馆工作的世纪盛会，具有现实的紧迫性和重要性，是建设数字图书馆的誓师动员会和工作部署会。会议的主要成果如下：

①明确了加快以数字图书馆为重点的党校信息化建设，是适应新形势下党校事业发展的需要，党校图书馆工作在党校事业发展的新阶段，在为教学科研服务方面，在信息化、现代化建设方面，能起到带头和推动作用，要发挥集体力量，全力以赴，建设全国党校系统数字图书馆。②确定了全国党校系统数字图书馆建设的方针和基本框架。方针是科学论证、统筹规划、携手共建、资源共享、功能齐备、具有特色、分步实施、持续发展。基本框架是采用国内外先进技术建设全国党校系统数字图书馆网络平台，利用该平台建设全国党校系统分布式的超大规模数据库群，以中央党校图书馆网站为门户站点，通过互联网形成全国党校系统数字图书馆网络。③提出了党校系统数字图书馆建设的规划和措施，计划用五年时间，分三步实施全国党校系统数字图书馆建设一期工程。第一步是做好工程的论证规划和各项准备工作。第二步是抓核心网络建设与联网，形成全国党校系统数字图书馆的核心框架。第三步是建成具有相当规模的资源库，基本形成比较完整的全国党校系统数字图书馆信息网络，以丰富的信息资源支持教学和科研，使马列主义、毛泽东思想和邓小平理论在网络上得到广泛传播。[①]

4. 2001 年 5 月 28 日至 31 日，中央党校在湖北省委党校召开了全国党校信息化建设会议。会议的主题是，以邓小平理论和江泽民同志"三个代表"重要思想为指导，进一步贯彻落实中央《决定》和全国党校工作会议精神，总结交流全国党校系统信息化建设的经验和好的做法，研究解决存在的问题，进一步推动以远程教学、校园计算机网络和数字图书馆建设为中心内容的党校信息化建设，为全面开创党校教育事业发展的新阶段作出新的努力。[②]

这次会议是又一次推动全国党校信息化建设的重要会议，有 14 位省级

[①] 《全国党校信息化建设会议文件选编》，http：//www.ccps.gov.cn。
[②] 《全国党校信息化建设会议文件选编》，http：//www.ccps.gov.cn。

党校的常务副校长参加，规格是历次党校信息化建设会议最高的一次，也是进入21世纪后召开的第一次全国党校系统的工作会议。会议通报了全国各地党校信息化建设的进展与成效，指出了当前信息化建设中存在的问题与不足，进一步明确了今后党校系统信息化建设的任务和要求。

关于信息化建设的进展与成效，体现了三个特点。一是中央领导高度重视，各级党委、政府大力支持，全国各级党校行动迅速，呈现出加强信息化建设的良好态势；二是各地党校在地方党委和政府的支持下，不同程度地加大了资金、技术和人力的投入，信息化建设推进速度很快，初见端倪；三是远程教学、校园信息网、数字图书馆等系统积极扩大传输内容，不断提高传输质量，初步见到成效并获得好评，对党校教学、科研和管理工作产生深远影响。

存在的问题与不足主要包括以下方面。信息化建设发展不平衡，各级党校在重视程度、投入程度和推广程度方面还存在一定的差距，有些党校还不同程度地存在着工作不到位，制约了信息化建设的发展；与硬件建设相比，教学数据资源库建设滞后，远程教学网传输内容还不够丰富、课程质量还需要提高，课程储存和点播功能还没有实现；数字图书馆资源库建设刚刚提上日程，方案的论证到具体实施还有差距；校园网信息传输量较小，内容比较单一；网络管理制度尚不健全，技术力量比较薄弱，在一定程度上影响了网络运行的效率。

关于今后党校系统信息化建设的任务和要求，主要是以下五个方面。一要解决好领导问题，对信息化的认识要到位，做到集中统一领导与协调管理，充分调动各方面的积极性，采取有效措施，加快信息化建设进度。二要抓好总体规划的制订，对校园网和数字图书馆工程要一并考虑，规划方案要进行科学论证，广泛征求意见，校委集体讨论决定。校园网以办公管理系统为核心，数字图书馆重点放在教学科研信息资源库的建设上，校园网要能够与数字图书馆连接，同远程教学网连接，最终形成三网一体的"天地网"。三要抓好数据库建设，包括远程教学课程（课件）库、校园网办公管理数据库和数字图书馆数据资源库。四要抓好技术培训，加强网络管理和技术维护。五要建章立制，逐步形成党校信息化建设需要的科学、规范和制度化的管理体系。

5. 2002年3月28日至31日，中央党校在广西壮族自治区委党校召开了全国党校远程教学网络管理工作座谈会。会议的主题是：贯彻落实胡锦涛同志最近关于远程教学工作的批示精神，总结交流加强远程教学网络管理的经验，讨论提出完善网络管理制度和改进工作的措施，进一步把远程教学网站建设好、使用好、管理好。[①]

这是一次专题研究党校远程教学网络管理问题的会议，在加强网络管理工作方面做了一些阶段性、基础性工作，开了一个好头，是一个新的起点。会议认真贯彻落实胡锦涛同志的重要批示；总结交流了远程教学网络管理工作经验；讨论了《中共中央党校远程教学卫星通信网络管理暂行条例》《全国党校 A 级网站上网内容优秀奖评选办法》以及如何发挥省级党校网站在网络管理中的作用和如何发挥 A 级网站的作用。会议强调，要进一步提高对加强网络建设和管理工作重要性的认识，加强组织领导，采取切实可行的措施，把远程教学工作搞好；要重视网络安全，确保不在互联网和其他公共信息网或宣传媒体上传播远程教学内容；要逐步建立中央和地方两级管理体制，充分调动中央党校远程教学网络中心和地方网站的两个积极性；要完善网站规章制度，严格技术操作规程，保障网络正常运行；要加强管理骨干和技术骨干队伍建设，采取以岗位练兵为主与集中培训相结合的方式培养技术骨干，并适时举办管理骨干培训班，不断提高管理水平和技术保障能力；要充分发挥已建网站的作用，保证收视效果。

评价这次会议的成果，应该说这是党校信息化建设从推进到深化的一个转折，是党校信息化建设特别是远程教育上了一个新台阶的标志，对解决远程教学网络运行中最突出的问题，完善管理制度，实现网络管理规范化，保障网络正常运行和网络安全乃至用好网站，将起到重要的作用。在网络管理体制、技术维护和使用方面，提出了一些比较明确的带有建设性的意见，为修改完善网络管理规定、制定网络管理条例和实施细则提供了依据。

6. 全国党校系统远程教学网暨校园信息网建设现场会，2002 年 5 月 17 日至 19 日在四川宜宾市委党校召开。这次会议的主题是：以邓小平理论和江泽民同志"三个代表"重要思想为指导，深入贯彻党的十五届五中、六中全会和全国党校工作会议精神，落实胡锦涛同志关于党校远程教

[①] 《全国党校信息化建设会议文件选编》，http：//www.ccps.gov.cn。

学工作的重要批示，总结交流西部地区党校信息化建设的经验，进一步促进西部地区远程教学网暨校园信息网建设，加快党校教育事业的发展步伐，以优异的成绩迎接党的十六大召开。①

会议要求，认真学习贯彻好胡锦涛同志近期关于党校工作的有关指示；进一步推进西部地区远程教学网暨校园信息网建设，认识要上去。宜宾经验主要体现在领导重视、校委重视、搞好规划、分步实施，在用字上下工夫。远程教学网站和校园网络的建设和管理工作，一要按照建好、用好、管好网站是2004年远程教学工作的重点，全面加强远程教学工作；二要加强校园网建设力度，使远程教学内容落地后发挥更大的作用；三要加快数字图书馆数字信息资源建设；四要充分发挥地方党校工作处业务指导职能，加强对地县党校信息化建设工作的指导。

7. 全国党校数字图书馆资源建设研讨会于2002年7月29日至8月2日在新疆维吾尔自治区委党校召开。② 会议的中心议题是研究如何推进全国党校系统图书馆数字资源建设问题。会议达成以下共识。

必须高度重视信息资源建设。进一步加快全国党校系统数字化图书馆建设，要在继续建立和完善网络基础设施的前提下，把工作重点放在信息资源建设上。

党校信息资源是党校数字图书馆建设的核心，主要包括图书馆资源库、远程教学资源库、办公管理系统资源库的建设。图书馆资源库建设在采购方面要优化纸本资源的采购，增加对光盘、数据库等数字信息资源的采购；重视网络信息资源的集成和整合，在实现资源共享的前提下强调自建有特色的数据库，扩大数据库容量，增加数据库信息门类，突出数据库的党校特色和地方特色。

信息资源建设要贯彻相互合作的原则。分工合作、形成合力、形成优势，把整个系统的力量动员起来，提高效益，防止重复建设。地方党校应根据自身特点与优势，制定信息资源建设政策与发展策略，使党校系统内每一个数字图书馆都相互区别、各不相同，从整体上却又是相互配合、相

---

① 王伟光：《贯彻全国党校工作会议精神，加快图书馆信息化、数字化、现代化建设的步伐》，《情报资料工作》2001年第2期，第20~25页。
② 王伟光：《贯彻全国党校工作会议精神，加快图书馆信息化、数字化、现代化建设的步伐》，《情报资料工作》2001年第2期，第20~25页。

互补充,形成一个功能强大的完整体系。

加大数字图书馆建设资金问题的争取力度,领导支持是关键。图书馆要经常向校领导汇报工作,在学校的统一领导下,根据各地方党校的实际情况,争取解决好资金、人力、资源、技术等一系列问题,为数字图书馆的建设工作创造一个领导支持、部门协调、资金有保障的良好环境。

党校系统数字图书馆建设是一项宏大的系统工程,从技术到内容,从使用工具到应用环境,以及相关的标准、法律、法规等都需要进一步完善。为了解决信息资源建设中面临的问题,必须加大培训力度,建设一支作风硬、能力强、技术素质高的工程技术队伍,真正做到兵要精、武器要好,为信息资源建设培养强大的人才队伍。

8. 2003年10月8日至11日,中央党校在广东省召开了全国党校远程教学网络管理工作会议。会议深入贯彻落实全国党校校长会议精神,总结交流执行《中共中央党校远程教学网络管理暂行条例》的经验,商讨落实省级管理体制和网络管理维护实施细则,进一步做好网络管理工作。会议的主要成果如下。

看到了成绩。经过四年时间的努力,已建成一个包括中央党校远程教学网络中心、省级党校网站和1800多个地(市)县级党校网站在内的全国党校系统远程教学网络,建立了一套教学内容和一个资源库,形成了一套管理制度和一支工作队伍;远程教学网络对实现党校系统教学资源共享、提高教学水平、扩大干部培训规模、推进党校教育事业的发展起到了重要作用。实践证明,党校系统建立远程教学网络是一项正确的抉择。

总结了经验。基本经验是靠提高认识,靠领导重视,靠骨干队伍,靠加强管理,靠使用效果;要建好、用好、管好网站,必须由省级党校负责,在本地区采取统一组织建站、统一管理维护的做法。

找到了差距。一是网站建设发展不平衡,有些省县级党校建站速度慢;二是网络作用还没有充分发挥,有些建站党校对播出的课程使用较少;三是建立省级管理体制的速度较慢,网络管理维护的机制尚未形成;四是队伍的管理水平和技术维护能力尚需进一步加强。

达成了共识。在建立省级管理体制工作上统一了思想,原则同意《中共中央党校远程教学网络管理维护实施细则》,经认真修改,报中央党校领导审阅批准后正式行文印发执行。

部署了工作。加快远程教学网络建设，下一步重点是加快县级党校建站的速度；要加强远程教学内容建设，在丰富内容、提高质量上下工夫，完善中央党校网络中心、省级党校网站和资源库建设；要加强远程教学专业队伍建设，不断提高专业技术水平和管理水平；要加强管理体制和管理制度建设，尽快形成中央党校和省级党校两级管理体制，保障网络的正常运行；要提高远程教学网络和播出教学内容的利用率，将网络播出的课程同本校的教学和本地干部学习教育结合起来，充分发挥远程教学网络的作用。

三 党校信息化建设的成效与特点

1. 信息化建设工作进展顺利，发展态势良好

远程教学网络粗具规模，基本形成体系。网络系统由中央党校远程教学网络中心和地方党校网站组成，具有播出教学节目、召开电视会议、传输图文信息三种功能，网站分为A、B、C三级。省级党校和副省级城市党校基本上都建立了可实现主会场功能的A级双向站，可以回传图像和声音；地市级党校大多建立了通过卫星电话回传声音的B级双向站；县级党校一般建立了C级站，单向接收网络中心传送的节目。

各级党校的校园网络建设也在迅速推进，校园网的应用工作逐步展开，部分党校校园网已经成为办公管理、远程教学、信息传播、资源共享，三网合一的服务平台，校园网所传播的信息对地方党校教学科研工作的深入开展很有帮助，校园网的应用对深化党校信息化建设、扩大党校的影响力、更好地服务干部教育培训工作、建设互联网上马克思主义理论阵地方面起到了不可估量的作用。

全国党校数字图书馆资源建设工作已经起步，中央党校图书馆编制的《邓小平理论研究光盘数据库》，博士、硕士学位论文数据库以及许多省级党校编制的具有党校特色的、有参考使用价值的教学科研信息数据库，为下一步全国党校系统信息化建设，打下了良好的基础。

中央党校远程教学网络中心从无到有，仅用了2年半的时间就建成了。它是集发射中心、资源中心、管理中心和教学中心于一身的全国党校系统远程教学的网络中心枢纽。随着中央党校综合教学楼的落成，校园网络中

心和数字图书馆馆网中心也已初步建成，远程教学网络、校园网络和数字图书馆发挥了整体功能，提高了党校信息化的水平和现代化的办学水平。

2. 远程教学网络建站速度快、工作效率高

1999年9月，中央党校连接山东、上海、海南、重庆、四川五省市的远程教学网络顺利开通，当年又成功开通了江苏、贵州两个省级党校远程教学网站。2000年，全国党校远程教学网络又建成并开通了173个远程教学网站，使开通网站总数达到180个（其中A级站34个、B级站38个、C级站108个）。到2003年8月底，全国党校建立的远程教学网站达到1845个（其中A级站57个、B级站208个、C级站1580个）。经过近4年多的建设，截至2004年7月底，全国党校系统已建立了2263个远程教学网站（其中A级站59个、B级站214个、C级站2090个），开通了2126个网站。据统计，目前县以上党校全部开通远程教学网站的有山东、广东、江苏、贵州、浙江、湖南、福建和西藏；80%以上县级党校全部建站的有湖北、陕西、内蒙古、河北、四川、重庆、山西、新疆维吾尔自治区及新疆生产建设兵团；海南是率先利用地面网全部建站的；50%以上县级党校全部建站的有甘肃、河南、江西、辽宁。建站最多的是广西，总共建了235个站，南宁市从县级党校一直建到乡镇党校，共建了近200个站，乡镇党校全部可以看到中央党校直播的远程教学课程。建站组织工作比较突出的是山东、江苏、广东、贵州、浙江、湖南、四川成都、广西南宁和河北沧州，河北沧州现在很多乡镇党校和村党支部，建有中央党校的远程教学网站。全国党校远程教学网站建设情况，详见表1。

表1 全国党校远程教学网站数量统计表

（1999年9月1日至2004年7月31日）

单位：个

所属地	建站数量			
	A级站	B级站	C级站	合　计
广西壮族自治区	4	5	226	235
山东省	6	14	165	185
广东省	3	5	119	127
河北省	3	2	121	126
湖南省	1	2	107	110

续表

所属地	建站数量			
	A级站	B级站	C级站	合　计
陕西省	1	3	104	108
江苏省	2	15	88	105
湖北省	2	14	86	102
贵州省	2	21	78	101
内蒙古自治区	1	12	79	92
浙江省	4	3	84	91
山西省	1	9	75	85
四川省	3	1	80	84
福建省	3	1	80	84
河南省	1	12	70	83
安徽省	1	12	65	78
新疆维吾尔自治区	2	8	60	70
甘肃省	1	15	49	65
江西省	1	11	44	56
辽宁省	2	2	48	52
重庆市	1	13	32	46
宁夏回族自治区	1	5	40	46
吉林省	1	1	37	39
云南省	1	3	34	38
黑龙江省	2	8	27	37
海南省	1	0	20	21
天津市	1	0	19	20
青海省	1	6	13	20
北京市	1	0	13	14
部队	0	0	12	12
新疆生产建设兵团	1	8	1	10
西藏自治区	2	1	6	9
上海市	2	0	3	5
中直机关	0	2	3	5
国家机关	0	0	2	2

合计：A级站：59　　B级站：214　　C级站：2090　　总计：2363
资料来源：http：//www.ccps.gov.cn。

3. 远程教学的课程体系与运行规则初步形成

目前,中央党校远程教学网络中心已经建成"全国党校远程教学资源库"和"全国农村党员干部教育中心资源库"。利用远程教学进行的教学活动主要有:针对地方党校主体班次的教学;针对在职研究生的教学;针对地方党委中心组和干部在职学习的教学;针对地方党校师资和理论骨干的教学;针对函授教育的教学;针对社会上热点、难点问题的校外培训的教学;等等。通过远程教学网络播放的主要课程包括中央党校"形势与任务"报告、主体班课程、函授学院课程、研究生院课程;中央党校校委中心组学习讲座、地县级党校课程和电视专题片;A级网站提供的领导干部报告和专家讲座;对外合作办学课程;通过网络还播出了全国党校重要工作信息如全国党校工作会议实况,安排了一些网站开通仪式、研讨会、工作通气会和函授远程监考等,对配合党校工作起了重要的作用。①

为切实保证录制和传输质量,提前发布每学期播出计划,每月15日之前制定发布月播出表。远程教学网络从开通至2003年7月底,已传输各类课程1634讲,现在仅滚动播放的课程已达到了1000多讲,受众主要是建站党校的主体班学员,利用率较高的是中央党校的大报告和主体班课程。各网站对播出内容的质量比较满意,有利于各地干部教育和在职理论学习,弥补了地方党校师资不足,在促进地方干部教育、提高干部素质方面发挥了一定的作用。

4. 信息化建设成为提高党校教学水平和干部教育水平的重要手段

信息化建设有力地推进了党校教学改革进程。运用现代化手段进行教学,是党校教学改革实践的重要举措,对提高教学效果起了重要的作用,彻底改变了多年来"一块黑板、一篇讲稿、一杯开水、一支粉笔"的授课方式,丰富了教学内容,提高了教学质量,改进了教学工作,在党校办学中的作用越来越突出。特别是2003年"非典"疫情肆虐时期,通过调整教学计划,采取网上授课、网上讨论的形式进行教学,收到很好的效果。

运用远程教学,在推进党校教学改革方面,各地进行了许多有益的尝

---

① 《全国党校信息化建设会议文件选编》,http://www.ccps.gov.cn。

试，包括实施"选课制"，把远程教学网上的课程和本校教师的课表公布给学员，由学员根据需要选学；落实"重点课程辅导制"，将远程教学播放名教授的重点课程，由本校教师开设辅导课，给学员解答疑难；利用党校系统远程教学网络的优势，建立"网上党校""虚拟教室"，组织党委、政府有关部门收看收听远程教学"大报告"；等等。

5. 信息化建设的特点

抓住机遇，科学决策，会议推动，促进发展。20世纪90年代末以来，为适应建设高素质干部队伍的需要，党校工作面临着发展的大好机遇。中央和各级党委对党校工作高度重视，加大了投入，使得党校信息化建设也处于一个非常有利的发展时机。中央党校校委审时度势，果断决策，通过科学论证，制订了以远程教学网络、校园信息网络、数字图书馆为主要内容的全国党校信息化建设发展规划，实施三步走的发展战略，通过会议不断总结经验，提高认识，加大工作力度，使全国党校系统信息化建设发展迈上高速路。

抓住关键，兼顾其他，边建边用，扩大影响。远程教学是党校办学中的网络课堂、虚拟教室，具有建设周期短、见效快的特点。几年来党校信息化建设抓住了这个关键，同时兼顾并促进了校园信息网络和数字图书馆的建设和发展。远程教学网络边建边用，不断充实教学内容，提高课堂教学质量，受到学员的普遍好评，在党校教学中的作用越来越突出，客观上也起到鼓舞人心、振奋士气，加快党校信息化建设的作用。

建章立制，抓好管理，队伍敬业，保障有力。在建设远程教学网络的过程中十分注重管理，通过实践的探索和总结，逐步建立管理制度，完善管理体制。目前已经初步形成了一套以中央党校为中心、以省级党校为枢纽的二级管理体制，并制定了具体运行的管理办法。经过几年的发展，全国党校信息化建设已经形成了一支热心党校教育事业，热爱本职业务工作，努力适应党校教学内容建设、信息网络建设管理和维护的专业队伍。这支队伍的形成，是党校信息化建设发展十分宝贵的人力资源，有力地保障了党校信息化发展的进程。

地方党校信息化建设表现为以下五个特点。一是加强卫星远程教学网络与校园网的融合，不断完善校园网远程教学课程实时传输系统；二是充分利用多媒体教室和现代化会议设施，运用多媒体技术制作课件上课，基本实现课堂教学手段的现代化；三是拓展远程会议系统的功能，适时推进省级远程教学网络的建设；四是校园网上的信息公告、电子公文、邮件系统、视频点播已开通，数字图书馆、办公自动化、智能管理逐步成为应用热点；五是教学资源数据库、特色信息数据库、办公管理资源库的建设陆续展开，许多已经初见成效。

党校图书馆构建干部教育信息网站若干思考[*]

摘要： 文章以新版中共中央党校图书馆网站为例，强调党校图书馆网站作为干部教育信息网站，面临着新的需求，加快特色信息资源建设要把握重点，尽快形成优势，并提出开创党校图书馆构建干部教育信息网站新局面的发展思路。

关键词： 党校　党校图书馆网站　干部教育　信息资源建设

2000年5月，中共中央颁发《关于面向二十一世纪加强和改进党校工作的决定》，2001年1月，中共中央印发《2001年—2005年全国干部教育培训规划》，对全国党政领导干部、年轻干部、国家公务员和党群机关等工作人员、国有企业经营管理者、专业技术人员、法官检察官警官和其他政法干部、基层干部、少数民族干部、非中共党员干部、妇女干部以及西部地区干部的培训教育从目标到内容作了全面的规划和安排。

以卫星远程教学、校园网和数字图书馆为主要内容的全国党校信息化建设有了很大发展，全国党校卫星远程教学网已经开通了2110个网站，许多党校陆续建立了校园网，部分干部教育信息网站伴随着数字信息资源的建设应运而生，随着大量高科技的、新颖的东西如教学课件、远程教学、互联网、数字图书馆、校园办公网逐步应用和拓展，给党校带来创新的气息、时代的气息，使党校的教学、科研、管理和工作方式

---

[*] 原载《中共福建省委党校学报》2004年第10期。

发生了很大的变化，有力地推动党校事业的新发展。为推进干部教育数字信息资源建设的发展，本文拟就干部教育信息网站建设问题进行探讨。

一 走出认识的误区，正确把握干部教育信息网站建设面临的新需求

干部教育信息网站经过几年的实践探索，逐步成为读者服务的热点，收到较好的效果，但也存在许多不可忽视的问题，随着信息技术的不断提升和普及，信息化发展与数字化应用已经成为制约党校教学改革、科学研究、队伍建设乃至干部培训工作开拓创新的重要因素之一，把握当前全国干部教育信息化发展建设的大好机遇，必须尽快走出认识的误区，加快发展的步伐。

（一）干部教育信息网站建设存在的认识误区之一：党校图书馆读者不多，不像高校馆公共馆那样门庭若市，建不建网站关系不大，存在无用论的想法。实际情况远不是这样，面对党的干部队伍进入了整体性新老交替的重要阶段，中共中央关于《2001年—2005年全国干部教育培训规划》，对全国党政领导干部、年轻干部、国家公务员和党群机关等工作人员、国有企业经营管理者、专业技术人员、法官检察官警官和其他政法干部、基层干部、少数民族干部、非中共党员干部、妇女干部以及西部地区干部的培训教育从目标到内容作了全面的规划和安排。党校的干部培训班次包括培训、进修、专题研讨（短班）、中青班、理论班（长班），还有函授教育、远程教育和研究生教育。学习培训的内容包括马克思列宁主义基本问题、毛泽东思想基本问题、邓小平理论基本问题、"三个代表"重要思想和当代世界经济、当代世界科技、当代世界法制、当代世界军事、当代世界思潮、当代世界民族宗教等课程；涉及干部专业知识与能力方面的课程包括社会主义市场经济知识、法律法规知识、现代管理知识、现代科技知识等专题；同时还要学习和掌握计算机网络知识以及其他履行岗位职责必备的知识和技能。干部培训工作是一项长期的战略任务，作为干部教育培训的主渠道，提供优质文献信息服务是党校图书馆义不容辞的职责。在满足大规模干部培训日益增长的信息需求方面，党校图书馆存在着严重

的不适应。以省级党校图书馆目前的现状而言，建筑面积大都在5000平方米左右，藏书量为30万~50万册，年购书经费平均只有30万元上下。若要改变资源比较匮乏，规模、结构相对单一的问题，传统的读者服务模式已无法满足读者的需求。必须在充分调研的基础上，根据干部教育对党校信息化建设需求的特点和现代信息技术发展的优势，结合全国党校数字图书馆资源建设进程，通过建立干部教育信息网站，整合充实拓展文献信息服务内容，调整更新优化服务手段，拉近与读者的距离，努力满足读者需求。

（二）干部教育信息网站建设存在的认识误区之二：目前各类图书馆网站已经很多，干部教育信息网站建设滞后于其他系统，相关内容可以在其他网站上获取，存在替代论的想法。分析各类图书馆网站，在结构上有许多相近的方式、在内容上有部分重复的资源，在查询手段上也有一些相同的工具，如果仅此而已，并不能说明什么。如果网站内容没有自己的东西，形不成资源特色，又没有固定的用户群，这样的网站确实没有存在的必要。干部教育信息网站除了拥有干部教育培训的广大用户群，服务干部教育的信息资源建设明显不同于其他类型图书馆网站的信息资源构成，有着很强的针对性、实效性、现实性。党校学科建设也对网络环境下党校图书馆提出了新需求。一是如何把握党校学科建设坚持以邓小平理论和"三个代表"重要思想为指导，以提高干部的"理论基础、世界眼光、战略思维、党性修养"为基本要求的前提下，提供深层次的信息服务；二是如何围绕夯实理论基础，增强世界眼光，开设"三基本"和"五当代"课程，即马克思列宁主义基本问题、毛泽东思想基本问题、邓小平理论基本问题和当代世界经济、当代世界科技、当代世界法制、当代世界军事和中国国防、当代世界思潮等重点内容调整充实的学科建设方向开展信息服务；三是如何加强对研讨式教学的配套服务，提供信息保障，推进与深化党校的学科建设。由此可以把握：党校的特色资源是什么？应该怎么建？实践证明，围绕学科需求尤其是重点学科、优势学科、比较薄弱而又为学员所急需的短缺学科建设党校图书馆的数字信息资源就会形成党校的特色；围绕党校提出的马克思列宁主义基本问题、毛泽东思想基本问题、邓小平理论基本问题，即"三基本"和当代世界经济、当代世界科技、当代世界法制、当代世界思潮、当代世界军事和中国国防，即"五当代"的教学新布局，就会形成党校的特色；围绕面向 21 世纪培训轮训高中级领导干部和培养高层次的马克思主义理论骨干的需要，遵循学科发展的内在规律和国际国内学科建设的发展趋势，就会形成党校的特色；围绕党校重大教学专题、科研课题和学术前沿问题，动态跟踪，配套建设，就会形成党校的特色；围绕长期服务党校科研教学开发的专题数字资源并不断深化、拓展，形成专业特色鲜明的全文数据库，就会形成党校的特色。由此可见，定位于干部教育培训、党校学科建设所需的信息服务和配套的数字信息资源建设的干部教育信息网站，有着明确的目标和方向，以高质量、高效率的网络信息服务为宗旨。它是社会网络信息大环境中的一员，与其他类型图书馆网站有着明显的区别和分工，必须加快建设进度，发挥其独特的信息服务优势。

（三）干部教育信息网站建设存在的认识误区之三：各地都有党校网站，党校图书馆还要建网站，是否作秀、炒作，恐怕难以持久，还有圈地跟风之嫌。按照全国党校信息化建设的规划和安排，各级党校实施信息化建设，重点是抓好卫星远程教学网、校园网和数字图书馆网三项工程。经过几年的建设，远程教学网、校园网和数字图书馆发挥了整体功能，提高了党校信息化的水平和现代化的办学水平。干部教育信息网站是校园网的重要组成部分，同校内网络教学、办公管理、远程教育以及其他二级网站一起构成校园网的资源体系。在保持整体统一的基础上，又具有相对的独立性。它是图书馆与网上用户直接对话交流的场所，是实现传统物理馆藏文献资源向网络虚拟馆藏信息资源转变、传统文献传递服务向现代化信息交互式导航服务转变、封闭的办馆模式向开放的社会化办馆模式转变的表现形式和手段，也是实现干部教育信息化的重要举措。干部教育信息网站建设不可能一蹴而就，需要的是实事求是的态度，艰苦创业的精神，现代科技有效应用和软硬件设备的最佳整合，靠作秀、炒作只能是拉虎皮作大旗，骗不了别人骗自己。干部教育信息网站作为数字图书馆建设的重要基础和突破口，是建设规范的、标准的、难以被别人覆盖的，具有党校特色的、有参考使用价值的教学科研信息数据、干部学习培训参考信息数据资源库的信息平台，是整合网络空间学科资源的导航器，是以人为本、提供个性化服务的信息集散地，也是服务领导决策、科学咨询的信息加工场。它的发展是一个渐进的过程、升华的过程，不断适应新形势、新需求的过程，凝聚着图书馆员的聪明才智和持久奉献。可以这样说，网站是党校图书馆迈向数字化的最佳方案和切入点。关于圈地跟风之嫌，完全不必介意。网络有无限空间，不存在被完全瓜分的危险。但干部教育信息网站作为互联网上马克思主义理论阵地的重要组成部分，必须调动各种积极因素，把握党校事业发展的历史机遇和信息化建设的有利契机，跟上时代的潮流，依托信息技术的巨大优势，加快建设满足干部培训教育和党校学科建设的特色信息资源，推动信息的交流和共享，使之成为向数字图书馆过渡的桥梁，成为发挥党校作为干部培训教育主渠道方面不可替代的专业化信息门户。

二 加快特色信息资源建设，努力打造干部教育信息网站新优势

对传统图书馆而言，网站是服务工作的延伸和发展，是虚拟馆藏的门户。传统图书馆的网络应用是图书馆网站建设的重要推动力，是实现传统图书馆管理和服务现代化的必由之路，但绝不是物理图书馆的复制。如果仅此而已，图书馆网站建设意义的含金量就要大打折扣，网站的作用充其量只是一个带有检索功能的电子公告栏；图书馆网站最重要的服务内容就是可以提供数字信息资源服务，使读者更加方便地获取所需资料，尤其是该网站所提供的他人无法替代的特色数字信息资源。

（一）干部教育信息网站特色信息资源建设应把握的重点

一要突出服务学科建设需求的数字信息资源。按照"理论基础""世界眼光""战略思维""党性修养"的教学新布局，将与其相关的课件教材教参辅助资料、相关研究成果数字化，并发布于网上，必将对新的历史条件下的马克思主义教育和宣传起到非常重要的作用。

二要突出服务干部教育需求为特色的数字信息资源。其对象包括党校各类班次、函授教育、远程教育、研究生教育以及农村党员干部教育，按照各级干部在理论武装和知识掌握方面分层次、规范化的要求，如果党校的图书馆网站能够推出一批适合各种班次以及各级各类干部教育的课件教材参考资料于网上，必将有力地推动党员、干部教育事业的新发展。

三要突出党校自身活动为特色的数字信息资源。加快数字校园的建设

进程，推进党校教学科研、办公管理乃至党校教育的规范化和制度化，进一步发展和完善党校教育体系，充分发挥党校的马克思主义理论阵地作用。

四要突出以国情、省情研究为特色的数字信息资源。建立研究特定地域经济政治、社会发展、教科文卫、历史地理全面情况的信息资源库，为推动经济社会的全面发展提供配套的基础研究信息。

五要突出服务领导决策需求为特色的数字信息资源，充分发挥党校图书馆信息服务方面的传统优势。

六要突出个性化需求为特色的数字信息资源，努力满足读者多角度、全方位、深层次的信息需求。

(二) 现阶段干部教育信息网站信息资源基本构成

1. 干部教育信息网站栏目设置情况（以中央干部教育信息网站地图为例）

● 读者指南：本馆概况、资源分布、读者须知、机构设置、开馆时间、文献分类、办证指南、图书馆书店。

● 馆藏检索：目录查询、新书通报、续借预约、读者信息。

● 数字资源：人民日报、人大复印报刊资料、EBSCO 英文期刊全文数据库、全国报刊索引、中国产业经济信息、国家图书馆电子图书、超星电子图书、清华同方系列数据库、中国宏观经济数据库、书生之家、国务院研究发展报告、视频点播系统、古籍特藏、新世纪干部学习文库。

● 专题数据库：马列主义、毛泽东思想、邓小平理论、中国共产党文库、党史研究、哲学、政治、法律、军事、经济、文史、科技、其他。

● 热点问题："三个代表"、反腐倡廉、西部开发、SARS 对经济的影响、WTO 与中国、三农问题、党的十六大。

● 学位论文：博士学位论文、硕士学位论文。

● 学员园地：调研报告、学员论文。

● 党校报刊：《学习时报》《理论动态》等。

● 网上课堂：教师讲稿、教学课件、教研案例。

● 党校名师：杨献珍、艾思奇等。

网站的附属栏目包括最新公告、全文检索、论文提交、在线咨询、定制服务、新闻追踪、省级党校、相关网站、学会工作、网站地图和读者信箱等。

以上是中央党校图书馆新版网站地图主体框架及 10 个板块的相关栏目，所列的内容基本涵盖了当前党校教育信息需求的主要方面，栏目的构成主体是特色信息资源。

2. 干部教育信息网站特色信息资源构成分析

读者指南、馆藏检索两个板块基本上属于传统图书馆业务工作的网络化应用，涵盖了图书馆几十年发展的丰富内容，也是党校图书馆由传统迈向现代化、数字化的现实基础。

数字资源板块，以引进的社会成果为主，基本上涵盖了国内知名的社会科学方面的电子图书、学术期刊和专题研究数据库，而视频点播系统、古籍特藏、领导人著作数据库以及新世纪干部学习文库则是重点建设的数字信息资源。

专题数据库板块是根据中央党校教学科研的实际需要，结合中央党校学科分布的特点而设置的，内容既包括马列主义、毛泽东思想、邓小平理论、中国共产党文库等，又涵盖哲学、政治、法律、军事、经济、文史、科技、国情等学科和领域，是特色数字信息资源建设的重中之重，能全面反映围绕夯实理论基础，增强世界眼光，开设"三基本""五当代"课程等重点内容为核心的学科建设方向，又能坚持以学习邓小平理论和"三个代表"重要思想为中心，达到提高干部的"理论基础、世界眼光、战略思维、党性修养"的基本要求。

热点问题板块是动态反映理论热点、重大现实问题的窗口，具有较强的针对性、时效性。

学位论文、学员园地、网上课堂三个板块，从教与学的不同角度全方位展示党校教研信息和学员学习成果。

党校报刊板块包括《学习时报》《理论动态》《理论前沿》《中国党政干部论坛》《中共中央党校学报》《党政干部文摘》《理论视野》《科学社会主义》《中共中央党校报告选》等刊报，是党校教育事业发展的轨迹和信息大全。

党校名师板块记录的是包含杨献珍、艾思奇等一批致力于党的理论教育事业的著名理论家的个人传略、岁月留痕、学林漫步、含英咀华。

附属栏目的省级党校栏目内容还包括地方党校数据库，如北京市委党校的市情数据手册、河北省委党校的学习"三个代表"专题、江苏省委党校的省情数据库、福建省委党校的省情专题资料数据库和福建地方党史专题资料数据库、广东省委党校的 WTO 与广东经济发展、重庆市委党校的市情全文数据库和市情研究资料库、上海市委党校的中国社科参考信息数据库等等，初步体现了地方特色和资源优势。

3. 目前干部教育信息网站特色信息资源建设亟待解决的问题

一是目前已建的特色信息资源数据总量还不多，与网站栏目框架涵盖的特色信息资源建库需求存在较大差距，满足读者对相关信息需求的作用有限；二是全国党校数字图书馆资源建设总体规划实施方案运作机制要加强可操作性，制定相应的时间表，以期有效地推动这项工作的突破性进展；三是资源建设的协调机制应该加强，相关的技术规范适用标准以及人员培训工作应尽快步入良性循环；四是数据共建、资源共享的利益机制应在试点的基础上尽快展开，以资源共享促进数据共建，以数据共建扩大资源共享；五是应该建立特色信息资源建设课题论证机制，避免重复建设，建立专家及用户评价机制，确保质量，建立读者需求反馈机制，使资源建设更加贴近用户，建立版权保护机制，使特色信息资源建设符合法律规范。

三 理顺发展思路，开创干部教育信息网站建设新局面

干部教育信息网站目前仍处于发展的初期阶段，建站数量不多，网站内容也有待于充实逐步完善。面对着各类需求的驱动，全国党校数字图书馆建设将会有大的发展，干部教育信息网站建设必须通过认真总结经验，学习研讨和借鉴其他网站的成功运作，理顺思路，实现可持续发展。

（一）关于干部教育信息网站建设发展规划和实施方案，要从实际出发，着眼于应用，着眼于发展。一要理顺全局和局部的关系，举全国党校之力，建设以中央党校图书馆为门户的党校图书馆精品网站，形成中央党校、省级党校、设区市党校、县级党校四级联动、各具特色、优势互补的干部教育信息网站体系。二要依托校园网，充分利用校园网的软硬件条件和技术力量，充分发挥图书馆现有设备、资源和人才的作用。除了少数条件十分优越，综合因素比较具备的党校图书馆，不应盲目追求独立域名和

网址，贪大求全，图虚名而务不实。三要重视传统图书馆业务工作的网络化应用，提高工作质量和服务效率，同时调动网站建设的各种积极因素，通过实践锻炼培养人才，网站建设先易后难逐步提高。

（二）关于网站资源建设的总体安排。一是前期准备工作，通过回溯建库实现传统馆藏资源的现代化管理，为传统图书馆业务工作的网络化应用打好基础；二是充分利用社会成果，引进各种类型的电子出版物，或者通过有偿方式链接有关网站共享相关信息资源；三是对本馆和干部教育特色信息资源进行数字化，按照全国党校数字图书馆资源建设的统筹规划，分工合作与共享，逐步形成他人不可替代的资源优势；四是根据党校学科建设与各级各类干部培训教育对网络海量信息资源的需求，通过网络导航的方式帮助读者获取和利用这些资源；五是面向现代化面向未来面向开放的世界，加强党校教育需要的社会科学外文资源建设，把握新起点，制定新目标，跟踪新发展，汇聚新动态，满足新需求。

（三）关于个性化服务目标的实现。干部教育信息网站作为服务干部教育信息需求的服务性公益性专业网站，除了丰富的特色资源和长期发展形成的相关学科优势，在网站设计方面兼顾各类功能的实现，栏目配置要合理全面，信息点击要快捷实用，导航链接要准确有效，查询功能要完善方便。在应对需求方面，根据课程设置的变化，培训对象的动态调整，配套信息提倡主动服务；对重点学科、课题研究、热点问题坚持跟踪服务；对领导决策、个性化需求实行特色服务；对信息咨询、疑难问题采用在线互动。在服务手段方面，充分利用各类信息服务工具，根据实际需要开辟BBS公告栏、留言板、信息服务论坛；读者培训利用网上课件开设网络课堂；对特殊文献需求进行信息加工传递和邮件服务；对网页风格、栏目布局、样式乃至相关内容的收集定制个性化页面。

（四）关于网站的运行维护。要建立相应的操作规范，内容维护要确保网站信息适时更新、栏目设置动态调整、网络资源不断充实、导航链接准确定位；运行维护要制定相应管理措施，按照网络技术规范，实行24小时值班制度，定期进行网站运行质量分析，完善紧急故障应急处理机制，对相关的硬件设备、管理系统、应用系统和数据库以及运行环境实行跟踪监测，防患于未然，确保良性循环；网站服务质量维护要通过开展信息应用统计，综合分析评价掌握第一手资料，注重在线调查、需求反馈、邮件收发、服务论坛等互动功能来实现。

（五）关于网站的安全管理。在思想上，要有高度的责任意识。根据有关网络建设运行管理的法律法规、技术规范以及信息安全保密规定，建立健全相应的管理制度，只有制度健全、思想重视、措施有力，责任才能落到实处。在内容上，要有强烈的信息安全意识。要有严密周全的信息维护权限管理机制，要有网站信息发布的安全审核制度，要有应对互动信息内容管理的具体办法和安全巡查、审查的工作机制。在技术上，要有敏锐的忧患意识。要有应对恶意访问、内容篡改、黑客攻击、病毒入侵的防护屏障、系统配置、管理措施和应急预案。

参考文献

夏年军：《图书馆网站建设中的个性化信息服务》，《图书馆论坛》2002 年第 2 期。

陆志强、贾志宏：《如何评价图书馆网站》，《图书馆理论与实践》2002 年第 4 期。

周庆山、施燕：《香港大学图书馆与北京大学图书馆网站建设的比较研究》，《图书馆理论与实践》2002 年第 4 期。

赵靖：《论图书馆网站建设》，《现代情报》2002 年第 5 期。

朱世清、周美华：《关于高校图书馆网站建设的几点思考》，《现代情报》2002 年第 10 期。

唐惠燕：《数字图书馆与网站建设——以南京农业大学图书馆网站建设为例》，《农业图书情报学刊》2003 年第 1 期。

刘大秀：《走近网络谈党建网站》，《党政干部论坛》2003 年第 1 期。

温泉：《西部高校图书馆网站建设考察分析》，《图书情报知识》2003 年第 3 期。

陈军、陈萍：《图书馆信息网站的现状分析与思考》，《四川图书馆学报》2003 年第 5 期。

王东闽：《党校图书馆服务于学科建设若干思考》，《情报资料工作》2003 年第 6 期。

王海娟：《浅谈图书馆网站导航》，《情报科学》2003 年第 7 期。

现代图书馆存储技术方案的
选择和应用[*]

摘要：文章从观念的更新、需求的定位、发展的脉络、务实的操作等角度对现代图书馆存储技术方案的选择和应用进行了有益的探讨和理性的思考。

关键词：现代图书馆　存储技术　网络存储

一　存储技术的更新是现代图书馆需求发展的必然选择

许多图书馆在现代化进程中，都不同程度地经历过数据存储问题的困扰，原因是多方面的，有规划跟不上发展的情况，有资金到位滞后的拖延，也有技术保障难以同步协调的问题。同样，许多图书馆的技术人员都不同程度地遭遇过数据维护时经历过的尴尬和无奈，面对的情况是复杂的，有系统配置的局限性造成的"瓶颈"效应，有黑客、病毒侵入带来的数据损毁，也有设备长期超负荷运转发生的紊乱。

纵观现代图书馆的发展进程，数据存储技术的更新经历了几个发展阶段。第一，20世纪80年代后半期至90年代前半期，是以计算机、服务器为中心的传统图书馆的现代化转型期。这一时期业务工作主要是联机检索、专题资料题录信息的组织、馆藏书目信息的回溯建库、图书馆集成管理系统的应用。相比较而言，存储单元容量的增加与存储系统性

---

[*] 原载中国人民大学《情报资料工作》2003年第6期。

能的提高并不是最迫切的。第二，20世纪90年代中后期，是以网络为媒介的图书馆综合服务功能拓展期。这一时期逐步实现了联合目录查询、合作编目及文献采购协调，逐步开展了网上预约互借和文献传递，逐步增加了自建专题数据库检索和网上电子资源导航。随着图书馆功能的不断拓展和读者对图书馆的需求不断增加，网络运行所需的数据量迅速扩充，运算过程对于数据的完整性和可靠性的要求也越来越高，原有的存储方案已经无法满足要求。许多图书馆的存储系统采用了磁盘阵列技术RAID，以计算机、服务器为中心的存储架构通过把多个较小容量的硬盘连在智能控制器上，增加存储容量及提高网络数据的可用性，免除单块硬盘故障所带来的灾难性后果。随着RAID技术在图书馆的应用日趋广泛，双机热备份、磁盘镜像、数据库软件的自动复制等功能和相关技术也在许多图书馆得到不同程度的应用，极大地降低了数据出错的可能和风险，一定程度上缓解了图书馆应用和需求对存储系统的压力。第三，进入21世纪以来，现代图书馆的发展已经进入以人为本、以数据为中心的加快数字图书馆建设进程新阶段。特色数字信息资源建设成为图书馆的首要任务之一，经购置整合的各类电子出版物成为许多图书馆网站的重要服务内容。网络环境下传统图书馆的功能得到进一步拓展和延伸，网上读书、远程教育、在线交流、信息咨询、视频点播等应用也逐渐成为现代图书馆网络服务的热点。面对着日益繁忙的网络应用需求和爆炸性增长的数据信息增量，以服务器为中心采用磁盘阵列技术的存储架构已经受到扩充能力、存储资源共享、响应速度等问题的严重挑战。数据的增长，尤其在数据内容、格式和应用服务多样化的情况下，不仅涉及设备的扩充、异构系统的兼容、网络传输的速率、系统的全天候响应乃至存储系统的可扩充性与扩充容量对先期投资的保护等问题交织在一起，其局限性不容忽视。存储问题已经成为现代图书馆发展的关键问题之一，数据的存储、使用和保护已经成为影响图书馆正常工作秩序和网络服务乃至生存发展的至关重要的问题。随着需求的高速增长，新的数据存储技术应运而生，目前可供各类图书馆采用的存储技术包括单一磁盘存储数据、磁带备份和磁盘阵列存储数据，以及日趋成熟的DAS、NAS、SAN等网络存储系统，为图书馆海量信息存储提供了新的解决方案，并成为今后图书馆存储模式的发展方向。

二 现代图书馆存储技术方案选择和应用的理性思考

（一）提高对数据存储问题重要性的认识——观念更新要到位

首先，要认识到数据存储问题的重要性已经远远超出技术层面的意义，是现代图书馆进入以数据为中心发展阶段的必然选择。随着我国信息化进程的不断加快，信息资源正朝着数字化、网络化、智能化和多媒化的方向发展，在存储技术不断发展和转变的过程中，存储领域的变革已经到来，新的存储需求逐渐被提出，优化选择理想的存储模式，在建设现代图书馆方案的设计与实现中显得尤为重要。应该说，多数图书馆对数据存储问题与现代图书馆发展建设之间的关系有着清醒的认识，尤其是许多大馆，善于把握先机果断决策，适时调整数据存储方案，已经取得良好的服务效果。而一些信息化水平较低的图书馆对于存储问题重要性的认识存在差距，既有客观条件的制约因素，也有主观意识滞后于发展进程的徘徊，不可否认还存在用几张光盘把数据保存起来就够了的认识。

其次，要明确现代图书馆数据存储问题的解决必须靠不断更新的技术来实现。现代图书馆数据量的爆炸性增长，直接后果是导致存储容量无法适应需求的增长，存储需求和存储能力之间的差距，必须靠不断更新的技术来缩短；图书馆网站应用服务的迅速发展造成存储系统性能无法有效地满足用户的新增需求，存储系统性能的提升，也要靠不断更新的技术来解决；同时，存储系统面临复杂的内外环境是数据管理问题日益严峻的客观原因，数据管理的有效性，还得靠不断更新的技术来支撑。

最后，要从数据安全的角度加深对数据存储问题的认识。造成数据安全问题的因素集中在三个方面。①人为的因素，包括外部的、内部的，有意的、无意的，恶意的、误操作，等等。②自然的因素，如灾害、意外事故以及其他不可抗力的影响，等等。③设备本身的局限性。存储空间的不足导致新增数据无处存放，所有超过设备存储能力的一切服务和应用乃至数据的安全备份、管理、整合都无从谈起。实际上，许多工作并不因为存储空间不足就可以完全不做，然而这正是引起数据安全问题的一个经常出现的矛盾，即使通过简单的磁盘堆砌增加了存储容量，也不可能确保提高存储数据的安全性和可靠性。具备安全保障性能的磁盘冗余阵列（RAID）系统本身也存在着安全性问题，也需要对其本身进行安全管理，包括有关磁盘阵列配置参数的备份、记录磁盘阵列运行情况的日志文件的建立、数据一致性的定期检查、设立热备用磁盘、重要业务数据的定时备份，等等。即使着手采用新的存储技术方案，也存在原有数据的安全迁移，新的应用模式逐步到位和日常数据管理维护中工作人员的培训和适应问题。

（二）了解图书馆数据存储技术进展情况——发展脉络要清晰

1. 数据存储的技术基础——磁盘阵列技术 RAID（Redun‐dant Array of Inexpensive Disks，即廉价磁盘冗余阵列）。RAID 是由多块磁盘构成的冗余阵列。它是通过磁盘阵列与数据条块化方法相结合，以提高数据可用性的一种结构。根据 RAID 采用的方法不同，可以将其分为 0~5 六个级别，常用的有 0、1、3、5 四种。RAID 技术是形成 DAS、NAS、SAN 的共同基础。RAID 子系统将用户数据和应用分布在多个硬盘上提供容错，提高了数据的可用性，也提高了 I/O 传输。多硬盘并行数据存取可提高系统性能，从而可使多个硬盘同时处理单一传输请求。RAID 技术是一种快速、大容量和容错分布合理的磁盘阵列，优点是适用大数据量的操作，也适用于各种事务处理。随着在线的全文数据库日益增多，单个硬盘已完全不能满足数字化图书馆在线存储容量的需要，因此 RAID 技术在图书馆的应用日益广泛。缺点：控制比较复杂，尤其表现在利用硬件对磁盘阵列的控制上。

2. 网络数据存储的 3 种技术架构。

（1）DAS（Direct Attached Storage，直接访问存储），是指主机与存储设备（磁盘或磁盘阵列等）之间直接连接，存储设备通过 SCSI 或 ATA（目前连接方式已扩展为 FC、USB、1394 等多种）作为数据接口的存储方式。其特点是存储设备通过电缆线直连到一台计算机或服务器上，其本身是硬件的堆叠，主机操作系统独占该存储设备的使用权限，其他主机不能直接访问该设备。目前的 PC 机、通过 SCSI 卡接 SCSI 磁盘或磁盘阵列的服务器均属于 DAS 范畴。DAS 的优点是对网络带宽的依赖程度低，服务器上的每块 SCSI 卡可以连接 16 个存储设备，便于扩容，存储设备和服务器可以分别购买。由于 DAS 出现较早，技术成熟，标准统一，兼容性较好，价格相对较低，性能也不错，安全性较高，安装也简单，不需要复杂的软件和技术，维护成本较低，仍是现阶段图书馆数据存储的主流方式。

DAS 的不足在于：受服务器性能局限影响或发生故障时，将成为网络"瓶颈"或存储设备中的数据不能被存取；扩展性差，有几台服务器就必须有几台相应的 DAS 设备，容易形成数据信息的孤岛，不利于集中管理和共享。

（2）NAS（Network Attached Storage，网络附加存储），是指直接挂接在网上的存储设备，实际上就是一台专用的存储服务器。它不承担应用服务，而是通过网络接口与网络连接，数据通过网络协议进行传输，支持异构服务器间共享数据。NAS 是文件服务器存储专门化的产物，是文件服务器的替代者。优点是易于安装、即插即用，NAS 设备的物理位置可灵活安排，价格也不太贵，易于维护，可扩展性强，增加存储空间只需要在网上增加新的 NAS 设备即可。作为网络化存储产品，由于 NAS 具有较好的多平台共享能力，强大的数据集中能力、方便的管理和可扩展性，相对 SAN 存储投资的高性价比，目前已有许多中小型图书馆在数据扩容时采用了 NAS 存储技术。

缺点：可扩展性受到设备容量的限制，新增加的 NAS 设备与原有的 NAS 设备不能融为一体，不能形成一个连续的文件系统，备份过程中会形成带宽消耗，其性能也要受现有网络带宽的限制，不适合大型数据库的应用。

（3）SAN（Storage Area Network，存储区域网），是独立于服务器网络之外的高速存储专用网，采用高速的光纤通道作为传输媒体，以 FC（Fiber Channel，光通道）+SCSI 的应用协议作为存储访问协议，将存储子系统网络化，实现了真正高速共享存储的目标。作为新兴的存储技术，SAN 以其快速的传输速度、灵活的扩展能力、极高的远程共享能力以及较高的可靠性，成为企业级主流的存储解决方案。其优点是：引入存储网络的理念，实现了数据存储的集中化；通过专用网络进行数据存储与备份，不占用原有网络带宽，有效地改善了网络的传输性能；允许多台服务器使用由 SAN 连接的磁盘存储设备组成的存储池，具有几乎无限的扩展能力；能方便地实现高性能的服务器集群、负载均衡、双机热备、异地容灾等应用，极大地提高系统的性能和可靠性；光纤接口使得服务器和存储系统实现物理上分离，体现了部署的极大灵活性。

SAN 适用于存储量大的工作环境，需要巨额的投资成本。由于受各厂商之间的产品互操作性差、安装困难、管理维护复杂，及标准尚未确定等问题的制约，近年来虽有一些大型图书馆、大学新校区图书馆陆续采用了 SAN 存储技术，但对目前多数图书馆的整体应用环境来说，还没有到非 SAN 不可的地步，就连经营电子期刊、数字图书的运营商大都未部署 SAN。随着 SAN 标准的逐步统一和价格的下降，它将成为数字图书馆存储系统的一种比较理想的选择。

（三）搞好图书馆存储系统的需求分析——对号入座要准确

由于各馆的规模、性质、服务对象均有不同，因此对图书馆数据存储的需求也会有所不同，现代图书馆存储需求的定位大致有三种类型。一是基本适应型（指数字图书馆业务有一定程度的开展，服务的规模暂时还比较小、需求也比较集中，这种类型在中小型图书馆中占有很大的比例）。具体实施只需在原有配置基础上进行扩充，增加硬盘数量或适当扩充、改造磁盘阵列。

二是迅速扩张型（各类图书馆都占一定的比例）。需要对原有存储配置动手术，进行优化整合、更新升级、数据迁移、重点备份、规范管理等，由于这类需求情况千差万别、十分复杂，必须针对个案具体分析，按照今后三至五年的发展进行规划和科学论证，提出新的实施方案。

三是新馆规划型（针对部分特大型图书馆、大学新校区图书馆）。采用新的存储方案，对原有配置实行功能分离，建设现有技术条件下可一步到位、能持续发展的以数据为中心的存储系统。

（四）现代图书馆存储系统选型必须坚持的几项原则——关键问题紧跟随

（1）先进性：有良好的人机接口，满足主流平台的应用，能够适应存储技术的发展趋势，并且是已经取得多项成功案例的存储架构和应用模式。

（2）可用性：存储系统在任何时候，都能够保持在线状态，满足 $7 \times 24 \times 365$ 全天候全方位不间断业务的需要。

（3）实用性：具备很高的性能，数据吞吐量大、系统响应时间快、负载能力强，适应规模快速壮大发展的业务需求。

（4）可靠性：采用稳定可靠的成熟技术，存储系统任何条件下都可以保证数据的完整性，保证数据不损毁、不丢失，满足关键任务的要求。

（5）易用性：具有良好的投资保护，系统管理人员在无额外培训的情况下，就可以胜任新的存储系统的配置、管理和维护工作。

（6）开放性：适应多厂商、多平台和系统的持续性发展，适应不断增长的海量数据存储需求。

（7）安全性：确保任何情况下的数据丢失，都具有快速恢复的能力，支持系统扩容时的在线处理功能；确保未经授权的数据不被访问、浏览、读取、写入或者执行；确保传输过程中的数据不被窃取、篡改；确保未经授权的空间不被使用或者授权使用的空间以非授权方式使用。

（8）兼容性：能够与原有系统无缝集成，还能够实现与同一厂商不同时期的产品相互兼容，实现与不同厂商的产品之间相互兼容，包括在线扩容，具有容错处理能力，确保读者可随时访问各类数字信息资源。

（9）扩展性：能有效地支持多系统多平台及多种应用的异构处理环境，在系统的发展目标中，能够建立分级管理的存储系统，使大量访问频率不高的数据可以存放在成本较低的二级存储设备（如磁带库）中，形成合理的层次化数据处理系统。

（五）选择存储系统的几点思考——求真务实促发展

1. 要正确看待资金的投入问题。现代图书馆是当代高科技发展和应用的一个亮点，经历过起步阶段、网络化建设阶段到现今的网络化存储阶段。现代图书馆的发展早已融入信息社会，成为社会文化的知识窗口、大众教育的网络纽带、科学发展的智力宝藏。显然，高科技的应用需要巨大的资金投入。对多数图书馆而言，在数据的存储与管理方面，能以较低投入配置好存储设备，实现数据集中存储与管理和多平台共享、低成本备份与保护等，已经成为现代图书馆发展中极为关注的焦点。投入问题已经成为制约现代图书馆进一步发展的重大因素之一。解决这一问题的关键在于克服盲目性，规范理性的投资行为，投入规模要与图书馆的发展目标定位相协调，与图书馆整体功能规划相一致，与当前发展长远建设相配套。

2. 要对图书馆的存储内容实行科学分类。网络化存储系统的建设需要昂贵的资金作保障，不是什么数据都值得花费巨大的代价去保存，现代图书馆重点保障的存储内容是特色数据信息资源。所谓特色，除了其他条件就是人无我有，包括经过数字化的特色馆藏书刊资源、地方特色资源、科研特色资源、教学特色资源、专题服务特色资源，以及服务于传统图书馆集成管理系统涵盖的书刊信息资源、流通信息资源、采编典信息资源和服务管理信息资源。相对而言，其他类型数据信息资源的存储保障，完全可以采取灵活的办法、花费较低的存储代价来解决。

3. 要坚持从实际出发。原有存储系统，如果基本适应图书馆网络建设的发展需要，就不应该去改变。虽说网络化存储是一种趋势，但在实际应用中还是应该够用就好，不需要太多的锦上添花。因为 IT 技术发展日新月异，产品的性能提升和更新换代变幻莫测，相关产品的价格变动异彩纷呈。应对这一特点，制订或调整存储方案要有可持续性，能满足三至五年的发展和应用就行，不要盲目追求最先进的方案。最先进的不一定是最合适的，最合适的未必就一定是最先进的，先进总是相对而言。

4. 对社会成果即已购置整合的各类电子出版物、数字图书要坚持为我所用、服务为先、资源共享的原则，强调有偿使用、有偿拥有、有偿存放。并不是每个图书馆都要花费巨额资金配置专门的服务器和存储设备，尤其是中小型图书馆，要打破共享资源数据存储的时空概念。这些数据存放何处并不重要，重要的是有效地利用这些资源，为读者提供优质的服务，把有限的建设资金投放在本馆特色资源的数据存储上。

5. 要充分发挥大型图书馆、特大型图书馆的数据资源、存储资源、技术储备、外文资源的综合优势和地缘覆盖作用，进一步整合优化扩充网络存储资源，迅速提升存储系统服务功能，合理规划联合共建资源共享布局，逐步形成地域、区域或同城数据存储中心和数据服务中心。

参考文献

单秀民：《数字图书馆的"门道"》，www.ccw.com.cn。

廖寅：《存储技术及其在图书馆的应用》，《云南图书馆》2002 年第 4 期。

杨子伍：《探讨数字化图书馆的存储策略》，《现代图书情报技术》2003年第3期。

郭伟：《图书馆数据存储系统建设与NAS和SAN的应用述评》，《现代图书情报技术》2003年第3期。

董其军：《网络存储技术及其在数字图书馆资源存储系统的应用研究》，《现代情报》2003年第8期。

黄力：《数字图书馆特征及其存储系统探讨》，《图书馆论坛》2003年第4期。

网络环境下党校图书馆服务学科建设若干思考[*]

摘要：文章从馆藏建设、数字信息资源建设、网站建设以及服务保障等方面论述了党校图书馆参与学科建设，服务学科建设，提供信息保障的具体措施和办法。

主题词：党校　学科建设　党校图书馆　资源建设

一　党校学科建设对图书馆提出的新需求

2000年，《中共中央关于面向二十一世纪加强和改进党校工作的决定》指出："党校教育事业作为以全国党政领导干部为主要对象的继续教育事业（包括以党政干部和理论骨干为对象的学位教育，以及依托党校力量举办的函授教育），是整个有中国特色社会主义教育事业的重要组成部分。"几年来，各级党校根据形势发展的要求，努力完善党校教学新布局，深化教学改革，提高教学质量，努力研究新情况、解决新问题、总结新经验，建立了较为完整的马克思主义学科体系、研究生课程体系和教材体系，不断开创党校工作的新局面。

面对新时期、新环境、新变化、新任务、新要求，党校学科建设对网络环境下的党校图书馆提出了新需求。一是如何把握党校学科建设坚持以学习邓小平理论和"三个代表"重要思想为中心，以提高干部的"理论基

---

[*] 原载中国人民大学《情报资料工作》2004年第5期。

础、世界眼光、战略思维、党性修养"为基本要求的前提下，提供深层次的信息服务；二是如何围绕夯实理论基础，增强世界眼光，开设"三基本"和"五当代"课程，即"马列主义基本问题""毛泽东思想基本问题""邓小平理论基本问题"和"当代世界经济""当代世界科技""当代世界法制""当代世界军事和中国国防""当代世界思潮"等重点内容调整充实的学科建设方向开展信息服务；三是如何加强对研究式教学的配套服务，提供信息保障，推进与深化党校的学科建设。

二　党校图书馆服务学科建设的基础与特点

党校图书馆服务学科建设具有六个方面的优势：一是经过几十年的发展，形成一定规模的藏书，在与党校学科门类的配套方面打下一个较好的基础，专业书刊资源建设形成一定的优势；二是为适应信息社会和领导干部培训工作的需要，近年来党校系统图书馆在现代化的实践进程中不断探索前进，目前省级以上党校图书馆现代化设施比较齐全，网络化建设应用及信息服务工作拓展迅速，各级党校图书馆团结协作，建设党校系统数字图书馆工作有序展开；三是党校系统图书馆的队伍结构、专业结构与学科建设同步发展，不断优化；四是在服务教学科研需要的资料收集、信息加工以及服务领导决策方面积累了许多宝贵的工作经验，面向读者、满足需求、文明窗口建设不断取得新成效；五是有一定的经费保障，其经费来源比较稳定，有的馆经费比较充足；六是配合党校学科建设，许多党校图书馆朝着研究型图书馆的发展取得可喜成果。

三　网络环境下党校图书馆服务学科建设必须解决的几个问题

（一）服务学科建设，指导思想要明确

一要明确学科发展水平标志着一所学校的发展水平，通过学科建设使学科方向的确立上有较高的起点，从而建立起优势学科，并带动一批学科进入国内、国际领先行列。

二要明确学科建设对确立党校作为学习、研究、宣传马列主义、毛泽

东思想、邓小平理论的重要阵地和党性锻炼的熔炉,在用集中培训轮训方式提高领导干部素质方面,具有不可替代的重要作用的地位,更加有效地发挥党校教育是全国各级党政领导干部培训轮训的主渠道作用。

三要明确党校学科建设的意义,通过学科建设,造就一批具有国内外影响力的拔尖人才和学术带头人,为"建设好一支不仅有知识、懂业务、胜任本职工作,而且忠诚于马克思主义、坚持走有中国特色社会主义道路、会治党治国治军的高素质的领导干部队伍"服务。

四要明确党校图书馆积极主动地参与学科建设,既是促进其自身建设和发展的需要,也是新的历史条件下办出特色、创建品牌形象的需要。

(二) 围绕学科建设,藏书结构要理顺

党校图书馆尽管有一定规模的藏书量,专业书刊资源建设也形成一定优势,但仔细盘点起来,现有的馆藏明显无法适应学科建设的需求,具体表现在以下几个方面:一是藏书结构不平衡,还有不少学科藏书量不足甚至十分单薄,这与整体功能的发挥产生矛盾;二是学科内部藏书体系不配套,藏书质量还不高,这与学科建设实际需求产生矛盾;三是传统的采访机制相对粗放的操作模式与学科建设需要相对规范、完整、配套、细腻、周到的采访需求产生矛盾;四是现有的经费保障机制只能满足一般需求,这与学科建设对藏书建设不断发展的经费需求产生矛盾。理顺以上矛盾,必须做到几个方面。

1. 对原有的馆藏资源分布情况进行客观分析,按照学科建设的布局,建立学科方向书目资源虚拟库室。通过这项工作,可以摸清家底,既满足读者的一般需求,又方便了学科方向通过网络了解相关书目资源信息,也为学科方向藏书建设规划的制订提供客观依据。

2. 合理安排党校图书馆年度经费,好钢用在刀刃上。由于多数党校学科建设正处于发展的初级阶段,现有的经费安排,应该说基本合理。但图书馆购书经费并不宽裕,除了多渠道努力争取资金外,党校图书馆应该在最大限度满足学科建设所需书籍基础上,才能适量安排普通书目的经费需求。

3. 重视学科方向书目资源的采访工作,改变传统的相对粗放的操作模式,加强采访人员与学科方向的沟通,不断拓展采访人员的知识结构,注

重学科藏书所包含的知识、情报、信息的完整性，注重基础理论、学科前沿、教材教参、工具书等相关书籍的配套，保持合理的文献结构，不断提高藏书质量，并做好学科藏书的推介工作。

4. 加强学科藏书载体结构的调整工作。随着全国党校数字图书馆建设的推进，在合理调整传统印刷型文献藏书结构的同时，应该注重数字资源载体的文献藏书建设，在合理规划的基础上，精选与学科建设密切相关的数字文献，与传统的藏书方式相辅相成，充分发挥网络数字图书资源方便使用、不受时空限制、利用率高的特点，为学科方向提供动态信息保障。

5. 围绕学科建设所需的外文藏书工作要不断加大力度。长期以来外文藏书一直是党校图书馆馆藏建设的薄弱环节，这里有需求不足的因素，有经费不足的因素，也有进口环节及国内供货方（外文书店）相对垄断经营服务不到位的因素，改变这一状况，适应学科建设面向世界，掌握前沿动态的需求，图书馆服务党校学科建设在外文藏书建设方面负有收集需求、反映需求、沟通需求、满足需求的责任，时不我待，必须抓住时机求发展。

（三）服务学科需求，数字信息资源建设要同步

应该说党校图书馆通过采购长期形成的各类载体馆藏书刊、数字文献资源，是网络环境下党校图书馆服务学科建设的基础条件，而在当前，有序展开的全国党校数字图书馆信息资源建设，则是服务学科建设的重头戏。

1. 党校图书馆数字信息资源建设，要围绕学科需求展开，形成特色

网络环境下党校图书馆信息资源建设必须要有自己的特色，没有特色就没有生命力。那么，党校的特色资源是什么？应该怎么建？实践证明，围绕学科需求尤其是重点学科、优势学科建设党校图书馆的数字信息资源就会形成党校的特色；围绕党校提出的马克思列宁主义基本问题、毛泽东思想基本问题、邓小平理论基本问题，即"三基本"和当代世界经济、当代世界科技、当代世界法制、当代世界思潮、当代世界军事和中国国防，即"五当代"的教学新布局，就会形成党校的特色；围绕长期服务党校科研教学开发的专题数字资源并不断深化、拓展，形成专业特色鲜明的全文数据库，就会形成党校的特色。

2. 党校图书馆数字信息资源建设，要合理分工，共建共享

服务党校学科建设开展的特色数字信息资源建设，是一项浩大的系统工程，绝不是某一家党校图书馆所能独立胜任的。纸上谈兵易，实际运作难，硬件建设只要筹集到相应的资金，很快就会有成效，但数字资源建设远没有那么简单。在认识一致、统一领导的基础上，一要统筹规划、分步实施，最大限度地整合资源，解决资源的系统性和完整性，确保资源建设计划安排，有序进行；二要兼顾特点、合理分工，最大限度地调动各方面的积极性，从实际出发，突出数据库的党校特色和地方特色，满足需求，避免重复建设；三要统一标准、制定相应的技术规范，避免盲目建设，造成不必要的人力和资源的浪费；四要协作共建、资源共享，协作共建是手段，资源共享是目标，只有通过科学的、有效的、艰苦的协作共建，才能达到服务学科建设，满足信息需求的资源共享。

3. 党校图书馆数字信息资源建设，要长期坚持，可持续发展

学科建设是一项长期的任务，学科建设的目标就是不断登攀，争创一流，在科研上不断创新、发展，为社会培养出更多的优秀人才，党校学科建设还肩负着建设高素质领导干部队伍的任务，而服务学科建设需要的党校图书馆数字信息资源建设，作为服务基础和保障手段，更需要长期坚持，努力实现可持续发展。

（四）跟踪学科发展，网络信息资源要整合

如果说传统图书馆是藏用结合，被动服务为主，网络的发展、数字信息资源的建设已经使图书馆的功能结构、服务方式发生了质的转变和升华。仅靠图书馆的馆藏资源远远无法满足学科建设的需要，充分利用网络环境拥有的海量、无序、开放、日益更新的信息资源，为增强学科建设的资源保障提供了现实和可能，对网络资源的整合与利用，已经成为网络环境下党校图书馆服务学科建设的一项十分重要的工作任务。

1. 加快图书馆网站建设，为学科发展提供网络资源整合的服务平台

目前党校图书馆网站建设正处于发展的初级阶段，千头万绪，抓好网站内容的建设至关重要。网站内容的建设应与党校的任务、学科建设、教学科研的需求紧密结合，经常进行页面、栏目及网站内容定期或不定期的维护与更新。通过网站动态地、全方位地揭示现实馆藏和虚拟馆藏，展示

图书馆的服务水平服务能力，使党校图书馆网站成为服务干部教育的信息之窗、宣传马克思主义的理论阵地，为党校学科发展提供网络资源整合的服务平台。

2. 加快服务学科建设的网络信息导航工作

一是抓好工具类自助式网络信息导航服务，所链接的网站既有参考工具类资源如年鉴、手册、统计资料、百科全书、各类辞典等，又有经过梳理方便实用的各类网络搜索引擎，经过整合链接资源的使用方式，如操作复杂，还须提供相应的操作手册，方便用户使用。

二是抓好满足学科需求的网络信息导航服务，由图书馆的学科馆员在充分征求并收集相关学科意见的基础上，在互联网上寻找并梳理整合导航素材，然后分门别类，设立导航栏目做好相关链接，提供给用户使用。

3. 加快学科前沿动态信息导航库的建设

尤其是要加快重点学科、优势学科前沿动态信息导航库的建设，具体方法有三个。一是与相关学科共同研究设立学科前沿动态信息导航库的框架结构，按照数据库的建设方式，在图书馆网站上设置专题网页栏目；二是将各类学术网站上收集到的学科前沿动态信息，经过下载，分析整合，归类存入图书馆网站相关专题网页栏目所属的数据库中；三是对专题网页栏目根据学科发展需要，动态调整逐步完善，定时按期、及时更新各类学科前沿动态信息，并做好数据维护工作。

(五) 服务学科建设保障机制要落实

网络环境下党校图书馆服务学科建设任务艰巨，既是发展的机遇，又面临着新时期、新环境、新变化、新任务、新要求对服务方式服务能力服务水平的挑战，完成这一任务就必须抓住发展的机遇，建立健全落实服务学科建设的各项保障机制。

1. 网站建设方面的保障机制

一是要有图书馆网站建设的整体规划和发展目标，把网站建设作为推动各项业务工作、强化服务学科建设、检验图书馆服务成效的主要手段；二是要有网站建设的操作规范，使网站内容更新、栏目设置调整、网络信息发布、导航链接定位步入良性循环；三是要有网站运行维护、网站服务质量、读者需求反馈、信息应用统计、适时跟踪监测、综合分析评价的管理措施。

2. 队伍建设方面的保障机制

需要把握好三个环节。一是严把进人环节，注重引进具备信息技术素质、文献情报素质、学科专业素质的复合型人才，加快图书馆队伍的知识和能力结构调整，努力满足党校学科建设信息保障的队伍需求；二是严把继续教育环节，加强员工业务素质培训，按照不同岗位、不同工作任务要求，因岗制宜、因人制宜，学习新知识、新技术，掌握新技能，适应学科建设对不断变化的网络科研信息和日益增长的各类信息需求；三是严把业绩考评环节，按照岗位工作的服务内容、质量标准、数量要求、操作模式、考核指标、时限规定、创新能力等指标界定相应的规范，确保学科建设信息化服务水平不断提高。

3. 资源建设方面的保障机制

采用分散管理与集中管理相结合的办法，增设重点学科专业阅览室，配置计算机设备，为重点学科研究阅览提供良好的服务环境。

做好深层次信息报道工作，通过网站及时发布各类学科参考信息，新书通报、外文文献信息，国内外最新动态的专题书目资料，定期发布学科信息通报并通过 E - mail 直接发给相关教师和研究人员。

建立全国党校数字图书馆网络信息资源共建共享服务保障机制，通过馆际互借、资源互补、协作开发、跟踪和提供国内外学科研究发展动态等多种服务方式保障学科研究最基本的信息需求。

建立互联网信息资源共享服务机制，确保重点学科优势学科定点的网上专题数据库、联机信息源、付费数据信息的下载和使用。

多渠道争取，千方百计加大服务重点学科、优势学科资源建设方面的经费投入力度，在资金许可的情况下，逐步加大特色数字信息资源建设规模，坚持可持续发展。

网站建设从实际出发，量力而行，按照总体规划，分阶段实施，要根据队伍结构优化情况、技术支持保障能力、资金配套实际进度，逐步拓展服务项目，深化服务内容。

4. 联系学科跟踪服务方面的保障机制

图书馆领导应争取参加学校学科规划、学科建设、教学科研计划安排、工作研讨等会议，了解掌握学科建设的进展情况和需求变化，便于主动安排，有组织、有针对性地调整工作布局和服务内容，把握学科建设信息服务工作的主动权。

通过"学科馆员"，建立图书馆与学科的联系机制。"学科馆员"的任务，一是加强与学科的联系工作，定期向学术带头人、学科带头人及学科组成员征求意见、了解需求、研究对策；二是在岗位工作中把握需求、分析需求，提出解决问题的具体办法和措施，通过网络跟踪信息，搜集下载、分析加工，提供给学科组，完成服务需求任务；三是鼓励"学科馆员"在实践的基础上结合本职业务，积极参与学科研究，提高业务素质，不断提升岗位工作服务质量。

做好重点学科、优势学科、重点课题定向跟踪服务工作，在调查研究的基础上，对相关课题学术带头人、学科带头人、重点科研骨干的文献需求建立课题服务档案，按计划、按需求、按进度紧密配合，动态跟踪，及时提供，实行重点保障。

5. 用户培训方面的保障机制

加强党校教研人员网络环境下文献检索和利用的培训辅导，是提高学科人员和教研人员利用网络信息资源能力的有效途径，使他们借助计算机直接从网络获取所需信息，这是网络环境下党校图书馆服务学科建设提高信息保障能力的一项重要任务。

培训内容应包括网络和计算机基本知识及应用，联机数据库、常用电子出版物检索系统的理论知识与操作技能，中文搜索引擎及网络服务器的使用方法，情报检索语言、计算机信息检索的基本概念以及检索的方法、技巧和步骤等等。

培训方法可采用集中式讲座方式现场辅导，并提供相应的课件供课后学习练习，对计算机应用能力较强的教研人员可采用电话咨询、网络课件相结合的方式进行。

除了正常的培训辅导外，图书馆还应开辟网络环境下文献检索和利用学习栏目、网络和计算机应用栏目、网络安全和防病毒栏目，定期更新充实内容。

参考文献

《中共中央关于面向二十一世纪加强和改进党校工作的决定》,《人民日报》2000年6月27日。

陈喻:《论图书馆建设与学科建设》,《常德师范学院学报》(社会科学版) 2001年第4期。

《2001年—2005年全国干部教育培训规划》,《人民日报》2001年5月11日。

吴晓燕:《现代网络环境下高校图书馆为重点学科建设服务的探讨》,《现代情报》2002年第4期。

刘芃:《论高校图书馆在学科建设中的有效服务》,《高校图书馆工作》2002年第5期。

邓克武:《网络导航与网上信息资源的开发利用》,《图书馆工作与研究》2002年第5期。

网络环境下市、县党校图书馆发展对策研究[*]

摘要：为推动市、县党校图书馆现代化建设，文章从网络环境下市、县党校图书馆面临的发展机遇和挑战，网络环境下市、县党校图书馆发展的决定因素——领导是关键，网络环境下市、县党校图书馆发展的对策与思考等三个方面进行了论述。

关键词：党校　图书馆　现代化建设　网络环境

一　网络环境下市、县党校图书馆面临的发展机遇和挑战

2000年以来，为适应各级党政领导干部的培训需要，党校建设与发展进入了一个新的阶段。作为基层党校信息服务机构的市、县党校（即地、县级党校，下同）图书馆伴随着党校信息化建设的进程，面临着新的发展机遇：一是各级党委和政府为满足教学、科研工作的需要重视党校教学科研基础设施建设，加大基本建设经费投入，作为党校教学科研重要基础设施组成部分的图书馆，面临着完善馆舍基础设施方面的机遇；二是各级党校加强教学设备和教学手段的现代化建设，包括积极推进各级党校信息化建设，包括远程教学体系的逐步拓展，面临着传统图书馆迅速融入信息服务环境的机遇；三是全国党校系统数字图书馆在实践进程中不断探索前进，面临着信息资源共建共享，不断提高信息服务保障能力的机遇。在机

---

[*]　原载《中共福建省委党校学报》2004年第1期。

遇面前，市、县党校图书馆的发展也面临着严峻的挑战，存在三个不适应。一是事业发展与学校承担的任务需求不适应。目前市级党校图书馆发展呈"三三制"状态，1/3 发展势头好，1/3 在徘徊中前进，1/3 还存在较大差距。县级党校图书馆的发展存在问题比较多，后进面大，闪光点小，事业发展滞后现象比较严重，有的县级党校图书馆还存在着有馆无人（工作人员，下同）或有人无馆情况。二是队伍结构与所承担的工作任务需求不适应。凡是发展势头好的党校图书馆近年来队伍结构都进行了调整和充实，专业结构也相对合理。三是思想观念的更新与信息化大环境的发展变化不适应，存在着认识误区和消极应对的现象。

二　网络环境下市、县党校图书馆发展的对策与思考

1. 树立正确的发展观，把握机遇，努力实现稳步发展和跨越式发展

一要明确数字图书馆的发展方向。数字图书馆作为信息社会的知识工程，经过多年的实践探索，以前所未有的速度融入经济社会发展的快车道，数字图书馆已经成为国家知识基础设施的重要组成部分，是一个国家的数字资源中心、教育科研支撑系统、数字文化交流中心和知识经济基础的平台。二要明确网络环境下市、县党校图书馆现代化建设的重大意义。明确原有的、传统的图书馆已经远远不能适应形势发展的需要，不能适应党校工作发展的需要，必须根据形势的变化、任务的变化，以新的思路、新的方式来考虑图书馆的建设问题，一定要加强图书馆的现代化建设，以适应党校事业发展的需要。三要明确网络环境下市、县党校图书馆目前所处的发展阶段和工作任务。要对传统图书馆面向现代化转型期的相关理论、实践、技术等问题进行深入探讨，明确传统图书馆向现代化图书馆的转型期是一个动态的概念。转型期第一阶段的任务是实现传统图书馆的现代化管理。转型期第二阶段的任务是实现图书馆网络的读者服务与应用。转型期第三阶段的任务是特色馆藏数字资源建设。数字图书馆的综合服务与应用是转型期图书馆发展建设的根本任务，在充分研究的基础上，要提出规划的思路、实现的途径、运行的机制和服务的模式，很好地抓住信息化社会、数字化发展给市、县党校图书馆带来的新的发展契机，实现稳步发展和跨越式发展。

2. 慎重选择网络环境下市、县党校图书馆发展建设的技术方案与实现模式

网络环境下市、县党校图书馆发展的目标定位必须与自身的发展条件相适应，与可能实现的财力相适应，适度超前是最佳的方案。够用就好，经济性方案也是不错的选择。经过多年的发展，市、县党校图书馆现代化建设今非昔比，但总体状况依然落后。尤其是县级党校图书馆，要从实际出发，确定发展建设的技术方案和实现模式，避免走弯路，影响整体发展。图书馆现代化建设有其自身的发展规律，所经历的几个发展阶段，有些是不可逾越的。对尚未实现现代化转型工作的图书馆而言，实践已经证明并将继续证明，正确认识书目数据库在实现传统图书馆到现代图书馆转变中的地位至关重要。必须明确，数字化的书目数据是软硬件设备管理的对象，是揭示馆藏信息的载体，是读者与馆藏书目期刊联系的向导。也就是说，人的因素、软硬件设备、数字化的书目数据构成了图书馆实现转型的三要素，缺一不可。必须明确书目数据库的建设周期就是图书馆实现转型的周期，因此尽可能缩短书目数据库建设周期势在必行，很难想象读者可以长期容忍一个图书馆处在新旧两种模式共存的状态下所提供的多有不便的服务方式，很难想象一个长期处在两种工作模式共存状态下的图书馆能有较高的工作效率。对市级党校图书馆以及少数有较多藏书量和固定读者群的县级党校图书馆，无论采用何种技术方案和实现模式，都应坚持抓好馆藏书目数据库的建设，尽快实现传统图书馆到现代图书馆的跨越。除了这项工作，同步建设的还应有电子阅览室和电子信息资源库，为开展网络环境下读者信息服务准备物质基础。

对藏书量少、藏书结构不合理且藏书建设多年没有进行或者有馆无人、有人无馆的那些县级党校图书馆，发展的思路可以大胆调整，先为图书馆配备几台计算机设备，选好工作人员，把工作开展起来，通过互联网，充分利用网络资源，服务教学科研，并在实践的基础上探索适合本校特点的现代图书馆发展模式。

至于少数发展条件好、先行一步的市、县党校图书馆，关键的问题是抓好应用，努力满足读者需求，认真探索网络条件下图书馆服务党校学科建设、服务干部教育，做好信息保障工作的新路子；同时积极配合并参与全国党校数字图书馆的建设，跟踪研究国内外数字图书馆发展动态，组织

全馆工作人员系统地学习研究数字图书馆的基本理论，并在认真研究的基础上从自身的角度分别考察市、县党校图书馆数字化发展的可行性、功能需求、系统设计、数字资源建设、服务运行管理机制和队伍培训等问题。

3. 多方筹集资金，总体目标、阶段性目标实现的方式可以多样化

网络环境下市、县党校图书馆的发展建设，需要资金的投入来启动，无论哪一级党校，总体目标的实现，资金的筹集都是一件十分困难的事情，各地条件不同，资金到位的方式、到位的数量也会不一样。如果都等万事齐备再动手，就有可能延误发展的时机，因此必须积极应对，找准切入点，分阶段实施。如果整体发展时机不成熟或条件暂时还十分困难，有些阶段性目标也可以分解，逐步去实现。20 世纪 90 年代中后期，配置一台计算机、一套单机版图书馆集成管理系统软件，启动现代化转型工作需要 2 万多元人民币的软硬件投资，并且都是非网络环境，如今同样的配置加之网络的环境，如投资建设两三台设备的小型电子阅览室，2 万元资金的投入也同样可以解决。可以说，所有党校都具备启动和发展的资金条件。

4. 注重图书馆自动化系统软件的选型工作

对多数县级党校图书馆而言，确定以上所说的图书馆集成管理系统软件，依然有个选型问题需要解决。按目前用户的实际需求，既要考虑软件功能的完整性，即能够涵盖小型图书馆自动化基本功能，又要考虑使用管理及维护的方便性，操作界面简洁舒适，快速登录，快速进入，易学易用，易于操作及掌握，用户可免系统维护；既要考虑网络环境全方位服务读者的需要，只需有接入互联网的普通计算机就可以实现相应操作，又要考虑软件价格平民化的价值定位，投资数额只需数千元。

当然，县级党校图书馆与少数尚未启动现代化建设的市级党校图书馆自动化软件选型，也可以采用系统内多数馆已经选用的技术上成熟、性能上稳定、服务上周全、功能上不断拓展的，质量可靠、性价比有竞争力的产品。在版本的选择上，即使是单机版软件，支持网络环境和用户网上查询都是最基本的要求，用户数量的多少，则可以随工作开展的进程一步到位或分步到位。

5. 加快数字信息资源共建共享力度

市、县党校图书馆必须注重馆藏书目信息资源的建设，与其发展的阶

段相适应，但这并不意味着可以无限期或较长时期地滞后网络信息资源的建设和利用步伐。随着党校系统信息化建设力度不断加大、远程教育和现代化教学手段的不断完善，教研人员和各类班次学员信息化应用能力和应用水平的不断提高，客观上都要求市、县党校图书馆的现代化建设能实现稳步发展和跨越式发展。有了网络，有了计算机设备，还需加快数字信息资源的共建共享力度。

对多数市、县党校图书馆来说，数字信息资源的共建共享，当务之急，就是要有能提供全文服务为主的电子报刊、电子图书、光盘数据库和专题数据库，较好地满足教学科研的信息需求。但这些电子信息资源的购置、安装和运行，靠各校自行解决，根本行不通，问题至少有三个：一是资金的困扰，买不起；二是网络环境以及服务器等硬件设备的困扰，装不上；三是缺少技术人员带来的运行维护问题的困扰，转不动。为解决以上问题，可由省级党校图书馆牵头，充分利用其现代化设施比较齐全，网络化建设、应用及信息服务工作拓展迅速的有利条件，开展馆际合作，通过合作购买，共同开发，广泛利用，最大限度地降低使用成本，满足读者信息需求，实现资源共享。当然，也可以通过自行寻找合作伙伴或其他市场行为的方式，达到资源共享的目的。至于其他共建共享的内容包括本校特色信息资源库的建设、符合本校需求的网络信息资源的组织和导航乃至本馆网站的设计与建设，都需要认真规划，反复论证，努力创造条件，在时机成熟的时候逐项实现。

6. 创新意识，真抓实干，认真解决网络环境下市、县党校图书馆发展建设的各类矛盾

首先是队伍问题。网络环境下市、县党校图书馆发展建设需要一定数量的具备相关专业素质的工作人员，而现有队伍的知识结构明显不适应，事业的发展又不能等、靠、要，怎么办？可以从以下三个方面抓。一要充分发挥现有队伍的作用，靠创新意识，更新观念，将事业的发展与个人的发展相结合；靠业务培训提高专业技能，逐步适应新的发展需要；靠实践的锻炼，逐渐提高业务能力；靠知识的不断更新逐步提升图书馆服务需求的能力和水平。二要根据图书馆现代化建设发展的需要，采取定期或不定期、灵活多样的方式聘用或借用外部技术力量，对相关设备进行维护和保养，排除故障确保正常运转。三要积极争取引进事业发展所需的专业人

员，改善队伍结构。

其次是图书馆现代化建设在校园信息化格局中的地位和作用问题。关于这个问题，2001年5月，中央党校副校长王伟光在全国党校信息化建设会议上有过专门的论述，归纳起来有三点：一要明确图书馆的现代化是校园信息化建设格局中的重要组成部分，当前各级党校实施信息化建设，重点是抓好三项工程：远程教学工程、数字图书馆工程和校园信息网络工程，三项工程是一致的，目前可能会有交叉，将来一定会联成一体。二要明确数字图书馆并不是传统意义上的图书馆，而是一个全新的概念，是指资源共享、迅速传递和查询、海量包容的信息数据库，它的信息可以通过地下有线网络传送到全国党校，也可以通过远程教学卫星无线网络发送，再落地进入各个党校的校园网。三要理顺相互关系，校园网和党校校内的数字图书馆是可以连在一起考虑的，校园网重点放在网络建设上，重点放在信息传送的道路建设即修路上，数字图书馆重点放在信息资源库的内容建设上，两家可能有些交叉，但不可搞重复建设，最终三个工程建成，实际上就有机地形成了一体的"天地网"。

网络环境下市、县党校图书馆发展建设，不能用传统的发展思路去把握，人为隔断校园信息化建设之间的有机联系，要认真探讨信息化建设发展的自身规律和内在要求，在编制上、管理上、应用上乃至机构设置、运行机制、技术保障、服务体系问题上，进行比较充分的论证，统一起来考虑，促使党校图书馆发展建设与校园信息化事业的良性发展。

最后是社会成果的利用问题。当前在社会成果利用问题上观念调整的重点是以下三个方面。一要明确社会成果尤其是数字信息资源成果的重复开发是极大的浪费。二要明确对数字信息资源社会成果的占有方式拥有不是目标，使用才是目的，有的市县党校图书馆千方百计，用辛辛苦苦争取到的资金，购买了一些单机版电子产品，在读者服务问题上就遇到很多难以解决的矛盾，根子出在没有走出传统采购模式的羁绊，万事不求人。三要明确对数字信息资源社会成果的使用乃至拥有必须付费，合作共建、资源共享是现阶段图书馆满足读者需求的最佳模式之一，付出的费用远远低于独立运行所需的代价，但实际上这项工作的开展成效甚微。

加快数字图书馆建设和
应用步伐的若干思考[*]

摘要：文章从更新观念，用活软件，努力实现现代图书馆服务管理，跨越式发展；瞄准需求，抓住重点，扎实推进特色数字信息资源建设；创新思维，主动参与，确保新馆建设较好地满足数字图书馆发展的需求等三个方面论述了加快党校数字图书馆建设和应用步伐的做法和体会。

关键词：现代图书馆服务管理　数字图书馆建设　特色信息资源建设　图书馆建筑

一　更新观念，用活软件，努力实现现代图书馆服务管理跨越式发展

现代图书馆的服务管理是建设数字图书馆的重要内容，经历了三个重要发展阶段。一是传统图书馆向现代化图书馆的转型，二是网络环境下现代图书馆各项服务功能的实现，三是现代图书馆服务功能在互联网上的拓展和应用。实现现代图书馆服务管理跨越式发展，没有观念的更新，一切都无从谈起，而软件的作用在于它是实现现代图书馆服务管理跨越式发展的重要条件。实践的进程说明了一个明显的事实，是应用为先、应用至上，软件与硬件并重。

---

[*] 原载《中共福建省委党校学报》2006年第12期。

1. 更新观念，充分认识软件应用的重要性

1996 年我馆建成馆内局域网，引进图书馆集成管理系统，经过回溯建库，实现了从传统图书馆向现代图书馆的转型，提高了工作效率，使图书馆服务管理工作上了一个新台阶。十年来，伴随着党校信息化建设的迅速发展，我馆使用的图书馆集成管理系统也从最初的 DOS 平台到视窗多媒体平台，不断更新换代升级，应用核心也从最初的健全图书馆各项业务模块和完善其功能为主，发展到如今对不同类型的资源进行整合，提供多种网络资源和多媒体服务网络化阶段。总结传统图书馆向现代化、网络化图书馆转变过程中的实践经验，我们体会到：观念的更新是图书馆提高服务和管理水平的重要支撑点和灵魂，先进的应用软件是现代图书馆服务和管理上档次的非常重要的运行载体，也是图书馆服务管理提高层次的越来越重要的推动力。

2. 挖掘系统功能潜在的巨大优点，提供多层次、多形式、有个性化的服务

如果一个图书馆上了新设备、新系统之后，仅仅满足于实现传统业务的自动化管理，而不对系统软件进行深层的探究挖掘，将其中蕴涵着的丰富的技术和知识含量用活用足，那么，它只是将计算机代替原有的手工劳动而已，服务的硬件形式改变，而服务和管理的内涵并没有改变。自动化管理系统只是图书馆应用软件系统的一个基本方面，未来的网络化数字化图书馆系统需要更多、更复杂、更灵活、更高功能的应用软件或业务基础的软件平台支持。因此在采用先进科学技术的同时，还要不断满足读者的需求，在软件系统功能的应用上向深度和广度拓展，才能更好地为读者提供服务，实现转型后图书馆现代化应用的跨越式发展。为实现这一目标，我们的做法主要是以下四个方面。

一是加强和完善期刊自动化管理。建立期刊自动化管理初期，虽然期刊的订购、登录、编目、典藏等业务工作实现了自动化管理，而期刊的流通除合订本外，现刊借阅乃至读者阅览登记工作仍然沿用传统的手工操作模式，两种模式混用，很不和谐。针对这种不正常的现象，通过与软件开发商协商升级相关功能，完善了集成管理系统的"阅览室"功能，使期刊的应用功能得到全面完善。系统可以通过扫描方式核实读者的有效证件，节约了读者借阅期刊必须履行的手工登记的时间，也能对

读者某些急需的现刊实行流通管理，还可以通过统计模块对所记录的每种现刊借阅情况进行分析，对入室阅览的读者进行分类统计。

二是强化数据统计分析功能。自动化系统的特点之一就是能自动处理图书馆业务工作中产生的数据流，它是图书馆自我评价的一个重要依据，也是图书馆改进工作的一个参考，同时，它还是对工作人员进行综合考评的一个依据。因此，我们在应用的过程中尽可能全面地将图书馆业务工作中的数据流反映出来，以报表、图像、文件等形式表达。如根据不同的需要，对读者进行群体分类或个人累计借阅统计，亦可将遗失赔偿、逾期罚款、交纳罚款等列出明细表或汇总。还可以对数据进行各种实用性分析，包括热门书排行、读者到馆排行、读者外借排行、分类外借分析、读者外借分析等等，为研究不同类型读者利用图书馆的情况，为馆藏布局的合理分配与结构的科学协调提供准确而量化的依据。

三是开发特殊借阅管理功能。党校图书馆读者以主体班次学员、教职工为主，以研究生班学员、函授学员为辅，同时还有一些租用党校场地办学的大学学生，读者类型不同，因此也就产生了许多特殊的流通政策。这些流通政策包括外借数量、外借期限、逾期罚款数、可否续借、可否预约等，这些都是十分现实和紧迫的问题。由于系统是通用软件，并不是专门为我校开发设计的，所以我们一方面要想方设法去适应软件的既定程序，另一方面又要满足我馆流通部门的特殊需求。在这个过程中，我们希望尽量不改变馆内原有的流通政策和工作方式，通过合理配置系统参数，能在软件上实现符合需求的流通功能。通过深化应用，使系统提供的许多内涵功能得到实现。例如，对热门图书按时间段进行预定阅览的功能；对某些热门书籍提供的加急催还功能。根据读者的需求，还可以在流通服务方面拓展更多的应用空间。

四是开展中文图书的自动采选业务。中文图书的采购工作需要将书商提供的书目清单一条一条地输入采购子系统中，进行查重，花费较多的时间才能完成。通过使用了自动选书这一功能后，采购人员只需将书商提供的 MARC 数据上装至图书采购标准源库，形成初始的采购清单，然后将采购标准源库中书目数据与本馆藏书情况进行对比，如果书目重复，则系统会自动将其从采购清单中删除，并将最终形成的采购清单书目数据自动或手动转入采购库，节约了查重查复的时间，提高了工作效率。为适应图书采购市场化发展，提高图书采购编目工作效率，我们还利用图书外采管理模块，集查重和采购于一身，为图书采购人员到书商处采购中文图书因查重而无须将整套系统带出，只需通过外采程序就可以处理一切事务，从而不影响流通出纳台的正常流通。同样经过与开发商的需求磨合，我们还实现了由供货商加工符合本馆格式的数据只需通过验收流程就可以典藏入库，极大地提高了工作效率。

3. 努力拓展现代图书馆服务功能在互联网上的应用

数字图书馆的开放性赋予它无限的生命力，加快数字图书馆建设组成部分的现代图书馆服务功能在互联网上的广泛应用，是我们责无旁贷的使命和责任。而搭起使命之桥，打开责任之窗的媒介自然非软件莫属，加快这一进程，重点是解决好以下问题。

一是全面实现图书馆集成管理系统 WEB 软件相关功能的互联网应用。在日常事务方面，系统能自动生成新书通报，发布超期公告，如有超期行为，系统实时生成超期公告单，并可通过输入读者条码快速定位；系统提供的读者服务功能，着重在书刊检索、预约、续借、查询个人借阅历史信息，读者可通过网络 Web 系统自动办理预约、续借业务、修改联系方式等数据，同时查询书刊馆藏情况、查询催书信息、预约文献到馆信息等。

二是抓好邮件自动生成模块服务功能的网络应用，让读者在图书流通方面获得更多的知情权。邮件自动生成模块，可将各种系统信息，如借书备忘通知、超期文件催还通知（包括馆际借阅催还通知）、预约文献到馆通知等，自动生成并发送到读者邮箱。

三是抓好 Z39.50 协议模块功能应用，深切感受现代网络技术对图书馆自动化管理的巨大影响。Z39.50 协议模块功能，包括记忆用户设置信息、指定单一或多个数据源获取方式、优先数据源设定、查询条件任意条件组合、标准 MARC 文件的导入、标准 MARC 文件的导出、代理服务器设定以及与国家图书馆、兄弟图书馆间的无缝链接的设定等多种功能。通过它，可以访问包括 CALIS 在内的各种远程网络信息资源，通过授权方式获取所需的书目数据，用户操作过程无须频繁的界面切换即可在编目时高度共享远程网络数据资源，从而使图书馆编目工作质量提高，效率倍增，书目组织更加合理有序。

二 瞄准需求，抓住重点，扎实推进特色数字信息资源建设

近年来，我馆一直把特色数字信息资源建设作为数字图书馆建设重要内容，服务读者的数字信息资源，除外购的学术期刊、数字图书、专题资料等通用数字资源外，还自建了具有地方特色、学科特色、专题特色的数据库，主要有"福建省情库""省情导航库""学科专题库""学科导航库""党校文库""热点专题数据库""视频资源库"等，自建的数字信息资源总量已达到10多万篇，形成了一定的规模。

1. 数字信息资源建设的具体做法

（1）需求导向，突出重点。实践证明，建库是手段，使用才是目的，读者需求是馆藏特色数字信息资源建设的出发点和归宿，是图书馆生存和发展的立足之本，是信息资源特色化建设的方向标。只有按照读者需求建库，按照本校教学、科研和本省领导决策及经济建设的需求建库，才能"建以致用"。为此，我馆在建库筹划阶段，不是马上急于建库，而是采取电话咨询、面谈、网上在线咨询等多种方式深入细致调研读者需求，摸清读者需求的轻重缓急，掌握重点学科与一般学科发展要求，并根据我校"十五"发展规划、重点学科建设、专业设置特色和教学科研发展状况，确定了全力满足重点学科发展需求、教学科研热点需求、领导决策需求，同时兼顾一般学科发展需要的特色馆藏方向，有重点地投入和开发能反映学科前沿发展水平、热点信息的特色数据库。比如，在筹建"学科专题库""学科导航库"时，就十分注重建库前的需求调研。先以电话方式逐一咨询了各教研部主任，由教研部主任亲自确定本部门重点学科和学科研究方向，在汇总需求的基础上，我们梳理出"学科专题库""学科导航库"板块的类目框架，再次征求各方意见，形成实施方案，由信息员按照各重点学科类目，查找、链接、下载、分析、整理，建立了"学科专题库""学科导航库"。由于学科专题库充分关注着教学科研需求，自然受到教研人员的青睐。

同样，"福建省情库""省情导航库"的建设，也经历了较长时间的论证和研讨，根据本馆所处海峡西岸的福建省及与台湾毗邻这一特定的地理

位置，我们开辟了"省情动态信息""闽台关系""海峡西岸经济区"等富有地方特色的数字信息资源库。既凸显了地方特色，弘扬了地方历史文化，又能为福建经济建设服务，还能紧密配合福建省各级党政机关服务和落实"科学发展观""加强党得执政能力建设""创建社会主义和谐社会"等对省情信息的需求。

（2）学习借鉴，推陈出新。建库伊始，我们浏览了各高校馆和党校馆"学科专题库""学科导航库"的框架结构，学习研究他们的建库模式和特点，吸收长处，寻找不足，我们发现了许多馆的导航库不少类目存在三个缺陷：一是资源数量少。有的学科类目下仅链接不足十条信息，有的才一两条信息，构不成严格意义上的数据"库"，对教研无多大裨益；二是多个馆链接相同数据，重复雷同，缺乏特色；三是组织排列烦琐，过于详细诠释所链接网站特性。我们在吸收其他馆"学科导航库"优点的同时，力求避免出现同类问题，努力形成自己的特色：一是资源数量要多，平均每一学科都链接了近五十条乃至上百条信息。二是通过大的门户网站搜索采集信息，尽量避免与它馆信息内容的重复、雷同。三是排列方式力求一目了然、简洁明了。每一科目下信息字段的结构都比较简单，只有题名—网址—时间三字段，不过多描述所链接网站的特性。

（3）数字信息资源要建全文库。全文库能全面揭示文章全貌，与传统书目库、索引库、文摘库相比，全文库更符合教研人员、学员的需求。因此我馆在自建数据库时，无论是省情库、重点学科库，还是文库，一律建全文数据库，强调它的学术性、针对性、实用性。至于导航库的建设，以前我们总感觉互联网信息时事性强，学术性弱，在网上是难以找到学术性较强的全文资料。其实，只要认真耐心查询，就会发现网上拥有许多免费全文信息资源，尤其有不少的专业信息机构都会免费提供全文资源。于是，我们在建"学科导航库"时，重点链接网上相关的全文信息，尤其着力查询网上现成的某一学科专题数据库。这些网上专题数据库，只要链接一次其所在网址，就能一次性获得几十篇甚至几百篇的相关专题数据。既提高了查询速度，又迅速拓展了馆藏资源。

（4）省情库建设按行政区划粗分类模式展开。经调研，我们发现许多馆省情库存在两个不足。一是类目太细，使用起来不方便。二是没有足够的信息量，许多细类没有内容或仅罗列几条信息。我馆在"福建省情库"

建设之初，也曾为类目设置而迟疑不决。经过实践探索，决定改变以往二次文献先确定分类框架后建库的固有模式，按照行政区划粗分类模式收集省情资料，并打算在省情资料积累到一定量时，再根据学科内容进行二次分类。这种建库模式，符合省情数据库建设和使用的规律，操作起来切实可行。

（5）实体馆藏、虚拟馆藏建设并行，不断扩大特色数字信息资源。互联网蕴藏着丰富的免费信息资源，是一个取之不尽、用之不竭的巨大资源库。与纸质文献载体相比，互联网内容相对新颖，能及时反映某学科前沿研究动向和发展趋势，使用方便快捷，受到教研人员欢迎。2000年以来，根据学科建设的需要，在收藏纸质文献的同时，我馆就有针对性地搜集网上信息资源并链接到图书馆的网页上或有选择性地下载网上免费资源，建立虚拟资源库，作为实体馆藏补充。目前虚拟馆藏资源已经涵盖了学科、省情和热点信息，还有一定数量的视频资源。如我校为配合学员学习需要，及时下载、整合，先后建立了"科学发展观""加强党的执政能力建设""和谐社会""保持共产党员先进性"等热点理论信息学习导航库。

（6）加强与馆内外协作，共建特色资源库。数字图书馆特色信息资源建设，不但需要校内有关职能部门的支持和协助，同时，还需要图书馆内部各部门配合。如"党校文库"的建设，得到科研处和教研人员的支持、配合，不但顺利获得了相关科研成果资料，还对党校文库建设的可持续发展问题达成了共识；在馆内，资源建设主要以信息部为主，其他部门共同参与。综合部提供书评、新书通报，图书部提供"网上图书外借咨询"，期刊部提供"网上报刊借阅咨询"，技术部提供软硬件技术支持。

2. 数字信息资源建设的几点体会

（1）建库工作是一项长期的艰苦积累、持之以恒的系统工程。信息时效性强，要求信息员经常加班加点，在第一时间里搜寻最新信息。为此，一支能吃苦耐劳的信息建设队伍才能胜任这项工作。如为配合教研人员和学员使用"和谐社会"专题资料，信息员加班加点，以最快速度及时搜集了几百条信息，并加工、整理、发布到网上；有时因白天上网用户多，下载速度慢，为提高下载速度，信息员只好半夜起床下载信息。

（2）要抓住特点，"因库而异"，采用灵活实用的建库模式。如"福建省情库"按行政区划粗分类模式建库，"党校文库"按作者分类模式建库，"学科专题库""学科导航库"则按学科内容分类模式建库。

（3）要提高数据库利用率。建库是手段，使用才是目的。辛辛苦苦建好的数据库无人问津，其原因可能有三个。一是不知情，对读者缺乏适当的宣传；二是不会用，对读者缺乏经常性的、行之有效的培训手段；三是不习惯用，对读者缺乏有效的信息沟通。因此，宣传、培训、沟通也是数字信息资源建设一项不可或缺的工作，必须下大气力抓紧抓好。为此，我们每年都会举办若干次网络信息发布会，同时，开辟了"网上咨询"等栏目，旨在让读者能及时了解数字资源建设的最新成果，学会利用数字资源，提高数据库利用率。2002 年以来，我馆还尝试用 VPN 登录方式，使校外学员能共享党校资源，扩大了资源利用的范围和空间。

（4）注重数字信息资源建设的可持续发展。数据库建设一定要统筹兼顾，在建构方案和整体发展策略上都必须具有前瞻性、扩展性，并能紧扣信息化的发展脉搏，保证所采用的技术、软硬件设施、建库标准规范在各实施阶段的一贯性、系统性。在确定本馆特色建设方向后，就要逐年加大特色资源投入比重，以确保特色资源库不断扩大和日趋完善，扎实推进特色数字信息资源朝着专、精、深的方向发展，并逐渐使之成为具有较高学术价值、能彰显馆藏个性、提升馆藏竞争力、引领馆藏资源发展方向的特色品牌，以确保数字信息资源建设的可持续发展，实现建库、管理和应用的良性循环。

三　创新思维，主动参与，确保新馆建设较好地满足数字图书馆发展的需求

我校图书馆改造装修工程受到各级领导的重视和关怀。省长、省委副书记兼校长都曾亲自来校、来馆调研，常务副校长、分管副校长及校委领导集体、有关部门领导都非常重视这项工作，多次召开专门的会议规划部署。我们深知这是推动数字图书馆发展建设的大好时机，是经过多年的筹划和争取才获得的发展机遇，必须创新思维，主动参与，确保

新馆建设能够较好地满足数字图书馆的发展需求。为实现图书馆新建筑技术的先进性、环境的舒适性和管理的科学性，着重抓了以下几项工作。

1. 积极筹备深入调研提出合理的需求方案

虽说图书馆改造装修工程 2004 年 4 月底才开始正式动工，但筹备和调研工作早在 1999 年就已经展开。历时五年，先后派出五批人员前往北京、南京、上海、杭州、成都、重庆、广州、深圳等地学习考察，调研培训，研讨交流，促进了理念的更新，在收集大量数据和成功经验的基础上，根据自身的馆舍特点，向校领导提交了《关于省委党校图书馆楼改造建设总体方案若干建议的报告》。报告分为图书馆改造馆舍改造总体思路、功能格局、设计要求、配套设施以及招投标相关建议。经多次论证，数易其稿，力求做到方案符合实际，具有前瞻性。

2. 积极参与装修改造的全过程

图书馆装修改造工作从图纸设计开始，我们就配合职能部门参与有关设计和图纸修改工作。经过反复的论证，深入的研讨，多次修订设计图纸，最大限度地实现装修改造后图书馆各方面的功能与需求方案达到和谐一致。图书馆装修改造过程中，我们成立了工作小组，由馆长负责，参与人员分块负责把关，跟踪和监督工程的进度和质量，如果发现施工与设计及实际需求不相符合立即与施工单位联系，或以报告形式反馈到职能部门，再由职能部门协调解决。每周都要召开一次馆舍改造工作碰头会，对跟踪监督过程中发现的具体情况及时进行交流、汇报、总结。努力使装修改造工程多一分成功，少一些遗憾。

3. 把握重点、反复论证、磨合需求、形成亮点

一是在楼层结构设计方面明确用途。一层是密集书库，二层是刊报服务区，三层是网络信息、学术活动服务区，四层是图书阅览流通服务区，五层是学科专业阅览区。主通道直达二层，这样使图书馆外观造型变得既有气势又富于变化，同时对电梯房进行移位改造，改造后的电梯房成为正立面的组成部分，造型优雅挺拔，使整个图书馆造型富有现代气息。我们还在主通道二层大厅安装直径为 3.0 双基色，面积为 7.2 平方米的 LED 显示屏，这成为数字图书馆的一个亮点。

二是功能区的划分集藏阅借于一身。首先，取消原有的基藏库，设

立十个学科专业阅览室，每个阅览区都配备适量的图书资料和现代化检索工具，信息化保障同步配套，满足教学科研发展的需求。其次，把报刊（包括过刊）、省情资料整合到同一个空间，便于读者阅览；把采光相对不足的一层改为密集书库，扩大了藏书的容量。最后，还在三层以上适当的位置开辟了贵宾室、休息室、研讨室，专门为读者提供休憩场所。

三是弱电系统设置比较完整齐全，包括网络系统、TV 系统、通信系统、安保监控系统、声控系统等。传输介质均采用非屏蔽 6 类双绞线，并配置与之相配套的交换设备。网络布线采取有线网与无线网相结合的方式，使用起来更加便捷和人性化。

四是信息点的分布留足了发展的空间。改造后的图书馆总面积为 5370 平方米，共有各类信息点 337 个，其中信息节点为 265 个。每层平均信息节点 53 个，较好地满足数字图书馆发展的需求。

五是改造后的图书馆有着良好的采光条件。每个阅览室和办公室都拥有充足的采光，建筑物色彩室内以白色和浅黄色为主，配以黑胡桃色的门和黑色的踢脚边线，从整体上看比较协调，外墙体绿白相间，配以浅灰绿的窗帘，看上去浑然一体，和谐大方。

4. 认真验收提出整改方案

2005 年初，图书馆装修改造工程进入验收阶段，我们专门成立了验收工作小组。一方面，配合校职能部门和监理部门进行逐项验收，另一方面，安排验收小组，分别对弱电系统、消防系统、水电系统、土木油漆等分项工程内容进行多次认真检查，就所发现的问题及时向施工方和校职能部门提交了整改方案。经过施工方的认真整改，使工程的质量有了新的提升。

5. 组织好设备采购工作

装修改造完工后，为了使家具设备与其相匹配，我们向学校争取了 80 万元经费，用于添置书刊报架、阅览桌椅、计算机设备以及窗帘等。经过半年多的紧张采购，相关设施已经基本上到位，新馆也于 2005 年 10 月正式开馆。馆内阅览环境、工作条件、服务设施有了重大改观，整个面貌焕然一新。

6. 处理好新馆建设招投标工作的主要环节

一是标书编制环节，二是标底编制环节，三是招标说明会环节，四是评标环节，五是中标合同谈判环节，核心是把握主动权，维护招标方权益，实现双赢。在整个装修改造过程中，我们本着求真务实、认真负责的态度，以创新的思维，主动参与，积极配合校职能部门开展各项工作，力求使改造工程获得成功，确保新馆建设较好地满足数字图书馆发展要求，满足教学科研的新需求。

参考文献

一 中文专著

《中国信息年鉴（2001）》，中国信息年鉴期刊社，2001。
《中国信息年鉴（2002）》，中国信息年鉴期刊社，2002。
《中国信息年鉴（2003）》，中国信息年鉴期刊社，2003。
《中国信息年鉴（2004）》，中国信息年鉴期刊社，2004。
《中国信息年鉴（2005）》，中国信息年鉴期刊社，2005。
黄长著、周文骏、袁名敦：《面向21世纪的中国图书情报网络化研究报告》（国家社科基金"九五"重大课题），北京图书馆出版社，2002。
黄长著等主编《中国图书情报网络化研究》（国家社科基金"九五"重大课题），北京图书馆出版社，2002。
霍国庆：《企业战略信息管理》，科学出版社，2001。
袁名敦等主编《社会科学信息资源网络建设》（国家社科基金"九五"重点项目），北京图书馆出版社，2002。
崔永琳主编《数字图书馆理论与应用》（国家社科规划基金"十五"重点项目），中共中央党校出版社，2003。
阎立主编《信息化纵横》，南京大学出版社，2003。
吕新奎主编《中国信息化》，电子工业出版社，2002。
怀铁铮：《信息化中国的出路与对策》，机械工业出版社，2006。

洪文峰、李凤来编著《信息化教学的理论与实践》，东北师范大学出版社，2005。

朱启贵、李建阳：《信息化：可持续发展之路》，中国经济出版社，2005。

杨学山：《企业信息化建设和管理/企业信息化丛书》，北京出版社，2000。

张怀涛等主编《网络环境与图书馆信息资源》（国家社科基金项目），郑州大学出版社，2002。

祝智庭：《信息教育展望》，华东师范大学出版社，2002。

焦宝聪、柳少军编著《教育信息化决策理论与方法》，电子工业出版社，2004。

上海市信息化办公室编《CIO教程》，上海科学技术出版社，2003。

王保顺主编、张炜编著《校园网设计与远程教学系统开发》，人民邮电出版社，2003。

《中国电子政务领导干部知识读本》（国家信息化培训教材），中共中央党校出版社，2002。

二 期刊论文

潘陶：《期待远程教育发展新突破》，《中国远程教育》2005年第11期。

钱玲：《美国远程教育的新探索》，《中国远程教育》2006年第3期。

曲宏毅、韩锡斌：《网络教学平台的研究进展》，《中国远程教育》2006年第5期。

王保平、夏向勇：《图解信息社会世界高峰会议〈原则宣言〉》，《人民邮电报》2003年12月19日。

项骏：《国内外教育信息化发展战略之比较》，《成都教育学院学报》2004年第9期。

查贵庭：《美国高校信息化的成功经验与启示》，《教育信息化》2006年第5期。

赵国栋、汪琼：《中国、美国及香港地区高校信息化发展状况比较研究》,《现代远程教育研究》2003年第2期。

叶成林:《中央党校数字图书馆示范系统概述》,《情报资料工作》2001年第3期。

谢以佐:《浅论党校教育的现代化》,《中共贵州省委党校学报》2005年第5期。

曾辉:《党校信息化建设的几点思考》,《湖北社会科学》2005年第11期。

包敢:《党校信息化建设的认识与实践》,《情报资料工作》2001年第4期。

董向东:《党校系统卫星远程教学的实践与思考》,《电化教育研究》2003年第8期。

赵国栋、黄永中:《关于中国高等教育信息化发展状况的调查与分析》,《中国远程教育》2005年第8期。

冯锦章:《论我国远程教育新的历史发展机遇》,《中国远程教育》2006年第5期。

徐琳瑜:《党校系统远程教学网络的实践与思考》,《学习论坛》2002年第10期。

付崇国、邹翔:《校园网在教育信息化中的应用》,《教育信息化》2004年第11期。

高荣国:《网络教育形态的思维特征》,《现代远距离教育》2005年第2期。

韩锡斌、杨娟、陈刚:《大学数字校园的概念、架构和策略》,《中国远程教育》2005年第8期。

姜春霄、冯秀琪:《专题学习网站调查及相关研究》,《中国远程教育》2006年第4期。

蒋东兴等:《高校信息化建设的一体化思路与实践》,《教育信息化》2003年第12期。

刘莉、郝丹:《聚焦高校数字校园建设五大热点》,《中国远程教育》2005年第11期。

刘胜强:《网络教育与传统教育的互动与共存》,《现代远距离教育》2005年第3期。

马秀麟、何威:《对我国教育信息化建设的几点思考》,《教育信息化》2005年第120期。

唐检云、贺佐成:《谈教育信息资源共享的环境优化》,《教育信息化》2006年第5期。

王伟光:《贯彻全国党校工作会议精神 加快图书馆信息化、数字化、现代化建设的步伐》,《情报资料工作》2001年第2期。

徐德成:《对党建网站建设的几点思考》,《探索》2001年第6期。

小淘:《教育信息化——整合之难》,《中国远程教育(资讯)》2004年第10期。

徐琦:《高校校园网教学资源库的研究》,《教育信息化》2006年第5期。

三 博硕士学位论文

陈方猛:《干部教育创新研究》,2004,参见"中国优秀博硕士学位论文全文数据库"。

黄道余:《中国信息化建设的历史发展及对策研究》,2004,参见"中国优秀博硕士学位论文全文数据库"。

蒋晶:《论中国政府信息化的现状与对策》,2005,参见"中国优秀博硕士学位论文全文数据库"。

后　记

　　党校信息化事业是我多年来一直从事工作和研究的领域。从20世纪80年代后期开始，先后开发过信息检索系统，主持过图书馆现代化转型建设，组织了校园网、校内政务信息网建设和应用，并启动数字图书馆信息资源建设，以校园网为服务平台，努力整合远程教学网、校园网、数字图书馆、互联网上的各类信息资源，服务于党校的教研工作和干部培训事业，与党校信息化事业的发展，可以说，结下了不解之缘。随着信息技术的快速发展，信息社会的逐步推进，党校信息化建设如何较好地服务干部教育问题，长期以来一直萦绕在心，衷心希望能够通过党校人的共同努力，成功地构建起面向干部教育的党校信息化服务体系，使党校信息化建设能更好地服务于党的工作大局，服务于党的执政能力建设，服务于党的干部教育事业，有力地促进党校教育事业的创新与发展。实践的进程，尤其是20世纪90年代中后期以来，全国党校信息化建设的快速发展，党校系统信息化应用的迅速拓展，以及多次全国党校系统信息化专题会议的交流促进，所有这些都为探索党校信息化建设的规律，开展面向干部教育的党校信息化建设问题的研究打下了很好的基础。2003年9月我申报的课题获准立项，由于这是一个尚未引起人们更多关注的研究领域，可以说机遇选择了我，给予我一次全面、系统、深入研究党校信息化建设和干部教育信息化问题的极好机会。

　　课题研究经历了四个阶段。一是阶段性论文的形成过程；二是课题的开和结构体系的优化过程；三是在结构体系优化的基础上进行的全面分析研究，形成《面向干部教育的党校信息化建设研究》报告；四是课题结项以后，通过深入推进校园信息化应用的实践活动，对课题研究的内容进行了新的调整与充实，形成了课题研究的最终成果。课题的研究过程，注重与现实的发展紧密结合，与客观的需求紧密联系，与干部教育信息化的可持续推进紧密衔接。需要特别说明的是，本课题作为一项应用性研究项目，搞好调查研究至关重要。尽管本人具有许多前期的资料积累、专题研讨以及业务工作方面的优势，但随着课题研究的深入，根据课题结构优化和探索论证的需要，于是果断调整进度，克服了许多困难，进行了多次补充调查。在调查过程中，坚持原有的基础与现实的发展相结合，信息化基础建设调查与应用调查相结合，党校信息化发展调查与教育信息化总体趋势对比相结合。调查获得的各类数据涵盖了党校信息化建设的基本内容，为课题结构体系的优化提供了坚实的基础，保障了课题研究的顺利进行。

本书是在 2007 年 5 月课题结项以来的几年中，围绕校园网二期工程的深入推进，着力加快校园信息化应用的实践活动中，在展开数字校园应用系统的校内外需求调研、方案论证、可行性探索的基础上，有效地拓展了党校信息化建设与应用在新阶段的新探索，同时也对课题研究的内容进行了新的调整与充实，重点是对现阶段数字校园应用系统的构成及服务功能、现阶段数字校园应用系统的技术安排、现阶段校园网及信息与信息系统安全应用和管理进行了深入探讨，对促进和加快数字校园应用系统的建设和应用步伐提出了自己的方案和建议。考虑到全书的完整性，考虑到近些年党校系统信息化建设的新进展，最终形成了本书课题研究报告、信息化建设与应用实践案例、课题前期和阶段性成果选辑相结合的框架结构。

由于本人学识有限，对课题研究的把握和理解的深度还有差距，不足之处敬请各位专家和同行们批评指正。

本课题的研究得到了福建省社科规划办的指导，得到了课题主持人所在单位领导以及福建省委党校科研处、图书馆、信息网络中心的大力支持。课题的初期研究得到了常友寅、王作鑫、潘永明、柳丹枫、陈长华等同志的协助和支持。课题的调研得到了中央党校、江苏省委党校、福建省委党校、河南省委党校、湖北省委党校、重庆市委党校、新疆维吾尔自治区委党校、厦门市委党校、青岛市委党校、龙岩市委党校、昌吉回族自治州委党校、建瓯市委党校有关部门领导和学员班次的支持和帮助。借此机会对他们表示诚挚的感谢。

本书的出版得到我所在单位资助,在书稿即将出版之际,我要感谢福建省委党校长期以来对我工作的信任、支持和肯定。

本书的研究和出版也倾注了我家人的理解和支持,我的妻子延长青长期以来为了支持我的工作和事业承担了许多,还为课题的研究提供了大量资料整理和技术性服务。

中国社会科学院学部委员、中国社会科学情报学会理事长、国家社科基金图书馆·情报与文献学学科规划评审组组长黄长著为本书作序,在此表示衷心感谢。

王东闽

2012 年 7 月

图书在版编目（CIP）数据

面向干部教育的信息化建设与应用／王东闽著.
—北京：社会科学文献出版社，2012.12（2013.3 重印）
ISBN 978 – 7 – 5097 – 4306 – 5

Ⅰ．①面… Ⅱ．①王… Ⅲ．①信息技术 – 应用 – 干部教育 – 研究 Ⅳ．①G202

中国版本图书馆 CIP 数据核字（2013）第 029739 号

面向干部教育的信息化建设与应用

著　　者／王东闽	
出 版 人／谢寿光	
出 版 者／社会科学文献出版社	
地　　址／北京市西城区北三环中路甲 29 号院 3 号楼华龙大厦	
邮政编码／100029	
责任部门／社会政法分社（010）59367156	责任编辑／黄金平　刘　深　关晶焱
电子信箱／shekebu@ ssap. cn	责任校对／白桂华　白秀君
项目统筹／王　绯	责任印制／岳　阳
经　　销／社会科学文献出版社市场营销中心（010）59367081　59367089	
读者服务／读者服务中心（010）59367028	
印　　装／北京季蜂印刷有限公司	
开　　本／787mm×1092mm　1/16	印　张／34.75
版　　次／2012 年 12 月第 1 版	字　数／564 千字
印　　次／2013 年 3 月第 2 次印刷	
书　　号／ISBN 978 – 7 – 5097 – 4306 – 5	
定　　价／128.00 元	

本书如有破损、缺页、装订错误，请与本社读者服务中心联系更换

▲ 版权所有　翻印必究